編纂工作指導委員會

主　　任　盛閱春（二〇二二年九月至二〇二三年一月在任）

　　　　　温　暖　施惠芳　肖啓明　熊遠明

第一副主任　丁如興

副 主 任　陳偉軍　汪俊昌　馮建榮

成　　員（按姓氏筆畫排序）

　　　　　王静静　朱全紅　沈志江　金水法　俞正英

　　　　　胡華良　茹福軍　徐　軍　陳　豪　黄旭榮

　　　　　裘建勇　樓　芳　魯霞光　魏建東

學術顧問（按姓氏筆畫排序）

安平秋　李　岩　吴　格

袁行霈　張志清　葛劍雄

樓宇烈

圖書在版編目(CIP)數據

(道光) 嵊縣志 / (清) 李式圃修 ; (清) 朱淥等纂 . －北京 : 中華書局 , 2024.6. － (紹興大典). － ISBN 978-7-101-16918-8

Ⅰ . K295.54

中國國家版本館 CIP 數據核字第 20245PQ854 號

書　　名　(道光) 嵊縣志 (全四册)
叢 書 名　紹興大典・史部
修　　者　〔清〕李式圃
纂　　者　〔清〕朱　淥 等
項目策劃　許旭虹
責任編輯　梁五童
裝幀設計　許麗娟
責任印製　管　斌
出版發行　中華書局
　　　　　(北京市豐臺區太平橋西里38號 100073)
　　　　　http: // www. zhbc. com. cn
　　　　　E-mail: zhbc@zhbc. com. cn
印　　刷　天津藝嘉印刷科技有限公司
版　　次　2024年6月第1版
　　　　　2024年6月第1次印刷
規　　格　開本787×1092毫米　1/16
　　　　　印張123¾　插頁4
國際書號　ISBN 978-7-101-16918-8
定　　價　1280.00元

紹興大典 史部

道光嵊縣志

1

中華書局

編纂委員會

主　　編　馮建榮

副 主 編　黄錫雲　尹　濤　王静静　李聖華　陳紅彦

委　　員（按姓氏筆畫排序）

王静静　尹　濤　那　艷　李聖華　俞國林

陳紅彦　陳　誼　許旭虹　馮建榮　葉　卿

黄錫雲　黄顯功　楊水土

史部主編　黄錫雲　許旭虹

序

紹興是國務院公布的首批中國歷史文化名城，是中華文明的多點起源地之一和越文化的發祥、壯大之地。從嵊州小黄山遺址迄今，已有一萬多年的文化史；從大禹治水迄今，已有四千多年的文明史；從越國築句踐小城和山陰大城迄今，已有兩千五百多年的建城史。建炎四年（一一三〇），宋高宗駐蹕越州，取義「紹奕世之宏庥，興百年之丕緒」，次年改元紹興，賜名紹興府，領會稽、山陰、蕭山、諸暨、餘姚、上虞、嵊、新昌等八縣。元改紹興路，明初復爲紹興府，清沿之。

紹興坐陸面海，嶽峙川流，風光綺麗，物産富饒，民風淳樸，士如過江之鯽，彬彬稱盛。春秋末越國有「八大夫」佐助越王卧薪嘗膽，力行「五政」，崛起東南，威續戰國，四分天下有其一，成就越文化的第一次輝煌。秦漢一統後，越文化從尚武漸變崇文。晋室東渡，北方士族大批南遷，王、謝諸大家紛紛遷居於此，一時人物之盛，雲蒸霞蔚，學術與文學之盛冠於江左，給越文化注入了新的活力。唐時的越州是詩人行旅歌詠之地，形成一條江南唐詩之路。至宋代，尤其是宋室南遷後，越中理學繁榮，文學昌盛，領一時之先。明代陽明心學崛起，這一時期的越文化，宣導致良知、知行合一，重於事功，伴隨而來的是越中詩文、書畫、戲曲的興盛。明清易代，有劉宗周等履忠蹈義，慷慨赴死，亦有黄宗羲率其門人，讀書窮經，關注世用，成其梨洲一派。至清中葉，會稽章學誠等人紹承梨洲之學而開浙東史學之新局。晚清至現代，越中知識分子心懷天下，秉持先賢「膽劍精神」，再次站在歷史變革的潮頭，蔡元培、魯迅等人「開拓越學」，使紹興成爲新文化運動和新民主主義革命的重要陣地。越文化兼容並包，與時偕變，勇於創新，隨着中國社會歷史的變遷，無論其内涵和特質發生何種變化，均以其獨特、强盛的生命力，推動了中華文明的發展。

文獻典籍承載着廣博厚重的精神財富、生生不息的歷史文脉。紹興典籍之富，甲於東南，號爲文獻之邦。從兩漢到魏晋再至近現代，紹興人留下了浩如煙海、綿延不斷的文獻典籍。陳橋驛先生在《紹興地方文獻考録·前言》中説：「紹興是我國歷史上地方文獻最豐富的地方之一。」有我國地方志的開山之作《越絶書》，有唯物主義的哲學巨著《論衡》，有書法藝術和文學價值均登峰造極的《蘭亭集序》，有詩爲「中興之冠」的陸游《劍南詩稿》，有輯録陽明心學精義的儒學著作《傳習録》等，這些文獻，不僅對紹興一地具有重要價值，對浙江乃至全國來説，也有深遠意義。

紹興藏書文化源遠流長。歷史上的藏書家多達百位，知名藏書樓不下三十座，其中以澹生堂最爲著名，藏書十萬餘卷。近現代，紹興又首開國内公共圖書館之先河。光緒二十六年（一九〇〇），紹興鄉紳徐樹蘭獨力捐銀三萬餘兩，圖書七萬餘卷，創辦國内首個公共圖書館——古越藏書樓。越中多名士，自也與藏書聚書風氣有關。

習近平總書記强調，「我們要加强考古工作和歷史研究，讓收藏在博物館裏的文物、陳列在廣闊大地上的遺産、書寫在古籍裏的文字都活起來，豐富全社會歷史文化滋養」。黨的十八大以來，黨中央站在實現中華民族偉大復興的高度，對傳承和弘揚中華優秀傳統文化作出一系列重大決策部署。中共中央辦公廳、國務院辦公廳二〇一七年一月印發了《關於實施中華優秀傳統文化傳承發展工程的意見》，二〇二二年四月又印發了《關於推進新時代古籍工作的意見》。

盛世修典，是中華民族的優秀傳統，是國家昌盛的重要象徵。近年來，紹興地方文獻典籍的利用呈現出多層次、多方位探索的局面，從文史界到全社會都在醞釀進一步保護、整理、開發、利用紹興歷史文獻的措施，形成了廣泛共識。中共紹興市委、市政府深入學習貫徹習近平總書記重要指示精神，積極響應國家重大戰略部署，以提振紹興人文氣運的文化自覺和存續一方文脉的歷史擔當，作出了編纂出版《紹興大典》的重大决定，計劃用十年時間，系統、全面、客觀梳理紹興文化傳承脉絡，收集、整理、編纂、出版紹興地方歷史文獻。二〇二二年十月，中共紹興市委辦公室、紹興市人民政府辦公室印發《關於〈紹興大典〉編纂出版工作實施方案的通知》。自此，《紹興大典》編纂出版各項工作開始有序推進。

百餘年前，魯迅先生提出「開拓越學，俾其曼衍，至於無疆」的願景，今天，我們繼先賢之志，實施紹興歷史上前無古人的文化工程，希冀通過《紹興大典》的編纂出版，從浩瀚的紹興典籍中尋找歷史印記，從豐富的紹興文化中挖掘鮮活資源，從悠遠的紹興歷史中把握發展脉絡，古爲今用，繼往開來，爲新時代「文化紹興」建設注入强大動力。我們將懷敬畏之心，以古人「三不朽」的立德修身要求，爲紹興這座中國歷史文化名城和「東亞文化之都」立傳畫像，爲全世界紹興人築就恒久的精神家園。

是爲序。

温暖

二〇二三年十月

前言

越國故地，是中華文明的重要起源地，中華優秀傳統文化的重要貢獻地，中華文獻典籍的重要誕生地。紹興，是越國古都，國務院公布的第一批歷史文化名城。編纂出版《紹興大典》，是綿延中華文獻之大計，弘揚中華文化之良策，傳承中華文明之壯舉。

一

紹興有源遠流長的文明，是中華文明的縮影。

中國有百萬年的人類史，一萬年的文化史，五千多年的文明史。中華文明，是中華民族長期實踐的積累，集體智慧的結晶，不斷發展的産物。各個民族，各個地方，都爲中華文明作出了自己獨具特色的貢獻。紹興人同樣爲中華文明的起源與發展，作出了自己傑出的貢獻。

現代考古發掘表明，早在約十六萬年前，於越先民便已經在今天的紹興大地上繁衍生息。二〇一七年初，在嵊州崇仁安江村蘭山廟附近，出土了於越先民約十六萬年前使用過的打製石器[一]。這是曹娥江流域首次發現的舊石器遺存，爲探究這一地區中更新世晚期至晚更新世早期的人類活動、

〔一〕陸瑩等撰《浙江蘭山廟舊石器遺址網紋紅土釋光測年》，《地理學報》英文版，二〇二〇年第九期，第一四三六至一四五〇頁。

華南地區與現代人起源的關係、小黃山遺址的源頭等提供了重要綫索。

距今約一萬至八千年的嵊州小黃山遺址〔一〕，於二〇〇六年與上山遺址一起，被命名爲上山文化。該遺址中的四個重大發現，引人矚目：一是水稻實物的穀粒印痕遺存，以及儲藏坑、鐮形器、石磨棒、石磨盤等稻米儲存空間與收割、加工工具的遺存；二是種類與器型衆多的夾砂、夾炭、夾灰紅衣陶與黑陶等遺存；三是我國迄今發現的最早的立柱建築遺存，以及石杵立柱遺存；四是我國新石器時代遺址中迄今發現的最早的石雕人首。

蕭山跨湖橋遺址出土的山茶種實，表明於越先民在八千多年前已開始對茶樹及茶的利用與探索〔二〕。距今約六千年前的餘姚田螺山遺址發現的山茶屬茶樹根遺存，有規則地分布在聚落房屋附近，特別是其中出土了一把與現今茶壺頗爲相似的陶壺，表明那時的於越先民已經在有意識地種茶用茶了〔三〕。

對美好生活的嚮往無止境，創新便無止境。於越先民在一萬年前燒製出世界上最早的彩陶的基礎上〔四〕，經過數千年的探索實踐，終於在夏商之際，燒製出了人類歷史上最早的原始瓷〔五〕；繼而又在東漢時，燒製出了人類歷史上最早的成熟瓷。現代考古發掘表明，漢時越地的窑址，僅曹娥江兩岸的上虞，就多達六十一處〔六〕。

中國是目前發現早期稻作遺址最多的國家，是世界上最早發現和利用茶樹的國家，更是瓷器的故

〔一〕浙江省文物考古研究所編《上山文化：發現與記述》，文物出版社二〇一六年版，第七一頁。
〔二〕浙江省文物考古研究所、蕭山博物館編《跨湖橋》，文物出版社二〇〇四年版，彩版四五。
〔三〕北京大學中國考古學研究中心、浙江省文物考古研究所編《田螺山遺址自然遺存綜合研究》，文物出版社二〇一一年版，第一一七頁。
〔四〕孫瀚龍、趙曄著《浙江史前陶器》，浙江人民出版社二〇二二年版，第三頁。
〔五〕鄭建華、謝西營、張馨月著《浙江古代青瓷》，浙江人民出版社二〇二二年版，上册，第四頁。
〔六〕宋建明主編《早期越窑——上虞歷史文化的豐碑》，中國書店二〇一四年版，第二四頁。

鄉。《（嘉泰）會稽志》卷十七記載「會稽之産稻之美者，凡五十六種」，稻作文明的進步又直接促成了紹興釀酒業的發展。同卷又單列「日鑄茶」一條，釋曰「日鑄嶺在會稽縣東南五十五里，嶺下有僧寺名資壽，其陽坡名油車，朝暮常有日，産茶絶奇，故謂之日鑄」。可見紹興歷史上物質文明之發達，真可謂「天下無儔」。

二

紹興有博大精深的文化，是中華文化的縮影。

文化是一條源遠流長的河，流過昨天，流到今天，還要流向明天。悠悠萬事若曇花一現，唯有文化與日月同輝。

大量的歷史文獻與遺址古迹表明，四千多年前，大禹與紹興結下了不解之緣。大禹治平天下之水，漸九川，定九州，至於諸夏乂安，《史記·夏本紀》載：「禹會諸侯江南，計功而崩，因葬焉，命曰會稽。會稽者，會計也。」裴駰注引《皇覽》曰：「禹冢在山陰縣會稽山上。會稽山本名苗山，在縣南，去縣七里。」《（嘉泰）會稽志》卷六「大禹陵」：「禹巡守江南，上苗山，會稽諸侯，死而葬焉。……劉向書云：禹葬會稽，不改其列，謂不改林木百物之列也。苗山自禹葬後，更名會稽。是山之東，有隴隱若劍脊，西嚮而下，下有窆石，或云此正葬處。」另外，大禹在以會稽山爲中心的越地，還有一系列重大事迹的記載，包括娶妻塗山、得書宛委、畢功了溪、誅殺防風、禪祭會稽、築治邑室等。

以至越王句踐，「其先禹之苗裔，而夏后帝少康之庶子也，封於會稽，以奉守禹之祀」（《史記·越王句踐世家》）。句踐的功績，集中體現在他一系列的改革舉措以及由此而致的强國大業上。

他創造了「法天象地」這一中國古代都城選址與布局的成功範例，奠定了近一個半世紀越國號稱天下强國的基礎，造就了紹興發展史上的第一個高峰，更實現了東周以來中國東部沿海地區暨長江下游地區的首次一體化，讓人們在數百年的分裂戰亂當中，依稀看到了一統天下的希望，爲後來秦始皇統一中國，建立真正大一統的中央政權，進行了區域性的準備。因此，司馬遷稱：「苗裔句踐，苦身焦思，終滅强吴，北觀兵中國，以尊周室，號稱霸王。句踐可不謂賢哉！蓋有禹之遺烈焉。」

千百年來，紹興涌現出了諸多譽滿海内、雄稱天下的思想家，他們的著述世不絕傳、遺澤至今，他們的思想卓犖英發、光彩奪目。哲學領域，聚諸子之精髓，啓後世之思想。政治領域，以家國之情懷，革社會之弊病。經濟領域，重生民之生業，謀民生之大計。教育領域，育天下之英才，啓時代之新風。史學領域，創史志之新例，傳千年之文脉。

紹興是中國古典詩歌藝術的寶庫。四言詩《候人歌》被稱爲「南音之始」。於越《彈歌》是我國文學史上僅存的二言詩。《越人歌》是越地的第一首情歌、中國的第一首譯詩。山水詩的鼻祖，是上虞人謝靈運。唐代，這裏涌現出了賀知章等三十多位著名詩人。宋元時，這裏出了别開詩歌藝術天地的陸游、王冕、楊維楨。

紹興是中國傳統書法藝術的故鄉。鳥蟲書與《會稽刻石》中的小篆，影響深遠。中國的文字成爲藝術品之習尚，文字由書寫轉向書法，是從越人的鳥蟲書開始的。而自王羲之《蘭亭序》之後，紹興更是成爲中國書法藝術的聖地。翰墨碑刻，代有名家精品。

紹興是中國古代繪畫藝術的重鎮。世界上最早彩陶的燒製，展現了越人的審美情趣。「文身斷髮」與「鳥蟲書」，實現了藝術與生活最原始的結合。戴逵與戴顒父子、僧仲仁、王冕、徐渭、陳洪綬、趙之謙、任熊、任伯年等在中國繪畫史上有開宗立派的地位。

一九一二年一月，魯迅爲紹興《越鐸日報》創刊號所作發刊詞中寫道：「於越故稱無敵於天下，海岳精液，善生俊異，後先絡繹，展其殊才；其民復存大禹卓苦勤勞之風，同句踐堅確慷慨之志，力作治生，綽然足以自理。」可見，紹興自古便是中華文化的重要發源地與傳承地，紹興人更是世代流淌着「卓苦勤勞」「堅確慷慨」的精神血脉。

三

紹興有琳琅滿目的文獻，是中華文獻的縮影。

自有文字以來，文獻典籍便成了人類文明與人類文化的基本載體。紹興地方文獻同樣爲中華文明與中華文化的傳承發展，作出了傑出的貢獻。

中華文明之所以成爲世界上唯一没有中斷、綿延至今、益發輝煌的文明，在於因文字的綿延不絶而致的文獻的源遠流長、浩如煙海。中華文化之所以成爲中華民族有别於世界上其他任何民族的顯著特徵並流傳到今天，靠的是中華兒女一代又一代的言傳身教、口口相傳，更靠的是文獻典籍一代又一代的忠實書寫、守望相傳。

無數的甲骨、簡牘、古籍、拓片等中華文獻，無不昭示着中華文明的光輝燦爛、欣欣向榮，無不昭示着中華文化的廣博淵綜、蒸蒸日上。它們既是中華文明與中華文化的基本載體，又是中華文明與中華文化的重要組成部分，是十分重要的物質文化遺産。

紹興地方文獻作爲中華文獻重要的組成部分，積澱極其豐厚，特色十分明顯。

（一）文獻體系完備

紹興的文獻典籍根基深厚，載體體系完備，大體經歷了四個階段的歷史演變。

一是以刻符、紋樣、器型爲主的史前時代。代表性的，有作爲上山文化的小黄山遺址中出土的彩陶上的刻符、印紋、圖案等。

二是以金石文字爲主的銘刻時代。代表性的，有越國時期玉器與青銅劍上的鳥蟲書等銘文、秦《會稽刻石》、漢「大吉」摩崖、漢魏六朝時的會稽磚甓銘文與會稽青銅鏡銘文等。

三是以雕版印刷爲主的版刻時代。代表性的，有中唐時期越州刊刻的元稹、白居易的詩集。唐長慶四年（八二四），浙東觀察使兼越州刺史元稹，在爲時任杭州刺史的好友白居易《白氏長慶集》所作的序言中寫道：「揚、越間多作書模勒樂天及予雜詩，賣於市肆之中也。」這是有關中國刊印書籍的最早記載之一，説明越地開創了「模勒」這一雕版印刷的風氣之先。宋時，兩浙路茶鹽司等機關和紹興府、紹興府學等，競相刻書，版刻業快速繁榮，紹興成爲兩浙乃至全國的重要刻書地，所刻之書多稱「越本」「越州本」。明代，紹興刊刻呈現出了官書刻印多、鄉賢先哲著作和地方文獻多、私家刻印特色叢書多的特點。清代至民國，紹興整理、刊刻古籍叢書成風，趙之謙、平步青、徐友蘭、章壽康、羅振玉等，均有大量輯刊，蔡元培早年應聘於徐家校書達四年之久。

四是以機器印刷爲主的近代出版時期。這一時期呈現出傳統技術與西方新技術並存、傳統出版物與維新圖强讀物並存的特點。代表性的出版機構，在紹興的有徐友蘭於一八六二年創辦的墨潤堂等。另外，吴隱於一九〇四年參與創辦了西泠印社；紹興人沈知方於一九一二年參與創辦了中華書局，還於一九一七年創辦了世界書局。代表性的期刊，有羅振玉於一八九七年在上海創辦的《農學報》，杜亞泉於一九〇一年在上海創辦的《普通學報》，羅振玉於一九〇一年在上海發起、王國維主筆的《教育世界》，杜亞泉等於一九〇二年在上海編輯的《中外算報》，秋瑾於一九〇七年在上海創辦的《中國女報》等。代表性的報紙，有蔡元培於一九〇三年在上海創辦的《俄事警聞》等。

紹興文獻典籍的這四個演進階段，既相互承接，又各具特色，充分彰顯了走在歷史前列、引領時代潮流的特徵，總體上呈現出了載體越來越多元、内涵越來越豐富、傳播越來越廣泛、對社會生活的影響越來越深遠的歷史趨勢。

（二）藏書聲聞華夏

紹興歷史上刻書多，便爲藏書提供了前提條件，因而藏書也多。大禹曾「登宛委山，發金簡之書，案金簡玉字，得通水之理」（《吴越春秋》卷六），還「巡狩大越，見耆老，納詩書」（《越絶書》卷八），這是紹興有關采集收藏圖書的最早記載。句踐曾修築「石室」藏書，「晝書不倦，晦誦竟旦」（《越絶書》卷十二）。

造紙術與印刷術的發明和推廣，使得書籍可以成批刷印，爲藏書提供了極大便利。王充得益於藏書資料，寫出了不朽的《論衡》。南朝梁時，山陰人孔休源「聚書盈七千卷，手自校治」（《梁書·孔休源傳》），成爲紹興歷史上第一位有明文記載的藏書家。唐代時，越州出現了集刻書、藏書、讀書於一體的書院。五代十國時，南唐會稽人徐鍇精於校勘，雅好藏書，「江南藏書之盛，爲天下冠，鍇力居多」（《南唐書·徐鍇傳》）。

宋代雕版印刷術日趨成熟，爲書籍的化身千百與大規模印製創造了有利條件，也爲藏書提供了更多來源。特别是宋室南渡、越州升爲紹興府後，更是出現了以陸氏、石氏、李氏、諸葛氏等爲代表的藏書世家。陸游曾作《書巢記》，稱「吾室之内，或棲於櫝，或陳於前，或枕藉於床，俯仰四顧，無非書者」。《（嘉泰）會稽志》中專設《藏書》一目，説明了當時藏書之風的盛行。元時，楊維楨「積書數萬卷」（《鐵笛道人自傳》）。

明代藏書業大發展，出現了鈕石溪的世學樓等著名藏書樓。其中影響最大的藏書家族，當數山陰祁氏；影響最大的藏書樓，當數祁承㸁創辦的澹生堂，至其子彪佳時，藏書達三萬多卷。

清代是紹興藏書業的鼎盛時期，有史可稽者凡二十六家，諸如章學誠、李慈銘、陶濬宣等。上虞王望霖建天香樓，藏書萬餘卷，尤以藏書家之墨迹與鈎摹鐫石聞名。徐樹蘭創辦的古越藏書樓，以存古開新爲宗旨，以資人觀覽爲初心，成爲中國近代第一家公共圖書館。

民國時，代表性的紹興藏書家與藏書樓有：羅振玉的大雲書庫、徐維則的初學草堂、蔡元培創辦的養新書藏、王子餘開設的萬卷書樓、魯迅先生讀過書的三味書屋等。

根據二〇一六年完成的古籍普查結果，紹興全市十家公藏單位，共藏有一九一二年以前産生的中國傳統裝幀書籍與民國時期的傳統裝幀書籍三萬九千七百七十七種、二十二萬六千一百二十五册，分别占了浙江省三十三萬七千四百零五種的百分之十一點七九、二百五十萬六千六百三十三册的百分之九點零二。這些館藏的文獻典籍，有不少屬於名人名著，其中包括在别處難得見到的珍稀文獻。這是紹興這個地靈人傑的文獻名邦確實不同凡響的重要見證。

一部紹興的藏書史，其實也是一部紹興人的讀書、用書、著書史。歷史上的紹興，刻書、藏書、讀書、用書、著書，良性循環，互相促進，成爲中國文化史上一道亮麗的風景。

（三）著述豐富多彩

紹興自古以來，論道立説、卓然成家者代見輩出，創意立言、名動天下者繼踵接武，歷朝皆有傳世之作，各代俱見槃槃之著。這些文獻，不僅對紹興一地有重要價值，而且也是浙江文化乃至中國古代文化的重要組成部分。

一是著述之風，遍及各界。越人的創作著述，文學之士自不待言，爲政、從軍、業賈者亦多喜筆耕，屢有不刊之著。甚至於鄉野市井之口頭創作、謡歌俚曲，亦代代敷演，蔚爲大觀，其中更是多有内藴厚重、哲理深刻、色彩斑斕之精品，遠非下里巴人，足稱陽春白雪。

二是著述整理，尤爲重視。越人的著述，包括對越中文獻乃至我國古代文獻的整理。宋孔延之的《會稽掇英總集》，清杜春生的《越中金石記》，近代魯迅的《會稽郡故書雜集》等，都是收輯整理地方文獻的重要成果。陳橋驛所著《紹興地方文獻考録》，是另一種形式的著述整理，其中考録一九四九年前紹興地方文獻一千二百餘種。清代康熙年間，紹興府山陰縣吴楚材、吴調侯叔侄選編的《古文觀止》，自問世以來，一直是古文啓蒙的必備書，也深受古文愛好者的推崇。

三是著述領域，相涉廣泛。越人的著述，涉及諸多領域。其中古代以經、史與諸子百家研核之作爲多，且基本上涵蓋了經、史、子、集的各個分類，近現代以文藝創作爲多，當代則以科學研究論著爲多。這也體現了越中賢傑經世致用、與時俱進的家國情懷。

四

盛世修典，承古啓新，以「紹興」之名，行紹興之實。

紹興這個名字，源自宋高宗的升越州爲府，並冠以年號，時在紹興元年（一一三一）的十月廿六日。這是對這座城市傳統的畫龍點睛。紹興這兩個字合在一起，藴含的正是承繼前業而壯大之、開創未來而昌興之的意思。數往而知來，今天的紹興人正賦予這座城市、這個名字以新的意藴，那就是繼承中華優秀傳統文化，建設中華民族現代文明，爲實現中華民族偉大復興，作出自己新的更大的貢獻。

編纂出版《紹興大典》，正是紹興地方黨委、政府文化自信、文化自覺的體現，是集思廣益、精心實施的德政，是承前啓後、繼往開來的偉業。

（一）科學的決策

《紹興大典》的編纂出版，堪稱黨委、政府科學決策的典範。二〇二〇年十二月十一日，中共紹興市委八届九次全體（擴大）會議審議通過了關於紹興市「十四五」規劃和二〇三五年遠景目標的建議，其中首次提出要啓動《紹興大典》的編纂出版工作。

二〇二一年二月五日，紹興市第八届人民代表大會第六次會議批准了市政府根據市委建議編製的紹興市「十四五」規劃和二〇三五年遠景目標綱要，其中又專門寫到要啓動《紹興大典》的編纂出版工作。二月八日，紹興市人民政府正式印發了這個重要文件。

二〇二二年二月二十八日的中共紹興市第九次代表大會市委工作報告與三月三十日的紹興市九届人大一次會議政府工作報告，均對編纂出版《紹興大典》提出了要求。

二〇二二年九月十五日，紹興市人民政府第十一次常務會議專題聽取了《〈紹興大典〉編纂出版工作實施方案》起草情况的匯報，決定根據討論意見對實施意見進行修改完善後，提交市委常委會議審議。九月十六日，中共紹興市委九届二十次常委會議專題聽取《〈紹興大典〉編纂出版工作實施方案》起草情況的匯報，並進行了討論，決定批准這個方案。十月十日，中共紹興市委辦公室、紹興市人民政府辦公室正式印發了《〈紹興大典〉編纂出版工作實施方案》。

（二）嚴謹的體例

在中共紹興市委、紹興市人民政府研究批准的實施方案中，《紹興大典》編纂出版的各項相關事宜，均得以明確。

一是主要目標。系統、全面、客觀梳理紹興文化傳承脉絡，收集、整理、編纂、研究、出版紹興地方文獻，使《紹興大典》成爲全國鄉邦文獻整理編纂出版的典範和紹興文化史上的豐碑，爲努力打造「文獻保護名邦」「文史研究重鎮」「文化轉化高地」三張紹興文化的金名片作出貢獻。

二是收録範圍。《紹興大典》收録的時間範圍爲：起自先秦時期，迄至一九四九年九月三十日，部分文獻酌情下延。地域範圍爲：今紹興市所轄之區、縣（市），兼及歷史上紹興府所轄之蕭山、餘姚。內容範圍爲：紹興人的著述，域外人士有關紹興的著述，歷史上紹興刻印的古籍善本和紹興收藏的珍稀古籍善本。

三是編纂方法。對所録文獻典籍，按經、史、子、集和叢五部分類方法編纂出版。

根據實施方案明確的時間安排與階段劃分，在具體編纂工作中，采用先易後難、先急後緩，邊編纂出版、邊深入摸底的方法。即先編纂出版情況明瞭、現實急需的典籍，與此同時，對面上的典籍情況進行深入的摸底調查。這樣的方法，既可以用最快的速度出書，以滿足保護之需、利用之需，又可以爲一些難題的破解争取時間；既可以充分發揮我國實力最强的專業古籍出版社中華書局的編輯出版優勢，又可以充分借助與紹興相關的典籍一半以上收藏於我國古代典籍收藏最爲宏富的國家圖書館的優勢。這是最大限度地避免時間與經費上的重複浪費的方法，也是地方文獻編纂出版工作方法上的創新。

另外，還將適時延伸出版《紹興大典·要籍點校叢刊》《紹興大典·文獻研究叢書》《紹興大典·善本影真叢覽》等。

（三）非凡的意義

正如紹興的文獻典籍在中華文獻典籍史上具有重要的影響那樣，編纂出版《紹興大典》的意義，同樣也是非同尋常的。

一是編纂出版《紹興大典》，對於文獻典籍的更好保護——活下來，具有非同尋常的意義。歷史上的文獻典籍，是中華文明歷經滄桑留下的最寶貴的東西。然而，這些瑰寶或因天災人禍，或因自然老化，或因使用過度，或因其他緣故，有不少已經處於岌岌可危甚至奄奄一息的境況。

編纂出版《紹興大典》，可以爲系統修復、深度整理這些珍貴的古籍争取時間；可以最大限度呈現底本的原貌，緩解藏用的矛盾，更好地方便閲讀與研究。這是文獻典籍眼下的當務之急，最好的續命之舉。

二是編纂出版《紹興大典》，對於文獻典籍的更好利用——活起來，具有非同尋常的意義。歷史上的文獻典籍，流傳到今天，實屬不易，殊爲難得。它們雖然大多保存完好，其中不少還是善本，但分散藏於公私，積久塵封，世人難見；也有的已成孤本，或至今未曾刊印，僅有稿本、抄本，秘不示人，無法查閲。

編纂出版《紹興大典》，將穿越千年的文獻、深庋密鎖的秘藏、散落全球的珍寶匯聚起來，化身萬千，走向社會，走近讀者，走進生活，既可防它們失傳之虞，又可使它們嘉惠學林，也可使它們古爲今用，文旅融合，還可使它們延年益壽，推陳出新。這是於文獻典籍利用一本萬利、一舉多得的好事。

三是編纂出版《紹興大典》，對於文獻典籍的更好傳承——活下去，具有非同尋常的意義。歷史上的文獻典籍，能保存至今，是先賢們不惜代價，有的是不惜用生命爲代價换來的。對這些傳承至今的古籍本身，我們應當倍加珍惜。

編纂出版《紹興大典》，正是爲了述録先人的開拓，啓迪來者的奮鬥，使這些珍貴古籍世代相傳，使藴藏在這些珍貴古籍身上的中華優秀傳統文化世代相傳。這是中華文化創造性轉化、創新性發展的通途所在。

編纂出版《紹興大典》，是紹興文化發展史上的曠古偉業。編成後的《紹興大典》，將成爲全國範圍内的同類城市中，第一部收録最爲系統、内容最爲豐贍、品質最爲上乘的地方文獻集成。

紹興這個地方，古往今來，都在不懈超越。超乎尋常，追求卓越。超越自我，超越歷史。《紹興大典》的編纂出版，無疑會是紹興文化發展史上的又一次超越。

道阻且長，行則將至；行而不輟，成功可期。「後之視今，亦猶今之視昔」；「後之覽者，亦將有感於斯文」（《蘭亭集序》）。讓我們一起努力吧！

馮建榮

二〇二三年六月十日，星期六，成稿於寓所

二〇二三年中秋、國慶假期，校改於寓所

編纂説明

紹興古稱會稽，歷史悠久。

大禹治水，畢功了溪，計功今紹興城南之茅山（苗山），崩後葬此，此山始稱會稽，此地因名會稽，距今四千多年。

大禹第六代孫夏后少康封庶子無餘於會稽，以奉禹祀，號曰「於越」，此爲吾越得國之始。《竹書紀年》載，成王二十四年，於越來賓。是亦此地史載之始。

距今兩千五百多年，越王句踐遷都築城於會稽山之北（今紹興老城區），是爲紹興建城之始，於今城不移址，海内罕有。

秦始皇滅六國，御海内，立郡縣，成定制。是地屬會稽郡，郡治爲吴縣，所轄大率吴越故地。東漢順帝永建四年（一二九），析浙江之北諸縣置吴郡，是爲吴越分治之始。會稽名仍其舊，郡治遷山陰。由隋至唐，會稽改稱越州，時有反復，至中唐後，「越州」遂爲定稱而至於宋。所轄時有增減，至五代後梁開平二年（九〇八），吴越析剡東十三鄉置新昌縣，自此，越州長期穩定轄領會稽、山陰、蕭山、諸暨、餘姚、上虞、嵊縣、新昌八邑。

建炎四年（一一三〇），宋高宗趙構駐蹕越州，取「紹奕世之宏庥，興百年之丕緒」之意，下詔從建炎五年正月改元紹興。紹興元年（一一三一）十月己丑升越州爲紹興府，斯地乃名紹興，沿用至今。

歷史的悠久，造就了紹興文化的發達。數千年來文化的發展、沉澱，又給紹興留下了燦爛的文化載體——鄉邦文獻。保存至今的紹興歷史文獻，有方志著作、家族史料、雜史輿圖、文人筆記、先賢文集、醫卜星相、碑刻墓誌、摩崖遺存、地名方言、檔案文書等不下三千種，可以説，凡有所録，應有盡有。這些文獻從不同角度記載了紹興的山川地理、風土人情、經濟發展、人物傳記、著述藝文等各個方面，成爲人們瞭解歷史、傳承文明、教育後人、建設社會的重要參考資料，其中許多著作不僅對紹興本地有重要價值，也是江浙文化乃至中華古代文化的重要組成部分。

紹興歷代文人對地方文獻的探尋、收集、整理、刊印等都非常重視，並作出過不朽的貢獻，陳橋驛先生就是代表性人物。正是在他的大力呼籲下，時任紹興縣政府主要領導作出了編纂出版《紹興叢書》的決策，爲今日《紹興大典》的編纂出版積累了經驗，奠定了基礎。

時至今日，爲貫徹落實習近平總書記系列重要講話精神，奮力打造新時代文化文明高地，重輝「文獻名邦」，中共紹興市委、市政府毅然作出編纂出版《紹興大典》的決策部署。延請全國著名學者樓宇烈、袁行霈、安平秋、葛劍雄、吴格、李岩、熊遠明、張志清諸先生參酌把關，與收藏紹興典籍最豐富的國家圖書館等各大圖書館以及專業古籍出版社中華書局展開深度合作，成立專門班子，精心規劃組織，扎實付諸實施。《紹興大典》是地方文獻的集大成之作，出版形式以紙質書籍爲主，同步開發建設數據庫。其基本内容，包括以下三方面：

一、《紹興大典》影印精裝本文獻大全。這方面内容囊括一九四九年前的紹興歷史文獻，收録的原則是「全而優」，也就是文獻求全收録；同一文獻比對版本優劣，收優斥劣。同時特別注重珍稀性、孤罕性、史料性。

《紹興大典》影印精裝本收録範圍：

時間範圍：起自先秦時期，迄至一九四九年九月三十日，部分文獻可酌情下延。

地域範圍：今紹興市所轄之區、縣（市），兼及歷史上紹興府所轄之蕭山、餘姚。

内容範圍：紹興人（本籍與寄籍紹興的人士、寄籍外地的紹籍人士）撰寫的著作，非紹興籍人士撰寫的與紹興相關的著作，歷史上紹興刻印的古籍珍本和紹興收藏的古籍珍本。

《紹興大典》影印精裝本編纂體例，以經、史、子、集、叢五部分類的方法，對收録範圍内的文獻，進行開放式收録，分類編輯，影印出版。五部之下，不分子目。

經部：主要收録經學（含小學）原創著作；經校勘校訂，校注校釋，疏、證、箋、解、章句等的經學名著；爲紹籍經學家所著經學著作而撰的著作，等等。

史部：主要收録紹興地方歷史書籍，重點是府縣志、家史、雜史等三個方面的歷史著作。

子部：主要收録專業類書，比如農學類、書畫類、醫卜星相類、儒釋道宗教類、陰陽五行類、傳奇類、小説類，等等。

集部：主要收録詩賦文詞曲總集、别集、專集，詩律詞譜，詩話詞話，南北曲韻，文論文評，等等。

叢部：主要收録不入以上四部的歷史文獻遺珍、歷史文物和歷史遺址圖録彙總、戲劇曲藝脚本、報章雜志、音像資料等。不收傳統叢部之文叢、彙編之類。

《紹興大典》影印精裝本在收録、整理、編纂出版上述文獻的基礎上，同時進行書目提要的撰寫，並細編索引，以起到提要鉤沉、方便實用的作用。

二、《紹興大典》點校研究及珍本彙編。主要是《紹興大典》影印精裝本的延伸項目，形成三個成果，即《紹興大典·要籍點校叢刊》《紹興大典·文獻研究叢書》《紹興大典·善本影真叢覽》三叢。選取影印出版文獻中的要籍，組織專家分專題開展點校等工作，排印出版《紹興大典·要籍點校叢刊》；及時向社會公布推出出版文獻書目，開展《紹興大典》收録文獻研究，分階段出版研究成果《紹興大典·文獻研究叢書》；選取品相完好、特色明顯、内容有益的優秀文獻，原版原樣綫裝影印出版《紹興大典·善本影真叢覽》。

三、《紹興大典》文獻數據庫。以《紹興大典》影印精裝本和《紹興大典·要籍點校叢刊》《紹興大典·文獻研究叢書》《紹興大典·善本影真叢覽》三叢爲基幹構建。同時收録大典編纂過程中所涉其他相關資料，未用之版本，書佚目存之書目等，動態推進。

《紹興大典》編纂完成後，應該是一部體系完善、分類合理、全優兼顧、提要鮮明、檢索方便的大型文獻集成，必將成爲地方文獻編纂的新範例，同時助力紹興打造完成「歷史文獻保護名邦」「地方文史研究重鎮」「區域文化轉化高地」三張文化金名片。

《紹興大典》在中共紹興市委、市政府領導下組成編纂工作指導委員會，組織實施並保障大典工程的順利推進，同時組成由紹興市爲主導、國家圖書館和中華書局爲主要骨幹力量、各地專家學者和圖書館人員爲輔助力量的編纂委員會，負責具體的編纂工作。

《紹興大典》編纂委員會

二〇二三年五月

史部編纂説明

紹興自古重視歷史記載，在現存數千種紹興歷史文獻中，史部著作占有極爲重要的位置。因其内容豐富、體裁多樣、官民兼撰的特點，成爲《紹興大典》五大部類之一，而别類專纂，彙簡成編。

按《紹興大典·編纂説明》規定：「以經、史、子、集、叢五部分類的方法，對收録範圍内的文獻，進行開放式收録，分類編輯，影印出版。五部之下，不分子目。」「史部：主要收録紹興地方歷史書籍，重點是府縣志、家史、雜史等三個方面的歷史著作。」

紹興素爲方志之鄉，纂修方志的歷史較爲悠久。據陳橋驛《紹興地方文獻考録》（浙江人民出版社，一九八三年版）統計，僅紹興地區方志類文獻就「多達一百四十餘種，目前尚存近一半」。在最近三十多年中，紹興又發現了不少歷史文獻，堪稱卷帙浩繁。

據《紹興大典》編纂委員會多方調查掌握的信息，府縣之中，既有最早的府志——南宋二志《（嘉泰）會稽志》和《（寶慶）會稽續志》，也有最早的縣志——宋嘉定《剡録》；既有耳熟能詳的《（萬曆）紹興府志》，也有海内孤本《（嘉靖）山陰縣志》；更有寥若晨星的《永樂大典》本《紹興府志》，等等。存世的紹興府縣志，明代纂修並存世的萬曆爲最多，清代纂修並存世的康熙爲最多。

家史資料是地方志的重要補充，紹興地區家史資料豐富，《紹興家譜總目提要》共收録紹興相關家譜資料三千六百七十九條，涉及一百七十七個姓氏。據二〇〇六年《紹興叢書》編委會對上海圖書館藏紹興文獻的調查，上海圖書館館藏的紹興家史譜牒資料有三百多種，據紹興圖書館最近提供的信息，其館藏譜牒資料有二百五十多種，一千三百七十八册。紹興人文薈萃，歷來重視繼承弘揚耕讀傳統，家族中尤以登科進仕者爲榮，每見累世科甲、甲第連雲之家族，如諸暨花亭五桂堂黄氏、山陰狀元坊張氏，等等。家族中每有中式，必進祠堂，祭祖宗，禮神祇，乃至重纂家乘。因此纂修家譜之風頗盛，聯宗聯譜，聲氣相通，呼應相求，以期相將相扶，百世其昌，因此留下了浩如煙海、簡册連編的家史譜牒資料。家史資料入典，將遵循「姓氏求全，譜目求全，譜牒求優」的原則遴選。

雜史部分是紹興歷史文獻中内容最豐富、形式最多樣、撰者最衆多、價值極珍貴的部分。記載的内容無比豐富，撰寫的體裁多種多樣，留存的形式面目各異。其中私修地方史著作，以東漢袁康、吴平所輯的《越絶書》及稍後趙曄的《吴越春秋》最具代表性，是紹興現存最早較爲系統完整的史著。

雜史部分的歷史文獻，有非官修的專業志、地方小志，如《三江所志》《倉帝廟志》《螭陽志》等；有以韻文形式撰寫的如《山居賦》《會稽三賦》等；有碑刻史料如《會稽刻石》《龍瑞宫刻石》等；有詩文游記如《沃洲雜詠》等；有珍貴的檔案史料如《明浙江紹興府諸暨縣魚鱗册》等；有名人日記如《祁忠敏公日記》《越縵堂日記》等；有綜合性的歷史著作如海内外孤本《越中雜識》等；也有鉤沉稽古的如《虞志稽遺》等。既有《救荒全書》《欽定浙江賦役全書》這樣專業的經濟史料，也有《越中八景圖》這樣的圖繪史料等。舉凡經濟、人物、教育、方言風物、名人日記等，應有盡有，不勝枚舉。尤以地理爲著，諸如山川風物、名勝古迹、水利關津、衛所武備、天文医卜等，莫不悉備。

這些歷史文獻，有的是官刻，有的是坊刻，有的是家刻。有特別珍貴的稿本、鈔本、寫本，也有珍稀孤罕首次面世的史料。由於《紹興大典》的編纂出版，這些文獻得以呈現在世人面前，俾世人充分深入地瞭解紹興豐富多彩的歷史文化。受編纂者學識見聞以及客觀條件之限制，難免有疏漏錯訛之處，祈望方家教正。

《紹興大典》編纂委員會

二〇二三年五月

道光嵊縣志

十四卷，首末各一卷

〔清〕李式圃修，〔清〕朱渌等纂

清道光八年（一八二八）刻本

影印説明

《（道光）嵊縣志》十四卷，首末各一卷，清李式圃修，清朱渌等纂。清道光八年（一八二八）刻本。半葉十行行二十一字，小字雙行同，白口，單魚尾，左右雙邊，有圖。原書版框尺寸高19.5釐米，寬14釐米。書前有李可瓊、馮清聘、李式圃序，另有修纂名籍及修志凡例。卷末爲歷代舊志序跋。

李式圃，字果亭，合肥人，嘉慶十三年（一八〇八）舉人，道光二年（一八二二）進士，歷任太平、武康、嵊縣、慈溪諸縣知縣。所至有政聲，士民愛戴。朱渌，字清如，號意園，山陰人，乾隆五十三年（一七八八）舉人，嘉慶四年（一七九九）進士，曾任江西臨江府知府，爲官廉正有聲，建章山書院以勸學。歸里後，應邀爲縣志總纂。

此次影印，以上海圖書館藏本爲底本。底本原書之卷二、卷三，前人以《（乾隆）嵊縣志》之卷二、卷三誤配，現以天津圖書館藏《（道光）嵊縣志》之卷二、卷三换補。另據《中國地方志聯合目録》，國家圖書館、浙江圖書館、天一閣等亦有收藏。

序

令尹職司民社訓俗型方非徒按簿書愼出納爲目前之計必將通達古今蒐羅文獻舉政之大者而圖之庶足以彰前軌示來轍也嵊邑據越上游山川秀異井壤交錯其地瘠而不貧其

民樸而好禮越州八邑中素稱易治維嵊志自乾隆壬戌脩輯後距今又八十餘年其閒典禮之脩明制度之沿革民人物產之滋豐文章節義之建豎日新月盛積而彌多使佚而不紀何以彰前軌示來轍乎李君令嵊

之三年政通人和百廢具舉爰取舊志重加裒輯爲門四十爲卷一十有四約而能該詳而有體郁郁乎備歷朝之掌故爲剡水之典型矣抑予又有望焉者嵊之先賢勳名如王謝經術如二戴著述如姚令威理學如周

海門皆南紀之英也嵊之名宦賑饑之如過昱柳豪強如陳著築城禦寇如吳三畏濬河治堤如朱一柏皆慈惠之師也使嵊人砥行立名追嗣前徽樸而愿者從事乎孝弟力田秀而文者陶淑乎詩書禮樂則嵊之風俗

日醇矣官茲土者本良法美意之留遺深高山景行之仰慕文物典章各求其備因革損益務得其宜俾政教覃敷化行俗美則嵊之吏治日上矣然則是志之脩非特爲嵊人高曾之規矩實寧嵊者百世之磐鑑也其所

裨豈淺尠哉予奉

命分巡浙東於井疆戶口之登耗士習民風之隆替每於僚友中悉心體訪以期因地制宜化民成俗兹覩李君是書綜一邑之典章編摩而考鏡之方志也即治譜也洵可謂舉其政之大者歟

故因其請而樂為之序

賜進士出身分巡浙江寧紹台海防兵備道前翰林院編修南海李可瓊譔

古者太史陳詩以觀民風小史外史掌邦國四方之志詩以別風俗之貞淫志以詳山川田賦民風物產之屬胥於是乎在此志不可以不作也嵊志始於宋高似孫剡錄元許汝霖明錢悌夏雷邑令譚禮周司空遞修之

而周本爲冣善
國朝張君逢歡李君以炎重加纂脩
自乾隆初迄今八十餘年闕焉
未備者尚夥李君果亭來令是
邑懼其事蹟散佚迺延致紳士
博采舊聞成志十四卷而屬序
於余余謂作史之難莫難於志

紉志郡邑紀風土備掌故尤在
擇精而語詳於舊所未列者廣
之舊所濫入者芟之且古今分
野之殊度山川之易名城郭之
建置典章之因革人品之淑慝
使不徵古籍訪黎獻將何以信
今傳後李君是志以儒林賅道

學以經籍別藝文以封誥歸仕籍武職附之例嚴矣而崇學校標殊勳編詩文彰苦節抑又備矣其他山川支派形勝扼要戶口田畝忠孝隱逸諸門無不折衷至當博而要覈而詳其去取有非舊志所及夫嵊固山水之

區也勢接江湖界連台越由剡溪而上嶀山嵊山峯巒環列雲霞縹緲樹木櫹槮而艇湖諸水蜿蜒噴薄扶輿鬱結之氣靈秀鍾焉是以高人碩士如許元度戴安道王謝諸人往、帬屐風流歌詠自得非以其地美而俗

淳熙余守越郡嘗攷風習之相沿其士秀而文其民樸而勤八邑中惟嵊鮮案牘易於化導繼自今其必使士崇實學民益馴良務本業銷獄訟以仰承

聖天子教化涵育之至意是則守土者之責也顧與李君共勉之爰

為序

道光八年歲次戊子秋九月知

紹興府事雁門馮清聘撰

序

周禮小史掌邦國之志卽今之一統省志也外史掌四方之志卽今之郡縣志也然則一邑之志實爲一統省郡志之權輿顧可聽其年久散佚文獻無徵歟嵊爲漢剡縣東控台寧西通婺暨南連新邑北毗會稽介兩郡六邑間山川秀異原隰衍沃人民商賈之富庶土宜地力之豐饒習尚儉

樸風俗淳厚洵東越之奧區也唐鄭言著平剡錄皆鐃歌奏凱之詞無關典要宋俞瑞剡東錄舊志已稱購不可得嘉定間高似孫本會稽志作剡錄雖高簡有法而去取失宜元許汝霖始改錄爲志閱前明一代凡四脩成化志成於錢悌而有悌傳宏治夏雷譏其收錄未當因就許志而增之嘉靖時復修於邑令譚禮未就萬歷間始

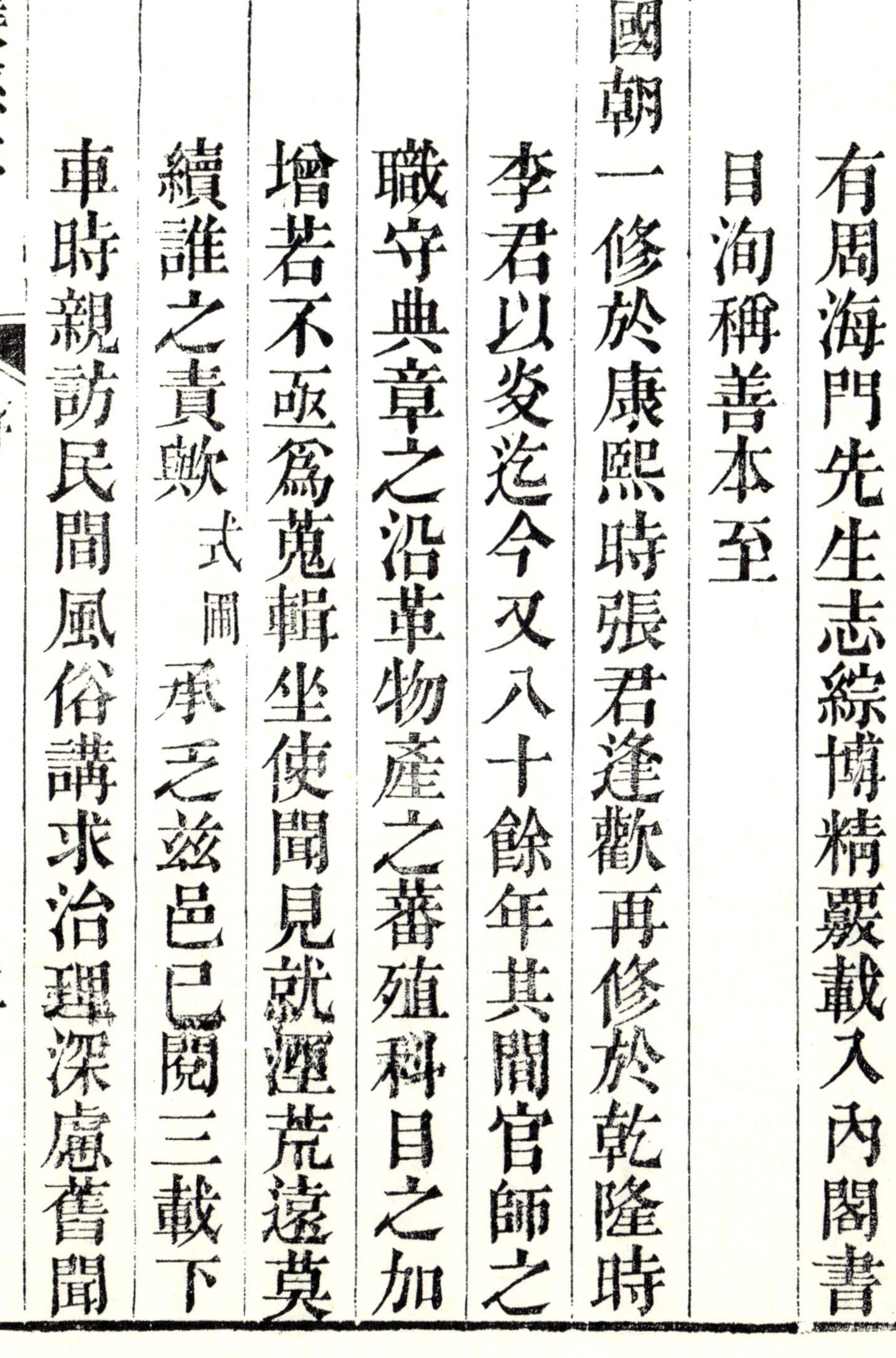

有周海門先生志綜博精覈載入內閣書目洵稱善本至國朝一修於康熙時張君逢歡再修於乾隆時李君以姿迄今又八十餘年其間官師之職守典章之沿革物產之蕃殖科目之加增若不亟爲蒐輯坐使聞見就湮荒遠莫續誰之責歟　式爾　承乏茲邑已閱三載下車時親訪民間風俗講求治理深慮舊聞

放佚考證無從迺謀諸闔邑耆舊延郡中朱意園太史及在籍諸紳士網羅舊聞廣爲采訪就舊志所載冗者削之譌者正之闕漏者增之復於案牘之暇詳爲釐訂歲一周始克蕆事畧變舊志體例分爲四十門以歸簡要蓋觀山川疆域之形勢可以知要害觀土田戸口之多寡可以均賦役觀城池壇廟之制度可以修廢墜觀民風

士習之淑慝可以與教養舉凡政治之得失美惡之勸懲胥於是乎在惟有恪守官常拊循保惠以期上揚
聖治下協輿情俾風俗蒸蒸日上亦有司之幸也豈僅爲生於嵊仕於嵊游於嵊者作一鑑也哉

道光八年歲次戊子知嵊縣事合肥李式圃撰

三

道光八年嵊縣脩志名籍

纂脩

嵊　縣　知　縣李式圃合肥人壬午進士

總纂

原任江西臨江府知府朱　潫山陰人己未進士

叅訂

嵊　縣　敎　諭葛星垣秀水人乙卯舉人

協纂

拔　　貢　　生李富孫嘉興人辛酉

候　選　訓　導李遇孫嘉興人辛酉優貢

分纂

候選知縣錢錦山 邑人癸酉舉人

候選教諭喻道鈞 邑人丙子舉人

候選知縣邢復旦 邑人戊辰舉人

候選知縣魏敦廉 邑人癸未進士

舉人王景程 邑人壬午

舉人裘怡蓮 邑人辛巳

生員茹贊元 邑人

總校

原任海寧州教諭銜管訓導事裘怡芬 邑人辛酉拔貢

分校
候選知縣宋仁華邑人己卯進士
舉人王　譽邑人壬午
候選知縣郭廷翰邑人甲子舉人
舉人王際清邑人乙酉
生員周　璜邑人
候選教諭周松齡邑人乙酉拔貢
採輯
候選知縣徐建勳邑人庚申舉人
貢生郭萬年邑人

貢生王啟豐邑人

候選訓導喻萃邑人

生員周栗邑人

國學生魏雨沾邑人

增廣生趙友韓邑人

州同裘坤邑人

貢生錢釗邑人

貢生俞濟聖邑人

增廣生孫載歌邑人

生員周愛棠邑人

生員袁光彪　邑人

國學生沈　瀚　邑人

州同邢　模　邑人

舉人周卜潤　邑人　戊子

廪生王鳳鳴　邑人

廪生袁禮成　邑人

廪生吳一枝　邑人

生員過庭訓　邑人

國學生王秀清　邑人

國學生吳之海　邑人

副貢生金有鑑 邑人癸酉

翰林院額外待詔喻涵 邑人

候選教諭署昌化縣訓導魏懋昭 邑人己卯舉人

候選州吏目鄭蘭 邑人

廪生酈鳳樓 邑人

國學生俞九齡 新昌人

領局

候選知縣錢日青 邑人丁卯舉人

繪圖

舉人王景程 邑人壬午

收掌
嵊縣訓導沈浚都桐鄉人歲貢
監刊
嵊縣典史周普延津人

嵊縣志

凡例

一志表之例起於班固漢書前張志作志周志作表第方志載一邑之典志既未能綜括表亦未便省覽茲統分爲四十門

一舊志所載皆不詳出處使覽者無可攷證今廣爲蒐輯如正史舊志以及百家說部詩文等集悉注各條之下其得自呈報采訪者則注新纂惟職官選舉等門續增者不注

一戶口田賦俱按照賦役全書增入

一學校爲尊奉

至聖先師重地先賢先儒位次秩然舊志東西易位前後紊亂茲據闕里

聖廟志改正

一職官選舉文武並重舊志不載武弁武科亦屬疎畧茲於職官增駐防選舉增武科其並無專傳而有事蹟者畧注於本名下以見梗概

一文武非科甲而出仕者舊志有材諝武職二條今以材諝歸仕籍而以武職附之統入選舉門

一舊史但有儒林宋人始稱道學舊志將儒行理學

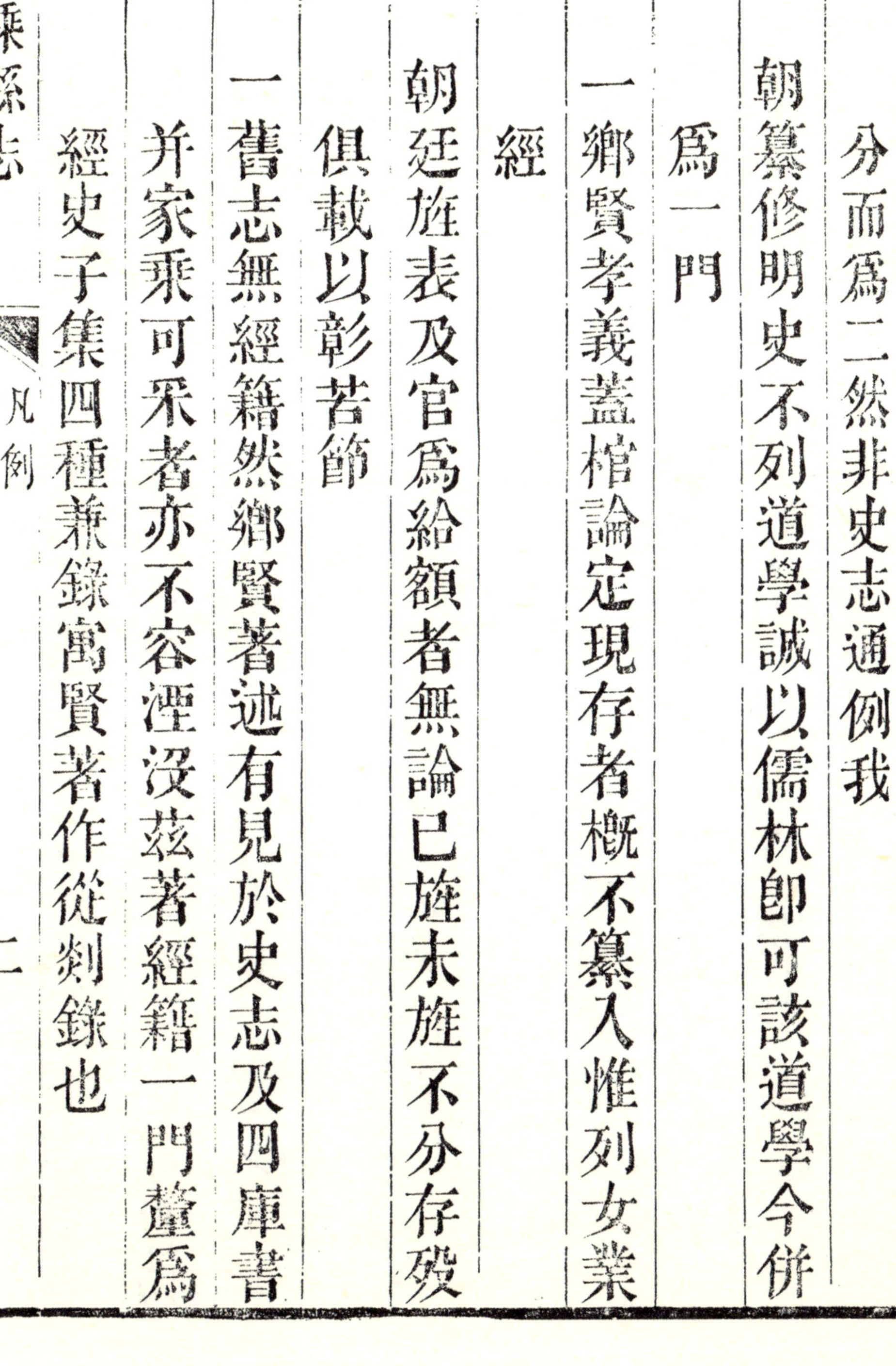

分而爲二，然非史志通例。我朝纂修明史不列道學，誠以儒林即可該道學，今併爲一門。

一鄉賢孝義蓋棺論定，現存者概不纂入，惟列女業經朝廷旌表及官爲給額者，無論已旌未旌，不分存殁，俱載以彰苦節。

一舊志無經籍，然鄉賢著述有見於史志及四庫書并家乘可采者，亦不容湮没，兹著經籍一門，釐爲經史子集四種，兼錄寓賢著作，從剡錄也。

一前人碑記題詠周志張志並注於各門李志悉入藝文今各門仍附載記畧緣起之文其詞藻可傳者仿浙江通志例編爲藝文惟無關一邑之民風土俗者不錄

一藝文不錄現存人至記畧之文亦得附各門以識顛末

一舊志藝文尚多闕畧茲旁搜博採自唐宋及國朝人著作可傳者計增十之三四以資攷覽

一張志悉本周志間有增損纂李志時夏志已佚周志僅存選舉一卷今周志獲有全書夏志亦從舊

志采入足資考證以補闕漏

一前志有未詳盡者有舛誤者今於本條後並作案語庶不致疑以傳疑爾

嵊縣志目錄

卷首

圖考

卷一

卷二

縣志圖攷

嵊縣志

卷首 總圖

北至會
四明山
覆卮山
嵊山
車騎山
花山
錦山
何家塘
任姆塘
動石山
石鼓山
東至新昌縣界
艇湖山
小竹山
公館
惠歎祠
簞山
逍遥山
龜山
太湖山
黄罕領
九雷領
金庭山
東湖塘
新塘
榜山
白雲山
南至新

一

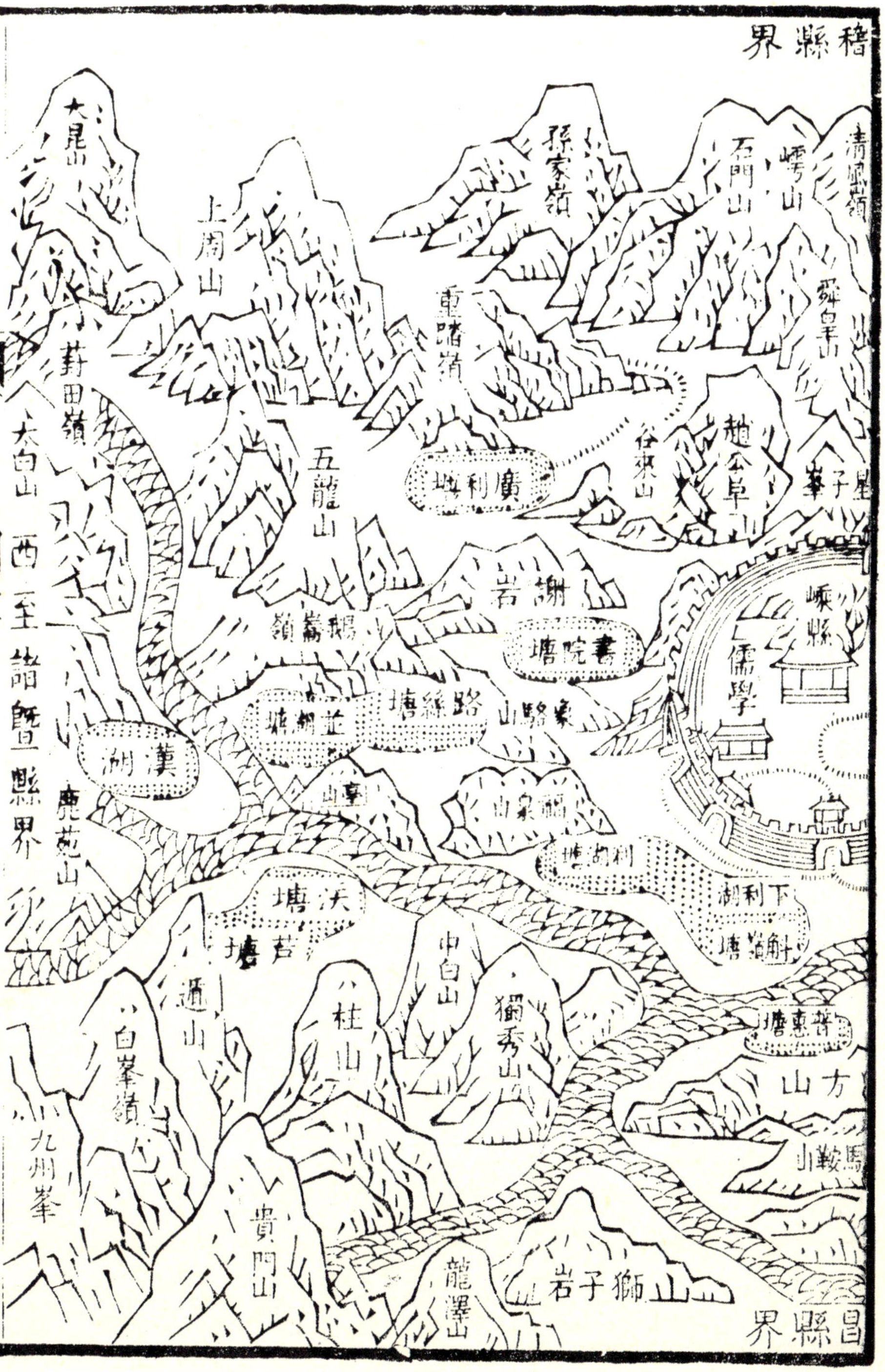

嵊縣志

全圖

稽縣界

大昆山
上周山
孫家嶺
石門山
嶀山
清風嶺
舜皇山
重踏嶺
葑田嶺
太白山
五龍山
廣利塘
谷來山
趙大阜
星子峯
湖岩
鵝嶴嶺
書院塘
嵊縣
儒學
並湖塘
路絲塘
象駱山
漢湖
臺山
福泉山
西至諸暨縣界
鹿苑山
利湖塘
下利湖
沃塘
古塘
射箭塘
中白山
獨秀山
小杜山
通山
小白峯嶺
普惠塘
方山
駱鞍山
九州峯
貴門山
龍潭山
獅子岩山
昌縣界

二

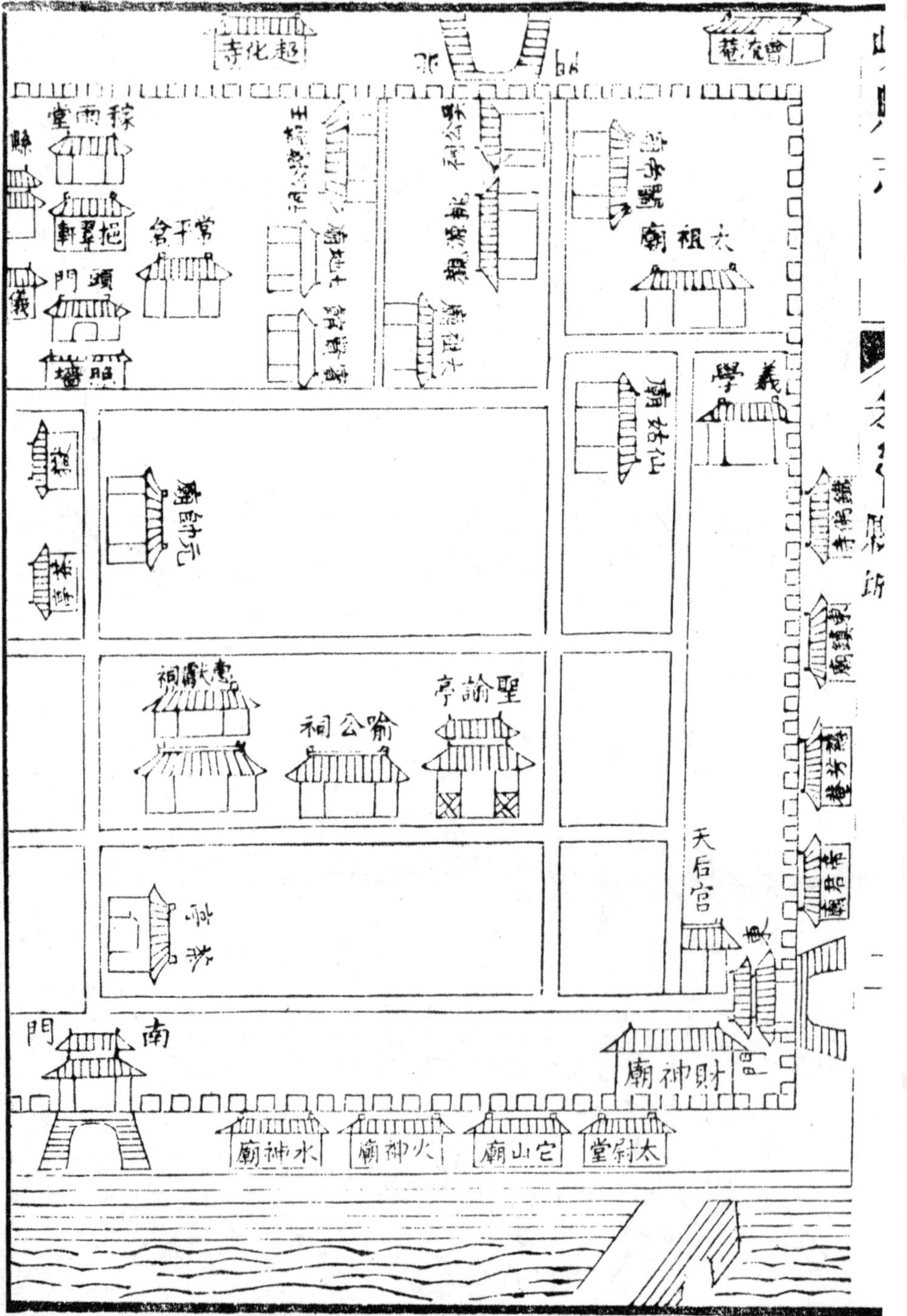
超化寺
稼雨堂
把翠軒
常平倉
頭門
照墻
太祖廟
義學
仙姑廟
惠獻祠
喻公祠
聖諭亭
天后宮
南門
財神廟
水神廟
火神廟
它山廟
太尉堂

三

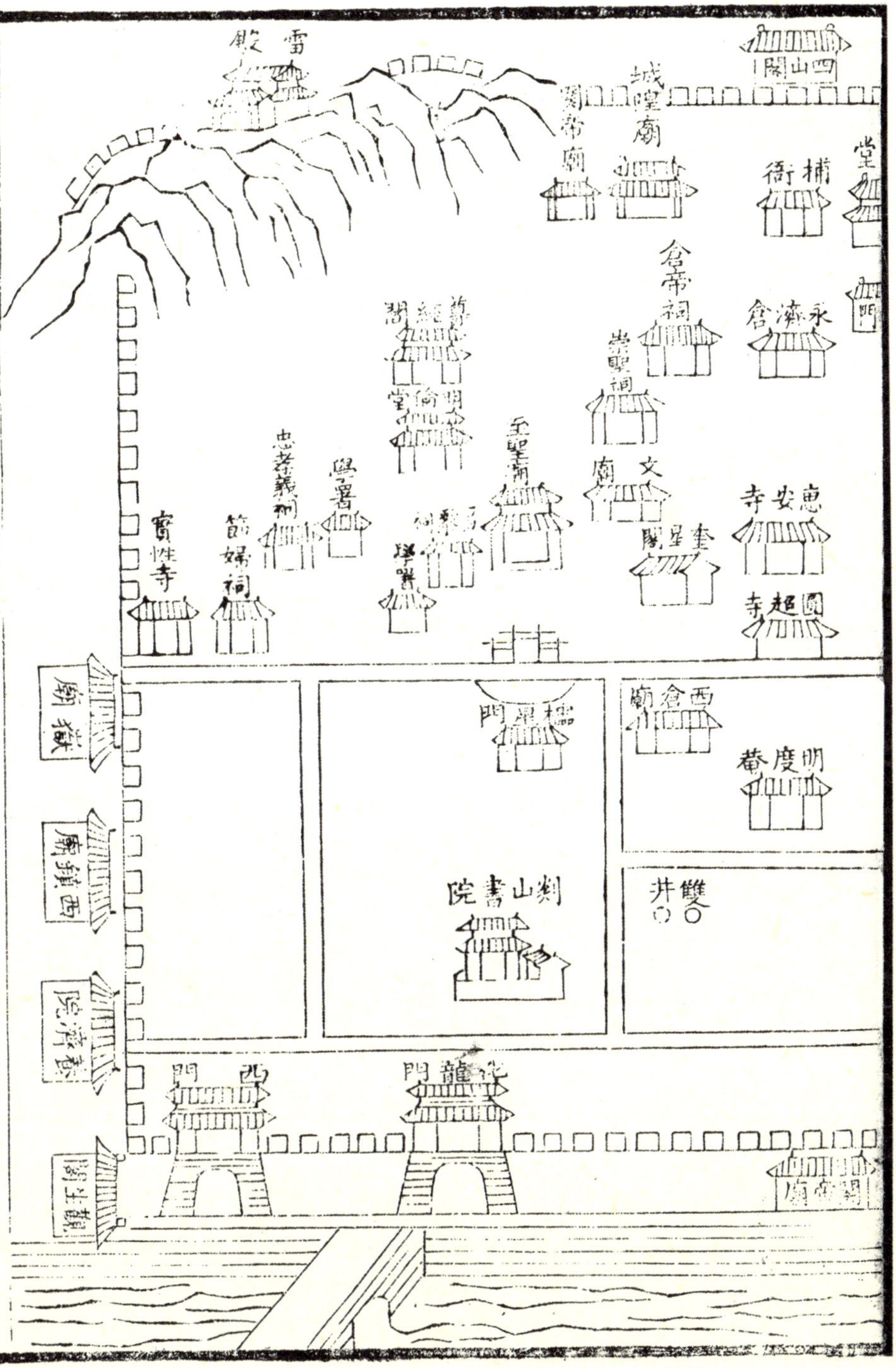

雷殿
四山閣
城隍廟
關帝廟
捕衙
倉帝祠
永濟倉
崇聖祠
文廟
忠孝義祠
學署
惠安寺
奎星閣
寶性寺
節婦祠
圓超寺
櫺星門
西倉廟
明度菴
剡山書院
雙井
嶽廟
西鎮廟
西門
關帝廟

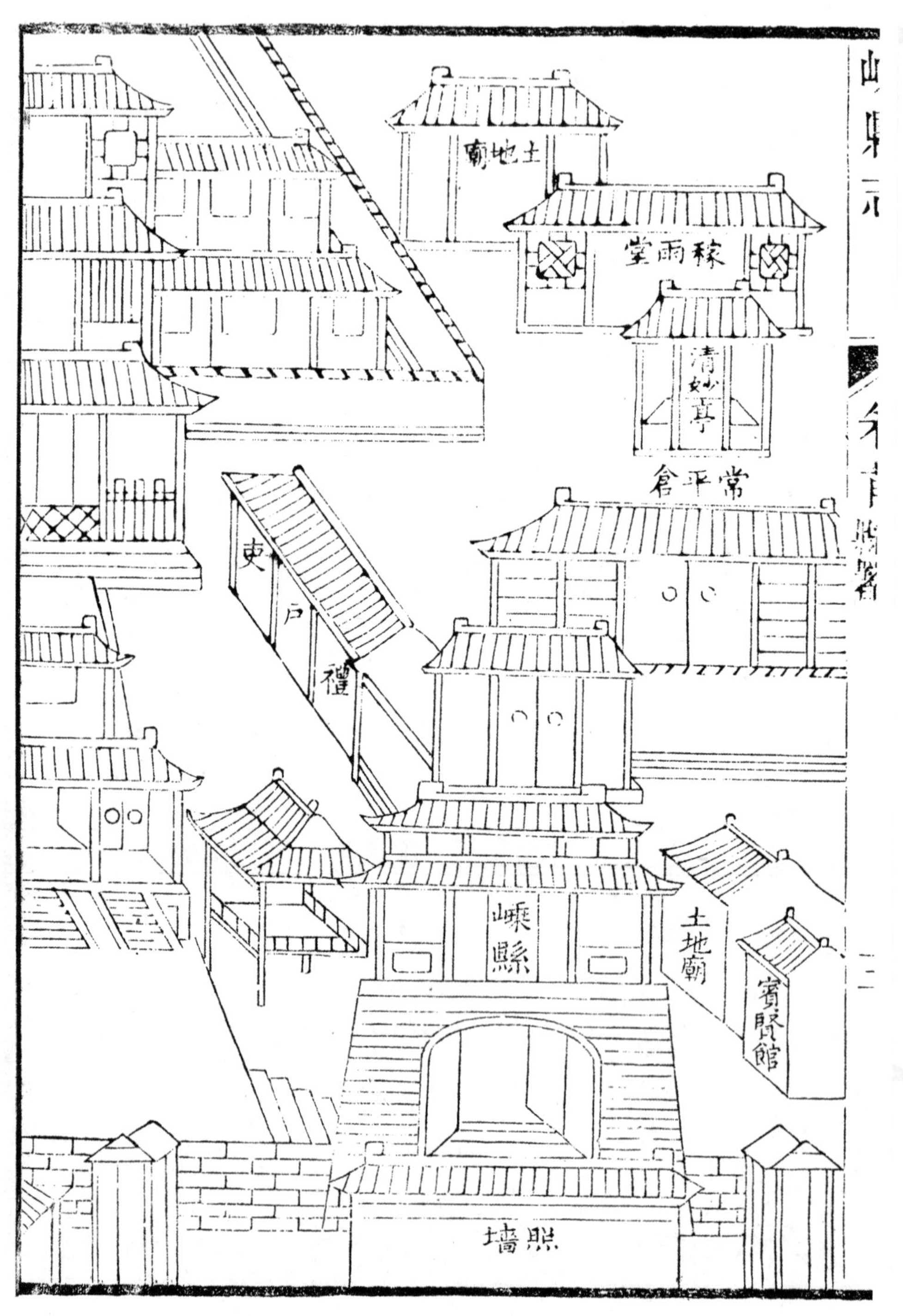
土地廟
稼雨堂
清妙亭
常平倉
吏
戶
禮
嵊縣
土地廟
賓賢館
照墻

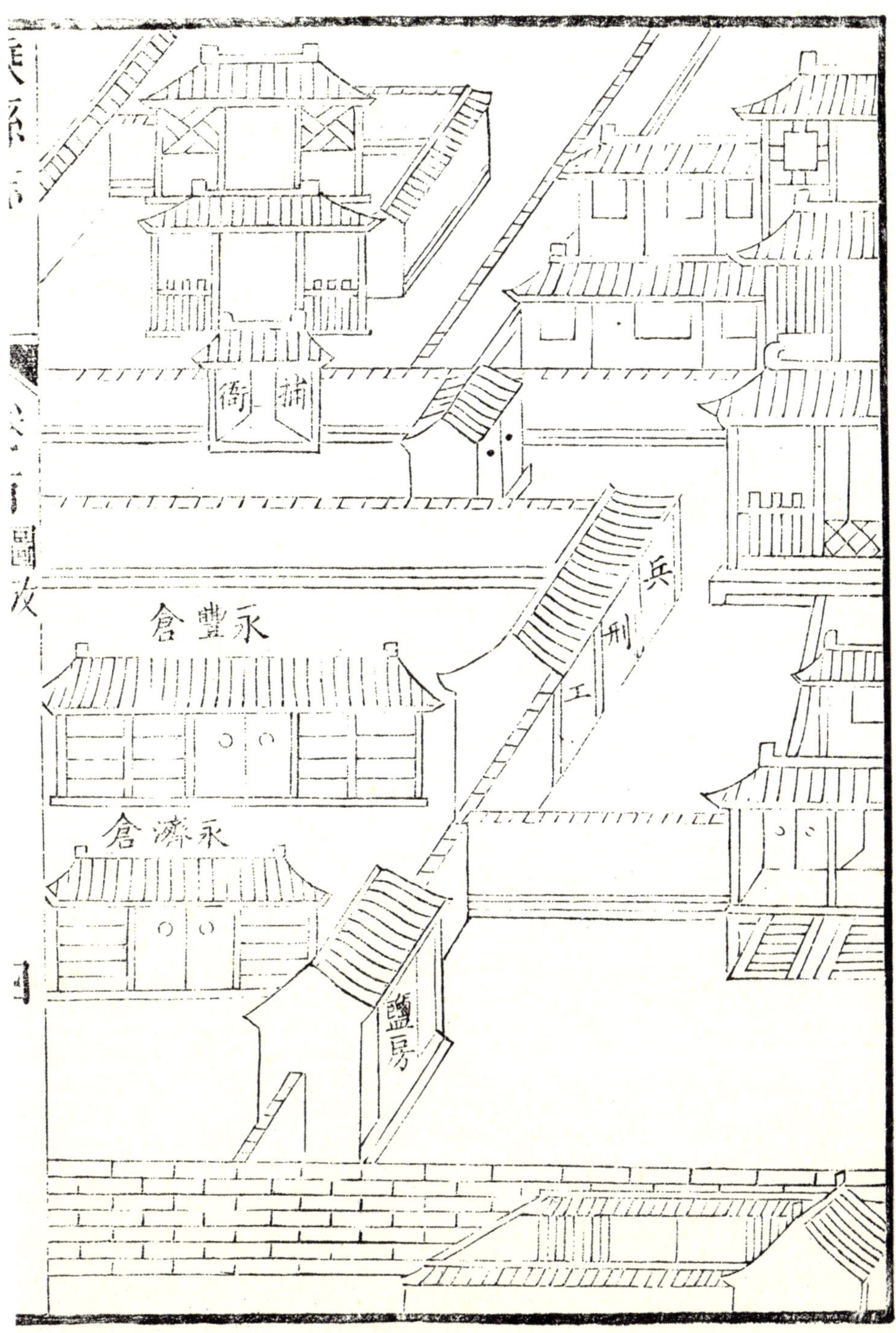
捕衙
永豐倉
永濟倉
兵
刑
工
鹽房

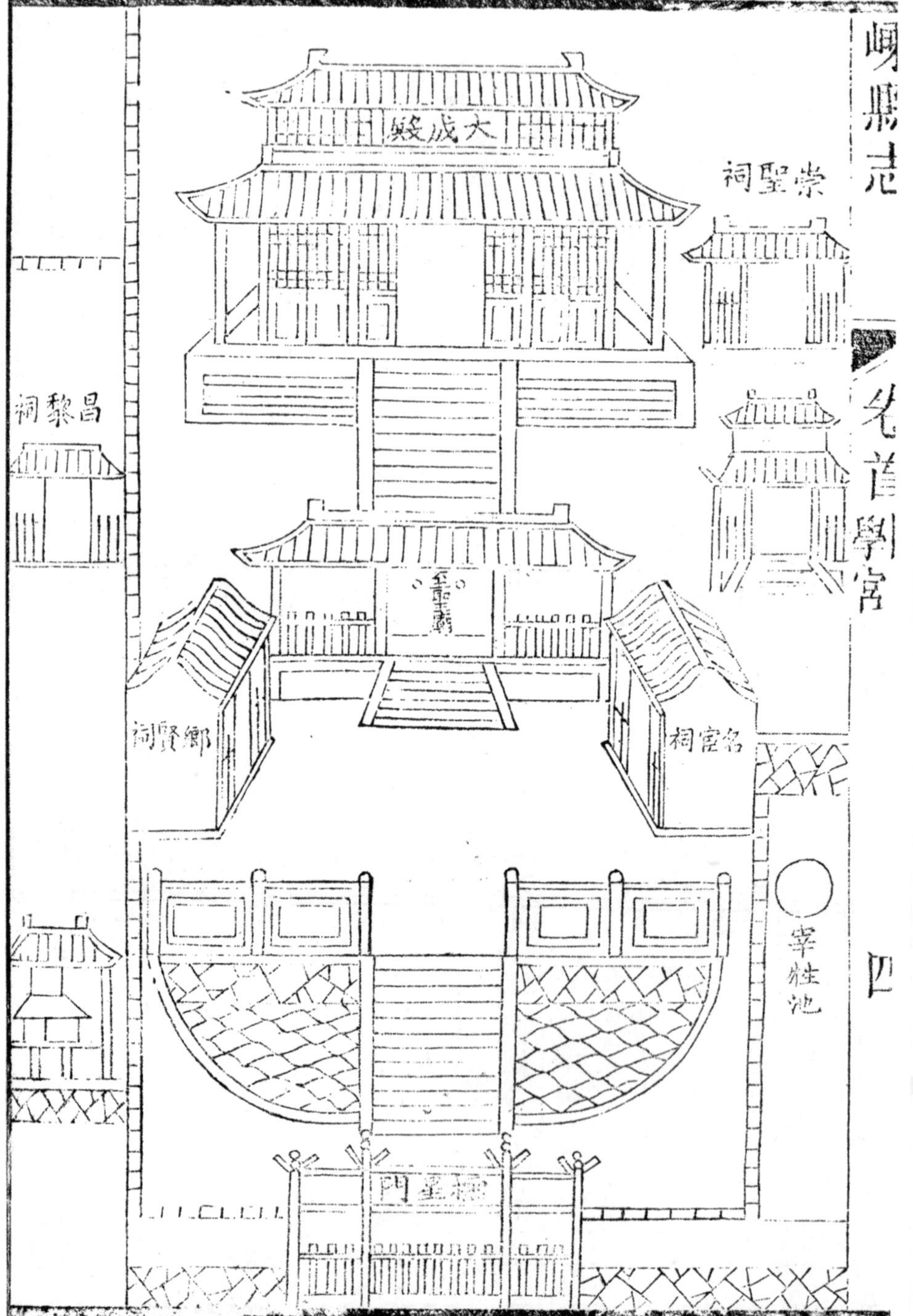

嵊縣志 卷首 學宮 四

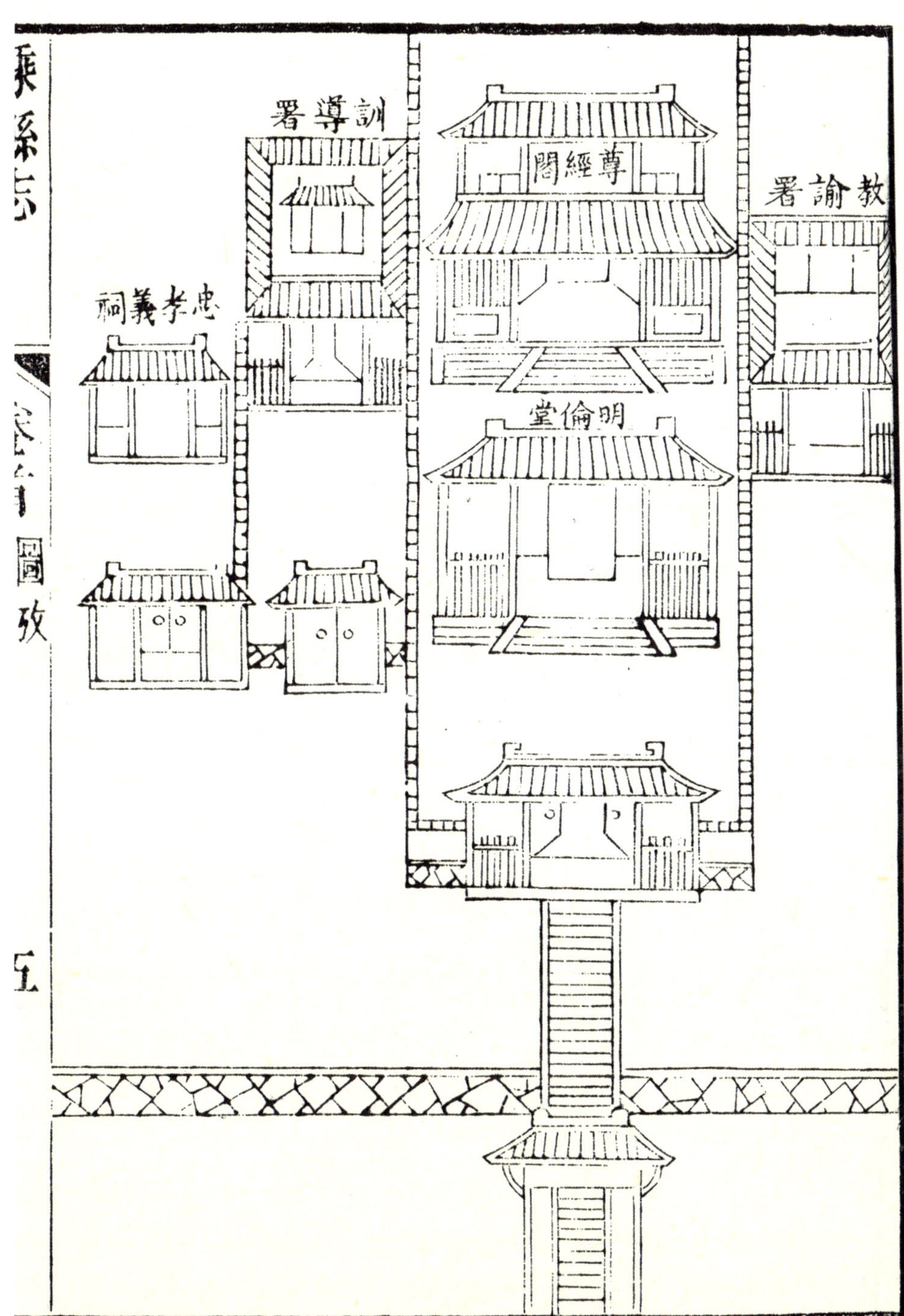
訓導署
尊經閣
教諭署
忠孝義祠
明倫堂
嵊縣志
圖攷
五

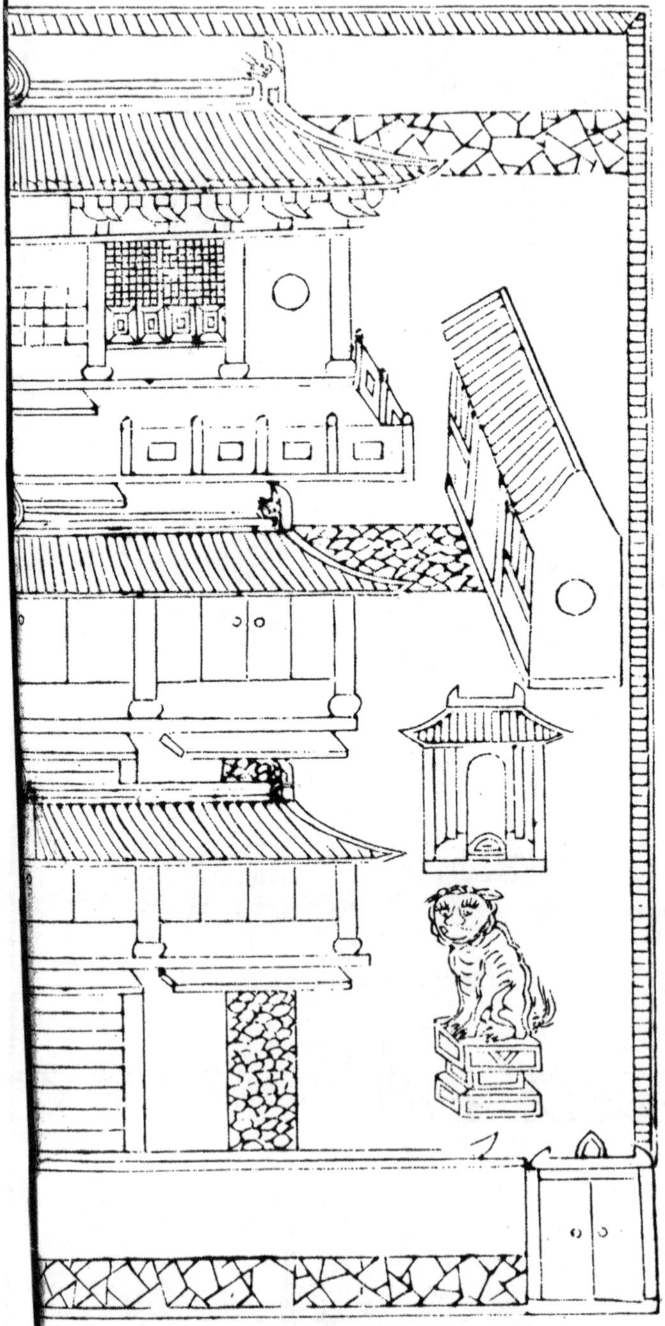

嵊縣志

卷首　惠獻祠

[illegible]

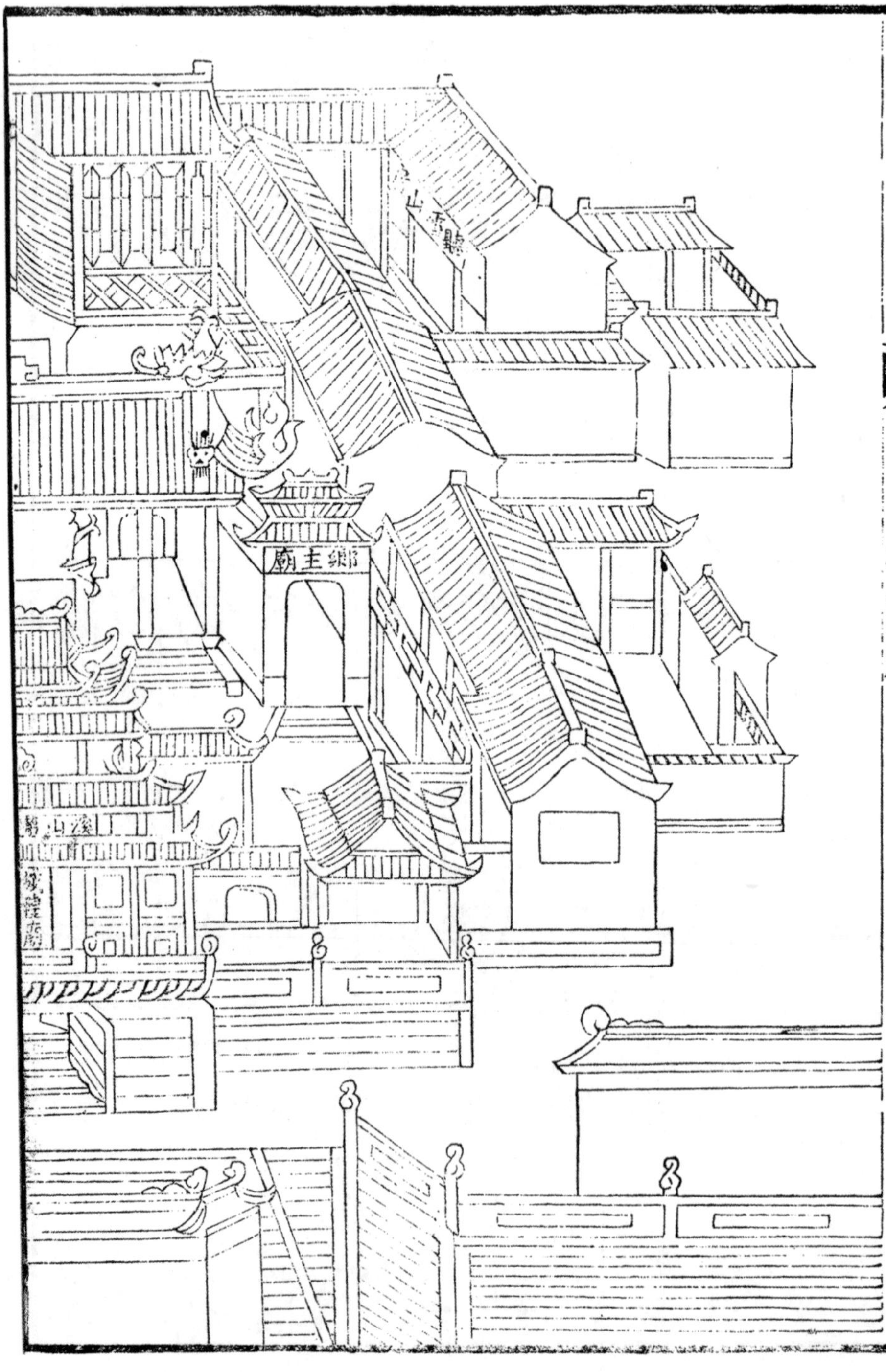

嵊縣志

卷首 城隍廟圖

鄉主廟

城隍廟

六

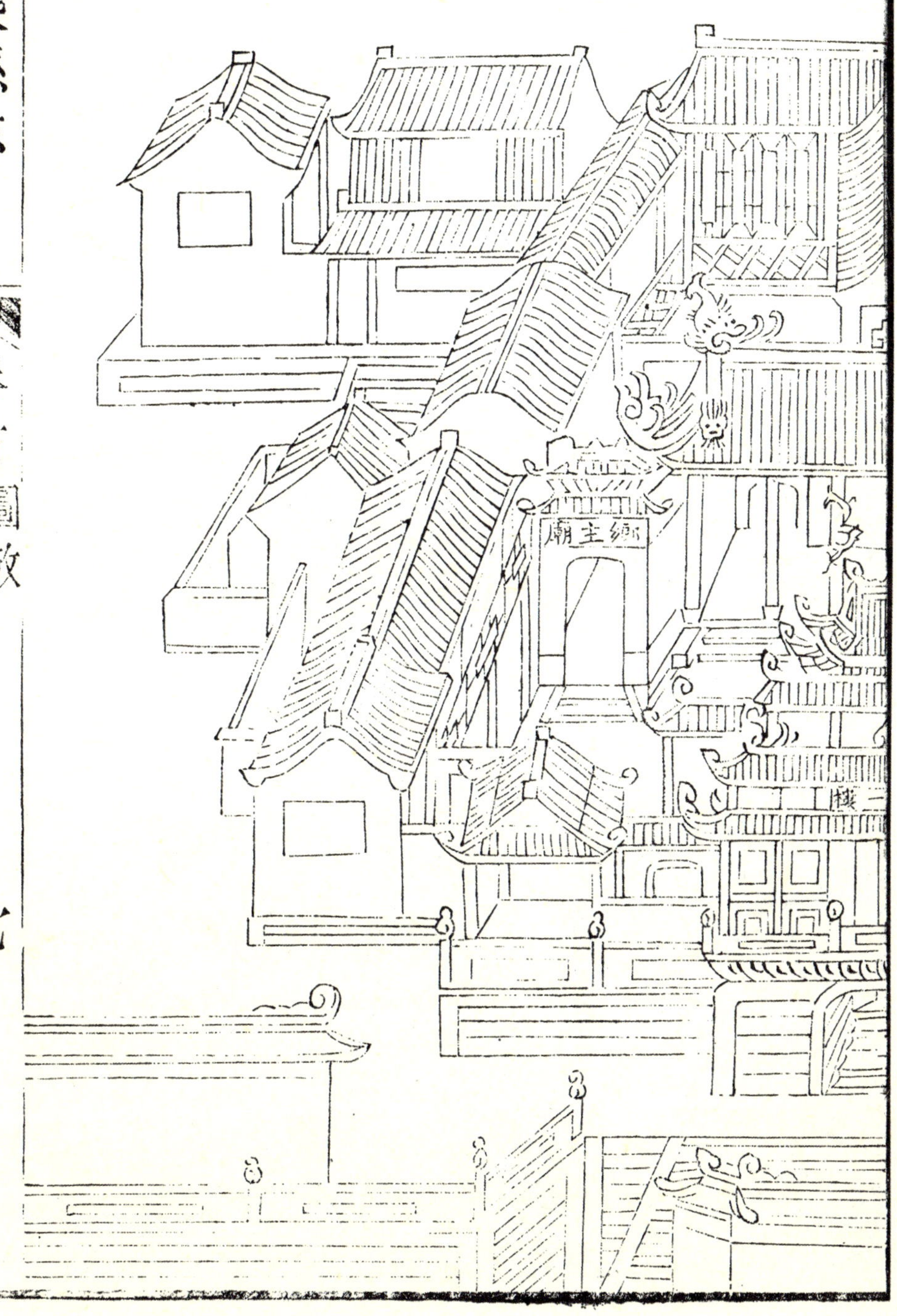
鄉主廟
樓

龍口巖
見心亭
十丈廟

金鐘寺

石屋禪林

耕菴

嵊縣志
卷首
金庭山
花光水色樓
香鑪峯
石簾祠

嵊縣志　卷首　圖攷　九

放鶴峯
桐柏山
卓劒峯
右軍墓
鵞沼
墨池
桐柏宮
第二十七洞天
五老峯

嵊縣志
卷首　剡溪
剡山

剡溪

嵊縣志
卷首
艇湖
十

艇湖塔
子猷橋

仙女盤
趙廣信丹井
太平館
太白山

天柱峯

嵊縣志
卷首 清風嶺
十三
石屋
清風嶺

王烈婦祠

名宦 嶀浦

嵊縣志
卷首竹山

雁子湖
睡仙石

了真洞
臥龍菴
王心純別業

鹿苑寺

上鹿苑寺

剡中第二泉

西浦
三

嵊縣志卷一

分野

堯廷羲叔但眂中星周禮保章乃詳分野以九州之域配十二次用以辨祆祥備占驗也班固地理志越地當牽牛婺女之次淸類分野書皆因之嵊在郡東南稽之內緯祕言女三度嵊入四分之六因采其說弁簡首以俟言天文者覽焉志分野

自斗十一度至婺女七度一名須女曰星紀之次今吳越分野帝王世紀周禮保章氏注星紀吳越也

牽牛流爲揚州分爲越國春秋元命苞

南斗牽牛吳越之分爲揚州星經

斗江湖牽牛婺女揚州史記天官書

越地牽牛婺女分野禹後帝少康之子封於會稽漢書地理志　清類分野書紹興曰牽牛婺女之野

牽牛一名星紀越分野淮南子天文訓注

牽牛主吳越後漢天文志

會稽上應牽牛之宿下當少陽之位三國志

自南斗十二度至須女七度爲星紀於辰爲丑吳越之分野屬揚州注費直起斗十度蔡邕起斗六度　晉書天文志

張衡云會稽郡入牽牛一度李志

斗第二星主會稽又女七度主越隋書天文志

會稽上應天市垣東南第六星宋史天文志

聖人觀象分配國野或取水土所生或視風氣所宜因繫之以成形象之應故越人伺察以斗牛辨祥乙巳占

於越紹興府斗十一度丑宮藏書集要

古測紹興牛女分野今測紹興斗五度舊浙江通志

紹興府斗牛分野星紀之次一統志

射祥光於斗分兮占星紀於天倪牽牛柄其初躔兮屆須女之七度少陽當其正位兮爲萬物之潔齊越問

郡境之南陽宜占牛其陰負海宜占女會稽縣志

牛五度紹興府山陰會稽入八分之五蕭山諸暨餘姚入八分之七女三度紹興府上虞嵊縣新昌入四分之六內緯祕言

昔之會稽兼吳越地今之紹興隸止八邑疆域不及古十之一嵊又僅居八邑之一其所分度當與府屬同占也李志

建置

嬴秦罷封建置會稽郡漢析爲剡縣三國及隋因之至唐高祖改爲剡城縣梁改爲贍宋平睦寇以剡有兵火象始號嵊縣嗣後或割或隸稱名不易實生聚敎訓之沃壤也志建置

剡漢古縣資治通鑑注　剡錄漢剡縣屬會稽郡道書日兩火一刀可以逃言剡多名山可以避災也梁載言十道志曰讖曰兩火一刀可以逃自漢以來擾亂不少故剡稱福地

案史記秦始皇二十五年置會稽郡治吳不言置縣漢書地理志景帝四年吳屬揚州縣二十六剡其一也剡錄亦稱漢剡縣張志秦始皇二十六年置會稽郡剡爲領縣始稱爲李志仍之今考浙江通志李府志竝以爲漢縣

會稽郡剡縣漢書地理志　浙江通志按平帝時莽改盡忠世祖建武初復舊東漢及吳皆屬會稽郡

會稽郡統剡縣晉書地理志

會稽太守領剡縣宋書州郡志

唐武德四年置嵊州及剡城縣八年廢嵊州及剡城以剡縣來屬舊唐書地理志　廣韻嵊山名在剡縣字書云四山爲嵊許志縣東簟山南黄山西太白山北嵊山夏志東四明山南天姥山西太白山北嶀山

越州會稽郡剡望縣唐書地理志

唐武德四年平李子通唐鄭言有平剡錄一卷以剡縣立嵊州及剡城縣八年廢嵊州及剡城以剡縣仍屬越州剡錄

孔靈符記云縣本在江東賀齊爲剡令移于今所隋末陷李子通唐武德四年平賊以剡與始寧爲嵊州而以其地爲剡城縣八年廢嵊州及剡城仍爲剡縣太平寰宇記

吳越東府越州領贍縣十國春秋本爲剡縣後因二火一刀之說惡其不祥改爲贍

五代時析置新昌改剡爲贍有贍都鎭紹興府李志

梁開平元年吳越王錢鏐析剡東十三鄉爲新昌縣新昌縣治乃剡石牛鎭改剡爲贍宋復舊張志

宋宣和三年方臘平知越州劉述古言剡有兵火象請以嵊名縣詔從之剡錄下同

越都督紹興府爲縣八望曰嵊縣

宋改嵊名屬紹興府爲望縣李府志

紹興路領嵊上縣元史地理志

明嵊縣屬紹興府舊浙江通志

明成化八年知府洪楷奏割會稽縣德政東土二鄉隸嵊爲五十五六兩都舊里七萬歷年并爲六里李志

國朝嵊縣屬紹興府編戸八十八里舊浙江通志

國朝爲中縣稱衝繁雍正六年知縣李之果詳報衝繁疲自是不歸部選李志乾隆間仍改衝繁爲中缺新纂

疆域

建國必正其封疆州縣所轄犬牙相錯四境分焉嵊自五代時析剡東十三鄉置新昌明成化間復割會稽二鄉隸嵊今介二郡六邑間記其道里之廣袤幅幀之長短經界既正版章有截矣志疆域

縣在府治東南一百八十里東西廣三百七十六里南北袤一百七十六里舊浙江通志

東至六詔嶺一百四十里奉化縣界東南至太湖山七十里南至胡塗一十五里俱新昌縣界西南至白峯嶺九十里東陽縣界西至勞績嶺一百三十六里諸

暨縣界西北至孫家嶺七十里北至池湖五十五里俱會稽縣界東北至郁樹嶺六十里上虞縣界李府志

境在府東南一百八十里東西二百七十六里南北七十里東至奉化縣一百四十里界六詔嶺西至諸暨縣一百三十六里界勞績嶺南至新昌縣十五里界胡塋北至會稽縣五十五里界池湖東南到新昌縣界一十五里西南到東陽縣界九十里東北到上虞縣界六十六里西北到會稽縣界六十二里剡錄

縣至府二百里至省三百二十五里水陸等至　京師水行四千六百四十里陸行四千五百四十五里李志

形勝

易稱王公設險以守其國周禮司險凡山林川澤之阻必周知之實爲後世形家者言所祖嵊邑東控台寧西連婺暨襟山帶水號爲奧區據吳越之上游實浙東之壯觀也標而識之地勢土方瞭如指掌已志形勝

嶀山與嵊山接二山雖曰異縣而峯嶺相連其間傾澗懷煙泉溪引霧吹畦風馨觸岫延賞是以王元琳謂之神明境水經注

勢接江湖岐分台越王十朋嶀山賦

剡山爲越面縣治府宅其陽剡錄

秀蘊剡溪風流嶀嶺金庭縹緲石鼓連緜南志

嵊西南隅羣峯之麓下臨剡溪山川環拱氣象雄張王銍嵊縣學記

東則天台桐柏方石太平二韭四明五奧三菁表神異於緯牒驗感應於慶雲連岡則積嶺以隱嶙嶨峯則羣竦以巀嶭天中記

嵊南孔道與新昌脣齒而東西北三面跨山長江爲帶據姚會之上流作溫台之門戶乃形勝險阻亦云壯哉周志

治枕鹿山襟剡水象駱福泉肘於右艇湖竹山腋於左星峯聳以作屏拱北環以爲屏千嶠穿雲百川灌雪溪山第一晦翁之品題有自來矣張志

縣治居剡山之麓治東五里爲艇湖山又五里爲竹山治西五里爲象駱山又五里爲福泉山五山發脈自嶀一起一伏迤邐分爲五支其勢南奔俱及剡涯而止俗呼五馬據泉以剡山處中而四山分列左右抱顧有情爲嵊城輔弼況東屹四明西巍太白南崖天姥北峙大嶀實爲四塞長江一帶巨塹天成雖通三郡界六邑其六詔白峯勞績上館諸嶺行不得併渡

必須緣惟自虞至新爲孔道而淸風峻隘三溪阻深亦未易梯航也善撫其民而用之麗越之首壯台之門豈非雄邑哉李志

山川

白居易沃州記東南山水越爲首剡爲面數百里之間峯巒綿亘沙水瀠洄莫不競秀爭流拱揖臝下葢越東奇偉清淑之氣扶輿磅礴孕秀鍾靈將所以與地利產人文者于是乎在豈僅供臨眺而已哉志山川

剡山　在縣治後介羣山中南當平陸湊羣流而特峙其巔屹然一小峯曰白塔岡上有浮圖曰白塔寺宋僧仲皎結廬於此曰閑閑菴四望數百里溪山宛在目中李志山爲越面縣治宅其陽北出一峯曰星子峯

比他山稱峻竦岡隴迢遞與星婺脈絡其下曰剡坑清湍潺潺行竹樹陰坑左右多果卉西爲聖潭山深而松秀中有潭穴泓泓可勺世傳秦始皇東遊使人劚此山以洩王氣土坑深千餘丈坑澗之水清激可愛剡錄

鹿胎山　在剡山南二里縣治跨其麓宋朱子登眺其上曰溪山第一一統志昔獵士陳惠度射鹿于此鹿孕而傷既產以舌舐其子子乾而母死惠度因棄弓矢投寺爲僧山因以名鹿死處生草名鹿胎草後僧徒曰衆乃拓所居曰法華臺今惠安寺是也剡錄下有圓

超寺又西爲儒學至西嶺爲社稷壇下爲剡溪跨山臨溪爲剡城萬歷府志山頂有宗傳書院李志

艇湖山　在縣東五里康樂鄉剡溪之左晉王子猷雪夜訪戴安道舟至此返故名名勝志俗呼爲並湖山山上有塔下有子猷橋訪戴亭萬歷府志

竹山　在縣東十里康樂鄉出艇湖山左張志

象駱山　在縣西五里昇平鄉出剡山之右其形如象駱昂首臨溪而顧縣城其下多人家客舍舊時剡西烏船會宗於此李志下同

禍泉山　在縣西十里清化鄉舊志在縣西十五里出郡志在縣西四十里出

象駱山右山如展屏峭壁凝丹女蘿蕩碧有觀音巖相傳大士曾現形於此明嘉靖間左右崩裂深數丈長亘數里今名拆坑下有虎嘯巖十八巖巖有十八石昂然卓立排列如指一曰聽松石舊府志以上四山堪輿家謂是縣之輔弼

花山　在縣東北三十里遊謝鄉李志去竹山二十里爲花山怪石奇松宛然圖畫名勝志

畫圖山　在縣北三十里形如畫高數十丈俯臨江上宛然小李將軍斧劈皴也李府志嵊山多怪石畫圖尤勝從花嶼左出一嶇岬可數丈許岑巒嶒峭莓蘚斕

斑幽松古薜參差相間下滙碧淵舟行如織禽鳥和鳴漁樵迭唱流覽情怡唐人曰圖山數尺可抹台蕩諸峯明知縣許岳英刻佳山水三字於崖陰李志

嵊山　在縣東北四十五里遊謝鄉李志剡錄作在縣東三十里圖經作在縣東三十四里山下有嵊亭帶山臨江松嶺森蔚沙渚平淨水經注自剡山至此溪流湍險商客往來皆用束裝十道志剡溪之口嶀浦之東凡遊謝鄉之水皆會於山南名嵊溪至花山下橫入剡溪而嵊溪以北臨水諸山皆接嵊山萬歷府志　浙江通志宋書張稷爲剡令至嵊亭生子名嵊字四山嵊之爲字蓋取四山相合如乘馬乘雁之義

遺遙山　在縣東北五十里遊謝鄉張志李志均作靈芝鄉趙將軍隱焉逸其世周志

車騎山　在縣東北六十里遊謝鄉晉車騎將軍謝元爲會稽內史於此立樓居止上有車騎坐石周志嶀山東北逕太康湖謝元舊居所在右濱長江左傍連山平陵修通澄湖遠鏡江曲起樓樓側悉是桐梓森聳可愛號桐亭樓山中有三精舍高甍凌虛垂簷帶空俯眺平林煙杳在下水陸寧宴足爲避地之鄉樹下有十二方石地甚光潔水經注

簞山　在縣東三十一里李志作三十里山勢平整如設筦簞

有白巖龍祠碧潭淵淵用于霖雨其下泉流趨導湍石汎激浮險四注剡錄東有簟山南有黃山與白石三山爲縣之秀峯水經注

白雲山　在縣東三十五里簉飾鄉李志下同　按白雲山在縣東二十里

臥龍山　在縣東四十里靈山鄉四明迤而西內有七十二張志作二十七名勝爲邑進士王心純別業營洞吞雲瑤泉捲雪怪石磊磊或竦或蹲穿徑而行蓊森杳遠有了眞洞睡僊石

清泉山　在縣東四十里金庭鄉

羅隱山　在縣東五十里遊謝鄉唐羅隱常往來于此

動石山　在縣東五十里山下通臨溪溪中巨石數百磊磊天欲雨石必先動山列深潭以宅靈物

四明山　在縣東三十里靈山鄉高四萬八千丈周二百一十里跨句章姚虞等數縣凡二百八十二峯四面巑聳形勢區分東號驚浪山與句章境接西狀如奔牛稱奔牛隴中有三朵峯漢張平子家焉少南五峯相望類芙蓉曰芙蓉峯中峯有漢隸深刻曰四明山心其上爲鸞鳳巖或作鸞風又南曰驅羊之勢地宛轉吐出清澗水南流入鄞西南八峯如督囊號八囊山北兩山如

走蛇曰走蛇之峭聳鳳右爲石窗四面玲瓏亦名四窗是稱四明有唐謝遺塵居下有龍潭周志千嶂萬崖巍與天敵陽巖陰嶂怪迹可稽剡錄

石鼓山　在縣東五十里孝嘉鄉怪石層堆如甕覆立玲瓏曲折不可名狀張志山有祠所謂石鼓者人踐焉石輒響答沃州記曰北對四明而金庭石鼓介焉剡錄壘石玲瓏頗奇怪中容一二十人可從上盤旋而出世傳王羲之池中鵞嘗飛至此故又名靈鵞山有鼓石磬石劍石筆石硯石鋸石帽石屏石枕石笏石下有石鼓道院萬歷府志　李志石鼓有二一在石鼓山所謂靈鵞石鼓是也一在悟空寺側

所謂西鄉石鼓也

金庭山　在縣東七十里剡錄作七十二里孝嘉鄉周志丹池山是爲金庭洞天即古桐柏山舊府志　太平寰宇記靈寶經云上有桐柏合生下有丹池赤水　唐天寶六載改爲丹池積翠縹緲雲霞所與神仙之宮也池有水赤色勺之潔白剡錄金庭桐柏與四明天台相連屬夏侯曾先地志　嘉泰志桐柏在天台金庭在剡舊又以金庭爲桐柏蓋其山隴連屬故爾　剡中山水之奇麗金庭洞天爲最其洞即道家所謂丹霞赤城第二十七洞天也其北門在小香爐峯頂人莫能見王羲之家於此有書樓墨池遺迹南齊道士褚伯玉建金庭觀乃其宅唐裴通記金

庭周圍三百里名金庭崇妙之天褚伯玉沈休文居之名山記山之西有小香爐峯南有卓劍峯前有五老峯後有放鶴峯東有毛竹洞天東岡舊志晏殊類要桐柏之金庭養真之福地蓋指此唐先天間勅女道士王妙行詣金庭山投龍即其處舊府志真誥桐柏山高一萬五千丈周圍八百里一頭在會稽東海際一頭入海中是金庭不死之鄉在桐柏中方四十里上有黃雲覆之樹則疏紆珠碧泉則石髓金精其山臺盡五色金也經丹水而行有洞天從中過在剡臨海之境

太湖山　即金庭之東峯萬歷府志

秀尖山　在縣東九十里卓立干霄綿亘數百里東跨奉化上虞餘姚鄞邑南挹新昌西襟剡溪北孕覆卮

狀如芙蓉雲霧不絕爲四明二百八十峯之冠新纂

覆巵山　在縣東七十里遊謝鄉山高十里許北隸上虞南隸嵊縣東迤百丈岡西逶迤蟬聯至三界而止世傳爲神仙憩飲之所或謂劉宋謝靈運嘗登山飲酒覆巵巖上故名或又云其形似也相傳石峽中刻覆巵二字有人摹得者筆法甚奇中有龍眠石石竅水流不涸時有自雲出沒亦名龍窟明一統志今存一石竅大旱不涸呼爲龍眠窟巔有石平廣可受數十人下瞰江海羣山羅列焉李志北爲上虞南爲嵊盤踞二縣間地名烏坑絕頂四望東大海西會稽皆彷彿可見萬歷府志

錦山 在縣東七十里忠節鄉山類錦屏張志浙江通志府志俱作錦屏山有石井相傳以爲龍窟有以物投井者後自海畔人家見之因謂與海通稱爲海眼云名勝志 舊志云有澗流亙山址遇石壁折旋西去數十步有石如鎖貫澗中名石鎖傍有石卓立圓淨如米廩自石鎖沿澗下又數十步左右皆坡有石溜闊可三尺許深入尺長可五丈許澗流東入其中至溜口入石井井闊丈餘圓潔如琢磨澄澈無底南有小溜闊尺許深二尺奇長二丈井水南循小溜而出井東平臥石龜大可三丈許跨溜上昂首南向下則空洞可坐十餘人

龜尾有八履蹟二龜足有石鼓扣之硿硿有聲有石梁驟雨水溢井溜莫別稍霽則漱石注玉泠泠然可玩萬歷府志

龜山　在縣東七十里忠節鄉兩山皆如龜狀若子母然界乎二水合流之間李志

三峯山　在縣東七十里忠節鄉三峯峭拔鼎峙中有龍池下有清隱寺旁有東林嶺李志其陰與鄞之雪竇山接岡嶺數亘澗道羣流剡錄

方山　在縣南十里方山鄉高八尺廣二丈許突起田中平正如截土邑黃一名黃榜山李志南有黃山水經注

李志按舊志分方山黄榜山爲二今依舊府志合之又名勝志載黄山一名方山在縣南十里今屬桃源鄉考地理志桃源鄉在縣西三十里其不同又如此

花鈿山　在縣南十里箋節鄉有鵠石巖李志下同

謝慕山　在縣南十里方山鄉卽馬鞍山

拱北山　在縣南十里昇平鄉俗名潭過山縣治學宮所向形勢北拱如拜

姥山　在縣南十五里方山鄉林木蓊鬱蒼翠剡之南望也山外析爲新昌境

上璧山　在縣南十五里昇平鄉周志張志俱作縣南十里

蒼巖山　在縣南二十里禮義鄉萬歷府志在縣西南二十五里是爲石山

石壁奇峭一邑用石采諸此歲久成洞洞中積水成池下有蒼崖草堂傳爲俞母石氏課子昂讀書處

中白山　在縣西南三十里禮義鄉上有龍湫中有飛鶴峯前有書院宋進士求移忠讀書處

白巖山　在縣南六十里禮義鄉有西施巖俗祀西施於巖下縣北亦有山曰白巖

金雞山　在縣西南十里禮義鄉平野中崛起一隴狀如展展相傳有金雞鳴

遁山　在縣南四十里禮義鄉有支公嶺旁出一隴曰小遁山下有白雲塢漢車騎將軍求恭棲隱之處

刻石山一名獨秀山在縣南三十里桃源鄉張志一名穿山相傳以刻石爲名不知文字所在十道志齊高祖本紀剡縣有山名刻石父老相傳云山雖名刻石而不知文字所在昇明末縣人兒襲祖行獵忽見石上有文字凡三處苔生其上字不可識乃去苔視之其大石文曰此齊者黃石公之化氣也立石文曰黃天星姓蕭字道成得賢師天下太平小石文曰刻石者誰會稽南山李斯刻秦望之風也南史唐寶歷初元稹使人訪碑不獲王十朋賦謂苔封石刻卽此名勝志上有風洞相傳遇風雨輒聞樂聲晉王羲之嘗遊樂於此山

項廣平鶩池墨沼在焉鄉人立祠祀之李志山之半有巨井井有蛟剡錄

遙望山　在縣西南四十五里積善鄉當繼錦開元之界俗呼遙慕李志下同

簹峯山　在縣西南六十里長樂鄉峯高出雲山產簹竹山半有龍井深不可測

上巖山　在縣西南六十五里長樂鄉明正統間有上巖吟社周志下同

亞父山李志作亞夫山　在縣西南七十里禮義鄉先宋薪者遇異人曰吾亞父也宅此山明日往視石上足蹟甚

巨巖下龍潭及石皆以亞父名

○貴門山　在縣西南七十里長樂鄉周志壁立萬仞一峯亢卓立曰天門嶺佳水老樹陰翳森挺下有仙人洞可受數人石穴有三泉迸出曰三懸潭潭口有石方整名拜龍石明白太守玉嘗禱雨禮拜於此名勝志其山崖嶂干雲崚嶒森錯老蝙蝠如鴉亂飛絕西為仙巖山剡錄舊名鹿門山宋壽春呂規叔居此朱仲晦過訪為易今名有卓筆巖疊書巖普濟龍祠外有數石類僧踞水崖相對危坐名羅漢石俗呼石和尚張志案貴門尚有劍峯蘆峯龍山雙溪更樓望仙坪浴鵠沼翔鸞館諸勝蹟見呂氏所刻鹿門名勝舊志未備故

補錄之

九州山　在縣西南八十里長樂鄉山頂望窮千里巖石如疊又名疊石巖李志下同

桂山　在縣西二十五里桃源鄉曠野中𡵂而獨立俗呼桂山相傳爲姜神神名顯迹之所洪

秋山　在縣西二十五里孝節鄉

東湖山　在縣西三十里清化鄉有元處士張燴藏書樓舊址

亭山　在縣西二十五里崇仁鄉三峯聳秀上有曜文亭

瞻山　在縣西四十里永富鄉挺然秀峙下有滌巾澗相傳爲白道猷滌巾處案一統志作贍山吳越改剡城縣爲贍縣當取此疑作瞻誤

石姥山　在縣西四十五里崇仁鄉山多楓樹

天竺山　在縣西四十里靈芝鄉有九華峯峯頂有井泉味清美旁有安禪石有破石平破爲兩云

上周山　在縣西七十里嘉泰志作縣西北七十五里崇安鄉舊名子周山有靈巖潭周志

太白山　在縣西七十里剡源鄉爲縣治西障與東四明山相望李志絶高者爲太白次曰小白面東者曰西

白一統志在嵊日西白面西者曰東白一統志在諸暨日東白在東陽者曰北白或名太平山又名岑山名勝志山連跨三邑郎水經注之白石山孔靈符會稽記白石山有瀑布水巖際有蜜房采蜜者以葛藤連結然後能至太白小白峻極崔巍吐雲含景趙廣信所仙也雙石笋對立如闕各高五六丈飛瀑從中流注曰天門石俗稱石筍舊志石筍有天柱峯鋸石巖石方倒十餘丈直裂如鋸又有疊石巖石疊起如屋可容數十人又有廣信洞葛洪丹井夏侯曾先地理志廣信煉九華丹于此眞誥曰趙廣信陽城人魏末渡江來此山師李法成服氣又授師左君守中之道徹視五臟或入城市賣藥莫知其年歲白日昇天有白猿赤玃又有鳥似雞文采五色口吐綠綬長數尺號吐綬鳥瀑泉怒飛

清澈崖谷懸下三十丈稱瀑布嶺土人亦稱西白山宋褚伯玉嘗隱兹峯宋書褚伯玉隱身求志居剡縣瀑布山三十餘載揚州辟議曹從事皆不就齊高帝爲之築太平館在東白山立猿嘯亭疏山軒在西白山有一禪師道場二禪師道場作齊雲閣築菴居舊經瀑布嶺頂有仙女盤水旱暵不竭相傳七夕有仙女沐于此剡錄宋華頴日福善所集蔚有靈氣者產仙茗張志

鹿苑山　向名鹿苑嶺在縣西六十里剡源鄉卽小白山迤而南上有葛仙翁祠李志李府志分小白鹿苑爲二山山巔二小石穴泉自穴湧流至山半有石甕二曰仙翁石亦稱丹竈泉復自甕中出名石甕泉流一里許石崖壁

立懸瀑數十丈曰瀑布嶺下注石澗匯爲龍潭對瀑有玉虹亭又有鹿苑上下寺名勝志

油竹山　在縣西剡源鄉太白之分支產茶爲剡最新纂

龍恩山　在縣西七十里李志

穀來山周志作嶺　在縣西七十里富順鄉十道志舜耕于此天降嘉穀張志

紫巖山　在縣西七十里崇安鄉有仙巖上接雲霄有石洞盤古松前爲獨秀峯有三井龍潭有欹石巖爲沙門茹蘭伏彪處李志

蒿峴山　在縣西北二十里遊謝鄉上有孤石李志高僧

竺法崇居焉孔淳之訪之信宿不去剡錄

石門山李府志石門有二在縣西北二十五里崇仁鄉山有石門洞巃嵷引罩中有石牀石枕前有石巖旁有龍湫李志山有龍潭下有沸水在溪穴間周二三尺如湯沸四時不休剡錄又縣西北九十里張志在三十三都亦有山名石門兩石峭立如門謝靈運有登石門最高頂及夜宿石門詩一統志石門瀨水上入山口兩邊石壁右石巖下臨澗水足盡幽居之勝名山志

五龍山李府志又曰五指山在縣西北四十里永富鄉李志又曰烏豬山重岡複嶺巖巒蟬聯老木虬松青蓊失日水

自眞如山其來迢迢或奔或滙爲靈潭者五剡錄有晉高僧白道猷道場巖穴中有大冢五能鼓狂風爲祟道猷以術降之化爲五龍其南出諸隴爲五百岡相傳五百阿羅漢過此分岡而坐山坡產薇爲異草張志

眞如山　在縣西北五十里與五龍山並產茶就其水烹之味極香美有晉白道猷禮拜石石上有雙膝痕李志下同

榆樹山　在縣西北九十里嘉泰志作八十里上有高腳峯將軍石

金波山　在縣北二里山有荷花坪偃公泉宋學士高

文虎築樓讀書其間有明心禪寺又呼明心嶺

甑山　在縣北十里傳大禹遺蹟俗呼石蒸籠亦名甑石其地有禹妃祠

餘糧山　一名了山在縣北十五里遊謝鄉禹治水功畢餘糧委棄化爲石磊磊如拳碎之内有赤糝名禹餘糧亦曰餘糧石有禹祠在焉

謝巖山　在縣北三十里剡錄作十五里遊謝鄉晉謝靈運遊此四顧放彈丸落處爲祠今有石曰彈丸周志山有謝仙君祠康樂所遊也山隩深峭被以榛箭有巨澗奔激湍湍崩石映帶左右入于溪下爲三墜嶺下視深

川紺碧一邑剡錄

舜皇山　在縣北三十五里靈芝鄉周志作四十里遊謝鄉大嶁東出一隴山巃嵸復與嶁山顛顛上有舜廟舜井井深無底相傳有金蛇生角今以石覆之啓則水立湧出李志

大嶁山一作嵉山　在縣北四十里靈芝鄉高可干霄上有華家岡羲之坪酒蕩山鸕鷀灣東嵉峯周志作東埻豹窟龍塘白竹嶼烏蛇峯龍角石鷹窠巖箬嶺梁詔亭等勝峛崺而東曰小嶁山壘石巑岏虬松偃蹇竹林蘿線曳紫搖青其下爲嶁浦溪漾銀沙潭凝碧水霧堷

霞明奇麗殊絶錢鏐舟至山下歎賞其異駐舟賦詩流連不能去有顯應神廟普濟茶菴跨水有洞橋（張志）自上虞七十里至溪口溯江上數十里兩岸峻壁乘高臨水深林茂竹表裏輝映名曰嶀嵊磧瀨迅湍以至剡也（輿地志）其間傾澗（一作澒洞）懷煙泉溪引霧吹哇風馨觸岫延賞山嶠壁立臨江欹路峻狹不得併行行者牽木稍進不敢俯視西有一孤峯飛禽罕至山頂樹下列十二方石地甚光潔嘗有採藥者沿山見通蹊至此還復更尋遂迷前路（水經注）北有石牀謝靈運所垂釣也（剡錄）

梃山 在縣西七十五里嘉泰志

戴公山 在忠節鄉多茂林叢竹又有清流激湍丹崖蒼石互相映帶山之巔有龍湫剡錄下同

阮光祿東山 阮裕別傳曰裕居會稽剡山志存肥遯世說阮光祿在東山蕭然無事常內足於懷

星子峯 在剡山後四山迤邐孤岑獨出有亭冠焉張志上有浮圖號白塔寺僧仲皎結廬於此曰閑閑菴剡錄

三朵峯 芙蓉峯 在四明山張志下同

兜鍪峯 在臥龍山

五老峯 卓劍峯 在金庭山

香爐峯　在金庭山頂爲洞天北門
放鶴峯　在金庭山爲王子晉遺蹟
飛鶴峯　在中白山
燕尾峯　在明覺寺後
九州峯　在九州山
九華峯　在天竺山
高脚峯　在榆樹山
獨秀峯　在紫巖山
東埠峯　烏蛇峯　在大崿山
獅子巖　在蒼巖山南半里許巖踞溪滸狀類獅頭尾

四足皆具天成非椎鑿也又西北一石獅抱毬回顧有情勢如牝牡邑西北天竺山石門山並有之李志下同

片雲巖　在逵溪舊名滴水巖晉戴逵別業遺址旁有巖石高丈許削立狀側掌痕迸裂如砌

百丈巖　在縣西五十里有飛瀑瀉落下瀦爲潭巖壁嘗產銀蘭幽勝殊絕

聖巖　在縣北二十五里張志萬歷府志作七十里高百餘丈上可步下可避風雨李志下同

仙巖　在縣北三十里有馬蹄蹟傳秦始皇東遊時馬足所踐案浙江通志載馬蹄石卽此

桂巖　在二十四都崇仁鄉

蝟石巖　在花鈿山張志下同

鷟鳳巖　在四明山

龍口巖　在四明山懸巖嵌空狀類龍口土人築室其下水從龍口中出落檐前若垂簾然下滙爲潭産茶甚佳新纂

綴星巖　在臥龍山張志下同

覆卮巖　在覆卮山

石鼓巖　在石鼓山俗名石鼓囱

西施巖　在白巖山俗祀西施於巖下

觀音巖　十八巖　在福泉山

疊書巖　在貴門山巖石方整層疊如書

卓筆巖　在貴門山巖石峭直卓立如筆

疊石巖　在九州山巖石如疊下有洞虛敞可容坐臥

鋸石巖　在太白山巖石方峭高十餘丈中有痕直裂如鋸

歇石巖　在紫巖山

靈巖　在上周山

謝眺巖　在謝巖山晉謝靈運遺蹟

響巖　在葛峴山西雲雨奮作巖輒有聲亦有神龍井

剡錄

蓬萊巖　在遊謝鄉相傳禹疏鑿未通于此乘船俗呼坐船巖中如佛座高下參差可坐數十人壁上有蓬萊二字色青筆甚蒼古不知何時所鐫新纂

仙家岡　在縣西七十里剡茶品此爲最周志

梯雲嶺　在明倫堂前舊名桂嶺明永樂間教諭黃份易今名　國朝康熙十一年訓導謝三錫捐資修砌石埠張志

凱嶺　在縣東五里仁德鄉明金之聲廬其下李志下同

過港嶺　在縣東十五里康樂鄉明盧鳴玉曰水從天

落崖與阜平見遠天一隙直從石罅中入上刻高山流水四字

花鈿嶺　在縣東二十里仁德鄉

擔架嶺　在縣東四十里遊謝鄉

童家嶺　在縣東五十里遊謝鄉

東林嶺　在縣東七十里忠節鄉壁立數百丈人用懸度

八月嶺　在縣東七十里忠節鄉新纂下同

堂塢嶺　在縣東七十里忠節鄉

九雷嶺　在縣東七十里孝嘉鄉李志下同

黃罕嶺　在縣東七十里孝嘉鄉

陳公嶺　在縣東七十里孝嘉鄉舊名城固嶺宋知縣明州陳著有惠政及代去攀輿泣留祖帳夾道送之嶺上因易今名嶺陡難行明宣德初鄉民王斯浩捐資修砌二十餘里

雯坑嶺　在縣東九十里

六詔嶺舊志作陡照　在縣東一百四十里奉化縣界

樟樹嶺　在縣東北六十里上虞縣界新纂

郁樹嶺今名郁嶺　在縣東北六十里上虞縣界李志下同

潞田嶺　在縣西三里昇平鄉

峨嶠嶺　在縣西十里昇平鄉

太師嶺 在縣西三十里承富鄉宋太師姚舜明遺蹟

布穀嶺 在縣西五十里富順鄉

蒔田嶺 在縣西五十里富順鄉

重沓嶺 李府志作重疊 在縣西五十里崇安鄉

榆樹嶺 在縣西六十里富順鄉

黃箭嶺 在縣西七十里富順鄉

楊家嶺 在縣西七十里兩岸峭立如門有石檻石棋枰

大崑嶺 在縣西八十里太平鄉高數百丈山峽險逼下爲絕壑路窄處不容足架木爲棧無異蜀道

細嶺　在縣西八十里羅松鄉

裏柏嶺　在縣西八十里太平鄉

午嶺　在縣西八十五里剡源鄉新纂

蟠塢嶺　在縣西九十里富順鄉李志下同

白峯嶺　在縣西九十里太平鄉東陽縣界案李府志峯作楓

袁家嶺　在縣西一百里富順鄉

勞績嶺　在縣西一百三十里富順鄉諸暨縣界

沸水嶺　在縣西北二十五里孝節鄉

九曲嶺　在縣西北五十里東土鄉

溜頭嶺　在縣西北五十里東土鄉

孫家嶺 在縣西北五十里東土鄉

平嶺 在縣西北八十里東土鄉舊名東嶺 新纂下同

王筵嶺 在縣西北九十里東土鄉

剡坑嶺 在縣北二里仁德鄉剡山之南 李志下同

明心嶺 在縣北二里明心寺右爲省郡孔道山徑崎嶇每當雨雪則泥濘不可上行者苦之邑人尹如環捐貲砌石遂爲坦道

三瑞嶺 在縣北二十五里遊謝鄉嶺前深淵紆臮紺碧一邑舊名三墜有嶺坍塌知縣陳昌期更闢之改今名

芻嶺　在縣北三十五里遊謝鄉

清風嶺　在縣北四十里靈芝之鄉舊多楓樹名青楓嶺巖石峻嶮下瞰深淵波瀾迅急宋臨海王貞婦爲元兵所掠至嶺嚙指出血題詩巖上投崖死遂名清風歷今數百載每陰風凄雨時遥望巖上血光猶隱隱不滅云

上館嶺　在縣北五十里靈芝之鄉會稽縣界

蒲棚嶺　在四十五都係明初没入官者向屬里民樵採有王姓佃葬祖墳在里以爲官薪在王以爲祖蔭釁訟不休里人周漢明與王咬臍訟府斷以水碓山

歸王黄泥灣狗叫塘裏外金竹灣仍聽民樵批縣入志張志下同

支公嶺　在逎山

天門嶺　貴門嶺　在貴門山

瀑布嶺　在鹿苑山產仙茗

拆坑嶺　在福泉山

石姥嶺　在縣西四十五里永富鄉石姥山

餘糧嶺　在縣北一十五里遊謝鄉萬曆府志餘糧嶺舊名了山其地產禹餘糧嘉泰志

了眞洞　在臥龍山張志

白雲洞　在縣東七十里與金庭山相近萬歷府志爲王子晉吹笙處周志　萬歷府志風月之夕山中有聞吹笙者相傳王子晉仙去後主治天台華頂號白雲先生往來金庭之間今山下建白雲祠肖立遺像天亢旱輒往禱洞口雲橫雨卽霖霈

穿山洞　在獨秀山洞口幽窄人可俯而入一丈許虛敞可容百餘人硃巖穹覆上下一色時有幽香襲人歷階而下見泉穴積水莫測其底側有石門半裂取炬窺之邃深無際人皆膽慄一名桃源洞以洞在桃源鄉也張志下同

毛竹洞　在金庭山洞口有竹生毛節覆一節故名按於越新編卽金庭洞

仙人洞　在貴門山

石門洞　在石門山有石牀石枕爲謝靈運遺蹟

廣信洞　在小白山怪石纍起空洞如屋爲趙廣信昇仙處

紫巖洞　在紫巖山

趙公阜　在縣北三十里遊謝鄉晉懷帝永嘉二年石勒亂太常樂工趙某佚其名與其徒二十四人避地于此故名或云一十八人李志下同

思國坪　在縣東三十里

紫芝塢　在明覺寺

白雲塢　在迴山漢車騎將軍求恭隱處張志

萬松林　在太平鄉之東高十丈餘兩旁皆田屈曲二里松木茂密新纂

釣臺石　在黄覺寺前相傳葛仙翁嘗得魚化龍去石上有釣車痕路入石梯甚奇險李志下同

棋枰石　在白雲洞陽家嶺大嶁山並有之

鎦公石　在黄沙潭石當潭渚中方整高闊盈丈許以山陰鎦績常飲酒坐釣其上故名

奕仙石　在縣西長樂鄉金潭芝巖山二石狀如仙人對奕下望之鬚眉宛然旁有小石似仙童後有石屏

新纂

龍角石　在大崿山相傳爲神龍所蜕年久成石天欲雨則雲從石起李志

車騎石　在車騎山晉謝元常箕踞石上張志下同

龍眠石　在覆卮山石竅水瀉不竭

鞠湪石　在四明山案湪字疑傒字之誤

睡仙石　在卧龍山

筆架石　在龜山下玲瓏透瘦嶄然水中新纂

龜石　在錦山張志

鎖石　在錦山下新纂

亞父石　在亞父山張志下同

聽松石　在福泉山

羅漢石　在貴門山俗呼石和尚

拜龍石　在三懸潭明白太守玉常步禱乞澤禮拜於此

仙甕石　在鹿苑山葛仙遺蹟

仙盤石　在太白山水旱暵不竭相傳七夕有仙女沐於此

天門石　在太白山俗稱石筍

將軍石　在榆樹山

安禪石 在天竺山

禮拜石 在眞如山晉白道猷遺蹟石上有雙膝痕

彈丸石 在謝巖坑謝靈運遺蹟

釣牀石 在嶀浦上謝康樂垂釣于此

孤石 在蔦峴山

鼓石 磬石 劒石 鋸石 筆石 硯石 帽石

屛石 笏石 枕石並在石鼓巖

馬蹄石 在縣東北輿地紀勝

石闌干 在縣西南四十五里與嶀浦相連名勝志

麴石 在十八都石舍邨後山石方圓自爲一處色枯

黃望之如麴塵故名新纂

桃源　在縣南三里舊經劉晨阮肇入天台遇仙此其居也萬歷府志

剡溪　在縣南一百五十步迤而東且北下三界與曹娥江接凡六十餘里郎王子猷雪夜訪戴之所也白居易沃州記東南山水越爲首剡爲面夏雷注以爲山水秀麗皆生于剡猶人之秀麗皆發于面也舊經云潭壑鏡澈淸流瀉注惟剡有之剡錄云剡以溪有名剡錄作有聲淸川北注遠與江接合山流爲溪如顧凱之所謂萬壑爭流四面咸輳者其源有四一自東陽

之玉山折而出合太白山衆壑北注與靑陽岡五龍山諸派合流經邑治南入于溪一自台婺界道新昌之彩煙下長潭東注上碧入于溪一自天台山北流會新昌溪至拱北山西與上碧溪合而東注入于溪一自奉化界道新昌之柘濂新昌志作查林與四明山衆壑合注于清石橋繞黃澤折而東出浦口入于溪張志云舊錄誤今正之或奔或滙淺而爲灘瀨深而爲淵潭驟急而爲湍瀾曲折迂迴凡五十里餘越嶀嵊二山之峽巨石突踞水上若將禦之過嶀浦而後達于江巖巒奇聳下爲潛鱗之窟江潮自此返其過峽處東嶀山西清

鳳嶺相向壁立甚迈而嶀山自西來若護若遮舟行距二三里外望之恍不知水從何出傳云此爲一山禹鑿而兩之以泄水邑舊志所謂絕壁東流是也剡之水得雨而易于漲澇者以此然水口氣聚所以壯縣也自晉王子猷訪戴而溪名乃顯故一時名流爲山水勝遊者必入剡有愛而移家者有未及遊而憶之者或稱剡江剡川剡汀或稱嵊水或稱戴灣戴家溪戴逵灘唐開元間賀知章乞爲道士詔賜鑑湖剡川一曲李志錢悌云剡溪之景春漲桃花溶溶漾漾多白魚錦鯉之遊躍岸芷汀蘭之馥郁鵁鶄鸂鶒眠沙

戲水不驚不猜猶入武陵桃源也暑雨數日千巖飛瀑驟漲瀰漫下流若驟觸隄走石奚啻乎瞿塘灧澦也霜露水潔覓無纖滓白沙鋪玉澄波拖練舟帆掩映日光滉漾天水一色不減乎斷磯赤壁也嚴冬雪霽峯巒玉潔萬象寥闃禽鳥無聲漁歌絕唱梅影橫斜倒浸寒碧恍若羅浮境界也萬歷府志

棠溪　在縣東十里崇信鄉流入浦口李志下同

浦口溪　在縣東十里崇信鄉

黃澤溪　在縣東三十里籛節鄉水一由新昌之柘瀼一由四明之晉溪合而西注清石港下東郭北流至

浦口入江

瀕溪　在縣東三十里靈山鄉爲四明小澗併流黃澤溪

嵊溪　在縣東三十里遊謝鄉水一出四明山梅坑歷小溪閙水入迢石溪一出覆巵山烏坑經石舍至將軍潭會迢石溪西注入江一曰黃石渡

晉溪　在縣東五十里晉王右軍所經歷處

平溪　在縣東六十里孝嘉鄉水出金庭山折入下任埠合東林羣壑西注晉溪

晦溪　在縣東九十里忠節鄉宋時里有單崇道與朱

元晦交嘗過訪之因名

新昌溪　在縣南十里方山鄉出天台經新昌入潭遏港繞拱北山會上碧溪入剡溪水味較他處獨勝

上碧溪　在縣西南二十里昇平鄉

寶溪　在縣西南三十里禮義鄉水自台婺發源歷彩煙山下滙長潭經蒼巖入上碧溪

江田溪　在縣西十五里清化鄉合高古後潘二溪入剡江

後潘溪　在縣西二十里清化鄉水出廣利湖下會石門天竺二流逕福泉山麓至後潘入江田溪

逵溪　在縣西二十里廣利湖水注流折瓓峨嶠山麓晉戴安道所居故名

高古溪　在縣西二十五里清化鄉水出五龍潭經瞻山南且東折流入江田溪

西漁溪　在縣西三十里桃源鄉滙羅松溪會遥姥東派合流注入南溪

長善溪　在縣西三十里永富鄉新纂

戴溪　在縣西三十里桃源鄉溯溪入有戴逵故宅李志下同

羅松溪　在縣西四十五里羅松鄉

剡源溪　在縣西五十里剡源鄉水自暨陽界出璠田東注入西漁溪曰剡源者剡山所自來也

三溪　在縣西五十五里崇安鄉水出暨陽界仙家岡衆壑奔輳滙梅溪後溪黌院溪三水而東且南注入羅松溪故曰三溪李府志唐懿寧初官軍討浙東賊裘甫于剡西賊設伏于三溪之南而陳于溪之北卽此

珠溪　在縣西六十里開元鄉爲剡溪上流

打石溪　在縣西六十里富順鄉水發諸暨經仙家岡併流黌院

西溪　在縣西六十五里長樂鄉水出東陽界裏柏經

黄沙潭出深溪之右北注入珠溪

崑溪　在縣西六十五里太平鄉水出東陽玉山滙爲上湖下湖居深溪之左南注入珠溪

深溪　在縣西七十里太平鄉水自東陽界白峯經太白山麓入珠溪

柜溪　在縣西六十里太平鄉水出東陽界溪邊多老柜故名新纂

雙溪　在縣西七十里富順鄉一自青桐嶺逾北嶴一自桃源嶺逾呂嶴會流入西溪滙瓦窑潭入剡李志

梅溪　在縣西八十里崇安鄉

了溪　在縣北二十五里遊謝鄉一名禹溪周越絕記禹鑿了溪人方宅土明一統志溪得雨易漲涉晴易涸而爲淵潭者輒聚沙成磧爲邱衍者又復爲大潭淵渟幾于蓬萊淸淺幾見桑田矣剡錄

迴溪　在縣北五十里靈芝鄉水出石門㴱環大嵊山之陰會嶀浦李志下同

長橋溪　在縣北六十里德政鄉水自龍巖山經蔣岸會前巖溪歷范洋折入大江萬歷府志長橋溪在縣北八十里自會稽改隸延袤十里許達于江昔年爲林樾土石所淤居民鄭鐔捐資疏之自是舟楫可通而沿溪之田因爲砩磧引流入漑歲旱不害苗其田價倍于昔矣按此與舊邑志所載異附存之

前巖溪　在縣北六十里德政鄉水發白甑蒂蔀墩諸原環迴郁落會長橋溪入大江

朱公河　在縣東北三里本名新河舊時剡溪由西而北環城出艇湖及後水暴漲溪南徙不由故道遺址尚存隆慶六年知縣朱一柏鳩工自東門外引河流迤北入古溪兩岸築以石隄邑人立石題曰朱公河然盈涸靡常萬歷四年夏知縣譚禮復議濬治旣祀告而以覲行署縣事教諭王天和縣丞林濟鄉主簿鄭輅協力治之萬歷七年提學副使喬因阜檄縣挑浚復淤　國朝康熙五十九年知縣宋敦倡捐銀八

百兩重濬今仍淤按周海門先生曰新河一帶雖起自朱侯而繼此者亦宜時濬之夫已享其利者胡可使之復壅物我無間子文所以稱忠如以爲朱公河而我不與徧之乎其爲心矣愛民造士之君子必不如是

艇湖　在縣東五里仁德鄉昔王子猷返棹處舊曰並

湖

寶湖　在縣東二十里筮節鄉新纂

愛湖　在縣西南七里方山鄉李志下同

麗湖　在縣西南十五里禮義鄉

東湖　在縣西三十里清化鄉廣五十餘畝遍蒔荷蕖夏時紅白繽紛香聞十里

西湖　在縣西四十里清化鄉廣八十餘畝今淤爲田

廣利湖　在縣西北二十里孝節鄉俗名廣利塘環界三山築壩爲湖周一百五十餘畝四岸蒲柳叢生秋時水天一色雁鶩滿渚不減彭澤雁巖也

羅洋湖　在縣北五十五都三界約廣百畝

嶀浦　在縣北四十五里嘉泰志作在縣西北靈芝鄉與石閘于相連嶀溪山奇絕之地水經注云成功嶠以北世傳謝元破苻堅歸會稽縣八榮之因磨石大書成功嶠三字深刻嶀山之上云有嶀浦浦水東流入溪兩岸峭立勢極險阻潭深千尺蛟龍宅焉爲剡流水口江潮至此而返其下有王翁信舊居李志自

上虞江七十里至溪口爲嶀浦蒼崖壁立下東淸流深者爲淵淺者爲灘磧有山盤峙下臨淸深是爲長官祠一曰嶀浦廟剡錄

剡坑　在剡山下卽剡藤所出處剡錄云秦始皇所鑿傍坑一潭穴泓泓可勺菴僧汲以濟雲水水味甘美每值大供必自停汲一日易水滿注爲異李志下同

過巷坑　在縣東十五里康樂鄉兩崖壁立一水縈流崖陰鐫高山流水四字

烏坑　在縣東六十里遊謝鄉

强口坑　在縣北二十五里遊謝鄉晉王謝諸人冬日

至此見水石清妙徘徊不能去曰雖寒猶當强飲一口故名按晉謝靈運遊名山志曰桂林項違則嵊尖强中蓋指此今其地出布名强口布

獅巖坑　在縣北三十里遊謝鄉

福勝潭　在福泉山巖石磊磊潭在石罅中深不可測潭口兩石對峙名龍門石

元仲潭　在縣東二十里筮節鄉新纂舊志作十里仁德鄉誤

杜潭　在縣東二十里崇信鄉李志下同

簟山潭李府志作簟水潭　在簟山碧潭淵深湍石迅激衆流四注禱雨頗應高似孫品泉第四

動石潭　在動石山高似孫品泉第七

白龍潭　在四明山潭水下注成飛瀑數百丈下復注爲潭幽險莫測又有觀音潭三角潭

石將軍潭　在縣東五十里遊謝鄉潭深澈中有石突立如勇士

雩潭　在上乘禪寺側高似孫品泉第十三

太湖潭　在太湖山古稱赤水丹池深可二三丈水色赤勺之則清潔有神龍居焉禱者有應

石井潭　在錦山有石溜井闊丈餘圓潔如琢一名海眼張誌嘉慶八年邑貢生王啟豐倡捐築亭其上中肖

龍神像水旱禱之輒應新纂

三峯潭　在三峯山李志下同

白蓮龍潭　在明覺寺後

亞父潭　在亞父山高似孫品泉第十二

三懸潭俗名天興潭　在貴門山四山石壁如劚丹翠萬狀山半泉湧如噴三潭瀦焉上兩潭中有石稜相界下滙一大潭潭口一石曰拜龍石外有海眼大小三所圓深莫測直與海通爲神龍所出沒絶壁虛敞如另闢天地竅中怪石磈磊奇幻足稱幽勝第一寒氣逼人六月如秋高似孫品泉第八或云三懸者三聯也以聲音相

近而誤

白雪潭　在二十五都道場巖後山

百丈潭　在百丈巖下山陰張岱云爲黌院水口萬道飛流至此出谷地多怪石齰齶如鋸齒湍流盤礴齧齕其間聲氣嚄唶至山口奔放一瀉百輛雷輥潮趨東坡云項羽擊章邯差足擬之

下鹿苑潭　在縣西鹿苑寺西嘉泰志云頃歲旱投簡潭內劃然有聲俄頃水盡黑電自潭發雨驟至如響

靈巖潭　在上周山

紫巖潭　在紫巖山一名三井龍潭高似孫品泉第九

響巖潭　在紅嶺定林寺北雨下則巖響高似孫品泉第六

石門潭　在石門山高似孫品泉第五

五龍潭　在五龍山山絕危峻凡五潭高似孫品泉第三

豪潭　卽五龍潭之一一名浮潭高似孫品泉第十

謝巖潭　在謝巖山高似孫品泉第十七

嶀潭　在長官祠下水多巨魚漁人盧子所藏集剡錄

桐柏潭　在金庭山王妙行投龍處張志下同

覆卮潭　在覆卮山

醴泉　在東隅有醴泉坊李志下同

孔氏泉　在學宮後

寶掌泉　在白雲山普安寺之側色清味冽以寶掌禪師得名新纂

福泉　在福泉山泉穴甘冽天暵不竭李志下同

高山泉　在寶積寺側

芙蓉泉　在四明山泉出芙蓉峯巖石間冬夏淙淙味最甘冽

洗卮泉　在覆卮山泉穴清冽泉口石坪方廣有仙人膝迹或傳爲謝康樂醉而振衣洗卮其上

白鹿泉　在明覺寺

文公泉　在貴門山宋朱文公熹嘗過其地得名

龍井泉　在簉峯山

八池泉　在顯淨寺池小清美

滌巾澗泉　在瞻山下爲晉白道猷滌巾處水痕如氍狀

瀑布泉　在鹿苑山瀑布怒飛湍被巖谷對瀑有玉虹亭高似孫品泉第二張志下同

石甕泉　在小白山爲葛孝先遺蹟

沸泉　在白門山山麓一坑紺碧水如湯沸

清風泉　在清風巖下即剡江也潭澄一碧水味甘美

獅巖泉　在天竺山高似孫品泉十八

偃公泉　在金波山僧偃公施飲處高似孫品泉十三

乳巖泉　卓杖泉　在大崿山

龍宮泉　在龍藏寺高似孫品泉第十四

葛洪丹井泉　在太白山味如霜雪下通於海上有石

覆之高似孫品泉第一

趙廣信丹井泉　在太白山之陽水洌於冰味甚清美

四時不竭

竹山大井泉　在竹山高似孫品泉第十六

明覺井泉　在明覺寺高似孫品泉第十五李志有七所大者闊一丈深五丈有靈鰻如椽萬歷志餘俱見水利井門內

放生池　有四一在通越門外里許今無考　國朝邑進士尹巽于長春書院後卽已塘爲池一在來白門外邑司空周汝登立卽溪爲池禁止釣罟池上有觀生閣閣後有放生菴明末廢　國朝康熙七年知縣張逢歡邑進士尹巽重建延僧明道居之一在應台門外張陳二侯祠前邑進士尹巽及邑人杜瑞宋龍等請官立亦卽溪爲池禁止釣罟一在四十三都曾惠寺東名寺塘李志

丹池　在金庭山深可二三丈張志

墨池　在縣南十五里金庭洞晉王右軍所居唐裴通記以元和二年二月來遊登書樓臨墨池但見山水之異嘉泰志　又有養鵞池獨秀山亦有右軍墨池萬歷府志

二折水　在縣西三十里涌沙迴繞居民屋舍舊有樓屢興屢廢葢水勢悍激所搏射也李志下同

故港　在縣東北三十里遊謝鄉自港以東爲康樂鄉港東即四明山東岇山港旁有高冢曰小相公墓

嵊縣志卷二

城池

小戴記曰城郭溝池以爲固或恃險而失之或恃陋而不備二者所爲皆過也嵊城雖褊小然而扼山溪之險鞏金湯之勢袤延十餘里崇墉屹然唐宋時歷經寇氛蹂躪而深溝高壘捍衛之功居多後之官斯邑者隨時修葺雉堞浚城隍以保衛閭閻不綦重歟志城池

縣城

縣城不知何昉或以爲吳令賀齊云剡錄漢剡縣城在今縣東北孔奕會稽記云縣治在江東吳賀

齊爲剡令始移今治嘗開城門擊破姦吏族黨則今城亦齊所創建嘉泰志剡城在縣西一十五里舊經在縣西四十五里周一十二里高一丈厚二丈一統志剡州城在縣西南一十五里唐武德四年置八年廢水經注城開東門向江江廣二百餘步自昔耆舊傳縣不得開南門開則有盜賊宋宣和三年縣遭睦寇城圮守帥劉述古掃清之命縣令張誠發修城完壁高堞自是寇至不爲害宋管晉張令修城記會稽縣入剡爲清勝承平日久橫目習治庚子之冬睦寇狂勃剡寇應之縣有城壘圮弗克守爲賊巢穴明年春帥劉公述古統制一道掃清賊黨謂令張誠發庀徒虔事課工督程出緡粟以儆役甫閱旬朝完壁高堞城之環亘十有二里未

幾寇率其徒擁梯壁下仰視完壯失氣奪色將兵出銳掩之俘馘自是竄伏孽不熾焉侯智宏遠知所先務借不急此孰與民保時績維茂磨石無愧慶元初溪流湍悍城存纔二三尺知縣葉範周志作籠張志作甎累石爲堤百餘丈城賴以全後二年水決東渡城壞提舉常平李大維通志作天性郡志作大性增築明年秋大水城復壞知縣周悅增築一百二十餘丈元制禁民無完城城日圮近東者强半僦爲民居僅存五門東曰東曦一名迎春南曰望仙西曰西成一名繼錦北曰通越西南間曰化龍明洪武初信國公湯和毀嵊城移甎石築臨山衛城由是城益無餘堤亦就壞宏治甲寅知縣臧鳳以承平久城雖可緩然

水害急不可無堤於是計築堤之費請於藩臬借府帑羨餘及徵於民以築之高三仞廣如之袤二百四十五丈邑人稱爲臧堤亦曰臧圩岸（明李閔臧圩岸記）嵊城北據山東西南皆環剡水水嚙城下路漸侵及城居者行者兩病之宏治壬子曲阜臧侯以名進士來尹嵊之明年疏請藩臬得府帑羨餘銀三百兩不足則捐俸以繼之而邑人富者資貧者力無不樂爲襄事於是諏日興工遠近提筐荷鍤而來者不絕於道閱月堤成而狂流悍湍不復嚙我峻防矣邑人將勒石紀功而請於余余曰昔東坡爲杭守築堤西湖民以蘇公名之謝安築堤新城民以召公况之皆示不忘也嵊[illegible]之請亦此意耳因書以志十一年水勢汎濫堤之潰者又數百尺知縣徐恂以鍰金三百五十餘兩築護堤七尺許堤以永固嘉靖三十四年倭患作知縣吳三畏力請築

縣城尋其故址臨溪跨山築高二丈有奇厚一丈有奇周圍共一千三百丈有奇內外具甃以石一統志嵊城周七里有奇為門四東曰拱明西曰來白南曰應台北曰望越門外有甕城門上各有樓顏其樓東曰凝翠南曰可遠西曰長清北曰迴峯東北間有陡門陡門上有亭顏曰溪山襟帶北門右有瞻宿亭一稱四山閣東門右有亭曰騰蛟西門左有亭曰起鳳為儆鋪萬歷府志作鋪窩二十四所敵臺四所城內有餘城六尺餘城內有馬路六尺城外路與內稱是年倭寇兩臨邑境民恃無恐明王鐵吳令築城碑記世宗皇帝二十有九載海氛為孽倭奴忽焉至蚓[illegible]構禍於沂東

黃巖萬室爲燼甲寅歲再陷天台㳂上羽檄無已時知縣吳侯嘆曰是可坐受無城之困乎歲乙卯乃請於上官相基度費稽版籍凡五十餘丁築城一丈計爲丈者九百有奇因舊爲址繞山帶溪工始九月凡四閱月告竣東西南北四門明年請布政司五百金成之東陡門北四山閣則取諸罰鍰漸成之方築城甫半倭奴自台突入嵊黃泥橋夜遣諜來五里鋪覘覘望城上燈燎晃耀呼噪之聲動地遂並引出浦口宵遁迨城工未畢止二版倭奴又自台流嵊侯日夜督民兵分城哨守倭奴用是遁逃夫城工雖未完而有險可據侯故得以殫力警守而保完億萬生靈使侯不早計而急圖是役則兩番寇至嵊能免於黃巖天台之難否耶侯之有功於嵊大矣周別駕夢秀云吳侯經始時钁故址得一瓢識云漢乙卯歲剡長吳某記夫吳侯築城千五百年之後而與前令姓同其築之歲又同噫亦奇矣

萬歷十二年

知縣萬民紀重開化龍門 周汝登重開化龍門記畧

萬歷甲申南城萬侯民紀奉命來令剡祗謁先師因視學宮曰學校爲治務首凡所宜興革吾矢力焉越明年敎洽澤流興廢實惟

其會司教陳君埶王君汝源趙君棟言於侯曰惟學之前故有門曰化龍以通賢道今湮矣是宜闢敢請侯曰昔啓而今湮曷以士民進曰嵊有城載自吳爲門四方而西南間一是爲五門後城圮而門存嘉靖乙卯吳侯三畏復故城而民力詘議省五門之一曰吾留不盡以須嗣者乃門塞而名存於今三十年所啓竇其時卽啓諸費民自輸不以貽公累侯曰凡令之職孰先作士而利民也昔無而創自我竭公帑不爲厲剏有其舉之而民自子來者乎上其狀於郡大夫報曰可於是揉石徵工早夜並作開城建門高若干丈門上構樓幾楹成之者速之者堅往來利而遠近易觀矣孝廉張君希秩輩爲不可無紀以命言於余余維侯闢門爲士士尙思厥門名而自樹以無負侯夫門以龍名龍出則雲流雨集將利益於物諸士登河津而驤首奮翼有以膚土而澤枯乃與茲稱是宜書於是縣丞吳君鶚鳴克殫乃力以終厥事得備書云

十三年修四山閣天啓七年風雨四山閣可遠樓迴峯樓化龍門樓俱圮崇禎元年知縣方叔壯重

建十三年知縣鄧藩錫增修城堞　國初五門樓四山閣城堞俱圮順治五年知縣羅大猷重建東北城樓十五年部院李率泰檄府行縣每堞增高五尺知縣郭忱如檄築康熙六年知縣張逢歡重建四山閣九年霪雨西北城壞五十餘丈知縣張逢歡補築典史毛鼎鉉董其事後漸圮雍正間知縣宋敦議按甲修築不果李志乾隆三十二年知縣莊有儀領帑重修李府志道光六年知縣李式圃重修通越門城樓新纂

署廨

令長親民之官也日坐堂皇綜決庶務禮法於是乎出政令於是乎行伸冤理枉之獄於是乎斷而可傳舍視之乎丹書戸銘曰出畏之入畏之登斯堂也當職思其居綏爰有衆毋僅效一日必葺之誼則民之福已志署廨

縣治　在剡山南鹿胎山之麓嘉靖浙江通志舊治在江東吳賀齊爲剡令始徙今所宋宣和間改嵊縣治因高爲址歷坡而升剡錄云樓觀聳峙頗似府譙登眺所臨溪山陳象如顧凱之所云千巖競秀萬壑争

流者政和間建迎薰堂一名德星東園四山閣嘉定八年知縣史安之撤舊而更之增建詔旨亭頒春亭郎廳之東爲堂復舊迎薰之名又建霞書堂其北爲面山堂累石爲山玲瓏盤錯因山之址注水爲池雜蒔卉木相與映發亭榭參錯殆十餘所元至大間達魯花赤高閭爲東廳尹仇治作後堂洽瓚作譙樓至正二十年盡燬於兵明洪武三年主簿張道明建廳解三十一年知縣江瀾建舊譙樓天順中復燬知縣王琦建未備成化宏治間知縣李春許岳英劉清臧鳳徐恂縣丞帥玠方玘相繼營葺中爲治廳顏曰牧愛堂

萬歷間知縣萬民紀更曰節愛知縣王志遠又更曰親民　國朝順治四年圮六年知縣羅大猷重建後圮雍正九年知縣傅珏重建顏曰日新傅珏記畧縣治舊有堂曰德星一名迎薰復名牧愛又曰親民自宋迄明興廢不一至順治六年重建迄今八十餘載風雨漂搖悉爲頽垣廢址矣雍正九年秋蒙官保李制府委署茲土諭以縣堂乃觀瞻攸係邑有罰鍰堪充修築當亟圖之余遵諭通詳鳩工飭材中爲治廳三間東西側屋二間二堂五間川堂三間宅門一間兩廊十四間儀門五間外爲大門五間上懸鐘鼓周圍繚以高垣以及内署之圮者葺之傾者修之制雖由舊而規模殊改觀焉興工於九年十二月望後之七日告竣於十年八月望後之二日統計所需不下千金除動用充公銀七百九十八兩外則捐養廉以繼之落成之日顏堂曰日新亦冀作民之新以懋乃政事而勸維新之治也治廳東爲幕廳明宏治二年知縣夏完建後圮

國朝康熙六年知縣張逢歡重建爲里民輸納之所幕廳北爲册庫南爲吏廊治廳西爲龍亭 國朝康熙八年知縣張逢歡重建龍亭北爲銀庫南爲吏廊兩廊皆明成化間知縣李春重建崇禎順治康熙間知縣方叔壯羅大猷焦恒馨次第修葺治廳後爲燕思堂元至正初尹仇治建明正德十八年知縣林誠通重建知縣林誠通記畧嵊舊惟政事廳退食禮賓尚未有所余始經營作穿堂二間顏曰燕思蓋取昔人閉閤思過之義嘗觀書曰思日贊襄曰思日孜孜是思固臣道所當務也燕閒之餘烏可不思遂爲之記堂後爲儆齋明宏治間知縣徐恂建齋後爲令廨有門有廳有寢宋政和間建元明圯葺不一雍

正九年知縣傅珏鼎新之治廳前有甬道元仇治築中爲戒石亭明洪武九年知縣高孜奉制建亭南爲儀門李志西爲鹽房乾隆四十八年知縣陳純士建新纂儀門東爲大門門上爲譙樓元至正四年尹冷瓚重建天台翰林楊敬德記畧至正甲申膠東冷侯瓚來莅兹邑侯由儒科典廉勤宅心人民化服鳴琴裕如也度民可使矣乃與僚佐議葺新廳大修學校顧譙樓之址鞠爲茂草鼓角寓他所垂四十年比邑父老而計之咸願助資給用侯從之市材深谷經始於至正四年十有二月落成於明年八月爲樓橫八楹縱十二楹旁舍翼然宏壯如昔徙鼓角其上以時興息深得古人申教防微之意云二十年燬明洪武三十一年知縣江瀾葺復燬嘉靖天啟間知縣林森縣丞江子循重建後圮　國朝康熙雍正間

知縣焦恒馨傅珏重建大門內稍東爲土地祠有戲臺康熙九年知縣張逢歡縣丞胡玨典史毛鼎鉉及胥役捐貲重建後燬雍正十一年知縣傅珏重建譙樓東爲寅賓館卽舊典史廨遺址萬歷間知縣施三捷建崇禎十六年知縣蔣時秀修後圮 國朝康熙三年知縣劉廸轂建樓於舊址址上祀文昌星樓下爲館縣治俱繚以垣宏治九年溫賊壞垣剽庫十一年知縣徐恂修築厚六尺高一丈二尺周一百三十丈五尺李志大門外有照墻一座路分東西階出入嘉慶十八年知縣蕭馥馨建新纂

舊丞廨　在縣東南七十步淸紀坊有日哦軒宋嘉定八年知縣史安之徙縣廨東元末燬明洪武間建復燬宏治間知縣徐恂縣丞王讃重建後圯萬曆十四年縣丞吳鶚鳴建半閒堂淸嘯臺　國朝康熙二年縣丞門有年建東軒三十九年縣丞奉裁廨圯五十九年知縣宋敳毗連廳署空址改建東書廳廳後添設平房三間東側建亭顏曰來碧復名清妙雍正十一年知縣王以曜重建適時雨降顏曰稼雨堂李志乾隆四十二年知縣吳士暎復改建名挹翠軒新纂

典史廨　在縣廨西本主簿廨也舊在縣西三十步鹿

胎山頂有朔風堂宋嘉定八年知縣史安之徙今所元末燬明洪武間建復燬宏治間主簿周嗣祖重建後軒三楹知縣徐恂主簿沈蘭復葺之有門有廳有寢萬歷三十六年主簿裁改作典史廨　國朝雍正十一年典史王大德重建正廳儀門廨舍并增置東西廂房李志廨西增置宜秋館新纂

舊典史廨　在縣東南一百步舊丞廨東宋乾道間尉謝深甫建吏隱軒元至正十一年徙縣南仙桂坊明徙縣治內丞廨前宏治間知縣徐恂典史蔣進重建萬歷三十六年徙居主簿廨遂廢李志下同

布政分司　在縣治南一百一十五步折而東五步（舊稱何宣坊係三皇堂故址）明成化間知縣許岳英重建後燬　國朝乾隆六年改爲惠獻貝子王祠今圮

按察分司　在布政司折而東明知縣許岳英建後燬知縣劉清重建今廢

候謁館　在布按二司之間明萬歷六年知縣譚禮建後廢爲兵部尚書喻安性祠

府館　在喻祠前二十餘步成化間知縣許岳英從秀異坊徙建於兹後燬知縣劉清譚禮重建今廢

代驛館　在望台門外爲駐節亭一名敬亭嘉靖間廢

萬歷五年知縣譚禮重建十二年邑士民肖巡撫蕭廩巡按龐尙鵬知縣林森朱一柏像於館內以志感今廢周志

公館郡志作勞勞亭 在縣北六十里三界明宏治間知縣徐恂建萬歷十四年知縣萬民紀縣丞吳鵾鳴重修李志

申明亭 在縣大門外西首卽頒春亭遺址明洪武八年建後兩亭相繼燬宏治崇禎間知縣臧鳳方叔壯葺後圮張志下同 李志申明亭共五十三所在城三在鄉五十旌善亭制與申明亭同

旌善亭 在縣大門外東首卽詔旨亭遺址明洪武三年建顧炎武日知錄洪武中天下邑里皆置申明旌善二亭民有善惡則書之以示勸懲凡戶婚田

土鬭毆常事里老於此剖決不由里老處分而徑訴縣官者謂之越訴景泰四年詔書猶曰民有怠惰不務生理者許里老依教民榜例懲治

總鋪　在旌善亭南有門有廳有屋繚以垣康熙九年燬知縣張逢歡重建

監獄　在申明亭南成化丙申洪水衝垣囚多壓死知縣許岳英暫移禁於儀門西二十一年署篆事餘姚縣丞李實修建增廳三間屋九間補砌繚垣東西廣十二丈二尺南北袤十六丈二尺　國朝雍正八年知縣王以曜捐造五間九年知縣傅玨又動支添建五間李志下同

挂榜亭　鋪獄前皆有挂榜亭舊在儀門東明萬歷間知縣施三捷移建今所東西各三間崇禎間圮　國朝康熙九年知縣張逢歡重建後燬廢雍正九年知縣傅珏修葺

勸農亭　一在縣南五里鋪一在縣北楊公橋側成化九年邑民吳叔陽錢楚雄等爲知縣許岳英建

迎恩亭　在北門外二里爲接詔赦之所

陰陽學　明洪武十五年設今廢

醫學　在縣治前三十步街之西洪武十五年設成化中知縣許岳英重建知縣劉清復遷街東以故公館舊址易民

居爲之後圯嘉靖間知縣林森重建於城隍廟右後圯崇禎間以遺址前作關帝祠後作天妃祠今廢

惠民藥局　在府館左後圯　國朝康熙六年疫知縣張逢歡延醫施藥就寅賓館爲藥局

僧會司　在惠安寺

道會司　在桃源觀

稅課司　在縣東南一百五十步明宣德間除（即布政分司址）宏治間重置在縣北六十里三界知縣徐恂建隆慶間除

鹽酒稅廨　在縣東南二百步今廢

稅務酒務　在縣南今廢

鎮守司　在東曦門外今廢

倉厫附養濟院育嬰堂

賈誼云積貯者生民之大命故古人以倉庾世其官誠重之也嵊地宜穀三登再熟歲以爲常然木穰金饑旱潦時有不得不籌備以仰副

聖朝軫念民依之意前人法耿壽昌朱子遺法城中設常平倉鄉間設社倉賤糴貴糶以平穀價而濟民食玆就舊制紀之周禮遺人掌委積以待凶荒養老孤敱養濟院育嬰堂附焉志倉厫

預備倉　在城隍廟左又名城隍倉東西北三面有厫東十間西十間北四間明宏治間𣏌知縣徐㫬重建

崇禎十六年知縣蔣時秀改北厫爲正厫每年額存經費役銀四十兩國朝雍正七年間知縣黃道中重修更名廣仁倉乾隆二年知縣張彥珩以逼近山麓山水灌注易致紅朽捐資改建育嬰堂另建二間於永濟倉側又建四間於常平倉側以補廣仁倉之額李志下同

濟留倉　在西吏廊南今廢

便民倉二　一在縣北五十五都三界師字十一號今圯一在縣西養濟院右知縣萬民紀縣丞吳鶚鳴重修有官廳三間後堂一間門樓三間東西厫三十二間周圍墻凡七十六丈今圯明余成便民倉紀畧縣治之西出繼錦門外半

里許有便民倉乃宏治儲積所也先是厥規卑隘凡糧里之出納於茲者往往病其淺陋爲盜跖所窺迨宏治戊午歲嘉定徐君信夫來令是邑始下車即以興廢補滯爲已責縣治學校壇社以次修舉一日詣倉而耆民王熙仲陳艮請曰倉之狹隘其患不可勝言願吾侯作新之侯許焉爰相土聚材規畫營辦悉自侯出而仲暨艮亦樂襄厥成故倉用以完而賦弗奪於邑爲屋凡三間楹凡十二中爲公廳後闢山趾構軒一間爲退食所匝洞以廳垣屏以墻而高倍於昔廣稱之葺視舊規而開拓之其外爲大門門之上爲更樓令值更其上以杜窺伺是又舊制所未備也肇事於宏治庚申歲三月畢於十一月余偕寮友林君世瑞周君倸往落成焉適德州守邑人周君山鄉進士夏君雷君又繼至侯因命壺觴相與竟時而退徐君之涖茲邑也凡所設施布置悉自其所蘊蓄者發之以故甫三載而政務興舉市井無豪橫之侵隴畝皆就業之農官司無停滯之徵侯之所以治嵊者其概如此是大可書也

義倉一名社倉凡四　一在縣東六都浦口官廳一間

東西北厫各三間門樓一間繚以垣一在縣西四十六都兩頭門官廳三間東西厫各三間門樓一間繚以垣一在縣南一都阮廟官廳三間南西厫各三間門樓一間繚以垣一在縣西北二十九都西淸官廳三間南厫三間西厫二間門樓一間繚以垣俱明正統間知縣單宇建宏治間知縣徐恂修崇禎間縣丞周士達重修今俱圮邑人張冑記畧洪武時詔天下立預備倉饑則散豐則斂此即周官遺人之遺意恩至渥也嵊爲倉凡四歷歲滋久宇圮穀亦弗積稍遇水旱民無所賴今天子重念斯民特命藩臬重臣布政司方公巡行屬邑而總理之郡守羅公專董其事邑宰單侯奉行惟謹乃勸募於富民得穀若干石建四倉於故處地之狹者售於民而廣之每倉爲屋若干楹材木惟良瓴甓惟堅外設

重門繚以崇垣規制精壯締構完好其於防守區畫尤加意焉夫天災流行何代無之亦在夫備禦有具而長民者之得人耳聖天子養民之心非藩郡之臣能體上意賢侯奉行之至烏能臻是哉胃故樂爲之記

常平倉二　一在丞廨前舊典史廨址東　國朝康熙七年知縣張逢歡建縣丞胡玒董其事一在縣治頭門内土地祠北側屋五間雍正六年知縣李之果詳請動建又四間知縣張彥珩補建以足廣仁倉之額

永濟倉　在縣治儀門西側公廨基内地十三間雍正七年知縣黄道中詳請動建又二間亦知縣張彥珩補建

永豐倉　在公廨內永濟倉後屋十二間雍正八年知縣王以曜詳請動建十一間其一間則捐俸添設

米倉　在縣北一十步宋時設今廢周志

附養濟院　在來白門西明成化間知縣李春許岳英徐恂相繼增葺正廳三楹匾曰施仁後把有住房十一間有門繚以垣直長三十一丈橫一十丈　國朝乾隆五年知縣李以炎增建廂房十間分男女居住李志　明訓導林世瑞重建養濟院記畧國家設官分職惟以爲民而已於民之顛連無告者尤加惠焉詔州邑各立養濟院俾有司時賚予而賙給之月有米歲有布絮使皆有生意此文王惠鮮鰥寡之盛心也嵊邑養濟院天順間李侯春刱於今所西門外便民倉左凡爲屋十一間成化間許侯岳英修葺之經

今歲久垣頹屋敗或潛空廢而宿或倚含簷而居不惟民不聊生抑無賴者藉以生奸矣宏治戊午夏徐侯恂尹茲土下車之初首新學校繼即致意於斯擇公正耆老王希明等董役相基狹隘置買民地一區擴而大之總前袤三百一十尺廣損袤之二新建正廳三間匾曰施仁侯嘗躬詣存恤復增住屋九間其舊屋十一間易朽以堅更腐以良拘斜以正與凡漏者敗者門戶不完者煥然一新周圍繚以垣墻外具門樓一間凡木石磚瓦工食之費悉侯自處置而貧民便息裕如也肇工於宏治庚申歲五月而畢於是歲八月耆老與斯民無告者詣予曰吾人無依者侯月給米以食我歲給布絮夏復加布以衣我葺舊廬復買地增屋以居我侯之仁如此敢請一言紀侯功德嗚呼侯誠可謂能體國家愛民之心而知所先者矣詩曰豈弟君子民之父母侯其有焉　邑令李式圖捐施棉衣記畧爲令以愛民爲本而民之鰥寡孤獨無告者尤當收恤此州縣養濟院之所以設也歷考前代宋謂之居養院元謂之孤老院明洪武時始改今名我　朝加惠窮黎　詔直省各州縣養濟院收養鰥寡孤獨及殘疾無告之人有司留心舉行月

糧依時給發無致失所澤至渥也嵊邑養濟院在來自門西創設已久然經費不敷施濟猶缺余下車以來見隆冬時貧民號寒道左惻然憫之因思捐施棉衣以蘇皸瘃然而恫瘝雖切獨力難擎因首捐俸二百金復立捐簿勸紳士之好善而有力者踴躍輸將得滿千金之數存典生息交城中殷實董事每年支息給發絮襖永遠遵辦其施挾纊之仁俾免無衣之歎此余愛民保赤之苦心而亦都人士所樂爲勸助者與是爲記時道光七年十月

附育嬰堂　在城隍廟左　國朝乾隆三年知縣張彥珩即廣仁倉改葺今廢李志

按育嬰堂自順治初益都相國奏開於崇文門外後宛平相國復繼之其式遂頒於天下見毛奇齡育嬰堂碑記雍正二年奉

上諭飭天下廣育棄嬰嵊邑設而復廢宜有以振興之也

都里

剡邑城鄉都圖唐宋以來屢有因革周海門舊志以鄉都圖冠首蓋都里之盈耗縣之盛衰係焉今昔區界不同茲就新籍編之二十九鄉傍水依山星羅棊布長民者稽之以保甲課之以農桑俾民有幹有年於茲邑不其懿歟志都里

在城曰隅在鄉曰都嵊舊領鄉四十梁析十三鄉爲新昌縣縣東鄙舊有五山彩煙豐樂善政新昌安仁守義永壽石頭昌化象明遵德石城共十三鄉梁開平時析置新昌縣明成化八年割會稽縣二鄉以附今爲德政東土二鄉實領鄉二十九爲隅二東隅西隅爲都五十一嵊舊缺二十七

都不知何謂又有連數都爲一都者故次都至五十六而實五十一爲圖七十七里中應役隅曰坊長都曰里長隅所領圖等而都所領多寡不一而保甲賦役皆出其中

俞府志唐十道圖縣各有鄉有里然其興廢因革亦靡得記焉宋熙寧三年行保甲法始置都鄉領于鄉改里曰保領于都元豐八年廢都保復置附治地爲坊其郭外仍以鄉統里已又分府城内爲五廂仍領坊元改廂爲隅縣各置隅鄉爲都里爲圖俱以一二次

城東隅　領坊十五宇民清紀成俗淳化舊名遷善齊禮聯桂舊名通安益詠舊名遷德嘉會豐義醴泉仁德桃源絃歌棲鸞舊名迎春訪仙舊志作訪戴　領圖三東一東二東三

城西隅　領坊十秀異集賢化龍舊志作化民繼孝兆慶繼

錦科貢舊名妙音以西門周氏改今名招提清河仙桂領圖三西一西二西三

方山鄉　在縣南五里第一都領圖一領里五全節永壽懷仁通山麗德舊志作光德領莊十七王達市　五里鋪　章郵衖　馬鞍遶　黃塘沿　貼水橋　周塘沿　三板橋　小山頭　阮廟　廟後　眮塍　上楊　愛湖頭　缸窰　山根　曹家　張家田頭

仁德鄉　在縣東三里第二都領圖一領里五甘棠永樂餘糧歸仁金塘領莊十四石板頭　黃塘橋　下陳　中渡　下棗渡　坭塘等　大塘頭　下任　下楊　仙人坑　卜家　朱家笆衖　藕塘邊　花園地

康樂鄉　在縣東十里第三都第四都領圖一領里五

遊謝宿剡竹山康樂感化領莊三十四蔣家埠　何家邨　下林

墩頭王　賢宅　艇湖　竺山　山前　朱家塿
吳家樓下　楊柳塘　柿樹頭　蔣家衕　東塘　青
官塘　前山坂　過港　葉塿　小溪　沙田
丁家山　閙水　王广春　羊角溪　橋石頭　梅
坑　大山　塿底　水堆頭　周家
紫竹篷　高山　何邨　八广

崇信鄉在縣東十五里第五第六第七都領圖四領
里五休祥甘泉竹山懷安剡中領莊三十五大屋　珠溪

招邨　上林　杜潭　西山　李家洋　上屋　畈
坑　深圳地　楊樹坑　浦口　茄家邨　鐵店
沈家㘭　湛頭　東坂莊　竹家山　拖塍　上下
新建　上江　溪下　前化　高俞　無底井　廟
裏張　湖頭橋　坂田　王山頭　棠溪
后仁　花田　大菱塘　盤龍　青巖潭

筮節鄉筮本作莁在縣東二十里第八九十都領圖二領里

五灌濤昇仙馴翟思善澄江領莊四十五東郭　下蕩頭　上
王明塘　前周　良鄗　青石橋　上唐　下唐
葉家　塘頭　望婆灣　沙地　柏樹塘　後丁
朱塢山　湖頭　後棗園　逆迴尖　胡宅　張家
周家坂　官地　石橋　湖塘沿　趙家　培郁
山王　王萬莊　了义坑　下楊棚　江家　長
屋基　方家　白坭墈　大塘頭　張家田　唐家
墺　爛田灣　王澤　曹家洋　櫸樹下
花園地　陶家　裏外花鈿　嶼ㄐ

靈山鄉　在縣東三十里第十一二都領圖一領里五
欽義下闔靖安守義崇孝領莊二十二許宅　麻車　下周　官
園　白塘　東山王　橫路　大坑　凹青坑邊
坑西　苧坑　漁溪　石蟹　東崗頭　廟裏
大洋　地衕　求家
長坂田　溪頭　錢家

金庭鄉　在縣東五十里第十三第十四都領圖二領

里五昌化善政惟新永寧歸德領莊十四晉溪　後山　柿樹頭　下任　歡潭　馬家塘　華堂　柏樹頭　巖頭　覲下　上塢　念石　濟渡　陳公嶺脚

孝嘉鄉　在縣東五十里第十五都領圖一領里五石鼓桐柏安樂忠節安義領莊十三靈鷲　官地　蔡家　樞樹灣　高峯　嶺塘　洩下　東蘭　嶺下　日坑　任塢　沙地　山前

忠節鄉　在縣東七十五里第十六第十七都領圖三領里五三峯孝嘉石鼓忠節修仁領莊四十三㯝頭　土塊　小栢　水口　東林　張婆塢　堂塢　橋下　孫溪塢　董家莊　巖厓頭　下董塢　門古　潘家山　馬家塘　董塢岡　下濟　大約　小約　山塊　北莊　青山頭　上广坂　唐田　唐溪　晦溪　石門　敏坑　葛竹　湖潭　白坑口　盧田　董家广　張家青　箬坑　應家山　翁大

坑　陳大坑　裏外東坑　溪
西　吳家灣　松溪　俞家坑

遊謝鄉　在縣東北三十里第十八第十九二十都領圖五領里五康樂明登宿星瞋投吹臺領莊七十張墺
鮑家　盛溪　仁郁　石舍　上塘　烏坑　前崗　車衕　沙坂　上店　胡家墺　社壇　山頭
宅　楊家宅　何郁　陶郁　莊田　金茅灣　沙塘灣　溪后　屠家埠　山根　宓家山　鄭家墺
大杉樹　紫竹蓆　東鮑　下洋埠頭　下王　溪西　曹家　田里　下塘墺　馬坑　裏坂　沙
園　南山堂　油車崗　施家岃　風火崗　漩水灣　張墅　大灣　碑山　後朝　白巖　塘坵
培向　强口　广坑　上朱　巖頭　謝巖　仙巖　西鮑　後張　禹溪　後王　石頭堆　冷飯崗
山頭等　紡車坵　獅巖坑　八里洋　檡樹下　楊家井　八俞　王山頭　童家

靈芝鄉　在縣北五十里第二十一第二十二都領圖

二領里四石𤰈東節正鈎化善領莊四十一王沙 儲樹

姚墺 棗樹彎 沈家彎 石山頭 水閣塘 康
坂 官莊 裏外大山 涅溪 方山 謝家 祝
墺 陸郇 南墺 裏外墺 大王 箬嶺 唐墺
獨山 陸家溪 崿浦橋 馬墺 李家浦 王
家書墺 傅家山 木瓜橋 楊家 胡郇 疊石
白沙 盛墺 李墺 崿大山 周墺 鄭家
箭墺 大坂
金郇 老屋基

崇仁鄉 在縣西北三十里第二十三第二十四都領圖二領里五感化霞邱靖林歸善愛敬領莊二十一

崇仁上 上下安田 中安田 官莊 上江郇
下江郇 湖下 溪灘 箬口 塘頭 烏石衕
淡竹 應家巖 下應 秀才彎 長郎嶺
楊仁橋 卞家 石門 嶺頭山 太婆彎

孝節鄉 在縣西二十里第二十五第二十六都領圖

三領里五新豐崇化招安綏安方山領莊三十五逵溪

宋家墩　胡邨橋　董郎嶴　地下巷　脉嶴
泥塘　上王　方田山　王家广　來嶺　橫嶴

龍舌頭　白花　木馬菱　廣利塘　花田坂　畚
箕彎　馬仁邨　下馬　新宮橋　馬家坑　裘巖

橫橋衕　後岸　趙溪　趙馬　西山頭　大洋
巖下　仰當彎　楊家　李家宅　半山　上楊

永富鄉　在縣西北二十五里第二十八第二十九都

領圖二領里五克遜李志作東遊誤今據剡錄及周志改正西清東闔

餘風禪房領莊十三

張家　宅前　三畝頭　上相
下相　坑口　林家　張邨

淡山　崇仁中　十畝
嶺下　西鄭　李家橋

富順鄉　在縣西北三十五里第三十第三十一第三

十二都領圖四領里四長敬新安溫泉慈烏領莊五

十三富順 錢邨 福坑口 下相 金貂嶺下
西青 安家 楓田嶺 潭石 榆林嶺 相
平 鄭墺 山王 洩雅 黃箭嶺下 官園古鎮
湖 頂山 九里斜 護國嶺 林盛 下東山
石倉 砩頭 穀來 白洋湖 上陳 和尚田
和尚菴 溪頭 城後 馬邨 舉坑 卞家山
同坑嶴 橫路坑 箭潭 西洋坑 呂墺 高腳
峯 下坂 北墺 小洋坑 榆樹 桃嶺 袁家
嶺 小崑 小夏 雙溪 坭牆裏
白木嶺 烏尖 乾竹山 青童嶺

崇安鄉 在縣西四十里第三十三第三十四都領圖

三領里五澄清懷善依賢化俗清安領莊五十 崇仁 下
王家寺 金沙 礱院 下院 三溪 山下 戴
溪 王東山 坂頭 南山 水門口 流沙 米
塢 上培 石山屏 培坑 高山 半程 年家
山 鄭塢坑 鑱箭塢 苦竹溪 楊坑 硤石
上朝 梅溪 葛邨 徐家培 長坑 焦坑 下
王 紫巖 上周 范油車 樓家 下相 溪西

蔡墅　丁家　黃家　何家　下路頭　重疊嶺
下溪口　下郭　陸家　箭坑　宣家岡　定林
寺

羅松鄉　在縣西四十里第三十五第三十六都領圖
二領里五紫巖雙壁中川斷金豐樂領莊二十五沈郙
石墳　前後白竹　朱郙　合輿　星堂　下方
山　羅松　相家亭　黃埕塘　袁家　前家坑
張家山　下張　寺根　趙宅　下陳　孔郙　下渭
沙　馮家潭　陸家　新渥　趙家　溪頭　大仁
寺

剡源鄉剡錄源作元在縣西五十五里第三十七都領圖二
領里五尊賢詹成中和光明崇善領莊二十六金郙半
弔樓　郯城　下王　崗下　山口　璚田　周郙
坂　黃杜嶺下　茶坊　荷花塘　冷塢　棗園

市西園　董郵　松明培　巖頭　花園崗　苦竹吳家灣　東坑　道場　白朮園　杜塘　上下

鹿苑寺白雁山

太平鄉　在縣西七十里第三十八第三十九都領圖

三領里五碧潭擇賢懷仁建昌懷信領莊三十九高墈頭　屋基　石磜　崑溪　黃家宅　下防山　王金叢　橫店　石下洋　上下南莊　前安　大崑石刺嶺　高地塔　卞坑　東園　橋頭　周莊胡雙　板宅　栗樹坑　水竹菴　上胡　麻家安宅　殿口　深溪　新屋　錠山　下富　下居　張坑　尚義　上下鄭　前宅　上周　杜郵中山嶺頭

長樂鄉　在縣西南七十里第四十第四十一都領圖

二領里五陽明崑山昭仁禮義寧安領莊二十三金潭

厚仁坂　宅前　尤家邨　橫山　上居　下居

杏溪　貴門　下安　白宅墅　後宅　上塢山

塢巖坑　沙垢　上里　長樂　彿前

菱塘　高沙　朱邨　呂墺　梓溪

開元鄉　在縣西南六十里第四十二都領圖二領里

五靖居迴鄉招仁居賢沝魚李志作水魚　領莊一十八開元

官塘頭　西金　棗園　西朱　下英山　小溪

彎　沈大彎　石井　高家　珠溪灘　石佛橋

下曹　後田屋　寺塘頭

前王　茹塢　求家山

繼錦鄉　在縣西南三十里第四十三都領圖一領里

五馴善攀轒鳴紘戴星李志作戴里　遷星領莊二十一方山

上下沙地　樓下　花橋　鄭莊　後史　水路

坂　湖前　湖頭　盧芳　羅邨　大田　方口

丁莊　西英　祝邨　王由來

張家　湯園　宅根　上王

積善鄉 在縣西南五十里第四十四第四十五都領圖二領里五南巖雙璧豐樂李志作農樂中川斷金領莊二十二

上下路西 上下蔡山嶴 前王 陳家
大王廟 王門頭 西景山 大路張周
郙王家 上朱 葉家 東張 東王 西王
塘頭 宋家 官嶺腳 黃坭山 許郙 上沙坂
上下
史閬

桃源鄉 在縣西三十里第四十六第四十七都領圖四領里五永闓白泉長樂崇信安居領莊四十九

下
倪
下吳 王箭坂 湖頭 中高 上高 王郎地
東王 宋家 仙人橋 紅市橋 梅澗橋 金
家沿 沈家 塘下 白泉 吳家田 童家 汪
家 尹家 建安 甘霖鎮 珏芝 官屋基 求
家㘭 後愛坂 上莊 上下王 下湖 湖嘴頭
上屋 黃勝堂 戚家 前王 倪家渡 姜家

後宅園　上坂楊　下楊　泰家樓　鴨舍塅　下沈　俞家硑　孫郇　高家　新塘　趙家　雅言樓　過郇

清化鄉　在縣西二十五里第四十八第四十九都領圖五領里五招賢懷善開明欽賢集善領莊三十一

雅堂　張家郇　溪邊　楊橋　魏家橋　東湖塘　祝郇　西吳　王山頭　下查郇　支鑑路　上下杜山　朱家凹　范郇　招龍橋　杜墓頭　後朱　前朱　西金　浦橋　外宅　施家　白坭墩　葉家甽　郭家車　江田　後潘　戚家硑　東山頭　祝家　謝家坂

禮義鄉　在縣西南六七十里不等第五十第五十一第五十二都領圖五領里五長安仙林平樂懷忠新安領莊六十六

李家　茅岸　江下　光明堂　施任　孟愛　西求　金雞山　下張

菴　板頭　西趙　卜家明　唐家園　東山　利

塢　高田　白巖　葉郗　西施巖　嶺根　大坵

巖　大溪　漢溪　嶱嶺　丁家店　八宿屋　蔣

家灣　平頭　上莊　東坑灣　蒼蒲屋　嶺下坑

嶺　溪塢　石岱山　西景屏　溪口　董郗　相家

長安　高岸頭　嶺下莊　小岱山　寶溪　蒼巖

大坑　湖裔　棗園　殿前　和尚殿　施家塽

柿園　天輿菴　瓜渚　上舍　田東　楊家屋

東陳　盈山　淡竹園　王家樓下　風羅佑屏

西陳　大巖坂　小坑　孟坑

昇平鄉　在縣西五里第五十三第五十四都領圖四

領里五承霞靖豐尚賢太和五山領莊四十九　潭過燕

窠　南田　橋裏　上王　抱寨　王秀灘　巖下

宓家　和尚山　上碧溪　藤繞樹下　新市

謝墓　茶坊　南渡　高家　笆衕　高郗　下南

田　馬衕堂　姚家橋　洒原　馬家　潭頭　小

砩　中央宅　搗臼爿　高坂　下馬　江東　演

頭　水家橋　趙塽　雅致　半塘　葉家　大洋

白沙地　後王　雅良　杜山　章家　車
棡門　上馬　上墓　溪頭　光明堂　邵家

德政鄉　在縣北五十五里第五十五都領圖三領里四大欽赤石奉化碧紗領莊三十一　長橋　寺下
大岙地　干墺

黃荆山　陳邨　杜家堡　沈墺　溪灘　打鐵
嶺　三界　金家山　楓樹嶺　沈塘　清水塘

蛟藤樹下　前巖　嚴家　任家衖　衖堂山　祥
隆堂　仁樹嶺　袁家塘　前墺　茶園頭　大董

溪頭　蔣岸橋　大墺
張家　裏嶴

東土鄉　在縣北六七八十里不等第五十六都領圖三領里三美箭謝公迴潭領莊四十九　杜家山　張
蔣　外崗山

寺前　芝塢　孫墺　西謝　長嶺　袁墺　廟
主　溪邊　上王　萬家墺　石礶　橋亭墺　沙

椰樹下　沈墺　銀沙　董邨　韓家　顯潭　舒
邨　丁岸　雙溪　喻宅　李黃　官地　橋裏

楊樹嶺　巖潭　塘邊　莫塽　溪西　塘裏　王
成　李家　下塽　橋外　于坎　陳家園　馬溪
砩頭　錦溪　嶺後　北塔
前山　胡邨橋　趙塽　齊後

俞府志嵊縣編戶共八十八里賦役全書原設版圖八十二坊里今編三百九十二莊　按李志所載各鄉領莊與今莊冊多寡不同有舊有而今無有舊無而今有蓋數十年間邨落之聚散消長頗有今昔變遷之異今據莊冊并采訪載之

市鎮

嵊邑古贍都鎮也城鄉皆有市素稱淳樸列肆負販者率皆布帛菽粟之屬而近日商賈懋遷于斯者通闤帶闠貨別隧分漸趨繁縟然較他邑猶瞿瞿焉抑其居奇禁其作僞風爾古已志市鎮

城市　在縣城中以直街爲市心萬歷府志舊在招提坊久廢後遷化龍門內復以火廢康熙九年改建縣前望仙門內以單日爲期而東西北各街近亦闤闠鱗次貨物蝟集李志下同

浦口市　在縣東十五里以雙日爲期

北莊市　在縣東六十里舊志作四十五里以三六九日爲期

王澤市張志作黃澤　在縣東南三十里嵊新界以單日爲期

上碧新市　在縣南十五里以四七日爲期

兩頭門市　在縣西南三十里以單日爲期

開元市　在縣西五十五里舊志作五十里以一四七日爲期

太平市　在縣西六十里以二五八日爲期

長樂市　在縣西六十里以三六九日爲期

崇仁市　在縣西北三十五里以單日爲期

石璜市　在縣西北四十里以單日爲期新纂下同

大王廟市　在縣西南四十里以單日爲期

三界市　在縣北六十里萬歷府志作七十里以二五八日爲期李志下同

蔣岸橋市　在縣北七十里界聯會稽以三六九日爲期

雙港溪市　在縣北八十里以一四日爲期舊有上岡華堂蛟井黃城四市今俱廢

剡鎮　在縣東南一百步今廢嘉泰志按嘉泰志云舊經所載如此今遺蹟不可考近邑民於縣西南惠安寺前池中得片石題贍都鎮下有文云當鎮奉勅旨

重開河道闕池子以防火燭闕已丑之歲二闕日開此淨地闕畢工故記於此漫不可辨李府志按吳越王錢鏐改剡爲贍有贍都鎮意此石卽五代時物也

浦口鎮　在縣東十五里宋元有驛明革有市有倉今廢李志

蛟井鎮　在縣西一十五里李志作二十里今廢舊經所載刻石山下有井井中有蛟因是爲名宋宣和四年置嘉泰志

晉溪鎮　在縣東四十五里新纂

華堂鎮　在縣東六十里李志下同

甘霖鎮　在縣西南三十里有市有倉

開元鎮　在縣西五十五里舊志作五十里

太平鎮　在縣西六十里新纂

長樂鎮　在縣西六十里李志下同舊志作七十里

崇仁鎮　在縣西永富崇仁兩鄉

三界鎮　在縣北六十里舊志作五十五里隋始寧治初隸會稽明成化間改隸嵊有城隍廟鐘鼓樓皆始寧遺迹有常平倉便民倉申明亭公館設防守一員兵四十名今併廢

水利

自阡陌開而溝洫廢遷史稱鄭國在前白渠起後舉鍤爲雲決渠爲雨此以水灌田之始嵊田地勢高仰溪流自天台東陽穿萬山而來浩瀚奔騰難蓄易涸居民所恃以灌溉者以石遏水曰碶築土遏水曰塘穴地出水曰井大者可瀦田數千畝而碓磑亦取利焉定其界息其爭斯旱潦可禦矣志水利

上渠碶下渠碶各長一百五十餘丈里下設碶長領之以上一都李志下同

陳塘碶長五丈二都

桃花碶長二十餘丈　吳家碶先爲洪水坍塞明萬歷三年修
築今廢以上三都
大巖碶長二十丈五都
守山碶　臨安碶　縱枝碶各長一百餘丈　前花碶即東郭碶今
圯　桃花碶各長五十丈以上六都
棠溪碶長一百餘丈　國朝乾隆十六年吳姓公濬灌田千
餘畝新纂下同　山前坂碶　國朝乾隆十八年吳姓公
濬灌田二千餘畝以上七都
黃濟渠碶長五十丈李志下同　黃澤碶長八十丈　國朝康熙四十三
年魏胡葉張四姓重修灌田一千五百畝下通頽石

碑灌田三千畝　湖北新碑長一百丈嘉慶七年魏姓淩築灌田千餘畝新纂　賴石碑長五十丈雍正二年唐葉山王莊築灌田千餘畝　岩頭碑李志下同　大淺碑以上八九十都

許宅碑長十丈　任泉碑長三十餘丈以上十一十二都

雙岩碑　舊名香圖碑灌田二千畝十三都新纂

構林碑長十五丈十五都李志下同

千瀨碑長二十丈　曹娥碑長十丈以上二十二都

油蕈碑長六丈　道士碑以上二十三都

趙碑新纂下同　漢碑　楊古碑　秋頭碑李志下同　黃城碑各長三十丈　澄塘碑長二十丈以上二十六都

相家碶長二十丈　黃巖碶長六丈　黃石官碶　青水碶以上二十八都

長善新碶新纂　洪婆橋碶長二十餘丈李志下同　油草碶長二十丈　國朝康熙間縣丞胡玒督濬　胡洋碶以上二十九都

下黃坂碶長十八丈　樣頭碶長二十丈　秋祿碶長二十餘丈以上三十都

城後碶長十丈　黃家塘碶長二百餘丈以上三十二都

下齊碶長十丈三十三都

苦竹大碶長二十丈三十四都

苦竹碶三十五都

鐺黃碶長二十丈三十六都

王金碶長三十餘丈新纂　新石碶長三十丈李志下同　石硑碶長十餘丈以上三十

七都

八畝碶 李府志 白肚碶 長百餘丈李志下同 橫溪碶 長百餘丈以上三十八都

古碶 三十九都

沿岩碶 長三百丈四十都

前田碶 石古碶 苦竹碶 以上四十一都

通渠碶 胡家碶 菖蒲碶 長三十丈以上四十二都

泉碶 李府志 沈郎碶 或作聖浪李志下同 史鐵碶 以上四十三都

東坑碶 新纂 阜角碶 長二十丈李志下同 新橋碶 以上四十四都

宋家碶 四十五都

烏驢灣碶 新纂 康郎碶 以上四十六都李志下同

俞家碑長百餘丈　㪅溪碑　新石碑　新碑新纂下同　湖碑以上四十七都

楊廣碑長數百丈李志下同　龍西碑長三百丈　西湖古碑長三十餘丈新纂下同

高橋碑長十丈　範村張竺兩姓築以上四十八都

磚石碑李志下同　戚家碑長四十丈以上四十九都

浩江大碑長五百丈　石鼓碑長二百丈　崇禎間鄉民李嘉壽倡濬後淤　國朝康熙間典史毛鼎鉉督濬其後嘉壽裔孫學海復督同修築以上五十都　新纂

浩江大碑李志下同　陳村碑長二十丈以上五十一都　烘通碑五十二都新纂

深林碑長一百五十丈李志下同　潭逿碑長七十丈　湖塍碑長一百三十丈

湖塍新碑舊在嵊新交界五都村上里許嵊人築以灌田

國朝嘉慶十七年洪水衝淤民苦無水灌溉欲另開新碑致與新民上控委員累勘不決二十年邑侯方秉稟請府憲趙秉初親勘與新令力爭於舊碑迤北十九弓低窪處開新碑濶一丈深六尺斜長三百零二弓接引溪水新人灌田三百畝嵊人灌田一千六百餘畝每新人灌一日嵊人灌五日詳憲立碑案遂定嵊人感方侯之德爲建生祠於碑側以上五十三都　新纂

源通碑長二百餘丈李志下同　益通碑長一百餘丈　萬歷間洪水衝坍邑人趙明峰復修治之以上五十四都

陳大碶長五十丈五十五都

愛湖塘一都

黃塘沸泉冬夏不竭二都

何家塘廣十畝七都

任栟塘八九十都

妳烏塘十四都

西山塘十五都

清隱塘十六都

俞家塘十九二十都

廣利塘界十九二十二十五都

沃塘二十都

漢塘二十五都

官堨三十六都

蘆塘三十七都

普惠塘四十二都

道塘　賁家塘四十六都

新塘　東湖塘　國朝嘉慶間金張二姓中築一堤分而爲二水利便之新纂　新西湖塘俱四十八都李志

外湖塘俗呼爲大洋塘五十都新纂

麗湖塘李志下同　古蹟塘長四十丈五十一都

冽潔塘五十三都

萬金隄　在太平鄉崑溪發源東邑直注西門橋東北民居千餘家田二千餘畝賴以灌溉地勢低下漲即爲患　國朝乾隆十九年監生應佩絅郭君賓按畝勸捐築石爲衛期年成曰萬金隄二十八年大水隄壞廪生應紹濂及邢恊熙應乾郭萬年等復勸捐修竣長二百六十餘丈高一丈六尺厚二丈五尺俱以大石疊成李府志

萬寶隄　在太平鄉萬金隄下保禦田廬千有餘畝國朝乾隆四十五年大水冲坍合鄉紳士呈請修築

至五十六年及嘉慶六年二十五年道光五年疊遭水激旋修旋圮里人欲爲一勞永逸之計捐有田畝隨時修補築石增高砌平爲路隄長一百餘丈高一丈八尺濶二丈有奇新纂下同

福壽隄　在縣西三十八都水自西白山出奔汰𫵀頭莊　國朝嘉慶二十五年里人按畝捐築計長一百二十餘丈濶二丈高一丈

東廓頭井李志下同　五顯廟井　東門裏井　抽塘井　桃源觀井　關王廟後井　太祖廟井　縣前井　城隍廟井　城隍嶺井　惠安寺井　寺嶺井　雙井

明倫堂前井　集賢坊井　科貢坊石井以上在城

大寺井在宣妙寺周志作大士　白鶴井在顯淨寺西廡　蛟井　巨井在龍藏寺水色紺寒　以上在鄉凡見山水條內者不入

濠

邑內故有渠廣深具八尺許周流兩隅近俱壅塞而蹟未盡湮有陡門濠導繡衣坊集賢坊二渠之水環司前後一遶廊頭街經東門二巷一遶丁家橋經趙祠前二巷並入濠出會流河又北門街一渠北遶長巖濠出城溝會於河寺嶺街前街二渠會於西濠自城下溝入溪西門渠科貢坊渠會於化龍門濠自城下溝入溪俱有渠址存望越門外坑導剡坑澗流

八荷花塘會於河

周志舊誌城內井不載而載在鄉者然城內井尤不可湮使烽燧或警計欲閉城堅守即積貯裕而烏可無不匱之泉嘉靖間倭警城不開兩日人乃病渴裘甫據城亦惟渴是困往事可鏡已以是知井之用大所志特其顯者考民居內尤夥守土者禁不得填壅乃防臨渴之患若夫渠塞而水走街衢民居卒沮洳爲病地理家又謂水出無道如人身血脈壅腫風氣亦乖故道可淘濬而復之邑之利也後學續論嵊之水利有三曰坑曰塘曰碑坑爲山澗盈涸無常塘有人成者溉以十計有天成者如穴泉如嶮澤溉以千百計唯碑引溪源遠而流長所溉者廣故坑宜堰塘宜防碑宜濬治也且地之近溪者宜廣置碑穴之能出水嶮之能瀦澤者宜增置塘守土之君子其究心焉而又立法以防爭非所稱古之遺愛歟

附水碓　藉水之力以舂有三制平流則以輪鼓水而轉峻流則以水注輪而轉又有木杓碓碓幹之末刻

爲杓以注水水滿則傾而碓舂之唐白居易詩雲碓無人水自舂是也

水磨　以水轉輪以輪轉磨

水車　置流水中輪隨水轉周輪置大竹管經水中則管皆滿及轉而上管中水乃下傾用以代桔槔制皆機巧韻書水推曰繙車

水龍　嘉慶八年署邑令陸玉書造水龍一具漸廢二十年邑令方秉致諭葛星垣復倡造正備水龍二具於城內構數椽貯之新纂　葛星垣紀畧浙江諸郡皆置水龍而其具莫精于吾禾甲戌春余秉鐸來嵊是年自夏及冬城中數被祝融之烈邑侯方珊洲先生憫之商于余會武林吳柘軒

上舍業鹺于剡素好善與余最契余述邑侯之意慫慂之栢軒卽于同業中商集經費仿照承式眞水龍二具水斗若干隻構數椽貯之且選有力者幾輩教以浙西運龍之法經營數月事乃成同志中有曹君靜波吳君建初身任其事而董率之一切規條立簿以埀久遠余喜栢軒能體邑侯愛民之心共成義舉并喜曹吳兩君踴躍辦公不辭勞瘁之尤爲難得也是爲記　李式圃紀畧水龍始自有明從西洋流入中國其製鎔錫爲大壺腹用機關以手激水而上噴薄如驟雨誠救火良器也嵊邑城廂內外居民稠密溪河遠隔偶有火警取水綦難予竊憫焉茲詢東西化龍三門前署令方君秉學諭葛君星垣倡捐經各紳商等共置水龍五具而南北兩門竝無置備已飭令其一體捐置至縣廨向有水龍兩座及水桶撓鉤等物創自前署任陸君玉書惟年久不修俱已殘缺朽壞余既捐廉將一切器具重加修整仍照舊章交壯役收貯公所一遇有警立卽赴救以期有備無患並令各鋪戶於門首倣會城皆設大水缸一隻隨時滿注庶幾便於提汲以濟水龍之用夫水之性就下搏而躍之僅可過顙今迺能上激至十餘丈許機愈

勁則水愈高其法爲甚巧而救火之力實大而溥推之一鄉一里之間倘得各備數具雖有燎原之火亦無難立時救熄則思患預防以拯閭閻之烈禍夫亦非有司者之責與

橋渡

蘇長公云乘水之利千里咫尺阻水之害咫尺千里長江淺瀨間欲濟無梁趁墟歸市者泳游厲揭不堪憫乎嵊居山谷之間溪流湍激壘石爲矼刳木爲舟雖濟一時勢難經久爲政者念病涉之苦無論在官在民隨時督葺以便行旅洵覺路之金繩迷津之寶筏也志橋渡

大橋　三板橋　在東隅李志

南門橋　在南門外南津渡當南北通津元末有浮橋廢明宏治十年邑人夏雷上書知縣請復之不報嘉

靖二十六年知府沈啓張志作壁誤檄縣造木橋尋圮王議記畧剡縣南二水合流南溯台溫北連吳越爲通津焉湍急最稱險阻舊官制渡舟人競渡多覆或以徒涉溺死民思橋爲利便郡伯吳江沈公以事涖嵊曰太守坐郡治不按部屬邑苦害無由周知除道成梁非王者之政乎既不爲鄭卿之濟人又不若漢丞相之治橋梁道里其何以稱良牧耶番禺鍾令奉議爲之民歡呼趨事踰月而木橋成名曰沈公橋萬歷元年知縣朱一柏置渡船二隻渡夫二名每年修理與工食銀共一十四兩四錢俱派入條鞭內三十六年秋七月邑進士周汝登請知縣施三捷建今橋石礅石梁長亘里許廣厚逼輿馬一名施恩橋周汝登捐銀五十兩爲倡嗣知縣王志達縣丞王文運修之天啓間推官李應期崇禎間知縣方叔壯

相繼增造復爲怒濤衝坍行人病之　國朝康熙間知縣張逢歡縣丞胡珏典史毛鼎鉉捐銀修葺乾隆八年知縣李以炎重修李志嘉慶二年圯邑人捐建道光六年張萬年捐修二墩新纂　李式圖重修南門橋記畧剡溪之水西自太白山來支港數十皆滙於斯爲兩郡六邑之通津昔人因是架西南二橋以便行旅西橋水淺勢平鮮崩頽之患南橋水深勢仄易於沖坍其廢興屢矣嘉慶二年大水南橋傾圯邑人捐而修之橋長三十餘丈爲墩一十有三未五年而南岸圯監生張丞思接造三塊以寬其水勢其石梁石墩視舊加固道光三年大水復漲三塊之北北二墩又圯丞思姪萬年獨捐貲續修之惟北岸居民疊石建屋激水勢而南南岸無石塘之固愈激而愈南水不能直趨橋下則墩以橫激而易圯舊墩之下朽樁累累新樁雖下而不深不深則不固其墩又易圯修之恐難經久萬年相度其勢易二墩爲一墩避朽樁以自立其基改三洞爲二

洞寬大其門戶以納狂瀾使不至有衝激之虞令族姪紹麒董其工經始於四年七月告竣於六年五月計費二千貫有奇是非特慷慨樂輸其經營可謂周矣余於去年攝篆太平道經茲土維舟橋下見其規畫盡善今蒞任甫五月而橋適成既堅既固亦完亦好可以爲永遠之計爰記其事俾勒諸石

西門橋　在西津渡宋時建二十五船浮橋廢繫橋兩石柱猶存明宏治間建邑民黃漢二捨銀甃石爲洞橋甫成而壞更造石墩橫以木嘉靖二十四年知縣譚潛增墩爲十四易木以石萬歷二十九年知縣吳濟之縣丞邵斗重建　國朝初洪水衝激墩壞康熙七年知縣張逢歡縣丞胡玨典史毛鼎鉉邑進士尹巽各捐銀延僧明道募助修葺九年大水墩壞嗣是

失修者數十載圯隤過半人多病涉乾隆八年知縣李以炎創捐重建李志

李以炎重建西門橋記畧

乾隆四年秋予自湯溪調嵊五年大水六年又旱奉檄查辦戴星而馳不辭勞瘁蒙上司德意賑卹糶貸吾民得以安輯七年而歲大稔吾與民而後喜可知也聽斷之暇獲纂新邑乘爰逮膠庠壇壝廟社以次興舉念西門大橋久圯民猶病涉失此不圖後將因循於是首先捐俸二百金城鄉紳士勇往慕義爲予將伯程材量工既有日矣伐石於山山徑嶔崟不能輦致千鈞之石疊竹泭者五方克任載奈溪流蹇淺予方蹙然憂之已而霆雨滂沛衆泭乘流而下悉輳工所歡聲雷動驚爲天助嗟乎此一橋耳於寓縣經畫何異太倉梯米而川后効靈成工旦夕亦一誠所感橋經始於乾隆七年三月落成於是年八月跨水三十有五丈高一丈有三尺橫七尺爲洞一十有五爲墩一十有四用白鏹九百有奇因記其顛末如此凡樂輸姓氏例得書於碑陰金以成記畧王制徒杠輿梁政之平者惠之大者今所在山水奧區皆津梁綰轂其口顧隤廢者半或礀曲

谿危才通畧彴或淼瀰一碧自匡而反詎非司牧者曠若職哉嵊邑西門石橋成隳顛末詳邑志予勿贅嵊之爲邑四山沓沓遇霪雨則樹杪百重挾枯荏亂石匉訇雷輥而下雖有橋道不能經久乾隆癸亥春李公慨然興建首捐俸百金士民樂捐者麇至於是徵役徛材材衆工畢舉閱半載而成用帑九百公將買石太湖以銘歲月有邨毗爬蔬嵌巖得巨石可供鐫劖橋成而碑材涌出斯亦一奇也公又新葺南門大橋南津東津兩渡各增船隻皆以是年蕆事蓋公善於集事其愛人利物出於眞誠愷悌而未嘗沾沾近名邀惠是爲得政之大體焉

嘉慶七年邑人周光煒喻大中周昌敬宋振羽等募捐重修新纂　沈謙記畧嵊縣西溪之水由西西自諸山澗合東陽之流委折六七十里而達西城之下遇積霖水發溪腹不容輒橫流入城數尺爲患最大又西南諸鄉號稱沃衍聚落亦多民之往來城中者必踰溪始達自前明建有石橋得免病涉然亦屢遭衝壞隨時補葺而已　國朝康熙七年及乾隆八年吏斯土者兩經倡修嘉慶壬戌余由閩調任茲邑紳士以西門橋落

成請記詢之則橋壞於庚申六月大水里人周光煒等集議捐修好義之士踴躍襄助鳩工壘石拆建增修經始於是年中秋訖工於辛酉臘月蓋閱十有六月而成用錢四千五百貫有奇因是知修舉廢墜者吏之職要未若居其地者之自爲之其用心周而爲計遠也故樂爲之記其董事及樂輸姓氏伐石另勒並立橋南之新建土地祠云

文昌橋　在朱公河口明萬歷間知縣譚禮建今廢李志下同

傅公橋　在朱公河口　國朝雍正十年會稽謝士先僑嵊建趙葛氏助銀六十兩後圯士先子畢力修之

子猷橋　在艇湖山麓晉王子猷返棹於此舊有橋明成化十年知縣許岳英重修隆慶間縣丞王廷臣立

碑識之萬歷十八年西隅義民喻裁重建

蔣家埠橋　在縣東三里明萬歷間甃石爲洞下可通舟上劚石闌人稱花橋

謝靈橋　在縣東五里以謝靈運得名明成化間知縣許岳英重修

直瀆橋　在縣東十里魏姓建旁有茶亭曰一心

和尚橋　在縣東十里

關山橋　在縣東十五里貢生趙桂倡捐修建新纂下同

濟明橋　在縣東二十里官地庄　國朝嘉慶二十三年國學生魏鏞子雨沾等捐建李遇孫記畧縣東二十里曰官地上造台

寧爲剡東孔道村前有溪受金庭四明諸山之水舊有石橋坍圮已八山水暴漲洪流澎湃行人病涉望洋興歎非一日矣國學生魏君諱鏞素以利濟爲心於此橋尤惓惓焉程材量工會計數載以老病不果臨終囑其子雨沾曰吾立志捐建是橋經費已裕今不及見深以爲恨爾等卽勉力成之無緩嘉慶二十三年雨沾與其姪敦五敦六等籌度辦理以竟先志遂諏吉興工募良匠選貞石親自督率雖風雨弗輟一若先人在上耳提面命者越數月告竣名曰濟明橋長六丈有奇高二丈廣五尺爲洞三計費千緡至二十五年大水衝壞雨沾復葺始終不倦俾得堅固完善而後已是橋也魏氏一門父倡于前子繼于後修廢舉墜民無病涉豈可無一言以告來者遂記崖畧俾勒諸石其族鳳貴三貴敦禮等樂襄義舉共費貲二百餘金應並書焉道光七年四月

咸寧橋　在縣東二十里湖頭庄里人魏詩建

東明橋　在縣東二十五里大屋莊葉姓捐建

許宅橋　在縣東二十五里李志

玉輅橋　在縣東三十里丁吉等建新纂

清石橋　在縣東三十里李志

通寧橋　在縣東四十里　國朝嘉慶七年里人魏詩捐資創建新纂下同　李富孫記畧嵊爲山水奧區東行四十里許曰官圓溪上接台寧下通發越實爲剡中要道其東有簞山而溪在山之陽匯四明山西諸嵊之水統山行而南注溪溪西折以入於剡向無橋梁亦無舟筏每過洪流暴漲浩瀚汪洋行者皆病涉焉州司馬魏君詩嘗經官圓溪見水勢瀰漫湍流迅激憫行人艱於濟渡於是慨捐巳資召募石工開山伐石躬自相度形勢創建石橋七洞計廣八尺長逾一十八丈有奇積日累月親爲督視經始於嘉慶七年踰歲落成名其橋曰通寧由是自剡而入他郡者往來絡繹無望洋之嘆復於橋側置茶亭路廊增建潮神廟三間施茶憩勞以資行旅又捐田

四十餘畝以爲修橋茶薪之費子上舍彝臺踵爲經理俾得永久不廢前後縻錢共一萬有五千貫噫魏君之慷慨好施不惜巨貲獨任以成茲橋非止惠及一方一世已也是宜記之以告來者

東樅雲橋　在四明山石屋下　國朝道光五年監生張基聖妻呂氏建

晉溪橋一名會龍　在縣東四十五里明宏治間邑巡檢姚順建李志

廣濟橋　在十四都　國朝乾隆間王杏芬建道光元年子煥文等重修新纂下同

普濟橋　在十四都　國朝乾隆間王行先建

平溪橋　在十四都　國朝乾隆五十年王瀚齡煥文

志雲等倡捐建

華靈橋　在十四都　國朝道光元年里人捐建

廣惠橋　在縣東六十里

下萬緣橋　在縣東六十里蔡家莊　國朝嘉慶二年建十四年重修

上萬緣橋　在縣東六十里北莊　國朝乾隆間建道光五年重修

萬安橋　在縣東六十里水口莊　國朝乾隆二十九年建

濟渡橋　在縣東七十里明景泰間王湯仲建有屋五

間（李志）

濟渡新橋　在縣東七十里鄉賓竺學輿增生王夢賚倡建（新纂下同）

育麟橋　在縣東七十里上塢莊　國朝道光二年戚尚義建

萃靈橋　在縣東七十里（李志下同）

通濟橋　在縣東七十里陳公嶺下

瑞昌橋　在縣東七十里

三魁橋　在縣東七十里　國朝道光七年貢生王啓豐建（新纂下同）

環碧橋　在縣東七十里東林莊元許汝霖建旁生叢楚色深碧嚴寒不凋環繞如欄秋結紅實殊可愛玩

東坑橋　在縣東七十五里　國朝道光四年建

金山橋　在縣東八十里上有廊屋李志　國朝嘉慶二十二年重修二十五年大水衝去道光六年單正位等倡捐重建易木以石分爲二洞以殺水勢新纂下同

鎮西橋　在十八都遊謝鄉貢生俞文孝建

三板橋　在縣東南七里李志下同

上碧橋　在縣東南十里邑人袁國望建

姚家橋　在縣南十里

謝公橋　在縣西一里以靈運得名

石佛橋　在縣西二里

應家橋　在縣西五里

山頭橋　在縣西七里邑人馬元宰建

茅岸橋　在縣西八里嘉泰志作一十五里邑人馬元宰重建

浦橋　在縣西十里

十五板橋　在縣西十五里

新官橋　在縣西十五里橋首有庵署月施茶

孟愛橋　在縣西十五里明正統間知縣孟文嘗勸農於此故名　國朝嘉慶六年裘慶富等倡捐重修錢

紹域捐田四畝爲修橋資新纂

道堂橋　在縣西十五里李志

江田大橋　在縣西十五里　國朝乾隆三十二年里人吳舜音庠生李宗曾等倡議捐建構庵橋側置田施茶四十五年洪水衝塌旋修旋圮嘉慶二十一年里人蘇大堅等督修重建新纂

干村橋　在縣西二十里李志下同

倪家橋　在縣西二十里袁思皐建

高古橋　在縣西二十里　國朝嘉慶十五年袁維周重修新纂下同

湯鍋溪橋　在縣西二十里　國朝乾隆間任開周建

嘉慶間任周氏重修

梅澗橋　在縣西二十五里李志下同

胡村橋　在縣西二十五里

阮橋　在縣西二十五里阮肇遺跡張文珊公泰重建

四柱橋　在縣西三十里崇仁鄉新纂下同

長善橋　在縣西三十里崇仁鄉　國朝嘉慶二十四

年裘興發等捐資創建

宏士橋　在縣西三十里李志下同

宋家橋　在縣西三十里

錢神橋　在縣西三十里

相家墈橋　在縣西三十里

五福橋　在縣西安田莊　國朝乾隆十二年任秉愷建新纂

五馬橋　在縣西三十五里張氏宦顯有五馬之榮故名李志

通鎮橋　在縣西趙馬莊費云芳文忠等捐建新纂

周郎橋　在縣西三十五里李志下同

瓦窯頭橋　在縣西三十五里

魏家橋　在縣西三十六里李志　國朝嘉慶十六年重

建（新纂下同）

鎮東橋　在縣西四十里　國朝嘉慶二十一年水圯道光五年里人捐建又一在黄箭嶺下　國朝嘉慶七年黄姓建

倒嶺洞橋　在縣西雅堂莊　國朝嘉慶十二年金嘉蘭建

蝦蟆橋　在縣西四十里周朝璋建

積善橋　在縣西四十里（李志下同）

三轉橋　在縣西四十里

楊神橋　在縣西四十里

新橋　在縣西四十里

潢湏橋　在縣西四十五里　國朝道光四年貢生錢釗重建新纂下同

仙姑橋　在縣西四十五里嶺下莊張仁發等倡建

石佛橋　在縣西五十里　國朝嘉慶二十一年貢生錢珍重建

開元橋　在縣西五十里當開元長樂之衝周士豐華初建庵施田橋渡賴之

方橋　在縣西六十里李志下同

西金橋　在縣西六十里

剡源橋　在縣西六十里璘田莊　國朝乾隆四十一年里人錢世瑞等捐建名元旦橋尋圮嘉慶十二年錢世琪世瑛登三等倡捐重建改今名新纂下同樊廷緒記畧

剡西五十五里爲剡源鄉剡溪出焉嵊邑水出暨陽者五曰梅溪曰後溪曰黌院曰打石溪而剡源溪之水獨崖谷陡峻澗道逼仄每遇霪雨水發卽泛溢爲害而璘田尤當其衝乾隆丙申里人始築方橋於五王廟前庚子圮丁未再築嘉慶辛酉又圮越七年丁卯璘田錢世琪世瑛等與族人相度地勢乃謀徙於下流數十步土稍平坦兩崖皆巖石可依遂改建洞橋亘六丈高三丈水從中流無衝激之患越明年成名之曰剡源橋凡用錢二千五百貫有零橋爲剡西暨陽往來孔道又足以制水之奔突民田賴之是不可以不記庶講

水利者得考焉

雙谿橋　在縣西南七十五里金潭莊　國朝道光元

年錢釗捐建徐大酉記畧雙谿發源於東陽條山葉水谷澗滙合抵雙谿其上有龍湫噴瀑數十仞雷霆不時潭水暴溢奔騰駭突不可名狀舊架木橋以利涉朝罝夕圯冬涉過臍夏潦滅頂行者苦之明經錢君諱珍居長樂去雙谿十五里聞而憫之謂木橋斷難永久若壘石而跨之方上銳下石齒相嚙愈墜愈堅矣經費雖繁吾當獨任議既成而錢君歿遠近失望嗣君明經名釗慨然痛先志之未就素履麻衣跋履隄岸鳩工量材度其高廣而起事焉始道光元年七月閱三年十月訖工計水門之高七丈有奇廣殺之橋之長十丈有奇廣二丈厚稱之隄左右甃以巨石橋左右翼以挾闌橋北創武肅王廟廟外爲茶亭以飲渴者綜厥支費共萬有餘緡是役也文學過庭訓實克勳之考工力之勤倩酌出納之盈耗故事速而功倍書之畧節以授記於余余何敢承惟是東陽東界於嵊玉山之市於長樂諸鄉者屢相掣也吾以其碑諸□者□諸碑焉而已

崇善橋　在縣西六十里璠田莊　國朝乾隆三十年

里人錢元美世瑛宋家震等倡建錢師玉襄成之名永濟橋旋修旋圮嘉慶二十二年錢登昌登三登榆等易址倡捐重建改今名李遇孫記略剡源鄉有剡源橋嘉慶丁卯爲里人錢君世瑛世瑛等所倡建沿溪而上譽王廟前舊有平橋名曰永濟亦係往來孔道每因水衝旋圮時剡源橋雖落成而上流終病洗瀉於是錢君世瑛謀所以復建之願雖奢而力不逮且以老病中止深爲抱恨疾革命其子登昌及姪登三等曰爾輩苟能承予志改建洞橋雖傾家毋靳丁丑冬昌等商於族以舊址水性急又逶澗立架甚難乃度上流里許兩岸對峙下有巨巖如砥柱因其巖而築之則用力少而成功易可期永固遂諏吉興工分其洞而二之一亘七丈有零一亘二丈高四丈許凡用錢三千貫有奇越三年庚辰告竣名之曰崇善橋蓋崇善里爲剡源鄉所屬橋建於斯土即其里以名之也惟是各鄉士民莫不慨捐樂輸而予若姪又克遵命董其事以底於有成是不可以不記爰綴數語俾刊石以垂久遠

駱家橋　在縣西徐家培莊　國朝道光七年駱鴻志載康等捐建

盧頭橋　在縣西六十里開元鄉　國朝乾隆間周一齋建

雙虹橋　在縣西下王莊　國朝嘉慶三年裘煥忠國佐等捐建

種螞橋　在縣西六十里太平鄉　國朝嘉慶二十一年邢炳建

永濟橋　在縣西六十五里太平鄉崑溪　國朝乾隆二十八年應佩綱郭君實等建四十五年水圮應藝

德郭君寶應紹濂邢子欽等嗣建之嘉慶二十四年復圮郭萬年邢秉謙等捐資重建又一在太平鄉開口巖馬聖堯倡建

萬年橋　在縣西小崑莊　國朝嘉慶二十四年馬成麒建

石仙橋　在太白山頂下望崖際數百仞天然突兀故名

三口般橋　在縣西八十里東園莊　國朝乾隆五十三年郭君寶建

訪友橋　在縣西貴門山梅墅朱晦翁訪呂規叔過於

橋上故名

廣德橋　在縣西貴門山呂廷瓚建

楊公橋　在縣西北一里以楊公簡得名李志下同

洗屐橋　招隱橋　在縣西北十四里跨逵溪上下流

兩橋皆戴公遺蹟

新興橋　在縣西北逵溪莊　國朝嘉慶四年張洪玿

倡捐建新纂下同　一在二十六都横牆衕

來山大橋　在縣西北七十里穀來莊　國朝嘉慶十

五年里人王忠亮等倡捐建

保祐橋　在縣西北七十里　國朝嘉慶十九年重建

路東大橋　在縣西北七十里　國朝嘉慶十三年建

古平安橋　在縣西北七十里城後莊　國朝道光元年捐建

福壽品濟橋　在縣西北七十里馬村莊　國朝道光元年建

廣陵橋　在縣北一里李志下同

獨松橋　在縣北十里

了溪橋　在縣北二十里

碑山橋　在縣北二十里

鶴澗橋　在縣北南山堂莊新纂

丁坑橋　在縣北二十五里李志下同

王沙橋　在縣北三十里

强口橋　在縣北三十里

永遠橋　在縣北三十里新纂下同

梯雲橋　在縣北四十里石門山下塘邛李則先建

棧橋　在縣北二十三都　國朝乾隆三十七年江村葉維熊建

永安橋　在縣北二十一都陸家溪里八王啓杰等捐建

望仙橋　在縣北四十里舊名嵊浦橋明萬歷元年主

簿吳祺重建崇禎五年山陰胡氏徙建去舊址十步後爲洪水衝斷仍以竹木屢修屢壞　國朝康熙六年知縣張逢歡捐俸二十兩縣丞胡玨捐俸四兩典史毛鼎鉉捐俸二兩邑進士尹巽助銀二兩鄭二生助銀七十兩幹首鄭大生沈全等延僧自一募助易址重建洞橋李志尹巽記畧邑之嶸

浦崤石嶙峗宏江淜湓竹亭松偃霧白烟青謝公之所乘綸錢王之所駐舸神明勝地也當台溫寧紹之衝驛車騾馬躡屩擔簦者日雜沓焉乃兩巻對峙而一帶橫流南北界絕矣衝権濡轡痺肉瘃膚誰不臨河而歎橋其得已哉向僧駕石壘斷於馮夷緝綴竹木僅目前而已丙午晨侯來嵊議建此橋欲更舊址攜以垂久即捐俸若干給序募助遠近聞之無不樂輸經始於丁未之夏落成於戊申之秋用若干工費若干鎰是役也不惟濟溱之輿跨淯之木惠止一人一世已也

後圯嘉慶二十四年

僧大昌募捐重建平橋新纂下同

永年橋　在縣北五十五里　國朝嘉慶三年里人黃士俊同僧源順募建

打石橋　在縣北六十里李志下同

長橋　在縣北六十里

沐恩橋　在縣北六十里舊爲木橋明宏治間邑人鄭鍔易甃以石按鍔舊作岳今據採訪改

將岸橋　在縣北七十里

保善橋　在縣北七十里馬溪莊　國朝嘉慶二十三年建新纂

東津渡　在拱明門外三里嘉泰志作一里俗呼下東渡李志西南兩鄉暨新昌之水俱滙注於此溪面廣二三里許水激沙洄山流暴漲湍險異常爲剡中第一渡　國朝乾隆五十年城鄉各莊捐田一百三十餘畝設渡船三隻俾潮神廟僧司其事新纂

南津渡　在應台門外嘉泰志作縣南一百五十步宋明置浮梁後易兩渡船張志水經注江流翼縣轉注故有東渡西渡焉東南二渡通臨海汎單船爲浮航西渡通東陽聯二十五舟爲橋航萬歷府志　國朝初建橋旋圮乾隆八年知縣李以炎復置船爲渡鄉耆陳元端建普

慈庵置田二十五畝延僧焚修又於南津捐資建木橋後易以石旋圮子承綸孫庠生堯光助渡船田五畝二分邑人沈維之同弟道之子福舟助渡田十畝李志　李以炎記畧

剡錄云剡以溪有名清川北注遠與江接蓋山城而澤國也邑之西南二門外各有橋予旣宰士庶修南橋建西橋俱於乾隆八年落成民賴以濟踰南橋一里曰馬街堂爲南津渡台溫之孔道舊亦設橋萬壑奔流橋當其衝不旋踵而圮嗣遇水涸則架木爲梁行者惴惴焉如跕鳶之欲墮水滂則綴竹爲筏筏輕水悍險亦甚且舟子踞爲利藪循是而東曰仙人坑東南鄉入城者必由之溪較南津差隘而渡亦以筏是二者民均病之夏令有之曰九月除道十月成梁凡以濟民也不利於橋盍設舟爲渡余乃捐俸錢爲倡卽於是年八月鳩工庀材建大舟一義民沈美中亦獨捐一舟盧世芳宋卜臣等又合捐一舟以一置仙人坑以一置南津渡遂撥育龍庵餘田十畝資舟子衣食而士民陳堯光沈維之等又各捐田共得三

十一畝有奇戸立渡名收租輸稅悉由官而以時支給其費於是居民之往來四方商賈之輻輳咸得濟焉事竣乞余言記之爰舉其事與新捐田畝姓氏并董事士民悉勒諸石乾隆三十二年宋翰屏周廣志單孝先僧永寧等建船一隻置渡田三十二畝道光五年高聖采李德彩單明珂等建船一隻置渡田二十畝新纂

西津渡　在來白門外嘉泰志作縣西南二里舊置二十五船爲航後廢今有橋李志

中渡　在縣東五里　國朝乾隆間城鄉各莊捐田六十餘畝於渡口建永清庵設渡船二隻庵僧司其事道光七年棠溪貢生吳之渭建路亭以憩行人新纂

浦口渡 在縣東十里李志

桃花渡 在縣東十五里國朝雍正十年監生吳熙述設渡船建永濟庵於東岸延僧司事李志嘉慶間因經費不足貢生吳國賢監生吳宗傳復捐田建並濟庵以裕工食新纂下同

金雞渡 在縣東十里有橋有庵葉竺魏車高盛衆助

朱塢山渡 在縣東十五里唐葉鄭衆姓捐設船一隻置田三十畝

湖頭渡 在縣東二十里魏姓捐設渡船

黃澤渡 在縣東二十五里李志下同

胡塍渡　在縣南十五里

茶坊渡　在縣南二十里

蒼巖渡　在縣南蒼巖莊　國朝道光三年捐置新纂下同

三積渡　在縣南蒼巖莊

山頭渡　在縣西七里有橋李志下同

茅岸渡　在縣西八里

孟愛渡　在縣西十五里明知縣孟文嘗勸農於此今有橋

倪家渡　在縣西二十五里有橋

求家㘭渡　在縣西三十里有橋

雅言樓渡舊名瓦窯頭 在縣西三十五里有橋新纂下同

珠溪渡 在縣西五十里水涸架橋東西兩岸設立路亭周煥生等捐置田地以給其費

開元鄉義渡 在縣西五十里周煥生等捐設南橋會田義渡庵司其事

横店渡 在縣西六十里太平鄉李志

剡源鄉義渡 在縣西三十七都里人捐田地十九畝置渡屋三間新纂下同

長樂鄉義渡 在縣西六十里 國朝道光五年貢生錢釗於村北小堰建義渡莊置田十二畝

竹山渡　在縣北十里李志下同

三壁潭渡　在縣北三十里游謝鄉明知縣王淵捨船爲渡有田地以給舟人

西鮑渡　在縣北三十里　國朝嘉慶間貢生沈鶴林捨田倡捐設船濟渡新纂

黄石渡　在縣北四十里李志

馬嶴渡　在縣北四十五里　國朝嘉慶間沈鶴林倡捐濟渡新纂下同

釣漁潭渡　在縣北五十里沈入家捐濟

白沙渡　在縣北五十里李志

郵鋪

紹興驛站屢奉裁減嵊通三郡六邑舊設有衝要偏僻八鋪專司文遞派熟練之汛兵走水陸之孔道檄無停滯虞不虛糜德之流行於兹益信志郵鋪

嵊惟南北爲通衢故鋪之在南北者凡八所周志下同

訪戴驛　在縣左宋嘉定六年剡錄作八年令史安之移東曦門外五十五步元至元中置驛縣北六十里三界今俱廢

周汝登曰余志廢署至訪戴驛噓唏久之宋元有驛而今罷不設以僻故烏知百年後非故嵊郵與故監

司經年不一至而今台郡有專制之兵巡徇時來去驛道東出寧波而近以彼濱海迂阻改走嵊以故屬吏涓人奔走旁午于途嵊夫麇之供歲無虛日度費與驛稱矣而歲且協濟水岸夫銀一千三百餘兩於東關驛夫邑自有驛之費而更遠濟東關非法自成化間始以割都故議者謂宜以兩都復歸會稽而歸我所助東關銀合歲自所供應費復訪戴驛于東門外或浦口惟是設丞無費則嵊邑小可例新昌裁簿一員裁簿置丞事兩利計甚便也

總鋪偏僻在縣前二十步周志有門有廳三間有屋十餘間繚以周垣　國朝康熙九年燬知縣張逢歡捐資重建李志

五里鋪偏僻在一都由總鋪渡江而南五里周志

天姥鋪衝要在一都五里鋪南十里新昌縣境界也張志下同

八里鋪偏僻在三都一名迎恩鋪由總鋪而北八里

禹溪鋪偏僻在十九二十都八里鋪北十里

仙巖鋪偏僻在十九二十都禹溪鋪北十里

楮林鋪衝要李府志作諸林鋪後同在二十一都仙巖鋪北十里

上館鋪衝要在五十五都二圖楮林鋪北十里張志五里至三界爲上虞會稽二縣境界館各有廳三間有廊房有郵亭有門繚以周垣明宏治間知縣臧鳳及徐恂重修萬歷十四年知縣萬民紀重修周志四十六年知縣張時暘重修　國朝康熙九年知縣張逢歡典史毛鼎鉉重修張志

總鋪驛使一人鋪司鋪兵四人李志下同　周志作鋪司一人鋪兵五人

五里鋪鋪司一人鋪兵四人

天姥鋪鋪司一人鋪兵五人

八里鋪鋪司一人鋪兵四人

禹溪鋪鋪司一人鋪兵四人

仙巖鋪鋪司一人鋪兵四人

楮林鋪鋪司一人鋪兵五人

上館鋪鋪司一人鋪兵五人賦役全書嵊衝要三鋪上館鋪楮林鋪天姥鋪司兵各五名偏僻五鋪縣前鋪五里鋪仙巖鋪禹溪鋪八里鋪司兵各五名

縣吏一人總之是曰鋪長各鋪鑼鼓旗帽傘燈日晷之

類俱全

兵防

國家設官文武並重嵊當宋時方臘寇睦州元至正中張士誠據台溫均以剡為出入之地明季又滋流寇變起倉猝防禦闕如我朝溥德宣威承平日久特設駐防員弁訓練士卒戰守兼操益安不忘危烽燧不息矣志兵防

駐防把總一員浙江通志係城中千把總輪防協防外委把總一員駐防官一員兵五十名三界駐防官一員兵四十名今廢馬步戰守兵丁五十名李志浙江通志作二十九名李府志作馬兵一名戰兵三名守兵九名官例馬二匹戰馬二匹

三界塘　仙巖塘　南門塘各設煙墩三座守兵五名

係縣汎兼轄李府志

民壯　明額設一百名以守城池倉庫張志嘉靖間海寇汪五峯亂增置一正一副共二百名霜降操演教習戚繼光鴛鴦陣法李府志作民兵四百名　國朝康熙七年裁存十六名九年復至五十名後因捐解俸工裁汰雍正二年奉

旨准各省州縣額設五十名俱選募年力壯健之人充補內分須學習鳥鎗二十名弓箭二十名長鎗十名與兵丁一體防守四年奉

旨准將馬快八名添入班內合爲一役習學長鎗以專

操習十年裁存三十三名內撥大嵐山三名李志下同

王雨謙廉書戚繼光爲浙江都司僉書以義烏人故勁慓言督府請練爲兵募三千試之而江南菹澤多走險不比江北地夷可兼驅者乃爲鴛鴦陣陣十有二人隊長前次夾盾次夾枝兵次四人夾矛次夾短兵樵蘇居後其節短其數分明其步伐合地宜其器互相闘

鄉兵　明天啓間流寇爲亂每里設鄉兵一名共七十六名　國朝順治五年四山皆寇知縣羅大猷每坊置十名每里增置九名共八百二十名糧皆里給順治八年裁去四百名十六年又裁去二百名十八年又裁去一百十八名仍存八十二名康熙七年盡革

教場　在拱明門外爲武生試射民壯演武之所舊有

演武亭三楹今圯

管解寨（剡錄作管界） 在二十三都永富崇仁二鄉宋紹興二十年浙東諸司奏置設官一員弓兵百名後改巡檢司明革

長樂寨 在白峯嶺去縣城八十里宋宣和三年知越州劉述古奏置設官一員額兵二百名（剡錄作弓手一百八）九十八人元改巡檢司明革

鮑家寨 在五十三都禮義鄉無考

軍器 明崇禎間置弓矢長鎗鳥鎗火毬火磚火藥各若干以鼓樓下東側爲武庫 國初廢

嵊縣志卷三

戸口

周禮司民掌書萬民之版登於天府重民數也唐以前戸口統圖郡計之難以編核宋始按縣計口國朝康熙五十二年定例各省滋生人丁永不加稅故生齒日繁近復稽查保甲按照門牌造報戸口可以緝奸宄勸徵輸益見立法之善云志戸口

宋

大中祥符四年剡戸三萬二千五百七十八口五萬五千六百

嘉泰元年戶三萬九千七百九十二口五萬三千五百七十七不成丁一萬七千四百七十八

嘉定七年戶三萬三千一百九十四口五萬八千七百一十三

元

至元二十七年戶四萬六千二百八十二口七萬四千五百三十八

大德十一年戶三萬八千二百口四萬七千三百七十六

明

洪武二十四年戶二萬八千七百六十五口九萬三千六百九十二

永樂十年戶二萬二千三百八十五口七萬七千

天順間戶一萬八百五口四萬九千五百三十九

成化八年戶一萬六百三十一口五萬二千四百三十八

又割會稽二十五六兩都入嵊增戶一百六十五增口三千八百三十四舊志作宏治十三年割入誤

宏治五年戶一萬四百三十三口四萬二百一十一

嘉靖二十年戶一萬一千三百口二萬一千六百一十

八

萬歷三十七年戸一萬一千六百一十二口五萬八千七百一十七內市成丁每丁科銀一錢二分一釐市不成丁每丁科銀六分二釐三毫鄉成丁每丁科銀一錢四分四釐七毫米一升四合七勺鄉不成丁每丁科銀八分七釐一毫米一升四合七勺

按明制官吏庶民俱有司開具戸口名數赴運司支鹽而計口散給官吏每口食鹽一十二觔市民每口食鹽六觔納鈔一貫鄉民每口食鹽二觔二兩五錢納米四升三合一勺二抄五撮迨後關支運撥多曠日耗費遂不復赴領而鈔米仍納如舊隆慶間知縣薛周定額市民鹽鈔銀每丁五釐一毫七忽四微一塵二渺四埃六沙鄉民鹽糧米每丁五升六合八勺四抄六撮一粟八粒每丁又派額辦坐辦銀二分三釐六毫雜辦銀四分三毫七絲均徭銀三分三釐一毫民壯銀二分一釐三毫至萬歷時知縣施三捷酌

定額數　國朝仍之又按元豐九域志有主客戶主客丁元時有南北戶南北口明萬歷間又分民戶軍戶匠戶官戶生員戶醫戶捉捕戶弓兵皁隸戶水馬夫戶窰冶戶諸名色　國朝惟別以紳戶衿戶民戶竈戶而紳衿可得免差

國朝

原額人丁一萬八千有四內分市民成丁鄉民成丁市民食鹽鈔鄉民食鹽鈔四項

府志口之賦二曰鹽鈔曰鹽糧米俱責辦于市鄉成丁之人今以不成丁者作食鹽之數與明少異又向合衆口為戶今則以丁抵戶是一萬八千四口實則一萬八千四戶非有登耗之殊也

康熙六年清出人丁一十五口共一萬八千一十九口按田地人丁向分兩項原因田地額係一定而丁口歲有增除難以歸併然有戶絕人亡者名曰赤腳光丁即欲僉報頂補胥役責富栽貧錢糧無著官民兩病不若攤派田糧之為得也查浙省丁銀有照糧照田之

別郡如紹屬八邑山陰蕭山諸暨餘姚皆照糧起丁惟上虞新昌及嵊照田起丁而嵊自明隆慶間知縣薛周將丁銀派入三辦均徭即已隨田徵輸末季仍籍人丁窮民竄徙避徵不堪其累 國初知縣吳用光仍循舊例派丁民田始蘇其例市民田五十畝聽一丁鄉民田二十五畝聽一丁至順治十三年頒行

賦役全書又

另行分派云

康熙五十二年欽奉

上諭嗣後直隸各省滋生人丁永不加賦而嵊邑審增

一千四百三十八口實計一萬九千四百五十七口

康熙六十年原報原額人丁一萬九千八百八十口

雍正四年實在人丁二萬八百一十八口

雍正九年編審舊管人丁二萬三百一十二口新收人

丁二千一百八十九口開除人丁一千六百八十三口實計二萬八百一十八口內市民成丁一千四百四十七口除原額完賦外實滋生土著市民一百七十口鄉民成丁一萬四千一百七十二口除原額完賦外實滋生土著鄉民一千八百一十口市民食鹽鈔丁二百四十四口除原額完賦外實滋生土著市民食鹽鈔丁八十二口鄉民食鹽鈔丁四千四百四十九口除原額完賦外實滋生土著鄉民食鹽鈔丁七百七十九口統計滋生人丁二千八百三十九口永不加賦

乾隆元年編審統計增除實在額報人丁二萬一千六百四十口

乾隆五年十一月欽奉

上諭每歲仲冬各省督撫將各州縣戶口增減詳悉摺

奏部議自辛酉年編審後舉行卽不値編審之年照保甲門牌所列戶口除去流寓人等將土著數目造報不必挨查滋擾卽可得其總數以仰副

皇上周知民數預爲籌畫之至意

乾隆六年編審新收人丁二千四百九十口開除人丁一千八百一口實計二萬二千三百二十九口內市民成丁一千四百九十三口鄉民成丁一萬五千二百八十八口市民食鹽鈔丁二百八十六口鄉民食鹽鈔丁五千二百六十二口以上李志

乾隆五十六年戶口冊嵊縣戶五萬五千三百二十四戶男女大小丁口三十三萬四千七百八十七丁口

李府志

嘉慶二十五年編審戶口舊管煙戶六萬四千零八十五戶男婦大小丁口四十二萬六千一百八十九丁口外新收煙戶一千二百三十九戶男婦大小丁口一萬一千五百十五丁口開除煙戶九百九十九戶男婦大小丁口一萬零四百六十六丁口實在煙戶六萬零九十七戶男婦大小丁口四十二萬六千九百二十八丁口內男大丁十四萬一千一百九十六丁男小丁八萬五千八百五十五丁女大口十二萬八千六百八十三口女小口七萬一千一百九十四口

道光元年編審戶口開除外實在煙戶六萬四千一百

零七戶男婦大小丁口四十二萬七千四百零九丁口內男大丁十四萬一千二百八十七丁男小丁八萬五千八百八十六丁女大口十二萬八千八百五十四口女小口七萬一千三百八十二口以上新纂

按市民鄉民徵銀米數及食鹽鈔徵銀數俱載賦役全書見田賦志

嘉慶五年五月初二日紹興府百奉布政使司劉批發嵊縣民人劉元高等呈控該縣書役王沛沾等勒令鬮甲輪充地保墊糧應比一案批地保只有領催之責並無應比之條嵊縣催徵錢糧專比地保并押令墊完以致無人充當此役該縣復著鬮甲輪充如有代保侵蝕錢糧勒令鬮甲賠完此與勒令股戶充當地保莊長何異仰紹興府出示嚴禁餘照縣詳批示遵並蒙藩憲核據該縣具詳前由批據詳該縣原設里長十甲輪充一里之中設立九人專司催糧緝匪名曰九鬮自雍正年間頒行順莊良法將九鬮等

項概行革除仍設總保應聽凴中無業之人投充詎該縣先令里耆議舉已屬非是復將催糧一事全責成總保按卯比追該保受責難堪有措銀墊完之累以致里耆不敢議舉總保該縣竟將數十年革除九圖之良法復令輪充總保此等按戶圖輪者悉係耕讀良民焉肯充保受責不得不僱人代當至代當之保侵餙錢糧仍係輪圖之人賠完此與勒令殷戶充當地保莊長何異該縣尚復飾詞賣辦大屬藐玩仰紹興府出示嚴禁一面敘案詳參毋稍輕貸各因到府查是案前據該縣康生張霖等具控當飭嚴行革除究報續據劉元高等具控復飭嚴查禁革毋任經差混擾在案茲蒙前因除飭縣遵辦外合出示嚴禁爲此示仰嵊邑書役士民等知悉嗣後總保一役應聽凴內無業之人投充毋庸先令里耆議舉即充保者亦只責令須催不得按卯比追以致畏墊不充不舉復令圖甲輪充使耕讀良民不得不僱人代當一經代當之保設有侵餙錢糧仍係輪圖之人賠完誠如憲批與勒令殷戶充當地保莊長何異自示之後仍遵照順莊催輸該書役如敢仍前舞弊病民一經訪聞或被告發定即親提究辦至積弊既除爾花戶

等尤宜踴躍輸將毋
蹈抗納之咎特示
道光七年邑令李式圃保甲議保甲之法昉於周官
族師五家爲比十家爲聯五人爲伍十人爲聯四閭
爲族八閭爲聯使之相保相受刑罰慶賞相及相共
比長令五家相受相和親有辠奇衺則相及是鄉遂
之民各爲保伍各相教治而弭盜之善政卽寓其中
漢置游徼亭長唐設里正坊正都正皆以督察奸匪
明王文成撫南贛令居城郭者十家爲甲在鄉都者
都自爲保於是立十家牌使每甲自糾甲內之人不
得容留賊盜則審察易而防閑密奸慝既無所容而
盜賊自息誠禁暴化民之要術也嵊邑在府城東南
二百餘里介兩郡四邑之間山深地僻㵎宇遼闊易
隱姦宄余涖任以來時有報竊而匪徒聚博者亦不
少我大朝嚴申保甲飭令州縣實力編查以靖閭閻
歷奉大憲頒發規條下縣亦屢經轉飭遵辦尚不能
眞實奉行何以戢姦暴而安善良近出示徧諭自城
廂以至各都都圖每百家爲一甲每一甲分十家爲一
牌每甲公舉甲長一人每牌各舉牌長一人各將人
戶姓名丁口年歲於所發冊內逐一詳細塡明送交

牌長牌長再交甲長並具實無來歷不明藏匿匪類切結彙交各圖地保於每月朔將冊呈縣留爲循冊再一本查照填明爲環冊俟下月朔繳呈將循冊領回以便隨時登校自此循去環來無難查察境內或有盜竊卽令其自相挨緝各甲內如隱漏不報幷治同甲之罪亦卽奇衺相及之義惟檄飭差保查辦恐專事搪塞幷難保無滋擾之虞今特諭鄉之衿耆督令編查自不視爲虛文甲長牌長均須誠實曉事之人各衿耆務必詳愼公舉毋稍疏忽瞻徇至領送冊籍應令地保一人到縣甲長牌長俱不必偕來如此可無胥吏之擾每日各家須輪流沿門稽察偵盜賊無能藏蹟且使皆講信修睦互相儆勸則小民知爭鬬之非而詞訟可以簡彼此有守望之助而外侮可以禦同甲有相親相保之誼而風俗可以淳除莠安良化民成俗之道實在於此誠能行之久而弗懈將見封境謐清俗尚敦厚比閭族黨之中不僅衺慝潛消安堵無恐而同其休戚盡其親睦洗心革面不喁喁然共享太平之福哉

田賦

禹貢詳則壤漢書志食貨尚已

國家深仁厚澤除前代無藝之徵蠲比戸課丁之稅地有餘利民無逋糧每遇

覃恩正供普免可謂盛哉謹按賦役全書科則幷取在官冊籍覈實紀之爲長吏者知民力之所自出則幸矣志田賦

宋

嘉定咸淳閒籍田三十六萬七千三百一十二畝

貢未詳

夏戶八身丁錢五千八百八十九貫八百五十文

紬九百二十疋二丈六尺三寸

絹一萬一千三百六十七疋三丈二尺六寸

綿五千九百七十七屯一兩六錢五分

秋苗米一萬九千九百二十七石四斗一合九勺

淳熙間和預買絹一萬七千九十八疋二丈二尺五寸

寶慶志太宗時馬元方爲三司判官建言方春民用乏絕預貸官錢至夏秋令輸絹于官曰和買然止一時權宜及熙寧新法乃行之天下而浙東紹興爲尤重後來錢旣乏支而所買之額不除建炎間累詔寬減淳熙十六年又特減舊額用紓民力

役錢二萬一千九百七貫七百三十文

水陸茶錢七百四十貫一百一十七文

職田米三百三十三石七斗

小綾錢二百五十疋折錢一千五百四十二貫二百五十文

折帛錢五萬三千五百三十四貫五百三十五文

折紬綿五千二百一十九兩

折稅絹麥二百九石五斗

折苗糯米四百八十三石四斗

李志支移折變八邑多寡不同惟會稽以攢宮所在得免其餘尚有經制錢總制錢頭子錢朱墨勘合錢各名色無所數可稽故不載

課利租額二千五百九十三貫七百二十一文遞年趁到三千五百五十一貫六百七十七文

酒租額一萬二千七百七十四貫九百二文遞年趁到四千五百八十六貫六百六十六文

元

大德至正間籍田三十八萬二千四百六十八畝三角三步

貢玉面貍額未詳

至元間官民田正米九千二百五十八石二斗四升九合免糧田正米五百三十石七斗六升四合六勺

元時有夏税麥租鈔酒醋課鈔税課鈔茶課鈔曆日鈔鹽課鈔諸欵無可查核故仍舊志止載秋糧米數云

明

洪武二十四年籍田土六千六百八十八頃一十六畝五分二毫內田四千一百一十六頃九十二畝五分有奇地一千五百五十三頃九十三畝有奇山九百六十一頃七十三畝有奇塘五十五頃九十六畝有奇

永樂十年籍田土六千四百八十九頃二十五畝有奇內田四千一百一十六頃五十畝有奇地一千三百五十四頃九十二畝有奇山九百六十一頃七十七畝有奇塘五十六頃四畝有奇

成化八年籍田土六千四百九十九頃一十七畝七分

有奇後撥會稽二十五五六兩都入嵊增田土五百五十四頃三十二畝五釐五毫內田五千九百一十六頃五十九畝七分有奇會稽撥增田二萬八千四百一畝地一千三百六十四頃七十四畝四分有奇會稽撥增地六千六百六十四畝七分三釐五毫山九百七十一頃七十七畝有奇會稽撥增山二萬二百三十三畝五分七釐塘五十六頃五畝五分有奇會稽撥增塘一百三十二畝七分五釐

成化十年知縣許岳英度田土七千一百四十三頃六畝二釐四毫內田四十三萬七千一百五十四畝一分五毫地一十四萬三千二百五十畝五分四釐四毫山一十二萬八千一百二十七畝二分五釐二毫塘五千七百七十四畝一分二釐三毫俱分別官民兩項

隆慶四年知縣薛周度盈田二百頃五十七畝九分時因

歷年坍缺以所度盈田挫攤于四則田內以補其數而田土之額如故間挫減未盡及盈出山塘入儒學贍士

萬歷九年知縣姜克昌度盈田土十七頃三十畝四分八釐五毫統計合邑田土酌量攤減而不加賦

萬歷二十四年知縣王學夔履勘歷年坍荒田土共一十七頃九十畝四分五釐五毫除抵九年盈數外將缺額田糧均攤合縣而民困始蘇

萬歷三十七年知縣施三捷訂立全書計田土七千三百四十八頃二十六畝五分四釐七毫內一則田每畝科銀四分八毫米一升四合四勺四則田每畝科銀三分八釐米八合一勺遊謝一則及各鄉四則遊謝長樂四則

每畝均科銀三分四釐八毫米不科地每畝科銀九釐二毫山每畝科銀二釐三毫塘每畝科銀一毫

明初有官田寺觀田站田餘田民田而官田又分職田才賦田平糶田廣利田沒官田斷沒官田俱免差徭寺觀例存香火田三十六畝因其時僉民戶充糧長解納北折賠累傾家惟寺觀不與故民田多詭寄寺觀日續置田以圖倖免餘田分義沒莊閘學院田二項民田凡四則一砩田二塘田三坑田四天田各則科米又分四等各視其鄉爲多寡地有官地寺觀地學院地天漲地民地山有官山民山寺山塘有官塘民塘寺塘等則繁多歲久滋弊隆慶時知縣薛周更平之以官寺站田及民田之一二三則者曰一田四則者仍曰四田米無多寡而科有重輕其地山塘又各均爲一則後遊謝長樂二鄉援往例告減乃以遊長之一則準各鄉之四則若遊長之四則又視各鄉爲更輕焉于是民均稱便今仍舊稱曰一田曰四田而于遊長之四則俗稱遊四田以別之近更訛遊爲由莫知所自矣

洪武時貢芽茶八觔成化時撥會稽二十五六兩都八

嵊又增十觔附會稽縣解又有玉面貍活竹雞雜色皮弓箭弦絲金綫桑穰皮派入額辦銀起解不徵本色

洪武二十四年夏稅麥三百九十二石七斗六升九合四勺

苗麥四百二十八石六斗二升四合八勺

稅鈔七百九十一貫一百九十三文

秋糧米一萬七千七百八十石八升二合

租鈔七千四百三十九貫五百一十九文

賃房鈔一百一十四貫三百二十五文

永樂十三年米一萬七千九百八十二石六斗五升二
合一勺
租鈔七千四百七十三貫三百三文
成化八年秋糧米一萬七千八百六十五石五斗八合
會稽撥增一千八百六十石九斗三升六合六勺
租鈔七千五百三十一貫七百九十文會稽撥增租鈔
九百六十九貫四百三十七文
宏治五年秋糧米一萬九千六百八十六石九斗四升
九合三勺
租鈔一千七百錠一貫二百七十二文

楊炎定兩稅唐以後遂爲定法夏稅毋過八月秋稅毋過明年二月州縣徵輸各以其時爲斷舊志于永樂成化宏治止載秋糧周海門亦謂舊志夏稅數多互異以隆慶時爲的

隆慶間夏稅麥八百七十二石七斗四升四勺

稅鈔一百七十一錠二貫七百八十四文內起運者一日京庫麥存留者四日本縣儒學倉麥日定海廣安倉麥日本府泰積庫鈔日農桑顏數絹俱折色

秋糧米一萬九千五百一十九石五斗四升四合七勺

租鈔一千六百七十七錠三貫一百一十二文二分內起運者四日京庫北折米日南京各衛倉南折米日水兌正米日派剩米一解太倉一解光祿寺存留者四日本府預備倉米日餘姚常豐三倉米日常豐四倉米日本府泰積庫鈔亦折色惟常豐三四倉本折各半其折價多寡不同至天啟二年知縣黄廷鵠申請秋米盡改折色每石定價八錢　國朝順治初衛軍

復撓成議欲仍運米索費知縣羅大猷奉文酌議每石定價一兩加貼解費二錢共銀一兩二錢郡志

明時有北折南折備折存折扣折改折海折等款南北折以輸兩京扣備海等折以輸軍門或年有年無而存留本色若存折備折則以供官吏軍伍之俸及饑年之賑

萬歷間本色米四千九百七十二石九斗五升一合六勺

條折銀二萬四百六十六兩七錢三分九毫

零積餘米二十一石二斗二升六合九勺折銀二十八兩四分八釐八毫

兵餉銀五千四百三十一兩九錢三分八釐六毫二絲九忽二微六塵

明嘉靖三十四年越有倭患海寇汪五峯復乘機擾亂沿海郡縣朝廷發兵捕勦因于正賦外加派畝分

總制胡宗憲始全浙派銀共四十七萬五千四百餘兩而嵊照分派五千四百三十一兩九錢有奇民困重斂後巡撫趙炳然劉畿奏減之考之郡志嵊時額解止二千七百四十三兩六錢四分九釐何以至萬歷間奏減之後尚有此數而舊志又稱舊額頗多也不可考矣

東餉銀六千六百六十六兩六錢七分九釐萬歷四十八年每畝加銀九釐九毫八絲

馬價銀四百五十六兩九錢七分

寧波府志先是永樂間河南荒歉馬政無辦暫借浙中人戶丁糧近上之家編爲馬頭到役應直正德間浙江巡按御史車梁奏革馬頭于田丁內均派徵銀解府轉解布政使交納聽彼驛上司差官領回雇役應當遂以爲常浙民累有陳奏未得豁免　國朝順治九年裁扣充餉

府站銀一千七百一兩九錢七分三釐三絲

明成化八年撥會稽縣兩都入嵊而民苦于役嘉靖間知縣陳宗慶請將東關驛歸併曹娥驛然驛雖裁而壩夫館夫等項仍派銀帮貼萬歷十八年裁減壩夫銀七十九兩六錢七釐　國朝漸次裁扣而協濟之累始免

油榨銀一兩二錢七分六釐

門攤鈔一十九兩八錢一釐三毫三絲

課程額徵鈔一百二十七錠二貫九百四十五文折銀一兩二錢七分五釐八毫九絲

課程古關市之徵也宋茶酒礬鹽皆官自賣之元設歴日鈔明初置稅課局大使領之歲辦諸色課稅并商稅課程皆收鈔後鈔壅不行乃以課鈔降依時價折銀視原價不及十之一萬歷間并罷官吏附縣帶徵　國朝順治初課程諸名色無定例康熙十六年奉文始定稅契等額

税課額徵鈔二千一百四十二錠四貫八百八十文折銀二十一兩四錢二分九釐七毫八絲

額辦銀二百六十二兩五錢三分六毫五絲八微內有硝鹿皮狐狸皮銀　桐油銀　藥材銀　弓箭弦條銀　胖襖褲鞋銀俱解府轉解

坐辦銀一千三百五十兩四錢二分一釐八毫遇閏加增內有牲口銀　果品銀　蠟茶銀　菉笋銀　南京拜布政司歷日紙料銀　淺船料銀　漆木料銀　軍器民七料銀　四司工料銀　歲造緞疋銀　茶芽銀俱由府轉解

雜辦銀二千三百七十二兩五錢七分六釐八毫六絲

遇閏加增內有本府拜進表箋綾函紙劄銀　本縣拜賀習儀香燭銀　祭祀合用豬羊品物銀　諭祭銀　縣祭銀　文廟　啟聖祠二祭銀　社稷山川厲壇祭銀　鄉賢名宦祠祭銀　清

風祠祭銀　陳侯祠祭銀　鄉飲酒禮銀　迎春芒
神　土牛春花　三牲酒席銀　上司并府縣門神桃符
銀　科舉禮幣進士舉人牌坊銀　武舉供給筵宴
盤纏銀　歲考生員試卷果餅激賞花紅紙筆併童
生果餅　進學花紅銀　提學道考試生員搭蓋篷廠
工料銀　季考生員試卷果餅激賞花紅紙筆銀
起送科舉生員酒禮花紅卷資路費及各官陪席銀
筵宴新舉人合用捷報旗匾銀花綵緞旗酒禮銀
起送會試舉人酒席路費卷資銀　會試舉人水
手銀　歲貢生員路費并旗匾花紅酒禮銀　孤老
花布米柴銀　三院司道按臨并本縣朔望行香香
燭講書紙劄銀　三院觀風考試試卷果餅激賞花
紅紙劄筆墨銀　布政司清軍道公用紙劄銀　按
察司直堂公用銀　交際公費銀　兵巡道巡歷心
紅紙劄油燭柴炭士夫交際公費銀　巡視海道交
際公費銀　三院查盤委官駐劄合送　心紅油燭柴
炭書吏公給造冊紙張銀　上司各衙門并府縣及
查盤取用卷箱架扛鎖索棕罩白牓等項銀　部運
南糧委官水手銀　省城各上司到任隨衙下道家
伙等銀　貢院雇稅家伙募夫等銀　上司經臨及

一應公幹官員合用心紅紙劄油燭柴炭門厨皁隸
米菜銀本縣新官到任祭門猪羊酒果香燭銀
府縣陞遷給由并應朝官員起程復任公宴祭門祭
江猪羊三牲酒果香燭等項銀府縣心紅紙劄等
銀庫器路費銀戰船民六料銀雕填漆匠役
銀省城募夫工食銀上司并公幹員役經臨本
縣中火宿食廩糧飯食等銀經臨公幹員役辦送
下程油燭柴炭銀上司經臨并過往公幹官員合
用門皁銀雇夫銀本府越望亭并執傘夫本縣
修造座船銀雇馬銀雇船銀修城民七料銀
地修理本縣城垣銀修理府縣廳堂公廨監房土
地祠等處并新官衙宇銀修理本縣公所衙門銀
祀修理儒學教官衙宇銀修理府縣鄉飲公宴祭
祀新官上任齋宿幕次器皿什物及經過公幹官員
轎傘幃褥等銀司道衙門書吏工食銀修理官
船水手等銀預備雜用銀表箋通數銀協濟
昌平州銀三院司道取給舉人貢士路費卷資銀
獎賞孝子節婦善人米布銀按察司進表水手
銀修理院司公館家伙什物銀恤刑按
臨合用心紅紙劄油燭柴炭吏書供給銀

均徭銀共一千八百五十三兩一錢七分三釐九毫六
絲五忽　南京額班直部柴薪皁隸銀　南京直堂把
門看倉看監隸兵銀　解京富戶銀　撫院
健步銀　按院轎傘夫銀　鹽院完字號座船水手
銀　布政司解戶銀　馬丁銀　左布政司員下聽
事夫銀　督糧漕務道轎傘夫銀　分守溫處道聽
事夫銀　按察司巡視海道皁隸銀　兵巡紹台道
轎傘夫銀　兵巡溫處道甲首銀　兩浙運司將盈
庫看守募丁銀　本府柴薪皁隸銀　皁隸銀　甲
首銀　泰積庫役銀　司獄卒銀　捕盜應捕銀
新官家伙銀　府學齋夫銀　膳夫銀　本縣柴薪
皁隸銀　馬丁銀　門子銀　皁隸銀　獄卒銀
捕盜應捕銀　巡鹽應捕抵課　役銀　新官家伙銀
歲貢生員赴京路費銀　預備倉經費役銀　書
手銀　修理倉厫家伙銀　盤量羅夫銀　風車簟
銀　紙劄銀　常豐二倉經費役銀　看守布政分
司按察分司府館門子銀　三界公館門子銀　三
界稅課局抵課巡攔銀　上管儲林天姥三鋪司兵
銀　驛使銀　縣前五里仙巖禹溪入里五鋪司兵

銀　南門渡渡夫并修船銀　本縣儒學齋夫銀

膳夫銀　門子庫子掃殿夫　啟聖公祠門子銀

教官家伙銀

明制供御用日歲進供四用日歲辦歲辦之中分類徵派有額辦坐辦二差供國家大課例不優免官府公費日雜辦惟官員舉貢生員優免三辦皆十年輪轉九年併力一年坊里之長當雜辦往往傾其家嘉靖四十五年御史龐尚鵬以雜辦酌爲定貴均派概縣丁田每歲輸糧入官令執事者領銀供辦不役坊里長其二辦亦年年均輸無併力之累是謂三辦均平役分銀力二差十年以次輪編分別戶之三等配以煩簡輕重胥吏得上下其間弊孔百出嘉靖四十八年餘姚知縣周鳴埧議將銀力二差一概徵銀雇募亦經龐尚鵬題准通行隆慶元年餘姚知縣鄧喬材謂夏稅秋糧及三辦內繳悉名色不下三四十項歷陳多科重徵課收侵盜諸弊請將各色額稅併爲一主徵收名日一條鞭派徵則攢爲一總起解則分項開銷盡除賠耗收頭及欺勒小戶之弊具呈三院如議通行後頒其法于天下而賦額大率秪二項日本

邑米條折銀其不入條鞭者惟鹽糧鹽鈔油榨門攤等項而已嗛至萬歷間始行此法知縣施三捷重纂全書而規制畫一矣　以上李志

附錄　明潘晟均平田賦碑記剡邑弟子員胡夢龍尹汝陽持均田平賦碑記遠示余乞一言弁諸首余於誼不敢辭余邑於剡接壤歷覩前令鮮有聞於其官者壽春薛侯令茲邑獨能懸明秉公約已節用凡一切蟊蠹厲民之政悉舉而更張之殊已凜然易覩聽矣至於田賦坍塌既甚又多至百有餘則飛詭沿百餘年積弊有不可勝言者侯乃廣集衆議獲請於當塗選取里胥耆民強幹者將原額官民寺站山田地共六七十萬畝有奇逐一測量田則以新墾補坍塌之數賦則祗取足原額而盡戛平之畧倣神禹則九州之遺意觀侯之覆議可概見矣然而富室豪橫之徒猶有媒孽其令思以自便其私者使非當路知侯之深任侯之篤其不至於自焚溺者幾希矣古云民可與樂成不可與慮始豈不信哉雖然慮始固難樂成尤爲未易也昔余邑宋侯度田平賦最爲盡善今未三十年而府庫之籍散逸幾半余每請緝纘之

竟未有能傳其美者今剡籍已成又以其議鐫石矣二生歸其說於邑之士民自今以後盍相與思侯之苦心共存侯之美政毋徒惡其害已而思去其籍如余邑之可歎也如此則侯亦永有利賴於剡矣

黃廷鵠改折秋糧議

嵊爲溪山墝埆之區土田告瘠刈穫微薄民間口食歲曠呼庚今謂嵊之去衞三百餘里運米爲易而衞之去餘姚數十里貿米爲難其謬一也軍士如不願改折則昔年餘新二縣又何以帖然樂從乎謂樂于五錢之折而不樂於七錢之折其謬二也時先議折七錢也本邑於運米一節賠累百端自官司而隸卒自鄉紳而細民八人莔目疾首故敢控血瀝誠哀籲當軸冀一邑之蘇息今以通邑所禱祝而求者而謂糧戶突生釁端其謬三也邊城雖無屯種然米價常可五錢而以七錢爲折每歲所餘不啻九牌之餘即此可備緩急矣如果風塵有警彼糧戶能通課於無事者非能效命於有事者也無已則徵兵轉餉石室別有籌畫即各邑唇齒相關休息一體寧復以常調拘拘者哉其謬四也即今雖云運米其實軍民兩從私便大抵多歸於折矣有所偏利於駔儈則曰願折而有所均惠於黎庶則曰不願

折于情于事然乎否乎其謬五也秖緣本邑梟棍積蠹與該衞旗舍侵牟饕餮互相首尾此不顧民害而彼不顧軍害每陳請一番則必梗橈一番即該衞官亦不覺墮其雲霧中爾其謬六也時邑八周太僕汝登腧中丞安性咸贊成之嵊邑徵解之累始甦　陳

宗慶請裁東關驛揭嵊縣邑小役繁原無驛遞自成化八年奏撥會稽兩都帶來差役始有東關協濟其初止編館夫一十二名及扛解等費縣派銀一百三十兩解府轉發彼縣幇值自役會稽之民設計陸續行支加增又派水夫二十七名壩岸夫銀二百八十餘兩然亦俱是解銀幇貼至嘉靖二十四年寧波府白推官委掌紹興府印查盤本驛會稽之民其心不厭告令本縣照遵于每年俻役編派大戶解驛當值山縣小民懼見官長況地遠人疎但從僱募驛邊光棍代役其役每官價一兩坐取三兩役且倍之近甚至十三四兩又有酒禮見禮使用且不從實支值往往悞事取罪則又復捐本役納罪罪一兩者勒至五六兩或自出身承當則驛旁棍徒復拴串黨類於過往承差及賓客僕從多方唆使極稱俻戶股實廩給口糧可折乾若干不聽則皮鞭撻之又木石搥之或

索細繇弔之必可乃已輸流當值往往家破人亡爲民牧者痛心切骨看得曹娥東關二驛可合爲一驛夫一驛合則費可省而本縣之夫夫役可裁伏惟裁決

國朝

李志按順治十三年命戶部右侍郎王宏祚將各省額定徵收起存總撒實數編撰成帙名曰賦役全書錢糧則例俱照萬歷年間其畝頭時加派盡行蠲免地丁糧原額以萬歷刊書爲準除荒以覆奉俞旨爲急若九釐銀增前書所未載宗祿銀改存留爲起運漕白悉依舊額行月必令均平胖襖盔甲解本色者易爲改折南糧本折留南用者抵作軍需經費定有新規裁冗改歸正項本色顏料銅錫茶蠟等項已改折者照督撫題定價值開列解本色者照刊書價值造入須布天下官民遵爲令式又康熙二年左布政司袁一相條議錢糧既以一條鞭徵收亦應以一條鞭起解除輕齎淺貢行月解糧道站銀解驛道鹽課解運司采辦本色解府外凡部寺各項彙爲一條解司司又自分欵項解解部嗣後遂無紛紜之弊

原設版圖八十二坊里今編順莊三百九十二莊

原額田四千四百五十八頃二十三畝二釐四毫內

各鄉一則田二千三百九十六頃二十六畝七分六釐五毫康熙六年爲清查各省等事案內丈出田一頃五十畝五釐三毫康熙三十三年爲遵例開墾事案內開墾陞科田一畝六分五釐八毫雍正十一年爲加陞田塘糧銀事案內地塘改爲田三畝二分八毫實該田二千三百九十七頃八十一畝六分八釐四毫每畝徵銀六分七釐該銀一萬六千六百六十五兩三錢七分二釐八毫二絲八忽每畝徵米八合二勺該米一千九百六十六石二斗九合八勺八撮八圭

遊仙鄉并各鄉四則田一千九百五頃三十二畝三分七毫康熙六年爲清查各省等事案內丈出田一頃一十一畝一分一毫康熙三十一年爲確查

開報陞科事案內開墾陞科田三分　康熙三十三
年爲遵例開墾事案內開墾陞科田八畝四分　雍
正七年爲欽奉　上諭事案內首報田一畝七分七
釐　雍正十一年爲確查開報陞科事案內陞科田
九十二畝三分六釐二毫又爲加陞田塘糧銀事案
內地改田五十畝九分三釐三毫　雍正十二年爲
確查開報陞科事案內陞科田五畝一分二釐一毫
又爲加陞田糧事案內地山改田六十畝五分三釐
　乾隆元年爲確查開報陞科事案內陞科田五十
三畝八分二釐八毫又爲加陞田糧事案內地山塘
改田二頃三畝八釐一毫　乾隆八年爲確查開報
陞科事案內陞科田五十八畝三分九釐三毫二絲
　又爲加陞田糧事案內地山改田四十二畝一分
一釐四毫　乾隆十七年爲確查開報陞科事案內
陞科田一頃二十二畝六分一釐六毫又爲加陞田
糧事案內地改田四十一畝三分三釐七毫　乾隆
二十八年爲確查開報陞科事案內陞科田一頃二
十九畝九分九釐三毫又爲加陞糧銀事案內地山
改田二頃一畝五分四釐六毫　乾隆三十五年爲
確查改報陞科事案內陞科田三十三畝六分四釐

九毫又爲加陞糧銀事案內地山改田三十畝一分七釐四毫　乾隆三十八年爲確查開報陞科事案內陞科田二十五畝一分五釐又爲加陞糧銀事案內地改田四頃二十五畝三分九釐四毫　乾隆三十九年爲確查開報陞科事案內陞科田二十三畝五分六釐七毫　乾隆四十年爲確查開報陞科事案內陞科田二十五畝七釐一毫又爲加陞糧銀事案內地山改田四畝四分三釐七毫　乾隆四十一年爲確查開報陞科事案內陞科田一畝六釐九毫又爲加陞銀糧事案內地改田二十七畝二分七釐五毫　乾隆四十六年爲確查開報陞科事案內陞科田一十七畝七釐二毫　乾隆五十一年爲確查開報陞科事案內陞科田二十三畝八分七釐五毫又爲加陞銀糧事案內地改田三十一畝九分八毫　嘉慶元年爲確查開報陞科事案內陞科田十七畝七分六釐五毫　實該田一千九百二十三頃六十一畝一分三釐八毫二絲每畝徵銀六分二釐五毫該銀一萬二千二十二兩五錢七分一釐一毫三絲七忽五微每畝徵米四合三勺該米八百二十七石

一斗五升二合八勺九抄四撮二圭六粟

遊長鄉四則田一百五十六頃六十三畝九分五釐二毫乾隆元年爲加陞田糧事案內地改田一十一畝四分六釐六毫　乾隆八年爲確查開報陞科事案內陞科田三分三釐三毫　乾隆三十八年爲確查開報陞科事案內陞科田五畝四分五釐三毫　乾隆四十年爲確查開報陞科事案內陞科田三畝八分三釐四毫　又爲加陞糧銀事案內地山改田五畝八分二釐八毫　乾隆四十六年爲確查開報陞科事案內陞科田二十七畝一分六釐三毫　又爲加陞糧銀事案內地改田四畝一分八毫　乾隆五十一年爲確查開報陞科事案內陞科田一十二畝五分二釐五毫　又爲加陞糧銀事案內地改田一畝二分二釐三毫實該田一百五十七頃三十五畝八分八釐五毫每畝徵銀六分一釐二毫　該銀九百六十三兩三分六釐一毫六絲二忽

原額地一千五百頃三十畝八分二釐康熙六年爲清查各省等事案內丈缺地一頃一十九畝七分八釐一毫 雍正七年爲欽奉上諭事案內首報地一畝 雍正十一年爲確查開報陞科事案內陞科地二頃四畝五分 雍正十一年爲確查開報陞科事案內陞科地二頃四畝五分一釐七毫 雍正十二年爲確查開報陞科事案內陞科地二畝七分五釐 乾隆元年爲確查開報事案內陞科地二頃九十二畝三分八釐八毫 又爲加陞田糧事案內山改地四畝七分一釐二毫 乾隆八年爲確查開報陞科事案內陞科地一頃二畝九分四釐七毫 乾隆十七年爲確查開報陞科事案內陞科地九十二畝二分 又爲加陞田糧事案內山改地三畝四分二釐六毫 乾隆二十八年爲確查開報陞科事案內陞科地七十六畝九分五釐三毫 又爲加陞糧銀事案內山改爲地一十一畝一分三釐五毫 乾隆三十五年爲確查開報陞科事案內陞科地三畝四分五釐七毫 乾隆三十八年爲確查開報陞科事案內陞科地五十九畝六分七釐 乾隆四十年爲確查開報陞科事案內陞科地二畝二分九釐八毫 乾隆四十一年爲確查開

報陞科事案內陞科地五畝四分四釐九毫　乾隆五十一年爲確查開報陞科事案內陞科地五分五釐九毫　除雍正十一年爲加陞田塘糧銀事案內地改爲田塘除地五十三畝六分七釐二毫　雍正十二年爲加陞田糧事案內地改爲田除地五十四畝四分五釐二毫　乾隆元年爲加陞田糧事案內地改爲田塘除地二頃一十二畝五分八釐四毫　乾隆八年爲加陞糧銀事案內地改爲田除地三十九畝六毫　乾隆十七年爲加陞田糧事案內地改爲田除地四十一畝三分三釐七毫　乾隆二十八年爲加陞糧銀事案內地山改爲田地山除地二頃九畝三分六釐六毫　乾隆三十五年爲加陞糧銀事案內地山改爲田除地三十畝七釐四毫　乾隆三十八年爲加陞糧銀事案內地改爲田除地四頃二十五畝三分九釐四毫　乾隆四十年爲加陞糧銀事案內地山改爲田除地九畝七分六釐五毫　乾隆四十一年爲加陞糧銀事案內地改爲田除地二十七畝二分七釐五毫　乾隆四十六年爲加陞糧銀事案內地改爲田除地四畝一分八毫　乾隆五十一年爲加陞糧銀事案內地改爲田除地三十

三畝一分三釐一毫　嘉慶元年爲確查開報陞科事案內陞科地三畝三分二釐**實該地一千四百九十六頃三十八畝六分五釐六毫**每畝徵銀一分六釐三毫該銀二千四百三十九兩一錢一分九絲二忽八微

原額山一千三百二十六頃三十畝二分三毫康熙六年爲清查各省等事案內丈出山八十八畝八分四毫　乾隆二十八年爲加陞糧銀事案內地山改爲山六畝八分八釐五毫　除雍正十二年爲加陞田糧事案內山改爲田除山六畝七釐八毫　乾隆元年爲加陞田糧事案內山改爲田地除山三畝八分　乾隆八年爲加陞田糧事案內山改爲田塘除山四畝　乾隆十七年爲加陞田糧事案內山改爲地除山三畝四分二釐六毫　乾隆二十八年爲加陞糧銀事案內地山改爲田除山九畝二分　乾隆三十年爲加陞糧銀事案內地山改爲田除山一分　乾隆四十年爲加陞糧銀事案內地山改爲田除山五分**實該山一千三百二十六**

頃九十八畝七分八釐八毫每畝徵銀四釐該銀五百三十兩七錢九分五釐一毫五絲二忽

原額塘六十三頃四十二畝五分康熙六年爲清查各省等事案內丈出塘三十三畝五分三釐二毫雍正十一年爲確查開報陞科事案內地改塘八分三釐一毫乾隆元年爲加陞田糧事案內地改爲塘一畝四分五釐八毫乾隆八年爲確查開報陞科事案內陞科塘四分六釐九毫又爲加陞田糧事案內山改塘八分九釐二毫乾隆三十五年爲確查開報陞科事案內陞科塘二畝一分一釐三毫乾隆四十六年爲確查開報陞科事案內陞科塘八分七釐五毫乾隆五十一年爲確查開報陞科事案內陞科塘四分七釐九毫除雍正十一年爲加陞田糧事案內塘改爲田除塘一畝三分乾隆元年爲加陞田糧事案內塘改爲田除塘三分實該塘六十三頃八十一畝五分四釐九毫每畝徵銀一毫八絲該銀一兩一錢四分

八釐六毫七絲
八忽八微二塵
原額戶口人丁一萬八千四丁口內
市民成丁人口一千三百七口每口徵銀一錢二分一
釐該銀一百五十八兩
一錢四
分七釐
市民食鹽鈔人口一百九十一口每口徵銀六分二釐
三毫該銀一十一兩
八錢九分
九釐三毫
鄉民成丁人口一萬二千六百六十一口康熙六年清
出人丁一十
五丁
口實該成丁一萬二千六百七十六口每口徵銀
一錢四分
四釐七毫該銀一千八百三十四兩二錢一分七釐
二毫每口徵米一升四合七勺共該米一百八十
六石三斗三
升七合二勺

鄉民食鹽鈔人口三千八百四十五口每口徵銀八分七釐一毫該銀三百三十四兩八錢九分九釐五毫每口徵米一升四合七勺該米五十六石五斗二升一合五勺

每田三頃四十二畝六分八釐派市民成丁一口

每田二十三頃四十四畝九分六釐派市民食鹽鈔丁一口

每田三十五畝三分三釐派鄉民成丁一口

每田一頃一十六畝四分八釐派鄉民食鹽鈔丁一口

以上田地山塘人丁等項共徵銀三萬四千三百六十一兩一錢九分七釐五絲一忽一微二塵一加顏料新加銀三十三兩四錢四分九釐八毫七絲五忽一加蠟茶新加銀一十一兩三錢七分四釐二毫三絲七忽二

徵一塵一加顏料時價銀七兩九錢六分五釐九毫四絲一忽四微六渺二漠五埃一加蠟茶時價銀二兩一錢九分六毫二絲九忽一微二塵五渺一加藥材時價銀三兩三錢三分八釐三毫一絲二忽一微二塵五渺一加匠班銀四十一兩八錢一分四釐以上六欵每年于地丁項下每兩帶徵

一加收零積餘米一十八石八斗六升六合五勺九抄三撮一圭今每石改徵銀一兩該銀一十八兩八錢六分六釐五毫九絲三忽一微一加孤貧口糧米七十二石今每石改徵銀一兩該銀七十二兩

統共實徵銀三萬四千五百五十二兩一錢九分六釐六毫三絲九忽八塵六渺二漠五埃乾隆五十二年奉文存留其歸起運其年例應給存留各欵按額赴藩庫請發轉給仍于嘉慶四年分奉文應給存留銀兩留縣支給照例造入題銷冊內分別收支造報核銷

其徵米三千三百三十六石二斗二升一合四勺三撮六粟

一除收零積餘米一十八石八斗六升六合五勺九抄三撮一圭　一除孤貧口糧米七十二石　實徵米二千九百四十五石三斗五升四合八勺九撮九圭六粟

外賦入地丁科徵稅課局課鈔銀五兩均徭編徵抵裁冗兵餉隨糧帶徵即在地丁編徵之內

外賦不入地丁科徵銀二十三兩六錢三分六釐六毫五絲內鹽課苦滷稅銀三兩每兩車珠一分七釐該銀五分一釐不入田畝科徵

本縣課鈔銀一兩二錢七分五釐八毫九絲原係市鎮鋪行出辦歸經費用今歸入地糧編徵

稅課局課鈔銀一十六兩四錢二分九釐七毫六絲原係市鎮鋪行出辦歸經費用今歸入地糧編徵

薦新芽茶一十八觔每觔價銀一錢六分該銀二兩八錢八分原係茶戶出辦今歸入地糧編徵

以上地丁外賦共實徵銀三萬四千五百七十五兩八錢三分三釐二毫八絲九忽八塵六渺二漠五埃每兩徵耗羨銀五分該銀一千七百二十八兩七錢九分一釐六毫六絲四忽四微五塵四渺三漠一埃二纖五沙

起運銀三萬一千九百五十七兩九錢三分三釐二毫四絲三忽二微八塵八渺六漠三埃六纖六沙鋪墊解損

滴珠路費銀一百四十兩四錢六分二釐二毫四絲八忽二微九塵六渺六漠一埃三纖四沙內

戸部本色銀一百五十兩二錢八釐二毫九絲一忽六塵二渺五漠鋪墊解攅滴珠路費銀九兩二錢六分八釐七毫三絲六忽九微九塵七渺五漠內

顔料本色銀一十一兩一錢一分五毫九絲七忽六微五塵六渺二漠五埃鋪墊解攅路費銀四兩二錢五釐七毫六微二塵五渺徵銀解司另欵解部充餉

顔料本色加增時價銀七兩九錢六分五釐九毫四絲一忽四微六渺二漠五埃每年纂入由單須發徵輸另欵解司彚充餉用

顔料改折銀一十二兩五錢六分三釐四毫六忽二微

五塵鋪墊損解路費銀四兩三錢五分一釐一毫五絲八忽七微五塵徵銀解司另欵解　部充餉

顏料改折加增時價銀三十三兩四錢四分九釐八毫七絲五忽不入科則每年于地丁項下每兩科加徵銀解司另欵解　部充餉

蠟茶本色銀一十五兩二錢六分七釐五毫七絲五忽八微七塵五渺徵銀解司另欵解　部充餉

蠟茶本色加增時價銀二兩一錢九分六毫二絲九忽一微二塵五渺每年纂入由單預發徵銀另欵解司彙充餉用

黃蠟折色銀四十九兩五分六釐二毫七絲一忽路費銀五錢二分五釐八毫三絲七忽六微七塵五渺徵銀解司另欵解　部充餉

黃蠟加增時價銀一兩七釐八毫三絲三忽五微路費銀一

分七絲八忽三微三塵五渺不入科則每年于地丁項下每兩科加徵銀解司另欵解　部充餉
芽茶折色銀四兩七錢七分六釐一毫二絲三忽七微五塵路費銀四分七釐七毫六絲一忽二微三塵七渺五漠徵銀解司另欵解　部充餉
芽茶加增時價銀六兩三錢九分八釐九毫七絲五忽路費銀六分三釐九毫八絲九忽七微五塵不入科則每年于地丁項下每兩科加徵銀解司另欵解　部充餉
葉茶折色銀二兩五錢六分六釐二毫五絲路費銀二分五釐六毫六絲二忽一微徵銀解司另欵解　部充餉
葉茶加增時價銀三兩八錢五分四釐八毫一絲二忽五微路費銀三分八釐五毫四絲八忽一微二塵五渺不入科則每年于地丁項下每兩科加徵銀

解司另欵解
部充餉
以上共地丁銀一百四十兩四錢九分六釐三毫四絲五忽三微一塵八渺七漠五埃
新加銀四十四兩八錢二分四釐一毫一絲二忽二微一塵
時價銀一十兩一錢五分六釐五毫七絲五微三塵一渺二漠五埃
戸部折色銀八千七百二十九兩八錢七分三釐一毫八絲二忽八微四塵八渺二漠滴珠路費銀八十六兩八錢三分八釐九毫二絲三忽七塵四渺一漠一埃三纖四沙內

折色銀八千六百四兩七錢二分九釐七毫六絲四忽六微二塵八渺二漠滴珠路費銀八十六兩八錢三分八釐九毫二絲三忽七塵四渺一漠一埃三纖四沙

康熙六年丈量陞科銀一十七兩五錢七分六釐六毫八絲四忽九微六塵

康熙三十一年陞科銀一分八釐七毫五絲

康熙三十三年陞科銀六錢三分六釐八絲六忽

雍正七年陞科銀一錢二分六釐九毫二絲五忽

雍正十一年陞科銀九兩一錢二分九釐五毫六絲二忽五微八塵

雍正十二年陞科銀三兩二錢三分六釐一毫三絲二忽九微

乾隆元年陞科銀一十八兩一錢二分一釐一毫五絲九微四塵

乾隆八年陞科銀七兩三錢四分四釐八毫六絲二忽八微八塵

乾隆十七年陞科銀一十一兩一錢一分八釐二毫六絲九忽二微

乾隆二十八年陞科銀九兩三錢七分八釐八毫九絲六忽四微　又加陞銀九兩二錢九分三釐六毫九

絲九忽七微
乾隆三十五年陞科銀二兩一錢五分九釐七毫九絲一忽九微四塵
又加陞銀一兩三錢九分五釐二毫六絲八忽八微
乾隆三十八年陞科銀一兩九錢五釐五毫九絲八忽六微
又加陞科銀九錢七分二釐六毫二絲一忽
又加陞科銀一十九兩六錢五分三釐二毫二忽八微
乾隆三十九年陞科銀一兩四錢七分二釐九毫三絲

七忽五微
乾隆四十年陞科銀一兩八錢三分九釐三絲五忽七
微
又加陞銀四錢七分二釐八毫一絲六忽六微
乾隆四十一年陞科銀一錢五分五釐六毫三絲一忽
二微
又加陞銀一兩二錢六分一毫五忽
乾隆四十六年陞科銀二兩七錢二分九釐五毫三絲
三忽一微　又加陞銀一錢八分四釐四毫四絲九
忽二微

紹興大典◎史部

乾隆五十一年陞科銀二兩二錢六分七釐九毫一絲

五忽四微二塵　又加陞銀一兩五錢二分九釐六

絲二忽三微

嘉慶元年陞科銀一兩一錢六分四釐四毫二絲八忽

五微

以上共地丁銀八千八百一十六兩七錢一分二釐

一毫五忽九微二塵二渺三漠一埃三纖四沙

禮部本色銀八兩三錢二分七釐二毫一絲二忽一微

二塵五渺袋袱簍損路費銀七兩五分四釐四毫五絲內

薦新芽茶折徵銀二兩八錢八分黃絹袋袱旗號簍損路費銀六兩

藥材本色銀六錢七分七毫四絲八忽三微二塵九渺津貼路費銀三錢三分五釐三毫七絲四忽一微六塵四渺五漠徵銀解司另欵解　部充餉

藥材改折銀一兩四錢三分八釐一毫五絲一忽六微七塵一渺津貼路費銀七錢一分九釐七絲五忽八微三塵五渺五漠徵銀解司另欵解　部充餉

藥材加增時價銀三兩三錢三分八釐三毫一絲二忽一微二塵五渺每年纂入由單預發徵輸另欵解司彙充餉用

以上共地丁銀九兩一錢六分三釐三毫五絲不入田畝外賦芽茶折徵銀二兩八錢八分藥材時價銀三兩三錢三分八釐三毫一絲二忽一微二塵五渺

禮部折色銀五十二兩五錢七分八釐八毫路費銀四兩九分三釐三毫八絲

以上共地丁銀五十六兩六錢七分二釐一毫八絲

工部本色銀三十五兩五錢二分七釐三毫六絲五忽鋪墊路費銀二十二兩五錢八分七毫七絲五忽二微二塵五渺

本色桐油銀六兩六錢一分七釐八毫四絲二忽五微墊費銀二十二兩二錢九分一釐六毫八絲徵銀解司另款解　部充餉

桐油改折并墊費銀二十八兩九錢九釐五毫二絲二忽五微路費銀二錢八分九釐九絲五忽二微二塵五渺徵銀解司另款解　部充餉

以上共地丁銀五十八兩一錢八釐一毫四絲二微

二塵五渺

工部折色銀一千八百七十兩二錢四分四釐八毫七忽路費銀六兩五分六釐二毫八絲三忽內

折色銀一千八百二十八兩四錢三分八毫七忽路費銀六兩五分六釐二毫八絲三忽

匠班銀四十一兩八錢一分四釐

以上共地丁銀一千八百三十四兩四錢八分七釐九絲　田畝帶徵匠班銀四十一兩八錢一分四釐

裁改存留解部充餉銀一萬四百二十九兩三錢三分七釐三毫五絲七忽九微八塵七渺九漠三埃六纖

六沙路費銀四兩五錢六分九釐七毫內

軍儲倉餘存充餉銀二百九十九兩四錢九分三釐六絲八忽六微四塵九渺

南折充餉銀五千九兩七錢四分二釐順治八年奉文每石折銀一兩五錢

順治九年舊編裁剩解　部并米折銀六百七十一兩九錢八分六釐二毫五忽四塵九渺三漠三埃六纖六沙本府捕盜應捕銀一十四兩四錢　本縣捕盜應捕銀四十二兩二錢　鹽捕抵課并滴珠銀一十八兩一錢八分　上司按臨并本縣朔望行香講書紙劄筆墨香燭銀三兩　外省馬價銀四百五十六兩九錢七分　本縣預備倉經費銀二十二兩　常豐二倉經費銀一十五兩六錢　本縣預備雜用銀四

十九兩八錢　各役工食裁剩銀三兩八錢三分七釐五毫五絲四忽一微九塵六渺一漠　收零積餘銀二十六兩一錢三分二釐五絲七忽七微五塵三渺二漠三埃六纖六沙　收零積餘米糶銀一十八兩八錢六分六釐五毫九絲三忽一微共該　前數　馬價路費銀四兩五錢六分九釐七毫

順治九年裁扣銀二百五十一兩六錢本府知府倉庫書庫子銀一十六兩八錢　通判門子燈夫銀四兩八錢　本縣知縣修宅傢伙銀二十兩　吏書門皁馬快民壯燈夫禁卒轎傘扇夫倉庫書庫書斗級銀一百九十三兩二錢　縣丞書門皁馬銀八兩四錢　典史書門皁馬銀八兩四錢

順治十二年裁知縣迎送　上司傘扇銀八兩

順治十四年裁扣銀二百六十七兩九錢三分二釐本府進表委官盤纏　四錢九分　分守寧紹台道轎傘扇夫銀八兩四錢　本縣知縣薪銀油燭傘扇銀三十

兩四錢九分　縣丞薪銀八兩三錢二釐　生員廩糧銀一百二十八兩　上司經臨公幹官員辦送下程油燭柴炭銀四十九兩四錢　門神桃符銀一兩五錢　鄉飲酒禮銀八兩　提學道考試搭蓋篷廠銀一兩一錢　歲考生員試卷果餅激賞花紅紙劄筆墨并童生果餅進學花紅銀一十七兩五錢　季考生員試卷果餅激賞花紅紙劄筆墨銀一十四兩

備用銀內扣按察司進表水手銀七錢五分

順治十四年裁膳夫銀四十兩

順治十四年裁里馬銀一十六兩八錢八分

順治十五年裁優免銀一百九十五兩五錢九釐三毫八絲七忽八微三渺四漠二埃

康熙元年裁吏書工食銀八十四兩　本縣知縣吏書銀七十二兩　縣丞書辦銀六兩　典史書辦銀六兩

康熙元年裁提學道歲考心紅等銀一十八兩六錢原編提學道歲考生員試卷果餅激賞花紅紙劄筆墨并童生果餅進學花紅府學銀一十兩　縣學銀二十五兩　考試搭蓋篷廠工料銀二兩二錢除順治十四年裁半外今裁前數

康熙二年裁倉庫學書工食銀三十一兩二錢本府知府倉書銀六兩　庫書銀六兩　本縣知縣倉書銀六兩　庫書銀六兩　學書銀七兩二錢

康熙三年裁教職經費銀六十五兩一錢二分本縣教諭俸銀三十一兩五錢二分　喂馬草料銀一十二兩　門子銀二十一兩六錢

康熙三年裁齋夫銀三十六兩

康熙八年裁驛站銀一百三十二兩經臨中伙宿食銀五十兩　公幹官員心紅紙劄油燭柴炭銀二十二兩　門皁銀六十兩

康熙十四年裁扣銀一百九十五兩五錢六分六釐一毫四忽二微八塵九渺六漠司備用銀七十七兩七錢二分五釐四毫一絲　知縣心紅銀二十兩　修理倉監銀二十兩　知府修倉備辦刑具銀一十二兩五錢九分六毫九絲四忽二微八塵九渺六漠　儒學喂馬草料裁半銀六兩　季考生員試卷果餅花紅紙劄筆墨裁半府銀二兩縣銀五兩　修理府縣鄉飲祭祀新官到任齋宿幕次器皿什物各經過公幹官員轎傘等銀三兩二錢五分　修理官船水手銀四十八兩

康熙十四年裁扣銀八十二兩一錢九分八毫九絲修城民七料銀二十一兩八錢八分　季考生員試卷果餅花紅紙劄筆墨裁半府銀二兩　縣銀五兩　縣備用銀三十三兩三錢一分八毫九絲　修理本縣城垣銀二十兩

康熙十五年裁扣銀四十四兩六錢七分二釐一毫一

絲二忽一微九塵六渺五漠八埃各院觀風試卷果餅紙劄筆墨府銀四兩　本縣新任祭門銀二兩八錢五分紳衿優免丁銀三十七兩八錢二分二釐一毫一絲二忽一微九塵六渺五漠八埃

康熙十六年裁扣銀一十兩五錢迎春裁半銀二兩儒學喂馬草料裁半銀六兩　本縣陞遷給由應朝起程復任公宴祭門祭祀銀二兩五錢

康熙二十四年裁寧紹道轎傘扇夫銀四十二兩

康熙二十七年裁歲貢赴京路費銀三十兩

康熙二十七年續裁扣銀一百五十兩一錢三分三釐九毫　科舉禮幣進士舉人牌坊銀七十兩四錢一分二釐八毫　會試舉人水手銀三十二兩武舉筵宴銀四錢五分　貢院僱稅傢伙并募夫銀二兩迎宴新舉人旗匾花紅旗帳酒禮府銀二兩五錢

縣銀四兩　起送會試舉人酒席路費卷資府銀八兩三錢八分四釐四毫　縣銀九兩三錢三分三釐四毫　賀新進士旗匾花紅酒禮府銀二兩　縣銀二兩　起送科舉生員花紅卷資路費酒席府銀四兩四錢　縣銀一十二兩六錢五分三釐三毫

康熙三十一年裁驛站銀一千五百九十兩四錢六分七釐八毫三絲　本府各驛銀一千一百三十兩八錢六分七釐八毫三絲應差夫銀一百二十九兩六錢　差馬銀二百七十兩僱船銀六十兩

康熙五十年裁縣丞經費銀七十六兩　俸銀四十兩門子銀六兩皁隸銀二十四兩馬夫銀六兩

康熙五十六年裁本府拜進

表箋綾函紙劄寫表生員工食香燭等銀一兩七錢五

分

雍正三年裁憲書紙料銀一十兩九錢二釐

雍正六年裁扣銀四十三兩二錢本府通判燈夫銀一十二兩　本縣燈夫銀二十四兩　東關驛館夫銀七兩二錢

雍正十二年裁扣民壯工食銀一百二兩

乾隆十二年裁扣民壯工食銀六十兩

乾隆十九年裁本府諭祭銀六兩六錢六分六釐六毫

六絲

以上共地丁銀九千五百五十九兩八錢一分五釐

二毫六絲四忽八微八塵七渺九漠三埃六纖六沙

積餘米易銀一十八兩八錢六分六釐五毫九絲三忽一微

留充兵餉改起運銀一萬九百九十三兩一錢五分六釐二毫二絲七忽二微六塵五渺內

田地山銀三千六百六十三兩三錢六分五釐七絲四忽三微六塵原編銀三千七百七十七兩八錢四分五毫七絲四忽三微六塵除編入存留項下致祭關聖帝君銀六十兩厲壇米折銀六兩儒學加俸銀四十八兩四錢八分實該前數

兵餉銀七千三百二十九兩七錢九分五釐六毫五絲二忽九微五渺

以上共地丁銀一萬九百九十三兩一錢五分六釐

二毫二絲七忽二微六塵五渺

嘉慶七年裁編設　臬司衙門驛站歸起運充餉銀八百五十五兩二錢二分五釐二毫原編銀二千七百七十七兩一錢七分三釐三絲　除協濟龍游縣銀二十六兩七錢一分　江山縣銀一十八兩　常山縣銀八十兩二錢九分抵解兵餉編入兵餉項下完字號座船水手銀一兩改編藩司項下　順治十四年裁公幹官員下程油燭銀四十九兩四錢　順治十四年裁里馬銀一十六兩八錢八分　康熙八年裁中飲銀五十兩　公幹官員心紅紙劄油燭柴炭銀二十二兩門皁銀六十兩　康熙三十一年歸入地丁項下本府各驛銀一千一百三十兩八錢六分七釐八毫三絲　應差夫銀一百二十九兩六錢　差馬銀二百七十兩　倔船銀六十兩　雍正六年裁東關驛本館夫銀七兩二錢編入裁扣項下外實該前數

府各驛銀五百六十三兩九錢五釐二毫原編銀一千七百一

兩九錢七分三釐三絲　康熙三十一年歸入地丁項下充餉銀一千一百三十兩八錢六分七釐八毫三絲　雍正六年裁東關驛館夫銀七兩二錢編入裁扣項下外實該前數養膳應差夫

四十名夫頭一名共銀二百九十一兩三錢二分原編銀五百四兩四錢　除協濟常山縣銀七百五兩抵解兵餉　順治十四年裁里馬銀八兩四錢八分康熙三十一年歸入地丁項下充餉應差夫銀一百二十九兩六錢實該前數應差夫四十名銀七兩二錢　夫頭一名銀三兩三錢二分

以上共地丁銀一萬四百一十五兩四分四毫六絲四忽八微八塵七渺九漠三埃六纖六沙　積餘米易銀一十八兩八錢六分六釐五毫九絲三忽一微

留充兵餉改起運銀一萬六百八十一兩八錢三分六

釐二毫二絲七忽二微六塵伍渺內

田地山銀三千三百五十二兩四分五毫七絲四忽三

微六塵原編銀三千七百七十七兩八錢四分五毫七絲四忽三微六塵除編入存留項下致祭

文昌帝君銀二十兩致祭　關聖帝君銀六十兩厲壇米折銀六兩　儒學加俸銀四十八兩四錢

八分　驛站經費銀二百九十一兩三錢二分實該前數

兵餉銀七千三百二十九兩七錢九分五釐六毫五絲

二忽九微五渺

以上共地丁銀一萬六百八十一兩八錢三分六釐

二毫二絲七忽二微六塵五渺

鹽課詳歸藩司充餉

鹽院完字號座船水手銀一兩（係地丁編徵）

鹽課（運司專轄）

額外歲徵鹽課苦滷稅銀三兩（每兩車珠一分七釐該銀五分一釐）

係不入田畝外賦編徵

漕運（糧儲道專轄）

隨漕本色月糧給軍米二千九百石（每石折徵銀一兩二錢該徵銀三千四百八十兩）

隨漕折色銀三百五十兩九錢六釐六毫三絲一忽五微一渺內淺船料銀二百九十七兩八錢三分二釐七毫（原編解船政同知支銷後該同知奉裁仍行解道）

貢具銀五十三兩七分三釐九毫三絲一忽五微一渺

原編解船政同知支銷後該同知奉裁仍行解道

以上共地丁銀三百五十兩九錢六釐六毫三絲一忽五微一渺

存留銀二千一百二十二兩四錢八分一毫六絲六忽

奉文徵收存留銀兩彙入地丁起解其應支各款赴藩庫請發轉給仍于嘉慶四年奉　文應給存留銀兩留縣支給內

司存留銀六十九兩一錢四分九釐一毫內

布政司解戶役銀三十兩

戰船民六料銀三十九兩一錢四分九釐一毫

以上共地丁銀六十九兩一錢四分九釐一毫

府縣存留銀二千五十三兩三錢三分一釐六絲六忽

內

本縣拜賀

習儀香燭銀四錢八分

本縣致祭

文昌帝君銀二十兩係動支地丁題銷冊內仍于起運項下造報

本縣致祭

關聖帝君銀六十兩係動支地丁題銷冊內仍于起運項下造報

本縣致祭厲壇米折銀六兩係動支地丁題銷冊內仍于起運項內造報

本縣祭祀銀一百五十六兩文廟釋奠二祭共銀六十兩　崇聖祠二祭共銀一十二兩　社稷山川壇各二祭共銀三十二兩　邑厲壇三祭共銀二十四兩　鄉賢名宦祠各二祭共銀一十二兩　清風祠二祭共銀八兩　陳公祠二祭共銀八兩　共餘剩銀一十七兩二錢六分每年解收司庫撥補不敷　祭祀之用實給銀一百三十八兩七錢四分其餘剩銀兩實給數目分晰註明仍于地丁　題銷冊內存留項下造報

文廟香燭銀一兩六錢

迎春芒神土牛春酒銀二兩

本府庫子四名銀二十四兩

通判門子二名銀一十二兩

本縣知縣經費銀五百六十三兩四錢俸銀四十五兩內攤扣荒缺銀

八兩四釐每年解司充餉實該銀三十六兩九錢九
分六釐其攤荒銀兩實該數目分晰註明仍于地丁
題銷冊內存留項下造報　門子二名銀一十二
兩　皁隷一十六名銀九十六兩　馬快八名每名
工食銀六兩　陸路備馬製械水鄉打造巡船以私
鮮操銀一十兩八錢共銀一百三十四兩四錢此係
原編數目內給馬快工食銀四十八兩批解藩庫銀
八十六兩四錢撥給將軍都統各衙門各役工食等
項一切之用其該前數　民壯二十三名銀一百三
十八兩　禁子八名銀四十八兩　轎傘扇夫七名
銀四十二兩　庫子四名銀二十
四兩　斗級四名銀二十四兩

典史經費銀六十七兩五錢二分俸銀三十一兩五錢二分　門子一名銀
六兩　皁隷四名銀二十
四兩　馬夫一名銀六兩

本縣儒學經費銀一百八十五兩九錢二分訓導俸銀三十一兩
五錢二分　齋夫三名每名銀一十二兩　薪銀三十
六兩　廩糧銀六十四兩　廩生膳銀四十兩　門

子二名每名銀七兩二錢其銀一十四兩四錢

儒學加俸銀四十八兩四錢八分係動支地丁　題銷冊內仍于起運項下造報

驛站經費銀二百九十一兩三錢二分本縣均平夫四十名每名工食銀七兩二錢該銀二百八十八兩夫頭一名工食銀三兩三錢二分共該前數係動支地丁　題銷冊內仍于起運項下造報其小建銀兩每年扣收彙入地丁解司充餉

協濟新昌縣經費不敷銀一百三十六兩九錢六分一釐六絲六忽

鄉飲酒禮二次銀八兩

歲貢生員路費旗匾花紅酒禮府銀七錢五分　縣銀

三兩以上府縣歲貢銀兩每年解司充餉其應支銀兩在于地丁項下撥給

看守公署門子工食銀一十八兩九錢布政司分司二名 按察司分司一名 府鋪一名每名銀三兩六錢 三界公館一名銀四兩五錢

衝要三鋪司兵工食銀一百三十五兩上官鋪 諸林鋪 天姥鋪各五名每名銀九兩

偏僻五鋪司兵工食銀一百四十四兩縣前鋪 五里鋪 仙巖鋪 禹溪鋪 八里鋪各鋪四名每名銀七兩二錢

孤貧四十名布花木柴銀二十四兩每名年給銀六錢

孤貧四十名口糧銀一百四十四兩原編本色米七十二石折色銀七十二兩 順治十四年改米徵銀充餉每米一石徵銀一兩 康熙三年復給孤貧共該前數 每名歲支

銀三兩六錢以上孤貧柴布口糧每年小建銀一兩解司充兵餉

以上共地丁銀一千九百六十三兩六錢二分四毫一絲六忽孤貧口糧米易銀七十二兩不入田畝外賦銀一十七兩七錢五釐六毫五絲

存留米四十五石三斗五升四合八勺九撮九圭六粟

內

康熙六年丈量陞科米一石九斗二升八合六勺六抄八撮九圭

康熙三十一年陞科米一合二勺九抄

康熙三十三年陞科米四升九合七勺一抄五撮六圭

雍正七年陞科米七合六勺一抄一撮
雍正十一年陞科米四斗七升四勺七抄四撮一圭
雍正十二年陞科米二斗八升二合二勺九抄九撮三圭
乾隆元年陞科米一石一斗四合七勺八撮七圭
乾隆八年陞科米四斗三升二合一勺八抄九圭六粟
乾隆十七年陞科米七斗四合九勺九抄七撮九圭
乾隆二十八年陞科米五斗五升八合九勺六抄九撮九圭
又加陞米八斗六升二合三勺四抄七撮八圭

乾隆三十五年陞科米一斗四升四合六勺九抄七圭

又加陞米一斗二升九合七勺四抄八撮二圭

乾隆三十八年陞科米一斗八合一勺四抄五撮

又加陞米一石八斗二升九合一勺九抄四撮二圭

乾隆三十九年陞科米一斗一合三勺三抄八撮一圭

乾隆四十年陞科米一斗七合八勺五抄三圭

又加陞米一升九合七抄九撮一圭

乾隆四十一年陞科米四合五勺九抄六撮七圭

又加陞米一斗一升七合二勺八抄二撮五圭

乾隆四十六年陞科米七升三合四勺九撮六圭

乾隆五十一年陞科米一斗二合六勺六抄二撮五圭
又加陞米一斗三升七合二勺四撮四圭
嘉慶元年陞科米七升六合三勺八抄九撮五圭　縣
重四口糧米三十六石
地丁加閏銀三百九十三兩五錢七分三釐一毫八絲
一忽四微一塵二渺九漠一埃四纖八沙　又驛站
新加閏銀一百三十兩五錢八釐一毫五絲二忽四
微九塵九渺九漠九埃九纖六沙共銀五百二十四
兩八分一釐三毫三絲三忽九微一塵二渺九漠一
埃四纖四沙

外賦不入地丁科徵本縣稅課局課鈔銀一兩四錢七分五釐四毫原係市鎮鋪行出辦歸經費用今歸入地糧編徵

統共額徵加閏銀五百二十五兩五錢五分六釐七毫八絲三忽九微一塵二渺九漠一埃四纖四沙每兩徵耗羨銀五分該銀二十六兩二錢七分七釐八毫三絲九忽一微九塵五渺六漠四埃五纖七沙

地丁加閏米一百石

起運折色加閏銀四百五兩七錢九分五釐一毫五絲

戶部折色銀六兩三錢五分五毫一絲二忽五微一塵七渺九漠路費銀六分四釐二毫六忽一微五塵二漠一埃四纖八沙

工部折色銀一十六兩三錢七分四釐三毫六絲一忽

六壟九渺八漠路費銀二釐一毫九絲

順治九年舊編裁剩解　部鹽捕抵課并滴珠銀一兩五錢一分五釐

順治九年裁扣銀一十九兩三錢本府知府倉庫書庫子銀一兩四錢通判門子燈夫銀四錢　本縣知縣書門皂隸馬快民壯燈夫禁卒轎傘扇夫倉庫書庫子斗級銀一十六兩一錢　縣丞書門皂馬銀七錢　典史書門皂馬銀七錢

順治十四年裁分守寧紹台道轎傘扇夫銀七錢

順治十四年裁膳夫銀三兩三錢三分三釐三毫

順治十四年裁里馬銀一兩四錢六釐六毫六絲六忽

順治十六年裁閏月俸銀一十四兩九錢六分三釐本縣

知縣俸銀三兩七錢四分九釐九毫 縣丞俸銀三兩三錢三分三釐三毫 典史俸銀二兩六錢二分六釐六毫 教諭俸銀二兩六錢二分六釐六毫 訓導俸銀二兩六錢二分六釐六毫

康熙元年裁吏書工食銀七兩 本縣知縣吏書銀六兩 縣丞書辦銀五錢 典史書辦銀五錢

康熙二年裁倉庫學書工食銀二兩六錢 本府倉書銀五錢 庫書銀五錢 本縣倉書銀五錢 庫書銀五錢 學書銀六錢

康熙三年裁教諭門子銀一兩八錢

康熙三年裁齋夫銀三兩

康熙十四年裁修理官船并水手銀三兩

康熙二十四年裁寧紹巡道轎傘扇夫銀三兩五錢

康熙三十一年裁驛站銀一百二十兩五錢五分一釐四毫八絲三忽一微六塵六渺六漠六埃六纖二沙

本府各驛新加銀八十七兩五錢七分四釐八毫一絲九忽一微六塵六渺六漠六纖二沙　養膳應差夫銀三十兩四錢七分六釐六毫六絲四忽　差馬銀二十二兩五錢

康熙五十年裁縣丞經費銀三兩

門子銀五錢　皁隸銀二兩　馬夫銀五

雍正三年裁憲書紙料銀一錢五分九釐六毫

雍正六年裁扣銀三兩六錢

本府通判燈夫銀一兩　本縣燈夫銀二兩　東關驛館夫銀六錢

雍正十二年裁扣民壯工食銀八兩五錢

乾隆十二年裁扣民壯工食銀五兩
嘉慶七年裁編設　臬司衙門驛站歸起運充餉銀六
十六兩九錢三分三釐三毫三絲三忽三微三塵三
渺三漠三埃三纖四沙原編銀六十九兩三錢九分
九釐九毫九絲　除協濟龍
游江山常山三縣銀一十兩四錢一分六釐六毫六
絲抵解兵餉　新加本府各驛銀一百三十兩五錢
八釐一毫五絲二忽四微九塵九渺九漠九埃九纖
六沙　順治十四年裁里馬銀一兩四錢六釐六毫
六絲六忽　康熙三十一年歸入地丁項下充餉
本府各驛銀　八十七兩五錢七分四釐　八毫一絲九
忽一微六塵六渺六漠六埃六纖二沙　養膳應差
夫銀一十兩四錢七分六釐六毫六絲四忽　差馬
銀二十二兩五錢　雍正六年裁東關驛館　本府各
夫銀六錢編入裁扣項下外實該前數內
驛銀四十二兩三錢三分三釐三毫三絲三忽三微

三塵三渺三漠三埃三纖四沙係驛站新加養膳應差夫四十名撥差夫頭一名共銀二十四兩六錢原編四十二兩三分三釐三毫三絲除協濟常山縣銀六兩二錢五分抵解兵餉　順治十四年裁里馬銀七錢六釐六毫六絲六忽　康熙三十一年歸入地丁項下充餉應差夫銀一十兩四錢七分六釐六毫六絲四忽實該前數應差夫四十名夫頭一名每名銀六錢

兵餉銀一百一十三兩一錢四分一釐五毫一忽六微七塵五渺原編銀一百五十一兩二錢六分一釐五毫一忽六微七塵五渺除編入存留項下驛站經費銀二十四兩六錢孤貧加閏銀一十三兩五錢二分實該前數

以上共地丁銀四百一十九兩三錢一分五釐一毫五絲三忽九微一塵二渺九漠一埃四纖四沙

鹽課加閏解歸藩司充餉

鹽院完字號座船水手銀八分三釐三毫三絲 係地丁編徵

漕運加閏糧儲道專轄

隨漕本色月糧給軍米一百石每石折徵銀一兩二錢該徵銀一百二十兩

存留加閏銀一百一十九兩六錢七分八釐三毫彙入地丁起解其應支各欵赴藩庫請發轉給仍于嘉慶四年奉文留縣支給內

本府知府庫子四名銀二兩

本府通判門子二名銀一兩

本縣知縣經費銀四十三兩二錢門子二名銀一兩皁隸一十六名銀八

兩　馬快八名每名工食銀五錢陸路備馬置械水
衙打造巡船以司緝探銀九錢共銀一十一兩二錢
此係原編數目內給馬快工食銀四兩批解藩庫銀
七兩二錢抵給將軍都統各衙門各役工食等項一
切之用共該前數　民壯二十三名銀一十一兩五
錢　禁子八名銀四兩　轎傘扇夫七名銀三兩五
錢　庫子四名銀二兩
斗級四名銀二兩

典史經費銀三兩　門子一名銀五錢　皁隸四名
銀二兩　馬夫一名銀五錢

儒學經費銀七兩五錢三分三釐三毫　齋夫三名每名
銀一兩共銀三
兩　廩生膳銀三兩三錢三分三釐三毫
門子二名每名銀六錢共銀一兩二錢

驛站經費銀二十四兩六錢　本縣均平夫四十名每名
工食銀六錢該銀二十四
兩　夫頭一名工食銀六錢共該前數係動支地丁
題銷冊內仍于起運項下造報其小建銀兩每年
扣收彙入地
丁解司充餉

看守公署門子工食銀一兩五錢七分五釐布政司分司二名按察司分司一名府館一名每名銀三錢三界公館一名銀三錢七分五釐

衝要三鋪司兵工食銀一十一兩二錢五分上官鋪諸林鋪天姥鋪各五名每名銀七錢五分

偏僻五鋪司兵工食銀一十二兩縣前鋪五里鋪仙巖鋪禹溪鋪八里鋪各四名每名銀六錢

孤貧四十名應給加閏銀一十三兩五錢二分每名銀三錢三分八釐

以上共地丁銀九十一兩一錢六分二釐八毫五絲

不入田畝外賦銀一兩四錢七分五釐四毫五絲

外賦

學租銀一十兩七錢九分五釐每年照數徵輸解司轉解學院賑給貧生膏火之用

當稅銀四十五兩當鋪九名每名徵銀五兩另欵解司充餉仍于每年春季查明造冊報部輸稅

牙稅銀二十六兩八錢上則牙戶一十九名每名徵銀八錢該銀一十五兩二錢中則牙戶一十名每名徵銀六錢該銀六兩下則牙戶一十四名每名徵銀四錢該銀五兩六錢共該前數另欵解司充餉

契稅每買產銀一兩徵稅銀三分

牛稅每兩徵稅銀三分以上契稅牛稅二欵歲無定額每年儘收儘解造報題銷另欵解司充餉

以上謹遵嘉慶十九年部頒賦役全書載入

附鹽

嵊無場竈所食鹽例由商人從上虞縣曹娥場票運每歲額銷五千引兼銷新昌縣五百引雍正閒李宮保衞總督浙江時有引額不敷聽詳請增銷之文自是歲無定額李志　又按李志云舊志稱自宋元明初半泒錢清曹娥三江石堰四場鹽又稱昔以寧海縣鐵場巡司鹽運至本縣東北鄉住賣天台縣清溪鎮鹽運至本縣西南鄉住賣路途阻遠販運爲艱各鄉不能接濟嘉靖四十一年舊任知縣陳宗慶在京呈請巡按請開曹娥等場私鹽之禁使民得食上虞會稽產鹽與上文向食錢清等四場鹽之說迥異又不聲明曹娥等場何年奉禁寧海天台等鹽何年坐派殊未明晰

附錄　明陳宗慶在京請巡按疏通鹽禁揭在昔以寧海縣鐵場巡司鹽運至本縣東北鄉住賣天台縣清溪鎮鹽運至本縣西南鄉住賣路途阻遠販運爲難故各鄉不能接濟而上虞曹娥場會稽長亭場地近而舟楫可通價平而貿易自便故是時陳明府呈揭議畧云合無除私鹽之禁使嵊民得食上虞會稽產鹽近奉印發行鹽小票每票一張稅銀二分召民給領往曹娥長亭二場照買銀解運司其稅銀卸不與商人大票九分一例然給票有限法非大行猶不免於阻抑今計通縣歲報八戶計口該食之鹽不下三十餘萬觔若于曹娥等場開禁許商人販至嵊境令本縣民轉販每一百觔照例納銀二分官民兩便查照台州府先年食鹽亦有重禁該府顧知府申議將中津橋地方立掣鹽所委官逐月掣放亦鹽百觔稅銀二分有船載者依數納稅台民至今利之　本縣實與台州事例相同伏乞憲臺俯順民情云云　又功令之禁私鹽非不嚴矣而奸徒罔不畏法者弊約有二一則驵儈販鹽攤挐小戶逼索重售及至敗露又將平日索詐不遂及不合者通扳作犯以恣報復以卸已罪更有甚者遇巡方巡郡搆通上下積蠹將

平人揑名拿訪陷罪追賍每至傾家殞命而駔儈倖免欲其不貿私鹽得乎一則商人將屯嵊額引之鹽私貨天台東陽兩路百十成羣運籮載販以致鹽竭價騰官鹽價高則私鹽價平小民惟利是趨欲其不貿私鹽得乎當事
君子宜痛懲焉

附鹽灰壅田

嵊邑田瘠土淡田禾必須鹹物培壅始能發秀但本地並無煎鹽塲竈全賴各客從沿海竈舍採買盤邊泥塊謂之鹽灰裝篰運嵊發賣農民有錢現買否則于春季賒貸秋成抵償由來已久其盤泥秤二十觔試煎鹽得苦味黑色鹽三觔不堪食用田苗非此不茂若用瀝過泥渣毫無鹹氣仍屬無用此地土使然也

乾隆三十二年間詳憲出示立碑存案乾隆三十二年閏七月二十七日鹽驛道徐詳文本道核看得灰客周晃販買鹽盤鹽一案緣嵊邑山水性淡非鹽灰培壅禾苗不能發秀故盤箕一項爲農民壅田必需之物嵊邑並無場竈各處灰客在于沿海各場竈販運裝簍到縣就廠貨賣其鹽盤即係盤箕查紹屬各場竈鹽箕編竹側簇爲盤上下塗泥曬乾煎燒鹽粒廢壞即係土塊賣與農民壅田應用不等其色甚黑非獨周晃陳履泰二處廠內販賣即各處灰廠每簍均有夾雜從前向無例禁已據前縣將鹽盤秤稱二十觔試煎得鹽三觔其色黑其味苦不堪食用而嵊邑鹽價每觔賣錢六文又鹽盤每觔賣錢二文以試煎之鹽箕二十觔核算價四十文僅得鹽三觔即使其色不黑其味不苦亦僅值錢十八文至愚之人安肯舍多就少是以鹽盤歷無例禁至行運地方作何稽察之處因嵊田禾培壅鹽灰非自今始歷無夾帶犯案已有明徵在私販之徒無物不可夾帶若必按物定條轉恐挂一漏百責成牙埠稽查此輩中頗少善良勢必勒索陋規徒增灰價農民受累以歷無犯私之事請免滋

事之端已據該府核議明確似無遁飾應如所請毋庸置議至奉批飭議縣捕等封貯一節本道復加查核該縣田禾需壅鹽灰由來已久從前並無拿獲之案今歲値前縣公出該縣捕混拿封貯誑稟該縣稟報憲臺批府行查今據該府復查明確從無例禁之條則陳俊汪元明有需索不遂混稟情弊若如該府縣所議從寬姑息恐啟索詐之風誠如憲批何得混拿封貯殊屬不法應請飭府提捕汪元陳俊照不應重例責懲以儆索詐庶農民商客不致受其擾累是否允協理合詳候憲臺察核示遵爲此備由粘同原批詳呈乞照詳施行蒙鹽部院熊批如詳　三十三年二月二十四日前縣莊告示照得嵊邑田土性寒民間播種禾苗俱賴鹽灰培壅是以山會及本地人民販運至嵊貨賣即或帶有盤篕竈牆不過希圖價貴覓利並無灑滷煎鹽之弊此係因地制宜一自應順從民便查上年鹽捕陳俊等拿獲周晃鹽盤一案業經前任將應否飭禁之處詳請憲示蒙批免禁在案今據周晃稟請給示勒石以垂永遠等情前來合再出示嚴禁爲此仰各埠灰客牙行人等知悉嗣後爾等照常發運公平交易如有不法胥役敢于需索滋

規抑勒阻撓者許即指名稟縣以憑拿究特示　道光七年鹽運司多告示爲獲解事道光七年五月初六日奉署鹽部院劉批會稽縣詳盤邊竈泥山田水寒非此培壅不能長發且竈泥復煎成鹽色黑味苦不堪食用請免飭禁等緣由奉批據詳田土寒淡之處非竈泥等項培壅不能長發且竈泥復煎成鹽色黑味苦不堪食用請免飭禁核與乾隆三十二年免禁舊案相符自應免其查禁以利農田仰鹽運司通飭一體遵照繳奉此除通飭遵照外合行出示曉諭爲此示仰農民及應巡兵捕人等知悉所有盤邊竈泥及一切鹹氣凡有益於農田者准其一并買運以利農田應巡兵捕毋得藉阻滋擾倘有不法之徒藉夾鮮滷白鹽販賣該兵捕等即行嚴拿解縣究詳各宜凜遵特示

嵊縣志 卷三 四 至

物產

書稱方物禮辨土宜此物產所由昉也嵊邑褊小不輸貢獻而飛潛動植之屬生息蕃孳足以卑衣食通懋遷不亞上腴之產誠能撙節而愛養之則民生不匱之道胥在是矣因采剡錄增注之志物產

穀之屬　一曰稻有秔有稉　早白黏越人謂芒爲黏一名六十日夏末熟　早青初秋登凡八種　泰州紅秋仲登凡六種　下露白三秋皆有登凡十餘種　以上皆秔類宜飯宜糕　榧糯　青稈稉　水鮮稉八月熟　羊鬚稉　胭脂稉　早黃黏　黃殼糯　紅黏

穤其芒赤穤之佳者以上皆穤類宜酒

一曰黍秈黏大穗散穗等種秈者可飯黏者可飴可酒

一曰稷禮記明粢俗呼穄粟亦呼蘆穄嵊不多藝

一曰麥

大麥早晚二種秋播夏登毛詩所謂牟也

小麥毛穗光穗二種毛詩所謂來也俱宜麵

蕎麥秋初播秋末登喜霧畏霜亦宜麵

一曰菽

白豆　黃豆　青豆　烏豆　褐豆　菉豆　虎爪豆

清明豆麥未刈播麥行中

秋豆清明豆未刈播豆行中

田豆青白二種刈早白播田中

小白豆播山谷中皆大豆也毛詩謂之菽可作腐

赤豆　赤小豆

茶羹豆圓長二種

江豆莢長尺餘最長而軟俗呼裙帶豆莢短者曰短江豆四五月熟俱可連莢蒸食

刀鞘豆莢長幾尺而厚形似刀俗呼醬豆

白藊豆其黑者曰白眼豆又名鵲豆紫花者曰紫眼豆莢長而尖者曰羊角豆皆一種連莢可蒸食

毛豆一名七日豆

羅漢豆一名蠶豆麥秋時刈莢可食苗可糞　豌豆褐白二種麥秋時刈子可食苗可糞　一曰麻　芝麻黃白黑三種可榨油味香美　胡麻大宛種也道家以為飯葛稚川云胡麻中一葉兩莢者名巨勝　苧麻可為布　一曰薏粟一名包蘆俗呼六穀可充糧食

蔬之屬　芹一名水英　芥方言蘇芥草也有青紫白數種生四月者名春不老　白菜　油菜二三月食其心最美俗謂之菜汞子可榨油　苦藚菜藚音俗芑也俗呼芸薹菜　茼蒿　蒿菜　生菜　波稜菜北戶錄婆羅國獻稜菜火熟之能益食味菜以國名　甜菜一名莙薘菜有冬夏二種　菘俗呼薹菜　萊菔一名蘿菔俗呼蘿蔔一種黃者名胡蘿蔔葉似胡荽　石耳生四明山絕頂　石芥亦產四明山　木耳　茄一名落蘇紫白二種　薑　韭　葱　薤

蒜（一年爲獨蒜二年爲大蒜）　胡荽　芋（卓王孫所謂蹲鴟也）　筍（品類甚多冬月取貓筍萌土中者曰潭筍燕來時生曰燕筍）　薯蕷（俗名山藥北戶錄云儲也爲麵餅味極美）

蓴（葉如荇菜而紫莖大幾如箸葉底莖外天生一層明如水晶柔滑可羹合鮒魚食之佳）

薺（月令靡草即燕麥也）　蕨（味似蔞蒿其根爲粉可當麪食）　檡粉　茭白（嘉泰志云今謂之茭首蓋茭心生臺至秋如小兒臂其白如藕而軟美異常每年移根濯洗極潔種之則無黑脈經年不種則黑脈生矣一名菰首）　溪蓀　苜蓿（俗呼孟菜）　天茄（可作蔬可蜜餞）　莧

茶之屬　仙家崗（充貢）　瀑布嶺　五龍山　眞如山

紫巖　焙坑　大崑　小崑　鹿苑　細坑　蕉坑（俱係產茶地名而西山者最佳）　苦薆（生四明山中）

按剡錄云世之烹日鑄者多剡茶也日鑄以水勝剡清流碧湍與山脈絡茶胡不奇余留剡幾年山中巨井清井深潔宜茶方外交以茶至者皆精絕所栽茶品有瀑嶺仙茶五龍茶眞如茶紫巖茶鹿苑茶大崑茶小崑茶焙坑茶細坑茶丸種

果之屬

梅　金剛拳大如桃肖梅堅脆經秋不落

杏　沙杏梅杏二種

李　綠黃紫三種郡志云惟剡溪者見稱

桃　扁桃方桃盆桃棉桃秋桃酸桃紫桃夏白桃胭脂桃又冬熟者名雪桃

枇杷　一名炎精郡志云惟剡坑吳莊最多

棗　郡志云嵊山棗嶴又有一種青者今亡

栗　陶隱君云剡栗皮薄更甜又小者有芧栗櫧栗二種

橘　種有大小又有如彈丸者曰金橘如棗者曰金棗如豆者曰金豆剡錄引任昉述異記曰越多橘柚園越人歲稅謂之橙橘戶亦曰橘籍

柿　扁柿方柿朱柿𣘻柿牛心柿丁香柿等種

柰　漢武內傳會稽有果名㮏亦柰屬也

林禽　與柰絕相似但差小王右軍帖所謂來禽也北人謂之沙果俗名花紅齊民要術林禽堪

爲麪

梨俗名梨頭　櫻桃禮記仲夏之月天子羞以含桃先薦寢廟鄭注今櫻桃爾雅楔荊桃郭璞注今櫻桃有大小二種　香櫞　郁李毛詩謂之唐棣有千瓣子如櫻桃

蓮藕　核桃　橙　榧粗細二種蘇東坡詩云彼美玉山果粲爲金槃實玉山屬東陽與剡接壤榧多佳者　榛　芡方言雞頭子　蒲萄種出大宛水晶瑪瑙二種剡錄越剡間多碧蒲萄　石榴俗呼金櫻避錢武肅王之諱也郡志剡中者佳有大紅水紅白瑪瑙五色千瓣結果　銀杏俗謂之白果粗細二種　楊梅異物志五月中熟熟時似梅味酸而甜　無花果不開花結果　鳬茨以鳬好食得名俗呼葧薺皮厚黑色者肉硬皮薄紫色者肉脆　甘蔗通雅一名諸蔗一名都蔗一名諸蔗或作肝蔗可熬糖　黃精博物志太陽之草名黃精餌之可以長生有响吻似黃精食之殺人　山查俗呼山裏果生太白四明五龍諸山者樹高盈丈實如大腹子　柑　柚　木瓜

蓏之屬　王瓜禮記仲夏之月王瓜生　西瓜學圃雜蔬云金主征西域得之洪皓自燕中攜歸故以西名　甜瓜郡志剡西太平鄉產奇瓜紺翠如筒　苦瓜　南瓜　絲瓜　冬瓜　香瓜　壺盧　瓠子　金瓜　北瓜

木之屬　松酈道元水經注嵊山臨江松嶺森翠戴逵松竹贊猗猗松竹獨蔚山皐　柏有渾柏側柏扁柏等種又有一片如手掌者名手掌柏　桑　柘　榆　柳　楓　櫧李嘉祐詩子規夜啼櫧葉暗遠道春來半是愁　檉似柏而香四明山爲多一名河柳　檜柏葉松身剡錄谷間有絲檜益奇　椿剡溪谷多此木葉香者可茹　杉有刺杉溫杉　檀郡志宋南渡初製五輅須檀爲軸取諸嵊　黃楊　槐花可染　柞風土記始寧剡界多柞木吳越之間名柞爲櫪　桐圖經出桐柏山其類有四青梧梭葉

俱青無子梧桐皮白葉青有子白桐有花與子其花三月開黃紫色崗桐似白桐無子崗桐宜作琴瑟

梓水經謝車騎居嵊山東北江曲起樓樓側桐梓森聳　楸與梓本同末異　漆

棕櫚十道志剡山谷間多植之一皮一節可爲雨具　穀一名楮皮可爲紙　樟酉陽雜俎江東人以樟爲船張嵊詩白水汪汪滿稻畦樟花零落徧前溪　皁莢長短二種可除垢

檡橡櫪杼栩一物異名子可瀝粉汁可染皁　樸草木記厚樸得之剡溪皮雖香不若南番者尤厚

楝　柏子可油亦可燭　石楠魏王草木志石楠野生三月花開剡山谷多此冬時葉尤可愛

橴輿地志曰越太平山生橴木剡錄云剡多此木非止太平山也宜爲櫋

冬青　白楊　相思木平泉草木記曰相思木得之剡溪三異記述異記皆曰戰國時魏有民戍秦妻思之卒塚上生木枝皆向夫所謂之相思木吳都賦相思之樹注云樹理堅斜斫之有文可爲器

櫟　栲皮可染網　杞

竹之屬 龍鬚竹 鳳尾竹 斑竹剡錄李易詩斑竹筍行三畝地

紫竹可爲笛管九節者佳 苦竹筍味苦不堪食有黃苦青苦白苦紫苦幹細而直可作筆管圖經越出筆管是也 蘆棲竹郡志嵊山有蘆棲灣竹譜竹膚是蘆 石竹山居賦注石竹本科叢大以充屋椽巨者笋梃之屬 淡竹可煮以爲紙 桃枝竹爾雅桃枝四寸有節可作簟西京雜記所謂流黃簟也小而密人家多植以爲籬援 毛竹生金庭山節節有毛李衎竹譜金庭洞天有毛竹又名銀筍竹 貓竹一作茅亦作毛 雷竹

方竹剡錄王岑山所植 慈竹冬月筍生外遶其母故又名孝順竹又名王祥竹酉陽雜俎夏月經雨滴汁下地生蓐似鹿角色白食之已痢 水竹依水而生四季生筍人家以爲宅援

對青竹成都古今記竹黃而溝青每節若間出此竹惟會稽頗多彼人名黃金間碧玉或稱閃竹亦曰越閃竹 篛竹郎筆竹剡中多有有早筆晚筆黃筆綿筆 燕竹以燕來時

出筍甚美故名

人面竹剡山有竹徑幾寸近本逮二尺節極促四面參差竹書如魚鱗而凸頗類人面爾雅莽數節

筋竹羅浮山疏堅利可為矛酉陽雜俎筍未竹時可為弩弦

箭竹其名曰篠左傳會稽之竹箭蓋二物也五龍山有一節三尺者

天竹冬月結子絕紅

花之屬

梅花白梅紅梅玉蝶梅照水梅萼蔓梅有臺閣重開者郡志千葉黃梅剡中為多今亡

蠟梅郡志亦剡中勝花有紫心者青心者紫者色濃香烈謂之辰州本

桃花單瓣者有大紅粉紅重瓣者有絳碧二種又緋桃花如剪絨又二色桃花開二色

杏花

牡丹花有紅紫粉數種稱富貴者花如狀元紅郡志有單葉而著花至數十苞者

芍藥紅紫白單瓣千瓣諸種

海棠西府紫錦為上垂絲貼梗木瓜次之秋間開者曰秋海棠剡錄今山間所有多野海棠

紫薇俗名百日紅

淩霄花其蔓倚木直上

木

蘭一名望春狀類木筆而白

丁香

白丁香剡山絕多

山茶單瓣大者

曰日丹瓣重疊差小者曰寶珠　荷爾雅曰芙蕖其花菡萏紅白二種皆結蓮有錦邊白蓮四面蓮並頭蓮品字蓮臺蓮花謝房復吐蕚又有金蓮色黃今亡　芙蓉一名拒霜　桂一名木犀有黃白紅三種草木記木之奇者剡溪之紅桂　四季桂寶慶續郡志植在剡之雪館　葵有向日葵蜀葵錦葵戎葵洛葵紅葵等種　菊古作鞠字郡志剡中高氏雪館種菊一二百本最奇者紫菊丹菊　波斯菊　萬壽菊　薔薇有牛棘牛勒山查薔䕷等名有紅黃白三種　石巖剡錄花比杜鵑尤紅先放葉後著花　梔子花一名玉樓春陶貞白云梔子剪花六出刻房七道芬芳特甚相傳即西域薝蔔花或曰非也薝蔔金色花小而香梔子花白有二種山梔生山谷中花瘦長香奇絕小梔生水涯花大倍于山梔而香稍減又有千葉梔六月初開　瑞香生西白山紅白二種一作睡香　山礬　木槿毛詩謂之舜華有紅白單瓣重瓣等種　荼䕷亦作酴醾有紅白黃三種黃者尤可愛　玉簪紫白二種

玫瑰　木香黃白二種　木筆一名辛夷　石竹有白紫有五色　罌粟一名米囊花有單瓣重瓣　萱俗名鹿葱花毛詩作諼　木棉花可布可絮　紅花可染　雁來紅即後庭花又名老少年　長春花即月月紅　茉莉　剪春羅　剪秋羅　鳳仙花　粉團　虞美人　海繡毬　玉蝴蝶紫花二種又有金絲蝴蝶亦名金絲海棠　雞冠五色又有矮雞冠　一丈紅五色　姊妹花一叢七八蕊　子午花午開子謝　夜合一名合歡一名青囊　杜鵑　水仙

草之屬　鹿胎草詳見鹿胎山下　芝石芝木芝草芝菌芝　蘭　蕙耐園異名考一幹一花而香清雅者爲蘭正月開一幹五七花而香濃濁者爲蕙三四月開又一幹六七花秋間開者曰建蘭亦蕙也　珠蘭花如金粟甚香　長生草又名卷柏生四明山取懸

簷壁雖甚枯得水即葱翠

恒春草 一名千年潤唐方士梁鍠進恒春草

鬱金香草 古人以釀酒供祭祀曰鬱鬯

昌蒲 莖也一名蓀一種有脊如劍一種節甚密生石上名石昌蒲又名昌歜一種虎鬚昌蒲

薜荔 在屋曰昔邪在牆曰垣衣

芭蕉

羽之屬

鶴 盧天驥剡中詩但數十家看鶴戸與兩三隻釣魚船

鵲　鷸

巧婦鳥 舊經鷦鷯性巧巢至精若刺葦又名葦雀

鵠

鷓鴣 盧天驥剡中詩山杏枝頭鷓鴣兒

雞　鵝　鴨 尸子家鴨爲鶩野鴨爲鳧

燕　鳩　鳩

烏 純黑而反哺者謂之烏小而腹下白不反哺者謂之鴉烏白項而羣飛者謂之燕烏

鵲 一曰乾鵲俗呼喜鵲淮南子鵲巢向太乙博物志鵲背太歲

鷗

鷺鷥 剡錄趙湘剡溪唐郎中所居詩開池延白鳥即鷺也

鷹　鷂　鶻　雀　鴿　隼　鳶

布穀 毛詩所謂鳲鳩也一名戴勝月令戴勝降於桑

紫背鷓鴣 背臆前有

白圓點文多對啼啼則自呼其名曰鉤輈格磔 姑惡 鵜鶘形似鶚頷下胡大數升用以盛水貯魚好羣飛沈水食魚其名自呼一名淘河一名洿澤嗛不多有見則大水 鸕鷀剡錄剡溪漁舟載以捕魚 百舌 畫眉剡錄剡林谷間多此 黃頭 鴝鵒 竹雞充貢形如鷓鴣褐色斑赤紋啼曰泥滑滑白蟻畏之古諺云家有竹雞啼白蟻化作泥 白鷳 告天 斲木剡錄白居易詩豈無斲木鳥嘴長將何爲 伯勞 鸂鶒 魚鷹剡錄舟過嵊江一禽如雪擒魚健於隼問之漁人曰魚鷹也 鶬 鶉 鶯毛詩謂之黃鳥一名倉庚 山鵲 雉 錦雞似雉而多文采 鸛形類鶴春至巢高木上哺子秋去海上 鶺鴒雀之屬長尾腹下白頸下黑飛則鳴行則搖杜公所謂沙晚鶺鴒寒者是也越人曰雪姑 鴛鴦 婆餅焦剡錄梅聖俞詩婆餅焦兒不食爾父向何之爾母山頭化爲石化石可奈何遂作微禽啼不息 鵁鶄 黃鸝

白露來霜降去　拖白練郡志嵊玉岑山最多尤可愛玩　吐綬生太白山狀如雞文采五色口吐綬綬長數尺古今注謂之舒囊　杜鵑一名子規夜啼達旦血漬草木凡鳴皆北響啼苦則倒懸於樹一名謝豹　白頭翁　翡翠剡錄李易剡山浴鵠池詩翠光爭水鳥紅影湛山花謂此也

毛蟲之屬　牛　羊　羱似吳羊而大　犬　豕　馬　驢　騾　虎　豹　豺　麂似鹿　鹿大者爲麞　麋王梅谿嵊山賦云又看麋滯之蹤　獺　貍有九節貍五段貍玉面貍元時充貢　熊産西山有狗熊豬熊人熊　羆　麢麞屬　猿有白者　赤玃西白山趙廣信登仙處有之呂氏春秋猿五百年化爲玃　貉　狐　蝟　兎　貓　鼠　碩鼠　貛豬　貒舊志作野豬從俗稱也按山海經有獸焉其狀如豚而白毛大如笄而黑

端名曰貆貒注貆豬也夾髀有麤毫長數尺能以脊
上毫射物亦自爲牝牡貆或作豲吳楚呼爲鸞豬亦
此類也又按剡錄豕下載劉禹錫進野豬狀
曰收刈之餘田獵有獲異於芻豢者在方書　栗鼠
松鼠

倮蟲之屬　蜂一名蠟蜂　蠶陽物也食而不飲再蠶謂之原蠶一名魏蠶土人謂之夏
蠶亦曰熱蠶晚蠶春蠶四眠餘蠶三眠越人謂蠶眠爲幼以蠶死則謂之眠熟故諱之曰幼　蟋
蟀一名促織　絡緯一名莎雞俗呼紡績婆　蝸牛　蜥蜴一名守宮俗呼
蝘蜓蛇　寅蚧一名錦襖上春寅日出　蛙　螢月令腐草爲螢有挾火擄火熠
燿等名　蛺蝶粉翅有鬚名蝴蝶列子烏足其葉爲蝴蝶　蜻蜓　蚯蚓
蟬　螟蛉　蛇　蜘蛛　伊威　壁虎　蠐螬　蝙
蝠　蟫蠹魚也　螳螂　螻蟈　鼁土人謂之田雞　蚱蜢

蝦蟇

鱗之屬　鯉紅色脊中鱗一道大小共三十六數　鱸　鱒　鯖　鯔色黑如緇而扁秋自江而上九月則去味最佳　白魚嵊祠下巨潭大者二三尺頭昂者第一尾頳者曰追紅白　青魚剡錄向過嵊江漁人數連網得此魚可三四尺剡水所有乃江中物也　鰱毛詩所謂鱮也　鰤桃花時最美　鱨　鱧黑色諸魚中惟鱧魚肥甘可食有舌鱗細有文與蛇通氣其首戴星　白鰷莊子鯈魚也形狹而長若條然　石斑　吹沙　鱓　鮎　鰻　鯽一名鮒喜聚遊鯽言相即鮒言相附也　金魚　虎頭魚　穿山甲　鯇　鱠

介之屬　黿嵊浦潭有大方丈許者時出曝沙間　龜　鼈　蟹酉陽雜俎蟹八月腹內有芒真稻芒也長寸許向東輸于海神未輸芒不可食　鰕　蚌　蛤　蜆

螺螄

藥之屬　天門冬　麥門冬　白朮剡錄剡山有朮　蒼朮

茯苓剡錄引章孝標詩剡山多喬松松下多茯苓　何首烏　芎藭　川

芎　貝母　沙參　丹參　苦參　元參　地黃靈運

山居賦曰采石上之地黃剡地種之　仙茅剡錄剡亦有仙茅人少采耳　石斛

烏藥　卷柏　青箱子　石葦　鹿含草　管衆

白河車　薯蕷　半夏　五味子　南星　桔梗

牛膝　細辛　薏苡仁　瞿麥　旋覆花　干葛

茵陳蒿　前胡　土黃連　香附　紅花　杜仲

黃蘗　厚樸　牡丹皮　五加皮　蒲公英　威靈

仙　射干　柴胡　玉竹　百部　小茴香　山梔
枸杞子　牛蒡子　車前子　女貞子　迎仙子
五倍子　勾藤　百合　蘇子　無名異　皁角
地膚子　桑白皮　防已　骨碎補　青木香
仙靈脾　劉寄奴　金銀花　夏枯草　毛茨菰
黄精剡錄舊經曰石鼓山多黄精　紫花地丁　穀精草　欵冬
花　仙橋草　馬鞭草　烏喙草　益母草　龍膽
草　望月砂　牽牛　白蘞　白薇　鬧楊花　澤
蘭　稀薟草　蒼耳草　剪刀草　金沸草　薄荷
艾　枳殼　括蔞　千里光　芡實　禹餘糧一名

山奇糧剡錄舊經曰剡北餘糧嶺產禹餘糧　半枝蓮　旱蓮　鹿茸

鶴虱　薺苨　風茄　秦椒　桑寄生　紫背天葵

六角蓮　萹蓄　過山龍　山海羅　金蒂鐘

金線重樓　蟬蛻　夜明砂　朱砂剡錄崖谷間有之人不知采耳寰宇志曰會稽歲貢丹砂　鍾乳靈運山居賦訪鍾乳于洞穴自注云近山之所剡崖谷亦生焉

雲母石剡錄剡山壁嶺道間所生

貨之屬

綿布　強口布強口地名嘉泰志以麻爲之機織殊粗而商人販婦往往競取以與吳人爲市　綿綢古謂之繭布毛詩傳袍繭也禮記玉藻纊爲繭　絹　縐

紗嘉泰志剡出尤精其絕品以爲暑中燕服如綻冰雪然雖剡之居人亦不能常得矣　綾嘉泰志出剡縣昔所謂十様花紋者今不盡見惟樗蒲綾最盛註以狀如樗蒲子名　苧布　土

扇　瓦甕　泥缶　靛青　剡藤紙名擅天下式凡五藤用木椎擣治堅滑光白者曰硾箋瑩潤如玉者曰玉版箋用南唐澄心紙樣者曰澄心堂牋用蜀人魚子牋法曰粉雲羅牋造用冬水佳敲冰爲之曰敲冰紙今莫有傳其術者

竹紙周志剡藤紙得名最舊其次昔牋然今獨竹紙名天下他方效之莫能仿彿遂掩藤紙矣竹紙上品有三曰姚黃曰學士曰邵公王荆公好用小竹紙士大夫書簡往來多用焉工書者獨喜之滑一也發墨色二也宜筆鋒三也卷舒雖久墨終不渝四也性不蠹五也東坡自海外歸買剡紙二千幅米元章著書史云予嘗硾越州竹光透如金版前輩貴竹紙於此可見

風俗

嵊居山谷之間風俗淳美民情敦厚秀力學樸力農並習勤勞而不鄰徧嗇夙稱富庶而不尚繁華考其歲時伏臘之文冠婚喪祭之節示儉示禮饒有古風亦輶軒所必采也志風俗

士之俗　嵊自晉宋以來世家大族多比廬而居其子弟皆束脩自好能以名節相砥礪故出而服官猷守並多卓絶卽伏處衡茅亦潛心著述炳烺成一家言未嘗以謀利之心妨其正誼之學故甲第綿延後先輝映文風蒸蒸乎日盛矣張志引王氏備考曰嵊處山谷性近樸務稼穡

不知商賈終歲拮据而租稅衣食尚懼不給歲凶即道殣相望故不敢靡麗以自放所云好樂無荒良士瞿瞿嵊庶幾有唐風哉近且樸變而嚚嚚改而侈燕飲窮珍錯衣錦尚綺羅一家作倆倡之而和迭今不可救止夫嵊雖嚚不足當他邑之樸而嵊爲已嚚嵊雖侈不足當他邑之嗇而嵊爲已侈人心物力若或限之是不可不亟返其故嵊也已又曰嵊俗尚氣人知名節自勵不屑齷齪猥瑣之行入官廉潔自持合則留不合則去囊橐蕭然綽有餘榮也居林杜門卻掃不通有司寸牘如杜侍御民表裘侍御仕濂喻工部裴王刺史應昌輩皆耿耿有節概郡邑長吏罕見其面今世趨日下鮮知自愛鄉大夫諸生有迎綸吸餌爲得意者不知誰實階之以至此然崇恬退而抑奔競使之懔然自媿在司教者加之意耳　又後學

續論曰攷舊志所載嵊俗之美惡詳矣八十年大都如故而敦古道矯世趨者頗勝若故孝廉吳應芳故明經金之聲故博士員王國楨袁有瑞等數十人皆秉珪璋之質放琚瑀之辭乃高蹈林泉寄情詩酒甘心窮餓而不悔先達逝且久諸生猶以時習禮其堂室至懸罄徵徭雖繁急無不子來豈非篤于仁義奉

上法歟蓋嵊之勁樸成于性而宋以後元晦來賑與單呂諸賢相往來明得海門周子宗風朗暢遺澤未斬宜嵊俗之蒸蒸也寧獨遡過化于舜禹沐清曠于王戴哉間有觭者傷侈綸餌閒喪禮張鼓吹戲俳優開筵宴客柩久停不葬社廟窮極珍錯動破萬錢浮社之會遍城都是則風氣使然然邑不數家家不數人轉移之勢若反掌先之令率以復故嵊何有未足爲嵊病也

民之俗　嵊率直鮮緣飾是非不枉其真農工商賈各安本業皆能節儉衣食以足伏臘雖窘乏不鬻兒女爲人僕妾風俗最爲樸茂乃生齒日繁墾闢日廣積儲日裕而風尚亦少流于靡矣然敦古處者固所在多有也　邑周司空汝登著俗訓四則于風俗大有維繫特備錄之其一居家孝弟持身謹厚匹夫亦足自立于鄉里故盜賊不畏刑戮而畏王烈之勸誘閭里不畏公庭而畏陳實之表正皆非係于名與

位也若節行一虧雖貴顯不爲名教所齒況瑣瑣者乎其二少長知禮男女有別門祚有必興之理故厖公耕隴而遺子孫以安冀缺饁野而夫婦相敬如賓人之所以爲人恃有禮而已家有禮義則開業傳世氣脈長遠恒必由之一時强弱盛衰之勢不必論也其三人于性偏處能克難忍處能忍此乃豪傑胸襟學力所到故人有不及可以情恕非意相干可以理遣充拓得去便是堯舜氣象更何事不可爲若一不如意卽怒形于色甚至矜己淩人識者思之寧不驚汗浹背者乎其四知足引分常覺消受不去則隨遇可安環堵蕭然而居有餘地饘粥餬口而腹有常飽古稱無事當貴穩臥當富緩步當車安食當肉皆安分無求之謂故君子

無入而不自得焉

婦女之俗　風化起于閨房而嵊閫教爲至肅崇樸質不事豔裝勤女紅克脩婦職內外之辨截然卽至戚鮮從識面其不幸而爲未亡人率能矢志完貞以故

膺旌典者獨多

禮儀之俗　冠昏喪祭故家右族多遵文公家禮間參以王學博之纂要萬歷元年訓導王天和著全禮纂要周司空之禮圖其他編戶有不盡然者按周海門先生行四禮圖說又著燕飲儉約敘其訓俗節約意拳拳也曰儉美道也惜福省財厚風俗維元氣益則鉅矣知儉之益奢之害可勝言哉他未暇數以訴燕飲一節珍饈滿案放箸即空日食萬錢不過一飽徒侈觀美何爲且其敗禮踰度殫力靡財所以漓風而耗氣者不細是首宜儉省者也東越諸邑剡最樸畧近古余髫時見丈人行宴止五饌新賓上客不過倍是父老傳聞謂成宏間簡儉尤甚雖盛燕不過五饌中間以蔬乃近來豪侈日甚營聚羞果盈前一席盤盂動以百計彼此倣效成風雖間達時務者有厭煩就簡之思而羣然披靡不如是則以爲薄或以爲矯匪怒則嗤特立爲難矣夫眉州近古之俗蘇長公稱累世而不遷余誠不忍父母之邦美道淳風之

日斷滅而無遺也敢以告諸縉紳耆髦更以請邑大夫博士立爲燕飲一約使肴有定數生無濫殺尚侈者有所制而不渝慕古者有所據以自立都無厚薄則怒者無因不見異同彼嗤者何自去奢之害而就儉之益移易或在乎此嗟乎余之約非敢違時以立異思以還吾故剡而已矣亦非過嗇而難堪姑以去其太甚而已矣凡我邦人甚毋迂我若夫由宴飲一節而推之事事由吾剡一鄉而推之天下余竊志之而綿力難持于德位君子有深望焉

冠禮　冠義曰冠者禮之始嘉事之重也男子十六以上垂髮總角長而冠在明時多于元旦裹巾冠冠盛服拜天地祖宗及尊長親故不復筮賓卜日另設燕飲　國朝以帽頂定品級貴賤之儀秩然

婚禮　媒妁既定議男家以啟求女家以啟允即古問

名之遺嗣餽銀繒盤酒益以釵鐲卽古納徵之遺嗣仍餽銀酒盤盒較前減三之二卽古納采之遺可婚矣餽銀盤以爲催粧卽古請期之遺臨婚前三日餽鵞雞蒸羊豚肩茶果之類卽古奠雁之遺娶之日不親迎用樂婦扶掖成婚雜用踏囊牽紅傳席交盃諸儀卽日拜翁姑以及其家衆又每歲有端節歲節禮費頗繁也

喪禮　始死遷屍于牀三日而殮不用布絞用本等服飾下有席有褥上有衾實棺以絮四日成服緦麻以內皆給服緦麻以外皆給巾帛受弔時族及外親皆

有奠

祭禮　始祖則于冬至高曾則于春祖則于夏禰則于秋祠堂則于二分墓則于清明高曾祖禰之生辰諱日皆有奠節日皆有薦近世族家率增置祀田

時節之俗

元旦　舉家夙興長幼正衣冠然香燭治酒饌茶果南向拜神次拜先祖次拜尊長次舁幼交拜然後出拜宗黨戚友謂之拜年親故各酒餚相徵逐謂之新年酒

立春　前一日官僚迎春東郊民間童子彩裝乘騎前

導鼓樂喧闐謂之迎春故事迎土牛入縣視牛色以
辨雨暘豐歉次日打土牛謂之鞭春
穀日　天氣清明之夜仍裝童騎佐以燈爆金鼓迎于
城隍廟縣堂及各街道以祈穀謂之打燥
上元　民間各于祠堂社廟結綵幔懸花燈鼇山銀海
爲傀儡戲獅子戲窮極奇巧比戶屈竹爲棚挂燈于
下爛熳街衢謂之街燈鄉社人挈一版版聯二燈竅
兩端而貫接之長數十丈前後裝龍頭龍尾可盤可
走謂之龍燈又謂之橋燈自十三夜起至十七夜止
士女遊玩常至達旦

社日　用牲醴延巫祈于社廟謂之燒春福且族演戲先後不以期限秋報亦如之

清明　緣門插柳用黏米采菁苗爲餻刲羊豚祭先壟挂紙加土祭畢聚族人讌飲謂之清明酒或偕少長行賞郊外謂之踏青

立夏　煮紅豆飯燒筍不斷謂之健脚筍婦女以果品祀馬頭孃

端午　以角黍及品物相餽遺設蒲觴屑雄黃末於酒中饗其先乃自飲仍懸艾虎女子或以繭作虎小兒則綵繩繫臂綴繡符簪艾葉榴花采藥合藥率以是

日

夏至　祀先祖薦新麵

六月六日　曬書畫衣飾以除蠹損

七月七夕　爲牽牛織女聚會之夜女子陳瓜果于庭以乞巧采槿樹葉沐髮以滌垢

七月十五日　古謂中元節俗謂之鬼節僧舍營齋供閭里作盂蘭盆會祀先以素饌浮屠然燈人家或然燈于樹或放水燈間諠以簫鼓兒童則壘瓦塔然燈云以饗鬼

中秋　夜置酒賞月

重陽　飲茱萸酒共登高

十月朔　下元　祀先

冬至　祀始祖于祠堂用餛飩各燕飲然不拜賀

十二月二十四日　俗謂之臘月念四以是夜祭竈丐

婦于先數日送糖謂之祭竈糖自是人家各拂屋塵

換門神貼春聯備過年品物僧道則作交年保安疏

以送檀越親戚酒擔食盒互爲餽問謂之餽歲

除夕　自過午卽灑掃堂室挂紙錢于闌旁向暮然紙

炮以代爆竹遠近膈膞之聲相聞不絕設祀曰送神

已乃闔門集少長歡飲謂之分歲然長燭熾長炭圍

爐齊坐謂之守歲

邑令李式圃晏蘇約昔晏平仲食不重味妻不衣帛祭先人豚肩不掩豆一狐裘三十年不以爲陋受君之賜散之父黨母黨妻黨又蘇子瞻與李公擇書云作活大要是慳耳即儉素之謂也故在黄州遵司馬溫公之訓宴不過五品更減而爲三稱三養曰安分以養福寛胃以養氣省費以養財予至嵊見鄉紳富戸家婦女多紈綺婚嫁動費千金延客用珍味過於糜費貧者相形見絀至鬻産借貸以效尤因與之約曰遵晏子之風婦女無多衣帛守蘇公之訓宴客無過五品留有餘以周貧困庶行之日久可以挽頽風起靡俗家保豐亨人敦禮教矣其幸遵之是爲約

附丐戸　丐戸莫知所自始相傳爲宋罪俘之遺故擯之曰墮民丐自言則曰宋焦光瓚部落以叛宋投金故被斥其內外率習汚賤之事男子每候婚喪家備鼓吹索酒食婦則習媒或伴送良家新娶婦四民中居

業不得占彼所業民亦絕不冐之男業捕蛙賣餳拘土牛土偶打野胡方言跳鬼女竹燈檠編機扣塑則爲人家拘鬏髻梳髮爲髢四民中所籍彼不得籍彼所籍民亦絕不入四民中卽所長服彼亦不得服籍與業至今不亂服則稍僭亂矣雍正元年御史噶爾泰題准照山陝樂戸削除其籍俾其改業自新與民同例毋得習爲汚賤乃籍雖削除而業終未改云

道光嵊縣志 2

紹興大典 史部

中華書局

循吏爲宰者振興而鼓舞之卽鄒魯是邦奚愧焉

志學校

至聖廟　在縣東南一百步宋慶歷間縣令沈振徙縣治西南五十步建未竟徙官去八年令丁寶臣嗣成之李志丁寶臣修學宮記天之道運乎上地之道處乎下聖人之道行乎其中一物不生非天地之道一民不治非聖人之道自堯舜禹湯文武成康至孔子千餘年治天下者同其道也亂天下者異其道也殆令沈振初築學宮未及完而徙他官寶臣至則嗣而成之遷殿于其中塑孔子像高弟十人配坐左右新門嚴嚴應門耽耽兩序翼翼中庭砥平今與學者春秋釋奠朔望朝望于斯學也其可廢乎噫聖道與天地無窮天地毀則聖人之道或幾于熄學其可廢乎崇寧三年增建詔改文宣王廟曰大成殿張志宣和中燬於盜建□□年知縣

嵊縣志卷四

學校附書塾

古者化民成俗必由於學故立學宮大成殿尊聖也兩廡表賢也崇聖祠推本也堂號明倫敎人倫也閣號尊經藏典籍也櫺星頖璧義路禮門也葢自宋慶歷間建學以及元明興修而後規制大備我

朝講學崇儒

歷頒匾額輝煌庠序嵊人沐敎澤而掇巍科者踵相接矣抑思漢之文翁唐之韋景駿皆以興學校列于

應彬建前殿後三年知縣范仲將置廊廡紹興五年知縣姜仲開拓大之王銍記十二年知縣毛鐸增葺乾道九年丞相謝深甫尉劉時與主簿江濤重修閻汝士記嘉定七年知縣史安之遷治西南二百步鹿胎山之崎纖錦坊惠安寺左以迄於今高似孫記前殿後堂四齋曰居仁由義達道養蒙東有秀異亭袁燮遷建學宮記嵊古剡也杜少陵詩云剡溪蘊秀異欲罷不能忘夫秀異之氣屬流磅礴鍾爲人物必有姿稟英粹爲時翹楚者其可輕哉燮庀職成均日延四方士相與欵語嚱其爲人品彙雜然未易枚舉人才之生何地蔑有今猶古也維古盛時待士厚長養磨淬艮心德性日益著于是乎皆爲善士卽今之士類而以古人長養磨淬之道與之周旋遲以歲月亦當有不可勝用之才任是責者不可不勉四明史侯之爲嵊宰也惟學宮之

壞棟撓柱欲俊秀肄業無所欲一新之役大敵費廣節浮冗窒滲漏裕財之源用由是足主簿余君議周不合事由是集舊學在城隈墝非爽塏氣鬱不舒周覽以求勝處乃得今地臨流負山面勢宏傑經始于去秋而告成于今春殿堂齋序倉庫庖湢凡屋百間堅壯軒豁而纖芥不擾士業其中雍雍愉愉有雲飛川泳之適侯及主簿君皆奉書來屬燮識之燮不敢辭侯太史之孫今丞相之從子生長金玉淵海之間益自砥礪不溺豪習而留意于學宮可謂知本務矣諸生何以報稱亦惟靜觀此心與天地同本與聖賢同類充火然泉達之端謹牿亡茅塞之戒更相磨厲儒風大振則侯之至望也哉　淳祐八年知縣水邱袤復加繕治以事去尉施復孫竟其工周焱記　元元貞二年尹余洪命儒士率里胥葺殿堂後至元二年尹張元輔至正五年尹冷瓚先後增葺王壎記二十一年兵燬二十三年守帥周紹祖復建屬攝縣

事邢雄建廡宇楊翮記明洪武初制因故爲新廟前左右爲兩廡甬道而南爲戟門門之南爲泮池池外爲櫺星門二年十月詔重學校及鐫設科分教令式於學仍降臥碑制書三年詔頒鄉射禮儀令生員每月上旬習射二日下旬習射五日十一年詔頒鄉飲禮儀正統三年知府白玉視學令知縣孟文闢泮池及櫺星門前地業民應溫遠捨之魏驥記成化初知縣李春教諭戴委復增闢地爲樓秉直樓克剛所捨薛剛記四年縣丞方玘更闢學門外之壅者裘守艮裘守儉裘彥功同捨地陳烜記宏治元年提學副使鄭紀過嵊

謁廟行釋奠禮謂制隘弗稱命知縣夏完拓而大之并修齋廡莆田鄭紀修學宫記嵊學宫舊在剡山之麓尋徙于縣治東南宋慶歷間沈令振又之徙于西南嘉定間史令安之又徙于鹿胎山郎令基也夫一學而屢徙意者以風氣之不完與基地之不廣與生徒升散道里之不均與宏治改元予巡學至嵊謁廟登堂遙望山岡雄峻地勢軒昂兩浙所未有也因靜觀之蓋座元武而案白雲輔四明而弼西白林巒吐吞江流繞護氣之完也自外門而入步高一步至廟堂殆百步有奇闊亦半之地之廣也去縣治未半里舟楫來往于前居民輻輳于地下道里之均也惜廟貌門廡隘陋傾側有弗稱焉迺問策于令縣令白夏侯完復日往者分巡僉憲鄒公霧曾興是念發白金五十兩以市材矣因改他巡而寢近者郡推周進隆亦曾區畫矣竟奪于賢勞向完到任亦曾禮諭義官袁熙等之有力者樂助有差又無上司以為提倡今大八先生舉此殊無難也于是因其山之勢別畫廟圖而與造之責悉以付之既而慮材料之不足迺折圓超等廢寺以裨益之又慮邑政之劇令典史趙

鉞與訓導方輿以董助之原廟基逼近明倫堂今則前其三丈原戟門逼近廟墀今前其七丈又半廟五間高四丈七尺闊倍之深七丈五尺堂廉之上五之四廉之下一廉高七寸聖像配哲俱在堂上其下則容祭執者之周旋也墀闊九丈準正廟也深半之容兩廡也戟門臺基高一丈四尺新闢築也門屋高廣因舊規也門之階下爲泮池中結以亭題曰咏歸梁于池上以通亭也聖賢塑像增以高大冕旒章服飾以華彩臺基几案幃幕之類皆黝繪堅鮮稱殿宇也明倫堂兩齋櫺星門鄉賢祠號舍倉廒饌堂射圃庖湢之處皆易腐爲新稱門廡也始事于宏治元年十二月畢工于四年六月是爲記　十年知縣臧鳳重覆廟瓦飾其榱桷十一年知縣徐恂修兩廡李志夏雷記　嘉靖九年改大成殿爲先師廟張志知府洪珠視學命知縣呂章遷廟於明倫堂左是爲今所泮池櫺星等俱徙而左隆慶六年知縣朱一栢修廟廡以

磚砌周垣凡數百丈萬歷十一年知縣姜克昌修廟訓導傅遜董之吳時來修學宮記嵊學在山之麓旣以水患徙山之嶠惟山故受雨于木易蠹惟高故受風于瓦易毀自嘉靖初一修役迨今六十年棟折榱崩矣萬歷八年丹徒姜侯克昌來爲嵊令諸博士列狀請亟修理侯申請三臺咸報可而督學使山西劉公東星守紹興郡四川傅公寵督課尤勤委新昌劉侯庭蕙計其工值侯乃悉索諸賦歲編所積有不足益以學租廢寺田價又不足益以金矢之贖而訓導傅遜愼而有心計爲綜理之侯與教諭章木訓導王汝源以時視其勤惰先正廟後詹六柱以石爲之避雨也次廊廡次戟門次泮池神座故用木易以磚經始于萬歷九年三月落成于十年五月諸博士以廟貌之曠有年賴侯以炳煥于邑中相與礱石命諸生尹紹元王嘉士徵余爲記夫學校爲賢才所自出政之首務侯是舉得之矣諸博士與弟子日游宮牆戴侯之功服侯之教應必有以成侯絃歌之化者

是可記也三十二年知縣文典章重建廟廡櫺星門

徙泮池於門外，跨橋其上。崇禎四年知縣方叔壯易殿楹以石，鑄鼎勒名。喻安性記國朝順治九年頒臥碑於學，制如舊。十六年知縣史欽命重修殿。康熙二年縣丞門有年捐俸建兩廡六間。九年知縣張逢歡修廟廡，建櫺星門，甃泮池，修石欄，訓導謝三錫董之。朱爾銓記十年訓導謝三錫捐俸構兩廡神座，造先賢先儒神主。二十三年頒懸御書「萬世師表」扁額。三十三年頒御書孔子贊、四子贊，勒碑學宮。雍正三年頒懸御書「生民未有」扁額。八年知縣王以曜重建兩廡、戟門及入聖牌坊十年署知縣傅珏續修櫺星門戟門外垣添設兩廡神座乾隆元年教諭沈錫培訓導謝超詳請捐修二年署知縣張彥珩重葺殿用甎甋桁棟榍椽盡撤舊而新之增置神龕十五座三年頒懸

御書與天地參扁額李志二十三年知縣竇忻議修工未竟以調去知縣黃紹教諭汪墉訓導孫昇踵勸成之貢生崔南山監生喻學易等率士民董其事五十三年知縣唐仁埴修學宮郭文誌續成之朱文正公珪記五十四年邑人喻大中捐資重建戟門李志府嘉慶三年頒懸

御書聖集大成扁額六年奉
旨尊爲
至聖廟道光元年頒懸
御書聖協時中扁額新纂
崇聖祠　在訓導西廨之西故寶性寺大殿廢址舊名啟聖祠
國朝雍正三年奉
旨改今名乾隆二年知縣張彥珩增建臺門一座儀門三間週圍築牆以蔽行路李志嘉慶十年邑人喻大中周光煒等改建　文廟之後新纂下同
奎星閣　在　文廟前東偏

昌黎祠　在學署東　國朝道光七年教諭葛星垣重修

名宦祠　舊無專祠隆慶四年知縣薛周教諭王天和申請肇祀姑就鄉賢祠中分之萬歷三十二年知縣文典章始建在廟門左久廢　國朝康熙五年訓導龔自淑改建明倫堂大門左六十年知縣宋敩改建明倫堂左側復圮雍正十一年知縣傅玨仍建於廟門外左李志下同

鄉賢祠　在明倫堂東南隅成化六年教諭陳烜剏建

王洪鄉賢祠碑記鄉賢祀于學宮所以尊崇先哲激勵後人也越之屬邑爲古剡溪山川鍾靈名賢世出在晉若會稽內史王羲之車騎將軍謝元處士戴逵暨其子顒在梁若追贈齊忠貞公張嵊在宋若太史

姚舜明及其子編修寬參知政事憲國子錄許槖定城尉張愁或隆德業或懋功名或以氣節著或以學術鳴名譽彰著載諸方冊奈數千百年祠祀尚闕非闕風教之旨而誰歸三山士華陳先生來掌學事首以此爲務乃與余暨同官福安連先生謀以建祠各節俸爲倡又募諸生及邑之好義者助貲有差積若干緡遂相基于廟學東南隅市材鳩工爲祠堂三間中廣二仞旁各如中之半深如廣倍之高如深之再仞經始于成化壬辰三月畢工于是年五月規模堅樸足稱神棲自王謝以下羣賢敘以世代奉以栗主既奠酒潔牲諏日告成矣諸生黃輔張昇楊浩袁鈴周山輩懼其久而無徵爰要余言勒諸堅珉用垂不朽惟羣賢之心迹正先儒所謂太上立德其次立功其次立言者然從祀學宮豈無說與考之禮聖王之制祭祀也法施于民則祀之以勞定國則祀之以死勤事則祀之撫羣賢之心迹而律之則祀享皆無愧矣繼自今能俾人咸興仰止之心奮匹休之志其有功于世教甚大徵士華先生吾知其或幾乎息矣先生名烜號南窗余既歷述建祠之由仍俾刻助資姓氏于碑之左庶嵊人益知勸云　萬歷三年

知縣朱一柏重建廟門之左三十二年知縣文典章改建廟門之右　國朝康熙五年訓導龔自淑改建明倫堂大門左六十年知縣宋數改建明倫堂右側復圯雍正十一年知縣傅珏改建廟門外右

忠孝義祠　國朝雍正五年知縣張泌奉文勤支創建在　崇聖祠東側乾隆四年署知縣黃珏詳請改建于明倫堂之西添建大門一座其地舊爲文昌閣基址李志乾隆五十四年邑人喻大中捐資移建于學署之西新纂下同

郭文誌重建忠孝義祠記扶輿清淑之氣必有所鍾而畸人出焉忠臣孝子義士在地爲河嶽在天爲日星正氣之留千古不可磨滅其載在祀典者所以扶植倫常風起後世也剡忠孝

節義祠建明倫堂之側地近山麓歲久漸圮己酉歲重修文廟塈塗丹艧煥然一新而祠之陊剝如故有孝子喻祿孫之裔喻君大中者去歲曾獨建戟門而復以建祠爲已任以狀請余余美其孝思不置義舉堪嘉急如其請以期迅速藏事于是度地鳩工庀材礱石移建訓導廨右經始于辛亥之春迄孟冬告竣不費公帑不煩衆力爽塏堅固而祠以落成按邑志雍正五年始有專祠固表章懿行之鉅典舉而不廢由來尚矣茲乃懋昭嘉德克展鴻規堂翼如而室煥如溪山之秀椒桂之香可爲清風亮節實式憑之者而豈戔戔數言能紀其梗概乎今

聖天子以孝治天下教民作忠敦本尚義爰隆肇祀之典用昭風化之淳喻君獨力鼎新留意名教其功自不可沒由是以安羣祀以妥先靈扶輿清淑之所鍾必更有較前爲烈者蘇子有言修其本而末自應端在斯與是爲記

尊經樓　在明倫堂後舊爲敬一亭嘉靖七年建勒石刻御製敬一箴五經解久廢　國朝乾隆二年知縣

張彥珩卽遺址建尊經樓三間爲藏書所增築圍牆六十餘丈以山高風勁閣難垂久也李志後復傾壞嘉慶元年邑人喻大中率子萃涵等呈請捐資重建易木以石繚以崇垣庋羣籍於閣新纂

郡守高三畏尊經閣記畧國家崇經術厲羣材入大學者凡格致誠正修齊治平之畧莫不備于經經者常也億萬世宜共尊之者也紹郡嵊縣自晉以來代有聞人淳樸茂美之風猶有存者黨所謂涵濡經學之力與其明倫堂後舊爲尊經閣以其傍山麓也奔泉烈風所注易滋朽蠹邑紳喻大中於嘉慶元年呈請易木以石余從其請乃更新之且繚以崇垣鑿深溝以洩水庋羣籍于閣而諸生得以時誦習其子萃與涵固諸生也亦與其中邑令周君鎬鄧君天麟相繼治此土皆願昌明經學於其成以記請余思經明則行修道尊則人思嚮學今喻紳大中謀所以藏經者意甚深焉蓋有合於周官聯師儒聯朋友之義與夫世之廣爲堂構爲子孫計卽有

樂輸者或加意於黌宫緇宇而已乃喻紳前已修文廟戟門建忠孝節義諸祠今復有此舉豈唯此閣之不朽葢將使人心風俗之因以不敝也其樂善不倦如此此士之尊聞行知以仰荅作人之雅化可不勉哉因記之以爲都人士勸

神廚　在明倫堂左夾室李志下同

祭器庫　在明倫堂右夾室

宰牲房　在修德齋後

學署

明倫堂　舊在大殿北堂額爲宋先賢朱熹書元至正九年尹趙琬修并建仰高亭堂東爲修德齋西爲凝道齋明洪武二十七年教諭湯輔修施震記成化二年

知縣李春修兩齋五年知縣許岳英脩堂陳烜記嘉靖九年知縣呂章於堂南建道義門隆慶六年教諭王天和遷儒學門於道義門南通射圃直達莊馗邑舉人喻思化捐貲為之今廢萬歷十三年知縣萬民紀重建儒學門崇禎十四年知縣鄧藩錫重建易堂楹以石　國朝康熙十年訓導謝三錫造大鼓懸架與鐘稱五十四年知縣任儀京重建李志乾隆二十八年教諭汪墉訓導孫昇倡建重修李府志郡守朱熙重修嵊邑明倫堂記學以明倫故必有堂以為視聽之所而一方之秀子是乎聚焉嵊據郡之上游山川鍾毓磅礴發皇雖在偏隅而人文蔚起非學校之明效歟顧學宮歲久漸圮邑令黃君紹捐俸修葺眾紳殫力助工將次告竣

而明倫堂猶紬於資未幾廣文汪君墉涖任見其風雨飄搖之將仆也慨然曰建學明倫義本一貫學宫之鉅麗既事舉矣而茲堂之新繼之亦易遂復與黄君共謀葺理而衿士無不樂輸爰是歛者正之朽者易之乃墍乃塗乃丹乃堊鳩工於乾隆二十八年癸未之秋成于甲申二月郁郁乎學宫講堂互相輝映于以講習經文俾爾多士共沐浴敎澤而儲爲國家之楨幹者非茲堂有以振之哉余甚嘉兩君之修廢舉墜能善善終始而衆紳之相與有成也是爲記

號舍　在修德凝道齋後明成化十六年知縣周廣修宏治十一年知縣徐恂新建九十楹葺舊五十餘楹今廢李志下同

會饌堂　舊在廟西明宏治初知縣夏完建嘉靖間知縣呂章遷　崇聖祠東隆慶初爲訓導廨故寶性寺觀音殿址

應奎亭 舊名詠歸亭在泮橋明宏治元年知縣夏完建十一年知縣徐恂遷明倫堂後改曰應奎今廢

教諭廨 在明倫堂後明成化五年知縣許岳英修教諭陳烜編藩爲南園有孔氏泉陳公石鳳尾竹虎鬚蒲胭脂桃翠絲柳玉帶水寶塔鈴八詠宏治十年知縣臧鳳增建廨宇萬歷二年教諭王天和於廨內建聚奎堂三楹李志 後學廨久圮僦居民舍 國朝康熙間教諭朱宸枚平西廡荒山及豪民之侵佔者建屋七楹於明倫堂之東乾隆四十六年教諭李增建愛閑堂朱休度記 嘉慶十九年教諭葛星垣重葺署齋顏曰

七架五間新草堂自爲記堂前有澥香池種荷數柄題曰蓮西舫堂後軒曰列岫軒新纂

訓導廨　舊一在修德齋後一在明倫堂後宏治五年訓導王洪建璞菴於西廨竹林蘭砌甚爲幽雅十一年知縣徐恂建抗塵樓於東廨訓導周俅居之隆慶初東廨圯徙居會饌堂李志　國朝乾隆四十八年歲貢生劉純等集貲改建於明倫堂西即今署新纂

射圃　在明倫堂宏治十一年知縣徐恂建觀德亭嘉靖九年以故泮池外爲之今廢李志

會稽俞忠孫聖廟典制考周立四代之學祀舜于虞庠祀禹于夏庠祀湯于殷學祀文武于周膠尊曰先

聖配享當時左右四聖者曰先師自天下通祀孔子而舜禹湯文武之祀廢按廟祀自魯哀公癸亥始至漢武立太廟永平己未詔郡縣學合祀周公孔子周公南面坐孔子西牖下魏晉六朝來或祀闕里或祭郡雍無定制唐武德己卯詔國學立周公孔子廟各一貞觀戊子用左僕射房元齡奏停祀周公升孔子爲先聖顏子爲先師庚寅詔州縣皆立孔子廟顯慶丁巳以周公配武王龍朔壬戌以周公爲先聖孔子爲先師配東西並峙開元辛未詔兩京諸州各置太公廟與聖廟東西峙己卯詔兩京國子監及州縣孔子廟皆南面元成宗命郡國通祀伏羲神農黃帝如先聖釋奠禮明洪武丁卯始盡革諸祀專祀孔子而謚則魯哀公之誄曰尼父始漢元始辛酉詔謚褒成宣尼公又爲孔廟制典謚宣之始北魏太和壬申改謚文聖尼父隋文帝贈先師尼父唐貞觀戊子尊爲先聖丁酉尊爲宣父顯慶丁巳復爲先聖開元己卯追謚文宣王宋大中祥符戊申加稱至聖元至大戊申加號曰大成至聖文宣王明嘉靖庚寅從大學士張璁請改稱至聖先師孔子而謚始定其避聖諱也向時讀如某音或作古體丘字　國朝雍正乙巳奉

詔除四書外遇此字並加卩爲邱讀作期音以昭尊崇曠古未有也塑像始于漢而見于元魏興和中子兗州刺史李仲璇修建碑記明宋濂孔子廟堂議謂因唐開元庚申制按開元庚申特用國子司業李元瓘請改顏子等十哲立像爲坐像塑曾參像坐十哲次圖畫七十弟子及何休等二十二賢于廟壁耳金明昌辛亥易兩廡羣弟子及先儒畫像爲塑像明洪武壬戌南京太學成去像設木主正統戊辰命中外學宮悉改元時所塑孔子像之爲左衽者天順丁丑范金飾銅祀文淵閣閣臣每入必先行四拜禮壬午知蘇州府林鶚撤郡學宮像並從祀諸賢皆爲木主嘉靖庚寅通撤天下學宮像祀以木主從張璁請實本先賢朱熹議也衣以王者袞冕之服始唐開元己卯宋大中祥符己酉加冕服桓圭從上公制冕九旒服九章崇寧乙酉用王者制冕十二旒袞服九章大觀庚寅改鎮圭金大定甲午改用冕十二旒服十二章祀以六代之樂始漢元和丙寅宋元嘉乙酉舞用六佾樂用軒縣唐開元己卯樂用宮縣舞用六佾宋初惟用判縣太祖用永安之樂仁宗用登歌明洪武乙丑命儒臣更製樂章迎神奏咸和奠帛奏迎和初獻

奏安和亞獻終獻奏景和徹饌送神奏咸和命製大成樂器頒天下樂宮舞用六佾成化丁酉增用八佾嘉靖己亥仍用六佾　國朝因之其樂迎神曰咸平初獻曰寧平亞獻曰安平三獻曰景平徹饌送神望燎曰咸平樂章俱仝亦七奏惟多望燎少奠帛耳十籩十豆自宋徽宗始明初國子監用籩豆各十天下府州縣各八成化丁酉加籩豆各十二外府州縣各十嘉靖庚寅仍照洪武初制　國朝仍照成化丁酉制廟門立戟始宋建隆壬戌止十六大觀庚寅增二十四明制撤戟更大成門曰廟門改文宣王廟曰大成者始宋崇寧乙酉改先師廟曰文廟者明嘉靖庚寅也門曰櫺星釋義謂取疏通意四川通志載元元貞初鮮繕職教成都于綿州學瓦礫中得宋修學故碑云古營造法式以上天帝座前三星曰靈星王者之居象之孔子爲萬世絕尊用天子禮樂故名作儀星或作凌霄者並誤是亦一說也禁婦女合雜巫覡淫祀始北魏延興壬子禁祀釋老宮始明永樂乙酉祀七十二賢始漢永平壬申一本作元和乙酉顏子配享闕里志載始漢高帝丙午金邦杜聖廟徵繹謂始魏正始丙寅曾子並配始唐總章戊辰孟子並配

始宋元豐甲子王安石與顏曾孟並配始崇寧甲申淳祐辛丑黜去安石從祀以子思從祀始大觀戊子以顏曾思孟並配而升子張于十哲始咸淳丁卯加復聖宗聖述聖亞聖公者元至順辛未也七十二賢畫像前設酒脯祭品始後唐長興丁卯弟子追贈始唐總章戊辰而封公侯伯始開元己巳明嘉靖庚寅盡去封號改題兩廡孔子弟子爲先賢左邱明下爲先儒

國朝康熙丙寅

特旨進東廡宋儒張載程頤朱熹並稱先賢穀梁赤至胡居仁並稱先儒進西廡宋儒周敦頤程顥邵雍並稱先賢公羊高至薛瑄並稱先儒按諸賢儒之從祀也左邱明卜子夏公羊高穀梁赤伏勝高堂生戴聖毛萇孔安國劉向鄭衆杜子春馬融盧植鄭元服虔何休王肅王弼杜預范甯二十一賢始唐貞觀丁未至開極開元稱二十二賢而有賈逵逵之祔入莫考自始也荀況楊雄韓愈始宋元豐戊午周敦頤張載程顥程頤朱熹始淳祐辛丑張栻呂祖謙始景定辛酉邵雍司馬光始咸淳丁卯許衡始元皇慶癸丑吳澄始明宣德乙卯胡安國蔡沈眞德秀始正統丁巳楊時始宏治丙辰薛瑄始隆慶辛未王守仁陳獻章

胡居仁始萬歷甲申羅從彥李侗等始萬歷乙未洪武丙子以行人司司副楊砥議罷楊雄進董仲舒而闕里載董仲舒從祀在元至順庚午嘉靖庚寅以張璁議罷申黨公伯寮秦冉顏何荀況戴聖劉向賈逵馬融何休王肅王弼杜預吳澄而進后蒼王通胡瑗歐陽修又改祀林放蘧瑗鄭元盧植鄭衆服虔范甯于鄉以行人司司正薛侃議進陸九淵崇禎壬午詔升左邱明周敦頤邵雍張載程顥程頤朱熹位七十二子下漢唐諸儒之上進稱先賢 國朝康熙壬辰

詔升朱熹位十哲末丙申

詔范仲淹從祀位司馬光下雍正甲辰

詔廷臣議祔享廟廷諸賢有先罷而宜復者有舊缺而宜增者有當升而祔者乃議復林放蘧瑗鄭康成范甯秦冉顏何六人增祀縣亶牧皮樂正子公都子萬章公孫丑諸葛亮尹焞魏了翁黃幹陳淳何基王柏趙復金履祥許謙陳澔羅欽順蔡清陸隴其二十人乾隆丁巳

詔復祀元儒吳澄戊午

詔升東廡先賢有若配享十哲之次而天下學校通建啟聖祠祀聖父叔梁紇也始明嘉靖庚寅以顏無繇

會點孔鯉孟孫激配宋程珦朱松蔡元定從祀萬曆
乙未增祀周輔成雍正甲辰以張迪祔位周氏下又
追封孔子五代並加王爵改啟聖祠爲崇聖祠令天
下儒學建先賢祠左祀賢牧右祀鄉賢者始明洪武
戊申改稱名宦鄉賢得分祀者成化時特典也令天
下儒學建忠義孝弟祠祀鄉之忠義孝弟者雍正癸
卯
特
旨也以太牢祀始漢高帝丙午詔出王家錢給大酒
河南尹給牛羊豕各一大司農給米始元嘉壬辰照
依社稷出王家穀春秋行禮始建寧己酉
詔郡縣春秋二祀增用太牢始雍正乙巳
詔除荒減費之州縣於存公銀內撥補以足原額務令
粢盛豐潔者始雍正癸丑祭丁非其土產得鹿以羊
代榛栗等項以所產果品代者始正統丁巳祀以犬
特見于漢明帝耳祀辟雍始魏主芳正始辛酉漢以
來皆祀闕里也以皇太子釋奠始泰始辛卯有司享
薦始北魏太和壬申遣官釋奠令守令主祭始唐貞
觀丁亥武職與祭始康熙庚寅四時之祭始晉泰始
丁亥定春秋二仲始隋開皇閏月朔行禮始北齊天
保庚午朔望焚香始宋淳化癸巳詔諸王鄉相至郡

先廟謁而後從政始漢高帝丙午詔郡長以下詣學行香始明洪武甲子改幸學爲詣學以示尊師重道之至意者雍正甲辰

特旨也貢士釋褐謁廟始唐開元戊寅建學始魏黃初辛丑立學教聖裔始宋眞宗封孔子後裔爲褒成君始漢初元癸酉元始辛酉改封褒成侯唐開元己卯改封文宣公宋至和乙未改封衍聖公歷代仍之而襲封五經博士也顏子之裔始嘉靖庚寅曾子之裔始嘉靖戊戌子思之裔始正德初孟子之裔始景泰壬申卜商言偃之裔始康熙庚子冉伯牛仲弓冉求宰子子張有若之裔則雍正甲辰奉

詔增補此聖廟因革之大畧也遊聖人之門宜知始末故詳考而備志之

正殿

至聖先師孔子

祭品頒定　雍正三年

帛一白色牛一 羊一 豕一 登一實以太羹鉶二實以和羹

簠二實以黍稷簋二實以稻粱籩十實以形鹽薧魚鹿脯棗栗榛芡黑餅白餅豆十實以韭菹菁菹芹菹筍菹醯醢鹿醢兔醢魚醢脾析豚胉酒罇一 白磁爵三

四配位次

復聖顏子諱回字子淵魯人 述聖子思子諱伋字子思至聖孫

在殿內東旁西向

宗聖曾子諱參字子輿魯南武城人 亞聖孟子諱軻字子輿一作子車鄒人

在殿內西旁東向

祭品

帛四白色豕一 羊一 鉶一實以和羹簠二實以黍稷簋二實以

稻粱籩八實以形鹽藁魚鹿脯栗榛菱芡豆八實以韭菹菁菹芹菹筍菹醓醢鹿醢兔醢魚醢

酒罇一　白磁爵三

十二哲東序

閔子諱損字子騫魯人　冉子諱雍字仲弓魯人

端木子諱賜字子貢衛人　仲子諱由字子路一字季路卞人

卜子諱商字子夏衛人　有子諱若字子有魯人

在殿內次東西向

祭品每位一案

帛一白色豕一　鉶各一實以和羹簠各一實以黍簋各一實以稻籩各四實以形鹽棗栗藁魚豆各四實以韭菹醓醢菁菹鹿脯豕首一

白磁爵三

十二哲西序

冉子諱耕字伯牛魯人　宰子諱予字子我魯人

冉子諱求字子有魯人　言子諱偃字子游吳人

顓孫子諱師字子張陳人　朱子諱熹字元晦宋婺源人

在殿內次西東向

祭品與東序同

東廡先賢先儒位次李府志按兩廡位次闕里志所載及各省府州縣學俱照時代爲序茲據大清會典國子監分先賢先儒爲序

蘧子諱瑗字伯玉衛人　澹臺子諱滅明字子羽武城人

原子諱憲字子思宋人鄭康成曰魯人

南宮子諱适字子容家語作韜魯人

商子諱瞿字子木魯人

漆雕子諱開字子若蔡人鄭康成曰魯人

司馬子諱耕字子牛宋人

梁子諱鱣字子魚齊人

冉子諱孺字子魯魯人

伯子諱虔字子析魯人

冉子諱季字子產魯人

漆雕子諱徒父字子有一作從字子文魯人

漆雕子諱哆字子斂家語作漆雕侈魯人

公西子諱赤字子華魯人

任子諱不齊字子選楚人

公良子諱孺字子正家語作儒陳人

公肩子諱定字子中家語作堅字子仲魯人

鄡子諱單字子家徐廣曰一云鄔單魯人

罕父子諱黑字子索家語作宰父黑魯人

榮子諱旂字子祺一作祈魯人

左人子諱郢家語作左郢字子行魯人

鄭子諱國字子徒一作薛邦魯人

原子諱亢字子籍魯人

廉子諱潔字子曹一作子庸衞人古史作齊人

叔仲子諱噲字子期家語作會魯人鄭康成曰晉人

公西子諱輿如字子上古史作公西輿魯人

邽子諱巽字子斂魯人

陳子諱亢字子亢一字子禽陳人

琴子諱張家語琴牢字子開一字子張衞人

步叔子諱乘字子車齊人

秦子諱非字子之魯人

顏子諱噲字子聲魯人

顏子諱何字子冉魯人

縣子諱亶字子象索隱作縣豐魯人

樂正子諱克

萬子諱章

周子諱敦頤字茂叔宋道州營道縣人

程子諱顥字伯淳宋河南人

邵子諱雍字堯夫宋河南人

以上先賢

公羊子　諱高周末齊人

伏子　諱勝秦濟南人

董子　諱仲舒漢廣川人

后子　諱蒼漢東海郯人

杜子　諱子春漢河南緱氏人

諸葛子　諱亮字孔明漢琅琊人

王子　諱通字仲淹隋龍門人

陸子　諱贄字德輿唐嘉興人道光六年增祀

范子　諱仲淹字希文宋吳縣人

歐陽子　諱修字永叔宋廬陵人

楊子　諱時字中立宋將樂人

羅子　諱從彥字仲素宋南劍州人

李子　諱侗字愿中宋劍浦人

呂子　諱祖謙字伯恭宋婺州人

蔡子　諱沈字仲默宋建陽人

陳子　諱淳字安卿宋龍溪人

魏子　諱了翁字華父宋邛州人

王子　諱柏字會之宋金華人

趙子　諱復字仁甫元德安人

許子　諱謙字益之元金華人

原子諱亢字子籍魯人

廉子諱潔字子曹一作子庸衛人古史作齊人

叔仲子諱噲字子期家語作會魯人鄭康成曰晉人

公西子諱輿如字子上古史作公西輿魯人

邽子諱巽字子斂魯人

陳子諱亢字子亢一字子禽陳人

琴子諱張家語琴牢字子開一字子張衛人

步叔子諱乘字子車齊人

秦子諱非字子之魯人

顏子諱噲字子聲魯人

顏子諱何字子冉魯人

縣子諱亶字子象索隱作縣豐魯人

樂正子諱克

萬子諱章

周子諱敦頤字茂叔宋道州營道縣人

程子諱顥字伯淳宋河南人

邵子諱雍字堯夫宋河南人

以上先賢

公羊子 諱高周末齊人

董子 諱仲舒漢廣川人

杜子 諱子春漢河南緱氏人

王子 諱通字仲淹隋龍門人

范子 諱仲淹字希文宋吳縣人

楊子 諱時字中立宋將樂人

李子 諱侗字愿中宋劍浦人

蔡子 諱沈字仲默宋建陽人

魏子 諱了翁字華父宋邛州人

趙子 諱復字仁甫元德安人

伏子 諱勝秦濟南人

后子 諱蒼漢東海郯人

諸葛子 諱亮字孔明漢瑯琊人

陸子 諱贄字德輿唐嘉興人道光六年增祀

歐陽子 諱修字永叔宋廬陵人

羅子 諱從彥字仲素宋南劍州人

呂子 諱祖謙字伯恭宋婺州人

陳子 諱淳字安卿宋龍溪人

王子 諱柏字會之宋金華人

許子 諱謙字益之元金華人

縣子諱成字子橫一字子祺魯人

燕子諱伋字思家語作級字子思秦人

狄子諱黑字子哲家語作皙之衛人

公西子諱蒧字子尚魯人

施子諱之常字子恒魯人

左子諱邱明魯人

牧子諱皮朱註云未詳

公孫子諱丑齊人

程子諱頤字正叔宋河南人

公祖子諱句茲字子之家語無句字魯人

樂子諱欬字子聲家語作欣正義曰魯人

孔子諱忠字子蔑家語作弗孔子兄孟皮之子

顏子諱之僕字子叔魯人

申子諱棖字子周魯人

秦子諱冉字開蔡人

公鄒子

張子諱載字子厚宋郿縣人

以上先賢

穀梁子 諱赤周末魯人

高堂子 諱生漢魯人

孔子 諱安國字子國漢魯人

毛子 諱萇字長公漢趙人

鄭子 諱元字康成漢北海高密人

范子 諱甯字武子晉順陽鄖陵人

韓子 諱愈字退之唐南陽修民人

胡子 諱瑗字翼之宋海陵如皋人

司馬子 諱光字君實宋夏縣人

尹子 諱焞字彥明宋洛陽人

胡子 諱安國字康侯宋崇安人

張子 諱栻字敬夫宋綿竹人

陸子 諱九淵字子靜宋金溪人

黃子 諱幹字直卿宋閩縣人

真子 諱德秀字景元更字希元宋浦城人

何子 諱基字子恭宋金華人

陳子 諱澔字雲柱元江西都昌人

金子 諱履祥字吉父元蘭谿人

許子 諱衡字仲平元河內人

薛子 諱瑄字德溫明河津人

陳子諱獻章字公甫明新會人　蔡子諱清字介夫明晉江人
呂子諱坤字叔簡明寧陵人道光六年增祀　孫子諱奇逢國朝容城人道光八年增祀
劉子諱宗周字念臺明山陰人道光二年增祀　陸子諱隴其字稼書國朝平湖人

以上先儒

祭品與東廡同

儀注

每歲春秋二仲月上丁日釋奠禮先期承祭官分獻官陪祭官齊赴階下行一跪三叩頭禮一節教官滌器眡牲一節瘞毛血一節至期黎明各官衣朝衣及各執事俱公服序立一節盥洗一節就位一節迎

神樂奏咸平之章跪叩一節各官行三跪九叩頭禮一節初獻樂奏寧平之章詣至聖位前獻帛獻爵讀祝　跪叩一節詣　四配十二哲及兩廡位前獻帛獻爵各跪一節復詣至聖位前亞獻樂奏安平之章獻爵跪叩一節三獻樂奏景平之章獻爵跪叩一節飲福受胙跪叩一節謝福胙跪叩一節各官復行三跪九叩頭禮一節徹饌樂奏咸平之章跪叩一節送神樂奏咸平之章跪叩一節望燎樂奏咸平之章一節

樂章

迎神麾生舉麾唱曰樂奏咸平之章遂擊柷作樂每歌一句擊鼓三聲無舞

大太四 哉南工 至林尺 聖仲上 道太四 德仲上 尊林尺 崇仲上 維南工 持林尺
王仲上 化太四 斯林尺 民仲上 是黃合 宗太四 典黃合 祀太四 有仲上 常林尺
精南工 純林尺 並太四 隆仲上 神黃六 其南工 來林尺 格仲上 於林尺 昭仲上
聖黃合 容太四 麾生偃麾櫟敔樂止

初獻麾生舉麾唱曰樂奏寧平之章擊柷作樂諸舞生按節而舞

自太四 生仲上 民林尺 來仲上 誰太四 底黃合 其仲上 盛太四 惟南工 師林尺
神仲上 明太四 度黃合 越仲上 前仲上 聖太四 粢仲上 帛太四 具仲上 成林尺
禮黃合 容太四 斯林尺 稱仲上 黍太四 稷南工 非黃六 馨林尺 維南上 神林尺
之仲上 聽太四

亞獻 麾生舉麾唱曰樂奏安平之章擊柷作樂諸舞生按節而舞

大太四 哉仲上 聖黃合 師太四 實南工 天林尺 生仲上 德太四 作仲上 樂太四

以仲上 崇林尺 時仲上 祀太四 無林尺 斁仲上 清黃六 酤南工 惟仲上 馨仲上

嘉林尺 牲仲上 孔黃合 碩太四 薦太四 修南工 神黃六 明林尺 庶南工 幾林尺

昭仲上 格太四

三獻 麾生舉麾唱曰樂奏景平之章擊柷作樂諸舞生按節而舞

百仲上 王南工 宗林尺 師仲上 生林尺 民仲上 物太四 軌黃合 瞻黃六 之南工

洋林尺 洋仲上 神林上 其仲上 寧太四 止黃合 酌太四 彼黃合 金林尺 罍仲上

惟南上 清林尺 且太四 旨仲上 登仲上 獻太四 惟林尺 三仲上 於黃六 嘻南工

成林尺 禮仲上

徹饌麾生舉麾唱曰樂奏咸平之章擊柷作樂諸舞生直執其籥而舞

儀仲上象太四在仲上前林尺豆太四籩仲上在黃合列太四以太四享南工

以林尺薦仲上旣仲上芬林尺旣太四潔仲上禮黃合成太四樂仲上備太四

人南工和林尺神仲上悅太四祭黃合則太四受仲上福林尺率黃合遵南工

無林尺越仲上

送神麾生舉麾唱曰樂奏咸平之章擊柷作樂無舞

有太四嚴南工學林尺宮仲上四黃合方太四來仲上崇太四恪黃六恭南工

祀林尺事仲上威南工儀林尺雝仲上雝太四歆仲上茲林尺惟南工馨林尺

神仲上馭太四還林尺復仲上明黃六禋南工斯林尺畢仲上咸南工膺林尺

百仲上福太四

望燎麾生舉麾唱曰舉望燎樂與送神仝擊柷作樂無舞

舞譜

初獻

自稍前向外開籥舞生蹈向裏開籥舞民合手蹲朝上來起辭身向外高舉籥面朝誰
兩兩相對蹲東西相向庶合手蹲朝上其正揖盛起平身出左手立惟兩兩相對自下
而上東西相向師稍前舞舉籥垂翟神中班轉身東西相向立惟兩中班十二人轉身俱東西相
向明舉翟三合籥度稍前向外垂手舞越蹈向裏垂手舞前向前合手謙進步雙手合
籥聖回身再謙退步側身向外高手回面向上粢正蹲朝上帛稍舞躬身挽手側身向外呈籥
耳邊面朝上俱正揖成起辭身挽手復舉籥正立禮兩兩相對交籥兩班俱東西手執籥容
正揖斯向外退挽手舉籥向外面朝上稱回身正立黍稍前舞稷正蹲朝上非左右垂手

兩班上下俱雙聲起合手惟左右側身垂手向神右
垂手東西相向相向立外開籥垂手舞側
身垂手向之正揖聽躬而受之躬身朝上拱
裏垂手舞朝上籥而受之三鼓畢起

亞獻

大左右進步向哉右向裏聖向外落籥師退向正實
外垂手舞垂手舞面朝上身立
正天起身向前轉生向裏德合手謙進步前作兩兩
對身向外舞舞雙手合籥蹲謙相對
自下而上兩班樂上下俱垂手惟兩中班上下十以
相嚮籥東西二人俱垂手轉身東西相向
轉身東西崇相向立兩班上時稍前舞蹈兩班上祀
相向立下以翟合籥下俱垂手向外
向裏垂無合手謙進步向斆回身再謙兩班上下清
手舞前垂手合籥東西相向合籥立
稍前舞向酤向裏惟雙手平執籥馨合籥翟朝嘉側
外開籥翟舞翟開籥翟上正立身
垂左右手兩班牲躬身孔雙手舞籥碩躬而受之躬
俱垂手向外舞正揖翟躬身身朝上拱籥

受之一鼓而起**薦**一叩頭舉右手叩頭**羞**舉左手叩頭**神**復舉右手叩頭**明**拜一鼓畢即起

躬身三鼓平身**庶**三舞蹈舉籥向左躬身舞**幾**舉籥向右躬身舞**昭**舉籥復向左躬身舞**格**

拱籥躬身而受之

三獻

百向外開籥舞**王**向裏開籥舞**宗**側身向外面朝上**師**朝上正立**生**兩班上下兩兩

相對交籥**民**合手朝上正蹲**物**側身向裏落籥**軌**合籥朝上正立**瞻**向外開籥舞**之**向裏

開籥舞**洋**開籥朝上正立**洋**合籥**神**向外開籥舞**其**向裏開籥舞**寧**進步向前雙手

合籥**止**回身東西相向手謙**酌**向外開籥舞**彼**向裏開籥舞**金**開籥朝上正立**罍**合籥

朝上正立**惟**向外垂手舞**清**向裏垂手舞**且**朝上正揖**旨**躬身受之**登**躬身向左

合籥舞**獻**躬身向右合籥舞**惟**躬身復向左右籥**三**合籥朝上拜一鼓便起身**於**側身向外

垂手舞　嘻　側身向裏垂手舞　成　朝上正揖　禮　躬身朝南受之三鼓畢起身

祭器

爵三十六　登一　罇六　鉶二十四　簠簋共三十　籩六十四　豆六十四　帛篚八　牲俎大小二十二

按李志云舊志爵酒器也或瓦或木或金玉三足前俯後仰上兩柱取飲不盡之意山罇盛酒器也或瓦或木或金玉兩旁有螭首紐繪山於腹曰罍洗杷酒以勺用貯初獻酒象罇範金爲象形穴背受酒覆以蓋瀉酒以鼻用貯亞獻酒犧罇範金爲犧牛形制與象罇同惟紐在前瀉酒以口用貯終獻酒登木爲之高一尺四寸用薦太羹鉶範金爲之三足口有兩耳覆以蓋施三紐用薦和羹簠以木爲之外圓內方兩旁有紐覆以蓋用薦黍稷簋以木爲之外方內圓兩旁有紐覆以蓋用薦稻粱籩以竹爲之上覆以蓋用

薦果脯之類豆以木爲之用薦葅醢之類籩以竹爲之長二尺廣五寸深四寸足高一寸五分上覆以蓋用盛幣帛帛長十丈八尺俎以木爲之高二尺七寸闊二尺三寸長三尺下有趺上覆以蓋兩端施鐶用載牲體祭則舉環而去其蓋祝板以木爲之高九寸闊一尺二寸用白紙寫祝文貼板上祭畢揭而焚之

樂器　雍正十年學院李清植頒學

麾一　金鐘十六　玉磬十六　鼓一　搏拊二

柷一　敔一　琴四　瑟二　排簫二　笙四　簫四　笛四　塤二　篪二

舞器　雍正十年學院李清植頒學

節二　翟二十四　籥二十四　干二　戚二

樂舞生

國朝乾隆五年奉文舞用六佾每學額設三十六人再選四人以備充補

執事

至聖廟正獻官知縣　分獻官教諭訓導　陪祭官把總典史

通贊一人　引贊一人　讀祝一人　陳設五人

瘞毛血二人　司盥二人　司罇二人　司爵二人

司帛二人　飲福受胙二人　司庫十人　監宰四人

東配陳設五人　司爵二人　司帛二人　引贊二人

西配同

東哲陳設五人　司爵二人　司帛二人　引贊二人

西哲

同

東廡陳設五人　司爵二人　司帛二人　引贊二人

西廡

同

崇聖祠凡祭先師則先期行禮

肇聖王木金父公正中南向

裕聖王祈父公東一室南向

詒聖王防叔公西一室南向

昌聖王伯夏公東二室南向

啟聖王叔梁公西二室南向

祭品案五

帛五白色 羊一 豕一 鉶一 簠一 簋一 籩八

豆八實同上 酒罇一 爵三

配位

顏氏無繇 孔氏鯉位東西向 曾氏點 孟孫氏激位西東向

祭品每位一案

帛二白色 豕首一 簠一 簋一 籩四 豆四實同上

豕肉一 每位爵三

東廡

程氏珦先賢顥頤父 朱氏松先賢熹父 蔡氏元定先儒沈父

西廡

張氏迪先賢載父　周氏輔成先賢敦頤父

祭品

帛二白色　簠一　簋一　籩四　豆四上實同　豕肉一

每位爵三

禮節同正殿惟不用樂

執事

正獻官教諭　分獻官訓導

通贊一人　引贊一人　讀祝一人　陳設五人

瘞毛血二人　司盥二人　司爵二人　司帛二人

司鐏二人

東配陳設五人　司爵二人　司帛二人西配同

東哲陳設五人　司爵二人　司帛二人西哲同

祀名宦祠

每歲于春秋上丁日繼
至聖廟祭之儀同兩廡

南齊邑令僕射冀州刺史張公稷

唐檢校右散騎常侍浙東觀察使王公式

宋邑令贈朝散郎宋公旅

宋邑令改知平樂縣寶謨閣學士楊公簡

宋邑令歷監察御史陳公著

宋邑令知台州府事宋公宗年

明邑令同知廣信府事吳公三畏

明邑令陞順天府推官施公三捷

明邑令通判本府事王公志遠

國朝浙江巡撫陞四川總督謚勤慤朱公昌祚

國朝浙江巡撫陞浙閩總督謚忠貞范公承模

國朝浙江總督文華殿大學士兼吏部尚書李公之芳

國朝浙江全省軍務提督李公塞白

國朝太子太保浙江總督李公衛

國朝原任浙江按察使司陞任湖廣總督楊公宗仁

祀鄉賢祠

每歲于春秋上丁日，繼

至聖廟祭之儀，同兩廡。

晉右將軍會稽內史王公羲之

晉七州都督建武將軍謝公元

晉處士戴公逵

晉處士戴公顒

梁侍中開府儀同三司謚忠貞張公嵊

梁舉茂才歷官吏部尚書封漢昌侯朱公士明

宋寶文閣待制國子祭酒姚公勔

宋徽猷閣待制贈太師文安縣開國男姚公舜明

宋兩淮撫使贈武功大夫呂公祖璟

宋戸部員外郎樞密院編修姚公寬

宋端明殿學士遷參知政事姚公憲

宋景定進士官翰林學士許公梟

宋定城尉特贈通直郎張公愁

明保德州知州周公山

明處士張公燦

明鄉大賓贈兵部尚書喻公衮

明湖廣興寧縣知縣贈兵部尚書喻公思化

明靜海縣訓導誥贈大中大夫光祿寺卿周公謨

明奉直大夫王公尚德

明資德大夫工部尚書周公汝登

明雷州府同知王公應昌

明薊遼總制兵部尚書兼右副都御史喻公安性

祀忠孝義祠

每歲于春秋上丁日繼

至聖廟祭之儀同兩廡

明昌平州知州　國朝賜謚節愍王公禹佐

明眞定游擊贈都督僉事　國朝賜謚烈愍童公維坤

明昌平州同父殉難王公國宣

明孝子王公瓊

明孝子喻公祿孫
明義民馬公德忠
國朝義士馬公騂
國朝義士史公考本

鄉飲酒禮儀節

每歲正月十五日十月初一日於儒學行禮前一日設座習儀一節至日黎明宰牲具饌一節速賓僎一節迎賓一節拜賓一節迎僎一節拜僎一節司正揚觶告語一節讀律令一節供饌一節主獻賓僎酒交拜一節賓僎酬主人交拜一節介賓三賓衆賓以次

酌酒一節飲酒一節供饌一節徹饌一節徹饌各交拜一節送賓一節

凡鄉飲酒禮序長幼崇賢良別奸頑其坐席間高年德劭者居上高年淳篤者並之以次序齒而列其有違條犯法者不許干於良善之席違者罪以違制故有諠譁失禮者揚觶者以禮責之主知縣爲之大賓以致仕官爲之位於西北僎擇於里年高有德之人位於東北介以次長位於西南三賓以賓之次者爲之位於賓主介僎之後除賓僎外衆賓序齒列坐其僚屬則序爵司正以教職爲之主揚觶以罰贊禮者

以老成生員爲之

樂章

初歌鹿鳴之首章次歌南山之首章三歌湛露之首章終歌天保之首章

鄉射

鄉射禮舊例歲以春秋二仲之望縣令學師率諸生習行今廢

射器

弓矢　侯　乏　旌　福　決　拾　鹿中　籌

朴　豐　觶　勺　壺　篚　洗　罍　尊　斯

禁

職射

賓　僎　主　士　衆賓　司射　司馬　樂正

耦　釋獲　揚觶

樂器

瑟　琴　笙　簫　磬　鐘　鎛

執事

通贊　引贊　司尊　設楅　設中　洗觶　張侯

執旌　償者　約矢　執弓矢　樂生　司鐘

司鼓　司磬　司簫　司笙　司琴　司瑟　工歌

典籍

四書大全　五經大全　性理大全　十三經註疏
資治通鑑　大禮集義　聖學心德　五倫全書
文章正宗　爲善陰隲　孝順事實　五箴解　敬
一箴　以上明朝頒今無存
聖朝訓士典謨碑帖　聖典訓士碑帖　聖諭十六條
碑刻　聖諭萬言廣訓　聖諭廣訓詮解　御製朋
黨論　世宗憲皇帝上諭　上諭律例　御纂周易
折衷　尚書傳說彙纂　詩經傳說彙纂　春秋傳
說彙纂　御纂性理精義　朱子全書　禮樂祭器

圖考　平定青海碑　訓飭州縣規條　學政全書

以上

國朝頒現存

書塾

小學　在城隍廟西祀朱文公崇禎十二年知縣劉永祚建延布衣尹志賡張仲選爲師今廢李志下同

社學　明洪武八年奉制立坊都凡六所後圮成化間知縣許岳英建今莫考　國朝順治九年令每鄉各置社學一區雍正元年令州縣於大鄉巨堡置社學一區於生員中擇其學優而行端者補充社師

姚氏義塾　宋晉溪姚景崇字唐英號自愛翁建徐清叟記

今廢

周氏義塾　在東曦門外萬歷府志宋周瑜建書舍數百楹中爲淵源堂旁有細論堂藴秀軒同襟館蘭馨館時永嘉王十朋居師席遠近從遊者甚衆王十朋記周氏一門登第七八今廢李志

鹿門書院　在貴門山宋呂規叔建鑿山疊石結構三十餘楹朱晦菴呂東萊相繼講學於此後圮　國朝嘉慶年間呂氏裔孫重建新纂

金庭王氏義塾　在孝嘉鄉宋王愷建置義田三百畝後廢明裔孫王文高復田百畝又廢七世孫王應昌

捐復顏日心傳書院鼎革又荒廢過半子心一捐田五十畝改建於臥猊山麓正屋三楹奉先聖先賢及宋元明大儒側有養正堂凝道堂悠然軒躬訓族姓及來學之貧者晨習禮暮詠詩朔望課功南明學者咸集焉（李志下同）

經訓堂書塾　明鄭邦賢建（邱鄘記）

二戴書院　在縣北一里故戴逵及其子顒讀書所元元貞二年浙東僉事完顏貞尹余洪建至正五年令冷瓚重修（宇文諒重修二戴書院記至正甲申秋進士膠東冷侯瓚來尹剡越明年既修縣庠復謀治二戴書院乃詢書院之創在元貞丙申浙東憲僉完顏公貞行部以戴氏父子深于經學事聞省

部列諸學宮額以今名而以邑士之登籍者充弟子員用入羨租五十餘石以增廪稍益五十餘年矣侯乃度土木陶冶之用計工徒傭僦之直重覆禮殿作新兩廡陶甓密比牆堵外周山長巴西周宗元董其治始至正五年四月畢工於其年之十又一月適監邑也速達兒侯至克相落成嵊之人士以書院創始迨今未有記之者俾以本末而次第之稽諸史二戴譏人隱居於剡歷晉而宋著書立言其間學理義之歸脫淸談之習湛深經學千載而下饗祀夫子之宮有以也夫自侯之爲是役也將使居是學而讀其書于隱而知顯之理於藏而知行之具不惑乎昔人之高潔而一遵乎聖人之中正是侯興學之政而所以爲敎也若遯焉而釣聲名仕焉而溺利欲豈所願于多士哉一作崔存記　二十年燬于兵二十四年守帥周紹祖重建許汝霖記後復燬明成化十年知縣許岳英重建春秋祀焉今廢周志

慈湖書院　在北門內桃源坊明嘉靖三十三年提學

副使阮鶚檄知縣吳三畏爲楊簡立楊號慈湖宋時爲嵊縣令張志

鹿山書院　在城內鹿山之巔明隆慶元年邑諸生袁日新袁日化丁則綏周汝登宋應光趙志伊張希秩袁日靖爲鹿山八士文行合一之會繼而王應昌李春榮等與焉萬歷十五年積貲搆建以待邑之凡有志於學者知縣萬民紀捐俸助成并顏其額今廢李志

宗傳書院　在鹿山書院前萬歷二十九年海門周汝登建堂廡凡十五間又構海雲菴於左稱海門書院門人余懋孳令山陰顏曰宗傳會稽陶望齡額曰事斯

崇禎二年海門卒八年豫章文德翼行部至剡集諸生發明海門證學之旨有語錄及倡和詩　國朝康熙三年門人吳天璿孫周捷重建後圯乾隆四年裔孫某幷其地出售六年知縣李以炎捐俸贖之將復還舊制云李志今廢

艇湖書院　在東隅萬歷壬午邑人王嘉相建今廢張志下同

長春書院　在北門外邑州倅尹如度建

鹿鳴書院　在城隍嶺下邑貢士喻恭復建知縣張泌率士會課其中今廢李志下同

義學　在東門內聯桂坊　國朝乾隆四年知縣楊玉生倡捐紳士協力落成計中廳三間後樓六間門樓三間楊玉生記石坊一座則宋尹氏偕子璿粲捐地建也

剡山書院　在縣學櫺星門右　國朝乾隆五十八年監生支本貢生支金捐貲新建義學試廠共五十餘楹并捐田二十餘畝以供歲修知縣郭文誌周丕倡率成之道光六年支金之子俊生孫公翰復于川堂重屋後添建正屋七楹左右廂各二楹舊有義學田二百九十畝七分零塘二畝七分零地十畝四分山十九畝三分零雍正間邑令宋敦與紳士喻學釗宋

亦郊等倡捐每年收繳租銀以爲延師修脯之費今併歸入書院焉新纂下同

周鎬剡山書院記畧古者國學鄉學統謂之學自唐創麗正書院代有增置盛於宋理宗朝元時凡先儒名賢舊蹟並立爲書院而好義之家又給錢米以贍學者後世書院有田蓋仿諸此嵊故有書院僻在城東北隅支君金偕其兄本承乃父志籲大吏願輸財移建斯地署曰剡山書院規畫如制既固既完復恐棟宇經久雨虐風饕弗葺且壞用割膏腴二十餘畝籍其所入供歲時堅茨丹雘之費適余權邑篆乞記于余余惟國家造士宜聚不宜散易垂講習禮重觀摩尚矣近世家自爲塾而鄉里之爲人師者各行其教言人人殊是孤陋也書院設而家塾得其總滙鄉學之遺制于是乎在多士敬業樂羣循進大成則俊造出其中并收國學論秀之效諸生勉乎哉昔放周氏有蘭馨之館海門有事斯之堂嘗訪求其址鞠爲茂草而其初未始不風流輝映聲稱藉如也得田以永之寧有是歟是舉也金可謂創而善繼余束髮時肄業吾邑東林書院習聞八君子之遺風講學有規海內宗

明其功𡏖在身心倫紀之間夫奉前型以厲後學有司責也爰揭支君捐田之義書之于石而勒其畝數于碑陰

輔仁書院李府志作大仁寺義學在縣西三十六都大仁寺東

國朝乾隆五十三年知縣唐仁埴詳請于寺東空基倡建講學書舍文昌武曲奎星閣共四十楹并撥寺田一百畝以爲延師修脯之資又撥田八十畝分給闔邑鄉會試路費唐仁埴輔仁書院記畧剡之西有大仁寺自晉天福開建資國歷代屢經修建寺舊有田三百畝乾隆五十年間僧徒爭住互相訐訟而殿宇任其傾圮余適涖任詢知寺僧興訟巔末竟以茲田爲利藪故爭訟不休因思有餘爲患理之固然豈可令僧人踞此以供其消耗乎鄉去城數十里士子有志肄業者或苦少師資不可不別設書院以爲絃誦之地于是謀諸紳士而羽

豐宋家震陳宗位等咸以爲然遂各捐資若干卽于寺東隙地建講堂三楹左右翼以廂房書舍各十四楹後建文昌武曲奎星閣三楹前爲大門三楹門階庖湢畢具爰撥寺田一百畝以爲延師修脯之需更撥田八十畝以佽闔邑鄉會試之費因取曾子之言顔曰輔仁庶幾一鄉之人會友取善觀摩砥礪以期造于有成此與佛門佈施功德孰多且寺尚有田百畝亦足以供香火并可以息訟端用勒諸石以垂永久郎諸董事例得並書商從芳沈政禮黃元才張金壁商克醇王名立宋家坎王權達錢運張銘王英祥

東林王氏義塾　在縣東十六都東林莊　國朝乾隆初年王氏以莊堂餘資創造前爲奎星閣中爲講堂後爲書樓左右兩廂稱之尋圮惟奎星閣及講堂楹柱猶存嘉慶甲戌貢生王啓豐葺而新之至道光四年復以書樓故址建爲禮殿左右皆易爲樓共二十

餘間增置田畝以爲延師修膳之費

錦水義塾　在縣西六十里太平鄉　國朝乾隆三十六年劉純倡議捐造講堂三楹其右爲文武二帝殿三楹南爲奎星閣三楹兩廂各五楹臺門三楹至嘉慶十四年勢將傾圮應經濂郭萬年邢秉謙等復議重修合祀文武二帝奎星于一閣

永福義塾　在縣西二十五里孫郜莊　國朝乾隆三十九年里人金尚軾建置有田畝延師課誦

愛吾廬書塾　在縣西太平鄉　國朝乾隆間國學生邢知甫築長子樹郡庠生次照戊辰舉人延師會友

遠近就學者衆自嘉慶甲子後在塾登第者十餘人文風爲之一振中有花蹊竹所桐徑菘畦漱玉廊拱翠軒鸜鵒林芙蓉池養蒹泉挾雲閣名人題詠甚多

延陵書塾　在縣東十五里棠溪莊　國朝道光六年吳肇奎妻王氏遵夫遺命建并置田畝以備膏火邑令李景韓顏其額

觀瀾書屋　在縣西十五里孟愛莊舊係鎮福巷張謙翁錢天亨二姓合建置田十六畝零　國朝道光七年住僧爭訟不休邑主李式圃斷令作兩姓義塾

學田

明隆萬間置田地山塘租入解縣以濟貧生萬歷二十五年增置田地山塘則移學爲課士資舊志鈌載增置者今並列入幷附義學田庶使後有所考云李志

五十四都度出盈田一十二畝二分地二百六十七畝九分二釐二毫山一百三十七畝九分六釐九毫俱坐一圖塘一百一十畝六分八釐四毫坐二圖隆慶四年知縣薛周置

十九二十都田六畝三分嘉靖四十年生員尹紹元以易宮山者土名水塘邱坐入里洋坂萬歷府志作以易官山若干畝

三十都田十畝隆慶元年義民鄭廷諧捐
三十六都田三畝二分二釐坐後岸坂歲字二百八十四號四
十九都田四畝七分九釐一毫一來字一百四十三號一二百一十九號
地三畝二分六釐八毫義民魏國濟捐
四十六都田九畝八分義民王世儼捐
十六都田八畝三分六釐五毫一陳家塢八十一號一風簾坂三號一六
號一九號一十號一十一號一十二號一十三號民王希討王積寶唐生告
爭入官者知縣姜克昌置明趙錦記
五十三都田二十四畝八分七釐七毫二圖東山坂一談字九十
六號一八十一號并三十二號一湖塍坂二百五十
三號一葦姑坂一百四十四號起至一百五十一號

止凡八號無號田四畝九分二釐五毫坐吳陞坂四坵吳尚春告爭入官者

三都地七畝二圖凡二坵湯希文入官者

五十三都田一畝三分五釐坐董姑坂吳中貴入官者

以上每歲各佃共納租銀一十兩七錢九分五釐解司轉解學院賑給貧生膏火之用

寺前坂田三十六畝三分零二毫山五畝五分地九分九釐八毫

苦竹上坂田二十五畝塘六分

苦竹後坂田三畝七分

蓮塘西坂田二十畝三分二釐三毫

苔石東坂田十畝零一分八釐四毫

寺西園坂田一畝六分四釐七毫山三畝三分

周鄔下坂田一畝零一釐

周鄔西坂田一畝三分八釐二毫

以上萬曆二十五年知縣王學夔度鹿苑廢庵寺田移籍學宮每歲額租田二十四兩有奇山地塘四錢有奇爲課士日用之費今田租止一十八兩九錢零地租一錢山久荒無租周汝登記

剡山書院田地山塘

西一圖剡溪義學戸　吳家洋上坂一田九畝四分

九釐三毫四田六畝二分七釐塘一畝五釐

吳家洋下坂四田四畝六分六釐一毫塘一畝五分

广坑坂由一田六畝九分八毫塘一分

上下坂一田三畝二釐

丁溪下洋坂由一田一畝五分

瓦窰坂一田二畝四分五釐四毫由四田一畝三分

五釐六毫

杜城岸坂四田四十四畝二分六釐八毫山十二畝

九分九釐八毫地十三畝四分三釐五毫塘五分

澤城岸坂四田十畝六分四釐五毫地一畝

南山坂地三畝山六畝三分九釐六毫

碑山后坂由四田九分一釐六毫

峯廉青坂由四田八畝七分六釐六毫

二都義學田戸　南山坂四田二畝一分七釐六毫

以上田地山塘康熙六十年知縣宋敷捐置田四

十三畝三分零塘二畝六分監生裘懿德捐田二

畝四分乾隆十七年知縣石山將圓覺堂僧人訐

訟菴田詳撥書院經費田五十七畝三分零地十

七畝四分零山十九畝三分零塘五分零前縣劉
斷撥東郭互爭田二畝碑山菴互爭田八畝八分
西一圖義學附地戶　潭過坂地三十四畝零乾隆
十四年知縣蕭起鳳因章童二姓互爭荒地詳撥
書院此地疊被水衝存剩無幾乾隆五十七年知
縣周丕查丈現在實存地十六畝五分零
西一圖義學膏火戶　陶莊坂四田六十一畝二分
零
義公塢下坂一田三十四畝一分零
陳義坂四田四畝五分零

以上共田九十九畝四分零乾隆二十年知縣戴椿因資福寺僧訐訟詳撥育嬰堂經費旋因建堂費大且嵊無棄兒溺女惡習毋庸建堂二十三年知縣寶忻詳請改撥剡山書院生童膏火

二十五都剡山書院戶　木馬下坂一田五畝八分零四田三十四畝一分零塘四分零

花田坂一田十畝一分零四田六分零

以上共田五十畝零乾隆四十四年知縣胡翹楚因雨花菴僧訐訟詳奉撥充書院生童膏火

輔仁書院田地

三十六都輔仁書院戶　官莊西坂一田六十四畝九分零四田十畝三分零塘二畝零
官莊東坂一田二十一畝四分零四田一畝二分零地基四畝六分零
以上共田地一百四畝零乾隆五十三年知縣唐仁埴因大仁寺僧訐訟撥充輔仁書院膏火
鄉試田
二十五都科舉路費戶　逵溪坂一田四十三畝九分零四田四畝七分零
木馬中坂四田六分零

以上共田四十九畝零乾隆四十四年知縣胡翹楚因雨花菴僧訐訟詳奉撥充書院膏火後公議改歸鄉試路費

鄉會試田

三十六都鄉會試田戶　官莊西坂一田四畝五分

下城坂一田十二畝零四田四分零

儒林北坂一田二畝二分零

方山下坂一田六畝八分零四田二畝二分零

前王坂一田八畝五分零塘二分

婁下北坂一田一畝二分零

馬家門前坂一田一畝九分零

庫東坂一田一畝九分零

山棋坂塘折三分

若竹上坂四田一畝三分零塘折一分

婁下南坂一田六畝六分零

湖纔坂一田一畝二分零

官莊東坂一田二十九畝零

以上共田八十一畝零塘六分乾隆五十三年知

縣唐仁埴因大仁寺僧訐訟撥充鄉會試路費

鄉會試田

喻大中捐田二十畝　周貴瓚捐田十五畝內水沖十畝　周鳴鳳
捐田十畝　邢協勳捐田六畝三分　裘克配　張繼文
錢洪文　馬明倫　吳克敦　魏詩以上各捐田六畝
周大用捐田五畝　張士能捐田四畝五分　郭君實
捐田四畝三分　支世顯　魏鏞　魏輔昊　魏汝鴻
徐安邦　王啓豐　應佩絅以上各捐田四畝內應佩絅田水沖一畝
五分　鄭蘭捐田三畝三分　魏亨來捐田三畝二分
裘煥忠　周藏用　應紹濂　黃艮輔　張有藝
竺英越　王澍策　竺蓮艇　錢傳璧　郭顯玫
駱翰章　張家齊　姚國豐以上各捐田三畝內應紹濂田水沖一畝

張家齊田水沖二畝　錢　敏捐田三畝內除墳基三分　裘克潤捐田二畝五分
錢　珍　黃南仲以上各捐田三畝三分　邢協熙　周昌遐
以上各捐田二畝二分　孫大成　周敬用　錢永頌
馬彭齡　葉兆學　張仲孝　潘忠瑄　趙松齟
周光煒　吳肇奎　駱正遷　姚遵忠　姚國本
馬彭統　錢　煥　張廷傑　李克照　俞濟聖
袁秀榮　丁肇夏　丁靜齋　馬肇棠　竺　漣
任樂斯　張基聖　張顯道　周　賢　張必語
張　暐　董維熊　丁鴻漸　樓大學以上各捐田二畝
薛爾顯捐田一畝八分　孫芳遂　錢聖被　胡杏芳

以上各捐田一畝六分
裘克尙　丁肇豐　陳　奇
周景發　宋　班　錢紹琳　尹秉鈞　袁德明
唐峻德　竹配棠　沈鶴林　陳翔雲　鄭彥文
以上各捐田一畝五分
宋乾遐　尹　棠　呂一嵩
王杏芬　鍾敬義各捐田一畝四分　呂　獻　童三重
王永清各捐田一畝三分　呂華福　劉　純　呂思備
施祖超　竺從雲以上各捐田一畝二分　袁　憲　周昌敬
呂　咸　呂　乾　張聲榮　吳剛中　吳剛大
尹守正　張啓豐　張　疇　史興理　周宗濂
錢鵬飛　錢事逵　錢學楨　錢傳統　錢芳蓀

錢維翰　應廷揚　劉　椿　吕慶鑣　馬德明
陳義種　王鳳鑑　張國宰　馬祚柏　張　基
錢師仲　宋客周　宋希濂　陳兆臻　樓克振
樓克聖　張達相　袁道昌　張天英　史載文
沈彝正　裘克光　裘克禛　裘仕涓　裘有光
裘鳳祥　裘章候　裘兆鰲　史薛元　張我威
張曜起　張翟起　張錫圭　張錫照　張　澐
張　袞　張　典　張　玹　張紹翰　張國舜
朱明揚　黃爲節　史寧忠　史義禎　史其義
馬宗廣　王立如　單仁榮　吳克廣　吳之陛

俞孝懌　俞孝遠　俞孝善　俞心洄　周廣志
張永清　陳會鳳　唐性童　汪溍瑩　尹鳴玉
王懷源　盧正元　劉漢川　賈鳳岐　沈天民
周　韜　周槐三　周貴蕃　周　煒　周鳳梧
周錫齡　盧武臣　錢紹炳　錢紹森　錢　煒
錢　瑞　錢傳絅　錢明廣　邢知甫　邢處清
邢處洪　劉大戒　劉初忠　馬聖堯　裘　華
裘　沖　裘發强　張廷俟　黃啓文　黃啓鳳
黃大琳　黃正中　馬煥文　金仲聖　張式鰲
張深基　竺忠文　錢士英　錢益森　裘國佑

丁有緣　宋炎中　宋讓忠　葉藩　黄錦崑
周召甫　裘舜翕　張書紳　張仲賢　張鳴皐
尹遠創　周朝城　樊國正　金期德　金有朋
俞慕韓　俞俊豪　俞睿廷　俞必海　俞鳳音
俞　惠　王乘車　王殿光　王啓仁　王允武
董士興　單稷臣　唐開科　姚則堯　竺道孝
竺靜遠　竺增華　丁正宏　李載賢　尹自豪
俞文孝　俞永衡　張景南　駱望元　裘移孝
王英祥以上各捐田一畝內王英祥田水沖一畝

以上共田四百五十五畝零內乾隆四十八九年

間歲貢生劉純勸合邑捐田二百三十四畝零嘉
慶二十一二年間廩生宋彭山等勸合邑續捐田
二百二十一畝零其城鄉户名畝分坂號另有刻
本分交合邑紳士收藏
吳周德公祠合邑會試路費田户
六都二圖王山頭西坂四田四畝六分零
王山頭下坂一田三畝八分零四田二畝四分零塘
六𡍣
新建坂一田二畝九分零四田四畝一分零塘二分
二𡍣

新建前坂一田十畝六分零四田二十六畝九分零
塘五分三釐
新建后坂一田七畝三分零四田五畝五分零塘六
分七釐
大淺上坂一田七畝零
大淺中坂一田一畝九分零
七都路北坂一田十二畝零
路南坂一田三畝六分
寺前坂一田五畝九分零四田六畝二分塘七分
大淺上坂一田三畝四分零

大淺中坂一田十九畝九分零

大淺下坂一田二十四畝一分零

東三圖王山頭下坂一田十二畝零四田八畝五分

零塘一分五釐

王山頭東坂四田二畝六分零

新建坂一田一畝零四田三畝八分零

新建前坂一田十畝四分零四田四畝八分零塘二

釐

大淺上坂一田二畝五分零

三共田二百畝零道光六年棠溪貢生吳肇奎妻

王氏遵夫遺命呈案詳請捐助

合邑鄉試卷資田

二十六都一圖合邑鄉試田戶往字坂四田十二畝

二分零地五畝零塘一畝四分

余字坂四田七分零

程字坂一田二畝一分零

成字坂四田三畝七分零

以上共田十八畝零地五畝零塘一畝四分布理

閭周豐垣捐助

續捐鄉會試田

王待璣　錢章璜　錢慶餘以上各捐田二畝

嵊縣志卷五

壇廟

先農社稷武曲文昌奉
勅建者秩宗掌之已下逮山川百神先民古喆功德及於當時靈顯傳於奕世民間建祠尸祝豊宇相望有其舉之莫敢廢也剡俗頗信禨祥事神尤謹春秋祈報職在有司可不祗肅升香以爲
國祝釐爲民祈福歟志壇廟

先農壇　在東郊朱公河岸側　國朝雍正五年（李志作四年誤）知縣張泌（李志作李之果誤）奉文建立壇宇并置耤田四

畝九分浙江通志李志按會典壇高二尺五寸寬二丈五尺正房三間奉先農神牌高四寸寬六寸座高五寸寬九寸五分東貯祭器農具西貯耤田租穀配房二間東備祭品西住農民南向大門牌坊一座四面繚垣耕牛黑色農具赤色籽種箱青色每歲仲春亥日致祭正印官承祭文武官員各照品級隨班行禮祭畢各官衣蟒衣補服照九卿耕耤例行九推之禮正印官秉耒佐貳執青箱播種耆老一人牽牛農夫二人扶犂

祭品

制帛二黑色　豕一　羊一　鉶一　籩四　豆四　簠四　白瓷爵四李府志下同

祭儀

凡承祭官衣朝衣就位一節瘞血毛一節盥洗一節

詣香案行二跪六叩頭禮一節初獻獻帛獻爵讀祝叩頭一節亞獻獻爵叩頭一節三獻獻爵叩頭一節飲福受胙一節謝福胙叩頭一節徹饌復行二跪六叩頭禮一節望燎一節

社稷壇　舊在縣西南一十步一云在縣北一百一十步宋嘉定八年令史安之遷置縣西二里昇平鄉五十四都西嶺上元至正間重修許汝霖記古者諸侯建國各有社稷雖曹滕邾莒五十里之國皆與齊晉等不獨諸侯也有人民則有社稷矣故一邑之小亦有之魯之費楚之豐皆邑之有社者也宋朝之制縣社稷祠祭與郡同紹興入邑皆有社稷嵊社在西門外其祭法會稽志云社以句龍配稷以后稷配自京師達于郡邑歲再祭春以春社秋以秋社前一月檢舉關所屬前祭三日散齋宿於正寢

不弔喪不問疾不作樂不行刑不書獄不與穢惡致齋一日質明赴祭宋政和間祭用大成樂贊者引初獻行禮則寧安之樂作八成止引詣壇盥洗則正安之樂作詣神位前則嘉安之樂作送神則寧安之樂復作一成止自建炎後樂器多亡遂不復用本朝之祭率因宋制損益之其詳有司存焉 明成化九年知縣許岳英修葺宏治十二年知縣徐恂建齋房三間宰牲房三間繚以周垣凡一百有五丈尋圮周志

國朝雍正九年知縣傅珏奉文捐俸築壇圍以土牆四面開門各建門樓一座李志 按周禮小宗伯掌建國之神位右社稷鄭元注社稷土穀之神有德者配食焉共工氏之子日句龍食于社厲山氏之子日柱食于稷湯遷之而祀棄此社稷之神也漢晉而下天下通祀之明洪武七年始定壇制 國朝因之東西南北各二丈五尺高三尺四出陛各三級繚以周垣自北門入石主長二尺五寸方一尺埋于壇南正中只露圓尖五寸仍

用木牌二朱地青書一書縣社之神一書縣稷之神
歲以春秋二仲月上戊日致祭木牌寄供西嶺菴臨
祭恭請到壇祭
畢仍寄供菴內

祭品祭儀同先農壇

風雲雷雨山川壇　在縣南五里方山鄉一都明宏治十二年知縣徐恂建齋房及宰牲房各三間繚以垣凡一百有十丈皆圮周志　國朝雍正七年禮部議奉
上諭以雲師雷師庇國佑民靈應顯然宜特建廟宇崇祀九年知縣傅珏於舊基築壇高寬丈尺儀制一如先農壇李志　按周禮大宗伯以槱燎祀飆師雨師漢祀風雨唐加以雷元分祭雷風雨師明洪武元年命府州縣設壇祭山川二年復命合風雲雨師于一壇六年又以風雲雷雨同爲一壇又合祭城隍于

其間今制風雲雷雨山川同爲一壇每歲春秋二仲月上戊日致祭設三神位風雲雷雨居中山川居左城隍居右初獻先詣風雲雷雨次山川次城隍

祭品祭儀同社稷壇

邑厲壇　在縣北二里仁德鄉明洪武二十九年建宏治時知縣徐恂築周垣六十丈南有宰牲池李府志　按禮記王爲羣姓立七祀有泰厲諸侯爲國立五祀有公厲大夫立三祀有族厲明洪武己酉特勑郡邑里社各設無祀鬼神壇歲以清明日七月望日十月朔日晡時祭先三日有司移牒城隍神奉主于壇之正中南向以主其祭又明制有里社壇鄉厲壇每里百戸立壇今皆廢

祭品

豕三　羊三　飯米三石

祭儀同社稷壇

城隍廟　在縣西五十步嘉泰志創建失考李志元至正六年尹冷瓚修崔存修城隍廟記畧嵊之城隍祠在縣治右所以神保障顯陰騭也尹儒林郎冷公瓚莅政之二年雨暘時若物無疵癘圖答神休始斥大之殿故有前軒承霤交注上涌易壞因崇作廣庭與內陛相齊爲閣七十接武覆以修椽駕以文梁列一十二楹衆宇之飭則剔蠹易堅覆瓦精緻棟極窮甍若增而高又所以妥至靈洪貺也其諸木石磚甓之用攻堅設色之徒上下其食取直其庸工緒簡稽躬爲裁總士庶翕如羣力知勸庀工以至正丙戌之春告畢于是歲之秋俾爲文以記之余聞諸故老南宋時邑人以元日謁廟者昧爽之晨聞廟中語曰今歲丁旱或又曰詹義民作宰尚旱爲門啟而入始知其爲神也夏果旱則詹君實來雨隨車而注今尹之爲是邑也致年穀屢登以福斯民亦惟尹之德通于神明焉爾二十四年燬守帥周紹祖同攝尹事邢雄重

建明洪武三十年知縣江瀾新之成化中知縣劉清重建宏治十一年知縣徐恂增葺周侯重修城隍廟記畧城隍之祀肇于吳越垂于後代以其可以扞外衛內保障生靈也宏治戊午夏徐侯涖任以治民事神爲首務故于學校之興創壇壝之修建倉厫鋪舍之甃之築以次而舉三載之間百廢具興庚申冬因見城隍廟宇榱桷朽腐瓦石傾頹無以稱神棲所乃召耆老趙衡陳奇而謂之曰城隍不修而因陋就簡非惟無以罄吾敬恭明神之心且至傾頹而後修舉未免勞擾有負朝廷重神愛民之意爾可董其事視夫榱桷梁棟之屬瓦石牆壁之類朽腐者易之傾頹者植之堅牢未敗尚可者因而勿去之務使廟貌一新起人瞻仰若夫規模之廣狹基址之深淺則仍其舊而已于是衆皆樂事赴功不數月而廟宇告成神人胥慶兆民允殖侯可謂大有功于神民者矣萬歷四年知縣譚禮建儀門及東西廂宇十五年知縣萬民紀撤故址鼎建縣丞吳鵜鳴

董其事周志　國朝康熙八年知縣張逢歡重修李志　嘉慶九年喻大中袁坎周光煒郭萬年等合邑捐建沈楚督工修理殿宇廊廡宏敞精麗東爲聽雪山房前爲溪山第一樓全攬剡中之勝新纂　按周禮八蜡之祭有水庸庸城也水隍也城隍之名昉此唐始令天下通祀城隍至洪武元年詔封天下城隍在應天府者帝開封臨濠太平三府和滁二州者王餘爲公爲侯爲伯三年命各府州縣城隍廟宇如其公廨設公座筆硯如其守令毀塑像造爲木主後各處塑像如故四年令新任者先與神誓期陰陽表裏以安下民謂之宿齋今因之

祭品祭儀同社稷壇

關帝廟　在縣之西久圮　國朝雍正十一年知縣傅珏同貢生尹遠服等捐資重建每歲春秋仲月五月

十三日致祭雍正三年奉
旨令天下郡縣祀以太牢又追封其曾祖光昭公祖裕
昌公父成忠公置主崇祀本廟後殿李志嘉慶十年合
邑捐資重修謹案乾隆四十一年奉
上諭關帝在當時力扶炎漢志節凜然乃史書所謚並
非嘉名陳壽於蜀漢有嫌所撰三國志多存私見遂
不爲之論定豈得謂公從前
世祖章皇帝曾降
諭旨封爲忠義神武大帝以褒揚盛烈朕復於乾隆三
十二年降旨加靈佑二字用示尊崇夫以神之義烈

忠誠海內咸知敬祀而正史猶存舊謚隱寓譏評非所以傳信萬世應改爲忠義第民間相沿已久難于更易著武英殿將此旨刊載傳末用垂久遠其官板及內務府陳設書籍並著改刊增入 禮部則例 道光八年平定回部張格爾 神二次顯靈擒獲渠魁奉旨加威顯二字 新纂

祭品 後殿係公爵不用牛

帛一 白色 牛羊一 豕一 籩豆各十 五月十三日用果品不用籩豆

儀節 後殿用二跪六叩頭禮

承祭官衣朝衣盥洗一節就位一節奉香一節行三
跪九叩頭禮一節初獻獻帛獻爵一節讀祝各跪叩
一節亞獻獻爵跪叩一節三獻獻爵跪叩一節復行
三跪九叩頭禮徹饌一節望燎一節

文廟　宋時在桃源觀內元至元二十三年守帥周紹
祖尹邢雄徙學宮旁萬歷初重建明倫堂東周志　國
朝康熙五十七年知縣任儀京改建于鹿胎山巔縣令
宋敎就文昌祠設爲義塾檢討壽致潤有義塾碑記雍正六年知縣李之果移
建大成殿外東偏乾隆五年知縣李以炎葺并倡捐
添建前殿五間李志嘉慶六年奉

上諭京師地安門內舊有明成化年間所建
文昌帝君廟宇久經傾圮碑記尚存特命敬謹重修現
已落成規模聿煥朕本日虔申展謁行九叩禮敬思
文昌帝君主持文運福國祐民崇正教闢邪說靈蹟最
著海內崇奉與
關聖大帝相同允宜列入祀典用光文治著交禮部太
常寺將每歲春秋致祭之典及一切儀文仿
關帝廟定制詳查妥議具奏舊名文昌廟是年奉
旨改爲文廟合邑捐貲重建新纂
祭品祭儀同　關帝廟

東嶽廟　在縣北一里嘉泰志　今在渡南　國朝康熙十二年邑諸生宋大猷建李志　乾隆三十八年派孫重修

一在來白門外新纂　按東嶽廟舊址在北門外嶽廟山之麓官道邊華表尚存相傳奉神意遷今所遂著靈異香火最盛

龍口廟　在東門內明進士周光復與弟光臨建李志下同

武安王廟　在北門內東隅諸社立　國朝順治間邑人尹逢吉重建祀　關帝

溫元帥廟　在縣治前創不知何時　國朝康熙五年居民拓基重建李志　嘉慶二十三年重建新纂

太祖廟　一在縣前一在縣後一在陡門一在西鄉東湖

山一在開元鄉一在北靈芝鄉李志下同

西倉廟　在縣治西南鹿胎山前　國朝康熙六年建爲西隅社會之所祀明王丁哲西倉院太祖尊神記署自古殁而爲神者其生前必有大功德于世而後朝廷錫祀閭里升香豈無故而然哉西倉院太祖神者自異地貿易來剡建倉于鹿山之麓貯米續運歷有年所正統丁巳六月水旱頻仍民飢邑侯徐公士淵聞上盡倉發賑復勸城鄉富戶捐濟至明年五月民飢如故神念侯再賑維艱郎將西倉米與侯酌定分給大小均沾恩施事畢束裝歸四方父老聞之拈香攀留不忍舍去神忻然大笑仆地衆駭扶視氣絶侯至執其手曰君甦來君甦來我有語告旋甦拱手曰侯賢父母也今秋大熟可無慮語畢仍逝顏色如生既殮舉尸如空棺居于西關外之原年六十四六月十九日也侯請奬詔封明王勅西倉爲祀祠西隅十堡肖形塑像奉爲社廟每屆六月十九羣集虔祝尊曰太祖成化八年壬辰秋疫大作諸醫罔治神化醫士施丹病者頓愈丁未

五月大旱邑侯夏公完所禱無術夢寐間聞半空語曰求以增疏請可無慮驚覺駭異與紳士等備述之一父老忽悟太祖名以增以告侯侯即同衆詣神前卟祝是夕甘霖四布慶大有年備情申請詔封威德仍祀明王并勅正印官届期行禮致祭諸父老懼久而無徵邀哲述其顛末神姓汪諱以增字世德安徽歙縣人 乾隆五十一年重建嘉慶十四年重修 新纂

五顯廟 在東門內 國朝康熙七年建今爲財神堂李志 嘉慶十八年重建 新纂下同 按月令以帝爲太皞炎帝少皞顓頊而配以句芒之神實司五行故神所服各繪其方之色或曰五行與穀爲六府有國者之大用也祀神以五報其所自亦等於里社土穀故其號特避帝而稱聖明鑿定祀典南京十四廟有五顯靈官秋季致祭此神祀所由著沿及郡縣迨于民間而不知者以五通例之妄甚又按顯聰昭應孚仁廣濟王顯明昭烈孚義廣祐王顯正昭順孚智廣惠王顯直昭佑孚信惠澤王顯德昭利孚愛廣成王皆以端午日誕生

天后宮　在東門內

晏公廟　在北門內李志下同李志山陰許尚質越州祠祀記公名戌仔江西臨江人元初爲文錦局堂長因病歸登舟郎尸解有靈顯于江湖立廟祀之明太祖渡江取張士誠舟將覆紅袍救上且指之以舟者問何神曰晏公也後猪婆龍攻崩江岸復爲老翁示殺黿法問何人又曰晏姓也太祖感之遂封神霄玉府都督大元帥仍命有司祀之今誤以公爲劉晏也徐渭路史云封平浪侯

仙姑廟　在北門內邑人趙鄭相建以上城內

旗纛廟　舊祀於教場之演武亭按續文獻通考明制祭旗纛以每歲仲秋祭山川日遣祭于壇內之旗纛廟霜降日又祭于教場歲暮享太廟日又祭于承天門外按此則霜降日教場之祭所由來也

東鎮廟　在東門外明嘉靖十六年建邑人尹鑾捨基

爲東隅社會之所

黄姥岑廟　在縣東二里輿地志云縣東門外有黄姥神祠民多奉事之嘉泰志

仁德廟　在縣東五里二都祀仁德鄉主新纂下同

崇信廟　在縣東二十里祀崇信鄉主

謝公廟　在縣東二十五里四都祀康樂鄉主

靈山廟　在縣東三十里十一二都祀靈山鄉主

簞山廟　在縣東三十五里祀金庭鄉主

白巖廟　在簞山禱雨輒應世稱陳長官祠李志下同按嶀浦在北嚮王在西天岳在南白巖在東故俗稱四柱神按郡志嶀浦白巖俱云祀陳長官而于城隍亦云神

舊稱陳長官意長官威靈無往不著故祀之者衆耶

東石鼓廟　在孝嘉鄉世稱周宣靈王廟　按會稽俞公穀湖北紀游周宣靈王名雄字仲偉杭新城人母汪夢龍浴金盤淳熙戊申三月四日誕王童穉以孝聞嘉定初母構危疾晨夕籲天請身代郵言徵發有顯神母促往禱王不敢毋厲聲責之則抱悖往旋次衢聞訃內裂僵逝舟中篙師胡伯二貨舟結盧奉焉鄰之知王者時載觴俎禮敬自後相傳謂王有神江以南咸祀之端平嘉熙間一時國事賴王至有翊應正烈之封而其事不詳

湖清廟　在縣東二十里八九十都祀篴節鄉主新纂下同

潘桐廟　在縣東六十里十六都祀忠節鄉主

動石廟　在動石山李志以上縣東

太尉堂　在南門外　國朝嘉慶九年重修新纂

金龍四大王廟　在南門外　國朝順治年間邑進士尹巽建張志順治庚子尹巽公車北上渡黃河未及宿遷舟漏將沒呼神以救忽一小艇至纔更舟前船遂沒甲辰第進士假歸乃倡建之

山陰王岾浣雲集王姓謝名緒錢唐安溪里人籍會稽諸生祖達死爲神建炎時率兵驅北騎咸淳七年疏請立廟封廣應侯有孫綱紀統皆爲神王其第四孫也曰金龍四大王者王常建白雲亭于金龍山巔也宋末隱苕溪慨然有澄清中原志度宗甲戌秋大雨天目山崩歎曰天目臨安主山也主山崩宋其殆乎遂不仕及帝昺亡誓衆曰吾生不能報宋死若有知必展此志中夜起作詩赴苕溪死則苕水忽漲高至丈餘若憑其怒氣者土人異之立廟金龍山至明太祖與蠻子海牙戰于呂梁洪敵在上流我師失利而風濤忽捲黃河爲之北注海牙大敗太祖夜夢神告之曰臣謝緒也太祖驚寤遂封爲黃河神其後擁護漕河屢著靈異天啟四年蘇茂相督漕水涸舟不前王降言爲我請封當以水報蘇具疏甫畢洪波

誥蕩萬橋飛渡得旨加封
護國濟運金龍四大王
水火神廟　在南門外明崇禎間知縣方叔壯建後燬
國朝康熙九年知縣張逢歡募資重建李志　乾隆三
十四年知縣吳士瑛修嘉慶六年大水廟旋坍毀八
年里人徐定國等倡捐重建拓廓基地增添廊宇越
六載告成新纂下同　張逢歡募建水火神廟引略嵊古之剡州向多火災在勝國之啟禎間特甚
令與民議作廟以禳之架樓三楹于城南之門外樓
下像火神樓上像水神火得水以制庶其少止乎未
幾門外火廟延而燼則廟雖創而火如故今某等欲
募資重建以簿乞言夫水火二神神之尊者所以祀
必壇坎非天子公卿不得祀卽祀亦不得數數則瀆
亦不得疏疏則怠是神又不可褻矣故救災弭患在
修德慎事不在褻神以圖苟免子產禳火于元冥回
祿曰有其舉之不敢廢也前令實始其事廟而禳疇

日不可獨是作廟後各修德慎事不數不疏以虔乃事庶神錫之福而四境無災則余之厚願也

石馬廟　在縣南七里一都祀方山鄉主

阮仙翁廟　在縣南一十里嘉泰志方山鄉爲阮肇故宅李志

朱尚書廟　在桃源鄉上朱莊祀朱士明周志

白鶴廟　在積善鄉四十四都祀積善鄉主新纂

陽和廟　在長樂鄉元末盜起曾顯靈異明洪武間錢則敬修後錢氏世葺之李志

天岳廟　在縣南十里周志昇平鄉世傳於兵事有功李志下同

潭過廟　在昇平鄉祀昇平鄉主以上縣南

西鎮廟　在來白門外祀昇平鄉主新纂

西石鼓廟　在崇仁鄉吳赤烏間建神稱護法越王嘉泰志剡多石鼓廟郵聚往往有之歲常以春秋致祭皆能福其民

三女廟　在縣西二十里烏石衕廟右有三大塚相傳塚中磚勒梁大同年號

萬石君廟　在羅松鄉三十五都祀羅松鄉主新纂下同

楊廟　在清化鄉四十八都祀清化鄉主

太平廟　在太平鄉三十八都祀太平鄉主

顯應廟　在永富鄉吳赤烏二年建周志神嘗爲令此邑

有惠政廟食於此久失其姓宣和辛丑睦寇起蔓延旁境魔黨響應剡縣屠戮焚傷尤酷一夕四山旗幟車蓋隱隱出入雲間見者咸疑神游而廟不存矣觀之廟果煨燼未幾又復見如前日之異若返旆而來賊徒驚呼曰天兵至矣遂自相攻殺官軍未至賊已殲盡鄉人相與復築廟宇甚盛旱潦疾疫有禱必驗紹興十一年詔賜額顯應鄉人姚公憲爲諫議大夫率鄉人陳於府詔封靈祐侯嘉泰志

武肅王廟　在剡源鄉邑人錢宇之建祀吳越王錢鏐李志一在長樂鄉　國朝道光二年貢生錢釗建新纂下同

響王廟　在剡源鄉三十七都祀剡源鄉主

上蔡墅廟　在崇安鄉邑人夏大有捨基重建周志

溫泉廟　在富順鄉李志

五龍廟　在縣西四十里烏猪山相傳有五大家居巖中白道猷飛錫望山有黑氣狂風猛惡用法降之化爲五龍周志

五廟　在永富鄉宋時爲五姓聚居之地故名祀太祖

明王廟宏整歷久不傾亦無蛛網門左鼓石八偶觸之輒震響再舉則寂然　國朝順治間裘氏修之李志

乾隆間裘氏重修新纂下同

東鎮廟　在永富鄉五廟之東明宣德丁未裘睇建乾隆辛丑派孫重修尋傾圮道光癸未派孫重建

木馬廟　在縣西北鄉頗著靈異李志

威勇王廟　在縣西三十里以下據府志補

惠應廟　在縣西六十里舊號蘇明王廟宣和四年賜今額

保邦興福廟　在縣西六十五里

石姥廟　在縣西六十里以上縣西

靈輝廟　在縣西北三十里水旱疫癘祈禱輒應鄉民謂之靈威王不知得封何代宋乾道八年賜今額嘉泰

志

北鎮廟　在北門外一里李志下同

舜帝廟　在靈芝之鄉舜皇山即嶀山之南嶺鄉人置田贍僧居守　國朝康熙間比邱尼惠超構佛殿於後

禹王廟　在禹糧山禹治水了功於此後人立祠祀之

嶀浦廟　在縣北四十五里五十步以祀陳長官額曰上善濟物侯酈道元水經注云廟甚靈邑有水旱必先致禱嘉祐進士何淹記云侯姓陳爲台州之仙居令晉天福中有封誥嘉泰志　宋慶元二年詔賜額曰顯應廟李志下同　宋樓鑰記剡壯縣也兩火一刀自古記之晉宋名勝遺蹟至多地以谿名以谿上

之山水俱秀也邑城之北山圍平野谿行其中至四
十里所兩山相向愈近㓹之水易于暴漲者以此然
水口氣聚所以爲壯縣也西曰嵊山巨石突踞水上
其下曰嵊浦巖壑奇聳尤爲勝絶谿多積沙深淺不
等惟此數里間淵渟澄澈不知爲幾尋丈潭在石下
爲羣魚淵藪相傳中有神物無敢觸犯亦險絶之地
也上善濟物侯廟貌嚴毅夙著威靈據山瞰谿稱其
爲神明之居谿通曹娥大江山爲台越孔道舟車所
經無不致敬吉凶響答求夢尤應遠近以雨暘祈禱
蒙賜爲深時節報謝者相踵畫像以祀于家者皆是
也騶氏世世爲廟史有吳越時公牒稱陳長官祠嘉祐
七年鄉貢進士何淹爲給事郎太子中舍知縣高安
世作記云侯姓陳氏爲台之仙居令始過此陰有卜
居之志秩滿舟覆于下拯之復溺死焉自爾靈顯民
遂祠之天福初有神兵之助而受此封然酈道元之
注水經出于後魏已言嵊山北有嵊浦浦口有廟甚
靈驗行人及樵伐者皆先敬焉若相盜竊必爲蛇虎
所傷則廟已古矣況台州樂安縣五代時改爲永安
至皇朝景德四年始改爲仙居不應石晉之前已有
此名豈侯實爲永安縣令後人誤承仙居之名耶至

如磁州崔府君國家奉之甚嚴會要以爲後漢之崔子玉孝宗皇帝聖德事迹謂賜名從玉葢以始生符瑞默契其名而昭陵實錄乃謂唐貞觀中滏陽一縣令也幽冥之事不可究知傳記亦有謂靈祠間有以剛方之士代之者惟其血食有素授職于朝故封爵之報與臣子不殊也建炎元年金人入越欲犯邑境以神之威不戰而退乾道嘗賜香茗之奠今丞相大觀文謝公布衣時由丹邱赴南宮神已告之富貴之期暨乎登科作尉此邑事之尤謹公既登樞筦修職魏君必大率邑人以加封爲請慶元改元賜廟額曰顯應公之力也魏君年及八十爲一鄉之老既募衆力新其祠而鑰之子濡適爲丞介以請記惟神之姓氏勳績著聞久矣濡又能道祠宇祈禳之詳且將捐私財刻石併爲記之修廟之役劉令君渠先以十萬錢市材魏君以宰木助之周令君悅取以建殿宇始于慶元四年十一月成於六年六月經始者魏君也

始寧城隍廟　在三界古始寧治也有廢廟居民葺以祀社　吳鉉始寧城隍廟記廟去縣六十里三界里人祀社之鎮神也創于東漢永建元年爲始寧縣治東

晉咸和間中原人物遷隱于始寧者甚多王謝其最著也隋之開皇併于會稽唐貞元二十一年洪水衝決大壞民居今之大江郎古之官巷也由是縣治廢而神祀尚存自漢晉唐宋元明歷千餘年如一日至于今不城郭而山溪自勝也不壇壝而蜡臘相承也不辟雍而多士之禮樂彬彬也不木鐸而比屋之相親相遜猶然太古遺風也德政名鄉太欽名里民安物阜居然巨鎮一十三社春祈秋報靡敢不恭水旱疾疫禱無不應其卵翼吾人如慈母居舊壤而食舊德歌思弗諼永爲始寧遺蹟云

回向廟　在會稽界爲德政鄉祀社之所　國朝乾隆二十七年會嵊二邑令詳請各撥銀四兩春秋致祭嘉慶戊辰監生陳增鳳等拓基重建社人共襄成之

新纂　吳光庭記神姓陳諱德道會稽人也生東漢永元己丑四月四日以孝友節義爲鄉黨推重永建戊辰年四十忽語人曰今生辰余死期也死當爲汝鄉主至期沐浴焚香端坐而逝空中聞鼓樂聲衆異

之爲立廟蔣岸橋之岡廟南向吳赤烏已未一夕風雨驟作如千夫簇擁萬馬奔馳狀俟晨視之廟則東向矣鄉人益神其事廓其廟貌而顔之曰回向所以事之者彌虔而神之福吾社者亦彌至凡水旱疾疫禱罔不應而尤能爲國家捍大患宋末帝昺遁於元師由越至東嶴經駐蹕嶺禱於神得安行無虞明太祖取暨陽命謝再興守之賊將呂珍率師十萬圍至月餘樵汲俱困神往還雲端呼陷陣者再呂珍乃遁時大軍李文忠援師適至以神有勳勞疏請襃贈不報嘉靖三十四年倭寇自定海登岸所過殘掠寧紹兩郡官軍莫敢攖其鋒自曹江抵清風嶺嶺有王烈婦祠烈婦化婦人汲水誘賊入祠突見金甲神自外至奮戈格殺官軍夾擊之殲寇殆盡官軍意鄉兵也視之寂然始相顧錯愕謂神與烈婦之靈再拜稽首去神兄弟三號稱三鳳歿俱爲神伯主嵣浦叔主剡之東鄉並著靈異云

正順忠祐靈濟昭烈王廟　在縣北一百八十步嘉泰志

茅廟　在縣北二十四都南宋初勅封顯英侯廟初建

於漩水岡下大坪前明洪武間改遷後門崗今移建

漩水岡嶺頭山新纂按神姓陳名德泰東漢會稽人夫人袁氏子孫世居德政鄉屢著靈異世奉祀焉以上縣北

倉帝祠　在　關帝廟之前　國朝乾隆元年布政司桐城張若震檄飭各郡邑收惜字紙五年知縣李以炎捐俸率紳士建祠爲惜字之會李志徐渭路史倉帝史皇氏名頡姓侯岡重瞳號四目翁禪通紀頭雙角四目靈光龍顏侈哆河圖玉版云倉頡爲帝南巡陽墟之山臨于元扈洛汭之水靈龜丹甲青文負書以授遂窮天地之變仰觀奎星圓曲之勢俛察龜文鳥羽山川指掌而剏文字天爲雨粟鬼爲夜哭龍乃潛藏河圖說徵曰帝壽二百十五歲崩有五鳳萬鳥銜土成墓墓在河南開封府東北利鄉亭南一統志載墓在陝西白水古彭衙地頡彭衙人也述異記載墓在北海俗呼藏

書
壹

惠獻祠　在縣南一百十餘步　國朝乾隆六年闔邑紳士商民呈請建立祀寧海將軍固山貝子福公喇塔用報全城之功裴鉽魯會煜皆有碑記　而以知府許宏勳參將滿進貴知縣張逢歡配今已傾圮李府志

李志　浙東紀畧康熙甲寅三月靖南王耿精忠叛于閩直犯浙東連陷常山諸縣紹郡奸民亦羣起應之各擁衆互爲聲援時郡中防兵奉檄調援三衢存不滿百于是諸暨上虞嵊縣新昌之賊遂乘釁于七月十二日直抵博古嶺進逼常禧門鎮將許捷方合婚張樂置警報于不顧知府許宏勳集家丁民壯得數百八分道出擊斬首百餘級日晡賊從南門渡河攻稽山門宏勳連夜堵塞并撤春波橋過賊之衝賊又渡河移柵五雲門縱火燒民舍城中多賊諜諜内應宏勳令八自爲守羣黨不得逞次日賊攻五雲門宏勳部

署士馬啟門出戰斬首四百餘級會城寧郡援兵至乃出師襲擊郡圍解八月大將軍康親王固山貝子寧海將軍奉命來討耿逆師次杭州貝子曰逆賊甫叛而即寇浙是以浙爲藩籬也欲平閩必先平浙平浙必先平台台平而後取溫入閩勢如破竹矣康親王大喜嘉納九月貝子統兵赴台將至嵊聞郡城敗回之賊復陷嵊縣貝子曰嵊紹邑也介于杭台我前而彼後其能兩顧乎命參將滿進貴知府許宏勳知縣張逢歡急發兵殲之撥兵一千授以方畧凡殺賊百餘其黨分竄石山頭官莊溪頭上王蔣岸橋裼長橋等處貝子命把總馬國常防守縣城而檄參將滿進貴知府許宏勳都司王德輔守備周鳳滿明侯知縣張逢歡分路進攻一敗之于沼湖再敗之于崇仁富順等鄉三敗之于長樂太平開元等鄉斬首共一千八百餘級奪還俘掠無算釋良民民之被脅入賊者一千一百七十五人民慶更生而俞鼎臣趙亦賢等復合潰兵溯剡溪而上沿途劫殺貝子謂山谷險阻亡命依爲巢穴朝集暮散可計取不可力攻乃佯檄班師大合僚屬鼓樂侑飲賊偵知亦卸甲劇飲至二鼓密遣進貴等三路進擊賊倉皇失措生擒邱恩章等

九十餘人悉斬之貝子日治軍原以綏民弭盜不全恃武餘黨之盤踞于山谷者宜廣招徠勿草菅民命也宏勳等遵諭奉行遂有原任九溪知縣虞敬道考授州同知虞卿監生章尚策等深入賊巢開陳禍福一時齎僞勑率衆歸順者以億萬計而王茂公楊四等復結聯土豪連陷浦江諸暨餘姚等縣官兵討之大敗于紫閬山而貝子所遣夸蘭大張碩志又大敗王茂公于上虞之平家堡由是各邑之賊悉平按此則貝子之生全不僅嵊邑矣至擾攘除羣醜康靖海隅無關紹郡嵊邑者姑闕不書

王烈婦祠　在清風嶺烈婦臨海人宋末爲元師所刼嚙指血題詩嶺石上云君王不見妾當災棄女拋兒逐馬來夫面不知何日見妾身還是幾時回兩行怨淚頻偷滴一對愁眉怎得開遙望家鄉舊志作家園何處是存亡兩字苦哀哉寫畢投嶺下死血漬入石天陰

雨墳起如新元至治初縣丞徐瑞鑿石爲屋樹碑表之後五年僉浙東廉訪桂秉彝構屋四楹于石屋之南至正中旌曰貞婦十八年屋燬守帥周紹祖重建明詔有司春秋致祭後正統中參政俞士悦知府白玉重修成化十五年知府戴琥繼葺宏治十二年知縣徐恂新之萬歷五年知縣譚禮修前廳額曰元貞婦祠十三年推官陳汝璧按嵊飭縣萬民紀更新其宇改題宋烈婦祠　國朝康熙五十七年巡撫朱軾檄紹興府俞卿重修李志嘉慶十三年邑令沈謙紳士吳啟虬徐建勳等倡捐重修新纂　新昌潘晟記畧嘗觀國史與郡志貞婦

時宋祚已移元運將啟則此千夫長者乃提兵招郡縣之校雖多殺戮而上下名分畧定非復昔日馳逐之悍也以故烈婦諸所哀懇之詞於俘婦中得以自達防守雖嚴而驅逼少懈遂得乘間嚙指出血寫詩崖石間從容自墜而死曩嘉靖間余以南司成讀禮歸拜瞻祠下見父老爲言容美官兵追討倭寇若烈婦之神驅使之入祠者幸一舉而殲之余觀四壁血漬殆滿獨像座間無纖汚是烈婦耿耿勁節雖數百年後凜然使不敢近而况當時生存孰得而犯之乎此烈婦所以有祠也祠堂廡傾圮郡憲汚陽陳公過剡謁祠囑邑令南城萬君廓而新之撤其舊額改題曰宋殉與綱目書文陸諸人死宋者同時萬君初莅任遂倡率鄉人新其棟宇祠爲廳三楹柱石繚垣靡所不備庶往來瞻仰者一時改觀稱其崇祀矣余從剡人之請歷闡其幽以記之石

吳公祠　在望越門內祀知縣吳三畏置田三十三畝零　李志

喻公祠　在縣司旁祀明南京兵部尚書喻安性李因志改折南糧便民合邑建祠祀之張志

王節愍公祠　在縣署後月嶺下道光三年建新纂魏敦廉記畧公諱禹佐字之益明天啟間以選拔銓判保定駐居庸抵任即倡修學校朔望集諸生講學士皆化之決獄多平反八驚爲神居庸地僻屯使喜功概以墾田責之有司往事浮報新開派民一田兩稅公抗義陳之得免又請罷南口巡攔以紓商旅築三路城垣以固保障延慶均徭豪强欺匿小民苦之公竭誠編審豁逃亡者千餘居庸土木榆林三驛權使絡繹供應日乏公拒常例即以市馬多設行料嚴革乾折雖使客側目絶不少挫也時宣大告飢公奉命挽援餉十五萬民不擾而軍不譁大吏交章薦之調署昌平方五日大兵從天壽山後攻州治公率兵民奮勇登陴抗拒七日忠憤愈激督撫連檄調回公慨然曰關有重兵而州無守備我爲其易誰爲其難羽書再至不受丙變起城遂破囑中軍顧震曰城亡與亡若

為我持二印投署井矢志不屈及死呼老卒覆以衣目乃瞑子國宣中軍顧震同殉焉事聞祭葬如例謚忠襄公忠義天成常書一聯于座右以自厲日顧持自節酬君父莫玷汚名累子孫又長于文著莅闕集二卷 國朝褒卹忠魂賜謚節愍入祀忠義祠今族人命瑶逢士逢源待璣燮元等即公誕生之所建專祠逢士助基待璣復為建華表于縣之北門外云

節孝祠 在縣治百步街東 國朝雍正五年知縣張淞奉文建省志乾隆五十三年知縣唐仁埴遷寶性寺東新纂

王右軍祠 在孝嘉鄉金庭禪院左後裔祀焉張志下同

石眞君祠 在孝嘉鄉沃洲石氏宦歸有浮石附舟行數百里怪之奉歸立祠累著靈異神乩自撰碑文

白雲祠　在金庭白雲洞祀昇仙王子晉李志

靈濟侯祠　在縣東門外迤東百數十武宋時建祀潮神陳侯新纂　宋淳祐十二年勅巨浸所稽視無端倪洶湧澒洞窮東極西於是而能洄洑狂瀾迄無吞嚙非神之功豈人之力式俾侯爵聊慰輿情特封善應侯奉勅於右　寶祐元年勅兩浙洪水爲患尤深幸錢唐潮神靈濟侯大顯神通逆風退浪不壞民居不傷民命祠宇臨江水波不入嚴衢近郡亦賴保全是用重褒封號旌異靈聰宜改善應侯爲協惠侯載諸祀典　宋俞浙祀剳之浦橋有祠曰陳侯諱賢者生于乾道戊子歿于紹定庚寅旣歿禦災捍患所在響答至端平甲午以木戰助王師收金兵于蔡州封靈濟侯咸淳壬子以厭殺浙東南大水加善應景定庚申借潮浙江航貴人輦婴加協惠此其事卓異載在祀典人所共知也又有異者人歿爲神有之未有生而從事幽冥以濟物者也侯生稍長不問晝夜遇假寢輒神游江海閒拯護舟楫或爲人驚悟則歎曰壞一舟矣每祭潮神侯與焉寤則哇所享牲

肉錢唐行在所恃堤岸以捍江潮嘉定庚辰潮怒嚙堤由侯潮門抵新門潰突不可遏朝廷命有司起徒卒僇力畚鍤隨築隨毁相顧無措召侯問計侯呼江神祭以三牲喻以關係利病潮勢即折而東行未幾西岸擁沙成阜畚鍤就緒而長堤屹若山繞矣嘗欲傳其始末一日剡之鄉人趙公炎來道侯之孫某將築亭墓上奉時祭求文爲記憶吾少時舟行浙江中流浪湧幾覆篙工仰天呼侯數四浪輒平舟獲濟吾時嘗有祈禱之語久未克償今之觸吾衷者侯其速吾文以償其願與遂記之　明洪武十七年增建於邑之南門成化二年知縣李春重葺十三年縣丞齊倫拓大之嘉靖二十三年詔有司春秋崇祀三十四年知縣吴三畏徙今所樹石坊以表之萬歷三年知縣朱一柏置祀田田三十七畝地六畝十五年知縣萬民紀更拓之康熙四十八年燬僧祖來建未竣復

燬乃去繼者僧岳宗假建祠名私售祀田雍正十二年邑紳士汪宗燦等呈知縣傅珏仍請祖來住持重新殿宇復還祀田襄其事者其徒傳月成宗也李志乾隆五十七年知縣周丕捐葺李志府各鄉崇祀甚多維浦橋爲侯生長死葬之地前明史氏建祠奉祀國朝嘉慶十年知縣陸玉書因陳氏子孫訐訟廟貌將頹諭令史氏重修二十五年知縣葉桐封復令史氏子孫世修之新纂邑令葉桐封記歲已卯夏余忝蒞嵊邑公餘取邑志觀之見侯護國佑民之功心竊慕焉然以未得侯故里爲憾庚辰夏因公務出城西浦橋詣侯廟瞻侯像讀陸君玉書募建侯廟引知浦橋實侯故里廟本史氏創修後因侯之裔陳子榮訐訟吳君斷子榮經理致廟圮壞幸陸君

見廟心惻仍諭史氏立董合邑捐建并捐俸首倡俾今臺殿門廡黝堊丹漆極輝煌者實陸君與史氏之力也夫古來善始者實繁克終者蓋寡余今嘉陸君美意又喜史氏之相與有成焉爰爲之記并述舊碑所載立廟緣起云廟始于前明侯之孫築亭墓上至嘉靖壬子紳士史國卿史立鐵集義創建萬歷丁亥紳士史超元史孝則史孝保等復爲創造廟貌一新

國朝乾隆二十二年紳士史聖忠史敬節等拓舊址而恢宏之茲紳士史節芹史俊節等尤能將已祖碁春起彝塋田蕻築殿階復留餘地以爲坦道前後數百年間捐建者不乏人而史氏世爲領袖贊成亦可見史氏之不忘神功能繼祖志以有今日也後乎今者嗣而葺之擴而大之則尤今董事之所深願亦即余之所厚望也夫

它山祠　在南門外明嘉靖初建北向　國朝順治間徙城下南向張志

張陳二侯祠　在南門外即陳侯故址邑人以二侯捍

水患有靈立祠祀之　國朝順治間南埠杜端宋龍等重修李志一在四十七都甘霖鎮道光乙酉里人重修新纂

龐蕭二公祠　在應台門外祀明巡按龐尚鵬巡撫蕭廩以知縣林森朱一柏配今廢張志　李志嘉靖四十五年巡按御史龐公尚鵬均平額坐雜三辦銀力二差蘇東關遞役萬歷十二年巡撫都院蕭公廩檄縣禁革糧里長折解及見面禮等弊百姓祠祀之

施公祠　在應台門外祀知縣施三捷後士人僭供大士像而祀公像於側李志

陳公祠　在四十都杳溪周志祀宋龍圖學士陳襄以論

王安石呂惠卿專政斥歸過嵊訪邑令過昱嵊人祀之李志下同

姜仙祠　在清化鄉明萬歷丁未知縣施三捷以禱雨驗建按神名洪禱雨輒應所施雨率大如注連日夜不休諺云姜公放雨葫蘆傾底萬歷間知縣施三捷禱之驗爲建祠焉

應公祠　在桂巖里居人祀其祖宋知縣應彬

佑順侯胡侍郎祠　在縣西五十里繼錦鄉周志宋胡廷直赫靈廟記廷直四世從祖尚書兵部侍郎保定公于婺州爲鄉里其生也利有以惠之其歿也功有以庇之婺之人廟公于方巖歲時奉祭甚謹鄰境別祠又甚多宣和中盜起清谿保險方巖恃祂水以濟一日盜首魏九夢神人飲馬于池明日水涸盜懼遂降廉訪使王導以聞封祐順侯倉卒不審止用方巖神奏而

逸其姓氏衢婺之人凡厥祀事板祝旗幟皆寶公爲祐順侯從舊也繼而闔邑士民狀于有司力請正名紹興三十一年廷直爲建安縣丞遂請于上朝廷可之賜廟曰赫靈嘉泰志宋兵部侍郎胡則婺之永康人嘗奏免衢婺身丁錢民被其賜廟祀于衢婺之間無慮數十胡歿于慶歷中廟初未有封爵永康之民因宣和中封方巖神爲祐順侯牽合以爲胡侍郎凡婺州境內皆以祐順爲名故嵊亦承誤李志據胡廷直記則方巖神仍侍郎也此云誤或亦因奏請時止稱方巖神耳今附正之

葛仙翁祠　在太白山有丹井藥竈萬歷府志

尹和靖祠　在縣治東紹興中尹焞乞致仕其壻邢純迎養於越第四世孫仲熙仲亨遷剡立祠祀之李志

靈祐侯祠　在永富鄉吳赤烏二年建李志相傳神嘗令邑有美政民尸祝之宋宣和間睦寇入境焚掠甚慘

一夕驚見神兵卽反戈自殺永富崇仁二鄉以全紹興十一年上續于朝賜額乾道九年邑諫議姚憲率鄉社請之省寺封靈祐侯張志

仙君祠　在游謝鄉仙君卽靈運也　國朝嘉慶六年因舊址狹隘改建于楊坑橋之北新纂下同

忠孝祠　在清化鄉祀宋定城縣尉殉難張愻明孝子張燦

寺觀附菴亭

瓊樓玉宇仙子長生法苑珠林佛光普照方外之行蹤其在寺觀乎嵊多山水洞天福地之勝金庭白塔之奇並憇緇黄馨香二氏每過石壇蘭若尋千年之丹竈聽百八之鐘聲不覺塵心頓釋也志寺觀

惠安寺　在剡山之陽舊曰般若臺寺又曰法華臺寺晉義熙二年天竺國有高僧二人入金華師道深弟子竺法友授阿毘曇論一百二十卷甫一宿而誦通道深遂讚法友釋迦重興令先授記遂往剡東岬山

復於剡山立般若臺寺唐會昌廢咸通八年重建改法華臺寺天祐四年吳越武肅王改興邑寺大中祥符元年改今額十道志曰西臺寺今法臺寺是也寺有上方軒聰與谿山對極高明之眺昔獵士陳惠度射鹿此山鹿孕而傷旣產以舌舐子身乾而後母死惠度棄弓矢投寺出家後爲名僧鹿死之處生草號鹿胎草寺有灌頂壇又有增勝堂寺僧彥强所居剡錄舊本有應天塔幽遠菴元至元中寺廢明宣德中僧永寧重建景泰中僧巨源修應天塔并建山門寺有棲雲宿雲房宏治二年僧廣達建翠寒亭萬歷府志嘉靖

十七年殿燬僧道玞智方等重建三十五年僧惠宗
造山門隆慶三年僧智佩等建觀音閣石磴闌干及
更衣亭今皆廢　國朝康熙間僧明超重建觀音閣
嘉慶六年劉大道大宗大成曁僧會司濤圓等重[蔡志]
建左右兩廡并韋馱殿[新纂]
實性寺　在縣治西二百五十步唐乾元中建號泰清
院會昌廢晉天福七年重建宋大中祥符元年改今
額[嘉泰志]　寺在剡山之麓後歸併下鹿苑寺明永樂十
一年復建宏治三年再修葺嘉靖初縣令呂章慶之
周通判震遂佃爲宅已而悔焉萬歷二年復捐爲寺

萬歷府志更建獅子菴爲寺下院又廢　國朝雍正十三年僧純學重建李志彭富實性寺記寺椒自唐有賜田饒甚嘉靖中邑令呂章以私恚毁寺徙祝聖牌伽藍像于下院三峯莊僧亦寓棲以供額租然寺名卒不可沒而寺之隙地爲周君震佃而得焉遂治爲宅居三十年周君後爲衡州别駕歸謂其子夢秀曰晋唐名賢如王内史陸宣公皆捨宅爲寺余乃佃寺爲宅負不義之名汝必復之而平湖陸司寇胥峯與周君同年善聞而義之移書贊决會冢宰大理卿五臺自南容寄歸俸金以供廿旨公遂捐金以助贖寺之廢田而歸僧萬歷二年冬周君寢疾會其族而屬之曰吾願及見寺之復也于是周生立以其宅并買傍近地請復爲寺以狀來白予瞿然嘉歎判而復之爲之記屬新嵊令譚君禮勒之石

圓超寺　在縣治西二百五十步舊在剡山之巔奉觀音大士曰靈鷲菴晋天福末年號奉國院宋大中祥

符問改今額明永樂十一年僧法濟復建宏治元年提學副使鄭紀命徙于今所而空其址　國朝雍正八年張宗渭同釋遠山重修李志　道光四年張開炎登榮等重修新纂

鐵佛寺　在拱明門外明崇禎間盧吳二姓捨基捐建國朝康熙年間燬于火鐵佛如故供以草廠名曰鐵佛廠乾隆十二年僧朋山募資重建四十六年僧福田建大悲閣五十四年僧慧明普利建東側廂道光七年僧一敬重修同前　按鐵佛鑄于唐貞觀間背有尉遲敬德監製字蹟

會流寺　在拱明門外明萬歷間丁澄宇建

普安寺　在縣東二十里白雲山相傳西域寶掌禪師攜貝葉經至此宋元嘉二年建會昌中廢後唐清泰二年重建宋景祐二年有德韶國師召對稱旨詔賜今額御置田地八百畝山六十畝後廢明正統中魏胡二姓重建後廢　國朝康熙元年釋智琮里人捨資重建徒德機增建方丈及東西兩側百餘間恢復寺產有寶掌泉洗鉢池白雲亭諸勝同前　按貝多葉經二十五翻邑淡黃長尺廣二寸中貫以線兩面寫葉光潤可愛字類西域書現存寺中

福山寺　在縣東二十五里晉天福二年建號報恩寺宋大中祥符元年改福感寺明萬歷三年重建　國

朝順治十年僧智音重修改今額晉石氏墓像在焉李志下同

寶積寺　在縣東三十里後唐長興四年建興德院宋大中祥符元年改賜寶積院舊傳永嘉郡護法寺僧智喜善相山自四明至此築庵未幾邑人錢氏爲創寺云

資福寺　在縣東二十里唐乾元中建後圮晉天福二年重建　國朝康熙五年住僧惠敵等新之李志道光四年僧月亮重建大殿新纂下同

華藏教寺　在縣東二十里晉開運二年僧茹蘭建名

雲峯院宋大中祥符元年改今額明景泰中重建李志

國朝嘉慶年間僧茂盛重建大殿新纂下同

顯聖寺 在縣東四十里后山莊明里人竺彬宇建

國朝乾隆間僧瑞先重葺

尊勝寺舊縣志作尊聖寺 在縣東四十里宋元嘉二年建號厚山院唐會昌廢咸通十一年重建久之又廢晉天福六年重建宋治平三年改賜尊勝院嘉泰志

上乘寺嘉泰志作安福寺 在縣東六十里梁永明二年建名安福寺唐會昌五年廢宋景福元年重建改今額李志

法祥寺 在縣東七十里宋元嘉二年建號延福院唐

會昌廢後唐清泰二年重建宋大中祥符元年改法
朗寺又改法祥寺明爲教寺今廢李志寺踞山山勢秀
拔寺之後有峯曰獅子頂張志
石屋禪寺　在縣東四明山　國朝乾隆八年僧恒傳
自天台來居石巖中焚修募建因名曰石屋禪林三
面倚山石壁千丈靈陗幽峻前爲第一樓西瞰百里
外山水雲物晦明出沒變幻不可名狀山腰有洗心
亭上林莊監生張克昌建新纂
上金鐘寺　在四明山三朵峯下漢平子捨宅建施山
爲祝聖香燈元廢　國朝順治間僧元契重建康熙

庚申閩僧雪崧恢復寺產李志下同

下金鐘寺　在四明山下

清隱寺　在縣東七十里唐大中七年建名三峯院宋治平二年改清隱院明改爲寺嘉靖中燬萬歷二年僧曾奇重建觀音閣左右三峯鼎峙中有龍池有靈龜金線文蛇龜蛇見則雨初創寺時塑佛像壓鎮池上每風作佛座下湧水泛濫後遷龍神于寺北十里外峻山有池水處至今禱雨者趨之張志　國朝嘉慶十六年住持僧普利徒融化重修復建禪堂一所新纂下同

天興寺　在應台門外一里　國朝嘉慶間尼寶聚募

建

明覺寺　在縣南一十里梁大通元年僧智遠法師建號禪林寺唐會昌廢晉天福元年重建宋大中祥符元年改今額寺始營于長安老僧望見一處有靈光現遂遷之名其地曰光明堂後復聞前山有鐘鼓聲又遷之即今所前有燕尾峯右有獨秀峯左有龍池舊殿礎下有鰻井李志云相傳靈鰻大如椽腰首白色每見則必雨　明萬歷二年僧智榮重建張志　國朝順治丁亥僧淨地募邑人袁士阜建大殿改北向馬元宰建大悲閣于殿後李志　道光七年僧廣運重建大悲閣新纂

泰寧寺　在縣南四十里宋太平興國元年建號開明院大中祥符元年改空相院後改爲講寺明萬歷四年僧能震重瓶李志　國朝康熙初燬于火張史陳三姓及住持寄野重建改今額新纂下同

萬壽寺　在來白門外乾隆二十九年捐建

皇覺寺　在縣西六十里漢乾祐三年過楣建捨田四百二十三畝號仙巖院宋大中祥符元年改爲皇覺院今爲禪寺有遙碧軒張志

雨錢寺　在縣西二十五里傳者以爲齊永明元年安南將軍黄僧成家雨錢捨以造寺號錢房院梁天監

中改禪房寺唐會昌廢咸通二年重建改禪惠寺嘉泰志明嘉靖中僧惠輝新之　國朝康熙初僧淨地建大殿禪堂寮舍加高敞焉李志

報恩寺　在縣西十五里晉太康中開山掘地得古瓴有大同六年肇法師誌號唐乾寧元年重建號報德寺晉天福開運間僧遇明新之有開運六年杜司空拾茭池公據宋大中祥符元年改報恩院明洪武二十年重建爲講寺萬歷十年殿燬十四年僧成贖重建舊有菊花院閒遠樓雲棲樓周志

天竺寺　在縣西二十里晉天福七年葉仁贊捨宅建

鐘像皆有贊名寺後卽贊墓週圍皆寺業初號西明院宋大中祥符間改今額明景泰三年重建李志

大仁寺 在縣西四十五里晉天福七年相傳有姚氏女捨宅爲寺賜額資國大明院東有聖姑橋西有深坑宋大中祥符元年改大明院明正統十二年僧視超重建嘉靖中造鼓樓廢 國朝康熙八年僧法淨大歡重葺仍改資國後圮乾隆五十三年知縣唐仁埴令三都三十五六四十三紳士倡捐重建改今額嘉慶十年住持僧慧雲徒德明重葺大悲閣天王殿及鐘鼓樓新纂 按資國寺改爲大仁寺李府志重出資國寺是誤分爲二也

顯淨寺　在縣西三十里齊永明中建號清林寺唐會昌廢後唐長興元年重建宋大中祥符元年改今額寺在平輿中有八池水清美李志

定林寺　在縣西四十五里宋元嘉二年建號松山院唐會昌中廢晉天福八年重建有響巖龍潭宋治平三年改賜今額嘉泰志

靈巖寺　在縣西七十里唐乾符三年於茹蘭禪師伏虎歇食巖下古石門寺基上建有石門龍潭嘉泰志明隆慶中燬圯萬歷二年重建李志下同

上鹿苑寺　在剡源鄉宋元嘉七年有姚聖姑者赴下

鹿苑梵宫不納遂乘雲駕山止處有靈犬隨之遂立寺號披雲院唐會昌間廢咸通七年重構吳越王改名披雲寺宋易今額後歸併下鹿苑寺

下鹿苑寺　宋元嘉二年建號靈鷲寺唐會昌中廢咸通十四年重構宋治平元年改今額

普惠寺　在縣西五十里齊永明二年建名安養法華院唐會昌中廢乾符六年復建宋治平中改賜今額明洪武間歸併報恩寺嘉靖間殿圮實性寺僧殊謙重建

千佛寺　在縣西六十里長樂鄉乾隆五十一年僧寂

隱募建里人錢姓勷成之新纂

安國寺　在縣西七十五里晉天福七年建初名太平院宋治平三年改今額李志　國朝乾隆四十年災于火僧懷諤重建貢生劉純董其事新纂

平田寺　在西白山今廢李志

眞如寺　在縣西六十里晉開運元年建號寶壽院宋大中祥符間改今額元時廢明天順間重興嘉靖間僧能達智信又新之剡錄云白道猷行谿而來登山騣居之後人于山坦平處立刹四圍山林蔚茂峯巒峻拔澗溪遶寺張志

證道寺　在縣西五十里晉開運元年建號五龍院後宋治平間改今額元末燬高僧自道猷道場山有龍潭周志

戒德寺　在縣西三十里齊永明二年建號光德院唐會昌廢晉天福七年重建宋治平三年改今額元符間宣議黄頤拓產重建　國朝康熙九年僧淨地重建以土田併歸兩錢若下院然李志四十一年釋箭鋒重修乾隆三十九年釋正方洎徒覺菴重新前後正殿建東廂樓八間四十五年覺菴又建西廂樓八間五十二年暨嘉慶六年徒道南復兩葺之新纂

卯月寺　在縣西三十里唐龍紀元年王時儉捨宅建後爲法華接待寺明改今額萬歷二年王嘉客等合族重建李志

悟空寺　在縣西三十里後周廣順元年于古烏流寺基上建號保安院宋治平二年改賜今額嘉泰志

宣妙寺　在縣西四十五里宋元嘉二年建號崇明寺唐會昌廢晉天福四年重建宋治平二年改賜今額嘉泰志　明洪武中歸併下鹿苑寺嘉靖時又廢惠安寺僧惠綜鼎新之李志下同

超化寺　在縣北二里晉天福七年建號水陸院宋大

中祥符元年改超化院明景泰間重興崇禎乙亥寺基爲周司空墓邑人尹立文捐基捨田移建于基左國初僧行然葺按李志引明經周熙文曰寺門外有左邱壟枕石潛伏古木參差曰子猷林門內有塔曰留雲池曰放月西北一池則名一鑑皆戴安道遺蹟備載夏志而續修者脫略至大悲閣西額聽星餐霞東額問松青來則僧鐵峯暨行然建也又云略彴舊作略彴謂是安道攜酒聽鸝處

明心寺　在縣北五里唐顯德七年邑民蘇老賓請于錢氏爲僧院宋建隆二年陳承業又捨宅增建號黄土塔院治平三年賜今額慶元中翰林學士鄞人高文虎于寺側作寮廬後卒葬焉　國朝康熙九年僧

自度崧月重葺志李乾隆五十年寺僧復募修之新纂

龍藏寺　在縣北四十五里梁天監二年建號龍宮院唐會昌廢咸通十四年重建浙東觀察使李紳少年寓此肄業有紳所作碑存寺中宋大中祥符元年改賜今額嘉泰志元末廢明正統十三年重建嘉靖間廢僧能明復興張志有巨井深浚水色紺寒疑有蛟龍居焉又有老松如龍數百年物也萬歷府志

廣愛寺　去縣七十里吳赤烏二年建號德政院宋改今額尋廢明正統初重興張志下同

瑞峯寺　去縣七十里叔建莫考

佛果寺　去縣七十里[缺]建莫攷

法華院　在縣治東二百步唐龍紀元年建今廢

南巖禪院　在縣治東二百步唐龍紀元年建今廢

天屋禪院　在縣東北二十里許明萬歷十七年僧佛身建徒孫能富能仁置田百畝尋廢　國朝康熙十九年僧無二重建司李徐一鳴襄其事又燬僧自建

自亮葺

永昌道院　舊爲永昌菴在鹿胎山嶺喻一仲建喻少屏又於西側建屋三楹以祀三官李志今前爲雷祖殿更建後殿以祀斗姥新纂

永明禪院　在一都湖下張氏建　國朝康熙間僧知禧拓大之李志道光二年僧清一重修新纂下同

西明禪院　即道場巖萬歷丙子四十七都湖下莊張綱遊至道場巖見山明水秀可爲隱修之所遂創建焉并置田三十餘畝

白雲院　在四明山高堂明天啓間僧楚生建　國朝康熙戊申僧復新之張志

翠虬禪院　在孝嘉鄉以古松得名初號眞相祠王氏創僧仁祥智覺重建李志下同

解珠禪院　在九家邨　國朝順治十六年僧明淨實

德募里人過思美建知縣焦恒聲題額

瑞象院　舊在縣治東聯桂坊唐景福元年吳越王建後廢明萬曆四年黄尚國請于知縣譚禮徙建五十四都西嶺西捐地十餘畝平湖大理卿陸光祖給匾

玉虛道院　在縣西四十八都元張惀建裔孫文禮修

指西禪院　在桂巖　國朝僧智遠募應嗣稷建

永寧禪院　在餘糧嶺東康熙八年僧本頂創建置田二百餘畝地五十畝永爲接衆施茶費本頂新昌呂氏子也

桃源觀　在縣城東北四十里周志在通越門內　唐武德八年

建太清觀後廢漢乾祐三年重建仍改今額嘉泰志宥
山門兩廡大殿層樓按剡錄云吳越時有東都帖曰
桃源觀宮主靈逸大師陸契真乞以錢本回運香油
未審剡縣太清宮所彼三清大師作真聖宮北帝院
使用則是時太清宮尚存又與桃源觀別爲一區矣
萬歷府志明洪武十五年置道會司于殿左成化十二年
水入城頹圮宏治七年楊克明克誠等助捐建大殿
後楊蘊清允清等重修嘉靖三十三年提學副使阮
鶚檄知縣吳三畏建慈湖書院于道會司所後廢里
民改作吳公祠　國朝順治十二年知縣吳用光重

建張志

金庭觀　在縣東南七十二里孝嘉鄉道經云王子晉登仙是天台山北門第二十七洞天桐柏洞中三十五里見日月下見金庭壁四十里唐高宗時賜名金庭觀宣和七年改崇妙觀舊傳王右軍讀書樓爲觀初名金真館後改金真宮至宋齊間褚伯玉居此山三十餘年後游南嶽霍山復歸謂弟子曰從此去十旬當逝及期而終年八十有六原注史言齊高帝迎之辭疾勑于剡白石山立太平館居之與圖經少異真誥云上虞吳曇者得許承一瓢贈伯玉亡授弟子朱僧標歷代寶之可愛一斛唐先天

間遣女道士詣金庭觀投龍因見此瓢遂持以進今
觀之東廡有王右軍肖像又有墨池鵞池嘉泰志

應天塔　在惠安寺側梁天監二年建明景泰天啟間
僧巨元法瑞修　國朝順治二年雷震裂一角李志下同

按舊志應天塔爲梁天監二年建然塔上舊磚有永明二年永元元年及天監二年大同九年數年號考永明爲齊武帝年號二年爲甲子距梁武帝天監二年癸未有二十年之遠何以建塔時用其磚耶豈基于永明而永元天監大同修而成之後人僅見天監二年磚遂以爲梁時所建亦未可知

艇湖塔　在艇湖山明嘉靖二十四年知縣譚潛建崇
禎丁卯圯知縣方叔壯重建

萬鶚塔　在城東南巽位依城爲址高數級明萬歷已

卯知縣譚禮造三層丁亥知縣萬民紀嗣成之縣丞吳鷴鳴董其事稱萬鷴重成功也天啟辛酉圮

天章塔　在謝巖山縣治之巽方舊有天章亭前明知縣文典章建爲一邑人文所繫歲久傾廢　國朝乾隆三十八年教諭李增倡捐建塔其上仍其名曰天章邑人周光煒等董其事塔凡七級李府志

菴亭

市心茶亭菴　國朝康熙四十九年鄉賓喻允尊暨喻懷三徐道佐各捐基址慈芳菴僧謚言出資築室以施長茶允尊捐田七畝子恭劭捐田二畝零恭超捐

田七畝恭韶捐田二十五畝爲薪水費終年

明度菴　在城中清河坊明崇禎間兵備道王心純爲第四女建女生而髮白守貞不字故建是菴以爲潛修之所新纂下同

三修菴　在城東隅老義學前

福壽菴　在城東隅　國朝乾隆四十三年尼導貞建并置田二十五畝

幽遠菴　在惠安寺李志下同

永昌菴　在鹿胎山頂喻一仲建喻少屏又於西側建屋三楹以祀三官

棲賢菴　在瑞象院右尼法信捨奉觀音大士僧佛身塑周夢秀像於前殿署嵊教諭程克昌給匾周志

茶亭菴　在縣前李志　國朝康熙七年西隅史孝嘉創建并捐田四十五畝零給僧法印永爲施茶費新纂

紫雲菴　在北門內武安王廟後明丁永忠建李志下同

豹伏菴　在十九二十都　國朝康熙二十九年僧洪濟建置田二十餘畝

東屏菴　在十九二十都　國朝康熙十年生員張治建

善護菴　在十九二十都僧大昌重建三瑞亭五間新纂

靈源菴　在十九二十都明成化十三年建李志下同

芝興菴　在十九二十都徐廷芝建

慈芳菴　在東門外　國朝康熙三十二年李光華捨基僧德端建僧置俗捐共田百畝

康樂菴　在過港有身公塔

遠濟菴　在巉頭僧自相建以施茶並構木橋濟渡

永濟菴　在七都桃花渡　國朝雍正二年吳熙述設渡船於此因建菴募僧司事

並濟菴　在七都桃花渡　國朝嘉慶間棠溪吳肇奎與從姪吳宗傳因永濟菴舊費不支續置田三十畝

復設渡船一隻使菴僧司其事新纂

種玉菴　在八九十都　國朝康熙二十二年張茂遴建李志下同

勝樹菴　在陳家門坂　國朝康熙四十四年僧一聞置田二十畝其法嗣遜宗成章又置田四十畝

耕菴　在四明山大石厂上僧知遠建

滙流菴　在孝嘉鄉松溪水口王姓建撥右軍祀田十八畝并永思祀田十畝零以給施茶松溪渡等費招僧司其事新纂

毓秀菴　在孝嘉鄉諸生史景奇建李志下同

毓瑞菴　在金庭鄉邑人袁祖軻建置田四十餘畝

潛菴　在湾渡之屺山里人王心一建

西谷義菴　在十四都陳公嶺趾明王文高建以施茶

國朝道光六年裔孫倡捐重修增建路亭（新纂下同）

福慶菴　在八九十都明嘉靖間楊祖慶建置田六十餘畝　按李志祖慶卒葬菴側迄今寒食日僧與傳心菴僧邀其子孫爲墓祭云

崇信菴　在三都　國朝嘉慶間捐建置田五畝零道光七年棠溪吳之源捐茶田并塘八畝零吳之海捐田四畝零

傳心菴　在七都花鈿莊明嘉靖間楊祖慶建置田七

十餘畝　國朝乾隆十五年僧元睿重修嘉慶二十三年僧美泉重建前殿修葺後殿兩側李志與福慶菴俱作一都誤

桂林菴　在八九十都花鈿

建福菴　在十一二都　國朝順治間僧戒修建乾隆間僧清源重修置有田畝

歸雲菴　在十一二都舊名半山菴　國朝嘉慶間改今額

正陽菴　在十六都

復果菴　在十六都

普慶菴　在東郭莊設有茶亭

鎮福菴　在十五都嶺堂丁大望建

隱溪菴　在漁溪莊三十六都趙宅王尚明建置有田

地山園三十餘畝　國朝道光五年派孫重修

紫明菴　在五都李家洋莊

大慈菴　在七都明萬歷間里人捨基僧慧文剏建

國朝康熙雍正間僧貞顯祖來前後修葺後圯道光

二年僧永德重修西爲福壽居張茂仁舊建於筮節

鄉與室卜氏誦經之所後圯嘉慶間張一貫徙建於

此

永福菴　在八九十都

種香菴　在八九十都里人魏文僖建後廢　國朝嘉慶二十三年派孫重建

瑞麟菴　在八九十都　國朝乾隆間魏日文建置田二十八畝

普濟菴　在五都杜潭　國朝乾隆五十五年里人重修

松竹菴　柏菴　西菴　在五都

十方菴　沙地菴　在崇信鄉

清源菴　在八九十都庠生魏剛妻姚氏遵夫遺命建置田三十畝

爐峯菴　在十四都濟渡　國朝康熙丙戌年建道光六年里人重修

永慶菴　在七都棠溪吳姓建置田八十畝

成福菴　在十六都唐塢嶺

屛山菴　在縣東二十里湖濱魏氏建旁築路亭置田施茶　國朝道光六年僧明玉重修

慶餘菴　在八九十都東郭善慶菴側竹君泰建置茶田四十餘畝以濟行人

廣濟菴　在八九十都宕頭　國朝康熙間尹奇顯與張金兩姓仝建助田施茶

東明菴　在崇信鄉大屋莊葉姓建置茶亭一區

會雲菴　在八九十都白泥墈　國朝康熙間尹奇顯建大殿并茶亭助田施茶乾隆五十九年尹宜貴暨遠魁派孫重修嘉慶十九年尹姓仝僧宗亮增建東西側屋山門路亭

永福菴　在十六都松溪成李儲三姓建

臥龍菴　在嶀口臥龍山貢生王徽弦建并置田百畝

建福菴　在十一二都　國朝順治間僧戒修徒圓悟行秀建乾隆間僧清源重修置有田畝

慶永菴　在八九十都　國朝康熙九年僧恒明創建

嘉慶二十二年僧月亮月果重建大殿

永清菴　在縣東五里中渡城鄉各姓捐建置田六十餘畝以爲中渡設船之費前爲通濟亭　國朝道光七年貢生吳之渭建

鳳翔菴　明成化九年史仕頌建

勝化菴　在八九十都下唐　國朝康熙十九年唐性童後裔捐建并置田地延僧住持雍正七年唐明秀續捐田產爲施茶之資

望台菴　在南渡　國朝康熙二十六年諸生宋大猷重建置田三十餘畝李志下同

藥師菴　在一都里人王廷玉建

隱修菴　在横塘橋莊新纂下同

嘉善菴　在八九十都

慧濟菴　在十六都

嚮積菴　在燕尾峯明嘉靖間僧三七厫萬歷間僧平山拓建之　國朝康熙初僧應徵海涵海覺增葺李志

天興菴　在金盤山　國朝乾隆癸亥僧玉瀛募建置田四十畝零新纂下同

永鎮菴　在五十一都嶺根獨山上　國朝乾隆間重建置田五畝零

福全菴　在五十一都嶺根下　國朝康熙間建

高照菴　在五十一都嶺根下　國朝康熙間陳啟高建

萬善菴　在五十一都西施巖　國朝嘉慶間葉士廉派孫建捐田五畝零

隆慶菴　在五十一都白巖　國朝康熙間張姓建捨田二十餘畝

廣福菴　在五十都萬歷間僧法盛建能華進道續置菴產　國朝嘉慶間顯峯重建大殿

寶林菴　在長樂鄉　國朝康熙間僧瑞明建里人共

襄成之李志下同

孝思菴　在長樂鄉明崇禎間里人錢進吾同妻邢氏女守光建以奉先故名

點石菴　在開元鄉　國朝嘉慶二十一年貢生錢珍建新纂下同

錢家嶺菴　在四十一都　國朝道光四年貢生錢釗建

普濟菴　在四十都三懸巖頂明洪武三年邑人屠氏捨基建李志　按周志並無知府白玉捐田三十六畝事後爲張志所增李志因之屠氏爲呂道素妻乾隆間錢呂二姓控訟不已知縣蕭起鳳審斷菴產聽住僧管守以爲永遠香火之費餘不得干預

以杜覬覦茲仍從周志錄之

月池菴　在縣西南七十里呂一耑建菴前有池似月故名新纂下同

永福菴　在四十四都前王　國朝乾隆間郭立瑞建

置田十餘畝

瑞林菴　在四十五都東張　國朝康熙間張濂文建

置田十八畝

餘慶菴　在四十五都黃泥山　國朝康熙間袁雷建

捨田十二畝

寶善菴　在四十五都塘頭周連二連三建

萬壽菴　在四十五都塘頭周明入思校思滿同建

望西菴　在四十五都塘頭　國朝嘉慶間僧俊榮建

永濟菴　在四十五都塘頭　國朝嘉慶間僧端理建

合璧菴　在四十三都

義渡菴　在四十三都上下沙地捐助置田十餘畝

護勝菴　在四十三都上沙地捐助置田二十餘畝

廣濟菴　在四十三都上下沙地宅根捐助置田十餘畝

刻石菴　在獨秀山

鍾秀菴　在四十四都下路西張克信派下重建

凝福菴　在四十五都宋家　國朝順治間宋松三派孫捐建并捨田十餘畝

保障菴　在長樂鄉金潭崇禎間過允益建

大悲菴　在長樂鄉金潭

響屏菴　在長樂鄉厚仁莊

毓秀菴　周伯鋭建

義渡菴　在開元鄉

秀水菴　在開元鄉

東濟菴　在開元鄉

永濟菴　在開元鄉周卜遠建

南橋菴　在四十二都周士豐與華初捐施田地當開元長樂之冲橋渡賴焉

放生菴　在西門外旁有觀音閣明周司空汝登建李志

同下

雨華菴　在逵溪一名滴水巖明萬歷間僧古愚建僧聖因聖由又於巖東建大悲殿並置田二百餘畝

晩翠菴　在逵溪　國朝順治間僧正信置地建

中隱菴　在二十五都　國朝雍正二年僧道元就廢址重建并置田供香火

福泉菴　在二十六都

顧復菴　在二十六都僧智淮建

指月菴　在二十六都僧隱西重建

高湖菴　在縣西明宣德中建

護福菴　在四十九都江田史起禎建

鎮龍菴　在五十三都和尚山　國朝康熙間竺姓建

捨田十餘畝新纂下同

迎福菴　在五十四都小磡趙清晗建

石井菴　在三十三都金大海建李志下同

白竹菴　在三十五都白竹莊

永寧菴　在五十四都里民趙昌之建

四顧坪菴　在三十三都今名永福菴邑人張爾熾重建昔湛禪師悟道處

慈雲菴　在下院莊　國朝康熙八年僧渠成置基建

華家塢菴　在三十三都僧佛完建

福勝菴　在四十九都白泥灣里人俞松建

秀峯菴　在二十八都行僧德錦建今其派最盛江浙謂之秀峯派

永思菴　在三十五都白竹裘師建置田十餘畝新纂下同

護龍菴　在三十五都白竹裘成美建置田十餘畝

積慶菴　在三十五都袁家袁德顯建置田十餘畝

水口菴　在三十五都星堂周岐山建置田十餘畝

廣福菴　在三十五都朱邨陳仁安建置有田畝

秀水菴　在三十四都溪西黄彌遠建置田十六畝零

鎮福菴　在三十四都嶺下張藎朋建置田十餘畝

迴龍菴　在三十六都陸家置田十二畝零

鎮龍菴　在四十八都楊橋陳操建置有田畝

望西菴　在三十四都范油車范東祖建置有田畝

崇前菴　在三十四都一名何家菴

迴龍菴　在三十四都丁家丁氏重建置田十八畝

報國菴　在三十四都下相夏必祐建

祖義菴　在三十四都下相夏勝修建置有田畝

水口菴　在三十六都新渥張林元建

永福菴　在三十五都沈郜沈姓建

永凝菴　在三十六都渭沙吳姓建置有田畝

龍濟菴　在三十六都趙宅王姓建置田十餘畝

迴龍菴　在三十六都趙宅王姓建置有田畝

護福菴　在三十六都下城陳聖標同室丁氏建置田十六畝零幷於甘霖鎮大廟捨茶田十畝零

法雨菴　在白沙地　國朝順治十七年史少泉妻馬氏建康熙丁亥釋省凡善賦詩知縣張逢歡顏其齋

日林泉託足李志

永盛菴　在四十八都雅堂置田十餘畝新纂下同

龍居菴　在四十八都雅堂置田十餘畝　國朝康熙閒金時壽妻胡氏建

鎮東菴　啟明菴　在四十八都後朱李仲昌建置田三十餘畝

福田菴　在四十八都東湖塘張鼎三建

邕河菴　在四十八都西金金張兩姓建

鎮東菴　在四十八都魏家橋張武德建

會善菴　在四十八都魏家橋張家積建

化成菴　在三十七都錢姓建置田二十四畝

樂善菴　在三十七都瓊田錢蘭一建置田十餘畝

崇福菴　在三十七都山口錢姓建置田三十餘畝

鼎濟菴　在三十七都山口錢姓建置田四十餘畝

永福菴　在三十七都下王張恩興建　國朝雍正間張氏重脩置田四十八畝零地十六畝山八畝零

鎮龍菴　在三十七都下王張舜卿建　國朝嘉慶間張氏重脩置田地十餘畝

望雲菴　在三十七都下王張珏建　國朝乾隆間張承恕重脩置有田畝

鎮東菴　在四十六都王箭坂袁姓建

鎮龍菴　在四十九都浦橋　國朝雍正四年史及隱天榮將祖僧菴基地捨建嘉慶二年史積和積洽等倡義重建

汭源菴　在昇平鄉明洪武間馬仁傑建

義成菴　在縣西二十五都　國朝乾隆間李則龍王晉範同建

四明菴　在二十五都汭源住僧靜傳創建

釣潭菴　在三十九都　國朝道光五年國學生邢洪貢生劉以觀倡捐廓基址重建各莊捐置田畝施長

茶

終慕菴　在太平鄉嘉靖間里人邢舜衡建

龍鷲菴　在四十八都范邨鷲山麓處士張爚建

國慶菴　在四十八都范邨竺昇建

陽强坑菴　在四十八都陽强坑山范邨張竺兩姓建

水月菴　在太平鄉明洪武間里人邢仕初建

永福菴　在三十四都　國朝道光七年邢克恕瑞芳同建置茶田以濟行旅

成裕菴　在三十八都　國朝嘉慶二十二年邢模建又建田祖廟一所旁築路亭以施茶

清化菴　在四十八都楊廟之左溪濱張以滔建舊名

長𡺚菴

崑菴　在黄箭嶺明嘉靖二十年黄茂回於菴前建路

亭一區施茶

法華菴　在三十四都徐家培駱漢臣等捐建并置田

畝以供香火

興福菴　在二十六都任張氏建

九蓮菴　在二十六都李家宅

靈山菴　在三十一都黄箭嶺下　國朝康熙閒黄蘭

一同姪尚學尚覺建

永福菴　西聖菴　在三十一都和尚菴董承祥承文建

煮茗菴　在二十九都崇仁五廟之西明永樂庚子裘惟忠建　國朝乾隆辛丑派孫重修

三慶菴　在崇仁鄉湖下張式鰲廉鈞式錟等創建捐田二十餘畝歸住僧收息以爲烹茗資

月心菴　在二十三都溪灘裘三貞建

永進菴　在三十二都小崑　國朝乾隆六十年馬行義建置田六十畝

定心菴　在星子峯下知縣王玉田捨基僧成恩建初

名剡坑庵後僧佛身徒法瑞拓大之　國朝順治九年僧本頂重建李志

星峯庵　在星子峯麓　國朝乾隆乙未邑人王秀春徐祖培捐建新纂下同

西嶺庵　在五十五都　國朝康熙五十年錢坤山建

甘露庵　在承寧院前明崇禎間里人童法建捐田三十畝施茶　國朝康熙七年僧本頂重葺李志

金峯庵　在二十一都　國朝康熙間僧元明自一建置田三十畝乾隆丁未僧立宗毓秀重建新纂

太平庵　在二十一都明崇禎間僧智和建茅房施茶

置田六畝後廢李志　國朝康熙間僧自一重建壬午沈繼美捐增茶房路亭又捐田十八畝會稽周榮華捨田五畝乾隆間改造太平亭癸丑沈鶴林重修新纂下同

延慶菴　在縣北四十里

擷秀菴　在五十五都董景隆妻鄭氏建

靜修菴　在北門外　國朝道光四年任朱氏募建朱趙氏助田五畝任朱氏自捨田三畝

迎恩菴　在北門外僧原宗建施長茶李志　國朝乾隆十一年趙華三派裔因菴址近祖墓捐貲重修并置

田畝新纂下同

碧雲菴　在五十五都　國朝康熙三十六年錢坤山建

仁壽菴　在二十一都　國朝康熙六十一年僧照臨建乾隆十八年沈姓徙址重建

西菴　在二十一都　國朝康熙初祝應相建乾隆元年重建置田三十五畝零

石泉菴　在二十一都

慈雲菴茶亭　在八九十都邑人張懷禮同繼妻儲氏置田十餘畝

白佛堂茶亭　在青山頭

朱鳴山茶亭　在縣東十五里　國朝乾隆間東林王桓凝捐建置田二十餘畝爲四時施茶之費

石蟹茶亭　在十一二都　國朝嘉慶二十三年丁道烈妻李氏建置田八畝

招福茶亭　在十三都晉溪姚源裕建

崇福菴茶亭　在忠節鄉貢生王世清捐建

石井龍亭　在忠節鄉貢生王啟豐倡建置田施茶

潮神廟茶亭　在縣東五里　國朝乾隆五十年建城鄉各莊共捐田一百三十餘畝歸廟僧收息以爲東

田畝新纂下同

碧雲菴　在五十五都　國朝康熙三十六年錢坤山建

仁壽菴　在二十一都　國朝康熙六十一年僧照臨建乾隆十八年沈姓徙址重建

西菴　在二十一都　國朝康熙初祝應相建乾隆元年重建置田三十五畝零

石泉菴　在二十一都

惠雲菴茶亭　在八九十都邑人張懷禮同繼妻儲氏置田十餘畝

白佛堂茶亭　在青山頭

朱隖山茶亭　在縣東十五里　國朝乾隆間東林王桓凝捐建置田二十餘畝爲四時施茶之費

石蟹茶亭　在十一二都　國朝嘉慶二十三年丁道烈妻李氏建置田八畝

招福茶亭　在十三都晉溪姚源裕建

崇福菴茶亭　在忠節鄉貢生王世淸捐建

石井龍亭　在忠節鄉貢生王啟豐倡建置田施茶

溯神廟茶亭　在縣東五里　國朝乾隆五十年建城鄉各莊共捐田一百三十餘畝歸廟僧收息以爲東

田二十餘畝
永濟茶亭　在四十四都小嶺頭周郁大溪西景山合建
廣濟茶亭　在四十四都湯家嶺
大邱巖茶亭　在五十一都　國朝道光五年陳忠文建置田六畝零
石門茶亭　在五十一都白巖　國朝康熙間張姓建置田四畝零
墅屋坪茶亭　在三十九都劉達明建
細路長茶亭　在三十九都　國朝嘉慶間邢宗望建

秀水菴茶亭　在四十八都支鑑路國學生史義和建置有田畝

四通茶亭　在三十四都夏相宋繼述建置有田畝

嶺下茶亭　在三十四都嶺下張球建置有田畝

石屋茶亭　在三十四都石屋　國朝乾隆閒樓大名等倡捐合建

千佛巖茶亭　在四十八都雅堂金肇桐建置有田畝

新路茶亭　在三十七都瓊田　國朝道光六年諸生錢允升暨弟允功建置有田畝幷修砌道路行人德之

聽泉亭　在三十七都瓊田舊名聽泉樓　國朝順治間建後圮嘉慶十八年邑廩生錢登鰲暨諸生登昌登三允升重建改今額

聽松菴茶亭　在三十七都錢晴山建

點石茶亭　在縣西石佛橋　國朝嘉慶二十一年貢生錢珍建置田十一畝零

增福茶亭　在四十八都馬槽岡范邨張竺二姓建

張家山茶亭　在四十八都范邨東爲西北各莊要路舊有亭久廢　國朝道光五年貢生張讀倡捐重修并捐田以給茶費

永福茶亭　在四十八都范郵竺一應氏建

普濟茶亭　在四十八都溪濱置有田畝

惠泉茶亭　在桃源鄉甘霖鎮　國朝道光五年里人重修捐田延僧烹施

化成茶亭　在桃源鄉　國朝嘉慶十三年顯淨寺僧端理建

龍吟茶亭　在永富鄉龍吟崗　國朝道光七年捐建

小休亭　在北門外　國朝道光四年朱貴元重建置田十畝爲施茶費

永濟亭　在北門外　國朝乾隆五十四年監生袁國

輔建邑令唐仁埴有記道光六年監生張萬年重建

了溪茶亭　國朝道光三年監生張萬年倡建捐田十一畝

望剡亭　在三界南烏龍山麓　國朝道光二年僧静修建

普潤茶亭　在二十一都　國朝康熙間沈繼美等捐助置田三十畝零以給茶費嘉慶丙子沈日華等又建涼亭三楹以憩行旅

太平亭　石山亭　清風亭　俱在二十一都

墓域附義塚

周禮冢人掌公墓之地辨其兆域而爲之圖墓以人重也剡邑溪山秀異前人游宦卒葬一坏宿草疑以傳疑荒煙落照間猶得尋殘碑廢壠以想見其人不亦考古之一助乎因增輯舊志而以義塚附之志墓域

漢

會稽太守朱買臣墓　在縣北六里有石羊買臣吳人墓在剡可疑然暨陽有買臣書堂及祠錄剡

按嘉興縣志漢朱買臣墓在縣東三里東塔寺後歲久湮廢明嘉靖間知縣盧梗爲題石碑至今猶存世

傳買臣墓不一隋唐嘉話東封之歲洛陽平鄉路北市東南得石銘漢丞相長史朱買臣墓又虹縣夏邑縣俱有買臣墓今嵊縣復有墓是四見矣買臣吳人則墓在嘉興者近是又李志云買臣西漢時守郡有破甌越功郡人多立廟祀之上虞洗硯池俗謂買臣遺跡已不免附會至指墓爲在嵊則尤誤矣

晉

東陽太守阮裕墓　在縣東九里裕以疾築室剡山徵金紫光祿大夫不就卒葬此李志下同

右軍將軍王羲之墓　在金庭瀑布山又名紫藤山僧尚杲爲作墓志

按孔奕記右軍墓在諸暨苧蘿山孫綽作碑王獻之書碑亡已久或云在會稽雲門山智永傳云欲近祖墓便拜掃移居雲門寺則在雲門者近是然今雲門無其跡也永師爲右軍七代孫雲門或其別祖墓云

山桐公墓　在縣東過港有高塚世傳以爲謝氏祖墓
郡志稱小相公墓
處士許元度墓　在孝嘉鄉濟渡邨盖元度居濟渡卒
葬焉
宋
處士戴仲若墓　在縣北一里王僧虔吳郡記曰仲若
死葬剡山有後人所立石表梅聖俞寄剡縣主簿詩
應識道旁碑因風貿醪醴王梅溪詩千載戴公墓三
字道旁碑紹興二年宰范仲將爲作享堂于墓下堂
今不存嘉泰三年四明樓鑰爲書本傳立碑於道左

嘉定八年令史安之重建墓亭以修時祀復於亭左右繪剡中先賢像剡錄元至元二十一年縣丞汪庭作雪溪精舍於墓左置田八十畝以供祀事明宏治十三年知縣徐恂重建墓亭浙江通志周山墓亭紀畧令徐侯尹吾嵊幾三載訪求先賢遺跡得宋處士戴公之墓于城北通越門乃與寮寀謀謂戴公清名高節著當時聞後世不幸饋奠無主而墓在斯土鞠爲茂草實我長民者之責也欲爲之作亭於墓前以棲其神可乎寮寀皆曰善于是度匠作工徒之需木石陶甓之値作亭三間丹堊炳煥肇于二月之望不百日而落成焉

齊

徵士褚伯玉墓　在縣西白石山今名西白山南史齊高帝於此山立館居伯玉伯玉常坐一樓及卒葬焉

李志下同

邑令張稷墓　在獨秀山白泉塢

梁

侍中張嵊墓　在獨秀山稷墓旁

尚書漢昌侯朱士明墓　在桃源鄉烏榆山

宋

靈濟侯陳侯墓　在縣西浦橋之上德祐十二年其孫某築亭墓上奉時祀侯墓去家百步而近弟某附焉子九人第三子無乍神功濟物雅有父風信非修爲方術所可與能也侍御俞浙記新纂

邑令宋宗年墓　在大洋李志

翰林學士高文虎墓　在金波山麓子似孫葬父墓旁李府志

上舍吳大有墓　在縣北戴仲若墓左李志下同

邑令蔣志行墓　在北門外一里有石碑

知臨安府求元忠墓　在禮義鄉蓮花山

知光州求多見墓　亦在蓮花山石獸猶存

平章王夢龍墓　在蛾眉山五十一都寶溪其祖迴墓在五十二都鳳凰窠俱新昌人周志

祠部石麟之墓　在昇平鄉嘉泰會稽志下同張志以爲昇平鄉不可考

兵部尚書石公𤥽墓　在仙山按張志以爲不可考新昌志作烏榆山葢兩石公俱新昌人浙江通志引會稽志存其墓張志附見于注內李志不錄今從通志增之

姚參政墓　在縣北靈芝鄉李志

舊府志云姚太師舜明墓在諸暨長寧鄉今日參政墓者疑其爲祖墓耳許汝霖曰姚世居剡後遷諸暨葬宜在彼嵊或其祖墓生參政者故人呼參政墓云

樞密院副使王銍墓　在縣北四十五里花山新纂

姜參政墓　在福勝潭宋理宗朝賜祭李志

單崇道墓　在棲賢山李府志下同

定城縣尉殉難張愁墓　在清化鄉靜居菴側

處州簽判忠臣陳聖墓　在八九十都花鈿飛鳳山新纂

元

華疇居士張爚墓　在清化鄉錦被　李府志下同

單庚金墓　在蔦竹飛鳳山

國史編修許汝霖墓　在縣東十六都騎龍山　新纂

明

邑令高孜墓　在星子峯下　李志

漢陽知縣單復亨墓　在大墓山　李府志下同

孝子王瓊節婦石氏墓　在十四都蟠龍山

孝子喻祿孫墓　在縣北張墅山

信武將軍河南路統軍使魏謙甫墓　在八九十都筵

節鄉龜山新纂下同

通政使任和墓　在二十二都靈芝鄉

保定通判殉難王禹佐墓　在峨嶠山南崇禎間賜祭葬子國宣附李府志下同

戶部侍郎周汝登墓　在城北超化寺右崇禎間賜葬

工部郎中周光復墓　在城南五里鋪

兵部尚書喻安性墓　在縣東石屏山李志下同

王監司墓　在香爐峯

國朝

邑令楊學嗣墓　學嗣艮鄉人舉人康熙三十六年任

卒于官柩不能歸遂葬星子峯後令於寒食日特設牲醴委典史行禮歲以爲常云

連枝墓　在鳳凰山張志裘德璋妻章氏仲弟德璇妻費氏季弟德瑜妻沈氏二十九都人娣姒相親賢于鍾郝璋爲仇拔配雲南曲靖衛不回璇攜瑜子釋安往探俱病死金陵之瓦屑壩章費以節終合葬鳳凰山後沈卒亦願歸姆氏夫瑜從其志三氏遂同墓墓上一木連生三枝人奇之稱曰連枝墓

義冢　在東門外新河之左往年以造塔餘貲建牆垣未備不免芻牧崇禎年間因洪水冲塌知縣劉永祚祠置立碑曰漏澤園又北門一處西門一處西嶺頭一處康熙初巡撫范檄縣建廣孝阡於北門外李志

按嘉泰志宋熙寧三年有詔收葬枯骨凡寺觀旅櫬二十年無親屬及死人之不知姓名乞丐或遺骸暴露者令州縣命僧主之擇高原不毛之土收葬名漏澤園周以牆欄庇以土地所宜易生之木人給地八尺方磚二刻元寄之所知日月鄉里姓名者併刻之露骨者官給轜葬日給冥鏹及祭奠酒食墓上立峯有子孫親屬而願葬園中者許之給地九尺已葬而願遷他所者亦聽郡縣官違戾弛慢皆置之法有司奉行頗過至有分爲三園良賤有別又葬日及歲時設齋醮置吏卒護視守園僧以所葬多爲最得度牒及紫衣遂有析骸以應數者久之始詔裁損自軍興多故遂益弛中興後郡縣或自以意廣朝廷惠澤至今爲利顧炎武日知錄漏澤之設起于蔡京不可以其人而廢其法

西橋嘉慶二十四年齊邦泰吳紹祖丁國清等捐置義塚田地二十畝零并設公濟局以理其事新纂下同

西二圖路田下坂第四十八號地一畝正在西關外

太祖廟前西隅周伯華置

西三圖路田下坂第四十五號地二畝正在西嶺上

首知縣周鎬置

長樂鄉四十一都瓦窰坂第八號山併四畝五分正

貢生錢豪置

太平鄉三十八都層榮坂第一號山一畝五分又三

百九十號地一分石碑監生郭君實置

永富鄉蕪地岡坂土名龍唫山裘慶富置　楓木上

坂第一二三四號山拆一畝四分五釐坐瓦窰山

之麓張澄源置

古蹟附古物

緑苔生閣蔓草爲墟曩哲風流動成陳蹟滄桑之感有自來矣剡地多名勝其間城郭山林園亭臺沼仙靈之所窟宅賢達之所登臨皆在若存若亡若摭實若附會之間風徽渺已低徊久之王右軍所謂與感之由若合一契者也用輯舊聞以廣睹記志古蹟

阮肇宅　在縣南十里李志作五里　阮仙翁廟肇故宅也寶慶會稽續志

王右軍宅　在縣東七十里金庭山義之既去官與東

士人士盡山水之游弋釣爲娛南齊道士褚伯玉置金庭觀觀之東廡有右軍像及墨池鵞沼在焉李府志按嘉泰志引闕帖中宅圖帖云近令送此宅圖云可得卌畝爾者爲佳可與水近共行視佳者決便當取問其價似即此宅蓋在郡日遣人視者設在蕺山則無須圖矣卌者四十字省也後捨讀書樓爲觀觀之東廡有右軍像及墨池鵞沼在焉古志亦謂其子孫世居金庭之側楊蟠詩空山寂寞人何在一水泓澄墨尚新

戴安道宅　在剡源鄉有戴溪後徙桃源鄉其邨多戴姓號戴邨其遺氏也又孝節鄉有別業遺址其地稱逵溪宏治志郗超每聞欲高尚隱退者輒爲辦百萬資并爲造立居宇在剡爲戴公起宅甚精整戴始往舊

居與所親書曰近至剡如入官舍世說

許元度宅 在孝嘉鄉晉許詢愛剡山水自蕭山徙居此李志下同

謝車騎宅 晉車騎謝元宅按李志引水經注浦陽江自嶀山東北逕太康湖車騎將軍謝元舊居所在右濱長江左傍連山平陵修通澄湖遠鏡于江曲起樓樓材悉以桐梓森聳可愛居人號爲桐亭樓樓兩面臨江盡升眺之趣蘆人漁子汎濫滿焉湖中築路東出趣山路甚平直山中有三精舍高甍凌雲垂檐帶空俯眺平煙杳然在下水陸寧晏足爲避地之鄉郡志列入上虞十道志曹娥江始名浦陽則車騎之宅明屬上虞矣周志于寓賢下注謝元居始寧屬上虞而猶系嵊姑從舊志今仍之亦疑以傳疑而已茲考郡志桐亭樓仍繫剡也

張忠貞宅 在桃源鄉爲梁侍中開府儀同三司謚忠

貞張嵊遺址夏志下同　按忠貞世居珏芝里其裔孫文彬徙居秀異坊

姚太師宅　在永富鄉爲宋太師開國男姚舜明遺址

李易宅　在貴門里宋給事李易當宋末隱于剡中二寓獨秀山下有卜築詩

王銍宅　在靈芝鄉銍忤秦相檜去職居剡自號雪溪居士

杜御史宅　在西隅明御史杜民表所居民表忠孝廉節風儀百世過其廬者輒多憑弔去李志下同

周侍郎宅　在西隅明侍郎周汝登所居四方問道者多造焉

喻尚書宅　在西隅明尚書喻安性謝職家居于此十餘年杜門謝客不預外事世爭重之

謝靈運山居　在石門山又過港有康樂鄉亦靈運遺蹟按舊志載北海馮惟訥曰靈運幽居之志猶以山南石壁爲未深故又卜此新營所住四面高山迴溪石瀨多茂林修竹蓋當時以嶀山爲南山東山爲北山也

阮光祿居　本傳阮裕居會稽剡山志在肥遯

朱放山居　放隱于剡溪徵辟皆不就唐書

王緒舊居　唐王緒居剡一曰王公別業李志下同

袁稠故居　一曰家林按夏志在剡溪

吳處士故居　在溪嶼

王翁信舊居　在嶀浦

獨孤處士山居　在嵊何山未詳剡錄

許汝霖山居　在十六都東林錦山下舊志未詳今查其地屋已成墟子姓多徙他所而遺蹟宛然土人猶號許府基云新纂

李紳書堂　在縣北龍藏寺側紳少年肄業於此夏志

接山堂　在鹿苑寺後宋時建李志

翔鳳堂　在縣簿廨宋建夏志

增勝堂　在惠安寺後宋時建李志下同

脩山堂　在圓超寺側宋時僧法濟建

高山堂　在寶積寺後宋時僧擇璘建

玉峯堂　在明心寺東宋慶元中翰林學士高文虎建

内有秀堂藏書寮雪廬於越新編

淵源堂　在東曦門内宋邑人周瑜建張志下同

迎薰堂　在縣廨後

霞青堂　南山堂　在縣治宋令史安之建夏志

聚奎堂　在教諭廨後明萬歷教諭王天和建裴志下同

事斯堂　在鹿山巔明侍郎周汝登講學處

愛蘐堂　在西隅明孝子喻祿孫建

愛日堂　在孝嘉鄉明漳郡司訓王鈍乞終養歸建明呂

原愛日堂記畧予惟天下之道莫大于孝孝莫大于

愛親愛親而至于愛日愛之深者也人生上壽不過

百歲其爲日不過三萬六千耳親之壽日多一日則子之事親日少一日懼來日之無多惜此日之已過雖欲不愛烏得而不愛耶希敏之母壽已八秩其于上壽蓋不難至苟慕斗祿而曠定省之勤離膝下而勞倚閭之望人子之心寧能恝乎茲歸日用之間事父母之際得一日必竭力盡情以務職分之所當爲恐恐焉恒若有今日無明日不敢自暇自逸則于所謂愛日者誠無負矣宋王介甫詩云古人一日養不以三公換斯言也請朝夕共警焉

序倫堂　在孝嘉鄉明處士王文高建又有迎暉瑞蓮二堂

經訓堂　在東土鄉明處士鄭邦賢建

歸咏堂　在卧龍山明進士王心純建

凝道堂　養正堂在金庭義學明刺史王應昌創子心

一重建

世寶堂　在永富鄉明郡庠生裘尚絅建以藏經史李志下同

留耕堂　在剡源鄉明處士錢時寧建

讀書樓　在金庭山晉王右軍遺址李府志按越中右軍遺址最多或出傅會但金庭觀既爲舊宅書樓墨池自應有之裘通記云書樓闕壞墨池荒毁理荒補闕使其不朽則自昔相傳今仍之

桐亭樓　在縣東北六十里車騎山舊經云車騎將軍謝元爲會稽內史嘗于此山立樓居止水經注謝元于江曲起樓樓側悉是桐梓森聳可愛號桐亭樓李府

志下同

巇雲樓　在東曦門外舊訪戴驛之南嘉定八年尹史安之新創下俯清溪前列疊嶂樓之下扁曰剡川一曲

巇雪樓　在縣北明心寺東麓宋翰林學士高文虎建

半仙樓　在望仙門外李志下同

藏書樓　在縣西三十里東湖山元處士張爚建

花光水色樓　在金庭山香爐峯之麓明宣德乙卯重建

抗塵樓　在明倫堂右明宏治知縣徐恂爲訓導周俫

建張志周傑記畧抗塵樓者予公暇退食之讀書
游息所也樓有數十楹上覆以瓦下甃以磚結石
積土爲基繚以周垣植以花卉雖廣僅踰丈修不及
廣而特出山頂迴隔市壓憑而觀之山之峙者蒼然
蔚然環抱于前矚而視之水之流者汹焉湧焉晝夜
不舍或挺而降或靡而馳如屏如障如蛟如蛇如煙
雲藹帶遠近出沒變態萬狀舉不能逃吾所見此斯
樓之大觀也作樓者誰吾嵊邑徐侯警齋先生名樓
者誰吾叔祖翠渠病叟侯之作樓崇重斯文作興學
校出其本心吾叔祖名之而吾記之適以表侯盛心
欲侯之名同垂斯樓于不朽也樓之作經始于
戊午季冬俶事于己未孟春畢工于庚申仲秋

更樓　在縣西南七十里貴門宋紹熙中呂祖璟任淮
南安撫使訓兵撫士恩威明信兩淮盜賊不警親老
致仕賜建演武更樓兩峯對峙編石爲洞上構屋三
十楹下爲通衢左更樓庵右鹿門書院嘉慶間重修

新纂下同

聽其樓　在縣南十餘里司空周汝登建

潺湲閣　在金庭山晉王羲之建清流激湍映帶左右

表正閣　在長樂鄉錢氏建

齊雲閣　在西白山南齊褚伯玉建剡錄下同

唐氏溪閣　唐郎中所居

倚吟閣　在金波山宋僧仲皎建一名剡閑菴李志下同按剡錄閑閑菴在星子峯下明夏雷修志改作金波山後從之

隱天閣　在下鹿苑寺後宋時建

歸鴻閣　在縣北三里黃土嶺李志作金波山宋治平三年建

旁有歸雲亭李府志

沖霄閣　在東門外李志

四山閣　在縣治公廳相直有四山閣剡錄

騰蛟閣　在東城隅明嘉靖間知縣吳三畏建張志下同

起鳳閣　在西城隅明嘉靖間知縣吳三畏建

棲雲閣　在惠安寺側明景泰間僧巨源建李志下同

劭書閣　在孝嘉鄉明司訓王鈍建

凌虛閣　在浦橋里明崇禎間史氏建高三層

觀生閣　在來白門外放生菴司空周汝登建張志

球西亭　在白鹿山北湖塘上李志　按水經注吳黃門郎楊哀明居剡宏訓

里太守張景數往造焉使開瀆作埭埭之西作亭亭埭皆以楊爲名孫恩作賊從海來楊亭被燒後復修立厥名雖存今不可考矣

嘯猿亭　在東白山褚伯玉建張志下同

嵊亭　在嵊山帶山臨江松嶺森蔚爲梁張忠貞嵊所生處

梁詔亭　在大崞山舊傳梁武帝微時經崞家娶爲婚後禪齊稱帝發詔徵之一名皇書亭李志下同

麗句亭　唐秦系居在剡中里按嘉泰志天寶間會亂系避地剡川居剡中里今亦不可考矣

戴溪亭　在望仙門外晉王子猷居山陰夜雪初霽忽

憶戴逵時在剡便乘小舟詣之造門不前而退今人稱爲戴溪邑令姜仲開建尚書芮公輝持憲節登此更爲輿盡今仍舊名嘉泰志下同

掞溪亭　在剡山頂圓超寺政和間衢人盧駿元天驥爲提點刑獄行部至此命其亭曰掞溪旁有俯山堂下瞰羣山

玉虹亭　在鹿苑山與瀑布泉對故名宋時建李志下同

歸雲亭　在明心寺

天香亭　宋周汝能建按宋王十朋記在剡山之陽

清風亭　在青楓嶺元人掠王貞婦投崖死太守作亭

易名清風以表之亭前屐迹宛然入石

星峯亭一名文星亭 在星子峯上一望四山昂然獨聳每逢重九邦人士多眺其上古有亭廢明萬歷元年知縣朱一栢建李志 國朝乾隆癸巳教諭李增率合邑士人捐資重修新纂 明徐渭記畧嵊有山曰星峯者枕邑之北處羣山中古構亭于上當其時科甲之選不乏至明永樂間猶一比而五捷其後亭既圮至于今不復且剡流之遶邑者改向而南馳于是邑中士入棘者歷十舉不一捷隆慶五年八月朱侯來令宣慈布文政教兼興文館校諸生日文藝不讓于昔而科目則大減曷故哉會周君震喻君思化以前所云山溪亭榭告侯曰未可必也子其試哉于是改流襲舊構亭則新秋士入彀者三

曜文亭俗呼裘亭 在亭山居崇仁鎮巽位明萬歷間裘氏

建李志國朝康熙間裘燦等集貲修葺乾隆間裘韶容裘坎等倡捐重修嘉慶間裘巽裘光彪等倡捐重修新纂國朝裘克紹記畧亭山三峯聳峙秀冠剡溪而著名也亭爲明萬歷間先御史公諱仕濂建凡三級顏曰曜文爲一方人文所繫山發源五龍綿亘而下歷桂雉兩巖按地分支鍾靈挺秀以拱衞崇仁鎮治國朝亭頗圮康熙庚寅先君子諱燦字景虞號省園公糾族之賢哲庀材鳩工重加修葺圍砌以磚磚刻裘亭二字誌由來也而余猶思有以擴先人之志爰謀宗人諱炯彬等宗人曰善于是捐貲襄事經始于乾隆辛酉秋仲落成于壬戌春王亭益以高山益以秀吾知將來之書升必有踵相接者書曰惟土物愛厥心臧非明徵與

翠寒亭　在剡山惠安寺明宏治二年僧廣達建李志下同

覽封亭　在鹿胎山明萬歷間知縣施三捷建按唐薛逢詩更

覽餘封識嵊州亭之名以此

恩波亭 在北門外

天章亭俗呼謝墓亭 在謝墓山明萬歷丁未知縣文典章建當縣治之巽方爲一邑人文所繫今圮

舒嘯亭 在孝嘉鄉處士王春建

毓秀亭 在孝嘉鄉明王尚德建李志乾隆間裔孫王澍模重修新纂

葛仙翁釣臺 在皇覺寺又有石梯極爲奇怪上有釣車痕甚分明剡錄

吹笙臺 在縣治宋建李府志

文星臺俗呼羅星亭　在拱明門外萬歷丙午知縣文典章建未就知縣施三捷嗣成之構樓於上爲剡溪砥柱國朝順治乙丑知縣羅大猷易樓以磚砌層臺焉李志下同

松月臺　在卧猊山巔

清嘯臺　在縣丞廨左張志

菊趣軒　在桃源鄉邑觀察使張思齊建李志

疏山軒　在東白山南齊褚伯玉建張志下同

吏隱軒　在尉廨後宋時謝深甫建

悠然軒　在孝嘉鄉義學

一鑑軒　在超化寺側宋時建李志下同

成趣軒　在縣治後明嘉靖間知縣王淵建

水竹軒　在開元鄉明周汝霖建

太平館　在西白山爲褚伯玉隱居處齊高帝建

直內齋　在桃源鄉邑長史張遁建

長春園　在望越門外邑州倅尹如度闢　明周光臨記畧剡中饒山水如淸妙秀異先民之品題久矣獨爲園一事不數數見焉余每于尋問時低徊興慨意欲南郊卜築爲終老之區而尚有待也乃吾敬川之有長春園實先獲我心倚星子面四明九徑縱横入處盡敞無金谷之侈而襲其精有離垢之幽而拓其隘適室廬而餘日涉之趣連阡陌而便植杖之芸詩酒之客每每過從舒嘯賦咏安往弗春春已無量矣又何論羣花之蒨旎萬木之離披也哉海門先生爲聖路闢榛蕪而獨于茲園流連忘倦因知伯氏之圃繫山水之靈所藉手而標榜吾剡中之最勝者也誰謂先生之題非

醉翁之意哉余因取鶴鳴之詩歌之而仍請鉅公髦士碩好之章作長卷譜云

養志圃　在珠溪邑諸生孫大順植名花異卉娛親

東園　縣署有東園舊有四山閣宋嘉定中令史安之撤而廣之北爲面山堂累石爲山玲瓏錯注水爲池亭榭參差殆十餘所萬歷府志

止止園　在孝嘉鄉明刺史王應昌構負成功嶠而臨平溪喬松古柏拂日參天環以修竹有渭川淇水之致李志

西豳莊　在剡西相郜元史子受別業舊志失載據夏志元高誠記補

戴仲若攜酒聽鸝處　在北門外一里有碑新纂

謝公宿處　一在康樂鄉一在遊謝鄉李志

王謝飲處　世傳王謝諸人雪後汎舟到此徘徊不能去曰雖寒强飲一口在縣北二十里剡錄

朱子談道處　在貴門山李志下同

求移忠讀書處　在中白山飛鶴峯前

灌頂壇　在惠安寺

葛仙翁壇　在小白山晉葛元養真處壇有甃甃有泉泉下流爲瀑布

採藥徑　在縣東三十五里劉門山相傳爲漢劉晨阮肇采藥至此今山下有劉阮廟李府志下同

楊黄門埭　在鹿苑山

白道猷道場　在縣西四十里五龍山

武肅王故蹟　武肅王嘗到嵊浦山下歎爲異境駐舟

賦詩剡錄

古物

剡鐘　元帝爲晉王使郭璞筮遇豫之睽璞曰會稽當

出鐘以告成功上有勒銘應在人家井泥中得之繇

辭所謂先王以作樂崇德殷薦之上帝者也及帝即

位太興初會稽剡縣人果於井中得一鐘長七寸二

分口徑四寸半上有古文奇書十八字云會稽嶽命

餘字時人莫識之晉書郭璞傳　按嶽命剡錄舊志俱作徽命今從晉書

許承瓢　上虞吳曇拔得許承瓢可愛一斛贈褚伯玉伯玉留付弟子朱僧標歷代寶之唐先天二年勅女貞道士王妙行詣金庭觀投龍因持此瓢還長安李志

戴安道琴　琴箋曰安道一琴比常製長一尺剡錄下同

顧歡琴　歡隱剡山齊高帝徵至進元綱優詔稱善賜素琴麈尾

秦系硯　秦系山居詩洗硯魚仍戲移樽鳥不驚系注老子穴山石爲硯

剡西古硯郎玉硯　開元鄉民劚土值研邑下巖也渾璞洩

餖受墨處獨低中㵼凹處唐以前物銘曰玉在深山
有道則見山耶石耶陵谷幾變嗚呼此玉不晦不炫
不以知貴不以棄賤

八角石硯　刻丁發於破塚外背羲晝之鑿禹海越手
輕爽石性已空入土老也銘曰二火一刀硯與人俱
高甲乙丙丁研與數不逃石之饕志之勞文之騷人
之豪

古端硯　元大德中靈慶寺僧得之額牆底下方闊五
寸上三角有金紅點如星宿光動底有十八圓點具
五色直透上面好墨研之流動順帝至元庚辰廉訪

使寳宗茂索去銘字古莫識李志

二大洗　吳莊漁人得之歸章氏章氏遺余銘曰金兮精火兮明土兮英水兮淸器兮貞人兮聲剡錄下同

三足洗　周樞得之淸化鄉銘曰尚古維人範模首智伊谷可陵厥用罔暨

翠壺　甲戌冬剡丁發諸荒墟壺範簡古蘚花黛綠銅性空入手輕甚銘曰黛澤涵靈苔花缶蹟金性積蜺土膏輟餌

修城磚　明嘉靖乙卯年知縣吳三畏築城鋪故址得一磚識云劉乙卯歲剡長吳某記王畿築城記云吳

侯築城千五百年。後而與前令姓同，其築之歲又同，亦奇。新纂

僧舍古磚及香鑪　或傳嵊縣僧舍治池，得一磚，上有「永和二字」，及掘得銅器，卽今之香爐，有蓋，蓋上有三足如小竹筒而透上，筒端各有一飛鶴，下三足，另有銅盤承之。類編　稗史

塔磚　城內鹿胎山惠安寺應天塔磚，嘉慶間偶落半磚，有「永明二年」四字，下字模糊，細審之，乃「丁功曹家」四字，當爲造塔時丁氏所捨磚也。又一磚有「梁大同九年癸亥」七字，磚甚完善，字尤明顯。新纂　按：塔上尚有「永元」、「天監」

諸年號磚

嵊縣志卷六

職官

國家稽古設官百僚澄敘職司所掌庶績熙焉縣秩之分漢唐以來曰令曰長至明定爲知縣有尉丞以佐之學官以教之駐防以守之剡邑官師宋元而後屢有裁撥而職任如故題名尚存莅斯土者念靖共之義殫撫字之勞同寅協恭無瘝無曠庶吏治蒸蒸日上矣志職官

縣令漢書縣令長掌治其縣萬戶以上爲令減萬戶爲長晉時縣大者置令小者置長唐宋縣令有赤畿望緊上中下之差元設達魯花赤掌縣印前明及本朝設知縣

漢

薛棠有傳

三國吳

卜靜字元風吳郡人　賀齊有傳

晉

周翼陳郡人有傳　謝奕安之兄有傳

謝衷　山遵

李充字宏度鄂人見晉書有傳　舊府志作李克張志李志同又重出李宏度

戴巡　路萬齡

殷曠之陳郡人仲堪子有傳　王鎮之太和中剡令入宋歷上虞山陰令有

傳

宋

周顒元徽初任遷山陰有傳　漆斯

裘襲連　陸終

齊

張稷永明中任有傳　周迪

宗善才

梁

劉昭有傳　王懷之

賈叔熊　羊羹郡志作美

陳

徐陵 東海郯人有傳　徐孝克 東海郯人夫嘉中任　張志李志作克孝誤

成式　烏璵

唐

張子胄　王球

崔□ 名佚江西觀察使貞觀十八年以殿中謫治剡

崔諷 高陽人由衢州須江令移剡　薛□ 名佚

郭謙之　洪虬

陳永 府志作永秋　俞珣 唐末任後避黃巢亂隱沃洲

宋

周在田　晁□名佚

陳求古　譚雍

魏炎　林概善詩

章珣　葢參

沈振錢塘人慶曆初任　丁寶臣晉陵人有傳

過昱皇祐三年任有傳　高安世嘉祐中以給事郎太子中舍來知嵊

聶長卿熙寧三年任　胡格

江相　鄭宗回

劉繪　晏明遠

宋順國祁之子　施　佐一名仲素

侯　臨　蘇　駉

賈公述元豐六年任是年新官制行　宋廣國祁之子元祐初任前令餘姚

錢長卿　王知元

吳　賁　史　祁剡錄作祈

劉　旦　張　諤

呂必强　俞應之

符　綬　程　容

張慶遠　鄒秉鈞

孫汝秩夏志作張汝秩誤　宋　旅宣和中任有傳

孫潮　張誠發宣和中任

莫伯軫　楊植

應彬建炎初任　宋宗年祁之孫有傳府志作郊之孫　李

范仲將蜀都人紹興初任有傳　姜仲開紹興四年任有傳

錢墉　趙不退

毛鐸三衢人紹興十二年任周志李志作三衢人

郭康年　蔡純誠

韓晦　李耆年

趙澳之周志李志作煥之　郭契夫

趙伯懋　任望之

蘇詡　吳幬

陳嘉謀剡錄作嘉謨　李耆碩

張商卿　韓元修

鄭逸民　季光弼夏志作李光弼

成欽亮　張注

李拓　陳謀剡錄作陳謨

劉棐　楊簡乾道中任有傳

詹乂民舊府志作詹寶有傳　葉籛慶元中任壘隄捍城

周悅　滕璘

胡大年　謝棐伯

蔣　峴奉化人慶元末任李志作俔

趙汝遇太祖十世孫李府志作愚

史安之嘉泰初任聘高似孫作剡錄有傳

蔣志行嘉定初任

趙彥傳嘉定十三年任

魏　岠

范　鎔

陳厚之

趙師籛太祖八世孫張志作七世孫

王　埜

劉　欽

趙崇伯太祖七世孫舊府志作宗伯

莊同孫

王　濩張志作護

水邱袞錢塘人淳祐中任

李　億舊府志作裘億李府志作袁億

張　槃

袁　徽

陳自牧

王文子

何夢祥寶祐中任　俞　垓

張必萬　汪　懿

周茂育　劉同祖

陳　著咸淳四年任有傳　李興宗婺州人咸淳八年任

元

亦都馬丁至元間任　乞思鑒

沙　的　火你赤元貞元年任

麻合謀大德二年任　馬合麻別大德七年任

高　閭至大二年任有傳　拜　降皇慶元年任

朵魯不㑀延祐二年任　伯都魯迷失延祐五年任

別都魯丁至治元年任　教化的泰定元年任有傳

阿里海牙泰定四年任　伯顏不花至順元年任

馬合麻回回人元統元年任修儒學　也速達兒字季常蒙古人至正四年任廉愼有聲

也的迷實海牙至正七年任

篤魯迷實海牙至正九年任　安　普唐兀人至正十一年任歷祕書郎

丁從正字彥端至正十三年任張志縣尹復出

大都沙至正十四年任以上達魯花赤

王　桂李府志作王珪　黨天祐臨海人至元二十四年任

王　喜至元二十八年任　鄔濟民寧海人至元三十年任

李　璠天都人至元三十一年任　奈　洪元貞二年任有傳

宋也先 大德三年任有傳　萬　愿 附高闓傳

韓持厚 皇慶元年任　張忙古歹 延祐二年任

王　瑞 延祐七年任　司　口 名佚泰定元年任

王　檜 天歷元年任　趙思誠 至順元年任

張元輔 後至元元年任能詩　呂惟艮 至元四年任

仇　治 至元初任有傳　完　顔 至正四年任府志作完顔佚　李

冷　瓚 字彥中膠西人至正五年任修學舍諸祠廨

金與勤　文彭仲 字一飛至正八年任

趙　琬 河南人有傳　崔　彬 字文質至正十六年任

陳克明 至正二十三年任以上縣尹　邢　雄 邑人至正末攝縣令李志作邢容

明

高孜 洪武七年任有傳

江瀾 廣信人洪武二十年任修學校壇廟

龍淵 洪武三十二年任有傳

譚思敬 永樂十年任有傳

湯禎 蕪湖人永樂十五年任

劉應祖 江西人宣德中任愷弟愛民

胡深 直隸人勤於政事以憂去

嚴恪 江西人公平坦易士民愛戴

徐雍 常州人正統元年任有傳

嚴獻 毗陵人正統三年任有才能政尚嚴

徐士淵 定遠人正統四年任有傳

單宇 臨川人正統五年任有傳

孟文 山西人正統八年任有傳

王琦 江寧人景泰五年任修西門圩岸五載以解宇毀謝事去

敖瑜 新喻人天順二年任

李春 成化二年任有傳

許岳英 成化八年任修邑志有傳

張鵠　銅梁人成化十三年任置學宮祭器以憂去李志李府志王琦下有張鵠銅梁人天順

中任當是一人周志無

劉清　字一之德化人成化十六年任決訟如流振興文教未幾以憂去

周磨　字克體武進人成化十八年任李府志作武直人

夏完　字秉圭華亭人成化二十一年任修學校

臧鳳　曲阜人宏治五年任有傳

徐恂　嘉定人宏治十一年任有傳張志

作泰定人修邑志

李吉　四川人宏治十八年任

李昆　正德三年任

張暄　一作萱正德五年任有傳

林誠通　正德六年任有傳李府志作十年任

鄭嘑　正德十一年任清而有才李府志

作十四年任

姚惟寶　江陰人正德十五年任

謝　秩　分宜人嘉靖五年任

譚　崧　德化人嘉靖七年任有傳李府志作二年任崧作松

楊　旻　射洪人嘉靖十八年任

呂　章　歙縣人嘉靖十一年任

鍾天瑞　番禺人嘉靖二十六年任非罪繫獄憂憤卒

譚　濬　太平人嘉靖二十三年任

姜　周　太倉人嘉靖二十八年任潔己愛民八月以憂去

溫　易　鬱林人嘉靖三十年任博學慈愛三月以憂去

吳三畏　莆田人嘉靖三十一年任有傳

朱　賚　莆田人嘉靖三十七年任

陳宗慶　金溪人嘉靖三十八年任有傳

林　森　嘉靖四十一年任有傳

張　持　番禺人嘉靖四十三年任民稱慈惠李府志作萬歷十三年任

薛　周　岳州人隆慶元年任有傳張志李志作壽州人

朱一柏 寧國人隆慶五年任有傳
譚禮 新淦人萬曆四年任約己節用省刑
溥罰門無餽遺議修志未就
姜克昌 丹徒人萬曆八年任
萬民紀 南城人萬曆十二年任議修邑志
王大康 冀州人萬曆十六年任修邑志
林岳偉 晉江人萬曆十七年任民建祠祀之
王學夔 福建人萬曆二十二年任
鄭延緒 湖廣人萬曆二十七年任
吳濟之 恩平人萬曆二十八年任
文典章 攸縣人萬曆三十二年任修學宮建文星閣謝慕亭
施三捷 福清人萬曆三十五年任有傳
王志達 龍溪人萬曆四十年任有傳
張時暘 當塗人萬曆四十五年任
王應期 六安州人萬曆四十七年任有傳
黃廷鵠 清浦人天啓元年任詳申改折秋米
張達中 分宜人天啓四年任
方叔壯 南漳人崇禎元年任
劉永祚 武進人崇禎七年任徵輸有法課士

得人講學鹿山

十五年

知府死難

陳昌期 貴州人入國朝順治初仍任

國朝

尉應捷 朔州人順治三年任

昌人

郭忱 華州人順治十四年任有傳

焦恒馨 雞澤人順治十六年任

張逢歡 閬中人康熙五年任修邑志有傳

丁儒端 江南人崇禎十一年任 李府志作

鄧藩錫 金壇人崇禎十三年任歷陞袁州府

蔣時秀 零陵人崇禎十六年任

羅大猷 南昌人順治四年任 李府志作高

吳用光 高陵人順治八年任

史欽命 直隸清河人順治十六年任

劉迪穀 安邑人康熙三年任

溫毓泰 邯鄲人康熙二十年任

陳繼平遼東人康熙二十年任李府志作繼年

蔣　煒遼東人康熙二十三年任　胡　瓚惠來人舉人康熙二十八年任

陶大宗大興人康熙二十九年任　王朝佐遼東人康熙三十年任有傳

王勳蔭大名人康熙三十四年任有傳府志作大興人

楊學嗣良鄉人舉人康熙三十六年任　徐　匡嘉定人舉人康熙四十三年任有傳

趙　珏滿城人康熙四十七年任　任儀京大興人康熙四十八年任五十六年

賑粥　宋　敷長洲人貢生康熙五十八年任有傳

張　泌上谷人舉人雍正二年任有傳　李之果任邱人雍正六年任重建常平倉

黃道中即墨人歲貢雍正七年任建永濟倉　王以曜太行人舉人雍正八年任有傳

傳　珏奉天人拔貢雍正九年任有傳　楊玉生三原人雍正十三年署任有傳

張彥珩 銅山人雍正十三年任

李以炎 博白人舉人乾隆四年任修邑志有傳

林斌 閩縣人舉人乾隆十一年任

施緄武 崇明人乾隆十一年署任

蕭起鳳 永定人副榜乾隆十三年任

李應辰 山東人進士乾隆十五年任

石山 乾隆十六年任

戴椿 掖縣人乾隆十七年任

竇忻 平定州人拔貢乾隆二十一年任

黃紹 江西人舉人乾隆二十五年任

劉翟 漢軍丹徒籍乾隆二十九年任

劉秉鈞 南豐人進士乾隆二十九年任

莊有儀 鶴山人貢生乾隆三十二年任有傳

吳士映 上海人舉人乾隆三十四年任

胡翹楚 肥城人進士乾隆四十三年任

袁秉直 華亭人乾隆四十五年署任

李光時 濟寧州人進士乾隆四十六年任

陳純士 桂平人舉人乾隆四十八年任

儲夏書 宜興人乾隆五十二年署任

唐仁埴 江都人進士乾隆五十三年任有傳

郭文誌　閩縣人舉人乾隆五十四年任　周　丕　長洲人乾隆五十六年任

周　鎬　金匱人舉人乾隆六十年署任有傳　鄧天麟　廣東人嘉慶三年任

王蘊藻　靈璧人嘉慶四年署任　胡　培　丹徒人副榜嘉慶五年署任

張直方　四川人舉人嘉慶六年署任　沈　謙　江蘇人進士嘉慶七年任出差十一年又任

陸玉書　六合人舉人嘉慶七年署任

劉炳然　懷寧人舉人嘉慶十一年署任　黃　靖　宜興人嘉慶十三年署任

田捷元　四川人舉人嘉慶十四年任議修邑志未竣

蕭馥馨　定番州人舉人嘉慶十七年署任　盧擇元　南康人拔貢嘉慶十九年署任

方　秉　桐城人嘉慶十九年任二十年於新嵊交界五都郗上里許築湖塍新沸灌田一千六百餘畝民感其德爲建生祠

吳　墉　吳縣人嘉慶二十三年署任

葉桐封 福建人進士嘉慶二十四年任　翟凝 歷城人舉人道光二年署任

王德寬 湖北人進士道光二年任　吳錫疇 崇安人道光三年署任

宮樹德 山東人舉人道光三年任　李景韓 晉江人舉人道光五年署任

李式圖 合肥人進士道光六年任纂修邑志

縣丞

漢縣令皆有丞後魏惟大邑有之宋熙寧後邑無論大小概置丞明制縣不及二十里者裁減嵊舊有丞康熙三十九年奉裁

隋

格處仁 汴州俊儀人仕隋爲剡丞 案李志作格德仁今據新唐書岑長倩傳改

唐

杜佑 有傳

宋

季祐之　林　通

苗元裔　沈　昪

毛　亶　常　偉

趙士叟　許　穀

曾　𢁉夏志作魯𢁉　劉　佺

呂　横　王中孚

時　𤪌　韓愿胄

章　駉　周　玭

吳　栩夏志作吳相府志作吳補俱誤　高子津舊府志作子淮

陳戊　梁立

吳道夫　陳彭壽

項鶚剡錄作鄂　唐仲義

蘇彬　陳昌平剡錄李府志俱作昌年

楊淩　樓潚四明人參政鑰之子嘉泰元年任

張志作樓淵李府志作四川人誤　俞杭

沈俊心　解汝爲

楊遵　張子榮

應泰之　趙崇謖太宗九世孫剡錄作宗謖

劉厚南　王彝倫

高不倨　章世昌

董夢程　姜琛李府志作姜埰

黄履　呂元珪李府志作圭

葉發　汪煇

吳如冈　程梓

木德藻　方士說

元

李德恭　何公茂

張顯　汪庭至元中任改建戴溪亭爲雪溪精舍

置田八十畝以供二戴祀　劉宗益

張宏毅　王郁

劉信　劉澄

張吉　魯口名佚　乞石列答蘭

劉元輔　章安

徐瑞至治中任强敏有爲吏民畏之　馬合麻沙

苗暢　郭性存諸暨人和易近民

伯顏不花蒙古人　于愷臨海人元統中任通暢敢爲

俺都剌哈蠻　郭世英

王光祖即墨人至正中任有能聲　李伯顏不花

王顯祖　方埜遲

閻口名佚　李府志祇載汪庭徐瑞郭桑哥失理性存于愷王光祖五人

明

鄭高　江西人永樂十一年任　李府志鈌　方顯觀　正統中任

郭樸　張祥　隴西人天順中任

郭斌　北直人天順中任優厚有爲　李府志鈌

方玘　潭水人成化五年任端慎　齊倫　博興人成化十三年任興學恤民

程賢　四川人成化十八年任　帥玠　建昌人宏治元年任有能聲

陳璧　六合人宏治五年任　何裕　蘇州人宏治八年任

王謨　德平人宏治十二年任　霍鐸　正德五年任

許鉄　正德六年任　王伯當　正德十一年任有傳

何鳳正德十五年任

許錦嘉靖五年任

馬鐶上海人嘉靖十一年任

潘佾宣化人嘉靖十六年任

陳德明梧州人嘉靖二十三年任張志李志作吳州人

張綸上海人嘉靖二十六年任

李曉上元人嘉靖三十二年任勤慎老成

王廷臣嘉靖三十九年署任勤正得民

奚偉揚州人隆慶元年任

黃衮通州人萬歷三年任慎官箴

黃知常西安人嘉靖元年任

鄒頤民濟南人嘉靖八年任

藍佐嘉靖十三年任

張東陽慶符人嘉靖十八年任李府志作東揚

林文芳龍谿人嘉靖二十八年任

陳文標福清人嘉靖三十八年任

甘蕃豐城人嘉靖四十四年任有才能

童夐甌寧人隆慶四年任有傳

林濟卿福建人萬歷四年任

李時春蘇州人萬歷九年任　陳嘉謨南城人萬歷十一年任
吳鷄鳴宣城人萬歷十三年任　周希旦
金得淳　邵斗
吳承鼎　袁士充李府志作士克
程希京有循政　王文運江西人李府志作江南人
芮應耀　梁聘孟渾厚詳明署任得民
江子循歙縣人天啟二年署任得民　高守紳
周士達江南人崇禎中任勤慎　張應宿鳳陽人
施于政江南人　嚴斌美建平人
張義　陳應昌揚州人

國朝

高鳳起　黃岡人順治二年歸順仍任

石起鳳　華亭人順治五年任

季春元　靈州所人順治十年任

趙勉　大興人順治十七年任

門有年　博野人康熙初任有傳

胡玒　孝感人康熙五年任李府志作胡玒

李芬芳　翼城人康熙十七年任

王開基　膚施人康熙十八年任

魏四訖　文安人康熙二十二年任

徐秉政　遼東人康熙二十二年任

李發英　江華人恩貢康熙二十五年任

張仲傑　寧津人康熙二十八年任

蘇潤　宛平人康熙三十三年任大清會典三十九年缺裁

主簿　晉隋皆設主簿以後或設或兼宋元以後官嵊者皆可考明萬歷三十八年缺裁

宋

文綑世　　劉士野舊府志作仕野

吳　薙　　陳友仁

司馬僖府志作馬思僖　　蔣　鐔府志作鐸

聞人安世有傳周志李府志不載　　刁　駿

靳　擴　　蘇　林

江　濤括蒼人乾道中任舊府志作儔　　趙崇規太祖九世孫

葉　梓　　鄭　圭

趙善恕　　陳秉禮

鄭伯衍剡錄作伯行　　鄭　宰

錢觀光　　邊沂

姜强立　　趙源夫李府志作原夫

李密　　陳迪

徐愿嘉定中任　　趙崇會李府志缺

沈忞剡錄作沈忍府志作文心　　沈文煥

趙必鼎太宗十世孫　　王字孫

劉興祖　　吳松

王鎔　　賈煥

臧子文李府志臧作藏誤　　沈炎李府志缺

元

閔濟至元間任　董貞至元二十二年任

程嵘至元二十六年任　周敬之至元二十九年任

耿伯通至元三十一年任　劉仲達元貞元年任

楊謙大德二年任　傅光龍大德五年任

辛昭大德七年任　趙與仁大德十年任李府志作皇慶中任

劉乃鑾至大四年任李府志缺　張華皇慶元年任

魏恭延祐二年任　薛良弼月倫帖木兒

韓汝楫泰定四年任　傅偕至順元年任

諸敬元統元年任周志作諸苟李府志缺

元大明至元元年任　魏邦凱至元四年任

程沖全椒人至正中任　徐天錫至正十三年任

相哥失理以下三人李府志缺　蜜理沙

不別沙

明

張道明洪武中任府志作道安　康寧洪武九年任有傳

徐遠成清流人正統中任質樸愛民　馬與真定人天順中任剛直有理李府志作馬與

劉清山東人成化二年任沉靜簡易

馬騰文安人成化五年任　牛麟永平人成化十三年任

郝逵懷慶人成化十六年任　鄭瑀建昌人宏治元年任李府志作惠州人

周嗣祖莆田人宏治五年任府志作周仕

祖

阮淮　池州人宏治八年任沈默能守

遲銘　高郵人宏治十一年任

沈瀾　如皐人宏治十二年任勤慎有聲

張鵬　正德三年任

王通　正德十一年任府志作黃通

韓椿　嘉靖元年任

江紀

朱組　華亭人嘉靖五年任鋤强剷盜民賴以安

符廷祥　曲阜人嘉靖八年任

秦錫　祥符人嘉靖十三年任

許佑　嘉定人嘉靖十八年任

張大輿　興縣人嘉靖二十三年任

朱顯　嘉靖三十年任佐邑有儒林八政碑

夏金　嘉靖三十二年任

姜偉

譚章　嘉靖三十七年任

韋希舜　嘉靖四十一年任

宗之鳳　建平人嘉靖四十四年任

郭璘贛州人隆慶三年任　吳祺無錫人隆慶四年任有傳李府志

作琪　汪一鳳羅田人萬歷三年任

鄭輅南城人萬歷四年任　張羅萬歷八年任

楊禎春隆慶九年任　林顥香山人貢士萬歷十二年任

邢箴高淳人萬歷十四年任　張文洛

陳大禮　章文選宛平人萬歷二十八年任慈祥佐治

魏繼孝萬歷三十一年任有循聲　孟景熙萬歷三十五年任

尉漢晉以後縣皆有尉或二人或一人或以簿兼攝舊志多闕茲紀唐宋元之可攷者

唐

劉迺有傳

宋

吳秉　宋易

薛鎡　韓晝舊府志作潘晝李府志作潘晝

于閎劉錄作干閎府志作牙閎　楊炬府志作炬

程衎府志作衎　侯杞府志作祀

林懋能　祝溥

陸銓　趙擧府志作趙舉

吳正國　杜師顏舊府志作師賢李府志脫杜字

魏興祖　張永

張芝孫　楊文隆

劉次中　張德羽

趙師向太祖八世孫　謝深甫乾道二年進士有傳

于汝功剡錄于作千　陳紀

林昇　鍾闡

向士貴　李補

胡之邵　錢聞善

趙崇原太宗九世孫李府志作崇元　宋元老

趙彥垠　支文

任謙之　吳元章

姜漸　黃飛

汪之幹　邵三傑

孫寬夫　趙善嗣太宗七世孫府志作善士

向儀　趙時遹

施復孫晃磯人淳祐年任　曹艮度

趙必巽太宗十世孫　於珍

徐涘

元

張楝至元二十二年任　韓進至元二十六年任

馬驥至元二十九年任以廉幹聞父老立碑紀其蹟

禿兔撒理延祐　孫德慶元貞元年任府志作應慶

郭忠大德二年任　張元嗣大德五年任

張德溫大德十年任　胡漢卿延祐三年任

徐垓延祐五年任　羅從善至順元年任　李府志作佳崇善

葉仁元統元年任　謝元琮至元元年任

茂圭以下三人李府志缺　到刺沙

沙的邑目人至正五年任以廉慎自持

典史元設典史明以後因之李志作縣尉

明

石友璘洪武三年任　舒紳池州人宣德中任

符綽正統五年任　王琮正統八年任識治體有才能

馮　和清流人景泰五年任誠心愛民　陳　彪河南人天順二年任有才幹

唐　琛清遠人成化二年任　劉　雲掖縣人成化五年任

孫　敬高郵人成化二十年任　趙　鉞上海人宏治元年任

戴　鎬星子人宏治八年任　張　京宏治十一年任

蔣　進平江人宏治十二年任　府志作蔣俊

貢　悦正德五年任　吳　榮正德六年任

鄒　崑正德十一年任　劉　玉正德十五年任

韓景宣鳳陽人嘉靖五年任　馬　容淮安人嘉靖八年任

盧　崑莆田人嘉靖十一年任　程伯卿福建人嘉靖十四年任　府志程作

鄭　　　鄭　誠嘉靖十六年任

徐紱常州人嘉靖二十一年任

李大節應城人嘉靖三十年任

徐紳嘉靖四十一年任

何欽隆慶五年任

羅位萬曆八年任

傅秉伊上高人

湯邦啟萬曆十四年任

熊國寶

李宗舜豐城人

黃維翰

蔣銀湖廣人嘉靖二十一年任

孫汝明嘉靖三十一年任

陳周嘉定人嘉靖四十四年任

周守陽永新人萬曆三年任

李陽萬曆十一年任李府志作李暘

王文華

蒙嘉約

戴豸仙游人李府志作戴豹

馬載道

張尚緒

趙良璧 涇縣人天啟中任居官誠謹　姜　堯

王褒選 崇禎中任府志作褒選　李白形郁 陝西人

郭邦鎮 福建人　程宏道 新安人卒葬剡山

李永春　楊時中

國朝

王　垓 江南人順治初任　彭延祚 湖廣人順治五年任

楊萬程 富平人順治十二年任　周明鼎 麻城人順治十六年任

陳王鼎 富平人順治十七年任　李天錫 大興人康熙元年任

毛鼎鉉 武陟人康熙二年任　劉　琮 太原人康熙十九年任

支　茂 衡水人康熙二十年任　耿明玉 阜城人康熙三十六年任

方憲章大興人康熙四十六年任　張從訓大興人康熙五十年任

董文松河內人康熙五十三年任　王大德保定左所人雍正三年任

徐傑丹徒人乾隆九年任　朱御廷華亭人乾隆十五年任

莊敬武進人乾隆二十七年任　方瑞照歙縣人乾隆二十八年任

殷秉銓吳縣人乾隆三十五年任　溫常益太谷人乾隆四十六年任

項[illegible]連城人乾隆五十年任　陸卿雲吳縣人乾隆五十二年任

包桂丹徒人嘉慶六年任　林常穖沙縣人嘉慶九年任

周晉延津人嘉慶二十五年任

教諭漢立學校官歷代因之互有改置　國朝每縣設教諭一員訓導一員康熙五年裁嵊教諭十五年復今稱復設教諭

宋

馮子廣 紹興四年任後裔居馮家潭

解南翔 昌州人景定二年任自著記事於學

徐應家 桐廬人舊府志徐作孫

洪一鶚 天台人咸淳年任

元

周潛孫 至元初年任

俞已千 字北山李府志作俞已

何翥 字平遠邑人

趙文炳 字實齋至元二十一年任

張杰

劉悌 上虞人

俞揚 至元二十二年任

張炎發 至元二十六年任府志作文發

李子紹 蕭山人至元二十九年任李府志作子照

張蒙亨 上虞人至元三十年任

韓悅道 會稽人至元三十一年任

汪宜老慶元人元貞元年任　葉元善溫州人元貞二年任

鄭大觀餘姚人大德二年任　王瑞大德三年任

楊至天台人大德四年任　楊仲恕慶元人大德五年任

徐鵬學處州人大德七年任李府志作徐鵬

胡得助諸暨人大德十年任李府志作德助　趙復鄞人至大七年任

丁裕鄞人皇慶元年任　黃德允太平人延祐二年任

楊國用餘姚人延祐中任李府志作國川　趙源至治元年任

孔克樵鄞人　項昱溫州人

沈讓　崔存湖州人至正中任後居本邑

明

周　巽洪武中任　　王文合邑人元舉人洪武三年任

湯　輔弋陽人洪武二十四年任有傳　　黃　份永樂五年任有傳

劉士賢永樂十一年任　　舒　伸宣德中任

楊　贊福建人正統五年任府志作贊　　簡　口名佚正統八年任李府志缺

馮　鋌甌寧人景泰元年任以性學訓多士又手授春秋

戴　委浮梁人天順年任剛正有志操待人以和

陳　烜福建舉人成化二年任有傳　　林元立

顧　纘莆田人成化十八年任　　孫　敬

吳　泰江陰人成化二十一年任　　俞　成海陽人宏治十一年任學政克舉同

夏雷纂邑志造泮橋李府志作潮陽人　　房玉節金堂人舉人宏治十八年任

許　選漳浦人舉人正德三年任　　葉　欽德興人正德六年任

王　崑宜川人舉人嘉靖五年任歷國子助教

武　時溧水人舉人嘉靖中任造士有方勁節不撓

黃　仁歸善人嘉靖十一年任　　劉以眞安福人舉人嘉靖十六年任

蔡于蕃仙游人嘉靖二十三年任　　王　臣南平人嘉靖二十六年由本學訓導歷任

張　梅句容人嘉靖三十一年任有傳

林朝卿江陵人舉人嘉靖三十五年任　　喻　曉潛江人舉人嘉靖三十七年任

雍世哲閬中人舉人嘉靖三十九年任　　王　言長樂人嘉靖四十三年任

韓天衢涇陽人舉人隆慶元年任　　張惟表長樂人隆慶四年任

王天和永豐人萬歷三年任有傳　　王振漢福建人萬歷八年任

章　木　鄞人萬歷十一年任樸實有學　　陳　塈　清江人萬歷十二年任

楊繼朝　內江人萬歷十四年任　　鄧　敏　新安人歷舞陽令

杜承芳　新城人歷汀州府教授　　洪應科　定海人

方叔倣　莆田人　　戴時雍　玉山人李府志作五山

陳士彥　萬歷三十六年任有傳　　虞應節　永嘉人

金以誎　臨海人萬歷四十五年任　　嚴法乾　歸安人萬歷四十七年任

徐行忠　餘杭人天啟元年任中崇禎戊辰進士

葉　禾　秀水人崇禎元年任　　王尚行　嘉興人崇禎四年任歷南陵令

江養潛　定海人崇禎十年任　　王汝勸　處州人崇禎十二年任

張養淳　烏程人崇禎十四年任

國朝

吳應祺　永康人順治初任　　鄒謙吉　無錫人順治三年任

陸鳴時　錢塘人順治八年任陞國子助教　　費萬程　海寧人康熙三年任李志是年奉

裁　　陳泰徵　富陽人康熙十六年任李志是年

復設　　張雋　湯溪人康熙十七年任

盧璉　錢塘人拔貢康熙十九年任陞知縣　　邵遠聲　仁和人歲貢康熙三十年任陞台州

府教授李府志作聲遠　　朱宸枚　海鹽人歲貢康熙四十六年任有傳

陳炎　海寧人舉人康熙六十年任　　沈錫培　仁和人副貢雍正十三年任

沈美英　定海人歲貢乾隆二十一年任　　陳鈞孝　海寧人乾隆二十四年任

汪璹　嘉善人舉人乾隆二十七年任　　李增　鄞縣人乾隆三十五年任陞知縣

周咨詢　永康人拔貢乾隆五十三年任陞寧波府教授

葛星垣　秀水人舉人嘉慶十九年任

訓導

元

趙辰孫　字深甫至元中任　李府志人教諭以下俱不載

王通叟　字蒙泉以下十四人皆二戴書院山長　徐德嘉　至元二十一年任

連　山　字僂碧　葉仲禮

時應龍　字文叔　朱道坦　至元三十六年任

朱　枋　至元二十二年任　楊　瑞　至元三十年任

謝　慶　集慶人至元二十九年任

周宗元 巴西人，至元三十一年任

趙必恭 元貞元年任

伯顏 字近仁，元貞二年任

王仲庸 大德二年任

戰惟肅 大德三年任

明

錢莊 邑人，洪武二年任

施震 天台人，洪武七年任，模範端重，工古文

胡虞 鄞縣人，洪武九年任，博學贍文，以禮自繩

吳元亮 仙居人，洪武三十二年任

王蘭 邑人，宣德中任，工詩

周詢 盧陵人，正統八年任，嚴立科條，激厲生徒，陞均州教諭

王敏 河南人，天順中任

鄭亨 華亭人，舉人

李灝 固始人，舉人

王洪　江寧人成化五年任有傳
林元立　福建人李府志作杜元立
連銘　福安人成化十三年任
許昌　同安人成化十八年任
胡啟　南平人成化二十二年任剛方不苟取
湯浩　丹徒人宏治五年任
方輿　廣平人宏治元年任
林世瑞　閩縣人舉人宏治十一年任博學洽聞同纂邑志
周俅　莆田人宏治十二年任學行俱優同纂邑志
馬玹
歐陽英　太和人宏治十八年任
胡顒　辰州人正德六年任
何隆　邵武人正德十一年任
王佐　臨川人嘉靖元年任
王貢　泰州人嘉靖七年任
曾伯宗　東鄉人嘉靖八年任
鄭琛　惠安人嘉靖十一年任

王臣 匯本學教諭　　許梁 福清人嘉靖十三年任

石泰 長沙人嘉靖十六年任　　黃積慶 金溪人嘉靖十八年任有傳

謝恪 當塗人嘉靖二十三年任　　張德輝 來安人嘉靖二十六年任

江學會 青陽人嘉靖二十八年任有傳　　徐鑾 上饒人嘉靖三十一年任

韋棠 江浦人嘉靖三十二年任　　陳儔 廣德人嘉靖三十五年任

李瑚 吉水人嘉靖三十七年任　　車軒 咸寧人嘉靖三十九年任開導不倦

徐鐸 南城人嘉靖四十四年任　　華國章 無錫人嘉靖四十五年任

郭克昌 盧江人隆慶二年任　　王天和 隆慶三年任有傳

曹文儒 永康人萬歷三年任 李志作永樂人誤

潘恒懼 景寧人萬歷三年任 李府志作恒衢

傅　遜 蘇州人萬歷八年任博學能文　　王汝源 萬歷九年任有傳

趙　棟 武康人萬歷十二年任　　陳　賓 連江人萬歷十四年任

張可久 萬歷十九年任陞浦江教諭李府志作二十九年任

金可器 萬歷二十五年任陞太和教諭　　趙衷詩 湖廣人萬歷二十六年任講學淑人

王致恩 分水人　　林文華

趙　裹 合肥人萬歷二十九年任　　趙　珣 東平人萬歷三十年任

韓　鋹 浦江人萬歷三十年任　　任汝光 寧海人萬歷三十年任

戍克勳 直隸人萬歷三十五年任　　劉希儒

方一輝 淳安人　　盧季綰 天台人

張聯璧 江西人　　李洵岳 義烏人萬歷四十七年任

張宏溉安吉州人府志張作陳　晏逢時麻城人天啟元年任、府志晏作吳

朱文暉臨安人天啟三年任陞桐江教諭　徐應亢遂安人天啟六年任

蔣龍莠湖廣人崇禎元年任李府志作龍方

朱應宸義烏人崇禎三年任　周克中定襄人崇禎三年任

王有爲蘄州人崇禎五年任　洪名盛平漢人崇禎六年任

欽有爵長興人崇禎十年任　葉祺允秀水人崇禎十二年任

嚴爾衡安吉州人崇禎十三年任　王希商桐廬人崇禎十三年任仁厚坦誠諸生立碑思之李府志作希閎

吳之翰鄞縣人

國朝

郭賚贛州人

江皋佩　仁和人順治三年任
林允文　定海人順治九年任
龔自淑　西安人順治十六年任有傳
謝三錫　太平人康熙七年任
周雲桂　慈溪人康熙十四年任
章兆豫
鄧巖貞　臨海人歲貢康熙三十年任有傳
郁　頲　石門人歲貢康熙四十一年任
盛　禾　秀水人歲貢康熙四十九年任
潘調燮　浦江人歲貢康熙五十年任
滑　嵸　仁和人歲貢康熙五十五年任李府志嵸作松
滑　樾　仁和人歲貢康熙五十六年任
陳天寅　富陽人歲貢雍正四年任有傳
謝　超　建德人歲貢雍正九年任
王允鼎　德清人歲貢乾隆五年任
葉　賁　西安人歲貢乾隆七年任
徐全備　衢州人乾隆十五年任
沈　路　錢塘人歲貢乾隆二十八年任
孫　昇　德清人歲貢乾隆二十五年任

張龍光安吉人貢生乾隆三十年任　王榮統西安人舉人乾隆三十一年任

朱休度秀水人舉人乾隆三十四年任李府志作仁和人誤

章　甫於潛人乾隆四十一年任　周世沐仁和人舉人乾隆四十三年任

董一經烏程人舉人嘉慶四年任　沈浚都桐鄉人歲貢道光七年任

駐防舊制駐防一員係千把輪防協防外委一員均三年一換乾隆十四年奉文一年一換乾

隆以前檔案殘闕

今自嘉慶元年始

裘　曜邑人嘉慶元年任　汪定海鄞縣人嘉慶二年任

戴　潮仁和人嘉慶三年任　倪士鄂餘姚人嘉慶四年任

裘　曜邑人嘉慶五年任　裘　曜邑人嘉慶六年任

黄占魁平陽人嘉慶七年任　裘　曜邑人嘉慶八年任

黃占魁 平陽人嘉慶九年任
裘　曜 邑人嘉慶十年任
黃占魁 平陽人嘉慶十一年任
戴　潮 仁和人嘉慶十二年任
裘　曜 邑人嘉慶十三年任
倪士郢 餘姚人嘉慶十四年任
任　飛 鄞縣人嘉慶十五年任
董廷樑 鄞縣人嘉慶十六年任
戴　潮 仁和人嘉慶十七年任
裘　曜 邑人嘉慶十八年任
李成章 烏程人嘉慶十九年任
黃占魁 平陽人嘉慶二十年任
黃占魁 平陽人嘉慶二十一年任
何起爵 仁和人嘉慶二十二年任
金萬齡 諸暨人嘉慶二十三年任
胡　澐 仁和人嘉慶二十四年任
張觀德 錢塘人嘉慶二十五年任
徐　堅 諸暨人道光元年任
何起爵 仁和人道光二年任
王武滔 仙居人道光三年任

張觀德錢塘人道光四年任　盧秉信仁和人道光五年任
董廷榤鄞縣人道光六年任　王萬育會稽人道光七年任
董廷榤鄞縣人道光八年任

協防

王應魁仁和人嘉慶元年任　王大成錢塘人嘉慶二年任
王應魁仁和人嘉慶三年任　徐自新烏程人嘉慶四年任
楊玉麟仁和人嘉慶五年任　楊玉麟仁和人嘉慶六年任
戴　勇仁和人嘉慶七年任　徐自新烏程人嘉慶八年任
張兆華錢塘人嘉慶九年任　楊玉麟仁和人嘉慶十年任
戴　勇仁和人嘉慶十一年任　劉長清山陰人嘉慶十二年任

戴尚慎 仁和人嘉慶十三年任

徐自新 烏程人嘉慶十四年任

徐朗 仁和人嘉慶十五年任

王殿輔 象山人嘉慶十六年任

盧秉信 仁和人嘉慶十七年任

徐自新 烏程人嘉慶十八年任

王雲龍 會稽人嘉慶十九年任

韓成斌 餘姚人嘉慶二十年任

盧秉信 仁和人嘉慶二十一年任

戴勇 仁和人嘉慶二十二年任

王雲龍 會稽人嘉慶二十三年任

徐自新 烏程人嘉慶二十四年任

王雲龍 會稽人嘉慶二十五年任

韓成斌 餘姚人道光元年任

王雲龍 會稽人道光二年任

王萬育 會稽人道光三年任

鍾文英 秀水人道光四年任

韓成斌 餘姚人道光五年任

鍾文英 秀水人道光六年任

尹殿元 鄞縣人道光七年任

韓成斌武餘姚人道光八年任

殊勳

保障縣令責也而禦大災捍大患有與縣令共守茲土者則援其人以紀之司勳掌賞祭法崇祀古有之矣自節使以下豐功偉烈赫赫在人耳目烏可以弗書志殊勳

唐

張伯儀魏州人以戰功隸李光弼軍浙賊袁晁反使伯儀討平之功第一擢睦州刺史後爲江陵節度使除右龍武統軍卒贈揚州大都督唐書 按李志云寶應元年台賊袁晁爲亂往來剡邑伯儀平之

王式太原人舉賢良方正爲安南都護大中十四年浙東賊裘甫等攻陷象山官軍屢敗明州城門晝閉進逼剡縣有衆百人浙東騷動觀察使鄭祗德遣討擊副使劉勍副將范居植將兵三百合台州軍共討之與裘甫戰於桐柏觀前范居植死劉勍僅以身免甫帥其徒千餘人陷剡縣開府庫募壯士衆至數千人越州大恐鄭祗德遣牙將沈君縱副將張公署望海鎮將李珪擊之與甫戰於剡西賊設伏三溪之南而陳於三溪之北壅溪上流使可涉既戰陽敗走官軍追之半涉決壅水大至官軍大敗三將皆死於是山

海諸盜及無賴亡命之徒四面雲集衆至三萬分爲
三十二隊其小帥有謀畧者推劉暀勇力推劉慶劉
從簡羣盜皆遥通書幣求屬麾下甫自稱天下都知
兵馬使改元羅平聲震中原朝廷知祇德懦怯議選
武將代之宰相夏侯孜曰前安南都護王式雖儒家
子在安南威服遠近可代也遂以爲浙東觀察使又
詔發忠武義成淮南等諸道兵援之除書下浙東人
心稍安裘甫方與其徒飲酒聞之不樂式分軍東南
進討與賊十九戰皆捷又分軍海口以拒之賊從黃
罕嶺復入剡（名勝志云裘甫從王愛山入剡通鑑謂黃罕嶺者誤）壁其東南府

中閩甫入剡復大恐式命趣東南兩路軍會於剡圍之賊城守甚堅攻之不能拔諸將議絕溪水以渴之賊知乃出戰三日凡八十三戰賊敗請降諸將以白式式曰賊欲少休耳益謹備之功垂成矣賊果出又三戰裘甫劉暀劉慶從百餘人出降遙與諸將語離城數十步官軍疾趨斷其後遂擒之甫等至越州式腰斬暀慶等二十餘人械甫送京師剡城猶未下諸將以擒甫不復設備劉從簡率壯士五百突圍之諸將追至大蘭山從簡據險自守諸將攻之克台州刺史李師望募賊相捕斬以自贖所降數百人得從簡

首以獻諸將還越裘甫至京斬於東市加王式檢校右散騎常侍諸將官賞各有差其後弟龜復爲浙東觀察使人皆舞蹈迎之李志䣭按唐書本傳裘甫作仇甫又王起傳起子龜式似式爲弟矣祀名宦

宋

劉述古越守帥也宣和二年睦寇方臘爲亂連陷州縣嵊令宋旅戰死丁壯爲俘廬舍悉燬明年述古將兵掃除督令張誠發繕城以守未幾賊黨復至掩殺幾盡建議於白峯嶺置長樂寨守之嵊乃平

朱熹婺源人淳熙中知南康軍提舉常平鹽茶公事會

浙東大饑王淮奏攺浙東即日单車就道鈎訪民隱凡丁錢和買之政不便民者悉釐革之上謂王淮曰朱熹政事却有可觀宋史按李志云熹始拜命即移書他郡募米商蠲其征比至米已輻輳行部乘輕車簡御徒秋毫不及州縣雖深山窮谷拊循不遺官吏憚風采有觧印綬去者所部肅然明年正月入嵊三界發米六萬八千石奏劾侵漁官米指揮使荒政克舉民賴全活

黄由字子由長洲人淳熙中進士第一通判紹興督行荒政於嵊攺糴爲賑發米五萬石與民不取直嘉定初以正議大夫知紹興時嵊有虎患訛言虎有神或變爲僧或爲玃狙倏忽莫可蹤迹由禱於神募人捕之殄滅無遺民賴以安萬歷府志

元

游僎紹興路判官泰定元年越旱饑嵊邑尤甚僎奉檄來賑初發官廩賑給饑民凡四千八百餘人不足則募諸富民又不足則市米他邑親至鄉村散給之所全活以億萬計山陰韓性爲之記李志

脫帖穆耳字與可蒙古遜都臺氏泰定三年以上千戶所達魯花赤分鎮於越攝萬戶府事元兵掠天台烈婦王氏死於清風嶺移文有司爲立廟剡有隱士吳君與脫帖穆耳友善及卒輟俸爲葬於二戴書院之側其好義如此黃溍文集

明

龎尙鵬廣東人嘉靖四十五年巡按浙江時嵊苦東闗
力役坊里輪辦往往至傾其家尙鵬酌爲定費均泒
丁田每歲輸銀入官令執事者領銀供辦而嵊邑之
累始甦百姓比之包孝肅爲立專祠春秋祀之李志下同
蕭廩字可發萬安人萬歷十二年巡撫浙江釐嵊弊政
民大寬省又念嵊東闗役曰吾以是不平者屢屢顧
其事未易言終不可無言姑須之無何入爲兵部侍
郎卒民聞之淚下並祀龎尙鵬祠先是嘉靖間有顧
廷對者宦湖中奉部使者委往來台紹間過東闗閭

夫廩多輸自嵊旣入嵊則供夫廩者仍嵊人廷對愀

然曰奈何一邑而兩役之民必不堪受之者能宴然

耶作尹湖末議以明其事人謂與蕭廩意後先一轍

云

國朝

趙廷臣字君鄰鐵嶺人康熙初總督浙閩澄清夙弊四

年八月輸軒涖嵊革除濫派歲省民資不下八千金

而淸丈田畝較定糧戥毋使胥役得上下其手造福

於嵊更巨及卒民哀思之

寧海將軍固山貝子者名福喇塔輔國公裴揚武子宗

室也年十七隨侍行間署前衛地後以官兵殲李自成餘孽綏靖湖湘追擒賀鳳翔於粵西鄭國姓寇漳泉剿平之忠勇之烈早著旂常康熙十三年靖南王耿精忠繼吳三桂倡之孝叛於閩先寇浙東

天子命和碩康親王佩大將軍璽符固山貝子爲寧海將軍偕往督師八月師次杭州時金衢溫處賊兵充斥山寇乘間蠭起貝子與康親王密議權其先後籌其糗糧選將調兵未啓行而台州告急矣貝子曰台州爲取溫入閩要地賊帥曾養性朱飛熊皆渠魁也非親征不可遂辭康親王赴台途次聞賊棲嵊縣貝

子曰賊以天兵方問罪於閩故橫行無忌緩之適以害民於是以兵一千授參將滿進貴知府許宏勳知縣張逢歡進勦未至嵊而賊趙沛卿等已陷城刦庫焚公廨矣急令滿進貴張逢歡統師擊之凡殺賊百數十餘黨奔潰貝子給把總馬國常戍兵二百名令防守縣城而檄參將滿進貴知府許宏勳都司王德輔守備周鳳滿明侯知縣張逢歡領馬步兵分路進勦大敗僞總兵俞鼎臣於沼湖追至蔡家灣九里泉戮僞副將以下四人越三日復擊之生擒賊首董懋斬首七百餘級賊奔崇仁富順等鄉越五日又及之

賊復逸至太平長樂開元等鄉貝子嚴檄督戰進貴等益用命分兵奮擊大破之斬首一千餘級奪還俘掠無算釋良民之被脅入賊者一百七十五人數十村男婦歡聲震天地慶再生焉無何僞總兵俞鼎臣等復招合潰兵溯剡溪而上沿途刦殺貝子曰是當以智取也乃佯檄班師大會僚屬置酒作樂賊偵知亦劇飲不設備至二鼓密遣進貴等統兵三路進擊生擒邱恩章趙沛卿等之有名號者七十餘人悉斬以徇而楊四王茂公等潛竄上虞餘姚等處貝子召許宏勳張逢歡諭之曰嵊雖平然崇山峻嶺此輩尚

多安保其不復爲患今台州告警未可頓兵善後之
策是在守令當念今之流賊卽昔之良民半以饑寒
被脅殺之可憫宜勦撫兼行毋純任武宏勳等遵諭
率紳士深入賊巢宣諭德意一時領衆歸順者不下
億萬咸頌貝子之仁武不殺也貝子慎於用兵慮出
萬全而後動故每戰必捷台溫寧處諸郡以次恢復
究以盡瘁薨於福建行省
諭祭建碑　賜謚惠獻浙閩多祠祀之嵊人向設位於
惠安寺春秋致祭乾隆五年更建專祠以報功德云
許宏勳字無功又字元公遼陽人以父爾顯蔭除刑部

員外歷雲南順寧知府丁艱起復補紹興康熙十三年耿精忠反福州浙東羣盜並起連陷諸暨嵊縣新昌七月攻郡城時副將許捷玩寇方合婚置酒張樂宏動毅然曰古太守任兼文武我當受難乃周視城垣賊至挺身先上麗譙民競持杖不呼而集亦且數萬命紳士分門登陴歷巡各堞均給餐飯人人歡呼願死守賊攻常禧門何守備戰於斑竹菴不利而退賊遂圍城乃出家丁及民壯數百人分兩道出斬首數百餘級溺死者無算會城援兵又至乃解圍遁八月郡兵東討上虞餘姚大嵐山宏動慮破賊日山民

橫攉鋒刃乃隨軍單騎至大嵐山絕頂諭降賊齊聲
曰此神人也咸卸甲去九月寧海將軍固山貝子親
征台州巡撫提督以宏勳知兵命從行至嵊縣偕叅
將滿進貴由仙巖取道進攻長嶺連破長樂太平開
元蔡家灣諸砦賊勢大衰至貴門山班師計陣斬及
生致僞文武各數十人賊首數千級獲軍資刀械無
算宏勳慨赤子蹈水火列榜招諭降其餘衆萬餘新
嵊悉平而前所遺僚屬分將西擊蕭諸羣冦者亦皆
克捷八邑奏寧宇焉總督李之芳疏薦陞浙江按察
副使分守紹寧累官河南布政使司卒於官

名宦

西漢多循吏龔黃召杜居則民樂去則民思厥風

古已我

朝崇實黜華申碑㪅之禁而吏之有德政於民者遺愛

遺直猶嘖嘖播諸輿誦豈非實至而名歸歟因論

次前賢表其治績官斯土者可以興矣志名宦

東漢

薛棠河東人以郎中拜剡令有善政甘露降園熹平四

年遷沇州刺史明年甘露復降庭前樹從事馮巡主

簿華操等相與褒樹表勒棠政金鄉城內有沇州刺

史薛棠像碑水經注

吳

賀齊字公苗山陰人本姓慶氏伯父純爲江夏太守少避安帝父清河王諱改賀氏爲郡吏守剡長縣吏斯從輕俠爲奸齊斬之從族黨糾衆攻縣齊率吏民擊破之威震山越後太末豐浦民反轉守太末長期月盡平時王朗奔東治侯官長商升起兵應王朗齊悉誅降之領都尉事遷奮武將軍從孫權征合肥權爲張遼所襲幾危齊率兵迎於津南脫權於難後與陸遜破尤突降丹陽三縣得精兵八千拜安東將軍封山陰侯遷後將軍領徐州牧

吳書抱朴子昔吳遣將軍賀齊討山賊賊中有善禁者每當交戰官軍刀劍不得拔弓弩射矢皆還自向輒致不利賀將軍長情有思乃曰吾聞兵有刃者可禁蟲有毒者可禁其無刃之物無毒之蟲則不可禁彼必是能禁吾兵者也必不能禁無刃物矣乃多作勁木白棓選有力精卒五千人爲先登盡持棓山賊恃其有善禁者了不嚴備於是官軍以白棓擊之彼禁者果不復行所擊殺者萬計浙江通志自賀齊討平山賊始立爲郡縣　按舊志俱云齊爲剡長又云剡治舊在江東齊徙今所城亦齊建

晉

周翼字子卿陳郡人郗鑒之甥值永嘉喪亂鄉里以鑒名德傳共飴之鑒常攜兄子邁及翼往鄉人曰各自饑困以君賢欲共相濟耳恐不能兼有所存鑒於是獨往食訖以飯著兩頰邊還吐與二兒並得存同過

江翼爲剡令鹽甏翼追撫育恩解職歸席苦心喪三
年後歷青州刺史少府卿晉書
謝奕字無奕陳郡陽夏人少有器鑒辟太尉掾作剡令
有一老翁犯法奕以醇酒罰之乃至過醉而猶未已
太傅時年七八歲著青布袴在奕膝邊坐諫曰阿兄
老翁可念何可作此奕於是改容曰阿奴欲放去耶
遂遣去累遷豫州刺史剡錄
李充字宏度江夏人父矩江州刺史充少孤父墓柏樹
爲盜所砍充手刃之由是知名辟丞相掾記室參軍
褚裒爲征北將軍又引爲參軍充以家貧求外出裒

將許之爲縣試問之充曰窮猿投林豈暇擇木乃授剡縣令晉書 按世說新語剡録皆以褚裒爲殷浩舊志因之

殷曠之仲堪子有父風爲剡令剡録

宋

王鎮之字伯重瑯琊臨沂人父隨之上虞令鎮之初爲瑯琊王衛軍行參軍出補剡上虞令並有能名內史謝輶請爲山陰令復有殊績桓元以爲録事參軍時三吳饑衘命賑恤糾會稽內史王愉不奉符旨爲貴盛所抑以母老求補安成太守母憂去職在官清潔妻子無以自返乃棄家致喪還上虞舊基服闋爲征

西司馬南平太守後爲御史中丞執正不撓百僚憚之出爲廣州刺史蕭然無營去官之日不異始至遷宋臺祠部尚書終宣訓衛尉宋書

周顒字彦倫汝南安成人舊志作安城長於佛理兼善老易嘗著三宗論宋明帝好元理引入內殿親近宿直元徽中爲剡令有恩惠百姓思之齊建元初遷正員郎轉國子博士兼著作太學諸生慕其風爭事華辨始著四聲切韻行於時南史下同

齊

張稷字公喬吳人幼有至性生母劉遘疾時稷年十一

侍疾終夜不寢及終哀毁瘠立父及嫡母繼歿廬於墓側六年州里謂之純孝永明中爲剡令會山賊唐寓之作亂稷率厲部人保全縣境俸祿皆頒親故家無餘財入梁累遷尚書左僕射出爲青冀二州刺史不得志禁防寬弛州人徐道角作亂爲所害祀名宦按張志稷子忠貞公嵊世居剡珏芝之里其裔孫文彬徙居秀異坊

梁

劉昭字宣卿高唐人昭幼清警通老莊義及長勤學善屬文外兄江淹早相稱賞天監中累遷中軍臨川王記室卒於剡令文集十卷注後漢書一百八十卷

陳

徐陵字孝穆東海郯人大通中遷尚書度支郎出爲上虞令歷尚書左僕射陵器局深遠性又清簡無所營樹俸祿與親族共之自陳創業文檄軍書及受禪詔策皆陵所製爲一代文宗陳書　按李志云自上虞令移剡

唐

杜佑字君卿京兆人以蔭補濟南參軍事剡縣丞累遷同中書門下平章事封岐國公佑資嗜學雖貴猶夜分讀書撰通典二百篇新唐書下同

劉迺字永夷河南伊闕人天寶中擢進士第喪父以孝

聞服終補剡尉建中時拜兵部侍郎朱泚之亂遣人召之不可脅聞車駕如梁州不食卒

宋

丁寶臣字元珍晉陵人第進士爲太子中允知剡縣首重學校興殿舍肖孔子像聽決精明賦役有法民畏而安之巳改令諸暨暨人喜曰此剡人所戴以爲慈父者吾邑何幸焉而寶臣亦用治剡者治暨大有政聲以材行遷編修校理祕閣英宗每論人物屢稱之其卒也歐陽修王安石表識其墓李志

過昱字彥專一作公彥皇祐初以秘書丞出令剡歲饑流民

集城下昱勸富家出粟賑之明年又饑乃出常平錢請糴取其贏米幾萬斛㝷流民又割俸麥爲種役饑民耕種官田明年得麥五百餘斛復㝷流民使歸復業流民感激而去萬歷府志

宋旅字延實莆田人第進士宣和中知剡縣方臘既陷歙睦杭衢婺五州且犯越越盜亦起應之縣吏多遁旅遣妻子浮海歸闔獨與民據守以忠義激厲部勒隊伍爲豫備計俄而盜衆大至旅率壯鋭冒矢石雖多殺獲終以力不敵死之越帥劉韐上其事詔贈朝散郎錄其四子宋史名宦祀

宋宗年（府志祁作郊）之孫建炎中令剡金人攻越守李鄴以城降屬邑皆潰宗年城守獨堅民賴以安官至中散大夫因家於剡（萬歷府志　祀名宦　李志云宗年卒葬大洋元時子孫居集賢坊今徙一都愛湖旁）

范仲將蜀人姜仲開淄川人紹興初相繼爲令仲將峻明高爽健於立事而仲開剛明廉肅政在急吏寬民性行畧相似仲將先拓孔子廟創戴䟃墓亭仲開復建學堂移殿廡與門南向皆重學崇儒建豎偉然先後稱二仲仲開卒葬福泉山其子孫居江田村（李志）

謝深甫字子肅臨海人（萬歷府志誤作臨安人）乾道二年進士尉

嵊歲饑有死道傍者一嫗哭訴曰吾兒也傭於某家遭掠而死深甫疑之廉得嫗子曰汝奈何匿子而誣人也嫗驚伏曰某與某有隙賂我使誣告耳皆抵罪自是人不敢欺爲浙曹考官一時士望皆在選中日文章有氣骨可望而知調知青田侍御史葛邲顏師魯交薦之孝宗召見除大理丞江東大旱擢爲提舉常平講行荒政所全活者一百六十餘萬人累官右丞相封岐國公致仕有星隕於居第遂卒先是深甫布衣時由丹邱赴南宮嵊嶀浦廟神告以富貴期旣登科來尉事神甚謹入樞筦請封神爲顯應廟周志

楊簡字敬仲慈谿人師事陸九淵洞徹精微學者稱爲慈湖先生乾道中爲紹興司理犴獄必親臨端默以聽使自吐露越陪都臺府鼎立簡中平無頗惟理之從常平使者朱熹薦之改知嵊宋史按舊府志楊簡未莅任而嵊人重其人祀名宦焉然周志官師表有楊簡名李志則云乾道中任又嘉靖三十三年提學副使阮鶚檄知縣吳三畏立慈湖書院似已莅嵊任者

詹乂民剡令初邑人以元日昧爽謁廟問廟中語曰今歲丁旱或又曰詹乂民作宰尚旱爲門啓而入始知其爲神也夏果旱詹來雨隨車而注周志

史安之字子由四明人浩之孫嘉定初令剡清訟剔蠹

奸黨屏息考正經界刋定稅籍宿弊一時盡洗嘗捐俸以代民輸奏蠲和買絹四百餘匹百姓歡呼載路飛蝗入境禾稼不傷人謂德政所感卜地拓故學宫課士不輟築城修倉百廢具舉而民不以爲勞嘗構面山堂於治北時引客觴詠其間風致灑然求高似孫作剡録剡文獻百世藉之李宿治績記

陳著字子微周志作子徵奉化人登文天祥榜進士景定初相國吳潛等以著才可大用相繼薦於朝時賈相當國諷其及門著曰寧不登朝不爲此態遂出授福安令咸淳四年改知嵊宗室外戚有居嵊者持一邑權

前令率坐是譴去關令者十有七年於是豪貴横行每於僻地剽虆行人至家胥靡役之謂之奪僕又造白契牽合證佐占人田産無敢問者著至獨持風裁政教並舉諸豪貴始歛戢民賴以安在嵊四年遷通判揚州代者至民乞留不得去祖帳遮道數十里至城固嶺依依不能舍因名嶺曰陳公嶺以識去思代者李興宗謂著何以處我著曰義利明而取予當教化先而獄賦後識大體而用小心愛細民而公巨室如是而已累官監察御史知台州府李志下同祀名宦

閭人安世字漢卿嘉興人尚書建次子授汾州文學改

杭州文學終剡縣主簿有政聲子昌時遂家餘姚

元

佘洪字仲寬益都人元貞初尹嵊廉介明決爲民蘇困補偏邑夏稅絹準鈔過重洪請得納鈔減費之半先是田稅重而山與地不科洪倣史安之例酌步以均之秋糧輸布民既輸半會淮郡旱蝗復令改徵米洪力陳不便乃得免退既復徵米三千有奇洪又力陳請留備本邑春歛民咸稱便新廟學創書院除免儒充里胥民感之爲立道愛碑舊志佘作余道愛作遺愛誤今據道愛碑改正

宋節一名也先大德間爲邑尹操厲凜然一介不苟取

政多惠愛上下和洽調奉化知州陞監察御史周志

高閭蒙古人至大二年爲嵊達魯花赤政尚嚴肅裁吏卒之冒濫者若干人才名籍甚鎮守千戶縱戍卒擾民閭繩以法爭白帥府罷鎮守司民獲安堵與尹萬歷相規以正並稱循良云萬歷府志下同

敎化的怯烈人泰定元年爲嵊達魯花赤能潔己愛民以糧稅輸郡道路艱阻請折以布民感其惠爲立石志思

仇治字公望至元初尹嵊首定役法民咸稱便時達魯花赤馬合麻縱吏卒爲暴治逮捕數十輩械府悉論

罪縣境肅然亡何竟爲馬合麻所中傷罷去治練達果斷不畏强禦嘗曰手執鈍斧斫無名樹樹盡山空樵夫歸去足以想其疾惡矣李志

趙琬字仲德河南八元至正閒尹嵊剛果有才幹抑强扶弱爲吏卒所畏累遷台州路總管元亡自縊死先是其兄璉爲淮上參政治行嚴毅淮寇張九四起高郵亦殉義死時稱二難張志

明

高孜洪武初知嵊涖政明敏愛民如子及卒邑民悲號相率葬於北門外星子峯下歲時祀之萬歷府志按李志孜在

任三載

康寧洪武初爲邑主簿政務恤民民懷之凡賦役不煩勾稽而遇事明決案無留牘李志下同

湯輔字師尹弋陽人洪武二十四年由進士除教諭講經授徒無虛日與訓導施震胡愚及諸生捐俸廩修明倫堂成化二年陳烜字士華福建人由省魁除教諭有志操訓迪不倦以邑無鄉賢祠乃節俸以倡創爲堂三楹祀晉以來名賢蓋先後一轍云

龍淵字景雲洪武末令嵊撫字有法政在寬猛之間識者謂爲得體秩滿陞監察御史轉淮慶知府周志

譚思敬永樂間令嵊政先教化時以孝弟格言告耆老使歸訓子弟於是縣民嚮化無少長皆呼爲孝譚九年秩滿民懇留之復任九年愛嵊山水遂家於禮義鄉子孫世爲嵊人萬歷府志按浙江通志思敬湖廣人由鄉舉任

黃份字原質佚其籍永樂間爲嵊諭王洪字宗大江寧人成化間爲嵊訓俱能詩胸次灑然份自號埜雲子舍後編籬爲圃圃有孔氏泉陳公石鳳尾竹虎鬚蒲胭脂桃翠絲椰玉帶水寶塔鈴校士之暇盤桓圃間一物一咏稱野雲八咏來道植松檜蒼翠可愛洪構居爲竹林蘭砌扁其居曰璞庵自謂官閒心靜境隨

意會不知天地間何物足易此樂亦有入詠曰蘭窗琴操竹院棋聲秋夜書燈雪天畫意石鼎茶烟金猊香靄歙枕詩懷圍爐酒興皆璞庵中物也李志

徐雍毘陵人令嵊潔己愛民問民疾苦憂勞遘疾子彥華封股以救弗愈卒浙江通志

單宇字時泰臨川人正統四年進士除知嵊縣馭吏嚴吏欲誣奏宇宇以聞坐不并上吏奏逮下獄事白調諸暨遭喪服除待銓京師疏請盡罷中官監軍又請罷遣僧尼歸俗復知侯官宇好學有文名三爲縣咸以慈惠聞明史　按李志宇政識大體先學校重農事創義倉以備旱暵民不告勞善吟詩所

著有菊坡叢話

徐士淵定遠人正統初知嵊縣時值旱蝗力請於上得米八百石以賑已而洊饑憂勞成疾卒於官槖無餘金百姓哀之萬歷府志

孟文潞州人由鄉舉正統八年任居官廉能民庇藉之時縣丞方主簿徐典史符民爲之謡曰孟青天方索錢徐老實符酒顛十二年處州賊爲亂奉都御史檄率民兵往剿參預軍機踰年寇平賚金旌賞六載考滿引年去張志下同

李春成貢人由鄉舉成化二年來令性嚴毅寡言吏卒

畏悚不敢爲奸布蔬以臨民民雖畏而可親有歌云
勸課農桑民樂業作興學校士登科謂爲實錄三載
丁外憂去行李蕭然
許岳英字邦賢潮陽人由鄉舉成化中知嵊清愼警敏
爲政以教化風俗爲急當春出郊視農事民爲立勸
農亭舉行藍田呂氏鄉約崇獎節孝率諸生習射於
射圃又開社學教民子弟延知名士輯邑志建廟學
齋廡及豆籩罍爵等一切省視修飭嵊田土舊多詭
冒賦役不均特爲丈田均賦宿弊一洗蓋皤然稱能
吏云李志下同

臧鳳字瑞周曲阜人第進士宏治中知嵊重農恤民擢
抑豪右鎮撫郭榮者素善結權要至是有犯訛者咸
推避莫能決鳳承檄立訊之竟寘於法城南臨大江
舊惟土堤洪水一至則齧堤漂屋屢爲民患鳳乃相
基壘石周遭若干里長堤屹然迨嘉靖乙卯知縣吳
三畏築城堤上水不能齧皆鳳力也至今賴之三載
擢監察御史百姓莫不流涕累官南京兵部尚書
徐恂字信夫嘉定人由鄉舉宏治間來令勤敏有吏幹
百廢具興翻刻學庸冠冕續編清風祠集聘夏雷作
邑志尤能以文飾吏治周志

張暄舊府志作萱正德間由鄉舉任清操凜凜中官橫肆使者下邑誅求莫敢誰何暄立笞之上官以所不便檄諸邑暄獨封還或反論駁上官亦嚴憚之時謂之張

林誠通由鄉舉正德間令貞廉絕俗入覲遇盜啓篋僅數金盜曰廉吏也還金而去誠通恬澹厚重嚬笑不輕假或謂才不稱德而申裁冗費數事民以寧息又

強項浙江通志

才者難之官至參議李志下同

王伯當直隸人正德間爲嵊丞清白自持人不敢干以私歷數載如一日遷令去士民繪冰壺秋月圖以贈

譚檖李府志作松德化人嘉靖初知嵊簡靖和易一意拊循百姓有譚外公之稱

吳三畏字日寅莆田人由鄉舉嘉靖間以臨海教諭陞嵊令嵊舊無城時倭夷方充斥所過殺掠三畏曰邑無城是棄其民也乃周遭相度則城故有址多屋於萬衆有難色三畏曰城則勞民不城則無民敢惜其勞而驅之死亡乎於是翕然惟命三畏晝夜省督寢食俱廢城始半賊自天台來望見燎火燭天呼噪動地以爲大兵遂宵遁明年城成賊復至三畏登陴守民三畏立令撤去將庀材鳩工而計費巨萬徒嘗數

禦賊不能犯嵊人以是知城功之大也三畏短小精
悍而敏慧過人訟牒盈庭立口決手判去善大書遒
勁有古法五年陞廣信府同知特祠祀於望越門內
子應台生臨海長於嵊成進士歷官浙江左右布政
體恤嵊民加摯祀名宦
陳宗慶金谿人由鄉舉嘉靖間令嵊至邑勞問民瘼上
書論列兩事其一謂嵊協濟東關重役不均當首免
也且東關曹娥僅隔一衣帶水何煩兩驛誠得合併
可減費十之四五其一謂嵊例食台鹽道里險阻官
鹽既經年不至而私鹽之禁又厲是使民卒不得食

鹽也姚會鹽場與嵊接壤宜以彼鹽令商告稅發嵊使窮民得以商鹽展轉貿易官民兩便書上皆不報改官去至都猶上書徧謁諸貴人爲嵊民請命卒無信者十年而兩驛併又十年而商鹽通其言大驗民益思之官至通判

張梅字元卿句容人嘉靖間以親老由舉人除教諭振刷學規督厲諸生非公事不履縣庭有執贄進者問其家之裕否爲受卻性耿介不肯曲意令長曰我賓師也令長亦不能屈更加禮焉

黄積慶金谿人嘉靖間由貢授訓導布袍蔬食不事紛

華以端嚴律已而待士則盎然和易士樂親之博學好古著有樂律管見行於世

江學曾青陽人由歲貢嘉靖間爲訓導受業王文成至嵊以致良知啓迪多士士多興起能疏財取與不苟有詩名

林森侯官人由鄉舉嘉靖末知嵊奉母至孝嘗語人曰始吾幼時母憂吾不得長今長矣又憂吾老何以慰母惟當爲好官耳舊有糧長常例金森至首革之屏去一切公費其政務恤困窮抑豪右定圖均役吏胥束手然不能曲意上官竟坐調象山瀕行止餘贖金

數十曰此嵊金宜爲嵊費發修譙樓行李蕭然里老醵百金爲贐曰必槖中無一錢我心始安卒不受上官署其考曰氣高如山心清如水人以爲知言

薛周壽州人由歲貢隆慶間爲嵊令精洗有心計時水患衝坍田鈌糧浮周請度田均賦豪猾無所用其詭漏其催科也一遵條鞭而侵攬之弊遂清民永賴之

吳祺無錫人由監生隆慶初官邑主簿祺素貧聚徒授章句至是嘆曰簿所得俸視塾師不啻過之於分足矣又目其子曰兒癯不勝衣與過其涯將階之禍吾當以清白全汝五年常俸外不索一錢廉潔剛介清

而有用蓋近世卑官之麟鳳擢邑丞不就致仕

童負甌寧人由監生隆慶四年爲嵊丞傴僂短小而性

率直所操執卽豪貴不能奪知縣朱一栢之改濬溪

流也委負董役負風雨不避夙夜匪解以勞瘁卒

朱一栢寧國人弱冠舉於鄉隆慶五年知嵊縣始至人

疑無治幹甫月有胥玩法懲之一老胥抱牘陳事微

言欲中以利又懲之人始悚惕糧里役於公者月有

限非限弗且去卒無廢事讞獄平允導使自解而訟

日以簡嵊向多科名今不舉於鄉者且三十年父老

言宋時溪流環邑若抱今南徙矣文風不振職此之

故一栢乃循故道計日興役鑿渠增埒引而歸之不數月河成又建亭星子峯上於是進士八而詔之曰地道已畢盍修人道集士子於學宫厚其旣廩月凡三試親爲甲乙終歲無惰容是科得雋者三人一栢胸無城府不矯飾以立名而令行禁止吏絶其奸民樂其生治行推循良第一五年陞南京光禄署正歷

官慶遠府知府

王天和字致祥吉安永豐人由歲貢隆慶間訓導萬歷間陞教諭在邑凡十餘年蚤遊鄒守益聶豹之門刻意問學砥礪名行至嵊首以冠婚喪祭古禮誨導諸

生著全禮纂要使遵行之尤嚴居喪酒肉之禁舊鄉飲賓多富者天和獨延禮布衣袁榜篤行有志操由是人知所勸諸生貧不能喪葬者捐俸以助尤能獎勵節義引拔後進與邑令議建名宦祠遷學門增置廟器署邑事數月以廉能著爲忌者所中不獲薦用遷南安教授去嘗修邑志未就今究覈賢宦名實猶以其言爲折衷云

王汝源烏程人爲其邑唐一庵高弟以歲貢除嵊邑訓導學敦實踐動循繩尺授諸生性理講論不倦巡撫蕭廪不妄許可獨稱其學淵深行高古時謂知言所

著有貢選二約性理圖書二述陞義烏教諭績益懋
先是王教諭言稱行素先生而汝源亦號憶素姓號
同學行又同狀貌亦酷相類云
施三捷字長孺福清人由鄉舉萬歷丁未知嵊彊毅有
爲事或不便於民輒予豁除豪右斂手聽命精律例
每聽訟手錄兩造辭立剖決去在任五年上官皆敬
憚之無以公事差提來擾邑中者嘗捐俸倡建南門
橋邑人名曰施恩公餘闢署圃種菊人擬爲河陽縣
花陞順天府推官或題云嚮愛斯人淡如菊今憐人
去菊猶存立祠南門橋首祀名宦

王志遠號升齋龍溪人由鄉舉萬歷壬子知嵊政尙惇大視編氓如赤子無市名沽譽意人稱王外公甫下車旱甚徒步禱祈不避炎歊奉檄須賑雖僻壤無不徧歷在嵊五載巷有絃歌囚無冤枉陞判本府待嵊民尤厚弟志遠先以進士判越嘗署嵊曉暢治體一以子惠爲先時稱漳水二難云祀名宦

王應期浙江通志作應朝字我辰六安州人由鄉舉萬歷庚申知嵊性清剛明決奸猾望風屏迹事無巨細言出卽洞知肺腑與衆酬應歷歲月能一一記所訴詞民誇爲神無繁刑重罰堂淸如水嘗自銘其堂云天地好

生動念須充不忍聰明忌盡凡事務晢有餘蓋精明中不失渾厚也試士公明所拔皆寒素二載調繁桐鄉去民祀之

陳士彦錢塘人由鄉舉爲嵊教諭一以行誼造士遇好修者必折節禮之持已廉介而賑卹貧士又惟恐不及署嵊篆晢心風俗著戒訟戒溺女文梓於嵊以艱去歷官知縣

國朝

郭恍華州人由鄉舉知嵊剛斷能任艱鉅每有徵發委曲調劑冀寛民力台海之變士馬屯南郊者以萬計

鞭笞勒犒胥役皆竄匿恍往來供億絲毫不以累民

憲檄開道營弁督伐民間墓木鄉人以著進恍曰爲

民父母不能保此撫心自痛尙忍下咽耶辭不受叛

兵自餘姚走嵊提帥領兵追勦日夕馳驅山谷間心

身俱困以中暑卒於官恍任事甫期月當士馬繹騷

之際能恫瘝乃身而究以勞瘁死惜哉

龔自淑西安人順治間由貢任學訓敦厖廉潔待士有

禮捐俸構鄉賢名宦二祠及學宮戟門卒於官先一

年喪妻命子扶柩去比淑卒一媳一孫煢煢無以殮

知縣張逢歡賻櫬邑紳士醵金爲賻乃得治喪歸

張逢歡號玉臺閩中人居官廉靜周知民間疾苦凡一利可興一弊可革無不悉心爲之康熙甲寅山寇胡雙奇金國蘭等乘耿逆之亂蠭起爲盜城内外播遷無寧宇逢歡多方捍禦集鄉勇爲團練長俾各保護而勢終不能制則赴郡請援會寧海將軍固山貝子福喇塔統兵征台州道經嵊邑逢歡以亂離狀啓貝子憫之給綠旗兵一千名命同參將滿進貴知府許宏勳分路進剿連敗之於開元太平長樂等處又親詣賊巢招撫餘黨嵊邑乃平顧鋒鏑之餘廬舍荒涼村無煙火逢歡休養而安集之遍瘞道路之殺傷饑

瑳者爲之課其農桑寬其力役邮其貧苦而元氣漸
復又修輯邑志興學校官舍橋梁川澤諸大政至旱
可禱虎可渡則誠無不格矣嵊人至今思之與知府
許宏勳並配祀惠獻貝子王祠
門有年博野人康熙初由歲薦爲丞釐剔奸蠹左右無
敢撓捐俸修學宫兩廡力興文教每朔望至鹿胎書
院與諸生講學孜孜不倦嚴飭婦女不得入廟禮佛
風俗爲之丕變後爲奸蠹所忌匿名訟府事雖得白
而志不伸以疾卒
王朝佐遼東人康熙三十一年知嵊以嵊多火災令每

家門首貯水甕每甲造撓鈎木杓麻搭各二設架貯
公所有警則合持赴援甚利賴焉

鄧巖貞臨海人以歲貢爲嵊訓導敦尚名教日以詩書
課士性澹泊無所營亦不屑詭隨博時俗歡嘗捐俸
葺崇聖祠以疾卒於官諸生請祀名宦不報

朱宸枚字枚臣海鹽廩貢生補嵊教諭時學廨久圮儆
居民舍宸枚平西廡荒山及豪民之侵佔者建屋七
楹鑿池栽竹後乃有寧宇焉康熙丁亥大嵐山寇竊
發擾及邑界宸枚督修戰具分守西城明年知縣趙
珏奉檄監修貢院隨入文武二闈委宸枚攝邑篆會

大水力陳百姓被災情形知府勞可式勘驗得實詳

請題免錢糧十分之三民甚德之嘗捐俸葺大成殿

左偏築明倫堂周圍墻垣又助知縣宋敦建義塾置

田延師以課士文風爲之一振辛丑卒於郡城公署

遠近皆嘆惜

王勳蔭號敬庵籍大名本山陰人果毅能任事寛以撫

民而馭胥役甚嚴性耿直凡豪右之武斷鄉曲者痛

繩不稍徇坐是被誣罷職遠近冤之

徐匡字漢衡嘉定舉人知嵊五載催科不擾訟減刑清

民皆戴之善賦詩每公事至鄉過山水佳處郎豪吟

寄志嘗自銘柱云關節一毫無地入公平兩字有天知又云居養無殊蓬戶月擔當恐負秀才時又云五斗米可以有爲倘爲身家安得人呼父母一文錢不容苟取若朘膏血豈非自食兒孫可想見其操持矣後以計典降調去人謂上官未免苛求云

宋斅字約齋長洲人由貢生知嵊年少有老成風度善於決獄康熙辛丑大旱斅捐俸募賑設粥廠於城鄉全活以萬計有僧俗爭田者例應入官斅以四十三畝歸義學以三十畝歸淸風祠養士崇節蓋兼得之嘗濬朱公河又請增歲科入學額四名最得士心雍

正二年以父濟寧道虧空撤回另補

張泌字清之上谷人雍正初以舉人令嵊居官廉潔政暇每進諸生與之飲酒賦詩相得甚歡一言涉干請輒怒形於色甚或立屛去之任事有幹局以峭直不阿上官謂其短於吏治擬調學博尋以他故罷去

王以曜太行人雍正間以舉人令嵊敏於政治喜與士論詩文甫涖任首捐俸重建學宮兩廡戟門士多向風輸助方將鳩工調武義未訖事而去

傳珏字連璧奉天人雍正間以拔貢令嵊性明敏能以片語摘民隱人稱平允居官四年凡學宮祠宇署廨

譙樓咸撤而新之調慈溪令去攀轅而送者直至三界傳爲去思盛事

楊玉生字雲章三原人雍正間以保舉題署嵊邑操行廉潔銳於有爲尤加意造士捐俸賻民房倡建義學延師聚弟子課之不一載以外艱去惜未竟設施云

陳天寅富陽人歲貢生除訓導制行端恪論文一規先正親授諸生經從遊日衆一日失俸銀十兩衆咸知爲某也請斥之天寅曰斥之則辱之矣毋以我故累人名行毋再言蓋溫厚和平多類此三載卒於官

李以炎字崑山廣西博白人康熙甲午舉人乾隆四年

以才能由湯溪調嵊修學校建橋梁纂邑志政尚慈
惠邑人德之六年兼攝山陰篆歷三邑皆有異政云
新纂下同

莊有儀鶴山人乾隆三十二年知嵊剛正廉明幹練有
爲嘗倡捐修築城垣親督畚挶闤闠雉堞俱臻鞏固
又率紳士修　聖廟廊廡戟門璧池士民頌德政聲
籍然會兄有恭巡撫浙江回避調去

唐仁埴江都人第進士乾隆間令嵊剛毅明斷案無留
牘父展衡任迤西道病歸迎養盡孝凡事必稟命偶
有怒即伏地請罪色霽乃起雖書役在旁勿顧也嘗

倡修　聖廟朱文正公爲之記大仁寺僧爭產公析
爲三一建輔仁書院給膏火一充合邑鄉會費餘歸
寺僧士林悅服以卓薦累陞開歸陳許道所至有政
聲

周鎬金匱人夙學通才幹練精敏乾隆六十年莅任時
塘坑山厰爲賊匪藪聚衆幾百人捕役不敢入公購
線率士人搜捕置首從軍流餘衆弃散嘗夏旱屨不
借禱龍潭涕泗交下旋大雨爲政寬猛兼濟釋株累
懲奸胥綏善良抑豪右輿情洽甚瓜期將代士民祖
餞塞途有泣下者累陞漳州府知府著有犢山文稿

行世

嵊縣志卷七

選舉

周官大比鄉舉里選至漢始行薦辟舉孝廉及隋有進士之目唐宋設博學鴻詞科前明始專以制藝取士

國朝因之制科而外定鄉會試凡所以烝髦士而論官材者度越千古嵊臯剡溪嶀嶺之秀百年以來比戸誦弦科名雔起異日文章經濟騰茂蜚英鬱爲時棟由此其選也因增輯文武科目及例登仕籍者皆與焉志選舉

薦辟

宋

文獻通考宋制丹陽吳會稽吳興四郡歲舉四人餘郡各一人

阮萬齡侍中見隱逸傳

齊

王海齊策秀才格五問並得爲上四三爲中二爲下一不合與第

朱士明舉秀才見鄉賢傳

黃僧成居三十三都景明中官安南將軍

按齊無景明年號惟北魏宣武初建景明玆姑仍舊志

梁

王衡字孟平羲之之後居孝嘉鄉黃門侍郎羲興太守

六典注梁武帝欲求後進五館生皆引寒門俊才即今之進士也

張嵊見忠節傳

隋

隋書開皇二年詔舉賢良十八年詔以志行修謹清平幹濟二科舉人玉海大業三年詔十科舉人始置進士科

唐

張茂先嵊之後官洗馬

唐書選舉志唐制取士之科多因隋舊其目有秀才明經俊士進士明法明算等科此歲舉之常選也其天子自詔曰制舉所以待非常之才焉

許丑詢之後官祕書郎

張欽若嵊之裔貞觀中官鳳翔府尹

張復之 嵊之裔官尚書郎以上年分失攷

宋

宋史選舉志制舉無常科所以待天下之才傑太祖始置賢良方正直言極諫等科景德四年增置博通墳典達於教化等科仁宗初又置書判拔萃茂才異等諸科

開寶

童蒙初 居裏坂里授景陵令

熙寧

周忠和 字思溫居開元鄉通文學兵畧薦授度支使紹興乙亥贈三司大將軍

大觀

王宏基 字立本居孝嘉鄉舉明經授亳州教授宣和間官國子直講祕書省正字

姚　宏　舜明子見鄉賢傳

周　宗　字從海居開元鄉薦授翰林院中書陞大理寺評事贈亞卿

紹興

呂祖璟　見鄉賢傳

求多問　字守謙居禮義鄉高宗時收伏魔寇薦補承信郎監常熟商稅事

錢宇之　字光疇本臨安人靖康之亂侍父李從嵊剡源鄉應賢良方正直言極諫科授國子助教

隆興

張　俁　見鄉賢傳

嘉泰

周　俊　字景威宗之孫博涉經史薦授兩淮浙東總幹有政聲贈嘉議大夫

嘉定

錢揚祖宇之之孫舉博學鴻詞科授廬陵令陞吉安守周志云此據夏志及考許志則以爲揚祖之父植植之父介之植自天台徙剡長樂鄉揚祖由鄉薦魁南宮未知孰是兩存之

邢一宜居太平鄉舉博學鴻詞科仕婺州通判

紹定

張愁見忠節傳　商日新見鄉賢傳

叟昱字廉夫薦任兩淮幹辦公事兼提刑獄以伸理冤獄有聲陞大理評事

胡岳字伯仁居花廖理宗時薦授台州路教授陞定海知縣

景定

錢弼宇文佐宇之曾孫詔崇經術考德行累官嘉興軍節度使僉判

咸淳

王昌允　字文子居孝嘉鄉薦授河陽尉轉保寧軍節度推官宣城知縣

張子襲　嵊之後由漕貢進士官至秉義郎差監右騏驥院

王伯昌　字公盛居孝嘉鄉累官沿海制置司參議周志云已上三人不知其歲次姑附於此考王氏譜伯昌居忠節鄉至元十四年進士初授嚴州軍事判官改御史臺檢校遷沿海參議

單庚金　見儒林傳

元

續文獻通考皇慶二年詔天下州郡縣察舉孝廉賢良方正又詔經明行修儒術醇謹等結狀保舉

至元

錢滸　字興祖宋僉判琡之子應求賢詔授諸暨教諭改江山

胡宗道居東隅見鄉賢傳

至大三年

夏推字勉誠聰穎博學薦授江西龍興路稅課司提舉時權利太急引疾歸

至大四年

周承祖字紹立宋教諭天祥子薦授儒學提舉

後至元

甯崇字志高薦授漳州路提舉　王君盛薦授江西路提舉

至正

喻子開以人才薦授四川副使　宋鐵字秉心居集賢坊宋令宗年之後以詩文薦授蕭縣訓導　王斗機字吉甫居孝嘉鄉薦授汀州路教諭

舒　奎字文昌居西鄉以博學能詩薦授諸暨訓導

王　碩字景蕃居孝嘉鄉薦授蕭山教諭

王宗孫居孝嘉鄉以儒術薦任贛州大使時翰林學士趙孟頫書六偈以贈府志作授翰林學士誤

錢　晁字一中滸之孫元季舉孝廉授本府經歷洪武初官博興知州

明

續文獻通考洪武初詔各府州縣薦舉賢良方正及山林隱逸之士六年詔罷科舉專用薦辟有經明行修懷才抱德等目永樂至隆慶間皆令所在有司保舉選用

洪武三年

張思齊以孝廉薦授陝西參政

張翰英舉懷才抱德科授知縣

龔文致 字志端舉懷才抱德科授河南按察司經歷

洪武四年

趙友誠 兵部主事改合肥丞府志作友諒

王美 舉孝廉科授襄陽同知　喻顯中 舉人材科授榆次典史

王璛 見隱逸傳　單復亨 見儒林傳府志作復亨誤

洪武五年

周佳 字元美舉人材科授福州同知

洪武十三年

竺濟 字汝舟居清化鄉舉賢良方正科授福州知府按濟原名元鼎字汝舟舊志載字佚名

洪武十五年

王文鉉字鼎仁舉賢良方正科授侯官縣丞通志作知縣

洪武十六年

王　佐字子參舉賢良方正科授合浦知縣

洪武十七年

應均立宋邑令彬之後舉賢良方正科授廣東鹽課提舉

錢　莊字則敬舉懷材抱德科任本縣訓導　韓信問字用敬俊之弟薦授雲南經歷

洪武十八年

宋思義舉人材科授洪同知縣　盧允中舉人材科授西寧衛知事

洪武十九年

竺　班名得義舉孝廉科任淮安知府竺氏譜名珏

洪武二十三年

張元操字原輝舉賢良方正科授登州同知　舊志書字佚名

洪武二十四年

喻克銘由耆老薦授涇縣知縣

洪武二十五年

單季元復亨弟舉明經科授處州通判　卜宏德居西隅舉賢良方正科授山西監察御史　屠任見鄉賢傳

洪武二十六年

邢汝節舉人材科授永州同知　李志作廣州

洪武二十七年

應彥昌舉明經科授嘉興教授

洪武二十八年

劉大序舉賢良方正科授荆州同知

洪武二十九年

尹克成舉經明行修科任國子監學錄　許得吉舉懷才抱德科授僉事

洪武三十一年

單斯泰舉懷才抱德科任海康知縣

洪武三十二年

沈信年居西隅舉經明行修科任廣西布政司左參議

史進賢舉懷材抱德科任萬寧縣丞　王　滮字施道薦授宣城縣丞　通志作舉

賢良方 黃彥通舉人材科授新會縣巡檢給事俞騮

正科

復以節操舉爲嘉興知縣 以上三人李府志俱作

新昌人通志以史進賢王淲爲嵊人而軼黃彥通

永樂元年

高時澤舉經明行修科入國子監母老乞歸

永樂三年

張 遜字宜中舉經明行修科任谷府紀善遷長史

永樂六年

袁均正由人材薦授萍鄉知縣

永樂十五年

王胥道以楷書薦府志入歲貢 舊

宣德四年

李克溫居靈芝鄉以讀書知律薦授當隸驛丞

正統二年

王蘭字元芳居忠節鄉以經明行修薦任本縣訓導

正統四年

張士服居清化鄉讀書好古諳琴畫舉賢良方正科授錦山驛丞

正統六年

韓啟字景明俊之子以經明行修薦授秀水訓導遷德府長史

景泰元年

韓昇字景魁啟之弟舉賢良方正科任蒼梧知縣

景泰八年

王　鼎蘭之弟舉賢良方正科授臨清縣丞

天順二年

史　昶字國通居清化鄉舉賢良方正科授侯官縣丞　舊府志作知縣

天順七年

單汝信薦授教諭　李志入歲貢而舊府志亦渾稱洪武時舉懷材抱德科今據周志改正

國朝

康熙十八年及乾隆元年兩開博學鴻詞科雍正間詔舉賢良方正及品行才猷可備任使者嘉慶元年道光元年並詔舉孝廉方正及山林隱逸之士

乾隆二十二年

陳文組南巡召試一等授內閣中書改名華組

進士

宋

宋史選舉志宋之科目有諸科而進士得人爲盛

天聖五年丁卯王堯臣榜

史綸居四十三都官屯田員外郎

景祐元年甲戌張唐卿榜

史叔軻綸之子累官刑部侍郎

慶歷二年壬午楊寘榜

茹約

皇祐五年癸巳鄭獬榜

姚甫　　茹開

嘉祐四年己亥劉煇榜

姚勔見鄉賢傳

熙寧九年丙辰徐鐸榜李志作壬戌誤今據通志改正

史安民綸之從子官中大夫

元祐六年辛未馬涓榜按淳祐志李志俱作馮涓榜今據通志府志改正

黄特頤之子宣城令政和八年由朝散大夫知婺州軍事

紹聖元年甲戌畢漸榜

求移忠字許國歷官吏部尚書轉朝議大夫

紹聖四年丁丑何昌言榜

姚舜明見鄉賢傳

崇寧二年癸未霍端友榜

求元忠移忠弟由仁和縣主簿轉知義烏後知衢州改知臨安府贈通奉大夫

姚棐忱字天迪永康知縣

大觀三年己丑賈安宅榜

過卓昱之子知縣

重和元年戊戌王昂榜府志李志作政和戊戌嘉王榜今據通志改正

姚景梁

宣和三年辛丑何煥榜舊志作二年誤

黄　時一名唐傑特之弟官信州通判

宣和六年甲辰沈晦榜

趙子潚官龍圖學士知泉州通志府志補見鄉賢傳　　據

紹興十二年壬戌陳誠之榜舊志作十三年誤

馬　佐　　張　據

紹興十五年乙丑劉章榜

茹紹庭　　黄　昇

紹興十八年戊辰王佐榜

周汝士官左奉議郎見鄉賢傳　　茹　驤居集賢里

紹興二十七年丁丑王十朋榜

周汝能鄞縣主簿　姚鈎
主陸宗院

紹興三十年庚辰梁克家榜舊志作三十二年誤

姚廷袞

隆興元年癸未木待問榜

趙師仁

乾道五年己丑鄭僑榜

王叔瑪居忠節鄉由朝散大夫知衢州事　剡志作王瑀在乾道間不知其年通志府志作乾道八年李志據王氏譜訂正今按王氏譜叔瑪居孝嘉鄉

乾道八年壬辰黄定榜

高宗商改名商老　任惟賓通志府志俱作惟寅　李志按舊志

作乾道五年進士今從佛
埨題名張元忭府志改正

姚　憲　進士出身見鄉賢傳　舜明子是年八月賜同

淳熙二年乙未詹騤榜

周之綱　汝士從子任婺州教授　　桂　森

唐　琦

淳熙十一年甲辰衛涇榜

白公綽　字仕優丹陽縣丞周志作公焯　姚一謙

淳熙十四年丁未王容榜

石宗萬　官兵部尚書　　周之瑞　之綱弟官荊門軍學教授

應　夔　縣令彬之子官翰林承旨　　郭　綽

紹熙四年癸丑陳亮榜

宋叔壽

慶元元年乙卯鄒應龍榜李志作二年丙辰今據通志改正

石宗魏宗萬弟

慶元五年已未曾從龍榜

王復明居小柏里官中書科中書舍人　茹　騤官安福縣丞

石孝溥周志按宗魏宗萬孝溥攷他志爲新昌人舊志載剡姑從之

開禧元年乙丑毛自知榜

任必萬官參議　過文煥揚州通判

盧補之　申宋說

田　廣以上五人通志府志俱作上虞人舊志載剡姑存之

嘉定元年戊辰鄭自誠榜

周之章之瑞弟

嘉定四年辛未趙建大榜通志作建夭

茹　彧　　　　榮熙辰

錢難老

嘉定十年丁丑吳潛榜

姚　鏞見儒林傳　　　周宣子之綱子

嘉定十三年庚辰劉渭榜

過必宋

嘉定十六年癸未蔣重珍榜李志作仲珍今據通志府志改正

周溶孫宣子之子

紹定二年己丑黃樸榜李志作王朴今據通志府志改正

任貴必萬子知縣　呂諒祖璟子歷官制置司參議

張崧卿俁之孫累官承議郎沿海制置司參議李志作俁之子今據張氏譜改

張飛卿崧卿弟通直郎　勞崇之

紹定五年壬辰徐元杰榜

王鵬舉居小柏里歷官淮東制置司幹辦公事通志府志作明舉

趙汝崖通志府志作汝厓　過夢符參軍

王景壽

嘉熙二年戊戌周坦榜舊志作元年誤

過正己文煥弟官參軍　尹鳳梧官大理寺評事

屠雷發字聲伯觀察使朝請大夫主建昌軍仙都觀

淳祐四年甲辰留夢炎榜

朱元光通志作光元　楊光之

陳肖孫戶部郎中　李士特

淳祐十年庚戌方逢辰榜

商又新字德守官紹興撫參　董元發通志作童元發

寶祐元年癸丑姚勉榜

毛振　應瑜

錢　㤘據通志府志補

開慶元年己未周震炎榜

陳　碩字台輔先世東平人南渡時徙嵊以儒傳家授春秋於石宗魏官臨安府判忤賈似道罷

劉瑞龍

景定三年壬戌方山京榜

許　㮚見鄉賢傳　張　霆

咸淳元年乙丑阮登炳榜

趙　炎見鄉賢傳　趙汝嵘

俞　相或名德　高子楚

咸淳四年戊辰陳文龍榜

朱士龍

商夢龍 見軼事

朱得之 士龍姪

咸淳七年辛未張鎮孫榜 李志作張鎮今據通志府志改正

吳觀道 居德政鄉累官崇文殿學士

尹仲亨 居東隅官員外郎

尹仲寧 官通判

相起巖 德祐元年補訓武郎後仕元爲顧州知府 以上三人皆宋進士科分未詳

元

元史選舉志至元十一年議行科舉分蒙古進士科及漢人進士科皇慶四年會試蒙古色目人作一榜漢人南人作一榜第一名賜進士及第從六品第二名以下及第二甲皆正七品第三甲以下皆正八品兩榜並同元統癸酉左右榜各三人皆賜及第餘賜出身有差

泰定元年甲子張益榜

費逑字元明

至正十一年辛卯文允中榜

許汝霖見隱逸傳

明

續文獻通考洪武三年詔開科舉使內外文臣皆由科舉而選正統二年令開科不拘額數

洪武四年辛亥吳伯宗榜

董時亮居竹山里臨邑縣丞初爲諸生時建議重興二戴書院稱義舉

洪武十八年乙丑丁顯榜

王寄生歷官雲南左布政司通志府志俱作繼生

永樂十九年辛丑曾鶴齡榜舊志作洪武十九年誤

章信宗字守誠居德政鄉歷官監察御史廉慎有守三巡卒於任囊無長物僚友賻贈乃得歸葬

永樂二十二年甲辰邢寬榜

龔璉字廷器居坂田官主事

景泰五年甲戌孫賢榜

謝廉見鄉賢傳

成化八年壬辰吳寬榜

王暄見鄉賢傳

成化十四年戊戌曾彥榜

鄭仁憲大興籍官知縣

成化二十年甲辰李旻榜

丁　哲見鄉賢傳

宏治三年庚戌錢福榜

陳　珂累官大理寺卿通志作杭州衞籍

宏治十二年己未倫文敘榜

周　棨字國信蕭縣知縣

正德六年辛未楊慎榜

金　鯉累官按察司副使

正德九年甲戌唐皐榜

張邦信字德孚任刑部主事歷陞廣西桂林道好名義不下於人以亢衡巡按歸善詩多所吟咏

正德十二年丁丑舒芬榜

杜民表見鄉賢傳

嘉靖十七年戊戌茅瓚榜

王炯字廷輝居小柏里貴州中式官同知王氏譜作文炯由王府奉祠正遷長史歷陞禮部侍郎

嘉靖二十三年甲辰秦鳴雷榜

裘仕濂見鄉賢傳

嘉靖二十六年丁未李春芳榜

邵惟中授行人遷南道御史累官太僕寺卿致仕

嘉靖二十九年庚戌唐汝楫榜

喻　褧見孝義傳

萬歷五年丁丑沈懋學榜

董子行見鄉賢傳　周汝登見鄉賢儒林傳

萬歷八年庚辰張懋修榜李志作嗣修今據通志府志改正

周光復見鄉賢傳

萬歷二十年壬辰翁正春榜

王應吉吏部員外郎據碑錄補

萬歷二十六年戊戌趙秉忠榜

喻安性見鄉賢傳

天啟二年壬戌文震孟榜

邢大忠 大有兄原名學忠字仲安山陰籍中式由行人司轉吏部文選司主事歷任戶部右侍郎

崇禎元年戊辰劉若宰榜

王心純 見鄉賢傳

崇禎十三年庚辰魏藻德榜

盧鳴玉 見孝義傳

國朝

大淸會典順治三年春初行會試取中四百名嗣後定子午卯酉年秋八月舉鄉試丑未辰戌年春二月舉會試八年會試照三年之例南卷取中二百三十三名北卷取中一百五十三名中卷取中十三名十五年題准每科取中進士一百五十名自後增減無定數

康熙三年甲辰嚴我斯榜

尹　巽見孝義傳

康熙二十一年壬戌蔡升元榜

高克藩湘鄉縣知縣卒於任

康熙五十一年壬辰王世琛榜

應朝昌見儒林傳

雍正八年庚戌周澍榜

商　盤會稽籍見儒林傳

乾隆十九年甲戌明通榜

高家湘字景濂隨父任長沙入籍教習期滿授大寧知縣

嘉慶四年已未科

喻維藩字之屏居喻宅欽賜進士翰林院檢討

嘉慶二十四年己卯陳沆榜

宋仁華字梅莊居愛湖頭

道光三年癸未林召棠榜

魏敦廉字維斗居官地

舉人

宋

李府志宋時鄉舉不捷南宫次舉仍須考較十舉後則特奏名

紹興十七年丁卯科

周汝士見鄉賢傳　　周世則汝士從兄

周汝能見進士三人並以內舍生廾式　姜安

乾道三年丙戌科

費元亮見鄉賢傳

慶元六年庚申科

吳守道字貞一居德政鄉以會稽籍中禮經第一名

淳祐十二年壬子科

史夢協字逢衡累官兩淮安撫總幹正議大夫沿江訓練士卒

費九成字師古開慶庚申授永康尉轉信州司理秩滿赴京會鄉友吳大有劾賈似道專權遂與歸隱

寶祐六年戊午科

季應旂省試經魁府志作賦魁

景定二年辛酉科

許　桌士見進

張　槃子襲子咸淳補上舍生作字襲子誤今據周志改正　李志

趙登炳　趙文炳

呂　諒以上四人年次失攷故附於此

元

李志元至皇慶始行科舉江浙行省凡統三十路而三歲解額取蒙古五人邑目十人南人二十八人士無可進之路多俛首掾吏矣

延祐元年甲寅科

吳本立居德政鄉會稽籍中式

至治二年壬戌科

費逃省元見進士通志作泰定丙寅

泰定三年丙寅科

卜可壽

至正十年庚寅科

許汝霖見進士

至正二十二年壬寅科

王文合一名天合字應時居東林本縣教諭

王原暐通志府志俱作元暐

明

李志洪武三年詔開科以今年八月爲始四年詔各行省連試三年自後三年一舉永爲定式六年詔停科舉專行薦辟至十七年始復開科

洪武三年庚戌科　是科額取四十人

董時亮　見進士

洪武十七年甲子科

王寄生　見進士

洪武二十年丁卯科

王文奎　應天中式　魯山縣丞

洪武二十六年癸酉科

王惟謹　字謹言原暐之姪舒城縣丞改靖安縣

洪武三十二年己卯科

史道志 見鄉賢傳 府志作志道

永樂元年癸未科 李志按是科以壬午鄉試值成祖登極未暇舉行故改癸未鄉試甲申會試又增廣生中式自是科始

張孟韜 居清化鄉 張氏譜名瑗字孟韜

永樂三年乙酉科

沈　廣 交趾路州同知

永樂六年戊子科

史原信 居清化鄉新河教諭

李　回 字希賢居篮節鄉 按張志作季回注云舊志作李姓誤李志復據通志郡志科名記李氏譜改正

張　玻字宗儒居西隅長沙府教授

永樂十八年庚子科

龔　璡文致子見進士　韓　俊字用彰嶧之子永平知縣

唐　津字要夫居忠節鄉袁州府學教授陞伴讀

王仲賓字光治居昇平鄉任經歷　江宗顯字克光居崇仁鄉

宣德十年乙卯科

鄭　貞居德政鄉會稽籍中式山西提學僉事

正統十二年丁卯科

謝　廉錦衣衛籍順天中式見進士

景泰元年庚午科

張世軒見鄉賢傳萬歷志作張軒

景泰四年癸酉科是科解額九十人遂爲定制

張政字以仁居東隅官中書舍人遷王府審理轉贛州府通判以廉能鯁直稱

天順六年壬午科

鄭仁憲居德政鄉順天中式

成化四年戊子科

王暄見進士

張性字克循寶應知縣

成化十年甲午科

應尹賢見鄉賢傳

成化十三年丁酉科

史　晞應天中式全州知州　楊　素字尚文居上岡里贛榆知縣

杜　傑順天中式見鄉賢傳

成化十六年庚子科

丁　哲見進士　周　山見鄉賢傳

鄭如意字允錫居德政鄉由司務累官潯州知府

陳　珂杭州衞籍見進士

成化十九年癸卯科

豐　儉河南中式官通判

成化二十二年丙午科

閻士充居德政鄉永春知縣府志作宏治壬子科

宏治二年己酉科

夏　雷見儒林傳　　韓　華字克熙居孝嘉鄉丹徒訓導

宏治五年壬子科

陳　璠珂之兄官長史

宏治十一年戊午科

周　榮順天中式見進士

宏治十四年辛酉科

姚士榮字仁夫居金庭鄉官教諭

正德二年丁卯科

鄭　端居德政鄉山西解元　　張邦信居永富鄉見進士

正德五年庚午科

吳公義居德政鄉景東府通判性質實無機械歸田屏迹城市

金　鯉山東中式見進士

正德八年癸酉科李志作癸卯誤

鄭蒙吉嵩嵐知州　王　木歷御史終僉事

正德十一年丙子科李志作甲子誤

杜民表傑之子順天中式見進士　王　喬

嘉靖十三年甲午科

胡　仐見鄉賢傳

嘉靖十六年丁酉科

周　震見儒林傳　王　炯貴州中式見進士

王　朴　邵惟中雲南中式見進士

嘉靖十九年庚子科

喻　棐見進士

嘉靖二十二年癸卯科

裘仕濂應天中式見進士　杜德孚民表子順天中式弋陽教諭

王念祖貴州軍衞籍中式新寧知縣改保山縣

嘉靖二十五年丙午科

邢舜祥見鄉賢傳　王　煉貴州中式作戊午今據府志改正　李志

嘉靖二十八年己酉科

孫艮珊雲南中式 舊志佚 今據通志府志補

嘉靖四十年辛酉科

喻思化應天中式 見鄉賢傳　王　培貴州中式

隆慶四年庚午科

董子行見進士

萬歷元年癸酉科

周汝登見進士　王應昌見鄉賢傳

張希秩改名向辰字惟序 居西隅德慶知州

萬歷四年丙子科

周光復見進士作癸酉科誤　李志

萬歷七年己卯科

王大棟字子隆居東土鄉絳州知州　王應吉順天中式見進士

萬歷十三年乙酉科

李春榮字邦彥居西隅崖州知州

萬歷二十二年甲午科

喻安性見進士　朱萬壽雲南中式

萬歷二十五年丁酉科

王　瑛貴州中式累官雲南按察副使通志作郁王瑛

萬歷三十一年癸卯科

鄭化麟順天中式見鄉賢傳　趙起字近思居東隅

萬歷三十四年丙午科

錢永澄字久心居瓊田松江府同知

萬歷三十七年己酉科

吳越岳順天中式見鄉賢傳　周家俊字仲英居開元鄉淯川知縣府志佚

作家駿　吳維嶽應天中式舊志佚今據通志府志補

萬歷四十年壬子科

吳中潁字支機居德政鄉烏程籍太平知縣有德政

邢大忠見進士

萬歷四十三年乙卯科

王心純士見進

萬歷四十六年戊午科

周孕淳字無遷汝登子應天中式

天啟元年辛酉科

尹膺簡字可行居東隅　尹鼎臣膺簡姪見鄉賢傳

天啟四年甲子科

胡自平原名守禮見鄉賢傳

天啟七年丁卯科

吳應芳見儒林傳

崇禎三年庚午科

裘 組字章甫居承富鄉 國朝任壽州知州

崇禎六年癸酉科

尹志烶應天中式附 見立相傳

崇禎九年丙子科

盧鳴玉見進 士

崇禎十二年己卯科

徐一鳴順天中式 見儒林傳

國朝

大清會典順治二年浙省開科額取一百七名八年加中十五名十七年裁爲五十四名康熙十七年廣額十名四十三年浙省額八十三名五十年增十四名雍正七年浙江中式九十九名五經中

額五名又加十名乾隆間定額九十四名

順治五年戊子科

姚工亮字代人居晉溪里丙鄉知縣　李志作三年丙戌誤

順治十七年庚子科是科裁爲五十四名

尹巽見進士

康熙十七年戊午科是科額取六十四名

高克藩字大垣見進士

康熙三十五年丙子科

商洵美見鄉賢傳

康熙四十一年壬午科

商元柏字葉如歷官秦安州同知

康熙四十四年乙酉科

王　化字幼仲居東土鄉臨安教諭

康熙四十七年戊子科

應朝昌見進士

雍正元年癸卯科是科四月鄉試

鄭　彥字瀛彥居東隅

雍正七年己酉科

商　盤順天中式見進士

乾隆元年丙辰科

吳炳忠字大文順天中式

乾隆九年甲子科

葉方莢字荻薪居大屋順天中式

乾隆十五年庚午科

高家湘長沙籍順天中式

乾隆十七年壬申科

裘式玉見儒林傳

乾隆二十七年壬午科

鄭文蘭居三界邵武知縣

乾隆四十八年癸卯科

吳啟鸑字司南居三界　吳啟虬字鸑青居三界選鎮海教諭未任卒

乾隆五十四年己酉科

張基臺字鳳集居東隅金華府學訓導

嘉慶三年戊午科

喻維藩八見欽賜舉進士

嘉慶五年庚申科

徐建勳字南洲居馬嶴

嘉慶九年甲子科

郭廷翰原名倫鑒字仙舟居石砩

嘉慶十二年丁卯科

錢曰青字雨亭居山口

嘉慶十三年戊辰科

邢復旦字縵雲居太平鄉咸安宮教習期滿以知縣用

邢　照字海珊居太平鄉大挑二等署歸安教諭

王景章字星甫居穀來由謄錄議敘選湖南辰谿知縣調零陵

嘉慶十八年癸酉科

錢錦山字蓮峯居石璜　宋仁華見進士

嘉慶二十一年丙子科

董　鏞字薇雪居北鄉宗學教習期滿以教諭用

喻道鈞字珊亭居西隅大挑二等

嘉慶二十四年己卯科

魏敦廉 見進士　魏懋昭 字德園，居白泥墈，大挑二等，署昌化

訓導

道光元年辛巳科

張景星 字燦亭，居雅張　周華齡 字頌三，居開元，覺羅教習

裘怡蓮 字鑑湖，居崇仁

道光二年壬午科

宋鑌 字星田，居羅松　丁宸簡 字道佩，居東隅

王景程 字樸齋，居東林　王謩 字懋菴，居葛竹

道光五年乙酉科

王際清字碩菴居東隅

道光八年戊子科

錢青元字榆臯居長樂鄉　吳鉞字春江居三界

周卜澗字鼇東居上路西　丁封三字祝齋居許宅

武進士

明

會試全錄散佚今據舊志及冊籍登載

萬歷八年庚辰科

茹日章居六都兩中鄉舉任鎮撫陞守備以都指揮行事

萬歷二十九年辛丑科

邢大有大忠弟四川都司僉事

萬歷三十二年甲辰科

童朝明居游謝鄉北直遵化營遊擊

萬歷四十一年癸丑科

竺凌雲字抱冲居箴節鄉由文學善騎射授黃州三江口守備江寇出沒慓掠出奇擒滅陞福建都司討平土寇陞江西贛州參將調廣東雷廉陞河南懷慶府總兵官

萬歷四十七年己未科

童維坤見忠節傳

天啟二年壬戌科

童朝儀勦賊有功官至都督府志作山陰人

武舉人

明

萬歷四十年壬子科

竺凌雲見進士

茹日章見進士　邢大有見進士

童朝明見進士　童維坤見進士

童朝儀見進士　徐　麟見忠節傳　以上六人俱萬歷時武

舉年分失考故附於此

天啟

錢德炯江西中式

崇禎十五年壬午科

周之璁居開元鄉

過大任貴州龍塲都司　錢　法雲南中式　以上二人俱崇禎時武

舉年分失考故附於此

國朝

大清會典順治二年題准子午卯酉年舉行鄉試無定額康熙甲子科以後定額浙江中式五十名

康熙八年己酉科

張朱英本姓竺居陳郡　　周奇字沛武居上朱

康熙四十一年壬午科

高紹志鳳陽衛守備志府志作紹忠　通

乾隆六年辛酉科

裘應麟居崇仁鄉

乾隆十七年壬申科

裘廷魁字煥宗居崇仁鄉

乾隆二十七年壬午科

張錫光字祓遠居永富鄉　尹皇露居東隅

乾隆三十五年庚寅科

尹皇壽居東隅

乾隆三十六年辛卯科

周吉甫居大洋

乾隆三十九年甲午科

錢　蕙居長樂鄉歷署三江杭州水利千總

乾隆四十二年丁酉科

施占鰲字道科居施家塽

乾隆四十五年庚子科

陳綱字禹佀居嵊嶺福寧鎮標守備勅臺匯歷戰東港南潭等處匯平致仕歸封武畧騎尉

乾隆五十一年丙午科

裘曜字立元居崇仁鄉署楓嶺乍浦千總歷任嵊縣新昌向天嶺諸暨瀝海所蕭山三江山陰虎山夏蓋山上虞餘姚等處駐防

乾隆五十三年戊申科

裘國元字怡燦居崇仁鄉授兵部差官山東高唐州守備

乾隆五十九年甲寅科

裘國淸字怡振居崇仁鄉　裘朝泰字道隆居崇仁鄉候選衞千總

乾隆六十年乙卯科

張我武居東張

嘉慶九年甲子科

張鵬飛字圖南居東張

嘉慶十二年丁卯科

裘定山字國詠居下王

道光五年乙酉科

王大鵬居東林

副貢

明

萬歷

丁美祖字仲甫兩中副車

崇禎

厲汝恩見鄉賢傳

國朝

順治

喻恭復見儒林傳以上三人年分失考

乾隆元年丙辰科

吳熙德字峻文居棠溪

乾隆二十一年丙子科

鄭士元

乾隆三十五年庚寅科

吳桂先字殿芳居三界

乾隆四十二年丁酉科

張聲韶字鳳來居雅張府志作聲龍誤

乾隆五十一年丙午科

吳金聲字韻玉居棠溪

嘉慶十八年癸酉科

金有鑑字月波居東山

嘉慶二十三年戊寅科

趙連城字緒屏居珏芝

道光二年壬午科

任　湘字純鄉居石舍

拔貢

明

嘉靖

邢錫禧居太平鄉馬湖同知

萬歷

鄭化麟見舉人

周光臨以上三人年分失考

崇禎八年乙亥科

徐一鳴見舉人

國朝

順治五年戊子科

周運昌居開元鄉建昌府通判府志作恩貢

順治八年辛卯科

周際昌居開元鄉遵化知縣府志作恩貢

順治十一年甲午科

尹巽士見進

康熙十一年壬子科

吳光廷見鄉賢傳

康熙二十五年丙寅科

徐遵孔字道子居西隅

康熙三十七年戊寅科

吳士槐字翰植居棠溪

雍正元年癸卯科

商　盤見進士　吳炳忠見舉人

雍正十三年乙卯科

高紹圓字允方居東隅沙縣知縣有惠政民爲立祠

乾隆五年庚申科

葉方焱見舉人

乾隆十八年癸酉科

陳文組辟見前

乾隆三十年乙酉科

周大用字沛霖居開元鄉寧海教諭

乾隆四十二年丁酉科

商元棠

乾隆五十四年已酉科

張基臺見舉人

嘉慶六年辛酉科

裘怡芬字薌山居崇仁鄉元年舉孝廉方正不就六年選拔　朝考二等授海寧訓導

嘉慶十八年癸酉科

錢錦山人見舉

道光五年乙酉科

周松齡府學選拔字青峯居西隅　吳鵬飛字夢琦居棠溪武英殿校錄

歲貢

明

洪武十六年奏准天下府州縣學自明年爲始歲貢生員各一人二十一年詔天下府學一年縣學三年貢一人二十五年詔天下府學一年二人縣學一年一人

胡觀十七年貢　沈常

高如山二十三年貢居昇平鄉四川道監察御史歷湖廣按察司僉事

毛道德二十五年貢居禮義鄉刑部主事　袁道溢二十六年貢居五十三都丹徒知縣

王谷保二十七年貢　宋莊二十八年貢字以端居西隅黃州同知改除工部主事傳

李恒二十九年貢一名常居西隅見隱逸

張德壽三十一年貢

竺仕俊居十八都句容知縣　俞韶三十二年貢居禮義鄉兵科給事中正直不阿頗盡言職

永樂

二年詔天下歲貢用二十五年例十九年詔天下歲貢用洪武二十一年例

史鯨元年貢望江知縣　王可彥三年貢

宋純四年貢居西隅邢臺知縣　王復阜五年貢見鄉賢傳

郭顯名 六年貢居仁德鄉寧國典史李府志作郿顯名

袁道距 七年貢道谿弟　竺原轤 八年貢居金庭鄉武昌知縣

王恕敬 九年貢濱州知州　張謙 十年貢

俞祚 十一年貢字克新驪之姪　胡德潤 十二年貢字廣心居東隅德安同知

陳士基 十三年貢居孝節鄉　史成尹 十四年貢居西隅教諭

施重 十五年貢入上舍永平同知　馬欽 十六年貢字敬夫

張琮 十七年貢字玉蘊居崇安鄉與化樂安知縣張志作張琛

吳文 十八年貢知縣　任倫 十九年貢居昇平鄉知州

宣德

七年詔天下歲貢用洪武二十五年例

婁希賢元年貢見鄉賢傳　　俞　機[illegible]年貢[illegible]之姪長樂知縣

姚孟章四年貢居金庭鄉　　王允祥五年貢居仁德鄉海州教諭　李府志作永祥

張宗義七年貢居東隅

王玉田九年貢見鄉賢傳　　黃孟端十年貢見鄉賢傳

正統

五年令天下歲貢府學一年縣學二年各貢一人

史浩傳二年貢居清化鄉武驤衛經歷　　趙　斌四年貢居東隅青州府經歷

王以剛六年貢胥道子南京工部主事　　王　鈍八年貢見儒林傳

竺時達十年貢居忠節鄉贛州推官　　陳　昱十一年貢居康樂鄉平樂府照磨

江　鍊十二年貢居東隅　　鄭　遜居德政鄉

景泰

胡　鉞　元年貢居西隅上杭知縣濬築城池建譙樓以才幹稱未幾卒於官

王貴舟　二年貢居東隅

相永忠　三年貢居永富鄉府志作胡永忠

陳　勳　四年貢居清化鄉陞武進縣丞府志作黃瑒

黃　瑒　五年貢字叔圭居西隅延平衛知事

王　樞　六年貢見鄉賢傳

天順

六年令盧增生員四十五歲以上者俱貢

尹　儀　二年貢字鳳翔居西隅清江訓導改除新建致仕

劉　蘭　三年府學貢性傳子揚州同知民懷其德

陳　昶　四年貢字允輝居孝節鄉嶧縣丞

錢　濟　六年貢見方技傳

馬　艮七年貢字士賢居東隅安平教諭　胡　昱字克昭居西隅平原訓導

謝　輈字克通居昇平鄉新蔡訓導　劉　篪字本陽居西隅懷遠主簿

宋　郁字文盛居西隅龍巖教諭　宋　敏字克修居西隅登州訓導以上六人皆應例一歲同貢

張　彰八年貢字器之居清化鄉登州訓導

成化

王　昆二年貢字怡仲鈍之姪府志作王崑

楊　綺四年貢字蘊夫居東隅龍江遞運所大使

周　泰六年貢見孝義傳　馬　政八年貢字廷治居孝節鄉古田訓導

史　晞十年貢字國暘居清化鄉見舉人　張　昇十二年貢字廷高居積善鄉泉州訓導

王　輔十四年貢字廷佐居仁德鄉陵縣訓

導

導

導有賢名

導

訓導府志作求鈴

鄭　璣居德政鄉

宏治

九年奏准今年起至十三年每年貢一人

張　濬元年貢字元哲琮之子景陵訓導

王　荃三年貢字德馨璧之姪

婁克剛十六年貢字以柔居崇安鄉新泰訓

楊　浩十八年貢字本洪居清化鄉蘄州訓

李　穆二十年貢字敬之居靈芝鄉雲夢訓

裴　鈴二十二年貢字宏振居崇仁鄉建寧

鄭仁恕號弦齋居德政鄉

鄭　瑛號恥齋居德政鄉四川籍貢

張　址二年貢居積善鄉泉州教授

過　誼五年貢字正之居長樂鄉絳縣訓導

應旭七年貢字以陽尹之姪邳州訓導陞雷州教諭　張俊九年貢字克廉居清化鄉邳州訓導

周嶧十年貢見鄉賢傳

張曜十一年貢字克輝居清化鄉監利訓導

韓顒十二年貢字克洪瑞昌訓導陞永安知縣

裘芝十三年貢字德馨居崇仁鄉長沙訓導

趙岑十五年貢字用之居東隅桂林推官性鯁直慎守官箴家無贏資

鄭軫十七年貢字文華德州判官　樓懷岑十八年貢湖州訓導以上二人李志佚今據府志周志補

張昭居清化鄉

正德

胡准元年貢見孝義傳　裘孔華三年貢字實夫居崇仁鄉德興訓導

鄭璲　四年貢字文華深州判官李志作鄭燧今據鄭氏譜改正

裘策　四年貢字獻夫居崇仁鄉博野訓導三署邑篆有政聲

黃榮　七年貢字克仁居東隅壽州訓導

謝樓　九年貢字克高居禮義鄉雲南知事

馬雲鳳　十一年貢居孝嘉鄉訓導

姚仕朝　十三年貢字弼夫仕榮弟

鄭經　十五年貢字延濟居德政鄉李志作嘉靖年今據府志周志改正

張碩　居清化鄉

嘉靖

馬輝　元年貢見鄉賢傳

應暐　三年貢字以光居崇仁鄉崇善知縣

鄭堂　五年貢字汝升居德政鄉金谿教諭

黃懌　七年貢字蘊中邵武訓導秉氣節正學作士士論匯之

婁懷奎　九年貢字仲光克訓子邵縣訓導以

父卒於官傳之早乞致仕

馬　充　十一年貢見儒林傳

周　晟　十二年貢見儒林傳

裘仕濂　十三年貢見舉人

邢舜祥　十五年貢見鄉賢傳

高　瑞　十七年貢字國賢居桃源鄉

張　鏵　十九年貢字賓之居桃源鄉虹縣教諭未任卒府志作張鐮

尹　奎　十九年貢字世文居東隅

鄭　騮　二十一年貢字德孚居德政鄉訓導

鄭　文　二十一年貢字用章居德政鄉固安教諭稱長者有古風

胡　槃　二十三年貢字克用舍山訓導

袁　旻　二十五年貢字秉仁居桃源鄉蕭縣教諭莊以律己端以率士

江憲臣　二十六年貢字維翰居[illegible]節鄉新鄭訓導

鄭　宸　二十八年貢字敬夫居德政鄉香山教諭

喻一貫　三十年貢字繼曾建平訓導

周　謨三十一年貢見鄉賢傳　胡　樂三十四年貢見隱逸傳

竺　該三十六年貢字文廣居遊謝鄉魚臺教諭

裘汝洪三十八年貢字時範居崇仁鄉江夏訓導

鄭應元四十年貢字仁甫居德政鄉和州判官

裘曰恩四十二年貢居崇仁鄉海門訓導迪士先行誼難干以私

尹丕中四十四年貢字孔和居東隅濟寧州訓導陞周府教授苦貧子立能甘人所不堪論經史時有卓識特不徇於俗人多詆之　張　勅居清化鄉吳江教諭

隆慶

元年詔天下府州縣學考廩膳生員內貢一人

鄭大輅元年貢居德政鄉　邢德健二年貢見儒林傳

王嘉相　三年貢字汝良居東隅惠安主簿陞通山知縣

趙　漳　五年貢字克濟居東隅連州判官　吳世輝　六年貢見孝義傳

萬歷

三年奏准歲貢生員年六十以下考優者充貢三十一年立皇太子恩詔府貢二八州縣貢一人

袁仲初　元年貢字大意居西隅臨安訓導教士有方卒於官

竺天街　三年貢字時登居筮節鄉歙縣丞　周　梧　五年貢字鳳來居西隅建德訓導事叔如父至老敬養不衰居官家甚貧屢卻門生之餽　袁大恒　七年貢字伸微定海訓導陞常山教諭轉襄陽府教授

周紹祖　九年貢見鄉賢傳

鄭　甲　十一年貢居德政鄉於潛訓導　鄭王政　十三年貢居德政鄉

周夢斗　十四年貢見鄉賢傳　周維韓　字孔文居開元鄉徽州府經歷轉遼

東衛府志作維翰以下
袁尚東續修無出貢年分

童仁居遊謝鄉東陽訓導　周仕麟居西隅永嘉訓導

吳越岳見舉人　周夢神見孝義傳

王嘉宴字君錫舍山知縣　錢萬貫名一愚居剡源鄉仁和教諭

周邦銑字國維居開元鄉於潛訓導陞東鄉教諭府志作邦鏡

鄭鳳儀居德政鄉　于謹

邢化龍字見夫居太平鄉德興知縣　丁則綬字子章居東隅

葉應斗字汝光居崇信鄉梧州通判　錢大敬居剡源鄉

泰昌

元年辛酉恩詔天下府學貢二人縣一人

丁彥伯見隱逸傳　　張我綱字宏甫

天啟

元年詔天下府貢二人縣貢一人

王禹佐見忠節傳　　吳應雷字子潛居崇信鄉武陵縣丞歷石阡府經歷

尹志煃見舉人　　袁祖乾見儒林傳

崇禎

元年詔天下府縣廩選優貢一人

吳廷珍見鄉賢傳　　周儀世字羽可居西隅淵博多才

唐民敬字敬所居筮節鄉安吉州學正　　應信遇字邦際居崇仁鄉湖州教諭

胡永賓字惟賢居東隅嚴州府訓導陞慶元教諭不赴

姚來學字思兢居金庭鄉海寧訓導　尹志燧附見立相傳

徐　行字子義居遊謝鄉　王心淵字流謙居孝嘉鄉

金之聲見儒林傳　鄭漢千

王儆章字纘之心純次子傳學能文　吳效恩字君覃居五十五都

章日選字仲深居德政鄉　吳　鉉字仲舉居五十五都

鄭　奎字池生居德政鄉

國朝

順治

四年詔歲貢首名次名准貢

葉應茂字爾成湖源知縣　周有亮字信鵬居西隅湖州教授

俞華服字斯章湖州教諭　謝汝中字自御仙居訓導

喻恭春見鄉賢傳府志作恭華　裘應秋字鴻甫居崇仁鄉豐沛知縣

朱爾銓見鄉賢傳　周鉞字公襄居西隅永康教諭

康熙

三年停八年復

王基宥字爰對以孝友稱府志作順治年　裘德溥居崇仁鄉

周之默字永思居開元鄉李志作周嘿　張明易字惟旋居二十八都孝豐訓導

錢濬字爾哲居富順鄉　周熼新字朗仲居開元鄉

喻恭萃字宗孚居西隅　盧傳字宗子居東隅

喻安恂見鄉賢傳　鄭彥祜字以周居五十五都

趙德馨字薦明居東隅　周濲修字君明居開元鄉李志作遂修

王從銓字聲希居十六都　裘光鍩二十五年貢字叔度居崇仁鄉處州

教授　高　衡二十七年貢見儒林傳

應　捷二十九年貢字叔顯居東鄉　張廷芝三十一年貢字碧軒居二十八都

府志作廷芳　裘應聘三十三年貢字士徵居崇仁鄉

李茂先三十五年貢見儒林傳　胡　悅三十七年貢字孝其居東隅

鄭有年三十九年貢字介眉居東隅　吳上瀾四十一年貢字元培居棠溪

周景昉四十三年貢字爾章居西隅　張祚升四十五年貢字曰生居路西

趙起鯤四十七年恩貢字雲大見孝義傳　張天培四十七年貢字乃生居富順鄉

尹衷璡四十九年貢字象玫居東隅　盧象鼎五十一年貢見儒林傳

盧廷翰五十三年貢見儒林傳　王鑒皓五十五年貢字肅瞻居孝嘉鄉象山

訓導

宋　爽五十七年貢見儒林傳

王　鑣五十九年貢字仲驤居東土鄉　張　熹六十一年恩貢字聖箴居清化鄉

鄭肇昌六十一年貢字也魯居東隅青田訓導

雍正

鄭啟夫二年貢字搏九居竹山　商元極四年貢字啟墅

喻學鈖六年貢字廷璧居西隅湖州府訓導府志作學鈴

周熙文八年貢字卜昌居東隅　陳錫圭十年貢字和音居德政鄉永嘉訓導

吳幾荷十一年貢字友伊居棠溪

乾隆

吳屛翰元年恩貢字幼思居西隅　汪宗琦元年貢見孝義傳

沈義倫三年貢字子若居清化鄉　求誠五年貢字象明居西鄉

周宗鼎五年貢居開元鄉　張學周六年貢字元功

張懋樞八年貢　李杞忠十年貢

陳義中十一年貢　竹翔鴻十二年貢

楊士仁十四年貢　蔡涵十六年貢

張世芳十六年恩貢　商素臣十八年貢居堰坻

應忠誥二十年貢　葉廷桂二十二年貢

孫之鳳二十四年貢　鄭尚忠二十六年恩貢見孝義傳

吳踰淳二十七年貢　莫之端二十八年貢溫州府訓導

張錫勇三十年貢字體仁居張家　丁景潮二十三年貢字波山居東隅

馬林三十四年貢字楚材居西隅金華府訓導

汪立誠三十六年貢　張施三十六年恩貢字薪傳居張家

張兆亨三十八年貢字萬化居張家　張月鹿四十年貢居東隅

史銓四十二年貢　劉純四十四年貢字粹生見孝義傳

葉芳桂四十四年恩貢居大屋　沈清元四十六年貢

周夢彩四十八年貢　陳義種四十九年恩貢

高宏訓五十年貢　應紹濂五十二年貢居太平鄉

裘振緒五十四年貢字大振居崇仁鄉　王秀春五十五年恩貢居東隅

王待問　五十七年貢居東隅　　喻道彬　五十九年貢字節齋居西隅

嘉慶

張基雲　元年恩貢見孝義傳　　裘貽謀　元年貢居西隅

史　晉　三年貢字家和居崇仁鄉　　張聯奎　五年恩貢字瑤圖居富順鄉

朱廷鰲　五年貢居葉家畈　　吳之塏　七年貢字更爽居棠溪

錢成章　九年貢居長樂鄉　　劉以觀　十一年貢字蘇坪居水竹菴

王旭照　十三年貢　　馬如麟　十四年恩貢字有增居馬家

竺虞佐　十五年貢字欽鄰居后山　　裘文煒　十七年貢字書晟居下王

鄭錫三　十九年貢字芝齋　　薛鳳鳴　二十一年貢居西隅

宋仁懋　二十三年貢字履建居西隅　　傅祖梁　二十四年貢居湼溪

張　和二十五年貢字介甫居雅張

道光

吳啟熊元年恩貢字渭占居三界　薛鳳圖二年貢字虛谷居西隅

夏沛霖四年貢字愷利居夏相　郭鳳樞四年恩貢字璣庭居石磺

宋仁熷六年貢字樸堂居西隅

例貢

明

韓　晃字景昭　張　簡字克大入監

鄭　疇　鄭仁愈居德政鄉

周　昭居西隅梧之父謹實有行　鄭應期吏目

宋　鶚居西隅順國之後入監善書法　鄭　瑀居東隅

孫　瀾居東土鄉經歷　董　策

邢舜禋附貢舜祥弟　尹艮逢奎之子吏目

邢公璽附貢居三十八都　葉世鎬居五都入監

尹如玉惟直姪　邢德賞居三十八都

尹如泉惟玉從兄　喻思侶思化弟

應載道居二十四都　喻安情思化次子見孝義傳

喻思儉思侶弟　竺　治居八九十都

張志穆邦信孫入監　尹立楨居東隅

裘紹烓居崇仁鄉見孝義傳　王儆弦字毅之由庠生入監考升上舍

周有開字先之學淳子由上舍薦隱居不仕 裘夢開附貢居崇仁鄉改捐州同

國朝

喻恭晉附貢字康侯居西隅 葉朝諫見孝義傳

葉朝忠見孝義傳 周組佩居開元鄉

婁沛教諭 袁增緯居上碧溪

張廷傑字懋德居積善鄉 馬凌郡附貢居孝節鄉

高克廣字予順 尹遠望字渭佐居東隅

喻大厚字坤如居西隅 袁增咢附貢字聖殷居上碧溪

張佐字簡我居張家 周逢愷字和甫居開元鄉

高紹恭字允安 董三重字有章居芝塢山

尹遠服字誠悅居東隅　尹嗣彥字廷紹居東隅

葉湛露字康侯居葉家　丁懋松字子貞

袁　鯨附貢字御文居上碧溪　周熙灝字朝瑞

張翟起字旌若居張家　張翔起字鳳遷居張家

張我弓字汝博居寶溪　徐思恂州同

尹萃禎州同見孝義傳　尹　益州判

宋來復州判　喻大基州同

史起業州判　章承譔縣丞

蔣　鏐縣丞　章　巽吏目

徐遵范州同　宋驥德州同

王時泰主簿　　袁生范州同

馬祖悌州同　　裘廷繡州同

謝和衷縣丞　　章國正州判

馬元日候選未入流　　崔南山居過港

張錫倉字介年居張家候選吏目　　裘克配附貢見孝義傳

周貴玫候選縣丞見孝義傳　　裘克紹附貢字徵錫居崇仁鄉

馬宗倌欽賜貢生見孝義傳　　錢永頌居長樂鄉見孝義傳

汪本源居東隅　　張聰附貢居清水塘

周應運居開元鄉　　裘韶容附貢字純美居崇仁鄉

孫大成附貢居孫嶴　　裘韶振字誠美居崇仁鄉

金廷山居孫郇　　崔貽穀居過港主簿

周賢乾居開元鄉　　馬維藩廩貢字价人居馬家莊

張永清州同　　馬培三居馬家縣丞

錢　豪居長樂鄉見孝義傳　　裘鏡萬附貢居崇仁鄉

裘育萬附貢居崇仁鄉　　喻大中州同見孝義傳

陳文淵候選從九　　陳德產居朱郇

秦　涵居東隅　　馬有燧居馬家州同

錢　鶴居長樂鄉　　錢　敏居長樂鄉

裘　坎字水瞻居崇仁鄉　　吳兆魁字克敦居棠溪州同

任開周居下安田　　張　垚附貢居和家郇

裘　良附貢字山瞻居崇仁鄉　葉文葵居葉家
王世清附貢字石泉居東林　周　賢附貢居開元鄉
葉文蓁附貢字榴園居葉家　錢逢源附貢居長樂鄉
王燕春附貢字玉菴居東隅　魏輔昊居湖頭
周召南附貢字修廬　俞睿庭字悟齋居蒼巖
張家齊增貢居雅張　馬明倫字敘彝居馬仁邨
周藏用居開元鄉　王澍模字可式居孝嘉鄉
郭萬年字倬亭居石砩　邢秉謙附貢字景安居太平鄉
沈　嶽字讓贊居沈家嶴　張書緯附貢居下路西
張仲孝附貢居東張見孝義傳　金期德居東山

周明就居上朱

商尚德字繼思居沙地

馬彭統字綱學居孝節鄉

張暐附貢見孝義傳

吳肇奎字國賢見孝義傳

陳昌言廩貢

陳化附貢居官屋基

唐錫寀居唐田

沈鶴林字喬如居沈家灣

王啟豐字西田居東林

馬作棟居五十四都

喻經邦廩貢字迴瀾居西隅

吳祖仁廩貢字監周居三界

趙桂居花田

張瑤光附貢字啟振居東張

錢珍居長樂鄉見孝義傳

錢煥字子章居長樂鄉

錢玉如附貢字士輝居山口

周大業居開元鄉州同

鄭在淵廩貢字履風居德政鄉

張夢麒廩貢字尚志居張家　支金附貢見孝義傳
竺夏若見孝義傳　周建封廩貢字醇模居開元鄉候選訓導
周豐垣廩貢字醇楷居開元鄉布政司理問　商慶乩居繼錦鄉布政司理問
喻萃廩貢字象易居西隅候選訓導　周咨謀廩貢字恩茎居開元鄉候選訓導
馬季常附貢字景五居馬仁邨　俞濟聖附貢字文航居蒼巖
應學禮附貢居太平鄉　周咨度候選從九
俞文孝見孝義傳　錢明廣字芳譽居長樂鄉
張祖艮居沙園　魏詩字麟書居湖頭州同
裘巽字風瞻居崇仁鄉州同　俞景椿字肅齋居蒼巖
唐峻德附貢居唐田　吳之渭字德問居棠溪

馬傳經 附貢字典五居馬仁鄉

錢　釗 附貢字芳芹居長樂鄉

袁邦彥 候補從九

丁兆蘭 字成芳居丁家

張文治 字允堯居富順鄉

裘　坤 字地贍居崇仁鄉州同

馬紹光 字素藩居馬仁鄉州同

周廷章 候選從九

周　彝 候選從九

金玉昆

竺從雲 字龍章居靈峨

張　琮 附貢布政司理問

童方谷 居下王

唐榮第 居唐田

樓世臣 居樓家

邢　模 字向侃居太平鄉布政司理問

鄭　蘭 字馨堂居東隅候選州吏目

周玉山 字醇藩居開元鄉候選從九

邢　炯 廪貢字曉峯居太平鄉

郭佩聲 廪貢字金臺居石㳇

馬紹堯字素瀛居馬仁郵　裘怡蕿字芳和居崇仁鄉侯選從九

張際春居上林侯選州吏目　鄭葆字雲山居東隅布政司理問

史善同侯選從九　金有鑾字春士居東山侯選從九

張本剛字可任居張家　汪天棓居東隅侯選從九

裘錦字道鑑居崇仁鄉議敘經歷　張運泰字階平居上林州同

黃鳴岐字啟鳳居富順鄉　樓登高字怡軒居樓家

張讜字問山居范邨　支公翰字鳳池居支鑑路

樓仁炘字和亭居樓家　裘觀海字會川居崇仁鄉

沈琳字禊亭居德政鄉侯選從九　陳德光字輝亭居德政鄉侯選從九

樓璨字仁玉居樓家　錢琮字章璜居苦竹溪

馬錫麟字志昇居馬仁鄉

仕籍凡不由選舉而入仕者未入流以上皆載之其年遠難稽者姑闕

明

竺盛福州同知　劉性傳肇昌知府見鄉賢傳

尹正善居東隅鄉芮城典史　李輔仁居靈山鄉黄梅丞

竺均禮居十八都績詩稱旨東莞丞　竺椿湯溪知縣以上洪武

厲文義居西隅由吉水丞陞刑部主事　竺原居十八都米脂典史

楊孟溫居清化鄉太興丞　王疇居羅松鄉漳浦丞

何昂居崇仁鄉武平典史以上永樂　錢世莊延平府主簿

錢羅南京倉大使　陳叔遷居三都海陽丞

陳叔權 遷之弟懷寧縣尉並見鄉賢傳　李時通 懷寧典史

裘　巽 居崇仁鄉太倉衛經歷　周　泮 南京衛經歷

周　浩 居西隅巡檢陞倉官　裘　震 竹崎所巡檢

施　洽 居五十二都巡檢　夏　時 增廣生居西隅兩京豹韜衛經歷

周　墐 居開元鄉歸善河泊所以上正統　謝　榮 居清化鄉臨朐主簿

楊　炎 居崇信鄉文安典史　周　宸 居五十四都皮作局大使遷巡檢

孫　平 居八九十都丙字庫大使　尹孟政 居東隅龍巖丞周志作尹政

魏　鵬 居四十六都倉官　單思浩 居忠節鄉同安典史以上天順

宋　徵 居四十七都長安丞　錢　輔 居四十一都阜城丞

李　俊 居八九十都巡檢　楊　榮 居五十三都徐州倉大使

戈剛　池州倉官遷湖廣河泊所
杜瑫　居三十九都清流主簿署縣有聲
求與成　居五十二都白石巡檢
江應時　居筮節鄉白巖巡檢周志作白石
張旻　居四十七都淮安鹽課大使
王昂　居小柏由除門巡檢陞惠安丞
吳滄　居四十七都常州河泊所
王皎　居十四都贛州衛經歷有節操
馬雍　居十四都倉官陞巡檢
吳文　居四十六都倉大使
徐敏　居二十五都邳州倉大使
應昉　居二十四都廣西巡檢
孫鏗　字廷武倉大使
徐庭邦　居遊謝鄉益王府典膳
陳豪　雲南斷事司吏目
周諦　居開元鄉授贛榆縣丞補貴溪縣丞署縣事李志作周南今據周氏譜改　以上成化
張河　居四十八都廣東倉大使
姚順　居十三都巡檢
竺翰　居十八都倉大使

邢伯韶 居太平鄉通州衛知事陞開州州判官　周　謂 居王府典膳

何　冷 居二十四都貴溪驛丞　史　琥 居清化鄉江浦主簿

史　培 居清化鄉龍江驛丞　俞　晐 居五十二都應山典史

史　葭 居清化鄉清流主簿　唐　昱 居十七都廣積庫官

葉　璐 居五都長樂巡檢　求孟信 居四十七都倉大使

李　河 居西隅泉州府知事　張時通 居四十七都崇明倉大使

袁　英 居四十六都草塲大使　葉　景 居五都倉大使

錢　薪 居璃田里青田縣知縣以上宏治　王　溫 增廣生寧化縣丞

丁　偉 哲之子南京兵馬司　孫　諫 居五都諸城縣丞有政聲

王　淵 見鄉賢傳　王　椿 溫之子歷任遼東雲南四川衛經歷

周　沛山之子河南伊府經歷四署縣事有政聲

周　簡居西隅江西新昌縣主簿　鄭本恩甘肅右衛都事

邢崇道萊州掖縣丞　邢　純吳陵巡檢轉汀州經歷以上正德

夏思明居西隅益王府典膳　周　用柳營巡檢廉直守法

袁存達福州府知事　裘鳳翔居二十九都海門主簿

汪宗明居五十五都德安所吏目　王　杞采石驛丞

俞秉遠居五十二都豐城典史　董　泮居五十六都順德縣丞陞經歷

尹艮望居東隅揚州巡檢　王　梴吉水驛丞陞陝西倉大使

葉世鍔居五都四川吏目　韓撫民居十四都巡檢

孫國治廣西巡檢　王　道見武職

胡　梅居東陽饒州千戶所吏目　周志作胡栴
裘嘉棐黄岡巡檢　唐　福居東陽建平縣丞
王邦侯居孝嘉鄉番禺主簿　鄭朝新崑山主簿
張　組廪貢邦信子廣安州判　周　譜江安主簿
杜德輝民表子銅梁主簿　孫惟晟名國昌以字行鳳陽留守左衛經歷
尹惟直居東陽溆浦主簿　胡　璘翰之子涿州判官
宋　袞增廣生廬陵巡檢　孫　賓增廣生太平府獄官
袁大志增廣生京庫大使　周汝强讀長子增廣生任南京贓罰庫大使
劉　瀚性傳裔濟南通判　以上嘉靖　宓　杜居十七都泰和主簿
王　蓁居十四都鷲湖驛丞陞倉大使　鄭　寧倉大使

錢大德居五十五都宣城縣巡檢 丁僅居東隅溧陽主簿

宋允仁居西隅進賢主簿 尹如度奎之孫由宜黃丞歷任邳州同知

以上隆慶 李燮居西隅

吳有守居德政鄉鳳陽吏目陞蜀王府典膳獨修紹興府鎮東閣 俞汝明居五十二都奉新典史

王三德居東隅鄱陽典史 竺振聲居十八都裕州吏目署知州事以文

俞汝悌襄城典史 王嘉衡居東隅河南府知事署登封縣有政

藝稱嘗捐

義學田

聲 宋允雍居西隅清流主簿

王三術海陽主簿 趙時登居東隅由主簿陞大寧衛經歷

鄭可立居東隅鹽場大使 史秉直鹽場大使

童惟亮居十八都九龍驛丞
吳守信居五十五都夔州府照磨署奉節梁山兩邑歷遷夔州府知府所至有聲
裘良鵬居崇仁鄉益州巡檢
喻安盛居西隅倉大使
尹可秀居東隅都水司稅課大使
袁日宣居西隅贛州倉大使
高希元居渡南淮安鹽場大使陞寧鄉主簿三解邊餉以賢勞聞隨擢縣事轉顯陵衛經歷有能聲
王萬鍾居西隅廣州倉大使
趙子經居東隅雷山典史
丁祖明居東隅鉛山丞陞經歷
徐大經居遊謝鄉臨清衛經歷
董師孟泉州鹽場大使
徐大學居遊謝鄉蕪湖典史
陳伯敬居三都攸縣典史
沈承詔居五十一都黃東驛丞
袁育淳居西隅新城典史
姚一恭居十三都海浪所吏目

張承善湖廣巡檢　王嘉劾居東隅四川倉大使

張文元溫州倉大使　任應和山東驛丞

王應觀江西遞運大使　吳大中新貴典史

葉子望濟寧州吏目　鮑世經盱眙主簿

宋學敬居西隅河南縣尉　竺萬年居遊謝鄉惠安主簿有政聲

陳尚聲歷任長蘆鹽運司青州分司蘆臺大使

喻銳居西隅萍鄉主簿　李敬苑馬寺錄事

孫象賢居五十六都襄陽稅課大使有才畧　尹如卓艮望子沛縣丞

孫渙居五十五都考城主簿　鄭國賓居東隅兵馬司吏目

裘紹燧居崇仁鄉湖廣按察司知事　屠應鳳居十八都光祿寺典籍

邢九韶 附貢居太平鄉德興主簿　邢九韺 附貢居太平鄉德化主簿

袁嘉策 居崇仁鄉貴溪主簿陞宿州衛經歷 以上萬曆

過用澄 居長樂鄉彭山主簿陞眉州判轉五開衛經歷致仕復遷福建都司經歷以母老乞歸

趙子本 居西隅山西稅課大使　許如度 居下任里大同府稅課大使

竺立賢 居十八都南直巡檢　丁一貫 居東隅鎮南長官司吏目

舒萬言 居二十六都襄陽府稅課大使　周維漆 夏邑主簿

趙應宗 居東隅大城主簿陞經歷　張貴旻 永嘉縣倉大使

丁祖科 居東隅寧國府巡檢居家孝友居官勤慎

童允中 居十八都成都府巡檢　袁紹啟 居崇仁鄉陝西斷事司吏目

鄭佐 均州吏目　沈濂 廣東巡檢

尹可功 居東隅吳縣巡檢

王應祖 居東隅神武衛經歷

王守賜 淮涯所吏目

過用鼎 居長樂鄉瓜州巡檢

魏鎡 居簸節鄉廣信府知事

唐宗仁 字廷榮居下唐莊贛縣縣丞以清節著

高希祓 居渡南藍口巡檢有平寇功陞河源主簿

吳泳 居西隅徐州倉大使

周有源 居西隅貧而能孝爲兩弟完娶併撫其子補江浦巡檢以廉幹稱

茹元和 居浦口江西巡檢

茹萬里 居浦口巡檢

袁祖謨 居西隅崎山巡檢陞孝感主簿

王友廉 無錫典史

竹光卿 居東郭廣東巡檢陞高要知縣

唐天爵 居十七都稅課大使

鄭純仁 居五十五都知皋典史

裘見榮 居東隅安福典史 以上天啟

宋裕迪居西隅廣信府照磨　過用清居長樂鄉德安經歷

袁祖賡居西隅新繁主簿　尹立覺居東隅長沙丞

鄭自强化麟子忠州同知陞福建按察使經歷有學行

裘允昌嘉策子歷光祿寺掌醞署丞陞直鎭海衛經歷

俞樹廷居前岡任教諭　袁秉常居西隅吉安府經歷

周奇芬居東隅化州同知工書畫　周嘉禎居開元鄉深水主簿

馬良賓壽張丞署縣事

以上崇禎

國朝

馬壯居東隅樂陵典史　宋文象居西隅積慎庫大使陞池州巡檢

張昇字惟元居永富鄉由文學隨征任福建南安縣教諭補合肥丞署縣事有政聲

尹有禎字綏之居東隅由文學隨征授廣東清遠衛經歷委署臨高陵水二縣

王永俶廩貢字載南任蘭谿歸安訓導陞安吉州學正

吳自性字行之居棠溪蘄州州判陞山東布政司經歷薦授泰州知州卒於官士民立碑於墓歲時祀之

趙宏緒見孝義傳

陳錫軫見鄉賢傳

商書字響意盤弟諸生官定番州吏目

商璉字黍華曹縣知縣工詩其稿多佚

蘇澄松江同知

馬作楫署大名縣丞

陳之銓字葦傳錫軫長子任平度縣調介休縣陞建寧府同知特授泉州府知府調甘肅鞏昌府歷鞏秦階道寧夏兵備道特授安肅兵備道誥授中憲大夫

陳文緯字素章錫軫三子任安化縣調江夏縣陞開封府同知調光州知州歷署衛輝汝寧河南知府授開封府知府陞開歸陳許道河南按察使山

東布政使調山西布政使兩次護理山西巡撫事誥授中奉大夫

陳文興 錫輅次子仁和訓導署富陽教諭

陳文浤 字燧章錫輅幼子任武安縣知縣署崇山知縣題授崇寧知縣歷署漢州知州石柱廳同知

周貴瓚 字中元居開元鄉東鹿知縣

張書紳 稟貢居下路西歷任金華府訓導遂安訓導臨海教諭

盧杰 字模一居焦邨靖州吏目

盧光燮 署閩縣丞調高才坂巡檢

周嗣業 居開元鄉雲州吏目署昆明縣尉

周愛蓮 增貢字國維居開元鄉平和知縣

周燮臣 居開元鄉西華典史歷署裕州許州吏目

俞丙 居蒼巖貴溪丞

尹大謙 安州吏目

鄭秉倫 居五十五都廬陵典史

趙均 歙縣丞

裘怡荆 附貢字田和居崇仁鄉樂平知縣

錢國鈞 候補巡檢歷署普定畢節等縣典史 裘玉章 廩貢字劢銓居崇仁鄉分發試用訓

導 施 燮 廩貢字乃雍歷署昌化於潛教諭

陳長齡 文緯子三品蔭生捐補員外郎 陳汝立 之銓孫武遷典史

陳家齊 文湛子河南府經歷 陳三壽 文湛子獲嘉縣丞

周 恕 字恩寬居開元鄉祁州吏目 裘怡蕙 附貢字馨和居崇仁鄉署莆田分縣

授泉州府經歷 沈 坎 字剡江居東隅臨淮巡檢

馬 鑑 字金生廣東從九 陳 鼎 文緯孫信陽鹽塲大使

錢豫豐 字琢菴居長樂鄉封川知縣 沈開第 字登科居東隅安徽試用主簿

陳光曙 家齊子王浦司巡檢 陳玉章 文典子江西按察司司獄署司經歷

陳 鼐 三品蔭生修仁知縣 喻 涵 附貢字慎齋翰林院額外待詔

裘義成字恆益居崇仁鄉靖江典史　民爲立祠
陳　坦字鳴岡居西隅署大龍巡檢有惠政
陳保昇家齊子山東分縣
趙錫三字槐堂居東隅山東從九

武職

宋

張景夏武翼郎充御前監制軍器
裘　貞藩郡馬
童　霓字望之居遊謝鄉由胄監尚壽安郡主咸淳乙丑贈忠獻侯
金敏慶居雅堂岐藩郡馬

元

應原達見孝義傳

明

邢應麟居太平鄉元季擾亂糾集義兵捍衛鄉里明興率衆歸服授海寧指揮使世襲千戶

魏謙甫居筮節鄉幼嫻技勇明師取暨州遂歸之授昭信百戶累官信武將軍河南路統軍使防禦海道兼管市舶司鹽事

周欽洪武間襄陽府殿下校尉

邢復初應麟子襲千戶戰死黑松林

周景初居積善鄉有勇畧洪武二十三年補前衛軍勳叛有功陞虎賁右衛百戶永樂初征交阯卒子通襲

邢越童復初子襲千戶

姜彥彰從山西平陽衛戎伍征雲南有功累陞本衛副千戶

黃佳二居東陽充永平衛軍以進征有功累陞本衛千戶子玉襲永樂間調武城衛弟源襲改景陵衛千戶授武畧將軍

王敏居昇平鄉進征有功授清平衛指揮僉事子聚襲陞貴州都司子溱襲

王岑六　永樂元年以軍士擒獲奸叛陞校尉尋陞龍驤衛百戶

謝時通　居清化鄉性敏嗜學永樂十七年補錦衣衛校籍嘗從征討有功授鎮撫緝獲叛首陞正千戶周志作謝通

商　源　居崇信鄉正統四年從沅州衛戍伍調征雲南叛寇有功授本衛副千戶弟洗襲

王　玘　居積善鄉成化間授錦衣衛百戶

王　道　居靈芝鄉嘉靖間以吏員授廣東平海衛吏目委剿山寇有功陞龍川守備加都指揮使文官改武自道始

周成紈　嘉靖間以軍功授把總

周進輸　嘉靖間以軍功授武毅校尉

邢體善　湖陽水寨把總

俞世隆　居十八都萬歷間從戚繼光征討叛功授紹興衛指揮僉事

呂一端　居遊謝鄉萬歷間由行伍授把總

史士鎰　萬歷間授台州副將

邢禹巽　嵛雲千總

邢爲本　大同領兵把總

呂振遠居遊謝鄉萬歷間由行伍授舟山把總

俞宗德居十八都授紹興衛鎮撫　丁國用見忠節傳

邢于社寧波把總　周繼雲

童惟基崇禎間由將材拔授揚州江防守備　馬騰居五十四都崇禎間由材勇歷官徐州總鎮中軍參將加副總兵　童惟封崇禎間由將材授守備歷雷廉都司

錢榮德居長樂鄉由行伍任象山把總　夏名佚崇禎間由將材授昌化鎮黃花路守備

張拔鼎居永富鄉由行伍加所鎮撫

錢茂權見忠節傳　錢榮朝守備

錢良璡從戚繼光勦倭授千總　錢伯彰以勦寇功授總兵

國朝

周廷輔字君榮官總兵
掛印總兵官勒禦
山海都督同知
總

姜君獻字軼簡居清化鄉由文學上策勅授
史起環原名童志由行伍有戰功任台州千
史宗輝紹協左營
轉右營

周貴麟處州衛
千總
尹　瑢居東隅捐
衛千總
樓　鳳居樓家捐
衛千總

錢　珩武生字楚玉居長
樂鄉捐衛千總
徐　檷居胡邨橋
捐衛千總
吳之源字德培居棠溪
捐守禦所千總

封蔭

易曰舊德書稱世選古人懋賞酬庸恩至渥也嵊自宋以來代有名臣克膺異數鸞封玉蹕寵錫高曾紫綬金章榮褒童丱欲其世世萬子孫無變也是所望於克繼家聲者志封蔭

宋

裘從信以孫移忠贈朝議大夫　裘顯以子移忠贈朝議大夫

張文叔以子子襲贈承務郎　裘多譽以子揚祖贈朝請大夫

明

周爽以孫忠和贈榮祿大夫　周蘊良以子宗贈亞中大夫

鄭邦賢以孫貞贈中憲大夫　鄭思恭以子貞贈中憲大夫

王胥道以子以剛贈南京工部主事　王鈍以子暄贈南京禮部郎中

張堅以子政贈中書舍人王府審理政　張胃以子世軒贈中憲大夫臨安府知府

喻裒以孫安性贈資政大夫兵部尚書　喻思化以子安性贈資政大夫兵部尚書

董和以子子行贈監察御史　王尚德以子應昌封奉直大夫定番州知州

周河以孫汝登贈光祿寺卿　周謨以子汝登贈光祿寺卿

王應吕以子心純贈奉政大夫　周通以子豪贈文林郎

周尚輝以子諧贈修職郎　周敬範以子邦銑贈修職佐郎

周邦佐以子維韓贈修職郎　周子信以子家俊贈文林郎

張照以子邦信贈承德郎刑部主事　裘日驎以子仕濂贈文林郎廣西道御史

裘嘉策以子允昌贈光祿寺署正　裘紹煃以子組贈奉直大夫江南壽州知州

國朝

商洵美以孫盤贈翰林院編修　商元柏以子盤封翰林院編修累贈中憲大夫

高　衡以子克濬贈文林郎

陳化育庠生以孫錫輅贈中憲大夫曾孫之銓文緯累贈通奉大夫

陳　翰郡庠生以子錫輅贈中憲大夫孫之銓文緯累贈通奉大夫

陳錫輅以子之銓文緯累贈通奉大夫　尹遠服以子大謙贈登仕佐郎

周亮家以子之默贈修職郎　周九齡以孫際昌貤贈文林郎

周鳳崗以子際昌贈文林郎　周綬佩以孫貴瓚貤贈文林郎

周逢悌以子貴瓚贈文林郎　周貴玫以子大用贈修職郎

張廷傑以子書紳贈修職郎　周貴玢以子嗣業贈登仕佐郎

陳堯仁以孫綱貤贈武畧騎尉　陳奇以子綱贈武畧騎尉

裘炳庠生以孫坤貤贈儒林郎　裘克配附貢生以子巽坤封儒林郎

裘涉庠生以姪國元貤封武德騎尉　裘淵庠生以子國元封武德騎尉

張月鹿以子基臺贈修職郎　裘健庠生以姪怡荊貤贈文林郎

裘坎貢生以子怡荊封文林郎　裘艮附貢生以子怡蕙封修職郎

裘兆麟以繼子曜贈武信騎尉　裘兆鰲以子曜贈武信騎尉

張聰庠生以孫琮贈奉直大夫　張永清以子琮贈奉直大夫

喻大中以子萃贈修職佐郎　周藏用以子恕贈登仕佐郎

宋家培以孫仁華貤贈文林郎　宋敦粹以子仁華封文林郎

宋

王學立以孫景章貤贈文林郎　王忠亮以子景章封文林郎

趙仕實以祖父蔭官至開國侯見寓賢傳　竺　晟以父簡蔭補著作佐郎按簡河東人紹興初扈駕南遷遂居剡　錢　奎以祖蔭補越州司馬參軍見寓賢傳

姚　寬以父舜明蔭補官見儒林傳　求多聞字守約以父移忠蔭官寶應縣主簿

求多見字守道以父元忠知明州捧表恩補將仕郎累官溫州知府太僕寺丞左朝請大夫致仕

求多譽字守實以父元忠溫州知府恩補將仕郎除淮南轉運司幹辦致仕按進士內元忠知衢州臨安而多見多譽何又以明州溫州恩蔭也此類舛錯甚多偶表出之

求之奇字仲顯多聞子以祖移忠蔭補將仕郎未及銓選卒

邢　詳以父逵蔭官翰林承旨　趙不悳字德容仕贇從父仕輔爲左承議郎

不怠以祖仲營蔭補忠翊郎官至武德大夫

呂詢 祖璟子以蔭補浦城縣丞詢之子慶亦以蔭補南豐主簿

周之相 字有道以父汝士蔭補將仕郎累官鄂州觀察使承直郎開禧丁卯卒鄂州

求興祖 字子發以祖元忠恩補將仕郎累官通直郎溫州司法

求承祖 字子紹以祖元忠恩補將仕郎遷監察御史賜緋魚袋歷朝散大夫兵部郎中賜金魚袋知湖州除沿海制置司參議

黃頤 以父溥蔭官宣議郎子貴晉中奉大夫

呂汝霖 以父諒蔭補將仕郎

求昭祖 字子明以父多見恩補將仕郎累官福州司理致仕

求揚祖 字仲舉以祖元忠恩補將仕郎除御史歷朝奉大夫通判潭川軍事知台州致仕

史仕通 字國用鄞人父必裕開禧三年鄉舉官至金華知府秩滿道嵊愛山水佳麗因家於積善鄉仕通以祖文侯恩補承務郎紹定四年知贛縣卒

於官見
周志
提舉司幹官遷淮
東置制司幹辦
仙居主簿遷文林
郎撫州軍事判官
承直郎奉
化縣丞

童　驥　郡馬覔之子蔭
補重慶府判
朝奉郎南宋淳熙時自台州
徙剡之四十一都長樂莊

周　濬　以父忠和蔭
官中議大夫

岳陽節
度推官
仕郎累官承直郎僉
判衢州軍事致仕
授迪功郎新
建縣主簿

求師說　字嚴卿典祖子以
祖多見蔭授成都

求　倬　字漢章以祖多見
蔭補將仕郎改授

求作德　字德夫以父揚祖
恩補將仕郎累官

商維新　又新之兄以祖
蔭授台州司戶

錢　植　字德茂婺州推官
介之之子以蔭補

求得宜　字行甫以祖承祖
蔭補將仕郎累官

求　循　字旦夫得宜子以
曾祖承祖蔭補將

張元卿　淳祐六年以父愁
授宣州文學八年

明

韓嶧字允暘以父宜可蔭歷官雲南參政自山陰遷嵊十五都靈鵞里

周孕夷字無執以父汝登蔭歷官刑部雲南司郎中

邢復初以父應麟蔭襲千户戰死黑松林　邢越童復初子襲千户

喻允瑛字席兹以父安性蔭歷任南前軍府經歷嚴聚世胄夙弊一清生平有行誼曾於旅寓貸金完人夫婦

童如壽以父維坤蔭襲三江所百户

國朝

陳長齡以父文緯三品蔭捐補員外郎　陳甗以祖文緯蔭考一等授廣西修仁縣知縣

補遺

宋

周誼嘉以子忠和贈三司大將軍

紹興大典

史部

道光嵊縣志

3

中華書局

嵊縣志卷八

鄉賢

古剡山水清華人材蔚起魁奇磊落之士代不乏人其具文武材畧卓有政聲者非惟邦家之光亦閭里之榮也古稱鄉先生歿而可祭於社其斯人與因取其生平事實綴而書之以俟後之聞風興起者志鄉賢

梁

朱士明齊舉茂才後仕梁天監初授儒林博士官至吏部尚書封漢昌侯剡錄李志今桃源鄉有朱尚書廟其地曰上朱蓋桃源鄉人也又

士明於天監中進封則當爲梁人而鄉賢祠乃繫之齊豈以其初仕而言也舊志云鄉人祀於社至夜嘗有神燈出沒意必生有功德歿有靈爽者矣　祀鄉賢

宋

姚勔字輝中嘉祐己亥進士歷永康令重親猶在父母每以榮親爲言勔乃請納祿以太子中允致仕遇郊封父母父母請貤封祖父母特詔從之元祐初召爲祕書丞右正言奏御史中丞趙君錫雷同俯仰無所建明累遷寶文閣待制國子祭酒請外補以本職知明州紹聖初王安石㗋言官論其阿附呂大防范純仁謫知信州論不已落職以奉議郎主管洞霄宫丹

貶水部員外郎分司南京卒勔以孝行著稱每省墓必素衣步出城門且行且泣至墓尤哀慟見者爲之感動嘉泰志張志山陰亦祀而嵊進士題名載之蔡京列其名于黨人碑祀鄉賢

姚舜明字廷輝紹聖丁丑進士爲相州臨漳主簿登州平年李志誤作年令知崑山華亭二縣遷河東經畧安撫司幹辦公事宣和二年睦寇連陷杭處等六州以舜明通判婺州遂權州事招集流亡兵數千人穿賊境以入郛晨登義烏門治城壁飛矢雨集舜明親率從兵以石擊賊既而引兵出戰賊遂大潰又賊帥洪載衆四十萬據處州舜明訪得其母妻令載所厚范淵

往諭禍福即解甲來降平賊之功於時爲冠除直祕閣提點兩浙刑獄又爲福建提舉茶事欽宗即位遷監察御史僞楚之變舜明挺節不汚高宗初除知衢州尋提點江東刑獄建炎三年防遏盜賊屯信州除知江州兼安撫制置使李成擁衆三十萬至城下舜明布列將士召募敢死晝夜接戰賊衆蹂踏不可勝計又開門奮擊生擒其將王林等賊攻益急舜明輒以計破其營呂頤浩率巨師古等鋭欲解圍師古兵敗援路遂絶經冬及春饑餓枕藉將士至食妻子然無降賊意及力益困遂舉兵決戰大破賊寨以出時

入謂舜明藐然孤壘制賊縱横潰使不轉入東南其功

居多頃之召爲右司員外郎直龍圖閣發運副使還

爲左司郎中復以祕閣修撰充江淮荆浙隨軍轉運

使權戶部侍郎曹成馬友據湖湘反側未定命舜明

往招撫遂以二賊入朝韓世忠劉光世軍江上俾舜

明置司建業以總經費調發犒賞百須以給總領之

置自此始丐閒除集英修撰提舉太平觀進徽猷待

制卒子宏寬皆博學知名著書數百卷憲參知政事

贈舜明太師嘉泰志祀鄉賢

姚宏字令聲父舜明宏少有才名呂頤浩薦爲删定官

以憂去秦檜當國謂人曰靖康末舜明與某俱位柏臺上書粘罕乞存趙氏拉其連銜持牘去經夕復見歸竟不僉名此老純直非狡獪者聞皆宏之謀也宏曰不然先人當日固書名矣今世所傳奏劄上書與當日持來者大不同更易其語以掠美名用此誑人以僕嘗見之所以見忌已而言達於秦秦大怒會宏調衢州江山縣適亢旱有巡檢自言能以法致雷雨試之果然而邑民訟其妖術惑衆秦檜竟逮下大理死獄中宣和間宏在上庠有僧妙應者謂宏云君端午日伍子胥廟中見石榴花開則奇禍至矣宏足不

敢登吳山將赴江山自其諸暨所居赴越值大風雨
憩路旁小廟庭下榴花盛開詢之則伍子胥廟其日
五月五日也會稽續志

呂祖璟字大誠敏而果勇通曉師律紹興中薦授淮南
安撫幹辦尋陞安撫使訓兵撫士恩威明信兩淮盜
賊不警上聞論賞以疾告歸子詢孫慶俱以蔭補官
周志　張志祖璟爲規叔子祖謙再從弟始居貴門里篤學高節　祀鄉賢

周汝士字南夫上世姑蘇人避五代亂來家剡至父
瑜號稱素封聚族千餘指闢舍購書聘名士訓子孫
暨宗姻之有志於學者汝士天資穎異紹興間與從

兄世修世則及永嘉王十朋同遊太學世修補内舍生明年汝士與世則及弟汝能試鄉舉聯名薦禮部汝士遂登進士授右從事郎永康縣丞太常簿進左奉議郎主管台州崇道觀以憂歸先是汝士既及第即延王十朋課其子弟汝能遂登十朋榜自是一門登科者七八與鄉薦者十數人文物之盛爲邑首稱由汝士發之也家有淵源堂製先聖十哲像列七十二子旁爲五齋葢古家塾之遺意云張志

姚憲字令則父舜明兄宏寬皆以博學知名憲以父任補承務郎監臨安府糧料院秀州海鹽丞歷龍游宜

城丞知臨安府仁和縣仁和赤縣尤煩劇憲資敏强
日未晡吏已散去獄無繫囚秩滿知秀州土豪錢安
國居大澤中重湖深阻舍匿亡命爲奸盜州縣莫敢
詰憲至部擒安國及其黨焚其巢穴州里遂安浙西
大水蘇常爲甚憲請輸粟萬斛以賑之上嘉其能勅
書獎諭除提舉浙西常平茶鹽公事遷提點刑獄又
以直祕閣知平江府時羣盜毛鼎等出沒海道爲商
民之害名捕弗獲朝命轉屬憲不數月悉擒之除兩
浙轉運判官進直敷文閣知臨安府累遷中大夫參
知政事監修國史俄以端明殿學士提舉江州太平

興國宮又落職南康軍居住復端明殿學士知江陵府卒年六十三其在江陵前帥頗厲威嚴治盜不少貸憲繼其後嘗語客曰故帥得賊輒殺不復窮竟姦盜屏蹟自僕至獲盜必付有司在法當誅者初未嘗輒貸一人而羣盜已稍出矣僕平居雖鷄卵不敢妄殺今寧以疲輭不勝任去安忍濫及無辜哉人以此益推其長者嘉泰志明山陰張元忭云姚氏父子昔志皆云嵊人而諸暨志乃云暨人且言墳墓子姓具在當必不誣然以兩邑鄉賢祠考之嵊及暨並祀舜明而寬及憲則但祀于嵊自宋迄今秩祀已久豈舜明初居暨而二子遷于嵊耶若如暨志以爲自嵊而遷暨則暨之祀不應遺二子矣今以張淏續志王明清揮麈後錄考之是嵊人而居于諸暨也

道子潚字清卿秦康惠王後登進士調眞州刑曹掾與守爭獄事解官去改衢州推官胡唐老奇其才任之屬時多故子潚佐唐老繕完城具苗劉兵至城下不能攻累官戸部郎中總領江淮軍馬錢糧諸司饋禮月千緡悉歸公帑除兩淮轉運朝廷遣人檢沙田蘆場欲增租額子潚力止之時議者言田之瀕太湖者被水患宜分導諸浦注之江詔子潚案視還言太湖當數州巨浸豈松江一川所能獨洩昔人於常熟北開浦二十四以達大江又開浦十於崑山東南以入海今皆湮塞宜加疏浚從之水患用息知臨安府禁

權家僦人子女爲僕妾者金人議和子潚謂事情叵
測宜待以軍禮孝宗嗣位圖恢復子潚練兵爲鵞鸛
魚麗陣上觀于便殿嘉之移沿海制置使臺諫抗疏
留之帝曰朕委以防海行召還矣初海寇以賂通郡
胥吏吏匿其蹤蹟遂大熾商船不通子潚以禮延土
豪俾率郡胥入海告之曰用命者賞否則殺無貸胥
衆震恐爭至賊處悉擒獲海道平移知泉州吏有掠
民女爲妾者其妻妒悍殺而磔之貯以缶抵其兄與
化掾廨中妾父詣郡訴吏不決子潚訪知狀亟遣人
往與化果得缶以歸獄決其發擿概類此南宋書

張俁字仲碩性頴悟究心墳典隆興中以獻策授迪功郎後連領漕薦除龍泉縣主簿當官廉勤吏不能欺轉婺州法曹內翰洪邁李頴彥舉俁獻議平恕轉儒林郎晉通直郎致仕賜銀緋李志下同

費元亮字文明乾道二年由明經發解補太學生越三年薦名試禮部初授江山尉歷樂平推官審四平恕明決以恩陞江州太守引病歸隱於秋山麓之秋湖自號秋湖居士

商日新字道夫又新之弟博通經史理宗時蕭山張秋巖薦授太子學任翰林學士咸淳間與同列議論不

合上疏致仕詔餞於錢塘門外賜以金帛舉朝榮之

許桌字養浩詢之後父鵬飛字圖南深于易桌遂以易

舉景定辛酉亞魁明年試南宫第二授金陵教授除

兵部架閣陞太學國子錄時丁大全用事諸附麗者

皆通顯有沈翥者爲之腹心藉勢輒禍善類太學六

館士以上書被禍徙他州時劉黼寓越在遣中桌往

見之義形于色作書切責翥翥怒將并置于法桌怡

然曰吾以此得罪夫何憾時論壯之後宋亡避居東

陽卒葬焉子薦張志下同祀鄉賢

趙炎字光叔咸淳乙丑進士由義烏簿轉金華令陞鎮

江府推官入爲刑部架閣權員外郎嘗責平章王爚依違賈似道非大臣體爚遂上章劾似道似道坐貶炎及爚亦罷歸

元

胡宗道宋尚書璟之後任江西貴溪令勾稽簿案當閩越之衝綜理煩劇愛民如子解任歸士民傷之萬歷府志

明

劉性傳字士原元季兵起散家財聚兵以捍鄉邑號義兵萬戸及明太祖駐金華乃率衆歸附陳匡國安民之策數千言稱旨擢中書門下侍郎固辭改陝西璋

昌知府地近朔漠民物凋敝性傳撫輯軍民恩威並著邊境以寧萬歷府志　兩浙名賢錄　明初良牧以性傳爲首

邢雄原名應熊字仲舉至正末流寇騷擾剡邑民舍學宮並爲灰燼時縣尹無人朝命不及雄以廉平篤厚爲邑推擇攝令事當兵燹之餘招集流亡督修學校四民復業亂世賴之明師駐金華與弟應麟同歸附官至侍御應麟有捍衛鄉里功授海寧指揮使世襲千戶新纂　按邢雄舊志誤作邢容列于縣尹雄以邑人攝縣令此亂世之事非受朝命也其服官乃在明代與劉性傳事相類性傳舊志列鄉賢雄官侍御亦當列鄉賢今改正

屠任字彥任居了溪家貧好學善詩文兼精篆隸洪武

癸酉舉明經科授蕭縣訓導遷河南武陟縣在任九年一毫不苟取有餽瓜茶者曰此苞苴之漸也拒不受永樂中擢刑部山西司主事卒于官昇櫬歸葬惟篋書敝帚而已李志下同

史道志字孟禧居昇平鄉洪武己卯舉于鄉授大寧都司斷事改四川都司贊理軍政鎮重中九明察剛決用刑惟慎上官奏其能將遷秩會疾卒

王復阜字原古永樂間貢入冑監與修永樂大典越七年書成授工部營繕司主事改虞衡司居官廉介以能名卒于德州官舍

婁希賢居三十四都宣德間以歲貢授福建福寧令邑
軍民雜處富軍横取民息希賢申禁不敢肆田患旱
澇爲築堤障之袤約二十餘里瀕海爲陡門以時蓄
洩民咸賴之未幾卒于官周志

王玉田居東隅自少端飭崇尚名節宣德中歲薦入北
雍與蕭山魏驥定交詩文相贈答任江右永豐令一
秉清操先教化而後課督即輸額必量緩急體恤民
隱靡不至有巡方使蒞豐欲朘取之以乘輿舁修玉
田曰輿固完好何修爲即上牒告終養歸橐蕭然林
居數十年贊修學校興革利弊里中德之年七十九

卒張志

黄孟端字正夫居穀來鄉宣德間貢授福建延平同知居官儉約服食如韋布時屬邑妖賊爲亂蔓延延平時闕守孟端專任郡事矢志固守與城存亡爲詩有保固危城全我節捐軀自是一毫輕之句賊平而孟端竟以憂勞成疾卒民哀之周志

王樞字克愼居東林景泰中貢授寧國推官剖决明敏獄無冤滯南陵有富民賂顯要誣奪人山樞鞫實斷歸其主有丁婦鄰少寡其叔挑之鄰欲聞于官叔懼誘母訟鄰不孝守將刑之樞廉得其情爭于守曰公

不惜一婦人獨不惜寧國郡三年不雨乎守悟釋獲免期年卒橐無餘金民爭出錢爲賻子某謂不可以喪故汚吾父卻不受太守聞而嗟異各捐俸以助乃得歸葬李志

謝廉字允清居清化鄉順天軍衞籍景泰甲戌進士除刑部主事遷郎中以廉明稱成化間眞保等郡民饑廉奉命往視設法賑濟招撫流遷還定全活以億萬計事竣上加賞勞明年遷河南參議總督七郡糧稅革弊除奸軍民仰之未幾以勞卒周志

張世軒字晃之冑之子景泰中以鄉舉除廣州府同知

時兩廣尚蠻爲亂率兵剿除居民安堵或謂世軒厚賂中貴功可躐遷顯職世軒謝不爲都御史韓雍將上其績丁父憂歸服闋補臨安府操履益堅尋遷兩淮鹽運司致仕著有巽齋稿張志下同 按萬歷志作張軒周志云考墓誌行狀俱名世軒

王暄字時暘鈍之子貌豐偉聲如宏鐘幼承家學淹通羣籍成化戊子舉于鄉壬辰成進士授南京禮部儀制司主事三載考績敘云敦厚以存心精詳以錯事儀容既偉典禮能勤轉郎中尋陞南康知府或云簡僻與君才不稱暄曰昔濂溪考亭兩先生嘗守此建

白鹿書院宏暢教鐸吾正可承此以彰吾家學羅太史璟贈詩曰白鹿洞幽宜設教青牛谷美趁題詩甫五月政通人和百姓戴之以勞瘁卒于官

杜傑字世英居五十五都成化戊子順天鄉舉初令夏邑改文登遷湖廣辰州通判直隸延慶州知州致仕居官三十餘載操履純潔如一日還家閉門卻掃蕭然四壁晏如也年八十餘卒卒後數十年有容美兵調至浙所過擾掠經傑門相戒莫敢犯更餽遺以去周志下同

應尹字天民居崇仁鄉成化甲午舉人任南康府通判

興白鹿之教改南康府剿寇有功居官勤愼

丁哲字以賢居二十三都成化甲辰進士授刑部廣西司主事遷郎中志節較然時中貴李廣負上寵縱其黨殺人事下刑曹諸郎相顧錯愕不敢承訊哲大笑諸郎曰公寧有意請以畀焉哲首肯立逮至掠治之廣遣使持尺書爲地哲對使裂其書掠治如故曰殺人當死我急不能殺之須臾斃之杖下廣大怒中以事罷歸哲門吏徐圭者憤哲冤家貧鬻女爲資具疏闕下擊登聞鼓欲自刎給事龐泮救得釋復爲論列疏聞召哲至京孝宗御皇極門親訊之得實廣論罪

哲所殺雖當坐無爰書不具獄貶濮州知州圭以資當補濮州同知奏圭屬不敢抗禮改他州哲遷蘇州府同知致仕進階知府哲善詩年九十餘卒圭歷官僉事所至有聲李府志

周山字靜之泰之子成化庚子舉人孝養祖母扶持不離學訓林元立死無子有母年八十山扶櫬掖其母歸閩更爲築墓乃返初知德州丁父憂歸協修邑志補保德州設社學勸農桑刻冠昏喪祭圖式民知有禮叙纂保德州志建義倉義冢救災恤患上下和悅六年卒于官民哭之如喪厥考共祠祀之所著有太

極圖解安齋集張志祀鄉賢

周嶧字魯之端厚有學宏治間歲貢任寧縣訓導一生坐誣罪爲力白之遷霑縣教諭士率其教引年家居絕蹟干謁縣令張瑄性寡合獨加禮焉著有古愚集李志

杜民表字望之傑子也正德丁丑進士初知鉛山慈而介視民如子宸濠之變決策守禦民賴以不擾尋拜御史大禮議起忤旨廷杖遂罷歸臺省屢薦皆不報鉛山人祠祀之勒銘云道上有青天之譽獄中無白日之冤萬曆府志

陳叔遷弟叔權俱起家吏員叔遷正德間授廣東海陽丞不取民一錢或諷之曰子吏何冀而自苦乃爾計若官不過多得錢耳叔遷笑不答頃之拂衣歸叔權爲直隸懷寧縣尉清白不愧其兄時宸濠之亂委給軍餉毫無染指人勸其爲子孫計叔權曰令子孫佚樂而我先汚辱弗能也堅厲如初致仕歸家徒壁立兩人躬耕終其身畧無悔色李志下同　周志云世方以資格限士右明經貢舉而左胥徒觀兩陳則士何可以資格限哉以彼其清而破格物色之假一以風百則人人勸矣奈何居官澡雪而當路不知返里貧窮而有司不問非無力爲如兩陳而不沮喪者幾希矣予故傳兩陳著其名不朽以示所風焉

王淵字本之玉田之孫正德間貢入北雍充撥差巡書入閣積書千餘卷博涉有文采授燕山右衛經歷尋改薊州左衛出納惟允考績貤贈父母陞永春令清白得上官譽二年致政歸永春人攀留不得乃追送百餘里淵致書代者曰毋易我政毋勞我民慇慇于去後如此登籍十年田不盈頃復捐擴先世祀產并設杉瑞潭義渡年七十六卒

馬輝字文耀居五十四都嘉靖元年以貢授江西瑞昌縣知縣一塵不染而豈弟宜民教與養皆身任之越二年致仕歸士民泣留如失父母

胡釆字原素居東隅嘉靖甲午舉人任城步知縣化服苗蠻改會昌縣翦除姦宄民以帖寧後居鄉邦爲鳴東關之累所在稱德周志

周謨字居正用彰之後事父母至孝性端方步履言笑皆有常度讀書手不釋卷體究務極精微義利之介斬然嘉靖間貢授靜海訓導傷親勿逮養設位祀之晨昏進膳遇諱日則泫然流涕待諸生嚴而有體爲講授經史亹亹不倦釐正鄉飲昏喪等儀以化其俗學者仰之如山斗致仕歸諸生揮淚別子汝登歷工部尚書贈如其官李志祀鄉賢

裘仕濂字子憲居二十九都嘉靖甲辰進士初授常州推官操持廉潔讞獄多所平反尋拜御史風節凛然刷卷河南校勘積案以勞瘁卒濂樸愿儉質舉止端重斤斤以禮自繩雖貴無媵妾疾俳優不一注目拜御史旋里即族黨訟事避不以囑有司人稱悃愊老成子嘉榮力學敦孝友進退容止以禮年二十餘爲諸生夭死人咸惜之周志下同

邢舜祥字時鳳居太平鄉嘉靖丙午舉人性耿介植立名節上春官覩楊忠愍下獄慷慨形詞色擬登第當爲論救遘疾卒瀕死猶言之其義氣類如此

喻思化字伯誠舉嘉靖辛酉應天鄉試授興寧縣知縣興寧多藝靛爲業前令私稅入已橐思化請諸上官改充兵食丁糧并剗除一切蠹竇民大寬省而學校廨舍橋梁道路無不次第修整會猺夷作亂思化開誠招撫數千之衆立時解散因思此輩未嘗不可爲善乃立社學聚其子弟而教之漸成善類思化政持大體廉潔剛方常俸外未嘗絲毫累民至利所當興弊所當革無不毅然爲之政洽民和清風播滿湖淵三年以勞瘁卒卒之日上官及僚屬百姓咸哀痛之子安性李志下同祀鄉賢

王應昌字家文尚德子少有夙悟與海門先生定交密
省己過佩簡以比韋弦萬歷癸酉領鄉薦除知邵武
縣潔己愛民折獄平允不取贖鍰摘發奸胥濫派歲
省三百餘金置社倉十有七廒廒皆儲備適旱澇相
承百姓告饑應昌歎曰此嗷嗷者待哺甚急若俟詳
而後勘勘而後賑已早塡溝壑矣乃籍災民三千餘
戶戶給穀一石當事責其擅發督追還半應昌立捐
俸補足不以擾民遷判大名府查出附餘米三千百
餘石以充市本撫按交薦擢守定番州所屬蠻長自
以遁深罪重負固不出應昌至悉捐宿釁予以自新

皆望風格化爭先輸納敘右文書院拔其尤者考課之邊方文風翕然興起蠻長黃獮倡亂奉詔討賊時督餉在軍王師敗績應昌挺身獨殿幾爲賊中而以馬逸免踰月大舉克之應昌爲餉道所扼降級歸後敘平賊功復補解州尋轉雷州府同知多惠政民立祠以祀母老乞休家居二十餘年足蹟不一入城市邑令罕識其面至存祖母石氏之祀佃金庭右軍之田復家塾修族譜置義冢具見古處云卒年八十三著有居𥡴雜錄拙拙集宗旨證參祀鄉賢

周汝登萬歷五年進士初爲南京工部主事榷稅不如

額謫兩淮鹽運判官累官南京尚寶卿以戸部侍郎致仕越中王陽明良知之學傳王龍溪龍溪傳汝登嘗作聖學宗傳溯孔孟之的派通籍五十年布衣蔬食蕭然自足年八十三詔起工部尚書未任卒劉念臺作文弔之備志欽仰餘見儒林傳新纂

董子行字明卿萬歷丁丑進士爲侯官令吏才精敏奉詔丈田汰浮米無算縣西有石門峽江水爲患子行建議塡塞方舉事徵爲御史巡按山西陝西後令周紹聖循其議築之歲獲有秋李志下同

周夢斗字繼查性端介善屬文萬歷丁亥以貢除知閩

清縣專務德化不事扑責養廉外杜絕苞苴有以金
餽者拒不受當事薦揚之
喻安性字中卿號養初思化之子偉丰姿饒膽畧爲弟
子時卽以天下爲己任萬歷戊戌成進士授南昌推
官平反無冤濫朝議欲採金江右安性繪地圖力陳
不可當宁爲之色動乃撤其使秩滿以卓異擢禮部
主事遷吏科給事中首劾司禮監成敬亂政撓法關
係宗社生靈神宗寘諸法羣黨構孽遂左遷羅定州
判時倭踞香山嶴勢猖獗臺使者欲發兵剿安性單
騎諭以利害倭慴服遁去不折一矢而數百年之積

患頓消人服其膽識推邊才補昌平副使按察密雲滿旦索賞蹂躪內地安性曰是藐我也不可以惠行率將尤世祿等整兵而前遂望風納欵敘功陞順天巡撫順永災祲請帑十萬以賑并奏免賦役加派中貴程登擅催牧地租徐貴擅駐天津采鮮並爲民患安性劾罷之又疏參監陵劉尚忠等七人蔑視臺使譁謾無禮奉旨鞫治閹人漸知斂蹟陞遼東巡撫爲奸璫魏忠賢所褌又惡不投一刺矯詔奪爵崇禎改元忠賢敗薦陞兵部尚書兼右副都御史總制薊遼練士卒防要害竭蹶供職而遼撫王應豸御兵無法

遂以鈇餉鼓噪安性至乃帖然解散後以朝議苛求解職歸安性秉持介節在朝不比權奸居鄉不干郡縣中外畏而敬之雖家食十餘年語及邊事即起舞聞邊報未嘗不欲歔泣下也嘗建議改常豐秋折鄉里祠祀之年八十一卒著有易參養初文集祀鄉賢

周紹祖字仲思居東隅萬歷辛巳貢授寧海訓導躬課諸生日夕不輟有以文行著稱者必多方獎勵之生子二長光復舉進士次光臨拔貢生皆博學有文名人稱是父是子

鄭化麟居德政鄉幼慧敏于學由拔貢登萬歷癸卯順

天鄉試以父老思祿養陳情乞職授弋陽令甫除職而父歿後補詔安恪守庭訓以施于官報政陞廣信府同知拔士棘闈得士望攝二千石上計銓曹左判開府署黃縣蘇民徭役尤加意恤士復其力役遷常德判減商船稅職司詰盜冒險擒渠魁十八人以積勞成疾遂解組歸八閱月而卒子自强由北雍上舍拔授忠州同知有山居吟南北遊詩集

吳越岳字堯官居德政鄉萬歷己酉舉人授漢陽知縣調應山錮無田浮稅楊都憲漣率士民升堂祝之再調萬年

王心純字化遠沉靜多慧父應昌家政嚴肅能以孝謹得歡心弱冠補弟子員師事海門周先生究心理學萬歷乙卯舉于鄉授虞城縣教諭訓諸生以變化氣質爲先崇禎戊辰成進士選龍巖令丁父艱哀戚若孺慕理家一如其父分寸不敢越服闋補清江縣緩刑寬課視民如子建書院講學以海門心旨爲提撕癸酉分房所取皆名士戊寅行取授刑部主事旋召對欽拔兵部歷武庫司提督武學職方司轉副郎己卯典試四川首正文體庚辰陞揚州兵備僉事道兼理漕鹽驛傳下車葺王心齋祠集士子講學環橋而

觀一如海門先生之會滁陽也時寇氛震警沿海兵汎率廢弛無紀心純巡視督責守將悉得尅餉缺伍狀慨然曰國事如此尚可爲哉以忤時調遣歸臥龍山日與二三老友講學不輟承父志復右軍祀田四百畝建坊以表先節而陳當事復秋米折色則尤德及鄉里著有兵部奏議詩文二卷

周光復字元禮號見心紹祖子也年十三受知學使者爲諸生試輒高等有奇童之目弱冠舉于鄉萬歷庚辰殿試二甲第五名拜行人司行人奉使西域封王餽遺一無所受復命晉工部郎時修宸宇光復力主

節東與同僚議不合左遷益王府長史人咸爲扼腕而光復曾無幾微介意日寄情詩酒著遊梁草益王爲之序弟光臨字元敬拔貢生博洽能文以親老兄仕不復謁選著有名山息遊一時公卿多與訂交稱周氏二鳳

胡自平字節之原名守禮天啟甲子舉人瑞州府通判署邑篆除盜賑荒克盡其職歸槖蕭然一琴一鶴而已張志

尹鼎臣字士德居東隅天啟辛酉舉于鄉歷旌德金壇教諭遷澄海令剔除船稅平反寃獄邑多豪右撓令

權鼎臣執法不少假卒爲擠陷左遷淮安府照磨時江淮騷動委署桃源篆監理船廠有能聲遷黄岡令知時事不可爲隨解組歸邑令以賓筵薦不赴一日坐談如常擁衾而瞑年八十七李志下同

吳廷珍字文巽居崇信鄉三歲喪父母植節教育之廷珍克自砥礪弱冠以第一名補諸生請揚母節得邀旌典崇禎戊辰恩貢授廉州府通判撫字備至會郡守缺士民請于撫按願借署理而雷州士民亦以缺守請改署雷至爭不能止廉民固親被其澤雷去廉四百里而聞風思慕若此則廷珍之爲政可知靈山

縣學廩餼額僅踰十名力請廣教且捐俸置田以充廩餼一時風聲丕振遷雲南和曲州知州丁艱歸卽于母建坊處拓地立祠祀之歲歉體母志分俸給宗黨全活多人撫從子如已子年六十九卒

厲汝恩字君戴性和坦以遷善改過自礪弱冠食餼入試棘闈兩登乙榜師事周海門先生卓然以理學自命貢授景寧縣訓導景寧僻陋士風不振汝恩進諸生月試其藝而上下之相與匡坐飲酒勉以孝弟名節漸引而入于理性由是知有心學未幾卒于官諸生潘一賚等請祀名宦景寧令徐日隆移關嵊邑嵊

諸生葉應茂等請祀鄉賢不報

國朝

喻恭泰字大來大司馬安性長孫由恩貢授廣西永淳知縣永淳濱左江爲宣橫要衝猺獞雜處自明末兵燹後殘燬無完堵至康熙癸卯始置令恭泰首膺其任下車卽問民間疾苦興廢舉墜不遺餘力而政令教治因弊利導風俗爲之頓醇秩滿以祖母年邁乞終養歸士民攀留如失父母

朱爾銓字衡章居東隅淹博有文名貢授德清縣教諭時蔡宗伯升元爲諸生日以詩文請質相契最厚遷

山東陽穀縣知縣引年歸卒年九十四

吳光廷字子昭調元子也康熙壬子拔貢任新城學敎諭遷湖州府敎授訓士有方湖人比之胡安定郡守唐某贈詩有論文雅愛驚人句守拙羞言使鬼錢可想見其風裁矣

喻安恂字翼卿居西隅力學嗜古歲貢生官昌化訓導時年八十有四而精神强固日危坐講學未嘗有倦容士被其敎多致科名六年乞休歸

商洵美字培世號頣山先世家嵊之繼錦鄉後徙會稽爲越中望姓洵美少凝重簡默與弟孝廉和並負盛

名而洵美尤銳志汲古以沉潛勝弱冠由祖籍補諸生尋以第一名食餼丙子舉于鄉乙未授嘉興縣儒學教諭

廷試高等諸公卿賦詩祖道知必能敷教興行爲國家儲才也丁酉門下士林昌言果領浙解其他握瑾抱瑜者接踵聯肩識者謂禾固多佳士要非薰陶涵育之功不致此一生以負糧發憤洵美詢知貧狀惻然立爲代輸而屬勿言同僚中稍傳其事令聞踴躍者累日曰吾甚慙于商君矣郡守吳某廉知有經濟才凡疑獄必畀訊鞫洵美執法原情多所平反當事咸

器重之倏憶故鄉山水朋舊三上章乞休諸生擁留者數百洵美揮涕曰三載以來負慙諸生惟明倫堂吾所重建日與諸生講學論文于此倘能圜聽聚觀如吾在日則吾與諸生兩無憾矣及歸棲遲巖谷偕鄉人之有齒德者結真率社人比之洛下耆英壬寅舉鄉大賓雍正癸卯

詔舉賢良方正士嵊與會邑並以洵美名達之方伯洵美聞急渡江以德薄年老固辭其謙退如此卒年七十有六著有全史類函子元柏康熙壬午舉人歷官山東泰安州四川達州同知致仕孫盤庚戊進士翰

林院編修贈如其官

陳錫輅字豈凡號聖巖弱冠補弟子員累應鄉薦不售援例得湖北石首令築隄禦江水民號陳隄甫匝月丁艱歸服闋分發豫省歷署郟舞陽內黃有惠政旋調安陽去之日內黃民攀呼夾道安陽城環以壕自高平郵分洹水入渠南流爲萬金隄北流爲萬金渠壕貫其中歲久荒淤與岸等旱潦輒爲患輅力爲開濬民資灌溉尋攝彰德郡篆擢知陝州時靈寶奸梟以議減鹽價相簧鼓民爲騷動輅單騎諭以利害殲厥渠魁衆遂解散陝樸遬少學爲增修書院講舍延

名儒爲師捐廉以益其廩給文風爲之一振逾歲遷
同知開封府事尋攝衛輝汝寧二郡擢河南守時
王師西討羽書旁午輅躬親部勒動合機宜民悉安堵
乾隆十五年
上幸洛陽自淸塵除道外不煩苦一民而身習恪勤洪
纖畢舉會墜騎傷趾
上嘉乃勤勞
屢賜珍果
特命調守歸德歸德俗悍難治閭里豪猾好帶刀劍以
勢力淩轢州黨輅悉意剔除習俗大變屬郡九邑皆

廣野恃河渠以節旱潦一遇阻塞歲比不登輅慨然歎曰吾曩令石首安陽盡力溝洫況此民衆地大敢憚勤劬爰周視源流疏決盡利幹河支水派衍條分三月告成十八年河決江南銅山下游並罹其害歸德與江南接壤輅力贊中丞經度其事選料課工往來河濱晝夜不倦工竣舉卓異將晉秩竟以勞瘁得疾卒時年五十有八新纂

儒林

自龍門傳儒林歷朝作史皆因之至宋始有道學之名而舊志遂以理學儒行分而爲二然宋人獨闡性理上溯微言濂洛關閩淵源洙泗非宣聖命儒之意乎剡人單君範親炙於朱子周海門私淑於陽明卒能倡明聖教扶輪大雅後之學者崇漢儒之經術造宋儒之理學性道文章一以貫之不彬彬乎入室升堂之選歟志儒林

宋

單庚金字君範居晦溪父崇道有志學問嘗與朱晦翁

交少承家學克自勉厲以經學舉漕試值宗社失馭遂抱志入山不樂仕進居晦溪山中三十餘年日夜取聖賢經傳潛心討究求以闡明聖學爲事家無贏餘而飲水茹蔬陶然自樂客至則開門延引談證不倦蓋眞以德義自繩者所著有春秋傳說分記五十卷春秋傳說集畧十二卷論語增集說約若干卷晦溪餘力稿若干卷張志

許瑾字子瑜元度之後世居東林博極經史嘗從朱子遊明於理學新昌俞浙狀其行曰子瑜學博而正行峻而和文麗而則君子人也學者從之隨其資稟皆

厭足所欲稱爲高山先生宋亡徵辟不就家藏書千卷至死不釋手著有春秋經傳解十卷文稿若干卷兄薦亦以詩文名稱高士見隱逸傳李志

姚寬字令威以父舜明任補官少有令望筮仕之始一時名流爭禮致之呂頤浩李光帥江東皆招置幕中傳崧卿繼至以主管機宜文字辟之辭不就崧卿移書交舊有愧恨之語秦檜執政以舊怨抑而不用寬亦不屈已求進後以賀允中徐林張孝祥等薦入監進奏院六部門權尚書戶部員外郎兼權金倉二部屯田郎樞密院編修官寬博學强記于天文推算尤

精完顏亮入寇中外皆以爲憂直云金百萬何可當惟有退保爾寬獨抗論沮止且上書執政言今八月歲入翼明年七月入軫及其行在巳巳者東南屏蔽也昔越得歲而吳伐越吳卒以亡晉得歲而符堅伐晉堅隨以滅今敵人背盟犯歲滅亡指日可待及推太一熒惑所次寇必滅之兆未幾亮果自斃從上幸金陵以其言驗令除郎召對上首問歲星之詳寬敷奏移晷復論當世要務奏未畢疾作仆於榻前上面諭令優假調理疾愈復入對後一日卒上甚念之特官其一子且用其弟憲於朝寬詞章之外兼工篆隸

及工技之事嘗謂守險莫如弩因裒集古今用弩事實及造弩制度爲弩守書以獻且請用韓世忠舊法以意增損爲三弓合彈弩詔許之既成矢激二里所中皆飲羽又嘗論大駕鹵簿指南車得古不傳之法他所著有西溪集十卷注司馬遷史記一百三十卷補注戰國策三十一卷五行祕記一卷西溪叢語一卷玉璽書一卷注韓文公集未畢尚數卷寛每語人曰古稱圖書豈可偏廢故其注史記戰國策辭有所不盡必畫而爲圖最長於詩葉適云寛古樂府流麗哀思頗雜近體詩絶去尖巧乃全造古律加于作者

一等矣爲當世推重如此卒年五十八會稽續志祀鄉賢

姚鏞字希聲號雪篷又號敬菴嘉定十年進士吉州判官以平寇功擢守贛州貶衡陽有雪篷集宋詩紀事

明

單復亨字陽元居晦溪博通典籍尤善詩歌著讀杜愚得十八卷傳于世復亨最愛杜詩故自爲翻注云洪武初舉懷材抱德科授漢陽知縣李志

求漁字宗尚弟澧字宗衡兄弟幼時父某戍貴州瀨行指所藏書囑其母曰以是教吾二子力學爲名儒吾願足矣比長母出所遺書告以瀨行語輒相對感泣

苦志窮經史旁及稗官小說靡不涉獵卒以孝學齋名人稱大求小求先生漁善評騭詩格嘗編欸越山鍾秀集行於世澧著有蘭陵稿事母至孝兄弟友愛甚篤壘閈兩推其行後漁老而喪明正統間澧以事株連遣戍數年釋歸卒於途人又兩悲其遇云周志

王鈍字希敏文高子也力學循古道事親甚孝與兄弟終身不析居貢授南安訓導丁外艱服闋赴京會英宗北狩感憤不樂仕且念母老乞終養歸攷訂婚祭儀禮以教族人著有干齋集以子暄貴贈南京禮部郎中李志下同

張胃字仲翼少聰敏年十三能爲雪賦既長從天台顧景藩游肆力於古文詞嘗聘修輿圖志新昌楊給事信民以經學該博才堪任使薦不報遂絕意仕進徜徉溪山間自號西溪子著有西溪集卒年八十餘以子世軒貴封奉政大夫舊志作仲冀誤

張燦字蘊之胃之從姪天性孝友父跛不能履背負終身弟病癡養贍至老嘗從羅玆學經史一覽不忘屬詩文才思逸發操筆立就尤長詞賦所著有騃齋集二十卷擬騷二十章善眞草書太守重其文行折節遇之周志祀鄉賢

夏雷字時震居西隅宏治己酉舉人和易有才善詩能楷書筆法疎勁緝嵊志搜訪山川人物纖悉靡遺而文采可觀知湖廣羅田縣甫十月卒於官政優守潔民共戴之嘉靖間鄞守張明道隆慶間邑簿江一鳳爲立石表墓李志

周晟字伯融宋汝士之後貢授山東齊河令天資穎敏博極書史爲詩文有奇思時方厭講學晟獨從王文成遊教授生徒性嚴毅難犯士大夫接其言論丰采莘傾心焉授齊河令祛弊雪獄綽有能聲未期月丁外艱歸遂不復仕授子紹祖孫光復經史未嘗干與

外事志周

周震字居安生而誠樸弱冠舉嘉靖丁酉鄉試究心良知之學初仕宿松令平徭役招集流亡過賢八貞婦之廬必加禮焉改教承天擢通判衛州耒陽大洲賊爲亂震以計擒剿搗其穴集郡薦紳爲石鼓講學會驗益力而養益粹生平孝友奉母手進甘脆旦暮定省無一日輟以田宅畀諸弟睦宗和黨恂恂長者嘗投牒吏部會友某病卒遂罷選護其喪歸李志下同

周夢秀字繼實震之子爲邑諸生苦志獨行孝友端介

遠近無間言性好施囊無一錢有所入輒分給親友之貧乏者時有例廩生限年起貢一生年踰六十不得貢次當及夢秀夢秀曰我猶可待若不貢無後期卒讓之父震嘗佃實性寺爲宅既數十年增飾堂構且數百金夢秀以爲非義請於父復捨爲寺而别僦數椽以居風雨不蔽無慍色志行超卓時以天下蒼生爲念日練習世故采諏人物習博士家言與海内作者稱雁行嘉興陸光祖謂爲三絶學絶行絶貧絶也年四十六卒鄉人賢之請祀於學宫太守宛陵蕭良幹題其墓曰高士

錢悌字舜夫居長樂鄉博覽經史善屬文詩更沉鬱醞藉著有古齋集悌叔汝貫弟經樵俱善吟咏而經樵尤有古行爲鄉邦推重按明成化年嵊令許岳英聘悌修輯縣志

馬充字克美居東隅嘉靖十一年歲貢德安知縣性質直絕干謁明敏博覽有馬書厨之稱與朋友直言不諱居官恪守官箴致仕周志

邢德健字汝行舜祥子居太平鄉礪志讀書有博洽名其學以孝友爲先詩文自成一家貢授蘄州同知廉潔有惠政轉漢王府審理政及歸作聖諭解立家約以敎宗黨而辨佛論尤足懔末學云卒年六十六著

有崑源藏稿李志下同

周汝登字繼元謨之子讀書過目不忘年十四而孤十八爲諸生二十四師山陰王龍谿示以文成之學輒領悟萬歷丁丑第進士授工部屯田主事督税蕪湖稅額舊歲二萬内部議增倍之汝登不忍横征以鈌額謫兩淮運倅時商民皆健訟不習禮爲講鄉約刻四禮圖說訓之統轄十塲塲建一學捐俸置田以充社師費又於東塲建總學月會十塲之士而身自提撕習俗丕變陞南京兵部車駕司主事轉驗封司郎中南都講會拈天泉證道一篇相發明許敬菴言無

善無惡不可爲宗作九諦以難之汝登爲九解以伸其說弟子日益進執贄者千餘人陞廣東按察僉事疏乞終養不允陞雲南參議再疏陳情得旨歸里與會稽陶石簣及郡士會於陽明祠曰陽明遺教具在正當以身發明從家庭間竭力必以孝弟忠信爲根基勿爲聲色貨利所玷染習心浮氣消融務盡改過知非絲毫莫縱察之隱微見之行事使人知致良知之教原如是也陞南京尚寶司卿署京兆篆陞太僕寺少卿爲滁人修社學置義田陞光祿寺卿尋陞通政使司晉戶部右侍郎致仕汝登爲政以教化爲先

不事刑罰故所至有慈祥清白名逼籍五十年林居三十餘年不畜財不治第不營產年八十三詔起工部尚書未任卒學者稱海門先生擬謚文昭賜祭葬如例著東越證學錄聖學宗傳聖行宗系四書宗旨程門微旨王門宗旨助道微機楊邵詩微語錄或問各一卷并修嵊邑志祀鄉賢

袁榜字仲奎居西隅少習博士業不得志棄去年四十餘始發憤爲學事山陰王龍谿潛心性理擇可而語一跬步皆有繩度服古衣冠超然流俗嘗開義學教後進王教諭天和折節遇之晚徙居山水間自稱丹

泉子有丹泉詩稿

吳伯化字紹南成童補邑弟子淳樸篤孝行博洽經傳志聖人之學與周汝登爲老友深相參證力求精進一日病中聞鵲噪豁然省悟覺天地萬物皆吾一體曰吾向讀五經四子及性理諸書以爲皆聖賢之言聖賢之心而今始言印我心也舞蹈不能已汝登贈以詩曰乾坤頓覺元非外堯舜方知實可爲又曰始知喫飯穿衣處一笑嗚鴉噪鵲時蓋指此也接引後進必令反求諸心易簡直截故樂從而信入者多卒年九十二子鈺鉉潛心性命之旨人謂有洛水父

子風

王三台字思位居東隅少孤母知書明大義三台稟母訓弱冠補諸生師事海門周子隨事體驗謂聖賢之緒不外家庭遂專意奉母每日所言所行必以告曰吾無不可對母言之事無不可對母言之心痛父不及養終身蔬食祭必備物涙涔涔作竟日哀爲志好學晚而益密嘗自署曰老年工夫務從簡易念慮一根繫要在是凡有中萌法惟省制凡屬當行道惟勉致靜坐焚香密密檢覩循此爲常告之上帝周子殁以師道不傳爲已罪日集同門講會弟子執贄者亦

日益進示以文行合一之旨多所造就稱爲衡南先生以子貴貤封郡倅制詞畧曰古道照顏閭修近裏致孝友而爲政慕惟終身究性命以立基遊多長者若乃一脈傳姚江之緒居然羣賢集泗水之間道雖樂於安貧忠已徵於移孝可謂無愧卒年七十著有四書附註詩經附註衡門文集正學堂詩徵

袁祖乾字清侯居西隅與弟祖憲同執贄海門周子以道爲己任參求無虛日及周子殁豫章文德翼司李嘉禾代按來嵊講學鹿山書院與知縣劉永祚學博葉祺允暨縉紳數十人辨難終日獨心折祖乾次日

造廬訪之一時從遊者多知名士婺之趙鳴嶽趙鳴峯邑之盧鳴玉其尤也九試棘闈不偶天啓間應歲薦卜居林墅以稼穡代食年七十餘卒著有天洩轂吟子師孔字則學有文名著有琴佮蛾術等篇

袁祖憲字章之日曜子弱冠補諸生師事海門周子博通典籍殫心理學有實踐功夫從兄祖軻卒一戚曰與我六百金當以汝子繼祖憲曰貧富有命吾不願此人服其高曠嘗自題像曰四十記顏尚藏儒冠旣不能如禮所云强仕操切而不動心者更難矣敢曰吾其不惑亦庶免惡者之譏殫受學於周夫子令予

求諸家庭之間栽水果可承歡是以此像喜見於眉端蓋有所自得云著有守庵集及類鈔十二卷

吳振尹字國超居棠溪里幼失怙恃懼忝所生讀朱子四等人書慨然以賢聖自期立治心篇書要以閑邪存誠復還心體初謁海門周子與語不服及反覆辨證始心折執弟子禮嘗憬然有省以詩自證曰來往何緣不憚煩只因錯認好金丹一聲消息從天至雙手拍開生死關周子以陳剩夫王心齋擬之卒年三十八時同學者有吳鈺丁祖美皆早夭鈺字孟剛以第一名食餼殫心理學不分志於功名祖美字中甫

兩登乙榜博涉經史嘗製一小粉版貯皁囊中每有所疑輒書以待質故聞道最早周子嘗嘆曰予一生全賴友朋弱年爲會者八士八士外更有四人今盡淪亡入仕後同參五六輩皆歿然此猶年相若者至晚年從遊若吳國超吳孟剛丁中甫皆少年得力之徒亦相繼夭念之心折云

尹志賡字載歌師事海門周子以學道在主敬凡視聽言動必極端莊雖盛暑衣冠儼如也嘗自製三才巾服古深衣以粗布分清白而已性至孝居喪有禮家貧結茅山中瓶無儲粟捉襟見肘襪履至踵胼皆見

而讀書談道深求性命之理怡然自適與人言不妄詭隨至排斥佛老尤侃侃無所顧忌知縣劉永祚建學鹿胎山延爲小學師辛丑六月十八曉起整襟危坐與子笑語竟日就寢而卒年六十有九友人徐一鳴王國楨袁尚衷等爲置田供祀

吳應芳字佩兹振昇子也沉潛靜嘿振昇命執贄於王思位丁中甫期以力希聖學父歿益自奮勵天啓丁卯舉於鄉歸謁海門先生先生爲說以貽之畧言慰父於九泉者不在登科登第而在希聖希賢應芳竦然請益進曰要在勿忘而已矣一言之發必省曰其

毋忘吾父之言敎乎一事之行必省曰其毋忘吾父之身敎乎一念之萌必省曰其毋忘吾父之心敎乎直至口無妄言身無妄動心無妄萌而後足以慰九泉也應芳拜而受之自是用志益專紛華靡麗無所動於其中舉措必循規矩六上春官不第遂絶意仕進與吳鉉王國楨輩聯社鹿山講求微言大義或游山水間飲酒賦詩蕭然自適嘗闢圃栽菊花時觴咏其下曰正與吾意一般卒年七十六著有棠溪集卦說六十四篇坤貞四則諸書

吳調元字君燮居德政鄉髫齡爲博士弟子員師事葴

山劉子又嘗從海門周子遊殫心理學食餼二十餘年恬退不求仕進教人以孝弟忠信爲本學者多宗之

金之聲字聖啓歲貢生居甘棠里生而清癯父母甚愛憐之而之聲先意承志能得歡心鄉黨稱金孝子一日講孝經喟然曰聖賢大道始於家庭而致知力行與治國平天下之道俱在於是恒以之自勉并勉其子弟卽耕夫牧豎亦必以服勞奉養孜孜相勗性耿介不妄交與之交者咸嘆其篤摯喜周人急難睦婣任卹視爲已分而終未嘗有德色邑令劉永祚聞之

聲名思招致之六年終不得一面晚結廬墓次食不兼味衣不重襦夜則懸版爲榻一几一席而已自言父母生我無補於世聊淡泊以自引咎有甘露降墓木人謂孝感私謚孝節著有凱廬吟

王國楨字我宰忠襄長子性質直喜奬進善類而疾惡頗嚴博聞強記以第一補諸生爲文渾麗淳朴力返正始當忠襄之入仕也命家居侍大父承歡養志晨昏惕若及卒視殮畢奔赴居庸而忠襄已仗節殉義矣叩闕請卹時大冢宰題請錄廕詔旨久未下或曰今昌宣總監上所眷注其人折節下士君曷具一牒

介爲再題國楨曰不肖止期表揚先烈豈爲身謀果爾是欲不肖因景監顯耶竟扶櫬歸卜居福泉山麓力耕代食著書垂二十年痛闢佛老之教嘗輯邑中文獻作嵊志備考時戎馬旁午而國楨集諸先輩及同人講學不輟卒年五十四袁尙衷輓詩有海濶功夫惟務孝鐵堅護衛只防禪句能得其槪云著有勿齋集文鈔剡中詩文集內則徽音敬時錄

國朝

徐一鳴字文孺居西隅生有異表鹿鼻鼠耳鬚長尺有半警敏好學講論每窮晝夜爲文偉麗一時名公鉅

鄉咸器重之事父孝父歿事寡母尤謹弟一鶚甫九齡爲之鞠育婚配授以經史一鶚以詩文著聲黌序皆一鳴教也生平篤友誼生則周其匱乏死則置田供春秋祀風俗爲之敦厚崇禎乙亥拔貢入北雍已卯登賢書　國朝順治戊戌授盧陽司李平反十有四案出獄者三十餘人督運至漕草除一切供應不役鄉傳一夫黃維河爲立碑紀事會審江寧衛直指以五百三十詞發讞准否皆用出語不竟日而竣直指奇其才挾以隨巡檄取同考閱禮記所取皆知名士瓜州警入皆錯愕一鳴繕署如平時已而捷書果

至人服其識五膺薦剡以失出謝職偕儕輩講求鹿山遺緒年六十三卒著有廣平子日集廬吟汗漫遊五經摘解百將評衡廬陽讞語

喻恭復字七來博極羣書年十四爲諸生十五食餼與徐一鳴姚工亮吳調元講學鹿山聯詩文會省試一十三科以副榜膺歲薦將授學博卒著有讀詩補箋

高衡字乃銓居邑東隅弱冠食餼聲譽蔚起從之遊者輒成名士趙起鯤盧象鼎其高弟也課子極嚴長克廣廩貢生次克藩第進士皆承家學卒年七十有二

李茂先字文驥居邑東鄉歲貢生少孤母陳氏植節教

之著聲藝林山陰王白岳雨謙奇其才爲序漁溪集而名益著年七十其子謀所以稱觴者茂先曰得會稽俞鞠陵先生文足矣他無庸也識者高之

盧象鼎字直臣居仁德鄉用義子也學問淵博爲諸生試輒高等晚貢於鄉生平崇尚古樸恬靜無所營求而取與特嚴一介云

盧廷翰字則修歲貢生品行端方家中懸　宣聖像朝夕敬禮有事必焚香告之其司訓仙居也課迪士子循循有法後以年老乞休至八十八歲而卒

宋奭字牧伯歲貢生有至行母李病劇晨夕籲天請代

乃得痊人謂孝感康熙甲寅寇亂會兩親皆背拮据事含殮每以不得盡禮爲痛性廉介茅屋數椽絃誦不輟爲文務規先正汲引後進如恐不及知縣宋斆張泌延爲義學師時造廬請業終未嘗有所干謁雍正癸卯　詔舉賢良方正闔邑公舉當事驗看准題以年老辭卒年七十三

朱乾圜字日周邑諸生九歲喪母哀毀如成人事大父尤孝謹性好學於書無不窺闢一室滿貯圖史旁植竹木日坐臥其中客至輒與研究討論累數千言無倦容非其人則嘿如也其貞率如此卒年五十一

應朝昌字桂巖博學工詩孝友其天性也康熙戊子舉於鄉壬辰成進士生平赴省郡試歸必傍寢門坐臥十日夜以安起居然後入對妻孥案故其所作纏綿悱惻大率皆蓼莪明發之遺入都謁選人謂不日仕宦昌獨歲時歎然自以不逮將母花淒月冷感極輒涕其冬日書懷句云漫道家貧應得祿翻成親老不知年可以想其至性矣授廣東肇慶府開建知縣未任卒著有桂巖詩集新纂下同

商盤字蒼雨號寶意世居嵊寄籍會稽年十九著小山叢桂集而髫齡所作新蟬詩紅葉白燕等賦已為時

豔稱雍正元年拔貢成均庚戌舉進士以知縣用次

日

特旨改庶常習國書散館授編修充八旗館國史館纂

修進經史講義數上封事乾隆戊午獻臨雍頌耕耤

詩皆爲

上嘉納以祿養自陳乞外任前例所未有也得廣西新

寧州牧

上以其親老改授鎮江郡丞旣而權海州牧及南昌令

南康守調太平郡丞以督造戰艦居吳門二載外憂

服闋補施南郡丞攝守篆旋督糧艘北征甲戌擢梧

州太守年五十有四矣既入粤而知梧州州者已易官
乃權鬱林牧及太平守𢙣補慶遠府歷四年移守鎮
安又三年持繼母服去再補雲南守丙戌移守元江
明年
王師進勦緬甸盤跋涉行間感觸瘴癘六月渡清水河
霪雨如注露處馬家檳榔園一晝夜病大作歷旬日
而卒蓋以死勤事者也著寶園詩幾及萬篇採
國朝越州人詩數千首爲越風若干卷行於世蔣士銓寶意先
生傳

裘式玉字行佩古道端方博通經籍家貧不治生產覃

精誦讀寒暑無間夏夜苦蚊蚋以兩足置甕中申旦不寐乾隆壬申舉於鄉公車北上裘文達公甚器重之禮闈報罷設帳里門士林執雉者無虛日成就後學甚多易簀時猶手不釋卷著有四書解鹿野文集弟子張袞能得其傳祖述師說著學庸講義授徒以嚴見憚爲閭里所矜式云

忠節

孔曰成仁孟曰取義士大夫當國步屯艱之會慷慨捐軀大節不奪所謂得天地之正氣者也我

朝於前代死事之臣

賜謚入祠旌節褒忠遠邁往古嵊雖下邑六朝而後以忠節著者或城潰失援冒鋒鏑而不顧或寇氛橫躪甘鼎鑊其如飴是皆志凜秋霜精貫白日激清風于萬古厲薄俗於將來莽曰盡忠非虛語也志忠節

梁

張嵊鎮北將軍稷之子齊朝爲剡令至嵊亭生子因名嵊字四山後遂家焉嵊少方雅有志操能清言起祕書郎遷湘東王長史還爲太府卿吳興太守太清二年侯景圍京城遣弟伊率郡兵赴援城陷御史中丞沈浚違難東歸嵊往見之謂曰賊臣憑陵社稷危恥正人臣効命之秋今欲收集兵力保據貴鄉雖復萬死誠亦無恨浚因勸嵊舉義兵時邵陵王東奔至錢唐聞之遣前舍人陸邱公板授嵊征東將軍加秩中二千石嵊曰朝廷危迫天子蒙塵今日何情復受榮號留板而已賊行臺劉神茂攻破義興遣使說嵊曰

若早降附當還以郡相處復加爵賞嵊斬其使仍遣軍主王雄等帥兵于鱧瀆逆擊之破神茂景聞神茂敗乃遣其中軍侯子鑒帥精兵二萬助神茂擊嵊嵊遣軍主范智期出郡西拒戰爲神茂所敗乃釋戎服坐聽事賊臨之以刄終不屈執以送景景將舍之嵊曰速死爲幸乃殺之子弟同遇害者十餘人時年六十二賊平世祖追贈侍中中衛將軍開府儀同三司謚忠貞梁書祀鄉賢

宋

張愻一名景說字欽甫紹定四年爲定城縣尉攝麻城

縣事會金人攻破沙窩關深入麻城兵不支被執脅之降怒叱曰吾氣吞若曹顧力屈耳肯從汝爲不義耶遂遇害事聞淳祐八年贈通直郎萬歷府志祀鄉賢

明

王禹佐字之益三台子也讀書鹿山務爲實踐之學天啟元年領恩貢銓考第一除保定府通判分駐居庸關司昌平三屆屯漕自銘座右曰願將白節酬君父莫玷污名累子孫練達政事案無留牘周歷三輔修學校飭邊防平冤獄所至有聲宣大饑歲輓撥餉十五萬皆刻期至民不擾而軍不譁敘功加級署懷柔

時烽火告警城垣濠塹摧殘略盡禹佐次第濬築穀
繕甲械作攻守法邑恃無恐移鎭昌平州方五日大
兵從天壽山後攻州治州兵出防黄花鎭等路空城
被圍飛檄請援者三不報率兵民登陴抗拒七日督
撫遲檄調回禹佐慨然曰關有重兵而州無守備我
爲其易誰爲其難羽書再至不受內變起城遂潰囑
中軍顧震曰城亡與亡君爲我持二印沉署井中遂
嬰城不辱死氣未絕呼老卒覆以衣乃瞑年四十有
七子國宣同殉震持印投井中亦遇害巡撫吳阿衡
奏聞贈光祿寺丞賜祭葬謚忠襄巡按宣大兼攝學

政侍御林銘球從諸生請祀名宦祠後追論保障功

按闕侍御楊四知奏配享羅通表忠祠所著有泚闕

集　國朝乾隆四十一年

賜謚節愍祀忠義祠子國宣附李志越殉義錄勝朝殉節錄

丁國用居二十三都由軍功歷官山海奮武營參將崇

禎己巳赴援京城力戰死李志

童維坤字宏載居遊謝鄉附武驤衛籍登萬歷己未武

進士除宣鎮昌營守備陞都司僉書歷眞定遊擊崇

禎癸酉夏調大名勦寇連戰皆捷冬赴援趙州追寇

至內邱寨冒險襲勝賊望風卻避監軍副使盧象昇

勸急滅之督令轉戰至摩天嶺象昇迎戰山南維坤迎戰山北分翼沖突寇居高擊下維坤血戰死年四十象昇爲文哭之事聞追贈都督僉事世廕三江所百戶維坤果毅負膽氣不避艱險遇士卒有恩有古飛將風　國朝乾隆四十一年賜謚烈愍祀忠孝義祠李志勝朝殉節錄

徐麟字我錫居白巖里由武舉考選將材授江西建昌營守備崇禎間討叛僧戰歿於南豐撫院題卹不報李志下同

張仲選號紫巖居秀興坊質魯而好學會病夢一物從

胸中躍出狀甚怪驚寤遂聰慧博通經史知縣劉永祚重之延爲小學師暮年爲諸生食餼李自成陷京師仲選聞報慟哭潛至西橋菴閉門自縊閱日覓屍色如生

錢茂權居長樂鄉崇禎間平黃巖寇有功授台州府總兵官後在金華與朱大典守孤城死于難新纂

孝義

南史載八歲小兒殉母宋史載裘氏祖十九世同居而皆出於剡孝義之風書契以來所罕見也刲股廬墓非爲要名餘粟哺糜非同市惠他若義塾義田義渡義冢之類嵊人或創勝舉或承先志莫不好善若渴踴躍赴功至性敦厚使然也於虖難哉志孝義

南北朝

公孫僧遠會稽剡人也居父喪至孝事母及伯父甚謹年饑僧遠省飱減食以養母及伯父兄弟亡貧無以

葬身自販貼與隣里供歛送終之費躬負土手種松柏兄姊未婚嫁乃自賣爲之成禮名聞郡縣齊高帝卽位遣兼散騎常侍虞炎等十二部使表列僧遠等二十三人詔並表門閭蠲租稅南史下同剡錄作僧達

韓靈敏會稽剡人也早孤與兄靈珍並有孝性母尋又亡家貧無以營凶兄弟共種瓜瓜南齊書作菰朝採瓜子暮生已復遂辦葬事靈珍亡而無子妻朝氏一作卓氏舊志作胡氏誤守節不嫁慮家人奪其志未嘗告歸靈敏事之如母

剡縣小兒建武二年年八歲與母俱得赤斑病母死家

人以小兒猶惡不令其知小兒疑之問云母嘗數問我病昨來覺聲羸今不復問何也因自投下牀扶匐至母尸側頓絕而死鄉鄰告之縣令宗善才求表廬事竟不行

陳

王知元丁父喪哀毀卒陳宣帝改所居清苦里爲孝家里周志案萬歷志云剡志作汪姓戴冠志草作公孫未知孰是考南史陳張昭傳云宣帝時有太原王知元者僑居會稽剡縣居家以孝聞及丁憂哀毀而卒帝嘉之詔改所居清苦里爲孝家里當郎一人陳書與南史同剡錄亦作王知元

鄭僧保剡人居父母喪廬墓十載芝草生於墓甘露降

於松柏剡錄

元

相大有永富鄉人敦尚孝友同居七世内外數百口從無間言里耆舉其蹟於中書省以聞詔紹興路總管泰不華旌曰義門李志

周傑字仲豪居開元鄉父殁哀毁骨立結廬墓側顔曰瞻雲周汝霖字濟民親殁亦廬墓三年建庵墓右曰思敬皆以孝稱新纂下同

明

王瓊字廷玉世居孝嘉平溪里洪武間父以萬石長事

在逮廷玉詣縣請代獲允遂從戍金陵以勞瘁卒於旅次年二十五廷玉代父時婚未四載子纔繈褓毅然長往卒之妻守節子克家天之報應不爽云嘉靖間祟祀忠孝祠妻石氏見列女

應溫遠居崇仁鄉讀書尚義有府倅署邑篆索其父大成苞苴不與受庭辱含憤死溫遠慟哭廢飲食誓曰不共之讎吾必報之治喪後持牒走訴通政司得引白下法司鞫問倅服罪人共快之李志下同

周傑字廷智居邑東隅父愚受誣論死繫獄時傑甫三歲見母悲泣輒嗚咽不能自已愚繫獄二十年傑年

二十三走闕下上書請代累疏不報景泰庚午覆奏慨切上憫之詔釋愚罪寧家孝養十餘年居父母喪哀毀盡禮邑令許岳英旌其門

趙嵩居邑東隅父瘋母盲嵩兩扶掖之二十年如一日邑令許岳英表其孝

錢紱字仕彰居長樂鄉早孤母鄭口授孝經論語卽能成誦長事母至孝母歿見栝棬讀所授書未嘗不嗚咽流涕紱嗜學口不言利爲詩冲澹古雅著有頤庵稿

邢鎖居太平鄉早孤母錢年二十三植節撫之家貧孝

養無缺母病躬視粥糜藥餌數年無怠色年四十未有室邑令許岳英捐俸擇王氏女妻之

周泰字叔亨用彰之孫成化間貢入太學授布政司都事以母老乞終養旦夕承歡非公事不入縣庭篤學修行人稱孝廉先生郡守戴琥禮重之著有菊莊集

錢瀛居剡源鄉性至孝母病兩次刲股和糜以進皆得痊母年九十餘卒邑令許岳英表曰孝感

喻祿孫字希武居邑西隅事嫡母至孝母歿結廬墓次晨夕哭奠冬夜虎兩入廬吼聲震地祿孫號泣呼母虎垂尾遁去西溪張胄爲之傳雍正六年祀忠孝義

祠

喻袞字朝章弱冠赴郡試寓旅舍如厠得遺金時已薄暮擬詰朝訪還夜分夢中聞爭競聲覺而詢則客疑主盜主罪客誣兩不能辨相持赴水袞急呼人拯之起出所拾金並告以故事乃白事母至孝一切供奉皆身任之遵父遺命課諸弟專壹讀書幼弟襞遂得成進士子思化中嘉靖辛酉應天鄉試除知興寧縣袞教以居官愛民之道卒爲循吏三舉鄉飲大賓後以孫安性貴贈資政大夫兵部尚書祀鄉賢

喻襞字日章性謹恪跬步皆中繩度爲諸生有聲方居

憂太守洪珠固請見以衰服往珠稱知禮伯兄衮課之嚴而裝亦敬事如父性溫厚和平遇人無疏戚皆接以禮雖後進亦謙以下之嘉靖庚子舉於鄉庚戌第進士奉使封高唐齊東二王屏絕饋遺便道歸省邑令贈金二百例取諸民裝曰吾幸一第忍以此累父老子弟耶卻不受生平狷介類如此旋授工部營繕司主事尋卒不竟所學論者惜之

周時賢字希左邑庠生山之次子性孝友母遘疾籲天請代母疾竟愈父守保德訃聞一慟殞地幾絕徒跣奔喪哀毀骨立見者憐之收父遺稿及父往來友朋

翰墨珍藏之曰手澤所存談及必流涕嘉靖十三年授河南府尹經歷越九載歸卒於家新纂

張玉字廷禮邑諸生父耄而瞽且病瘋玉棄舉子業跋涉江湖延醫療治勿愈每夕稽顙北辰以舌舐之閱數年父目復明及居喪廬墓悲號至夜分輙有猿啼廬外若助其哀泣云李志下同

金廷榮字仁甫居甘棠里事母求備極孝養每旦焚香告天願減算益母母亡慟哭立死聞者哀之

邢浩球居三十八都父歿廬墓三年及母歿浩球年踰六十矣復廬墓終制而歸手植松柏有鳩巢之李志

戚

化戊戌歲大饑嘗以粟五百石備賑叔友善亦以孝行爲邑令夏完所重新纂下同

邢順宗居太平鄉性孝母病割股代藥以療母愈鄉人稱之

錢善性居四十都廬父墓白鹿繞其廬馴擾不去李志下同

求尙粱居二十九都母病割股以療得愈

姚祖臯居晉溪父一章病羸家貧無以爲養割股肉和糜食之差愈卒以貧故不給越七日父子相繼死教諭王天和捐俸殯埋爲表其閭

袁璽居邑西隅爲諸生母病刲股父病又刲股並得愈

父爲讎寇所掠壐入寨晝夜哀號求以身代渠魁憫而釋之斬讎首以謝兄弟分財無嫡庶推美取薄怡怡如也

孝嘉鄉王舜周金庭鄉屠時伸並刲股救母

邢琥太平鄉人年甫十二母張忽遘疾倍切憂惶每夕籲天祈禱請以身代母愈乃懽早卒聞者莫不哀之

新纂

趙膽字克文居邑東隅同父五人膽年最幼綜理家政無鉅細皆身任之親疾衣不解帶形容枯槁見者爲之感動生平以濟人惠物爲心建祀置田以篤宗誼

卒年八十餘子瀛字惟登爲諸生父病廢寢食五越月時嚴寒終夜以身溫之嘗糞驗甘苦以爲憂喜居喪齋素三年仲兄失明瀛謹事之撫其子如已出課以書爲諸生蓋父子孝友一轍云李志下同

厲崢居邑西隅家貧棄書治生産以供菽水父亡足不入内室依母寢處者二十年母病封股以進母得愈萬歷丁亥歲大侵道殣相望崢煮粥賑之多所全活

周元齡字子遠居邑西隅少孤事大父母繼母以孝稱年十三補諸生家貧時以不能表揚繼母之節爲憾中年喪偶遂不復娶從父海門爲之傳

盧鳴玉字君式居邑東隅崇禎丙子亞魁公車北上中途念母輒返棹歸庚辰登進士時朝綱紊亂嘆曰國事至此吾有老親當灌園擷蔬爲甘旨計毋貽母憂也觀政歸省口占一聯曰試看朱紱方來日正是黃粱未熟時至邦江卒以不及面母爲恨

徐世英居附山谷明季時土寇爲害盜首有讎世英父者宵分率黨掠之去世英年十四見父被掠遽起尾之至西山四面陡絶入隘惟容一徑距世英居三十餘里盜所據以爲巢穴者也世英平日經其地熟知之徑入盜穴伏暗以窺盜縶世英父別室而與黨置

酒譁飲良久乃寂即求父所在解縛篝燈速父行曰去二十餘里出隘試回顧若此山火作兒且至可待而行若燈炬迤邐來則盜也可速避世英反盜所盜皆枕刀卧世英潛去其刃決之殊二十餘人縱火焚巢穴乃行父果待於隘口相將俱歸諸寇聞之皆錯愕無敢犯新纂下同

笪夢熊父汝舟舉賢良方正觀政刑曹出爲福州知府以抗直忤直指坐斬夢熊年十九聞父被逮徑詣闕撾登聞鼓聲父冤敕有司訊鞫鞭笞瀕死無異言有司論奏父得減死謫戍四川尋赦歸

國朝

尹巽字庚三如度之孫弱冠有文名順治甲午拔貢入北雍丁酉試北闈會父歿不及視含殮痛至則悲終身然矣庚子舉於鄉甲辰登進士分吏部事大母能迎求所嗜曲向所便而進之年八十餘病已革巽呼天號泣得復甦又數年卒人謂孝感奉寡母尤謹服食非親驗不進夜必侍寢始退晨起衣帶未結輙走訊安否以爲常家貲盡屬弟掌一飲一食未嘗私製也慷慨好義嘗迎養族之孤寡者其他完人妻女周人患難事更僕難數平居恂恂與物無忤及卒聞者

莫不哀之李志下同

錢守家居富順鄉時山寇肆橫掠其父任本兄守國去守家甫十二追隨六七里叩頭流血願以身代不聽至寨伏地哀號渠魁憫其孝義並得釋歸後四年病死遺腹生一子任本命名難孫痛其代已難也守國承父志善保護之人稱一門孝友

吳節十二者居始寧里事母孝家貧爲篙師積十五金將娶婦藏牀蓐中母老而瞽一日發蓐失之守義恐傷母心終不一言

竺王姐二十二都竺思聖義子也康熙庚戌三月虎患

思聖被嚙死從兄思文救之復死王姐號泣直前扼虎頸同溺水塘中乘間脫走負父屍歸力竭死

喻大基字九有恭咸繼子國學生考授州司馬職孝友敦行誼生父恭復臥病四年視湯藥不懈居喪足不入內閫事繼母尤謹康熙癸酉大旱糴粟給衣爲富家倡多所全活又出其餘以完人妻女掩人骸骨祠宇傾圮者葺之橋梁中輟者就之好義若不及邑令聞其賢皆禮重焉而大基終不以私事干謁人謂有古澹臺滅明風

胡長源居東隅父悅歲貢生母袁病瘋坐臥牀第長源

與妻孫氏晨夕扶持歷三十八年無懈容宗黨嘆曰諺云久病無孝子惜未見長源夫婦耳

裘燦永富鄉生員父允奇明郡庠生早逝母陳臥病十餘年燦日侍湯藥滌垢穢寒暑無間性好施與遇節義事尤必出力扶植族黨咸賴之

趙起龍居東隅父諸生復東目雙瞽母錢又病瘋起龍侍飲食起居者三十餘年子蘭如廉如恪承祖父孝友四代同居邑令王朝佐謂不滅鄭義門云

高紹寬克藩次子幼瞽母周病喘日夕倚牀審聽氣稍促輒憂形於色一日向婢索利刃刲股父斥止之泣

日兒本廢人使母病得愈死何足惜克藩卒湘鄉縣任紹寬南向號泣恨不得匍匐奔喪課子天祚必以義方

張厚望居秀異坊性醇謹幼孤鬻薪養母事必稟請而行飲食非親嘗不進夜寢視枕衾高卑厚薄然後退晨起衣不完結即趨候安否以爲常母病終身茹素求益母算鄉里重之

宋彥博字秉彝邑諸生康熙甲寅羣盜蠭起鄉人皆奔竄彥博守親柩不去或趣之行曰事死事生一也安有親柩在堂而舍之他之乎不聽癸酉大饑發粟賑

給有鄉人負逋見逼將鬻妻彥博爲之代償不問姓氏

汪宗琦字景韓歲貢生七歲喪父事母至孝篤志力學屢舉優行年五十六病劇惟以母節未　旌爲憾

鄭凝仁邑人時有虎患凝仁父傷於虎與弟製櫃斃虎二祭父墓嗣又獲虎三鄉人請傳其法獲虎二十餘患遂息邑人蔡涵爲之傳李府志下同

單啓爵居十七都祖老病噎啓爵侍湯藥不解帶疾甚割股以進嘗糞穢甜苦孫孔亮十三歲時父病劇割股進之父病良已惜早卒

錢均獻邑諸生乾隆二十二年里中饑發粟以賑父病刲股進之獲痊年五十四自知死期召親友沐浴更衣而卒

周克友性至孝年十二歲父病刲股以進即痊母病仍割股母病亦痊父母俱享長壽人皆稱孝感所致乎

生捨己資造南橋建義渡尤爲閭里所重

鄭光緒居長橋父惠政諸生於乾隆三十五年赴江西就蓮花廳同知德起任所教讀後陞山西潞安府旋丁憂回旂惠政相隨進京四十二年以後杳無信息四十六年光緒別母進京訪至德起家知父已病故

柩係在京開鋪之山西高錫西安葬錫西亦回本籍無從詰詢光縉呼籲無路奔訴九門提督英公廉准飭兵馬司劉天祥往指其處然寄柩甚夥猝難認識光縉嚙破無名指滴血認屍負骸歸里當時英公有本朝算一孝子之語給銀五兩以嘉其孝新纂下同

吳炳忠字大文光廷三子孝友淳篤嘗館百里外聞母病及晨而歸見勢沉重割股療之尋愈雍正二年拔貢考充覺羅教習乾隆丙辰中順天經魁教習期滿授廣東知縣未任卒

邢協紹字子成居太平鄉早孤事母盡孝母歿廬墓三

年學使李公表其門

鄭尙忠字一庵恩貢生居德政鄉性孝友品行端方臨財不苟善水墨葡萄興至即畫或挾金求輙拒之年七十餘居父喪廬墓三年不以老而減其哀焉

俞純玉前岡人刲股療親學政彭公給額奬之

吳啓駿字飛黃桂先長子幼多病酷嗜學侍母疾衣不解帶居喪過哀勸之讀乃稍解父病劇刲股不效詹無以治喪謀諸室人丁氏以奩貲所置田售用丁無難色教四弟俱成名尤喜奬勵後進從遊者衆其爲文摹古而得其神似然屢困塲屋竟以上舍終

王丐佚其名乾隆間遇歲侵貧母乞食得甘脆持以奉母母病死哭之甚哀亦死於母屍側里人憐而葬之立碣題曰孝子王丐之墓墓在太平鄉𪨊頭北上横山旁

史載筆邑武生父病劇刲股和藥以療尋愈工詩著寐餘詩草爲一時名公所賞

周絜字子偉居開元鄉年甫十四父病劇百藥無效默禱籲割股以療頓愈奉繼母尤盡子職郡守以孝行可宗奬之

周崇藩字介侯開元人父錫臣行方德劭適遘疾垂危

自謂死生有命藩旁皇莫措默禱於神刲股作羹療之後其妻徐氏因夫疾亦割股作糜時爲之諺云子因父疾剜其肉妻爲夫危肉作羹

周子倫字建彝邑諸生性好學緣寡母煢煢獨居不忍離左右遂絕意進取奉養終身雅愛吟咏有鳴巷集行世邑侯以節孝流芳表之

陳凝遇居積善鄉父病劇延醫調治時七月秋汛暴漲遇因父病垂危情急心忙不顧風狂水大過溪失足殞命見者莫不哀之邑令陳公聞其事以宗族稱孝表其門

史在文父宗輝紹協右營守備卒於任所在文晝夜悲泣吐血斗餘卒

袁德福幼失恃事父極孝次子廷奎亦篤於至性父患咯血在牀蓐十餘年嘗穢以驗吉凶刲股以療不令家人知嘉慶間學使周公兆基以孝友延年額表之

張基雲字龍噓歲貢生月鹿次子也幼聰穎善屬文與兄基臺著名於時執親喪哀毀骨立廬墓三年教諭李增贈詩云守墓空山曲麻衣血淚新賤貧親不棄生死鬼爲鄰澗水流終夜巖花閉早春禮經時一讀哀感路旁人

錢翰字宗周居長樂鄉昆季四翰居長秉性淳厚母病奉侍湯藥歷久不怠勢垂危割股療之時年甫十七人謂其至性天成云

過芝時佳厚仁莊事親孝道光元年春日同父永潤往省祖墓至新石溪洪水暴漲父失足墮水芝時奮不顧身投水抱父將近岸被激浪衝散迴身再抱如是者三遂俱淹死邑令李景韓以事類曹江額獎之

裘邦才事繼母孝母卒廬墓三年邑令李光時給額獎之徐正緒亦事繼母孝母卒廬墓三年邑令陸玉書給額獎之葉大邦父病刲股及歿廬墓終身邑令李

式圖給額奬之

王克銳居上王莊母病刲股年饑出粟以賑

錢鳳苞原名飛字芳梧居長樂鄉邑諸生有聲士林母病刲股療治性尤慷慨佽助交遊周恤貧乏輒以尚義樂施爲時所重

宋

吳孜仕監簿居三界里嘗從胡安定學嘉祐治平間會郡謀建學孜卽捨宅爲基今學中祀孜祠存焉初學成太守張伯玉至以便服坐堂上孜鳴鼓行學規伯玉欣然受其罰王十朋題其祠云右軍宅化空王寺

秘監家爲羽士宮惟有先生舊池館春風長在杏壇中李志郡志作會稽人會稽鄉賢祠祀之今仍舊邑志載入至題其祠作贈以詩則時代不同拾宅作捐地則詩旨不合今從郡志改正

王愷字舜臣衢州刺史瑀之子也禀性端雅少承家學及長往從朱子游學益進又樂善不倦嘗建書塾於龍山半顏曰心傳塾置講堂名曰凝道以課族人并四方有志於學而貧者置田三百畝以贍之新纂

姚景崇字唐英晉溪人開慶中建義塾一區延師設教英俊多遊其門張志

竺昇原名訓幼穎悟師事呂忠穆呂授以易理淵源既

而宋鼎革遂絕意仕進顏其居曰東山樵屋同里張熻三歲失怙昇鞠之如子及長析產授之熻之學亦多本於昇云昇少時嘗隨父較獵父見二雉引諸雛伏山陬將射之昇諫曰殺其母如羣雛何其仁慈蓋天性也新纂下同

竺天祐昇之子大德十一年歲饑天祐發粟賑給近鄉皆賴以生邑令宋公上其事詔賜冠帶

元

應原達慷慨倜方略元季盜起郡邑不設防禦村落屠掠烟火闃然原達散粟募壯士出奇襲擊寇爲之卻

事聞授義兵萬戶明洪武初追叙保障功擬加職引年歸李志

張賓暘元至正間奉母避亂以孝聞洪武時元舊臣顧碩在逃賓暘匿之凡十年家人有不知者戊寅大赦顧始歸有北賈貲於賓暘北賈病賓暘以金還之而賈已死無妻子乃爲營葬納餘金於壙中新纂下同

竺盛元末台寇擾嵊盛集義兵捍衛分省李平章鎮紹興以便宜辟爲盟威將軍鎮守台寧適歲饑盛爲請免租賦洪武初改授福州府同知

明

竺𤪍孝嘉鄉人性孝友其家祖父同居已四世一門二百指尸大役頻𤪍綜其事從兄璟以罪被繫𤪍念從父僅一子吾有兄弟三吾又有子當以身代走白於官言犯律者我非兄也官乃繫𤪍而釋璟𤪍竟死獄中史官宋元僖爲之傳萬歷志

張秉玉居富順鄉性孝友明初著令吏侵公者戍秉玉弟拳以他人事連坐逮至京秉玉隨之行叩闕白弟冤而拳不勝煆鍊自引伏坐秉玉誣告罪并繫獄遘疾上疏自咎竟死獄中李志下同

鄭敏行倜儻好義西隅張錢氏夫亡守志子仁貧不能

娶敏行重其節妻以長女妙安給之房產越數年兵亂妙安被掠不辱死仁念婦貞不忍再娶敏行曰不娶義也但無子如母氏苦節何復以幼女妙寧妻之給奩田百畝妙寧歸仁生子玻中永樂戊子鄉榜官長沙府教授

鄭思信居東隅樂善好施永樂己丑大侵捐穀二千石以賑邑人重其義屢薦賓筵

尹孟倫居東隅與弟孟遠皆慷慨好施永樂壬寅癸卯歲連歉出粟賑濟不下千石

鄭思敬號菑耕居德政鄉尚義好施宣德八年夏澇傷

稼民多逋賦思敬出米數百斛代輸之正統五年朝廷籌備荒策思敬又出穀數百石以實義倉值東作時躬親勸課或借給耔種修築陂塘以資灌溉鄉人德之子欽字璞庵性至孝父病疽親爲之吮既葬必晨赴拜墓往還二十里許不爲風雨所阻母陳性嚴毅事之惟謹歲饑米價騰湧欽與兄鐔弟鍔各出穀萬餘斛減價而糶全活無算里人名其居曰遺德堂新纂下同

魏季先字懋質居籃節鄉性好施與先世從自上虞故遇虞嵊兩邑災荒一體賙恤正統庚申上虞旱澇輸

粟四百斛賑饑邑宰李景華作文贈之家有慕親集義耕隱等室族人蕭山文靖公驥贊曰孝聞於家善聞於世餓殍貧乏之均沾其惠其氣浩然無忝集義積德彌長慶垂後裔

馬德忠居節孝鄉正統壬戌歲大侵出粟一千三百石備賑有司以聞詔旌義民李志下同

吳偉字伯奇居棠溪正統時出粟餉邊詔封義宰

邢浩琮居太平鄉正統時與弟浩琓浩環出粟餉邊詔賜八品冠帶新纂

應溫遠居二十四都正統間郡守白玉至嵊視學令闢

櫺星門外地地故溫遠產邑令孟文禮致之予值請售溫遠謀於兄弟辭弗受凡袤二十有七丈廣十八丈從子尹孫旭遂爲諸生成化初邑令李春敎諭戴委復議增闢三十四都僂秉直與弟克剛捐地若干丈郡守戴琥高其義命識之明年縣丞方玘更闢學門外地二十三都裘守良守儉二十九都裘彥功同捐地若干丈至今須胙焉李志

張佩居清化鄉性慷慨見義必爲宏治初捐地廣學宮大成殿至今春秋致祭猶須胙焉新纂下同

錢照字光顯邑諸生居瓊田里性好施與宏治六年歲

大饑朝廷詔募賑濟授冠帶有差照傾囷輸粟爲一邑倡邑令以其事上聞冠帶榮之

周用彰字邦達居西隅元提舉承祖之孫家富饒爲人和厚好善率長子澤榮輩施藥賑粥夏則飲人以茶冬則濟人以渡爲萬石長無絲毫苟取兄戍卒以產授其子鄉里義之年七十餘卒子孫若山等多登科第李志

邢浩璇宏治癸未歲大侵道殣相望出粟五百石賑饑全活甚衆新纂

張堅居東隅好義疏財能爲鄉里解紛有求必應不責

其償橋梁道路多堅刱修而未嘗居名子政景泰四年鄉榜官中書舍人贈堅如其官李志

周克恭用彰之孫支永昇四十八都人裘廡裘江十六二十九都人並於天順丁丑歲饑捐賑各出粟數百石鄉里德之張志

王文高字斯浩居華堂里事母石氏孝嘗建家塾捐田百畝以課子姓至恤貧除道修橋惠在鄉里裔孫皆能繼其志按文高孝子瓊子李志下同

周昺克恭之子邑諸生性嗜義父所遺產悉讓兄弟撫從孫敎之成立嘗爲人白冤得釋其人持金謝昺郤

之日母以是汚我其耿介又如此

王春字陽仲文高之孫家素封景泰天順閒連年歲侵設粥濟困成化四年又大旱納米三百石助賑郡邑上其事詔給七品冠帶凡修道路葺祠堂建橋梁善舉尤多新纂

夏叔恢天順中飲越中酒肆時旁坐客被酒忘其囊去恢獲囊則纍纍白鏹也疾追弗及明日候之失金者號哭來遂挈以畀後夢老人與以子遂生雷領鄉薦官羅田縣知縣李志下同

周銳字伯頴居開元鄉性好善構亭施茶捐貲置祀產

宗人義之成化間歲歉出粟以賑有詔出粟四百石者給七品服銳辭不受

王瓏字熙仲暄之從弟宏治五年水嚙南城合城舉瓏監督修理圩岸克襄厥成癸亥己卯歲大侵瓏發粟賑給并勸各鄉有餘者共賑之全活無算

胡淮字宗豫居邑東隅正德初爲諸生與其友鄭軫同試貢淮得中式憐軫衰貧竟讓之後二年後舉貢任光州訓導遷武昌教諭乞休歸結廬金波山所著有歸田錄坦庵錄

尹艮臣居邑東隅富而好義施棺以千計嘉靖間邑令

吳三畏築城捍寇遴艮臣掌其籍綜核出納稽察工程無毫髮偏徇不足則捐貲佐之子如度任邳州倅好義一如父初艮臣以吳令築城功建祠望越門內置田三十三畝零春秋祀之後爲守祠者私售去如度出而理復又益田五畝人稱能繼志云

鄭廷貴居東隅嘉靖間捐銀數百助築城垣又輸粟備賑知縣吳三畏嘉其義爲免一門夫役

周河用彰裔孫多隱德有少婦失衣飾懼姑責偕夫將自盡河曲爲周全婦感甚潛至河居謝河正色遣去嘗拾遺金還其人後以孫汝登貴贈光祿寺卿

王謙文高之後性好施置義田延師課族人書又建庵於陳公嶺北之上塢以憩息行旅捐田三十畝施茶召僧掌其事而事母尤以孝聞

王誕字洪夫文高之後性孝友色養無怠遠祖塚湮沒者六代尋訪其所葺亭置祭爲貞祖母石大姑建專祠好文墨有十樂歌傳於後卒年七十考終張志

吳世輝字藴之居崇信鄉居平誠謹與人處皆以古道相期一時稱爲長者隆慶間貢生授寶應訓導遷沛縣教諭課士有方爲撫按所重以引年歸定宗祀祭規人稱能追遠焉李志下同

王尚德字惟本誕之子讀書洞名理居恒以做八難自勵善體先志撫弟妹最篤金庭觀右軍祠舊有祀田爲有力者勒充兵餉命子應昌別置田四十畝還觀中其他建毓秀亭砌陳公嶺築水口堤凡可利民無不舉行以子應昌貴封奉直大夫定番州知州年七十六卒著有詩文及做八難詞祀鄉賢

王尚恩字惟庸諸生居華堂里力學砥行妻死不再娶遺一女適俞壻死女守志不他適依居父家益貧困嘗作久雪詩曰鄰家幾問爐烟寂過客誰憐足跡希徧地瓊瑤難療腹此心良不愧夷齊從弟尚忠亦妻

死不娶族子應昌置田並祀之
周夢神字繼存居邑西隅弱冠補諸生試輒高等貢入
大廷以繼母病不赴及歿廬墓三年嘗捐貲治祖塋
建宗祠開鑿道門造西橋并周郵無告者年八十餘
日手一編不輟督學使者循例給冠帶卒祀鄉賢子
應昌父喪廬墓應昌子有覲刲股療父世有孝行邑
令表其門
姜世用居江田里萬歷戊子己丑歲連侵先後發粟賑
有貸而不能償者即焚其券又嘗捐貲葺南橋邑令
文典章表其尚義

周亮起字汝瑞居四十二都母夢彩鳳自雲而下遂名雲鳳少遊成均交結多海內名士以思親歸事父及繼母最孝邮貧賑災不遺餘力甬東楊太史守勤贈詩曰春因有腳三江暖風可披襟萬物甦可想其生平矣年七十三彌留時有氣如雲繞室不散者久之

袁日曜字子光性孝友家兄謁選北上次兄爲諸生事舉子業父病羸事無巨細日曜身任之未嘗言勞家兄歿檢遺笥得白鏹數百一戚在旁曰幸無他人顧與均分之日曜艴然曰吾敢欺天欺兄以自欺乎立呼兄妾轉授兄家媳未幾以胠篋告日曜別營金治

喪終不一言從子祖軻饒家財無子及卒族人析所

有日曜獨弗往父積百金交存日曜無一人知者父

歿出示子姪紙半蠹蝕而墨跡依然人以爲難海門

周先生銘其柱曰至心克念雙親孝徵垂老勁節堪

風一邑義顯臨財有司以齒德聞詔賜冠帶歲給粟

帛年八十七能預道死期云

周昊字源廣佳之弟年甫十四家被盜懼室人不免給

賊曰汝所欲者金銀耳隨我至藏所可也同至普惠

寺前山坑間無所得遂遇害族人哀之更名寒亭坑

新纂下同

周敬範字大章居開元鄉性耿介一日紹隆庵拾遺金數十守以待其人泣至曰貸以償官悞遺於禱佛時也遽還之又有曹姓者遺金肆前忘其處呼而反之

周獻成字信華佳七世孫通經術體魁梧力舉千鈞訪勝至鎮海閱操總兵吳公奇其狀貌詢之應對不凡試技勇合營傾服吳欲授以職以親老辭親歿廬墓三年

尹如環字無端居邑東隅讀書有志操早歲喪偶不再娶種花蓄魚逍遥自足年九十一李志下同

喻安情字和卿思化次子貢生師事海門周子崇尚儉

約處貴介淡然布素也初艱嗣聘張氏爲妾訂及笄迎娶適妻生一子遂遣媒謝兄安性任𠜂遼總制安情偕之行邊將持金爲壽屏不受居恒絕足公庭所著有自修篇

裘紹烓字可全居崇仁里倜儻有才以親老不肯遠出朝夕事之甚謹居喪哀毁骨立鄉黨稱孝性好義能周人緩急嘗適市有失金者號泣不欲生紹烓傾囊贈之相德榮以貧鬻妻李楊保以逋鬻子並爲完聚次子組舉崇禎庚子鄉榜官壽州知州人謂積德之報

尹立相良臣孫也世有懿行立相能繩祖武好善不倦完人妻女周人貧乏所交遊皆名士延師課子備極尊崇二子長志烶崇禎癸酉順天舉人（李志云見鄉賢今按諸志並無傳）次志燧字仲明鄉貢士貧而勵行課子弟書不計束修有羈旅不能還者必資其行李辛巳歲饑貸富家金賑矢子名於券以示無負其好義如此

尹志和邑諸生如志孫也如志好施與萬歷丁巳巡按使者獎之志和承祖志能嘉惠鄉里崇禎丙子歲大祲眞母出金三百賑辛巳又祲復出粟賑邑令劉永祚鄧藩錫兩申上官表其門舉鄉賓年八十餘卒

童有成字化徵慷慨有大度歲歉出粟賑饑會山寇竊發郡邑堅壁自固漸至延蔓有成集鄉人扼險守禦東鄙藉以無恐而隣邑借是陷之提繫省獄事白而產罄矣有成終無愠色

葉乾元上崗樵夫年四十不娶不葷酒得錢輒以散人崇禎丙子越郡大饑郡守爲粥食饑者乾元日給柴數束供炊辛巳嵊復饑役於縣如初令曰善人也名曰長善獎以金不受乃表其廬曰方古義俠

吳曰正居棠溪村崇禎辛巳歲大祲曰正首倡賑濟質產以活其鄉人於是各鄉聞風興起多所全活

袁祖禮字恒初居邑西隅孝友義俠爲時推重析產盡以腴田讓兄而自取瘠薄者施令建南橋鄧令建明倫堂水火神祠先後捐輸不下數百金復葺學宮兩廡構義渡庵崇禎丙子辛巳饑饉頻仍繼以疾疫祖禮發粟製櫬賑卹而殯埋之南橋圯歲設徒杠以濟終其身

袁有瑞字文呈祖禮從子也邑諸生家世好義有瑞稟庭訓能任卹其鄉里有負逋訟者必爲解紛至鬻田代償弗惜坐是家亦屢空卜居逵溪躬耕自給恬如也與人言皆孝友所著有課兒百咏

邢明俊居太平里幼孤借母力作以養三弟一妹及長爲之婚配家漸饒有餘輒以周貧乏暮年析產悉出所有分給三弟弟曰此長兄勤苦所致請以半歸兄我三人分其半足矣固讓不已母命均析乃從之弟明橋明侶明佐也

高希貞居南渡楫子也年二十爲邑諸生父病不離左右者三年居喪盡禮崇禎丙子歲饑煮粥賑恤里有解糧者竊三百金遁邑令追捕舉家號哭不欲生希貞鬻產代償以全活之性恬淡不樂仕進課子讀書以詩酒自娛卒年八十餘

朱家宋字石帆居邑東隅奉繼母至孝事長兄如父疾篤躬親湯藥歷久不懈家故貧嘗賑粥施藥鄉里重之順治初舉鄉賓

胡繼周字二懷居邑東隅爲諸生事繼母孝撫孤姪如已子督學按臨會姪病劇促之赴試不聽弟病瘋扶掖七年所需藥餌無不具鬻產葬三世之未葬者繼周故大司馬喻安性甥也安性歷官四十年無所干謁邑令屢舉優行惜病瘵卒

周鏜字伯震居開元鄉昆季五鏜最長侍父疾不解帶不飲酒母或色不怡輒跪解之母素鍾愛季弟問鏜

析居事時母有拜經樓最高聳四野在望答曰凡樓上望見者悉與幼弟母曰果如此願汝子孫千億今後嗣蕃衍半於一族人咸以爲孝感所致云新纂下同

周憲字思綱居開元鄉父病割股及殁廬墓建庵曰白雲以寄思親之意生平慷慨好施人咸德之

周盛榮字文茂居開元鄉性好義知無不爲母病篤割股和藥療之及卒哀毀踰禮邑令方公以額表其門

周心聰字穎生居開元鄉父病垂危藥餌罔效默禱割股以進尋愈常周人之急閭里稱爲長者邑令焦公詳請學憲獎之

國朝

鄭燮字居德政鄉幼習經史比長有勇藝以里中屢遭寇掠遂棄舉子業爲禦難計順治五年山寇王桓勳竊發餘黨由虞犯境鄭氏宗祠被焚燮字園練鄉勇追賊至葡萄嶺遇害衆皆傷之爲歸葬先塋道光二年上其事學使杜公堮以義烈堪師額獎之新纂按燮字之死與爲國捐軀者有别然爲宗祠被焚起見孝也保護一方義也故入孝義

尹膺晉字君賢如度子補諸生慷慨好施與弟膺肇無子日夕焚香告天願減己子與弟弟遺一女巳字人貧不能娶或勸另擇門楣膺晉不可治粧奩嫁之並

贈以田子巽登進士李志下同

葉朝忠字鳴珩居五都家素封父某歲發粟製衣以給貧乏者十餘年朝忠遵行不倦戊午援例入貢敎諭遂昌

葉朝諫朝忠弟字君極號行齋性孝友遵父兄敎散財周貧乏庚子由諸生援例入貢知施秉縣丁外艱服闋補樂會縣安緝兵民頌聲載道卒於官百姓偹之有扶柩歸者予起葵邑諸生

尹萃禎字上升居東隅逢吉子也母劉孕時持齋虔禱冀得賢嗣故萃禎墜地聞葷腥輒嘔弱冠成諸生貢

入太學兩試北闈不售遂歸養親生平跬步皆有繩度扶危周急未嘗有德色北鄉楊維谷爲賊誣陷不能自白將鬻妻完贓萃禎聞立賫銀完聚之其好義類如此

史孝本字仁之居昇平鄉侍父疾至久不怠減女乳以乳幼弟及長爲之婚配分給己產伯某嘗失藏金意孝本得之遂來索償孝本即如數以予及伯得原金持還不受知縣張逢歡舉鄉飲賓表曰八行遺風

宋大猷字君亮居西隅邑諸生崇祀孝義季弟君維早世弟婦沈年少遺孤甫在襁褓大猷周卹撫護之以

全其節康熙癸酉歲饑糴粟煮賑又完錢敬岐袁汝忠夫婦其他修宗祠輯家譜造橋梁尤多義舉云

周履順字自吉居東隅邑諸生與前母兄履泰友愛父歿母秉家政盡畀以祖遺玩好母歿悉出與兄聽均分或教之營私履順曰兄弟一本即己物亦當共之況祖遺乎人嘆爲難及

尹遠望字渭佐萃禎子博學工書法幼失怙恃育於祖母劉遠望事之甚孝家素封與弟遠服至老不析居亦無間言性好施康熙癸酉歲大饑蠲租賑郵爲一邑倡辛丑又饑有棄女郊外者遠望襁抱歸乳哺甚

殁及病篤謂弟遠服曰此女不知姓氏吾憫而撫護之今不及爲之相攸矣幸善視焉遠服承兄志爲擇壻章文煥厚奩資以嫁兄弟敦尚古處得祖父家法云

劉大城字維宗監生康熙甲戌歲歉鬻田三十畝糴穀以賑邑人義之

馬驊字南章居孝節鄉武學生性孝友嘗捐田五十畝供宗祠祀事宗黨戚里有貧不能婚娶者多周卹之康熙壬寅歲侵鬻田百畝易粟千石以賑知縣宋斆申請疏題　賜八品冠帶雍正甲辰歲旱復倡捐煮

粥以賑多所全活知縣王以曜申請疏題准入孝義
祠
唐朝法字禹仲居筮節鄉上唐莊康熙庚子辛丑連歲
大歉盡出其積粟設廠煮粥至鬻產以濟之命長子
諸生汾督其事全活甚衆邑令宋敦以行義可嘉額
奬之其季子士信亦勇於爲義七十誕辰手焚所質
田屋各契數百金遠近稱之新纂下同
王永華蘆田人科道次子與兄永祚弟永祥同居康熙
甲寅寇盜四起募民兵三丁役一永祥宜往華奮然
曰弟雖壯無子不可往吾有後矣死可也遂行冠平

歸

裘光選字步青居崇仁鄉康熙庚子壬寅歲饑出穀百石以賑知縣宋斆表其門曰守約施仁李志下同

趙起鯤字雲大恩貢生居東隅精研經史一時知名之士多出其門尤好獎掖後進工草書游屐所至必有留題生平敦尚實行篤於風義一介未嘗妄取一夕夢整書籍赴會城越日卽卒年六十一

趙宏緒字遠宗居邑東隅以諸生援例入貢工詩畫尚氣節僑寓山陰有蕭山某被殺其叔爲之報讎刺人死者叔姪爭赴官投認四府獄中宏緒聞其義爲質

衣供食用及案定發配又周以資斧實未嘗有半面之識也雍正七年銓授湖廣茶陵州吏目有政聲以丁祖母憂歸服闋補陝西邠州吏目二載卒於官

周祖發字聖裔增廣生居東隅性孝友恒以義方訓子若孫學師邵聲遠器重之年八十二邑令宋數舉賓筵

張統字一揆父灝老病統親奉湯藥十年不倦族內貧乏之恒給米粥棺木置義田十畝以贍族其子孫遵行三世新纂

魏邦德樂善不倦以忠厚世其家郡守旌之李府志下同

應佩綱字景韜建名宦祠捐科舉田造永濟橋築萬金隄修剡水鄉塾助成桂巖義田郡守興公給額以旌

馬宗倌字益齋乾隆十六年合邑大歉發粟設廠遠賑以米近賑以粥全活無算　詔賜議敘貢生新纂下同

周貴玫字起元居開元鄉慷慨仗義乾隆間捐造鄉賢祠及城隍廟頭門十六七兩年歲饑傾囷賑濟存活無算藩憲富公給額任卹可風

裘克配字佩錫宋十九世同居裘承詢後裔也居崇仁鄉弱冠補弟子員旋補明經性孝友隨父炳應試僑寓蠡城會父病侍藥衣不解帶者匝月與昆季析產

推肥擇瘠尤好施與乾隆辛未乙亥嵊大侵皆輸粟以賑全活甚衆　聖廟傾圮督修終事嵊向設社倉豐斂饑散以濟貧民歷掌數十年有盈無絀一鄉賴之他如施義櫬置義塚捐義田美舉不可殫述治家嚴肅親見七代五世同堂年八十九歲卒子五健坎民巽坤敦孝友睦宗族男婦二千指合爨同居恩誼無間臬憲秦瀛給額古剡義門人謂其克守義門家法云

錢永頌貢生居長樂鄉乾隆十七年疫大作施捨棺木得免暴露十九二十連年歲侵邑令戴公勸賑慨捐

爲一方倡實公倡修黌序獨任修造泮池泮橋蓋樂

善不倦云

王桓凝字立如居東林賦性淳樸見善必爲每遇歲侵

盡力捐賑村中貧無以葬者爲置櫘備殮費又以朱

塢山當縣東孔道建茶亭庵一區捐田三十餘畝爲

煮茶費卒年一百有一子世清附貢生好施與有父

風於村左崇福庵前建亭置田以爲施茶憩息之所

人謂善人有後云

張榮祐平生好善樂施乾隆十六年歲旱捐貲以置義

倉助賑以濟饑民

張仁標剛方自矢事親克謹待諸季最友愛人有負欠者詢其困苦即爲焚券復周邺之乾隆丙子歲旱出粟周窮乏李府志

張克昌字繼文居上林富而好義母魏青年矢志克昌屢欲爲母請　旌母泣曰爾祖母守志撫孤以年逾三十例不得　旌我何忍獨膺殊典克昌爲祖母請學使匾而爲其母請　旌每冬月賫銀錢行風雪中給貧困終其身無怠志有借貸者不索償晚耽禪悅自號淨業居士高僧恒傳自天台來居四明之巔樓巖而廬克昌爲捐葺石屋禪院有第一樓洗心亭芙

蓉峯諸勝爲剡中名刹之冠江左名士如袁太史枚王孝廉鼎皆造廬訪焉子星毓孫會邑會晟能世濟其善云新纂下同

裘紹容字純美附貢生居崇仁鄉敦崇古道守正不阿性尤好施乾隆丙子歲歉施米賑濟全活多人邑令寶忻給匾任卹可風

魏鏞字樂山居官地崇樸厚重然諾邑中義舉無勿力爲之倡族里貧乏之者婚喪皆身任之創建宗祠捐置田畝每遇歲荒施米賑濟終身不倦晚年立志捐建村外石橋事將成以老病未果屬其子兩沾成之卒

年七十有五孫敦廉道光癸未成進士人謂積善之
報
喻大中字位天明孝子祿孫後捐職州同敦孝友父嘗
患腴洩卧床三載大中朝夕不離左右事之惟謹及
父殁喪葬盡禮與兄同爨二十餘年友愛倍摯慷慨
好施乾隆己酉捐金重建大成殿外兩廡及戟門又
舊有孝義祠歲久圮獨任改建於學署之西邑令郭
文誌有記丙辰復於明倫堂後重建尊經閣郡守高
公三畏記之邑中諸生或艱於鄉會兩試大中倡捐
田二十餘畝自是邑人慕義踵捐寒畯無虞支絀甲

寅歲大侵捐米倡賑各鄉做之計口分給全活無算嘉慶丙辰舉孝廉方正辭不就學使阮公嘉其行誼給品重儒林額壬戌歲又歉捐米賑給中丞阮公復書誼敦任卹額獎之

錢豪貢生居長樂鄉捐科舉田施棺枋立義塚修永濟橋郡守李公給額旌之

劉純字粹生居太平鄉少孤貧力田奉母而壹志於學每旦必袖書以出且耕且讀晚則篝燈攻苦恒徹夜不寐有疑義則就質於兄與遂淹貫經史再試而餼於庠母病割股以救及歿朝夕至墓瞻拜輒飲泣嗚

嗚終制不飲酒茹葷生平見義必爲尤好奬借後進以振興人文爲已任嘗闢剡山書院暨錦水義塾又僉秋試諸生往往窘於資斧中輟純擔簦裹糧衝寒冒暑向各殷戶捐科舉田二百餘畝贍之由是士益奮於學掇巍科登上第者相繼不絕性端嚴動履一遵矩矱邑中膏粱子弟多從之遊謹謹不敢踰禮遠近皆敬憚之年六十八以明經終

張貴琦居清化鄉性好施樂善不倦里人有以貧鬻妻者券已成貴琦力爲調護質金完合之

張仲孝嚴正不阿慷慨樂施乾隆辛未丙子兩次捐粟

助賑疫者給藥死者給轊又捐科舉田立義塚人咸仰其德焉

張仲賢居積善鄉國學生品行端方家僅中人產然約已穡用積有餘貲慨施棺木每逢歲侵煮粥賑饑全活甚衆凡義舉至老不倦年八十卒

錢珍字拭齋居長樂鄉附貢生富而好義凡公舉無不慨輸建點石庵前爲路廊以憩行旅置田十餘畝爲烹茶之費又獨建雙谿橋費不下萬金子附貢生釗善繼志而成之

又金字茂芬附貢生居四十八都支鑑路毋早卒父病

與兄茂本侍湯藥衣不解帶及卒哀毀骨立幾不欲生事繼母能盡其力承父志於櫺星門右建屋五十四楹前爲考棚後作書院又恐久而廢圮復捐田二十畝以備修葺其他建宗祠置祭產倡捐鄉會路費田凡諸義舉知無不爲嘉慶丙辰舉孝廉方正辭不就

張暐原名深金字友奎附貢生居清化鄉事祖母陳盡孝族子有方睟而失怙恃者收養之長爲之婚析屋以居授田五畝俾爲生後無子又爲置妾以延宗祀歲饑同竺夏若張源佑捐粟賑濟居恒待以舉火者

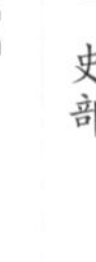

十餘家子貢生謨能繼父志云

俞変孝居遊謝鄉素好義創祠修塗不下八九百金嘗於稠木嶺下建鎮西橋又欲於虞邑石闊庄與棟樹下庄之間立石洞橋未及建而賫志以殁妻王氏善承夫志慨捐一千餘金諏日鳩工建石橋七洞八咸利之嘉慶庚辰王氏又捐金八百續成之子球孫九畹皆邑諸生

吳肇奎字國賢居棠溪貞實無僞儉而好施尤愛客家有小圃徧蒔花木春夏之交賓朋晏集無虛日村之左有桃花渡水勢迅激行人病涉舊雖有船而費苦

不支國賢復與從姪宗傳各捐田十五畝又建延陵家塾一所并撥田畝以備膏火年稍歉輒免佃戶租每念寒士登賢書北上費繁難於摒擋思所以助之未果而病臨終囑妻代成其志卒年七十有七妻王氏捐田貳百畝爲會試費雖從夫命亦慷慨好義者也郡守聶銑敏給慈雲載路額獎之

竺夏若字禹範例貢生居清化鄉父國元力農起家備嘗艱苦自奉儉約然樂以餘資賑饑益質直好義人也夏若爲國元幼子能繼父志勇於從義歲饑先後捐賑尤篤於宗黨念六世祖以下諸孫戶口繁而多

貧周之難繼立義田三十餘畝每歲收其入以給手書義田記勒諸石欲滿百畝之數有志未竟而卒屬其子監生以清庠生鳳臺成之

錢萬國居長樂鄉國學生勤儉持家積有中人貲輕財重義凡創立祖廟增置祀產捐助茶田橋亭以及族中艱嗣續者則欲之鄰里被回祿者則周之固已贍炙人口然猶恐久而倦也乃別置婚娶幼學入泮等田若干畝爲久遠計其周恤宗親敦崇古誼有足風者邑令田公給額奬之子世賢世慶均克承父志云

邢羣岳字齊五孝事繼母與弟析產悉讓弟已食貧後

弟不給恒賙䘏之嘗夜獲賊視之族某也愀然以爲

己過畀以數金囑家人不言某亦以此改行

錢煒字芳楷居長樂鄉國學生淳謹老成足不履公庭

嘗慨施棺木周恤貧乏凡捐賑義舉知無不爲邑令

陸公嘉其行詳給尚義樂施額奬之

補遺

姚希唐字德欽號春野從錢緒山王龍溪兩先生遊父

病亟醫禱弗效親爲嘗溲歿則致哀而愼于禮服闋

以例補禮部儒士歸則奉母甚歡丙寅秋謁選得崇

明縣簿迎養其母辛未循例入都聞母疾遂陳乞終

養不待報而歸當事重其才檄三召竟三辭不起設一榻于母側朝夕伺起居察寒燠唯諾勿暫離母疾躬調湯藥中庭露禱願滅已年益母壽母卒無恙後母得目疾至失明希唐仰天號泣者月餘淚盡枯而母眼復明奉養二十餘年母以壽終而希唐年亦七十矣擗踊哀慕猶孺子容櫬在殯苦塊其旁一夕東隣火抱櫬而啼頃之風返火滅卒年七十九張以誠誌其墓 獻徵錄

丁珣字允鍾居東隅在庠有聲性好施與康熙己丑歲大旱邑令任儀京議賑首爲倡捐庚子饑邑令宋數

設賑倡捐如初餘義舉皆知無不爲倫紀間尤有至性母病婦尹氏刲股以療婦旋卒子僅三歲感其義終身不復娶山陰沈冰壺爲作傳新纂下同

周潮初居開元鄉性孝友事繼母能得其歡家僅中人產父所遺業悉讓諸弟而以奩貲自給年三十喪偶不再娶人多其尚義云

周忠璧字連城居開元鄉輕財好施康熙間兩次遇饑出粟數百石以賑全活甚衆邑令宋斆重其人兩請賓筵不就贈有德臻純嘏之額

嵊縣志卷九

隱逸

左太冲招隱士范蔚宗傳逸民古之達者潛蹤高蹈豈必親魚鳥樂山林哉亦介性所至而已剡邑溪山深邃考槃歌嘯代有碩人非所稱含眞養素者耶觀其遺情纓冕鵠舉鴻冥遯蹟江湖藏名巖石難進易退之風洵足廉頑立懦已志隱逸

南北朝

戴勃字長雲安道子也爲散騎常侍與顒並高蹈俗外三葉肥遯世稱清風家盈素氣故使箕潁重輝夷皓

疊跡爲海內所稱焉前後辟命不就剡錄案宋史南史並作勃舊志作敦剡錄作教

戴顒字仲若譙郡銍人父逵兄勃並隱遯有高名顒十六遭父憂幾于毀滅因抱羸疾會稽剡縣多名山故世居剡下顒及兄勃並受琴于父父沒所傳之聲不忍復彈各造新弄勃制五部顒制十五部顒又制長弄一部桐廬多名山兄弟復共遊之又出居吳下吳下士人共爲築室聚石引水植林少時繁密有若自然乃述莊周大旨著逍遙論禮記中庸篇宋元嘉中徵不就衡陽王義季鎮京口長史張邵迎顒止黃鵠

山山北竹林精舍林澗甚美義季亟從之遊文齋每欲見之謂張敷曰吾東巡之日當宴戴公山下也以其好音給正聲伎一部嘗爲義季鼓琴並新聲變曲其三調游弦廣陵止息之流皆與世異南史　宋書漢世始有佛像形制未工逵特善其事顒亦參焉宋世子鑄丈六銅象于瓦官寺既成面恨瘦工人不能治迎顒看之顒曰非面瘦乃臂胛肥耶卒年六十四無子景陽山成顒已亡矣上歎曰恨不使戴顒觀之祀鄉賢

阮萬齡祖裕左光祿大夫自陳留尉氏徙剡父寧黃門侍郎萬齡少知名頗有素情永初末自侍中解職歸謝靈運稱其辭事就閑纂戎先業浙河之外棲遲山澤如斯而已既遠同義唐亦激貪厲競元嘉戊子卒

年七十三（李志下同）

宋

吳大有字有大寶祐間入太學升上舍居賓序以詞賦有聲率諸生上書極言賈似道誤國害民狀不報遂退居林泉與林昉仇遠白珽等六七人詩酒相娛時以比竹林七賢宋亡返剡更名嵊號松存元初辟爲國子檢閱不赴泰定間脫帖穆耳以上千戶所達魯花赤分鎮於越攝萬戶府事與大有善大有嘗言得附葬于二戴死不恨矣及卒耳輟俸爲葬于書院之側年八十四著有雪後清音飯牛茗味歸來幽莊等

若干卷松下偶抄三卷先是大有之友費九成爲信州司理秩滿赴京會大有上書亦與俱隱

元

張㷀居范村少孤立不凡以家世宋臣絕意仕進稱華𡻕居士作休休吟以見志與其友宋長卿崔存朱鼎元等賦詩爲樂所著有紀蹟錄每日所行必書之以自考至老不輟裔孫憑珍其錄請華亭徐階平湖陸光祖山陰張元忭爲之序

許薦字伯玉居東林里弱冠爲諸生有文名而試輒不利婦翁胡某嘗覽所試詞賦謂必中選後以復韻黜

胡執薦手一嘯而卒薦歎曰知造物所以處我者矣因放浪江湖以詩文見志作石牕瀛洲等記飄然物外學者稱爲石牕先生自題像曰竹杖棕鞋幅巾野服意氣不仙而仙形狀不俗而俗田無五畝詩有千軸安命不憂守道自足此其所以爲石牕之福石牕爲誰姓許名薦而字伯玉

許汝霖字時用臬之曾孫至正丙寅進士初授諸暨州判官累官國史編修已而退居越張士誠據淮浙羅致士大夫霖遯走求之弗得遂歸隱洪武初徵至京未幾乞歸宋濂贈以詩文汝霖穎敏博雅嘗秉修邑

志所著有東岡集禮庭遺稿

王璛字公玉居東林里以文學名元季李公平以懷材抱德薦授慶元路儒學教授不就明洪武初召至金陵復授前職又以母老辭時邑人許汝霖畢復亨同應聘起復亨授令而璛與汝霖皆謝職歸璛善篆隸所著有玉軒集

明

李恒字志常洪武間以貢至京師更名常從王文忠禕使滇南禕殉節死恒與儕輩數人還奏上以爲能授福建延平府同知將之任病目眇其左乃引年歸以

琴書自娛自號愼獨居士

胡樂字濟英居東隅受業王文成門聞文成卒衰服哭之極哀以貢授連江訓導遷海豐教諭致仕歸子掄貢大廷會以事廢有慰之者樂曰尚平婚嫁久畢意未嘗不在三島五湖尚復問後人事耶怡然不爲意人服其度年八十卒

丁彥伯字性甫與弟美祖同受業海門周子時稱二難由歲貢任安義知縣平易近民不事刑威性恬淡不耐簿書請改教職不報一日候臺使于郵亭夜分不至晨起獨策騎返吏胥不知也旋乞休杜門卻掃琴

書而外不問他事年八十餘卒著有蟋蟀吟

盧用義字治生居仁德鄉家貧采樵供菽水父沒廬墓終喪居恒以孝弟雍睦開示閭里人多化之三十餘補邑諸生旋食餼明亡隱居教授卒年七十三

童其鈁字敬之居遊謝鄉邑諸生放邁不羣往來四明山尋幽覽勝得意忘返性好飲飲輒醉里中稱曰酒仙山寇起居人多奔竄其鈁放飲如故寇至輒酌酒與飲寇喜其坦率以禮遇之

趙汝諍字孝義起之子師王思位終身稟命惟謹家貧授徒自給教以歌詩習禮循循有規矩生平重然諾

嚴取與重交遊隱居灌園客至則與圍棊酌酒問花

聯句留數日猶戀戀不忍別卒年七十五著有五達

書

寓賢

剡中多好山水典午以來高人名士裙屐風流偶停芳躅千載後猶仰其丰采不特王謝諸人音徽未沫也因仿宋元人地志之例兼錄寓公亦足為此邦生色云志寓賢

晉

許詢字元度高陽人父旼為會稽內史因家焉詢有才藻善屬文能清言與太原孫綽齊名隱居不仕築居於永興之南山蕭然自放一時名士無不傾慕劉惔嘗曰清風明月輒思元度後終於剡山兩浙名賢錄按舊志詢

嘗築室金庭子四裔孫有家金庭者名濳唐中葉爲著作郎曾孫丑唐末爲祕書郎五代間自金庭徙東林今金庭有濟渡邨許家廟其遺蹟也

戴逵字安道譙國人少博學好談論善屬文能鼓琴工書畫其餘巧藝靡不畢綜性不樂當世太宰武陵王晞聞其善鼓琴使人召之逵對使者破琴曰戴安道不爲王門伶人後徙居剡縣性高潔常以禮度自處深以放達爲非孝武帝時以散騎常侍國子博士累徵辭父疾不就郡縣敦逼不已乃逃於吳吳國內史王珣有別館在武邱山逵潛詣之與珣游處積旬會稽內史謝元慮逵遠遯不反乃上疏請絕其召命帝

許之逵復還剡後王珣爲尚書僕射上疏復請徵之不至長子勃有父風義熙初以散騎常侍徵不起尋卒晉書下同

王羲之司徒導從子也年十三嘗謁周顗顗異之時重牛心炙顗先割啖羲之于是知名及長辯贍以骨鯁稱尤善隸書爲古今之冠起家祕書郎遷寧遠將軍江州刺史又爲會稽內史殷浩將北伐以書止之又與會稽王牋陳浩不宜北伐并論時事羲之雅好服食性不樂在京師初渡浙江便有終焉之志會稽有佳山水名士多居之謝安未仕時亦居焉孫綽李充

許詢支遁等皆以文藝冠世並築室東土與羲之同好嘗與同志宴集于山陰之蘭亭自爲之序以申其志性愛鵞會稽有孤居姥養一鵞善鳴求市未得遂攜親友命駕就觀姥聞羲之將至烹以待羲之歎惜彌日又山陰有一道士養好鵞羲之往觀意甚悅固求市之道士云爲寫道德經當舉羣相贈耳欣然寫畢籠鵞而歸嘗詣門生家見棐几滑淨因書之眞草相半又嘗在蕺山見一姥持六角扇賣之羲之書其扇各爲五字姥初有慍色謂曰但言是王右軍書以求百錢人競買之他日姥又持扇來羲之笑而不答

每自稱比鍾繇嘗抗行比張芝草猶當雁行也會與人書曰張芝臨池學書池水盡黑使人耽之若是未必後之也稱病去郡于父母墓前自誓與東土人士盡山水之遊弋釣爲娛又與道士許邁共修服食採藥石不遠千里徧遊東中諸郡窮名山泛滄海歎曰我卒當以樂死年五十九卒有七子知名者五人元之早卒凝之亦工草隸歷江州刺史左將軍會稽內史按周志右軍入鄉賢張李兩志入隱逸方技均爲未當今改入寓賢

孫綽字興公博學善屬文少與高陽許詢俱有高尚之志居於會稽游放山水十有餘年乃作遂初賦以致

其意常鄙山濤而謂人曰山濤吾所不解吏非吏隱非隱若以元禮門爲龍津則當點額暴鱗矣所居齋前種一株松恒自守護鄰人謂之曰松樹子非不楚楚可憐但恐永無棟梁日耳綽答曰楓柳雖復合抱亦何所施耶綽與詢一時名流或愛詢高邁則鄙于綽或愛綽才藻而無取于詢沙門支遁試問綽君何如許答曰高情遠致弟子早已服膺然一吟一詠許將北面矣嘗作天台山賦初成以示友人范榮期云卿試擲地當作金石聲也榮期曰恐此金石非中宮商然每至佳句輒云應是我輩語除著作佐郎襲爵

長樂侯王義之引爲右軍長史轉永嘉太守遷散騎常侍領著作郎桓溫欲經緯中國移都洛陽朝廷畏溫莫敢先諫綽獨上疏溫不悅曰致意興公何不尋君遂初賦知人家國事耶尋轉廷尉卿領著作綽少以文才稱于時文士綽爲其冠溫王郗庾諸君之薨必須綽爲碑文然後刊石焉年五十八卒子嗣有綽風文章相亞位至中軍參軍早亡按舊志綽嘗遊剡諸山歎其佳絕

阮裕字思曠以德業知名王敦命爲主簿甚被知遇裕以敦有不臣之心乃終日酣觴以酒廢職出爲溧陽令復免官居會稽剡縣郎家拜臨海太守少時去職

復除東陽太守尋徵侍郎不就還剡山有肥遯之志
有以問王羲之羲之曰此公不驚寵辱雖古之沉冥
何以過此又云裕骨氣不及逸少簡秀不如眞長韶
潤不如仲祖思致不如殷浩而兼有諸人之美成帝
崩裕赴山陵事畢便還諸人相與追之裕亦審時流
必當逐已而疾去至方山不相及劉惔歎曰我入東
正當泊安石渚下耳不敢復近思曠旁裕嘗以人不
須廣學正應以禮讓爲先故終日靜默無所修綜而
物自宗焉在剡曾有好車借無不給有人葬母意欲
借而不敢言後裕聞之乃歎曰吾有車而使人不敢

借何以車爲遂命焚之在東山久之徵散騎常侍領國子祭酒俄復以爲紫金光祿大夫領瑯邪王師經年敦逼並無所就年六十二卒三子倩寧普倩早卒寧鄱陽太守普驃騎諮議參軍祖輅齊國内史父顗萬歷志子寧孫萬齡

世居剡

謝敷字慶緒會稽人性澄靖寡慾入太平山十餘年鎮軍郗愔召爲主簿臺徵博士皆不就初月犯少微少微一名處士星占者以隱士當之譙國戴逵有美才人或憂之俄而敷死故會稽人士以嘲吳人云吳中高士便是求死不得死按李志敷嘗於剡中造風林寺崇信釋氏以長齋爲業

謝萬字萬石太傅安弟也才氣高俊早知名歷吏部中郎將豫州刺史散騎常侍嘗入剡善屬文能談論爲八賢論謂漁父屈原季主賈誼楚老龔勝孫登嵇康也剡錄

謝元字幼度少頴悟爲叔父安所器重及長有經國才畧桓溫辟爲掾轉征西將軍桓豁司馬領南郡一作郊相監北征諸軍事符堅强盛邊境數被侵寇朝廷求文武良將可以鎮禦北方者安乃以元應舉於是徵拜建武將軍兗州刺史領廣陵相監江北諸軍事進號冠軍加領徐州刺史以功封東興縣侯及符堅自

率兵次項城衆號百萬詔以元爲前鋒都督諸軍事與叔父征虜將軍石從弟輔國將軍琰西中郎將桓伊等距之衆凡八萬堅進屯壽陽列陣臨肥水元軍不得渡堅麾使卻陣衆因亂不能止元與琰伊等以精銳八千渡肥水決戰堅中流矢衆奔潰自相蹈藉投水死者不可勝計肥水爲之不流詔遣慰勞加號前將軍假節固讓不受以兗青司豫平加元都督七州軍事以勳封康樂縣公會翟遼張願叛元自以處分失所上疏送節求解所職又以疾上疏解職詔書不許前後十餘上久之乃轉受散騎常侍左將軍會

稽內史輿疾之郡卒贈車騎將軍開府儀同三司謚曰獻武子瑍嗣祕書郎早卒舊志謂三子曜宏徽皆歷顯位是誤以韶孫爲元子也子靈運嗣永和中爲劉裕世子左衛率晉書按舊志初元父奕爲剡令樂其山水有寓居之謀元因歸剡嵊山東北太康湖於江曲起樓樓側桐梓森鬱人號桐亭樓

郗超字景興司空愔子也愔居會稽超少卓犖不羈有曠世度累遷中書郎司徒長史超每聞欲高尚隱退者輒爲辦百萬資并爲造立居宇在剡爲戴公起宅甚精整剡錄

王徽之字子猷羲之子卓犖不羈爲桓溫參軍嘗居山

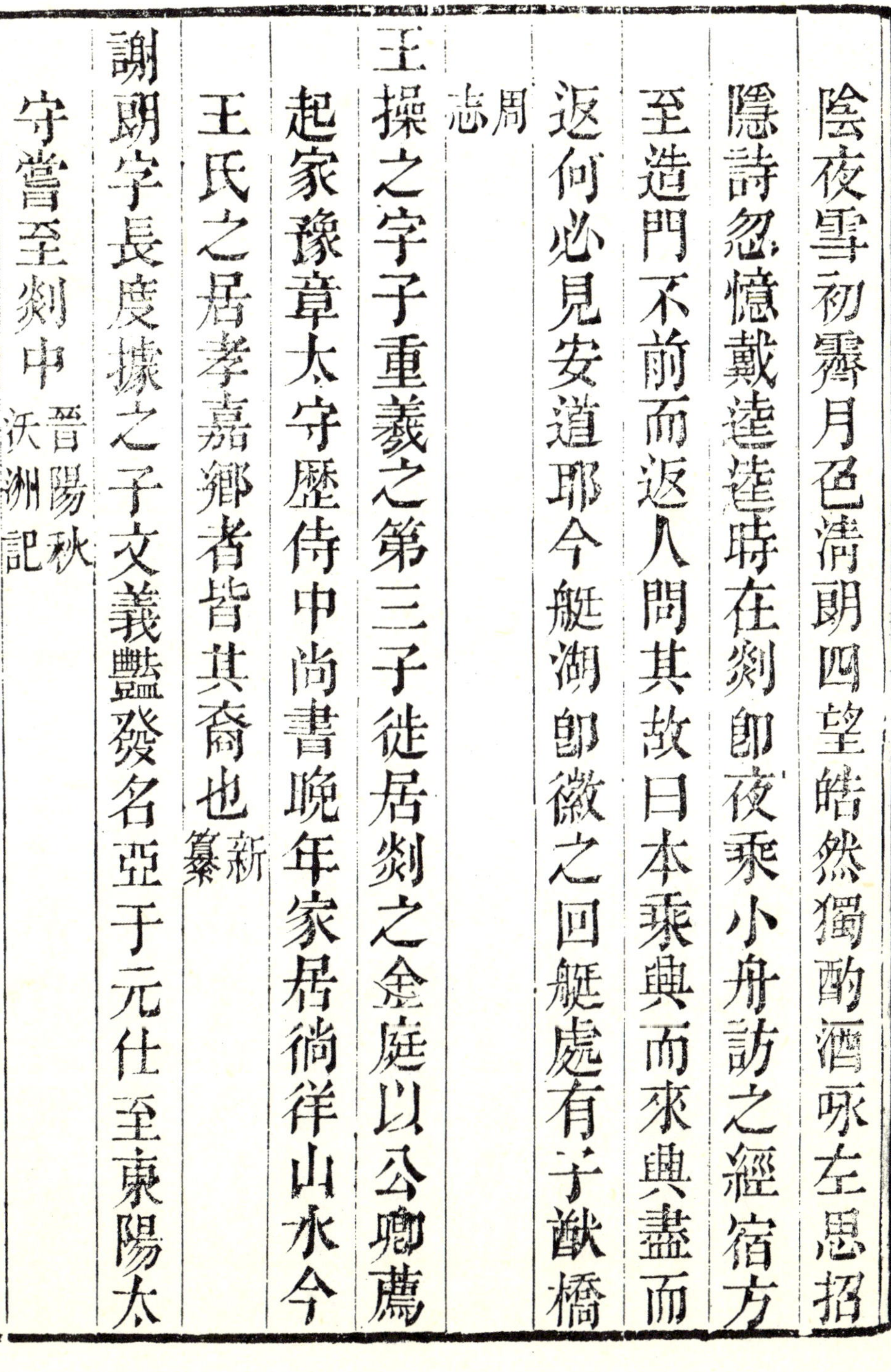

陰夜雪初霽月色清朗四望皓然獨酌酒詠左思招隱詩忽憶戴逵逵時在剡即夜乘小舟訪之經宿方至造門不前而返人問其故曰本乘興而來興盡而返何必見安道耶今艇湖即徽之回艇處有子猷橋周志

王操之字子重羲之第三子徙居剡之金庭以公卿薦起家豫章太守歷侍中尚書晚年家居徜徉山水今王氏之居孝嘉鄉者皆其裔也新纂

謝朗字長度據之子文義豔發名亞于元仕至東陽太守嘗至剡中晉陽秋沃洲記

王修字敬仁晉陽人父仲祖也修明秀有美稱爲著作佐郎瑯琊王文學曾入剡沃洲記

蔡系字子叔濟陽人司徒謨子撫軍長史嘗入剡剡錄

王洽導諸子中最知名爲中書令劉惔沛國人有文武才爲車騎司馬殷融吏部尚書孫曠之爲剡令何充廬江人思韻淹通酷好名山王坦之述之子與郗超俱有重名袁宏陳郡人有逸才王濛太原人神氣淸韶放邁不羣並皆遊剡見白居易沃洲記以在剡似無事跡較著姑撥舊志紀其姓名而行實不備錄焉周志

南北朝

孔淳之字彥深魯人也祖尞父粲淳之少高尚愛墳籍爲太原王恭所稱居會稽剡縣性好山水每有所遊必窮幽峻或旬日忘歸嘗遊山遇沙門法崇因留共止遂停三載法崇歎曰緬想人外三十年矣今乃傾蓋于兹不覺老之將至也及淳之還不告以姓除著作佐郎太尉參軍並不就居喪盧墓服闋與戴顒王宏之王敬宏等共爲人外之遊又申以婚姻敬宏以女適淳之子尚遂以烏羊繫所乘車轅提壺爲禮至則盡歡共飲迨暮而歸或怪其如此曰固亦農夫田

父之禮也會稽太守謝方明苦要之不能致使謂曰
苟不入吾郡何爲入吾郭淳之笑曰潛游者不識其
水巢棲者非辨其林飛沉所至何問其主終不肯往
茅室蓬戶庭草蕪逕惟牀上有數帙書元嘉初復徵
爲散騎侍郎乃逃于上虞縣界中家人莫知所在南史
下同

謝靈運祖元晉車騎將軍靈運幼穎悟元甚異之少好
學博覽羣書文章之美與顏延之爲江左第一襲封
康樂公以國公例除員外散騎侍郎不就爲瑯邪王
大司馬行參軍累遷祕書丞坐事免後爲相國從事

中郎世子左衛率免官宋受命降公爵爲侯又爲太子左衛率少帝卽位出爲永嘉太守郡有名山水遂肆意游遨徧歷諸縣動踰旬朔在郡一周稱疾去職靈運祖父並葬始寧幷有故宅及墅遂移籍會稽修營舊業傍山帶江盡幽居之美與隱士王宏之孔淳之等放蕩爲娛有終焉之志文帝徵爲祕書監再召不起使光祿大夫范泰與書敦獎乃出尋遷侍中賞遇甚厚每文竟手自寫之文帝稱爲二寶陳疾賜假東歸與族弟惠連東海何長瑜潁川荀雍太山羊璿之以文章賞會共爲山澤之游時人謂之四友按李志云

嘗入剡登嶀山觀四畔放彈丸落處即立祠宇今有謝仙君廟嶀浦釣魚臺車騎山康樂游謝二鄉皆其遺蹟也

顧歡字景怡鹽官人家世父祖並爲農夫歡獨好學年六七歲父使田中驅雀歡因作黃雀賦而歸雀食稻過半父怒欲撻之見賦乃止鄉中有學舍貧無以受業于學舍壁後倚聽無遺忘者夕則然松節讀書或然糠自照及長篤志不倦于剡開館聚徒受業者常近百人歡孤讀詩至哀哀父母輒執書慟哭由是受學者廢蓼莪篇不復講焉晚節服食不與人通齊高帝時輔政徵爲揚州主簿及踐阼乃至稱山谷臣顧

歡上表進政綱一卷時員外郎劉思効表陳讜言優

詔稱美之歡東歸上賜塵尾素琴永明元年詔徵爲

太學博士不就又注王弼易二繫學者傳之卒于剡

山年六十四武帝詔歡諸子撰文議三十卷

褚伯玉字元璩吳郡錢塘人也高祖含始平太守父湯

征虜參軍伯玉少有隱操寡慾年十八父爲之婚婦

入前門伯玉從後門出遂往剡居瀑布山性耐寒暑

時人比之王仲都在山三十餘年隔絶人物王僧達

爲吳郡苦禮致之伯玉不得已停郡信宿纔交數言

而退寧朔將軍邱珍孫與僧達書曰聞褚先生出居

貴館此子滅景雲棲不事王侯抗高木食有年載矣自非折節好賢何以致之昔文舉棲治城安道入昌門於茲而三焉卻粒之士湌霞之人乃可暫致不宜久羈君當思遂其高步成其羽化望其還策之日暫紆清塵亦願助爲譬說儈達答曰褚先生從白雲游舊矣古之逸人或留慮兒女或使華陰成市而此子索然唯朋松石介于孤峯絕嶺者積數十載近固要其來此冀慰日夜談討芝桂借訪荔蘿若已窺煙液臨滄洲矣知君欲見之輒當申譬宋孝建二年散騎常侍樂詢行風俗表薦伯玉加徵聘本州議曹從事

不就齊高帝卽位手詔吳會二郡以禮迎遣又辭疾上不欲違其志勑於剡白石山立太平館居之建元元年卒年八十六伯玉常居一樓上仍葬樓所孔珪爲於館側立碑

孔珪南齊書作稚圭字德璋山陰人少涉學有美譽太守王僧虔見而重之引爲主簿舉秀才再遷殿中郎高帝爲驃騎取爲記室參軍與江淹對掌辭筆建武初爲平西長史南郡太守珪以魏連歲南伐百姓死傷乃上表陳通和之策帝不從徵侍中不行留本任珪風韻清疎好文詠不樂世務居宅盛營山水憑几獨酌傍

無雜事門庭之内草萊不翦中有蛙鳴或問之曰欲爲陳蕃乎珪笑曰我以此當兩部鼓吹何必效蕃卒贈金紫光祿大夫按剡錄孔珪嘗入剡從褚伯玉受道伯玉死爲於太平館立碑

唐

吳筠字貞節華州華陰人通經誼美文辭居南陽倚天山天寶初召至京師請隸道士籍乃入嵩山依潘師正究其術元宗遣使召見與語甚悅勅待詔翰林獻元綱三篇帝嘗問道對曰深於道者無如老子五千文其餘徒喪紙札耳復問神仙治鍊法對曰此野人事積歲月求之非人主宜留意筠每開陳皆名教世

務以微言諷天子天子重之羣沙門嫉其見遇而高力士素事浮屠共短筠于帝筠亦知天下將亂懇求還山因東入會稽剡中大歷十三年卒弟子私謚爲宗元先生始筠見惡于力士而斥故文章深詆釋氏筠所善孔巢父李白歌詩畧相甲乙云新唐書

齊抗字遐舉高陽人少值天寶亂奉母居會稽初棲剡嶺後遷玉笥山未二紀而登台鉉李志

秦系字公緒會稽人天寶末避亂剡溪北都留守薛兼訓舊志作鄴守薛廉訓誤奏爲右衞率府倉曹參軍不就客泉州南安有九日山大松百餘章系結廬其上穴石爲

研注老子彌年不出與劉長卿善以詩相贈荅權德輿曰長卿自以爲五言長城系用偏師攻之雖老益壯其後東渡秣陵年八十餘卒新唐書按剡錄引秦隱君詩序云天寶間避地剡川作麗句亭郡守改其居曰秦君里唐改郡守爲州刺史此郡守不知何指李志引宋俊柳亭詩話云雲門山小石橋有麗句亭因秦系得名蘇子美送張行之還越詩五雲山下石橋邊六月溪風灑面寒今正炎天君獨往松間尋我舊題看則亭應在會稽而郡志載一在蕭山秦君里一在嵊剡中里

朱放字長通襄州人隱于剡溪嗣曹王皐鎮江西辟爲節度參謀貞元初召爲拾遺不就有詩一卷全唐詩選傳

方干字雄飛新定人工詩賦始舉進士有司奏干缺唇不可與科名于遂遯跡鑑湖蕭然山水間以詩自放

嘗入剡有題咏及卒門人私謚曰元英先生唐末宰相奏名儒不遇者十五人追賜進士出身干與焉李志

賀知章字季眞越州永興人性曠夷善談說陸象先嘗謂人曰季眞清談風流吾一日不見則鄙吝生矣授祕書監晚節尤誕放自號四明狂客天寶初病夢遊帝居數日寤乃請爲道士還鄉里詔賜鑑湖剡川一曲既行帝賜詩皇太子百官餞送擢其子曾爲會郡司馬賜緋魚使侍養卒年八十六乾元初以雅舊贈禮部尚書新唐書

李紳字公垂亳州人有詩名貞元十八年紳爲布衣東

遊天台過剡令崔某座中有僧修眞謂曰君異日必當鎭此修予所居元和三年紳以前進士爲故薛苹常侍招致越中眞已臥疾使人相告幸勿忘前言太和癸丑紳以檢校左騎省廉察浙越果符其言僧徒悉殂講寺吏頹毁因召寺僧會眞捐錢三十萬率諸僚施俸以飾祠宇踰月工成紳有龍藏寺紀并詩載藝文李志

宋

竹簡字文甫十歲能文十五歲登大觀己丑進士廷試第三人徽宗奇其才尚南陽公主政和二年太后擅

政有流星之變，簡上疏上嘉其忠，晉太子少保，出鎮

浙東。宣和二年，以使遼功封淮寧伯。後隨駕南渡，卜

居虞江。高宗素稔其賢，累詔徵之不起，遂隱於剡，以

山水自娛，卒葬焉。新纂　按：清化鄉竺氏譜亦以簡爲遷剡始祖，蓋剡中竺與兩姓

本爲一族，皆簡之裔也。

盧天驥，字駿元。政和六年，以朝散郎出爲浙江提刑使。

明年，以捕寇來剡。時積雪水漲，橋斷不可行，盤桓剡

中，歷覽諸名勝，富有題咏，而風格峻竦，直逼盛唐云。

李志

陳橐，字德應，餘姚人。令新昌，以愷悌稱。呂頤浩欲授爲

御史約先一見槖曰宰相用人乃使之呈身耶謝不往移知台州台有五邑槖嘗攝其三民懷惠愛喪母邦人巷哭相率走行在請起槖槖力辭終喪累遷權刑部侍郎時秦檜方主和議槖謂金人多詐和不可信且二聖遠狩沙漠百姓肝腦塗地天下痛心疾首今天意既回兵勢漸集宜乘時埽清以雪國恥否亦當按兵嚴備審勢而動舍此不爲乃遽講和何以繫中原之望檜恨之出知廣州復坐以他事降秩遂致仕在廣積年四方聘幣一不入於私室既謝事歸剡中僑寓僧寺日羅以食處之泰然也王十朋爲風土

賦論近世會稽人物曰杜祁公之後有陳德應云南宋書

錢奎本臨安人宣和間以祖蔭補越州司馬參軍靖康亂攜子宇之居嵊之剡源璠田里李志下同

趙仕實字若虛祖宗諤爲南軍節度使開府儀同三司豫章郡王仲父嘗爲崇信軍節度使開府儀同三司安化郡王建炎中仕實攜二子南渡既到行在以母在剡自行在來省遂居剡官至開國侯

高文虎字炳如鄞人紹興中進士累官翰林學士文虎聞見博洽多識典故嘗修國史始寓越娶剡仁德鄉

周氏慶元中入剡建玉峯堂秀堂藏書寮雪廬于金波山明心寺之東麓卒葬其處

王十朋字龜齡樂清人紹興間與周汝士同遊上舍十八年汝士第進士延十朋爲義塾師遠近名士多從之遊十朋亦愛剡山水日登眺以詩文自娛作剡溪春色嵊山等賦二十七年舉進士第一汝士弟汝能與之同榜後周氏一門登第者凡七人皆出十朋之門

王銍字性之舊作信之誤據通志及府志改正汝陰人官樞密院編修忤秦檜避地剡中之靈芝鄉自號雪溪居士善屬詩

文不樂仕進讀書五行俱下後生有投贄者且讀且捲俄頃卽置之人以此疑其輕薄其實工拙皆能記也既卒秦熺倚父勢手書移郡將欲取銍所藏書且許以官其長子仲信名廉清苦學有守號泣拒之曰願守此書以死不願官也郡守以禍脅之不聽熺亦不能奪

邢達字宏甫先世河南鉅鹿人徙居山陰達舉進士累官至樞密院直學士與奸黨不合歸隱入剡游太白山樂其山水遂就太平鄉家焉慈湖楊公簡爲誌其墓

呂大椇字規叔初與姪祖謙同遊胡憲門漸染陶鑄氣象迥別自壽春遷嵊之鹿門朱晦翁題其居曰貴門椇以奉議大夫致仕按李志大椇作呂椇胡憲作楊時奉議大夫作淮南安撫使今據呂氏家譜增改

高似孫字續古文虎之子累官中大夫提舉建康府崇禧館贈通議大夫似孫博雅好古有父風嘉定七年邑令史安之訪似孫作剡錄十卷而文物掌故乃備子歷字堯象累官通判溫婺等州積階朝奉郎卒葬文虎墓右歷子參蘭溪令

錢植字德茂武肅王九世孫由台州遷剡長樂鄉賑貧

恤弱開義塾以訓後學閭里有爭不相下者楯一言決之人稱小太邱

史仕通字國用鄞人從父必裕官金華知府秩滿經嵊愛山水佳麗因家焉恩補承務郎紹定四年知贛縣卒

鎦績字孟熙山陰人少負儁才無所不學後成名儒嘗入剡遊貴門諸山有詩

李易河南人官給事中宋運革晦蹟入剡隱居貴門頗多吟詠

高世實字若虛高韓王五世孫由蒙城避地家剡世實

受世賞累遷至訓武郎凡五任

元

戴表元字帥初奉化人宋咸淳中登進士乙科教授建康府元大德八年執政者薦之除信州教授後以修撰博士薦不起受業四明王應麟天台舒岳祥之門以文章大家名重東南性好山水徙嵊之剡源其葺剡居詩云休言聲跡轉沉淪百折江湖亂後身窮未賣書留教子饑寧食粥省求人坐來席避樵蘇長往處蹤迷木石鄰翻笑古來逃世者標名先製隱衣巾亦可以想其高致矣著有剡源詩文集傳世李志補遺拔

奉化古蹟志載剡源宅在縣西七十里柏坑戴府志

柏坑在剡源鄉是表元所葺之居乃奉化剡源非嵊剡源也舊志以有葺剡居詩補入寓賢傳李府志因之今姑仍其舊以存疑云

周天祥字麟之汝南人徙于杭博學有志操薦授臨海教諭元至元末隱居剡遂占籍焉李志丁同

楊維禎字廉夫諸暨人爲文擬先秦兩漢詩尤號名家至正中避兵來剡有題清風嶺王貞婦詩按元史維禎由天台尹改錢清鹽場司令俄丁外艱不調銓曹者十年後除杭州四務提舉轉陞江西儒學未上汝潁兵起辟地富春山未幾其辟兵來剡也舊志云然或別有所考云

明

邵伯正汴人洪武初徙家嵊由鄉舉爲南京戶部員外

郎以廉能稱尋有令江浙人不得官戸部遂謝事歸杜門好書敦族明宗纂敘圖系嵊俗爲之歸厚云兩浙名賢錄

錢德洪字洪甫餘姚人嘉靖壬戌進士授郎中初王文成講學世無知者德洪一聞其概卽奮然曰此絕學將與矣遂志求之得其宗旨入剡以所學授人士裘仕濂錢思邦輩皆遊其門歷宣歙江廣間主講席二十年學者稱緒山先生李志下同

王畿字汝中先世由剡徙山陰故畿時時往來剡中嘉靖壬戌舉進士授郎中文成高弟也見解超元入微

不落階級隆萬間王天和周震等聚徒爲慈湖書院講學會而畿南向坐師席談說開示能令人人惕省畿父經進士子應吉已卯舉人溯其上世稱剡人近且附籍焉

陶望齡字周望號石簣會稽人萬曆乙酉（舊作癸酉據府志選舉志改正）以第二名舉于鄉已丑會試第一廷對第三人歷官祭酒專致力於聖賢之學予告歸里每入剡與周汝登會講鹿山書院常自指膺謂此中終覺未穩汝登遺以書曰陽明書院之會望二丈儼然臨之越中一脈難令斷絕二丈謂望齡與弟奭齡也

祁彪佳字虎子山陰人天啟壬戌進士官侍御嘗入嵊

襄周汝登葬事崇禎丙子嵊大侵與劉中丞宗周倡

率越中縉紳議賑且陳請寬徵尤委曲嘉惠其友人

王朝式山陰諸生來嵊募賑矢誠周恤金之聲贈詩

有此行能重金庭隱去後長留戴水舟句

張岱字宗子號陶庵山陰人家世通顯服食豪奢日聚

諸名士度曲徵歌諧謔雜進及間以古事挑之則自

四部七畧以至唐宋說家叢殘瑣屑之書靡不該悉

明末避亂剡溪家益落意緒蒼涼語及少壯穠華自

謂夢境著書十餘種悉以夢名而石匱書紀前代事

尤備

劉璹字靜主號冲倩會稽人賦性任俠慨然有四方之志時周海門許敬菴九諦九解彼此詰難不無異同璹合兩家刻之以求歸一而海門契璹特甚曰吾得冲倩而不孤矣海門主盟剡水璹助之接引後進尤推入室弟子云李志補遺下同

何宏仁字仲淵山陰人崇禎丁丑進士歷知建平高要縣事丁父艱歸遂遭亂監國時授御史江上師潰棄官之剡之白峯嶺自恨不及從亡作詩投崖絕而復甦爲土人守之不得死遂入萬山中披薙作方外遊

臨死出一緘留示家人令暴骸三日以彰已罪寧郡魏禧慈溪姜宸英爲傳誌以表之按府志引越殉義錄云越破追魯王不及過關山嶺作詩書衣帶間投嶺下死或傳入陶介山爲僧往來縉雲孝烏諸山通志則云兩京歿投台之白峯下死而復甦有土人負入陶介山削髮苦行李志謂剡之白峯嶺又易陶介山爲萬山中不知何據姑仍之

劉汋字伯繩會稽人甲申之變父宗周殉節汋治喪畢居剡溪之秀峯終身茹蔬服素編輯遺書寒暑不輟鄉黨咸稱之會稽縣志

國朝

許宏字子遠號且樸子山陰人少慧善屬對爲帖括不

拘邊幅失有司繩度遂屢阨于試明亡絕意進取避地剡之仁邨愛溪山秀麗居人樸茂遂挈家往寓有終焉之志順治戊子山寇起乃還越著有避地仁邨記及樂府數十篇傳于世李志下同

葉蓁字濟九上虞人寓嵊東隅康熙丁酉舉于鄉博通經籍兼長詩古文性好山水每提榼往遊多所吟咏遺有刪注唐詩簡括得作者之志

沈冰壺字清玉山陰歲貢生性孤峭於時寡所合常有古人不見我之恨喜博覽家貧無書借書披閱貧無箱篋有所著述以一缸貯之往往爲人取去最熟勝

國諸老軼事乾隆丙辰

召試博學鴻詞僑居剡之過港丁氏家著有亢言在昔

集古調自彈集詩釋瑤光子等書新纂

仙釋

曇聃之教儒者弗言然秦漢求仙齊梁佞佛三代而後魁奇俶儻之士往往韜晦於其間嵊嵊山深林蒨緇流羽客遊覽棲遲如劉晨阮肇葛洪支遁輩載在史策者甚夥仙宗梵果大有因緣覺牖愚蒙精靈斯在豈得以方外畧之志仙釋

漢

劉晨阮肇剡人永平十五年入天台山採藥經十有三日不得返望山頭有一樹桃取食之下山以杯取水見蕪菁葉流下甚鮮復有一杯流下中有胡麻飯二

人相謂曰去人不遠矣因渡水行一里又過一山出大溪見二女容顔妙絶便喚劉阮姓名問郎來何晩也館服精華東西帷幔寶絡青衣進胡麻飯山羊脯甚甘美食畢行酒歌調作樂莫因止宿住十日求還苦留半年氣候和適常如三春鳥鳴悲慘求歸甚切女喚諸仙女歌吹送之指示還路鄉邑零落驗得七代子孫傳聞祖翁有入山不歸者太康八年失二人所在萬歷府志剡有桃源舊經曰劉阮入天台遇仙此其居也剡錄

三國

趙廣信陽城人魏末渡江入剡小白山受李法成服炁法又受師左君守元中之道內見五臟徹視法如此七八十年周旋郡國或賣藥出入人間人莫知也多來都下市丹作九華丹丹成遂乘雲駕龍上昇今鹿苑山丹井在焉李志下同

晉

葛元字孝先丹陽句容人從左元放受九丹金液仙經常服餌求長生能絕穀連年不饑嘗入剡語弟子張恭曰吾不得治作大藥今當作尸解去八月十二日日中時當發至期衣冠入室而卧氣色不變弟子等

燒香守之三日三夜夜半中忽大風起發屋折木聲響如雷燭滅良久風止然燭失元所在但見衣在而帶不解人號曰葛仙公

葛洪字稚川元從孫也性寡慾無所愛玩至不知棊局幾道摴蒱齒名爲人木訥閉門卻埽或尋書考義輒不遠數千里卽崎嶇涉險期於必得尤好神仙導養法悉得元煉丹祕術亦入剡今太白山有仙翁井皇覺寺有釣臺石梯上釣車痕稱遺跡焉年八十一卒顏色如玉體輭柔舉尸入棺輕如空衣世以爲尸解得仙所著有抱朴子一百十六篇按府志引嘉泰志列洪於仙釋不言

入剡并引輿地志云上虞縣蘭芎山葛稚川栖隱處也今會稽有仙翁遺跡至多稚川蓋亦嘗至焉則亦屬會稽矣今嵊地有仙翁井對臺諸遺蹟入之仙釋何疑

馬朗字子明一名溫公邑人信義重鄉黨聞茅山楊許得道傳南真上清經法以其居接金庭天台咫尺仙府彌加崇慕元興三年許黃民避亂奉經入剡朗恭迎道左以禮延止宋元嘉六年欲移居錢塘乃封真經一廚付朗語此是仙靈之蹟非我自來縱有書亦勿與人朗敬事之每有靈光現室中壽終葬茅山五代宗師保真先生按雲笈七籤許黃民字元文上清仙公翽之子上清左卿翽之孫真誥黃民伯祖邁姑婆姚王伯聯子榮女瓊輝並得度世舊志作許丞黃氏且列在三國趙廣信之前殊失

考今從

李志

齊

顧歡見寓賢傳隱剡山性好服食每旦出戶山鳥集其掌取食好黃老通解陰陽書爲數術多效驗初以元嘉中出都寄住東府忽題柱云三十年二月二十一日因東歸後元凶弒逆是其年月日也弟子鮑靈綬門前有樹大十餘圍上有精魅數見影歡印樹樹卽枯死山陰白石村多邪病村人告訴求哀歡往村中爲講老子規地作獄有頃見狐狸黿鼉自入獄中者甚多卽命殺之病者皆愈又有病邪者問歡歡曰家有何

書荅曰惟有孝經而已歡曰可取仲尼居一章置病人枕邊恭敬之自差也其後病者果愈人問其故荅曰善禳惡正服邪此病者所以差也知將終賦詩言志曰五塗無恒宅三清有常舍精氣因天行游行隨物化鵬鴟適大海蜩鳩之桑榆蓬生任去留善死均日夜委命安所乘何方不可駕翹心企前覺融然從此謝自尅死日自擇葬時卒於剡山時年六十四身體香軟道家謂之尸解焉南史下同

褚伯玉見寓賢傳孔稚圭從其受道爲於太平館側立碑

胡聖趙廣信弟子嘗居鹿門山之南爲九州峯之別峯

山勢如鸞鳳迴翔聖叠石煉丹羽化於此傳聞蟻繞其足折其腰只留半身今爪蟻其遺跡也時值亢暘往禱雨即霖霈里人築翔鸞館祀之又東南爲仙人洞一名胡聖洞琪花瑤草芬馥四時眞仙境也新纂

梁

孫韜字文藏剡人入山師潘四明參受眞法陶隱居手爲題握中祕訣門人罕能見惟傳韜與桓闓二人太平御覽

袁根柏碩通志作杜碩並剡人嘗獵深山經一石橋甚狹而峻向絕崖崖正赤辟立名曰赤城徑有山穴如門旣

入甚平敞草木皆香有一小屋二女子住其中年皆十五六容色甚美見二人至欣然曰早望汝來遂爲室家忽二人思歸潛去二女追還乃以一腕囊與根語曰慎勿開也歸後出行家人開其囊囊如蓮花一重去一重復至五蓋中有小青鳥飛去根還悵然而已後根於田中耕家人依常餉之見在田中不動就視但有殼如蟬蛻也（廣博物志）根羽化頎年九十餘方外傳之如劉阮故事（於越新編）

宋

姜洪（見壇廟）天台人父母早喪甫三歲隨其姑至剡溪清

化鄉桂山之沈氏姑育之入山見遺桃拾而食之半味苦擲去頭之形神覺異還覓所食半桃不可得自此遂著靈異隨伴芸田獨有雲覆之或插篠地上水卽湧溢明年乾道丙戌歲大旱輒能召雨六月六日卒葬於家側之黃山雷震出其尸兀立不仆鄉人舁歸奉祀禱雨輒靈李志下同以上仙

晉

白道猷舊志作帛今據剡錄改白山陰人性耽邱壑一吟一咏有濠上風永和中居剡沃洲山及五百岡有禮拜石滌巾澗遺跡後入天台建國清諸剎稱曇猷尊者嘗與道一

書曰始得優游山林之下縱觀孔釋之書適與為詩
淩風采藥服食損痾有餘樂也
竺潛字法深隱剡山學藝淵博閱塱早著晉哀帝兩遣
使致之建業簡文尤師禮之劉惔見於簡文座中嘲
曰道人亦遊朱門乎潛曰君自見朱門耳貧道以為
與蓬戶無異及還山支遁求買沃洲小嶺潛曰欲來
當給不聞巢由買山而隱也遁慙息一云就潛買東
岇山嘉泰志按世說作因人就深公買卬山
支遁字道林入剡中謝安守吳興以書抵遁曰山縣閑
靜計不滅剡幸副積想王羲之在會稽聞遁名見之

乃定交遁還剡路由稽山羲之詣遁延住靈嘉寺入沃洲小嶺建精舍晚移石城山棲光寺至山陰講維摩經許詢爲都講賓主之辯相爭無窮有遺馬者受之有譏之者遁曰吾愛其神駿有餉鶴者曰衝天之物寧當爲耳目之玩遂放之世說曰支公好鶴住剡東岇山山去會稽二百里嘗經餘姚塢曰謝安石相從至此未嘗不移旬今觸情是愁耳歿葬塢中同前按萬歷志支遁河內林廬人或曰陳留人本姓關氏少而任性獨往風期高亮家世奉法常於餘杭山沉思道行泠然獨暢年二十五始釋形入道王逸少在會稽遁往焉孫興公謂王曰支道林拔新領異胸懷所及乃自佳卿欲見否王自有一往雋氣殊自輕之後孫與支共載往王許王都領域不與交言須臾支退後正值王當行車已在門支語王曰君未可去貧道

與君小語因論莊子逍遙遊支作數千言才藻新奇花爛映發王遂披襟解帶留連不能已延住靈嘉寺嘗造卽色論示王中郎中郎都無言支曰默而識之乎王曰既無文殊誰能見賞三乘佛家滯義遁分判炳然云正當得兩入三便亂其談善標宗會而章句或有所遺時爲守文者所陋謝太傅聞而善之曰此乃九方歅之相馬畧其元黃取其駿逸卒葬石城山中至考之高逸沙門傳又云年五十三終於洛陽

于法蘭高陽人年十五精勤經典性好幽僻多處巖穴間嘗聞剡中山水奇絕乃東遊居剡後遊西域求異聞至交州象林卒李志

于法開遊石城住元華寺又移白山靈鷲寺與支公爭色空義弟子法威最知名開嘗使威出都當還山陰世說作使過會稽曰道林正講小品將無往見之耶威曰諾

既至遁方捉塵威致難攻之遁曰君乃受人寄載來耶嘉泰志萬歷志法開始與支公爭名後精漸歸支意甚不分遂遁跡剡下名德沙門題目曰法開才辯縱橫以術數宏教

竺法友隨其師道深並南天竺來授阿毗談論一百二十卷甫一宿成誦於剡中般若臺寺李志

白僧光或曰曇光永和初投剡之石城山見一石室遂止其中處山五十三年世壽一百十歲太元之末以衣蒙頭安坐而卒神遷雖久形骸不朽至宋孝建三年郭鴻任剡入山禮拜試以如意撥胷欻然風起衣服消散惟白骨在焉以磚壘其外而泥之畫其形象

於今尚存兩浙名賢錄

宋

竺法崇有律學精法華經居剡之葛峴山茅茨澗飲孔淳之常游山相遇留止三載法崇歎曰緬想人外已三十年矣今乃傾蓋於兹不知老之將至也李志下同

曇斐剡人少棄家事慧基善莊老儒墨之書遊方考究經典疑義還鄉居法華臺寺學徒甚盛衡陽孝王元簡廬江何允皆師事之張融周顒並從其遊

齊

僧護剡人永明四年住石城山隱岳寺寺北有青壁千

餘丈時聞管絃聲或發光如佛燄乃鐫石爲彌勒佛纔成面像齊末僧淑來繼其功至梁有始寧縣令陸咸夢沙門二八謂曰建安王染患由於宿障剡縣僧護造彌勒石像若能成濟必獲康復咸以白王即召定林寺僧佑因舊功鏟入五丈至天監十五年功畢像身光燄通高十丈世稱爲三生石佛云按浙江通志僧淑僧祐皆僧護後身也欲備見三生尊跡故并錄於此

唐

靈澈字源澄會稽湯氏子雖受經論尤好篇章從嚴維學詩抵吳興與皎然遊皎然以書薦於包佶李紓貞

元中西遊京師名振輦下得罪徙汀州自盧山入剡吳越間諸侯多賓禮招迓之終於宣州開元寺門人遷之建塔於越之天柱峯有詩二十卷劉禹錫爲序

按靈澈事亦見嘉泰志自盧山入剡作入會稽歸東越則不以靈澈屬剡也然張志錄釋靈一贈詩云禪師來往翠微間萬壑千巖到剡山何時同入天台路身與浮雲一處閑此入剡之證

宋

仲皎字如晦居剡明心寺參究禪學尤好篇章交文儒構倚吟閣又於寺西星子峯前築白塔結廬其下號閑閑庵宣和中與汝陰王銍以詩相酬答有梅花賦及詩傳世

明

成權居孝節鄉坐臥繩牀數十年日誦法華經一日牀前忽湧蓮花一樹

佛進居昇平鄉日念彌陀無頃刻輟如是者數十年一日別大衆示滅度期人笑以爲狂頃之持一鉢出乞米數升以歸屆期衆視之危坐如常曰俟觀音大士至便逝衆益大笑日亭午有以木刻觀音像來捨者出前所乞米設齋拜像畢遂攝衣坐衆環視之目漸合稍稍氣不息迫視則已逝矣葬定心庵後

佛身居過港里童時隨父耕牧好獨坐道爲僧究心經

典字有不識則終夜長跪佛前漸自通曉與海門周子爲方外交時湛然澄禪師吼震越中海門欲招之來身曰道以神契無事面承也休寗畢居士成珪結蓮社於匡廬山邀之主席未幾卒徒法瑞迎歸葬過港之殿山

慈航强口村農家子也遊楚中薙髮棲山鎮參禪旨與密雲甚契合後還剡居剡坑之西巖卒遂葬焉

明拙字古愚會稽人湛然澄徒也精嚴教律入剡結廬達溪緇白向慕遂開蘭若吳孝廉顔其居曰雨花臺勤勤自給不以干人至老猶日荷耡不輟年八十餘

卒張志

智音字密聞居棠溪棄家爲僧受洞宗傳居華岡匡衆

重建福感寺李志下同

張仲達居秀異坊生時有丁氏子病劇謂父曰今當爲張氏伯清子矣兒素持齋幸囑弗敗吾戒丁死而仲達生兒時母或食肉即終日不飲乳終身未嘗茹葷

國朝

寧遠禪師名淨地號友石吳門鹿城馬氏子也母張奉佛維謹師隨母誦經津津自喜年十八棄家爲僧慕湛然遺風乃遊越順治丁亥主明覺寺者九年振頹

興廢法席之盛冠於今古康熙乙巳主雨錢寺時存者僅破殿三楹而已師多方經畫越數年而大殿禪堂寮舍聖像無不莊嚴完好事竣曳杖去示寂於康湖寺年八十有二僧臘六十有四建塔東山之梅花庵

僧翰月張氏子幼習舉業工吟咏年十九閱真武傳有感棄家爲僧主普安教寺與朱梓廬司訓王條山掌教葉芝谷茂才唱酬多佳什著有詩稿一卷語錄三卷新纂

以上釋

方技

書方技者何志小道也小道又曷爲乎書自劉歆作方技畧厥後佗之醫輅之卜景純之葬經淳風之星術道子之圖畫歷朝載之士游於藝取節焉可也至王戴諸人名節彰彰不復以琴書見矣故不書志方技

晉

于法開精醫術生平嘗旅行暮投主人家其妻臨產兒積日不墮開令殺一肥羊食十餘臠而鍼之須臾兒下羊膋裹兒出張志

南北朝

孫文韜一名韜字文藏陶貞白弟子也其書初學楊許後學大王殊有身分有所書九錫碑及舊館壇碑在茅山書史會要

唐

葉簡邑人善卜筮凡有盜賊皆知其姓名有農夫失牛卜之日占失牛已被邊家載上州欲知賊姓一斤求欲知賊名十干頭乃鄰人邱甲耳又有將橘子合之令占曰圓如珠色如丹倘能劈破同分喫爭不慚愧洞庭山又將雞子二箇占曰此物不難知一雄兼一

雎請將打破看分明混沌時嘗在錢武肅王府忽一日旋風南來繞案而轉召簡問之曰此淮帥楊渥已薨當早遣弔使去耳王曰生辰使方去豈可便伸弔祭簡曰此必然之理速發使往彼若問如何得知但云貴國動靜皆預知之王從而遣之生辰使先一日到楊渥已薨次日弔祭使至由是楊氏左右皆大驚服李志

元

王璘字公玉操行端慤能詩文且工篆楷戴府志

呂秉常字孟倫居貴門里善醫治傷寒有殊效許時用

贈以詩云太白山前習隱者清曉開軒炷香爐當窗長松碧連雲一邱一壑正瀟灑燕坐時籤岐伯書茯苓熟煮供晨厨我哀世人恫瘝如請子盡發囊中儲三蟲不怕二豎驅吾廬洵美寧潛居張志

明

張遜工篆隸兼善畫禽鳥李志下同

錢濟字女舟居邑東隅姿性聰敏過目成誦精篆隸書天順貢生由寶應訓導陞唐府紀善著有扶搖集

史旦居清化鄉畫禽鳥甚精所作蘆花羣雁人愛重之

錢世莊號畏齋居長樂鄉工畫驢色態飛動如生亦善

畫禽鳥

李河西隅人官知事善隸書張志下同

夏雷善眞草書

王繼儒號鵞亭山人畫禽鳥尤善蘆雁山陰徐渭贈詩云本朝花鳥誰高格林良者仲呂紀伯矮人信耳輒觀場只曉徐熙與崔白崔徐一紙價百金風韻稍讓吕與林郎如此圖王鵞亭云是剡溪雪夜人雁兒一掃六十隻何隻不落青天雲沙黃蘆白喜相逐逸者飛鳴勞者宿不須彭蠡泛扁舟彭蠡湖今在吾目

喻安憲居邑西隅善畫萊翮灰有致

周孕淳工詩善楷書

胡繼周邑東隅人諸生善草書孝友有行誼故墨迹尤爲世寶貴

周鐩字伯用精岐黃術濟人不論貧富概不受資新纂

袁師孔有文名善眞草書李志下同

盧雲生字玉潤居邑東隅諸生力學有有孝行精楷書

陽處夸[illegible]衣富鄉善形家穴法剡西名墓多其所扦

邢元愷居太平鄉瞽目卜課多奇中

道人無名氏亦不知所自來戴華陽巾披鶴氅自言得華陀傳凡鍼藥所不能及者皆刳割湔洗以治之人

未之信也長樂鄉有錢遵道者病噎不治念刳割不驗死不刳割亦死均死請以醫試道人用麻沸散抹胸次割長七八寸許出痰涎數碗遵道初昏暈無所知頃之甦以膏敷割處四五日瘥噎亦愈道人不受謝去或言遵道素謹實其父有芝饒陰行云

周邦勝字凝夫善草書工詩賦射御算法精音律會稽葉應春爲撰文新纂下同

周亮宗字好眞父龍山以醫著名宗思濟物利人惟此爲大遂受劄於太醫院躬親考訂備閱羣書道日益高所療必愈稽山倪鴻寶作歌贈之

李應日居邑東隅業儒而最精岐黃術李志下同

錢德居富順鄉業儒以母病習醫以醫名

裘世瀛居崇仁鄉精醫有隱德

國朝

陳穆卿居羅松鄉讀書通經史領府試第一方赴院試聞父病即不試而歸父卒家居授徒博精岐黃之術製藥療病全活多人年八十餘曾無倦志人稱隱君子云

姜君獻字軼簡居清化鄉官勦禦山海都督同知工楷書尤善行草新纂下同

喻恭校字宗夏居西隅善醫尤精痘術邑富室某延治妾子痘甚危嫡私以三十金囑曰若不治請以此爲壽校佯諾之而陰囑其妾善視子痘愈嫡使人詰校校曰此殆天命非人力也金故無恙舉以還之

沈天彝原籍山陰學問淹博偃蹇名場樂剡中山水遂居焉精岐黃術以濟世遇時疫全活甚衆數十年中邑令皆贈以匾

宋琳字承三國學生居西隅品端行潔善醫常自製藥餌以周貧乏之鄉里德之

宋希賢字天成邑庠生居西隅爽之子家貧讀書守道

工琴善書法得柳公權筆意卒年九十三

盧熚字浚明邑諸生善書法尤工大草

張鳴皋字崧雲邑諸生居東張工書法兼精岐黃好施藥餌人咸德之

邢樹字拂雲居太平鄉郡庠生有文名工詩善畫尤擅蝴蝶卒年三十餘士林惜之著有花卉圖考四部紫藤山館漫稿四卷

錢曰青字雨亭邑孝廉也性伉爽好吟詠嘗集蘇陸詩成帙書法出入宋四家中俱得其神髓又善蘭竹蓬勃有生氣會修邑乘領局事書成遘疾卒士林惜之

吳子樂字德卿增生居三界善擘窠書南郡楊孝廉秘圖以善書名見樂書心折之訪其家盤桓數月惟與娛情山水間無一語及書法臨別謂樂曰公自此落筆起雲烟矣已而書法果進新纂下同

過庭訓字西溪邑諸生居金潭操行端慤工詩文善畫蘭竹尤工畫蟹時有南蘭西蟹之稱謂剡南施南榮剡西過西溪也

馬紹光字晴川居仁邨少穎悟失怙遂棄舉子業援例授州司馬職性慷慨喜與士人遊雅善畫描寫花鳥皆有生趣晚年好作詩著有澹如山房詩稿

鄭秀字居長橋善奕時推浙中第一

吳之坤居北隅工畫宗法松雪雲林落筆俱有生趣

嵊縣志卷十

列女

傳列女昉於劉向范史因之不專一格是以曹大家蔡文姬之才皆著於錄劉知幾嘗非之矣是冊特表幽光專書節烈其已旌於
朝綽楔題坊者爲上官給匾額者次之待旌者又次之雖
國家成例定有年限然而霜閨茹苦撫藐完貞已瞑含酸未亡尤憐均就采訪所及寬格書之方志與律令有間識者慎毋以爲濫也志列女

晉

公孫夫人 佚其夫姓名以節操聞鈕滔母孫氏爲作敘贊序曰資三靈之淳懿誕華宗之澄粹奇朗兆於齠齔四教成於弱笄慈惠温恭行有秋霜之潔祇心制節性同青春之和敦說憲章動遵規禮居室則道齊師氏有行則德配女儀禮服有盈籩豆無闕贊曰猗歟夫人天資特挺行高冰潔操與霜整性揚蘭房德振玉穎倚彼瓊林奇翰有集展彼碩媛令德來緝動與禮遊靜以義立

齊

陳婺妻 少與二子寡居好飲茗以宅中有古塚每飲先祀之二子以母勞苦欲掘去母禁而止夜夢一人曰吾止此三百餘年賴相保護又饗吾佳茗雖潛壤朽骨豈忘翳桑之報及曉於庭內獲錢十萬於是禱酹不輟氏年九十餘終

梁

張氏楚媛僕射稷女適會稽孔氏無子稷爲冀州刺史州人徐道角作亂楚媛將大歸會稷見害遂以身蔽刃先其父死

唐

貞女姚文玉父承大仕爲行軍司馬女幼字山陰王僉判子未婚而夭誓不更嫁聞有媒氏來議婚輒牽父衣袖泣欲自盡父憐其志遂不復强分產與諸子均長與四年歲大旱貞女出粟五千餘斛以賑及老悉捨所置羅松鄉別業田地建佛寺并於寺旁架石橋以濟行路天福七年吳越王賜額資國院里人塑貞女及其父母像於寺之西偏四時禮薦焉

元

商淵妻張氏名貞居鳴絃里事姑孝謹至正戊戌冬方國珍擁兵據縣明年冬胡將軍張士誠兩軍交至與淵走匿新昌之南明山淵鬭出爲游兵所掠貞涕泣不食者五日及淵脫歸爲貞道白泥

墩烈婦被掠自縊事貞曰一旦危急當如是耳又明年夏胡將軍復統兵掠縣地貞懼辱投塘死越三日子芹收屍葬色如生

白坭墩烈婦　佚其姓氏元末兵亂被掠婦誓不受汚至東陽賦詩五章自縊死

胡氏妙端　祝家婦也至正庚子春苗獠虜之去至金華縣乘間嚙指血題詩壁上赴水死時三月二十四日也獠帥爲立廟祀之詩曰弱質空懷漆室憂搜山千騎入深幽旌旗影亂天同慘金鼓聲淫鬼亦愁父母劬勞何日報夫妻恩愛此時休九泉有路還歸去那個雲邊是越州議者謂當配享清風嶺王貞婦祠云

王伯罴妻袁氏　早寡誓死苦節以終

竺宗海妻韓氏　年二十而寡家貧紡績撫事編修許汝霖有傳

明

張門雙節彥聰妻范氏彥明妻錢氏范名佛壽年二十一適彥聰五年生子甫匝歲而夫卒錢名德善年二十九子尚襁褓而夫亦卒家貧相與紡績養舅姑撫遺孤舅姑相繼死棺殮具以禮會兵與喪不能舉兩氏日夜號慟隣人憐之爲舁櫬葬先塋之側乃各攜孤廬墓次修祀事惟謹邑人重之名葬地曰張墅有司以聞洪武二十一年表曰雙節之門范年八十六錢年八十二合葬游謝鄉

謝源妻袁氏年十九歸源事舅姑孝謹十年源卒守節課子廉登景泰甲戌進士歷官河南參議詔旌之謝廉舊志作濂今據通志郡志改正

應源妻錢氏名宜字妙眞剡源鄉錢信一女性專靜贅源於家源歸疾卒宜時年十九偕母往視殮哀毀不欲生母促之歸宜曰此兒家也焉歸耶朝夕哭奠已而營夫墓命造兩穴明無他志既葬母復促之歸勸以嫁不可令隣媼諷焉又不可母再强遽引繩自縊母知其志不可奪聽歸應氏立叔氏子則民爲後與繼姑董相依以守事之甚謹宏治己酉年八十餘卒有司以聞詔旌其廬

姚仍妻孫氏年二十七守節姑病瘋氏謹事之始終如一成化中邑令許岳英以聞詔旌之

周璉妻俞氏年十七守志撫襁褓孤倭寇內訌歲又大侵氏紡績供饔飧備極艱辛姑疾衣不解帶者一年詔旌其閭年八十卒

董和妻姜氏夫亡守志課子子行讀書成萬歷丁丑進士官御史巡按山西陝西請於朝奉詔旌表累受封典卒年七十餘

吳振宸妻劉氏早年守志萬歷間奉詔旌表八十餘卒

夏統妻葉氏年十九身卒年七十八萬歷間旌

以上已旌

吳有本妻石氏夫病刲股不效時年二十守志終身足不踰戶外家貧郡邑歲給粟帛巡按御史謝某題旌之年八十餘卒一日題匾忽墜家人徙之他所未幾室燬而匾獨存

張仁妻鄭氏字妙安兵亂被掠不辱而死　據李志孝義傳補

進士龔璉妻佚其氏以節名　據李志選舉志補

王瓊妻石氏新昌石彥遠女于歸四年瓊父嗣仁以事被逮瓊詣縣請代得允至京病卒子文高生三月矢志鞠養事王姑黃姑龔甚謹以節孝名

王慕妻陳氏　王詗妻韓氏

王應坤妻李氏年皆十八　王莊妻張氏名玘年二十七

諸生王應星妻施氏年十七　王和賓妻姚氏

王繼遷妻俞氏年皆十九並守節享高年有司表其閭

丁一松妻童氏年二十一夫亡子起説甫六齡家貧氏守志撫之課讀成諸生天啓間邑令劉永祚表其門

裘純忠妻俞氏三乳五子志鑣志鋐志銓志銘志鑑氏年二十八夫故欲殉五子泣免終身茹素課子不少寬假後鑣鋐補博士弟子有聲士林　國朝知縣羅大猷給畫荻風嶽額獎之

張元國妻錢氏年二十七夫死守節知縣劉永祚獎之

張承傳妻朱氏結褵年餘夫亡撫遺腹子友應守節六十年知縣張時暘表曰節凛冰霜

邢鑑妻吳氏李志作陳氏自鑑以下諸邢俱係明人而李志與府志皆作　國朝今據邢氏譜改正

邢鎭妻史氏

邢鈫妻吳氏妯娌也皆以節孝著邑令許岳英額其居曰三節堂

邢便善妻商氏年二十一

邢本肅妻朱氏年二十六皆無子守志邑令劉永祚藩錫兩表其閭

盧允中妻許氏年二十六允中任西寧衛知事死難氏疏食布衣堅持苦節撫孤成

盧允端弟允中妻黃氏年二十四守志如其姒俱八十餘卒稱雙節焉

董能八妻黃氏夫亡無子以節名氏會稽人也

姚旭輝妻屠氏旭輝貧役於公氏紡績養舅姑或不繼饔飧詬詈則婉愉以受自食日惟一餐鄰姑或憐而進之食曰毋庸吾腹已果族有長者遺以粟帛氏惟取供舅姑而已夫免役歸日益窘謀出婦婦哀懇之不聽遂歸母家夫設計將強奪之婦泣語母以死自誓乃密紉衣裾夜啟戶出抱石沈百丈潭死覓屍不得踰月從死所浮出顏色不少變邑人王思位喻和鄉爲之傳

姚安輝妻吳氏年二十夫亡遺腹生一子矢志守節未幾子復夭乃撫其孫備嘗辛苦卒年八十

姚學基妻王氏年二十二夫亡上有耄姑遺孤尚在襁褓生膳死葬育子娶媳皆藉給十指卒年七十七

邢克威妻胡氏武昌教諭淮之女幼通書史年十九夫亡兄弟以氏無子欲奪其志氏曰

兄弟且不我知尚誰望焉遂反戶自縊死

羅烈婦黃氏居四十一都佚其夫名夫亡舅耄夫弟逼之氏密紉衣履累月不安枕復遣鄰婦婉諷婦默然衆意其不拒也方治酒會客而婦已自經矣府志作王氏

周亮清妻錢氏

周璟妻呂氏年俱二十一守志撫孤以節孝稱

周謹妻張氏年二十六貞守撫孤李志作馬氏今據周氏譜改正

周亮德妻尹氏年十九夫死無子舅姑欲奪其志氏斷髮毀容誓以靡他繼姪居沅爲後媳黃氏事之孝尹疾刲股閭里嘉之

李廷獻妻周氏年二十二遺孕甫三月舅姑年並七十餘無伯季可依氏矢志自守小姑適新昌富室利其有屢諷之嫁謂孕未必男男未必長氏指天誓曰孕即非男男即不長吾無他志紡績贍舅姑彌月生子振才越六年舅姑相繼殁小姑復諷之曰是兒孱弱未必保盍早爲計氏矢志益堅至鬻產盡湅餤交迫不惜也卒年九十小姑生四子俱

暴亡及卒振才爲治殮鄉黨傳以爲鑒

李光堯母胡氏夫亡三子皆稚家徒四壁氏工紡織無膏火則拾松脂然之夜分猶聞絡緯聲貿布市棉輾轉營蠅頭利以資生活及光堯稍長率兩弟力耕燒炭漸可自給光堯乃讀書鹿山先爲兩弟完婚母病刲股以療及歿廬墓終喪鄉里稱節友並懋

裘純啟妻王氏年二十七寡守節三十年

鄭郊妻王氏

吳梓三妻詹氏年皆二十一

鄭蕃一妻諸氏年二十七

鄭景六妻鮑氏年二十八

鄭本深妻胡氏年二十三皆守志全貞以壽終

金汝發妻鄭氏家赤貧夫亡依居母家紡績餬口饔飧恒不繼其苦節尤倍於常云

諸生裘煒妻王氏年二十六煒亡課子芬補弟子員歷節四十餘年

裘毓國妻袁氏年二十七夫亡撫孤

成立以節著

鄭思讓妻董氏 名淑英夫亡不事容飾雖親戚姑娌鮮所接見晚年持節益堅

史本深女閨英 通經史內則諸書工詩詞祖睎以鄉進士任全州知州爲擇門楣不知父家中已先受聘各欲迎娶方躊躇不能決閨英潛告天地祖宗題二絕句自縊死詩曰生來偏得貌如花異地分栽各手差今日頓生何自苦難云矢志爲誰家總緣憐我選東牀一樣關情適兩妨獨憾劬勞曾莫報無悲玉碎過心傷

鄭惟清女白姑字丁某甫行聘而丁死姑慟哭隨母往視含殮歸構一樓不設門窗鑿穴僅容食物升降日夕事女紅積資置田以供夫祀越二十餘年親喪乃始下樓時與紡輩書誌清白事卒年八十一

諸生周大勳妻胡氏 山陰人崇禎間山寇亂見氏美姿色逼污不從被殺死

邢堯妻商氏

邢淙妻張氏

邢鐸母錢氏 皆青年守志李志以三氏

並入國朝今據邢氏譜改正

張瑚妻王氏

張化妻邢氏並青年矢志府志李志俱作張侈且俱入國朝今據張氏譜改正

支侃九妻張氏年十九侃九以王事卒京師氏誓不二天撫孤成立子永昇出就外傅氏手定句讀歲饑出粟以賑

袁日躋妻施氏年少無嗣躋病劇語妻曰身後事惟汝自裁氏泣曰夫妻相隨生死不移躋卒殮中堂氏卽入房投繯死

袁應吉妻金氏夫死守志

袁日暘妻施氏夫死自殉

鄭式三妻何氏夫亡家貧以節著

鄭秀一妻董氏夫死守志以節著

袁祖典妻張氏刲股救姑姑病痊奉養十餘年而終邑諸生周統李茂先具呈由縣申憲額表其廬

訓導張軫妻姜氏以節著邑令林誠通表其門

邢浣妻張氏年二十四寡

邢克嘉妻呂氏守節邑令朱一柏表之

邢正謨妻錢氏畢姻甫四月而夫亡邑令文典章表之

邢于衛妻王氏

諸生邢于翰妻錢氏俱以節著邑令劉永祚表之

邢于甸妻錢氏守節邑令鄧藩錫表之

鄭忠一妻王氏年二十一夫亡守節卒年七十二邑令林岳偉表其廬

邢叔嘉妻鄭氏

邢如登妻張氏

邢宗璞妻史氏

邢鳳鑾妻俞氏

邢克熙妻姜氏

邢開宗妻過氏

邢堯化妻吳氏

邢秉倫妻尹氏

邢大學妻商氏

邢公亥妻應氏

邢大器妻商氏

邢舜京妻竺氏

邢舜恩妻錢氏

邢舜齡妻金氏

邢良戀妻韋氏

邢正朋妻張氏

邢登起妻錢氏

邢和德妻錢氏　皆以清貧著節

邢饒妻張氏　年二十

邢仲溫妻相氏　年二十三

邢林宗妻錢氏　年二十七

邢貴琮妻周氏　年二十六皆以節著

邢濛妻謝氏　以節壽稱諸文人作詩歌以表揚之名日表貞集

邢舜典妻周氏　以節壽稱一時名公鉅卿如尚書呂光洵等皆有詩歌裒然成集

諸生魏家鑑妻葉氏　年二十五夫亡生子懋祖甫晬撫養成立爲邑諸生卒年八十九

王珍妻范氏
王瑚妻許氏妯娌也珍瑚以事被逮死戍所二氏煢煢寡居矢志堅貞奉姑撫孤以節孝著

裘仕岑妻徐氏二十四寡守節以終

邢宜祖妻張氏年二十二寡值明季鼎革顛沛流離卒以節著總戎姜君獻序其事甚詳

唐宗浪妻鄭氏年二十九夫亡子幼矢志撫育備歷艱辛凡四十一年

呂士評妻史氏年二十八夫故守節三十餘年

任淵妻張氏年十八寡撫孤成立至八十歲孫曾羅列顧而樂之笑脫其頤而卒

周霸妻錢氏年二十四夫死守節子又早世與媳趙氏並以節終亦以孝聞

周雹妻張氏年二十八夫亡撫孤成立

周僎妻沈氏年二十四夫死矢志子淺

周倸妻金氏年二十三夫亡撫孤成立

周晉妻趙氏年十八夫亡矢志與姑張煢煢相依稱節孝焉

周世燦妻李氏年二十三夫亡有欲奪其志者引刀截髮以死自誓

周愬妻笠氏年二十夫亡子方娠自誓不二克全其終

周成綵妻錢氏年二十四夫亡撫三歲孤成立享年八十三

周成蘭妻魏氏年二十三夫死守節

周于仁妻商氏年二十八夫故家貧孝事舅姑撫孤成立年八十一卒

周勝般妻尹氏年二十寡矢志撫孤

周邦仁妻俞氏年十八一乳二子夫亡矢志紡績撫孤

周邦劍妻俞氏二十四寡矢志撫孤

周邦銓妻裘氏年二十九夫亡生子苦節撫孤

周明聖妻錢氏年二十七寡卒年八十三

吳伯宇妻董氏夫亡守節四十餘年周海門先生爲之傳

唐希昌妻婁氏年二十六寡矢志撫

孤卒年六十三

吳誠八妻毛氏夫亡年未三十苦節以終

金允相妻倪氏守節不二

國朝

錢斐章妻邢氏年二十二而寡舅姑與父母爲之議婚氏聞涕泣誓死知不可强乃立姪永和爲子撫之如所生一女適諸生邢殿馨亦以節著雍正五年旌

裘聖先妻錢氏年二十二寡無出繼族姪承祧食貧砥節歷四十餘年

吳志洽聘妻商氏未結褵而志洽死女請哭臨父母不許乃易服守志自計奪之不得依兄嫂以居食貧茹苦恬如也及卒族人高其操以姪諸生上栻爲之後而迎柩合葬焉

尹定宸妻王氏年二十三寡氏勺水不入口者五日舅姑含淚慰藉乃勉進飦粥姑病無力供藥餌刲股以進病竟愈拮据爲子娶趙氏甫生一孫未幾子死孫殤姑媳相依爲命號泣之聲徹閭

開聞者爲之酸鼻

周思孝妻盧氏 思孝以貧故廢學氏盡脫簪珥請佐讀書資因從師長樂鄉失足墜溪死氏環溪號慟欲以身殉姑史氏曰爾有孕倘生子吾兒猶不死也今俱死吾復何望亦欲從之死氏乃止彌月子生守節撫之成立

孫嘉聲妻王氏 歸四年夫病劇氏剪髮毀容明無他志及夫亡遺孕生一子年十八復夭抑鬱成疾猶日事女紅供舅姑膳宗黨憐之乃於氏之卒也爲立服姪之睿以承其祧 以上六年旌

趙義曰妻宋氏 年二十一夫亡家貧遺孕纔七月人咸爲氏危氏泣曰生爲趙家婦死爲趙家鬼無問男女惟行吾志耳彌月生子登選多方保護課以書得爲諸生守節三十五年 九年旌

喻恭咸妻王氏 字無非淮陽兵備王心純孫女大司馬喻安性孫媳也恭咸髫齔喪父母撫於甥館外傳內姆書聲相應及長稱贅壻不踰年際滄桑變西陵潰兵由剡入台所至焚掠恭咸避亂達溪病作氏聞往視已不能言惟握手訣別而已遺腹生一子氏保護之無何而心純夫婦相繼死子復

天無可依恃乃歸行廟見禮繼萘復子大基家故素封而氏屏棄鉛華布衣素食日夜事女紅未嘗稍輟年七十餘卒

宋君惟妻沈氏夫死家貧守節事姑兩繼夫兄子並夭老無所依姪驥德迎養以終

錢鼎爲妻馬氏夫亡子甫三歲教之讀書得成諸生事舅姑以孝聞以上十三年旌

趙子新妻屠氏早寡日夜治女紅課子家塾書甚嚴雖成諸生必督肄業弗使涉家務守節四十七年

裘孟玉妻邢氏年二十一寡無子翁姑憐其少又自傷貧窶勸他適氏引刀畫面守志終身以上乾隆元年旌

諸生裘龜齡妻張氏夫亡遺四歲孤家貧舅姑又病風痺氏事之五年無倦容舅臨卒日此吾家節婦亦吾家孝女也手書梗概示子若孫

吳士榛妻孫氏事翁姑至孝及稱未亡人屏棄紈綺鍵一室獨處課子熙述書未嘗稍寬

假婦道母儀兩克無媿

馬建藩妻裘氏建藩貧而好學氏紡績供膏火夜分書聲琅琅與絡緯相間甫補弟子員而卒氏立志守節孝養舅姑爲宗黨所稱

趙國賢妻王氏生子五歲而寡計事夫疾四年事姑疾十三年生養死葬咸藉鍼黹而卒未嘗廢禮以上皆二年旌

尹琦妻趙氏名靜貞年二十三夫亡斷髮誓志紡績事舅姑氏孫詣赴闕陳狀　詔旌之

張孕彩妻周氏

張雍起妻裘氏姑媳也周年二十二裘年二十七遺孤皆一歲事姑同孝撫孤同慈而膺旌典祀節孝祠亦同日

鄭懷仁妻傅氏會稽傅全芝女紡織佐夫讀雖祁寒酷暑必夜分乃寢及夫亡勺水不入口姑泣曰鄭氏一綫惟茲藐孤望爲我撫若爾死則更貽我慟矣氏含淚謝不敢乃撫孤成立終其身未嘗見笑容

馬其達妻汪氏早寡遺孕生子凌郡弱冠補諸生又天宗黨爲繼二子氏好施與鄉里藉

以舉火者不下數十家人謂能體翁志云翁名驊見義行傳

張學思妻趙氏年二十一夫亡長子三歲次甫匝月擬從夫地下其父母曰汝死則藐孤誰託不幾斬汝夫祀乎氏再拜受命守節撫之　以上三年旌

裘存誠妻沈氏夫死遺孤纔八月舅姑耄而病氏截髮守志拮据供甘旨營殯埋迨老而傳矣子媳又相繼死呱呱藐孫藉撫成立年九十六猶健飯及見　恩旌云

裘思泳妻張氏嘗刲股愈姑疾相夫讀書家雖貧怡如也夫亡撫三歲孤守節五十三年

張懋棠妻孔氏上事下接內外無間言夫亡子啟邦甫二齡撫之成立勉以讀書迨補弟子員始一見笑容持躬端慤宗黨化之多守節者

王世武妻陳氏事姑王孝夫病罄粧奩醫治罔效遺孤四歲紡績易米以食守節四十六年

馬其聰妻裘氏結褵未三月夫亡繼姪凌雲冰霜之操歷四十六年如一日　以上四年

旌

盧伯昇妻趙氏年二十而寡家無升斗儲氏織紝奉耄舅姑撫遺歲兒極人世所最苦者氏備嘗之無憾色舅姑歿躬負土築墳手植松柏行路爲之感嘆

樓紹顯妻周氏年二十五稱未亡人撫三歲孤口授句讀後子媳並死復鞠遺歲孫鄰家火號天呼泣風忽反氏居獨全知縣顏其堂曰節保

金惟清妻趙氏夫亡舅姑復相繼死子焉一身撫匝月孤守志終身

趙明如妻胡氏定祥後明如病篤舅姑欲迎娶父母難之氏曰女既許趙郎趙氏婦設病得起固幸否亦終爲趙氏鬼遂歸趙越半月死婚禮未成也舅姑與父母計商改字女泣曰前請歸時已預知有此日因截髮自誓舅姑歿族人抑不使繼氏訟於官爲立從姪登杏議者比之前花庄商貞女云

諸生沈思齊妻黃氏年二十三寡繼姪鱗爲子提攜顧復備極劬勞至老操女工不倦彌留時笑謂家人日我可無負亡人矣

樓于禮妻張氏幼字于禮未幾于禮

瞽父母憂之女曰命也夫何言歸一年而寡又三月翁死奉姑命繼姪廷樑爲嗣守節三十一年

徐繼聲妻高氏年二十四夫病刲股不效上有兩世孀姑遺子必達纔二齡生事死葬皆一身經營之而又能課子爲諸生宗黨嘖嘖嘆不可及 以上五年旌

魏艮佐妻竺氏佐字翼之業儒而貧氏紡績佐不逮夫亡家益艱難氏上奉舅姑甘旨不缺操作之餘猶課子讀書故子岱孫希聖並列名黌序而氏亦享遐齡云

史起燦妻金氏相夫讀書能修婦職夫亡姑哭之痛病幾殆不起氏號泣呼天刲股和藥以進得復活者七年撫子宗泮備嘗艱苦後至四世繞膝而氏年且九十矣

諸生孫楷妻黃氏篝燈佐讀歷年不倦楷死撫五月孤守節四十三年

喻大廣妻鄭氏早寡子學燦僅五閱月撫養教誨得備弟子員

郭懋達妻周氏夫亡孤纔三月念舅姑耄轉泣爲歡持家勤儉能周貧乏守節三十年

諸生裘華鯤繼妻孫氏夫亡設主楊前飲食起居必以告撫前室子潮與遺腹子海無少異潮爲諸生海亦讀書皆氏訓也以上六年旌

諸生王肇修妻徐氏夫病刲股不效年二十無子繼姪爲嗣善事舅姑以節孝著七年旌

趙仲瑞妻胡氏

喻大璋妻屠氏子學鈐纔三歲撫之成立娶媳李氏生二女而學鈐又亡守志終身

喻大埰妻馬氏年二十二夫死無子繼姪爲嗣建追報祠以祀三代并置田二十五畝卒年八十以上十三年旌

章成紳妻呂氏年二十一夫亡矢志撫孤成立府志作成勝

沈文榮妻裘氏二十四寡苦節撫孤

張文謨妻喻氏以上十四年旌

崔炯妻朱氏年二十九寡守節四十二年

宋一河妻尹氏年二十九寡撫三子

成立孝事舅姑人無間言

李安世妻葛氏年十九寡以節孝著

宋乾驤妻陳氏年二十六寡妾鄭生子未週撫之如已出敬事舅姑始終不懈守節二十八年卒妾鄭守節五十四年以上十五年旌

任秉國妻張氏年十八夫亡守節二十一年旌

錢肇業妻黃氏以節孝著二十四年旌

商琳玉妻周氏年十九夫亡矢志二十五年旌

俞成榮妻姜氏年二十五寡矢志撫孤二十七年旌

相明行妻裘氏年二十六寡撫遺腹子啓泰

相啓泰妻裘氏年二十一寡撫週歲孤成立三十年旌

支全龍妻丁氏年二十九稱未亡八以節著三十三年旌

張家振妻呂氏年二十七寡無子繼

姪爲嗣三十五年旌

丁光被妻童氏年二十三寡家貧覲老子幼藉女紅以存活

裘克恩妻馬氏年二十夫亡無後矢志守節繼夫兄子忭琛爲嗣奉耄姑以孝稱

以上三十八年旌

裘克昌妻馬氏年三十九旌

張永恂女三姑年十三父病朝夕事奉及卒恐傷母心背面隱泣母目失明兄彬又遠出家故貧賴女十指以存活堅於事親守貞不字

史南濱妻沈氏夫故家貧清白自矢

吳乃炯妻梁氏年二十一寡以慈孝著

趙景英妻孫氏二十一寡守節撫孤

監生黃球妻裘氏年二十五夫死守節卒年六十九

以上四十一年旌

周世榮妻商氏年二十七寡守節

錢世勳妻邢氏夫死守節五十餘年

周斯美字仲山妻宋氏年二十三寡撫姪爲嗣苦節五十年

以上四十三年旌

尹遠照妻趙氏年二十三寡事翁孝

敬無違撫遺孤教養兼盡卒年七十三

裘肇璉妻張氏年十九夫亡守節

王惟巽妻周氏年二十三寡以壽終

裘元熹妻張氏年二十四寡善事舅姑撫孤成立以上四十五年旌

錢洪義妻朱氏年二十八寡孝事舅姑撫子成立守節五十三年四十六年旌

監生錢禹甸繼妻馬氏年三十寡守節五十餘年

傅武倜妻童氏年二十二夫死守節

宋全備妻呂氏年二十四寡無子繼姪爲嗣守節二十七年

監生錢紹華妻馬氏夫死守節三十年

錢傳謨妻應氏年二十三夫亡守節三十二年以上四十七年旌

周慶裕妻張氏年二十二夫亡服滷以殉四十八年旌

黃正維妻馬氏年二十九寡無子繼姪爲嗣以上五十年旌

章正論妻周氏　章正詳妻周氏矢志堅貞人稱雙節

張三坤妻商氏年二十夫死守節卒年八十二以上五十一年旌

王達尊妻吳氏達尊病將迎以歸父母難之毅然請往至則調藥餌三年疾瘳後五年寡

趙忠貴妻陳氏年二十五寡守節三十七年以上五十三年旌

孫道璐妻姚氏年二十七寡以節孝著五十五年旌

張承華妻周氏年十七夫亡遺腹生一子夭繼子夏侯已生子矣復夭嚳遘閔凶煢煢孑立婦道無虧　郭思達妻周氏

張永啟妻裘氏　汪宏遂妻鄭氏

周宣元妻金氏　汪景華妻周氏

袁肇璉妻張氏　馬宗大妻張氏年二十四夫亡守節

趙家輅妻錢氏

莫如德妻張氏

支全能妻金氏

周拱元妻袁氏孀禮則夫亡無子繼姪爲嗣族黨咸稱之

尹文勲妻王氏青年厲志言笑不苟遠近稱之

周兆鳳妻邢氏年二十寡矢志不二以節孝終

張永培妻魏氏年二十七夫亡守節以上五十七年旌

諸生周存妻葉氏年二十七寡事舅姑以孝教猶子以義

邢訓謀妻周氏年二十一寡家貧紡績以事舅姑繼姪爲嗣

趙尚杰妻孫氏年二十一寡守節撫孤

張德達妻趙氏年二十六稱未亡人歷四十餘年如一日

張慈沛妻李氏早寡撫孤以慈節著

商永祚妻周氏年二十四寡卒年八十

裘發惠妻沈氏年二十八寡守節四十五年

周慶餘妻張氏婚未幾夫死號泣而絕以上俱乾隆年旌

布理問汪大柱繼妻吳氏年二十七夫死守節卒年五十八嘉慶二年旌

諸生尹鳳飛繼妻袁氏年二十二夫死守節

鄭樹檀妻周氏年二十五夫死守節以上三年旌

監生周廷颺妻俞氏年二十八寡四年旌

裘興組女六妹因被狂且調戲不從復鬨穢言卽行自盡

史兆貴妻宋氏年二十一寡

張顯武妻范氏年二十九寡以上五年旌

張聖緒妻俞氏未婚而聖緒客遊他

鄉不知所終氏過門守志執婦道惟謹姑病刲股以療撫嗣子嚴而有禮新邑陳承然有句云望夫遠道千年石鞠子寒機一片霜可以想其志節

諸生宋一鈞妻周氏年二十四寡守節四十餘年以上六年旌

錢紹憲妻過氏年二十三夫亡守節七年旌

周情廣聘妻錢氏年二十未嫁而寡過門守節卒年五十一八年旌

宋瑩中妻王氏年二十四夫死守節十一年旌

劉元弁妻安氏年二十三寡

丁道烈妻李氏年二十四寡以上十三年旌

竺正俊妻王氏年十九夫亡守節撫遺孤事舅姑以節孝著十四年旌

孫尚計繼妻張氏年二十三寡

董宇治妻任氏年十九寡以節孝著

監生黃炳妻張氏年二十四寡

監生沈鶴年繼妻鄭氏年二

十七夫亡守志兒女俱殤撫姪爲嗣　以上十五年旌

陳組綬妻金氏年二十八夫死守節　張樹松妻馬氏年二十五于歸月餘而夫卒謹事耄姑繼姪爲嗣　史節斐妻支氏年二十二夫亡守節

金有環妻錢氏年二十三夫死守節　以上十六年旌

江俞氏佚其夫名聞徐兒鳳檝語捐軀　張樹梓妻薛氏年二十六寡卒年五十九

竺銘勲妻王氏年二十八夫死守節卒年七十六　以上十七年旌

單義亮妻周氏年二十一夫亡矢志撫二齡孤成立

王行順妻韓氏年二十二寡存年七十九　以上十八年旌

竺英佐妻俞氏年二十一寡二十一年旌

諸生沈宜文繼妻宋氏年二

十五寡父母欲奪其志截髮自誓撫前室子如已出卒年七十八二十二年旌

諸生邢司直妻商氏年二十一夫亡守志繼姪爲嗣勤儉持家賴以不墜二十三年旌

姚自鈁妻潘氏年二十二寡無子繼姪爲嗣家貧勤儉節省漸致豐裕建宗祠置田一十八畝爲祭祀費又建路亭一所置田五畝零爲施茶費

尹大堯妻錢氏年二十夫死守節以上二十四年旌

宋敦廷妻魏氏年二十九夫死守節二十九年旌

李念岳妻屠氏年十九夫故撫遺孤未幾孤殤舅姑慮其青年誣使改適氏引刀斷指誓以靡他繼姪爲嗣撫之如己出道光元年旌

唐人奎妻宋氏年二十九夫死守志

諸生金廷翰妻楊氏年二十一夫死守節卒年七十五

唐人喜妻魏氏年二十夫故年

撫子子亡撫孫上事邁姑以節孝稱寡守節五十五年年五十七以上六年旌孤姑目失明事之惟謹誓

監生魏汝濱妻俞氏年二十一

周積順妻婁氏年三十夫亡守節現

童肇甯妻吳氏年二十一寡撫繼孫

馬肇均妻鄭氏年二十一寡以節自

張廷標妻章氏年三十夫死守節

張廷權妻朱氏年二十四寡卒年五十三

唐元伯妻王氏年二十七寡現年五十二

唐元溥妻單氏年二十五寡現年五十二

王啟孝妻張氏年二十八夫死守志現年七十四

邢植鰲妻劉氏年二十八夫死守節

邢植鯨妻周氏年二十三夫死守節

監生支俊輝妻袁氏年三十寡陳翔雲妻張氏年二十九夫亡以節自誓現年五十八陳成裕妻鄭氏年二十八夫亡守節現年五十一錢芳衢妻過氏年二十六夫死守志遺二子相繼天繼姪爲嗣現年七十以上七年旌

以上已旌

夏烈婦其適周姓居鹿苑山塘順治九年山寇突至殺其夫與家屬八人留婦欲辱之夏不屈遂死於刃按張志及李志夏烈婦開元鄉周某妻而表微錄作夏周氏俱佚其夫名今開元周氏譜則曰汝仁妻未知孰是姑並存之

王大三十三之妻鄭氏夫某業瓜上有耄姑家赤貧族有强暴謀汚之經年不得間一日瞷婦過巷强逼之氏痛詈不屈時夫在瓜園婦從容往與之訣屬以養姑餘無所言又從容慰其姑餓而自經時順治丁酉六月也

鄭紹昌妻王氏 嫁時紹昌已病瘵王去簪飾侍疾不踰月而紹昌死無兄弟其生母蔡氏年四十餘紹昌父自傷其獨也日夜哭不絕聲王乃斥賣篋中粧爲納妾劉氏而蔡往往與劉鬩䶢王委曲調劑之卒歸於好厥後劉所生子舉孫男二人王以其長者爲紹昌後守節六十餘年

鄭鼎臣妻陶氏 鼎臣少喪父以傭直贍其母弟陶來歸貨嫁衣佃田數畝自藝黍焉累羨爲小叔娶婦而小叔不馴鼎臣積憂勞而死陶年二十四一子尚在襁也力手指以爲生值歲饑煮草根充腹終不假人升勺

劉氏二節 紹曇妻周氏及弟紹景繼妻邢氏也周歸紹曇七年紹曇病不治泣謂周曰吾貧而無子汝勢不能久顧吾母老矣苟終事吾母即嫁無憾周曰事姑吾分也醮而生不若餓而死君無慮焉紹曇死周立紹景之長子漢三爲後未幾紹景亦死次子漢傑才八月邢亦秉義不二家事無大小必咨稟於姑姑卒則周主之數十年相敬相愛姊娣無以過也周初寡年二十七越四十七年卒邢二十寡孀居五十三年漢三漢傑子孫蕃衍二節婦皆及見之

周夢騏妻盧氏幼孤母錢守節鞠之年十七于歸姑錢亦節婦也夢騏病瘋無伉儷之恩每疾作輒手大杖撻盧往往齧其面臂膚如刻劃而盧奉持惟謹姑泣慰之則曰此新婦命也無幾微愠色夢騏病殆盧刲臂肉和糜進之少愈又數月而卒姑慫之議擇佳對盧聞泣而謝曰凡姑與毋所爲新婦見之熟矣必不敢玷兩姓門楣俟小叔生男終當有賴已而姑死叔無子娣亦死益無以爲活隣媪勸之嫁曰吾非不能死特以不良死無以見吾姑吾毋耳單居三十年縞衣素食旣病出生平所辦衣履裙襦之屬付其隣媪曰此殮具也敢以相乞毋使男子近吾屍又邀宗老而告之曰吾舅姑吾夫莫爲祀者先世遺田二畝舍一間新婦苦守至今請祔先祠以幸亡人言訖而瞑

周尚化妻丁氏尚化長而奇窮且病瘵不能具婚禮因入贅丁急賣粧治之不效未一年而卒誓殉焉父母嚴護之毅然曰人固當以正命死耳乃奉尚化柩葬周氏之冢尚化家無舍可棲反依母家績麻不去手而歸其直於父父郤之跪而請曰不如此生不如死而泣不止娣曰芳隣感丁志操誓

不嫁奉丁以老初丁從父受詩在室時咏水面落花云飄零且莫怨東風薄命能消幾日紅洗盡浮華香在骨肯隨飛絮墮泥中識者以爲詩讖云

孫成學妻駱氏善刺繡年二十四寡獨處一樓晝夜鍼線弗輟繡成則姑爲鬻之日可給數口姑卒有句繡者以羅綺金線夾片紙置樓前而去翌日仍於原所取之雖鄰嫗罕見其面甫三十而卒以紡纑自食

諸生吳師瑷繼妻翟氏涇縣人踰年師瑷溺死翟年二十四子方在襁不一年兒師瑞弟師琬相繼死家落而事毀氏努力肩之未幾子殤以師瑞次子爲嗣又未幾師瑞之長子死娣姒相繼歿翟肩愈重行愈苦而志益堅卒長嗣子以承先祀

王逢存妻俞氏童時割股救父既嫁夫病殆復割股救之及夫死二子尚幼貧不能舉火有求婚者夫兄欲許之堅勿聽織作往往達旦所居在鹿胎山下相傳其地多怪一夕俞方扃戶績聞哭聲漸近俄一手掌穿窗入狀如羽扇俞正色叱之掣掌去聲亦漸息自是怪遂絕

孫日恭妻吳氏順治辛卯寇掠村落殺其夫氏扶耄舅姑逾嶺避而購骸骨歸葬未幾舅姑死氏年才二十餘繼伯氏子茹荼集蓼撫之成立及病亟父仲舉往視哭甚哀氏曰夫亡之日兒即應死徒以舅姑在堂母亡父老苟全性命所惜者不得侍父終年耳他復何憾爭卒

孫清五妻張氏父俊貧弱獨居沙塢贅清五相依里令張千十三爲媒俊詈之信訟於官囑當事骫法繫其父兄氏曰以我故貽一家累我不死則事終不白遂自經死

沈祖述妻陳氏年十五遺腹生守暘家貧苦節鞠養之守暘死媳吳氏與姑同守繼一子亦娶於吳未幾又死吳復守志三世並以節鳴

錢紹嘉妻喻氏夫卒父母欲奪其志氏遽投繯救止之椎髻操作達旦治女紅食拇二指抵鍼鐵者幾平其半子光諸生氏早歲持齋迨老而病光以甘脆進氏却曰吾與汝父永訣時已矢之矣光傷母志亦茹素終身

張啟槩妻魏氏年三十三夫死子永

培孱弱多病人曰毋徒自苦爲氏厲聲曰所以不卽死者欲爲張氏存一綫耳無以不入耳之言來相勸勉卒年八十四

商奕瑜聘妻劉氏未婚而奕瑜死女泣告父母願歸守志留之不能乃從其請貞女內衣縞素外覆吉服往拜姑畢卽髽髻易衣躬視含殮哭盡哀嗣是修婦道惟謹至夫弟授室始自姑省母葢貞女幼涉詩書故動輒中禮云

鄭金妻宋氏　喻通妻王氏並青年秉節

鄭品二妻陳氏順治丙戌兵掠其境被逼投長橋潭而死

尹燦妻唐氏丙戌避難入山讐家掠其貲懼辱觸崖死

諸生周明新妻胡氏下相村胡承達女歸寧父母會山寇至被逼氏堅拒不從遂被數創母金氏奔救並遇害

裘可禋妻張氏年二十四夫故子璡方五齡艱苦教育得成諸生督學使者姜橚表其廬曰節孝維風

裘曰彥妻張氏子廷器

裘廷器妻王氏

裘繼閔妻周氏子允登

諸生裘允登妻應氏皆姑媳守志按院表之歲給粟帛

史自和聘妻裘氏自和以殺人繫獄氏自父母求一見會解讞道經南溪隨父隔樓啞淚遙訊曰君能終脫否自和曰犯辟無生理願自愛毋以我爲念氏拭淚歸縊死年僅十八府志作前明

諸生金玉殿妻邢氏年十九夫故無嗣以節著

沈維賢妻任氏年十九適沈三月而寡遺腹生男家日貧落氏紡績撫育苦節三十年

朱鼎聖妻趙氏年十九夫故遺孕生子殤姑苦自守賴女紅度日在孤寡中爲最苦者

俞廣生妻黃氏年二十八夫故遺子五美矢志撫育

俞五美妻張氏婚未期夫死無嗣姑媳左右惟謹稱雙節焉

錢雲集妻邢氏年二十一遺腹生子誓不他適奉姑必以甘旨自食粃糠勿令姑知姑病刲股肉代藥竟得起有司表曰貞孝七十餘卒

錢子文妻吳氏青年守志

過廷用妻奚氏

過廷舉妻王氏皆青年撫孤守節稱一門二貞

裘三策妻史氏

裘尚友妻應氏並守苦節

諸生裘素妻吳氏年二十四寡上奉舅姑下撫二月孤矢志不他事舅姑以孝謹聞卒年七十一

張茂略妻駱氏茂略自山陰徙嵊早卒內無宗黨外無戚屬氏植節撫孤辛勤操作歷四十四年漸至饒裕今雅堂張姓蕃衍皆氏所開也

史原壽妻陳氏青年守志子宗寶宗範以孝稱

周家祺妻邢氏家祺病瘋氏白父母請往視疾晝夜扶持者一年而家祺死氏視殮哭泣盡哀舅姑奪之不得乃聽守志後伯叔以爭繼訟誣

氏中菁語氏拔刀自刎流血被體救之得不死終以節著邑諸生周光被贈詩有慷慨人爭重從容義更高句

許如朝妻葉氏年二十四子夢龍生數月父母欲奪之氏堅守苦節撫子成立年八十卒

周楞妻高氏年十九楞亡孤未晬也父憐之誑使他適便引刀自裁自是不復見遍家徒四壁旋燬於火氏鞠孤成立處之怡然年七十餘卒

尹紹信妻魏氏年二十

尹志本妻張氏年二十七

尹志尚妻韓氏年二十一皆守節享壽考

胡成義妻周氏青年秉節

諸生袁祖興妻張氏早寡遺二子皆夭繼一子又夭氏煢煢子立上事舅姑以節孝著年七十餘卒

周鳳岡妻邢氏

拔貢周運昌妻錢氏

周賫生妻樓氏青年矢志三世守節

史佳元妻邢氏夫亡矢志事姑至孝

姑疾刲股以進

喻恭豫妻陶氏會稽人幽閒貞靜有大家風年二十一寡守節五十三年

張輝和妻商氏年二十夫亡遺腹生一子以節著

周維艮妻過氏年十七夫亡經營殯埋畢招諸姊娌飲若與訣者酒未半潛入室雉經視衣履皆密縫也

周應鵑妻張氏年二十一生子未百日而寡守之至老而子復死宗黨惜之

錢熊妻邢氏

錢司治妻過氏

錢士高妻宋氏三世俱以節著

諸生周履吉妻尹氏早寡孝三歲孤廷栻依父家課讀得成諸生

周廷栻妻張氏早寡焚香禱天求得吉壤以竟廷栻之志人皆賢之

周人璇妻邢氏年二十六寡守節終身

周之行妻錢氏早寡家徒壁立織紝

外商雞豚自給九節中之至若者

周良賡妻宋氏居開元莊康熙甲寅寇亂匿山谷中官兵搜得之將挈以行氏引袂刀自刎死

諸生朱霍妻裘氏霍亡無嗣氏年二十五厲志茶苦守節五十餘年

諸生相辰妻裘氏年二十五寡守志終身

周增慧妻宋氏年二十五夫亡數年子死又數年屋燬窮苦益甚而守志益堅

趙范如妻王氏早寡遺腹生子瑞穀七歲纔離襁褓及授室而氏病請醫勿許曰吾今可見汝父於地下矣奄然而逝

杜元德妻任氏事姑至孝夫亡苦志撫藐孤至長爲之娶婦生二子子婦並死撫孫成立

丁從啓妻周氏早寡遺孕生子炳守志四十三年炳將遵　恩詔請旌氏曰吾敢以是邀名哉惟汝克繼書香吾願足矣其立心如此

孫嘉榮妻鄭氏

孫嘉尚妻孟氏

孫嘉素妻潘氏食貧撫孤如出一轍　吳含之妻趙氏早寡子甫五歲既無周親復多外侮治內及外井井有條究能植孤保產　錢葉蓉妻周氏年二十四夫亡斷臂誓靡他殫力奉姑並以孝聞　汪深仲妻鄭氏年二十六寡子宗琦方七歲舅姑年耄氏紡績供衣食暇輒課子讀書嫻禮則生平未嘗有疾言遽色云　董大宗妻葉氏上虞人甫廟見大宗病不半年死氏撫姪為子久之自知死期沐浴更衣偏會宗黨欠伸而逝殮畢遠近咸聞異香　諸生鄭繼艮妻陳氏名天淑幼刲股療親歸鄭舅邁而病氏躬浣諸穢褻未嘗假手他人夫病復刲股及亡苦節自持子彥舉雍正癸卯鄉試人謂秉母教多也　丁允敬妻張氏夫亡無子以節孝著　裘纁妻胡氏年十八嫁逾月而寡　宋士獻妻尹氏士獻貧且病氏百計調治不效死之日擬以身殉夫兄士選囑妻章密護之或諷改適輒唾罵去士選嘉其志為給衣食並以

子穎章爲之後

盧宜彬妻吳氏事姑至孝守節四十六年

吳應皓妻姚氏早寡教子麟昌慈嚴並濟晚年多病麟昌衣不解帶者三年居喪盡禮爲諸生有文名

周廷元妻金氏夫亡遺二子以節著

裘之豹妻張氏年十九寡苦節撫孤

王學舜妻吳氏年二十二寡以節著

張玉振妻李氏姑疾刲股以療年二十四夫亡守節三十三年

張在中妻李氏年二十五寡無子守節五十九年

俞國定妻葉氏年二十六夫死無子撫姪爲嗣守節四十九年

單國安妻竺氏年二十二寡守節三十七年

張垣妻黃氏年二十一夫亡無子厲志撫姪卒年五十八

張士貴妻錢氏夫亡自縊

王大臨妻沈氏夫亡自縊

鄭文政妻王氏嫁兩月夫亡守節四十三年

鄭光裕文政繼子妻蕭氏早寡守節四十五年

錢師雍妻張氏年二十一寡撫姪爲子守節四十九年

徐雲昇妻竹氏年二十三寡事舅姑孝久之繼再從姪爲嗣

鄭天瑋妻章氏嫁二年寡無可後者氏矢志不二久之始得繼子

崔貽燕妻錢氏年十九寡事翁姑孝繼姪承祀守節三十一年

趙元宰妻高氏年二十五寡以節終

宋敦禮妻葉氏夫亡守節四十八年

周績仁妻童氏年十九生子梅甫一月績仁客遊歿於旅邸氏矢志守貞姑生死倚爲督梅於學爲名諸生後梅死婦志爲父所奪又鞠童孫至於成立而其節亦苦矣

陳蘭九妻錢氏年二十五寡遺孤甫

過家貧伯氏欲奪其志氏大慟曰寧死不爲狗彘行引刀自斷其髮藉女紅撫子成立

張本妻俞氏年二十五寡守節三十七年

姚靜彰妻王氏夫死守節三十八年　朱佩祖妻王氏夫亡守節四十一年

錢克化妻呂氏　鄭士圓妻周氏俱以節終

史兆融妻杜氏年二十九寡姑早逝撫幼叔嫁小姑鼎三子成立慈嚴兼至內外肅然

史在倫妻薛氏年二十八　裘慶邦妻宋氏年二十八

唐德陞妻王氏年二十七　馬遠儀妻張氏年二十九

汪本澄妻童氏年三十　張溪妻馬氏年二十四俱以節著

諸生裘健妻張氏年三十一夫死守志足不踰戶外事邁翁克循婦道勵家政靡不周至繼姪怡蕚爲嗣撫之如已出　監生裘怡蕚妻張氏矢志撫孤

周醇暉妻張氏年二十九寡繼姪承祀

秦忠穎妻喻氏年二十夫亡守節　貢生裘鏡萬妻酈氏年二十一夫死嚙指自誓繼子承祧　周隆宇妻單氏夫亡無子繼子承祧

王國茂妻周氏年二十八寡繼姪爲嗣

鄭德遠妻汪氏善事舅姑夫卒遺孕僅三月里媼多勸之醮者氏輒拒之

吳維垣妻沈氏年二十五寡事親撫孤以節孝著

周時行妻林氏年二十二寡守節四十三年

裘一元妻黃氏年三十寡守節十八年卒

王宗仁妻袁氏年二十九寡事親撫孤守節三十一年

諸生沈芬繼妻馬氏年三十　沈莪山妻李氏年二十八

沈升際妻喻氏年二十四並事姑撫孤以節孝終

裘克敬妻張氏夫亡守節二十八年　裘學化妻朱氏夫亡守節三十一年

丁燧妻周氏夫亡守節三十三年　陳彥捷妻閻氏年二十六夫死守節

裘慶泰妻張氏年二十七寡守節二十九年

章應梁妻董氏年十八應梁於順治五年勦賊陣亡立誓守志撫養四子成立卒年七十六　周成英妻裘氏年二十七夫死守志

張錫照妻崔氏年二十八夫死繼姪爲嗣守節二十五年

鄭元震妻趙氏年十九寡卒年六十六

宋仁瑛妻裘氏年二十八寡事親撫孤卒年七十有二

陳彥斌妻景氏夫死守節五十年　錢宏源妻王氏年二十二寡繼姑病

刲股以進尋愈撫三月孤成

立孫曾繞膝卒年七十五

俞友阜妻王氏夫病刲股不效年二十九寡遺孕生男教養有方後其子心超補弟子員喜曰能繼父志吾願慰矣守節四十餘年

鄭學英妻呂氏年二十九寡以節終

姚則錦妻葛氏年二十九寡守節四十一年

宋一昌妻方氏年二十四寡以節終

王景臣妻姚氏夫亡守節六十三年

袁道繡妻王氏年二十八寡以節終

任光尚妻裘氏

王思旦妻房氏皆以節著

張基妻袁氏年三十寡事姑撫子孝慈兼盡子聯奎弱冠食餼皆毋教也守節四十八年卒

張源虬妻袁氏年二十三寡事親撫孤克勤克儉家業頹以不墜

錢貽齊妻張氏年二十三寡撫孤成立

金宗信妻裘氏年二十六寡以節終

邢孫鈞妻馬氏年二十五寡以節終

呂效德妻俞氏家貧勤女紅事親撫孤以節終

周貴顯妻錢氏年二十四寡以節終

裘忠諫妻張氏年二十九寡以節終

監生裘惠繼妻張氏年二十四嫁五月而寡倏然日上有邁姑誰爲奉之下有二孤誰爲撫之於是節哀承字婦道毋儀兩無所忝卒年八十五

錢嘉會妻黃氏年二十五夫死守節卒年七十四

趙文綱妻錢氏年三十寡事親撫孤現年八十子孫相繼出仕不敢暇逸猶以婦道自勵

諸生王之瀚妻張氏年二十一夫亡守節三十八年

黃應仁妻俞氏

鄭浩妻陳氏

錢源妻呂氏

黃廷翰妻王氏

陳賢妻俞氏

黃通理妻趙氏並以節著　沈忠發妻張氏年二十三寡

王元燧妻宋氏年二十寡卒年七十五

王楠八十四妻鄭氏年二十寡守節至八十四卒

王有功妻李氏年二十五寡守節至七十二卒

李期稷妻儲氏年二十五寡　監生錢選妻宋氏年二十三夫亡矢志卒年八十三

張家能妻錢氏年二十七寡卒年五十八

張家賓妻王氏

錢勳芹妻張氏　俞必涵妻張氏

沈允科妻宋氏俱以節著　張聲榮妻呂氏年二十七寡守節四十五年

張家仁妻錢氏年二十六寡守節四

十年

葉克健妻周氏年二十五夫亡守志

王永茂妻張氏年二十生子未週永茂亡家貧甚伯氏欲奪其志氏誓死不從族人命玘與堂姪秀春見而憐之資其衣食後命玘秀春亡氏服齊衰三年以報其德迨老子孫又相繼逝數數一身至八十二而卒

錢士國妻周氏年二十二

諸生裘茂林妻金氏年二十五俱以節著

裘貽遠妻張氏年二十五寡無子矢志自勵以遺產爲祭產

諸生裘廷國妻馬氏年二十四寡以壽終

裘樹栢妻馬氏年二十八寡守節四十三年

裘昭學妻闕氏年二十八寡守節四十七年

徐孝則妻尹氏年二十八寡

徐悌忠妻俞氏年二十二寡卒年五

十八

陳子雲妻宋氏年二十八寡撫孤成立辛年九十六

徐鳴鸞妻孫氏年二十九夫死矢志

王方玾妻宓氏年二十七夫死撫孤守節五十年

求明備妻張氏年二十三寡辛年六十七

姚魯占妻葉氏年二十四寡守節三十八年

張大倫妻王氏年二十八夫死守節　裘宣章妻黃氏年二十七夫死守志辛年七十四

裘宣禮妻任氏年二十八寡

裘秉桂宣禮子妻馬氏年二十一寡人稱雙節

裘定國妻馬氏年二十一夫死守志　俞成美妻陳氏年三十三寡以節終

任啟廣妻童氏年三十一夫亡守節　諸生裘與共妻徐氏年二十八

矢志撫孤
監生商哲妻呂氏年三十二夫亡矢志撫孤成立
裘祐佳妻相氏年三十四寡艱苦備嘗卒以節著
裘祐繡妻俞氏年二十六夫死守志繼姪爲嗣
周登瑯妻錢氏年十九夫死守節
呂慶雄妻馬氏年二十四寡
監生馬祚柏繼妻王氏年四十夫死守志歿年七十八
馬從龍妻俞氏年二十夫死守節
張允煥妻錢氏年三十一寡撫姪爲嗣
諸生周欽哉妻唐氏年三十夫死守節
俞郎昇妻陳氏年十八夫死守志
俞學楳妻章氏年三十三寡以節著
俞成學妻任氏年二十八寡卒年六十九

丁世昌妻潛氏年二十三夫死守志

裘兆鵬妻王氏年三十夫亡守節

裘慶貴妻馬氏年二十一寡以節終

裘茂宗妻黃氏年二十一夫亡撫遺腹子事舅姑以孝著

任成文妻陸氏年二十八夫亡家貧善事舅姑撫遺孤成立

俞其達妻張氏年二十七寡

張煥位妻胡氏年二十八寡

王樂乾妻羅氏年二十四寡

求增福聘妻童氏年二十一未婚而寡過門守志

錢紹域妻俞氏年二十三寡慷慨好施守節三十八年

范勤功妻倪氏年二十九寡

張聲沛妻范氏年三十六寡

俞民進妻費氏年二十九寡

裘青雩妻戴氏年二十七寡撫三月孤

張漢源妻袁氏年二十六寡

王鑒炳妻葛氏年二十七夫亡僅遺二女欲以死殉舅姑曰吾邁矣所恃惟爾於是節哀事舅姑以孝卒年七十六　王鑒煥妻竺氏年二十七寡守節至六十五卒　馬其組妻單氏年二十九夫亡守節

馬素瑞妻張氏年二十四夫亡守志　張泝源妻孫氏年三十夫死守志

諸生俞翰昭妻周氏年三十寡　監生俞克靜妻張氏年二十六寡　徐泉淇妻許氏年二十一夫故兄弟欲奪其志氏正言斥之姑患瘋疾在牀褥者五年事之惟謹疾革謂曰汝能守志以盡孝吾目瞑矣

閻永周妻黃氏年二十三寡卒年五十九

邢安瓚妻錢氏年二十九寡　童美玉妻葉氏年二十六撫孤守節

徐有廷妻周氏年三十三寡　黃國柱妻張氏年三十八夫死守志

黄定藩妻馬氏年三十八夫亡矢志　高宏鉅妻趙氏年三十一寡

錢登廷妻商氏年二十夫亡守節　馬慶濤妻張氏年三十六寡

監生鄭豐元妻杜氏年三十寡　魏馭貴妻熊氏年三十一寡

黄煥如妻張氏年二十七夫故守志　諸生張光耀妻盧氏年三十寡卒年五十七

裘怡聲妻黄氏年二十六寡事親撫孤鄉黨欽其節孝

裘怡然妻張氏年二十九寡上事下撫孝養備至

監生裘宗武妻張氏年二十七寡卒年五十三

裘承信妻任氏年二十三寡

監生裘鳳池妻應氏年二十八夫亡矢志繼姪爲嗣

裘怡聖妻任氏年二十四夫亡矢志善事舅姑繼姪爲嗣

裘公俊妻吳氏年二十五寡守節四十八年

張釗妻錢氏年三十一寡守節以終

諸生張楷妻宋氏年三十一寡守節至九十七卒

邢孫獻妻過氏年三十寡歿年六十六

袁文校妻張氏年三十四寡

邢在侯妻錢氏年二十八夫死守志

監生孫振妻鄭氏年三十二寡

張道彬妻裘氏年二十五寡

李作錡妻宋氏年三十四夫死守節

監生史家肥妻裘氏年三十一夫亡家漸落氏植節守志以女紅度日事舅姑最謹嘉慶戊寅史姓議建宗祠氏以輪塋資併紡績餘錢共捐叁百金以成其事戚黨稱孝敬焉

馬子賢妻周氏年二十八寡

王森秀妻金氏年三十三寡苦節撫孤

吳啟龍妻孫氏年十九寡

錢士繡妻黃氏年三十六寡享高年　錢樂聞妻王氏年三十三寡

周進昌妻邢氏年二十一寡以節終　沈宏顯妻張氏年二十九寡遺孤甫晬家甚貧藉針黹以佐薪水撫子成立卒年六十二　張元鼎妻李氏年二十二寡無子繼姪為嗣　應廷揚妻周氏年二十九寡

應麟彪妻范氏年二十八夫死守節　朱承晏妻李氏年二十四寡現年七十一　朱廷宰妻錢氏年二十五寡以節終

李玖報妻袁氏年二十三夫死自縊　張顯國妻錢氏年三十夫亡矢志

俞心和妻呂氏年二十八寡　王興武妻胡氏年三十四寡

俞安科妻王氏年二十七夫死撫孤足不踰閾

俞安詩妻徐氏年二十二寡以節終　竹興芝妻陳氏年三十寡以節終

周大章妻竺氏年二十一寡以節終　竹遇慶妻魏氏年二十四夫亡守節

黄雲雯妻馬氏年二十七夫死守節　吳之灝妻呂氏年三十五寡以節終

童肇元妻袁氏年三十二夫亡矢志　徐泉澳妻黄氏年三十夫故守節

諸生裘頒妻宋氏年三十二夫亡堅貞自矢撫孤成立

吳之瀚妻王氏年三十寡守節以卒　魏昌裔妻馬氏年二十一寡以節終

魏和謙妻孫氏年三十六夫亡矢志　魏培中妻王氏年三十六寡以節終

裘天模妻馬氏年二十七夫亡家貧事親撫孤能盡其禮

諸生唐佐妻單氏年三十三寡以節自誓

潘芳蘭妻黄氏三十寡現年六十八　鄭采薇妻徐氏年三十六守節撫孤

錢樂聯妻周氏年二十三寡以節終　沈洪濟妻史氏年二十五寡卒年七

十八

徐望臣妻任氏年二十七守節撫孤

姚俊趣妻王氏年三十五寡現年八十一

王國治妻秦氏年二十九寡

監生陳浹中繼妻鄭氏年三十一寡卒年六十二

史瑞友妻錢氏年三十五夫死守志

徐大興妻王氏年三十一寡以節終

俞安望妻陳氏年二十九夫亡守節

監生丁楷妻裘氏年三十二寡卒年六十七

劉志遠妻盧氏夫亡守節三十餘年

鄭憲魁妻魏氏年十九寡守節二十餘年

錢和登妻過氏二十六寡守節撫孤

薛見龍妻張氏年二十七寡守節五十二年

竹盛秀妻王氏年二十九寡守節三十餘年

劉能貴妻邢氏　劉順茂妻邢氏

諸生裘怡顏妻徐氏年二十九寡孝事邁姑教養二子

裘樹傑妻金氏年二十六寡無子繼姪爲嗣卒年八十二

周明聰妻尹氏年二十四寡卒年七十七

尹大受妻袁氏　王功溢妻宋氏年二十四寡

王旹宇妻趙氏年二十六夫死守志　陳昌謹妻裘氏年二十四夫亡遺孕生子矢志撫養卒年五十八　王有化妻董氏年二十二寡撫三日遺孤以至成立且樂於義舉造橋二不下六七百金

薛爾俊妻陳氏年二十六寡

薛贊育妻張氏年二十七寡　諸生袁時檢繼妻史氏年二十六夫死矢志

錢士徹妻張氏夫死守志四十五年

諸生裘天爵妻馬氏年二十七寡守節五十一年

朱承艮妻馬氏年二十七寡

朱高孟妻馬氏年十八夫亡守節

諸生周烈妻黃氏年二十三寡無子繼姪爲嗣以節著

張錫銓妻俞氏年二十七寡守節三十三年

張漢源妻裘氏年二十六夫死撫孤

馬紹府妻劉氏年三十寡卒年八十二

張益進妻尹氏年二十二寡孝事邁姑慈撫猶子

趙立正妻王氏年十九寡卒年六十八

張大南妻裘氏年二十二寡現年五十六

徐有朝妻胡氏年三十三寡卒年七十

吳金殿妻任氏年三十五夫亡矢志

鄭采增妻裴氏年三十寡現年六十七

張孔培妻鄭氏年二十四夫亡守志

貢生沈鶴林妾王氏年三十二寡守節十五年

以上各大憲獎表

應朝昌妻邢氏

張元八妻徐氏

應國昌妻邢氏姑病刲股以節孝著

唐成電妻楊氏守節二十七年卒

黃正禮妻相氏年二十四寡撫孤成立

諸生裘中元妻呂氏年三十寡守節三十五年

諸生張師載妻孫氏年三十夫死撫遺孕子成立

張紹袞妻裘氏

張以璘妻支氏並以節著

尹志祥妻沈氏年二十寡紡績撫孤

諸生呂廷遇妻錢氏嫺禮則年二十七寡課子讀書事繼姑以孝

袁八則妻王氏年二十三寡事姑撫子兩得其道

鄭京八妻婁氏早寡家甚貧親諷再醮氏堅不可撫三歲孤成立卒年九十

呂光曦妻錢氏與側室陳俱以節著

諸生陳嘉言妻吳氏年三十寡卒年七十有九

裘志晃妻屠氏年三十五夫死守志

沈淼妻陳氏年三十而寡撫前室子如已出現年六十四

鄭岱妻沈氏年三十七

鄭宏綸子岱妻馬氏年二十七寡與姑並以節著

監生邢協恕妻錢氏年三十夫死撫孤卒年六十二

沈尚淳妻鄭氏年二十四寡無子守節四十六年

邢齊銑妻周氏年二十四寡無子繼姪爲嗣

張允芳妻錢氏年二十六寡無子繼姪爲嗣事舅姑以孝

邢常備妻商氏年二十三寡撫遺腹子成立

錢緣會妻陳氏年二十八寡撫子龍

山卒年六十七子廷標

錢龍山妻陳氏年二十五寡撫遺孕

呂福宸妻錢氏年三十夫亡守節

呂元道妻鄭氏年二十八夫亡矢志

馬有浩妻王氏夫死守節四十年

錢傳美妻周氏年二十九寡守節三十餘年

周朝魁妻裘氏年二十九寡守節二十餘年

張錦歸妻過氏年十七夫亡撫子守節四十年

陳兆斌妻張氏年二十四夫亡事親撫孤守節三十年

宋家洽妻丁氏年三十寡撫孤成立辛苦備嘗

陳宏妻求氏年二十夫亡撫遺孤守節三十餘年

徐肇修妻宋氏年二十六守節撫孤

張錦悌妻俞氏年二十寡守節二十

餘年

王武遷妻沈氏年二十五夫亡撫未週孤成立守節五十年

沈廷藩妻袁氏年二十四事親撫孤

張遠定妻俞氏年二十二寡家甚貧藉女工以撫孤

李鳳鳴妻陳氏年二十七寡無子敬事舅姑守節三十餘年

諸生高心達妻李氏年二十九寡家貧藉女工以撫孤

汪承紋妻秦氏年二十六

汪承禮妻葛氏年二十九俱以節著

馬祚衕妻鍾氏年二十三寡撫遺腹孤守節三十餘年

應鎰瑾妻沈氏年二十八寡敬事舅姑繼姪爲嗣守節四十年

樓大和妻任氏年二十九寡上事下撫守節三十餘年

戴學智妻張氏年三十寡

張增鳳妻葉氏年三十寡

錢繼隆妻張氏年二十九寡

黃正炎妻史氏年二十九寡

黃魁培妻沈氏年二十六並以節著

尹大愷妻金氏年三十寡守節三十餘年

尹嘉炳妻王氏年二十四寡守節四十餘年

史節歡妻黃氏年三十寡孝事病姑

王佐妻史氏年二十九夫死守節

鄭士琇妻周氏年二十八寡守節二十餘年

葉國耀妻馬氏二十一寡孝親撫孤

監生趙師仲妻盧氏年二十八寡撫子成立子死復撫孤孫現年七十五

袁章裁妻周氏年二十九寡事親撫孤守節四十餘年

金紹魁妻呂氏年二十二夫死矢志

沈欽治妻任氏年二十二寡無子繼姪為嗣現年六十七

李家琮繼妻屠氏年二十三夫亡

守節撫前室子如已出

監生宋家脩妻周氏年三十四寡遺二子教養兼至守節四十六年

童承堯妻趙氏年二十八寡家貧撫三子成立守節四十六年

周吉相繼妻汪氏年二十四夫亡撫孤守節三十年

董殿元妻張氏年二十七寡守節三十餘年

鄭祖本妻魏氏年二十八寡

鄭紹年妻唐氏年二十八寡

鄭紹祥妻王氏年三十竝以節著

監生高天權妻王氏年三十二寡守節三十餘年

張朝聘妻佘氏年二十九寡以鍼黹自給守節三十餘年

陳復旦妻顧氏年二十六寡家貧矢志撫孤

趙允恩妻王氏性至孝幼能事親十七于歸事舅姑如父母夫病十餘年事之惟謹及卒

以舅姑年邁子未成立不得不留身以待其舅痛子之亡也病彌甚氏禱于天刲股以進病遂瘳守節四十六年

汪曰伾妻韓氏二十四寡鞠子大祥

汪大祥妻王氏年二十寡與姑茲以節著

丁士德妻張氏年二十八寡無子繼姪爲嗣持家辛勤家漸裕置田以祀先祖復念母家無後置田數畝供祭守節四十餘年

袁德濂妻趙氏年二十八夫亡無子繼姪爲嗣守節三十餘年

崔承錦妻吳氏年二十七寡守節四十餘年

陳增智妻鄭氏年二十九寡紡織撫孤

沈崔山妻黃氏年二十九寡守節四十年

袁尙佳妻俞氏年二十九寡事親撫孤辛苦

馬祚波妻張氏年二十九寡藉女工備嘗

撫遺孤十餘年子死復鞠二孫孤遺腹子以教以養俾得成立洗以節自勵孤

監生駱望義妻邵氏青年秉節寡撫前室子如己出事病姑十餘年毫無懈志姪爲嗣守節二十餘年

趙梓材妻陳氏年二十九寡守節二

裘世源妻劉氏年三十寡撫子成立

裘體備妻王氏年二十九寡事姑撫

諸生裘鎰妻錢氏年二十六寡撫

裘懋熙妻金氏年二十八寡家貧如

黃正高妻周氏年二十七寡食貧撫

黃錦槐妻安氏年二十五寡以節著

諸生宋聯元妻劉氏年二十七

沈明佩妻裘氏年二十六寡無子繼

徐立禮妻任氏年二十四寡無子繼

姪爲嗣事病姑十餘年無倦容守節六十餘年卒

黃錦崑妻王氏年二十三寡守節三十餘年

高心地妻汪氏年二十六寡事親撫孤守節三十餘年

張煥信妻尹氏年二十二寡撫遺腹子成立守節二十餘年

呂思傑妻袁氏三十寡現年六十五

貢生秦涵妻張氏年二十八寡守節至八十二卒

監生秦煥妻喻氏年二十三寡孝事邁姑繼姪爲嗣守節四十餘年

俞國楫妻商氏年二十六寡以節終

陳行炎妻周氏年二十六寡撫子忠禮至十六歲而夭氏自縊死鄉黨悲之

監生王元璐妻藍氏年二十九寡

丁正和妻崔氏年二十八寡嫺書史明大義冰蘗矢志著有如松軒詩艸

張奎元妻盧氏年二十七寡守節三

十餘年

王光德妻趙氏年二十五夫死無嗣繼姪爲子守節五十八年

張深明妻夏氏年二十六寡

張深昆妻魏氏年二十五竝以節著

呂福貞妻周氏夫病八年事之惟謹及卒氏年二十九上事下撫兩盡其道年六十六卒

過芝雲妻錢氏年二十一寡守節撫孤

俞寬煜妻張氏年二十六寡守節三十餘年

周慶明妻宋氏二十七寡事親撫孤

俞發明妻趙氏年二十一寡事親撫孤守節三十餘年

薛體格妻朱氏年三十六寡矢志撫孤

薛鳳飛妻袁氏年三十五寡撫孤守節

俞紹宫妻張氏年三十寡家貧子夭苦節二十餘年

裘在榮妻史氏年二十四寡撫孤守節

趙瑄妻童氏年二十八寡守節三十餘年

尹應璐妻盧氏年二十二寡子週歲以養以教俾得入庠現年七十一

章光麟妻孫氏年二十六夫亡家貧紡績撫孤艱辛萬狀歷五十八年卒

丁光采妻袁氏夫亡撫未週孤成立現年六十九

謝鉅黍妻宋氏年二十八寡守節撫孤

盧明德妻李氏年二十七寡紡織撫孤

馬有龍妻張氏夫亡撫三歲孤成立　裘朝秀妻宓氏年二十八守節撫孤

張天瑞妻馬氏年二十八寡以節著　尹志節妻任氏年三十一夫亡守節

尹嘉會聘妻張氏未婚夫亡過門守節繼姪爲嗣現年五十三

陳配高妻馬氏年三十夫亡矢志

陳配明配高妻張氏年十七于歸時夫病已篤旋歿哀號欲絕守節二十年卒

陳瀛洲子配高妻陸氏年十九寡撫遺孕子成立人稱一門三節

馬有烜妻袁氏年二十四守節撫子天復鞠童孫

馬仲甫妻史氏年二十七

馬祚恂妻魯氏年二十六

馬德輿妻錢氏年三十一俱以節著

陳德彰妻葉氏年二十五寡守節二十九年

張復振妻章氏年二十九夫亡矢志

張步洲妻袁氏年二十六割股療母夫亡以節自勵

張國彥妻韓氏年三十四夫亡守志

應學潮妻錢氏年二十六守節撫孤

袁文元妻陳氏年十九寡撫子章麟

袁章麟妻陳氏早寡與姑以節著

厲邦效妻陳氏年二十七寡撫六月

孤敬事舅姑守節六十三年

黃雲洪妻求氏二廿海寡撫遺腹孤

相君澄妻張氏年二十六寡家貧孝舅姑撫週歲孤守節二十餘年

盧聲振妻馬氏年二十四寡守節四十年

盧聲範妻喻氏年十九寡守節三十一年

王興逵妻張氏年二十九寡撫孤成立守節三十餘年

錢芬揚妻袁氏年三十寡守節五十三年

錢士濤妻邢氏年二十四寡守節二十三年卒

錢河泭妻張氏年二十三寡家貧事親撫孤守節三十三年

錢望猷妻史氏年十九寡守節四十餘年

鄭嘉賢妻杜氏年二十五寡守節五十年

駱順遷女八姑字邵維育子爲室未婚守志至六十餘歲卒

馬紹岳聘妻袁氏未婚夫亡過門守節

邢在琴妻錢氏年二十六寡家貧撫子娶媳後子亡媳他適復撫其孫現年七十二

錢繼泮妻周氏年二十二寡無子舅姑老勤女紅養生送死現年五十一

陳凝迥妻趙氏年二十三夫因父病延醫墮水死氏能繼夫之志孝事翁姑撫養四男三女鄉黨稱之現年七十七

陳凝道妻袁氏年三十三寡卒年六十三

張允傑妻裔氏年三十三夫故家貧紡績撫孤已娶媳生孫父而子媳與孫又相繼夭逝煢煢一身孑焉無依以苦節終

李念鄉妻黃氏年二十四寡事舅姑以孝無子繼嗣承祧

張開元妻王氏早寡守節五十四年

張開助妻高氏年三十寡事王姑與

姑能盡其禮現年六十九

監生馬金墀妻錢氏年二十六寡事舅姑孝撫前子如已出

張起林妻錢氏年二十一寡家貧無子繼姪爲嗣守節三十五年

張起喆弟起林妻宋氏年二十二寡無子繼姪家松爲嗣

張家松妻劉氏生二子寡年二十八哀戚之餘乃自勵曰姑繼吾夫以爲養也吾不難從亡人於地下如老幼何於是支持門戶艱辛萬狀無何二子又殤兩世孀嫠相依爲命其苦有不堪言者

張家賓繼妻應氏年二十一寡無子繼姪爲嗣卒年七十九

張聲東妻史氏年二十八寡事親撫孤

鄭福元妻杜氏年三十寡繼姪爲嗣

王希周女懋學以母早亡四弟三妹幼而無恃矢志不嫁爲弟妹婚配現年六十九

竺元吉妻劉氏夫亡守節四十五年

李學德妻袁氏年二十五夫亡無子

繼姪爲嗣卒年七十五

錢承倫妻邢氏年二十九寡上事哀親下撫弱子

丁子靖妻夏氏年三十四寡守節二十餘年

錢芳荃妻張氏

錢芳茹妻張氏荃茹同溺死二氏年二十七同庚守節一現年七十八一七十四而卒

金嘉種妻王氏年二十二寡家貧撫孤現年七十三

陳發貴妻董氏年三十寡家貧撫孤現年七十四

童世興妻楊氏年二十七寡無子繼姪爲嗣姑耄而瞽事之惟謹捐田供祭捐屋作宗祠

鄺智葵妻王氏年二十一歸甫八月而寡撫遺腹子成立

張家暹妻錢氏年二十七夫死守節

張家通妻邢氏夫死守節二十六年

鄭一楷妻錢氏年二十一寡撫三月孤成立事邁姑以終年

沈方魁妻周氏二十六寡現年六十王焊武妻潘氏年二十八寡無子繼姪爲嗣守節四十三年閻立常妻沈氏年十八夫死守志

宋一郊妻張氏年二十六夫亡守節五十一年

陳銘妻王氏年二十六夫死守節張深芹妻支氏年十八寡現年六十二張誠基妻俞氏年二十七寡

張誠夢妻支氏年二十四寡張誠麟妻丁氏年三十一寡

張誠松妻王氏年二十八寡張源烱誠松子妻裘氏年二十六寡張源煌妻李氏年二十九寡

張源輝妻王氏年二十七寡俱以節著

張深忠妻葉氏年三十五夫死守節張天璋妻樓氏年十九寡撫遺孕子

永清

張永清妻黃氏年二十八寡撫遺孕子成立卒年八十五

董啟昆妻安氏年三十八夫死守節

江加孔妻裘氏年二十九夫死守節

黃啟炎妻張氏年三十寡撫子大珍卒年八十一

黃大珍妻史氏年三十三寡撫子光焯現年八十三

黃光焯妻張氏年三十五寡現年五十九

竺安邦妻俞氏年三十八夫亡矢志

邢孫貽妻錢氏年二十八寡

邢羣昌妻張氏年二十七寡

邢在鄉妻錢氏年三十寡

邢羣歌妻周氏年三十二俱以節著

陳光被妻張氏

陳蓮先妻錢氏俱二十四寡以節著

黃兆登妻張氏年二十九夫亡守節

王奇章妻陳氏年二十四夫亡矢志

黄明相妻邢氏年二十三寡以節著袁茂芬妻俞氏年二十八夫亡守節

沈宗文妻俞氏年二十寡守節三十四年

沈宗强妻馬氏二十五寡苦志自勵陳世倓妻俞氏年三十一寡

陳世經妻唐氏年二十六俱以節著陳奇盛妻宋氏夫死守節五十餘年

陳永明奇盛孫妻王氏　陳文岱永明子妻尹氏

陳茂材文岱子妻張氏四世節孝如出一轍

張開貴妻吳氏年二十五夫死守節黄端表妻竺氏三十四寡事姑撫孤

丁成才妻張氏年三十三寡以紡績事姑撫幼子卒年七十九

尹大堯妻喻氏年二十三寡現年六十三

傅祖烜妻鄭氏年二十七寡事親撫孤人無閒言

尹大鳳妻周氏年二十九寡以節著

諸生宋培基妻金氏年二十一夫死以節終

諸生張闓遠妻范氏年三十二夫死守節

吳子禮妻陳氏年二十九夫亡紡績度日矢志堅貞

張聲斌妻孫氏年三十一夫亡守節

應德昭妻蔡氏年二十五夫亡守志

劉本榮妻邢氏年二十七夫亡守節

張起鐘妻李氏年二十九寡以節終

陳則先妻裘氏年二十四寡以節著

相耀春妻張氏年二十五寡

相耀嘉妻竺氏年二十七寡俱以節著

董家元妻張氏二十六寡矢志自守

周學悌妻樓氏年二十四以節自誓

酈有富妻裘氏年二十七寡以節著

張武烈妻曹氏年二十七夫死守節

葉用楷妻劉氏年三十寡以節著　張盛行妻金氏二十二寡苦節撫孤

周孝廊妻鄭氏年二十二夫死守志　祝豎貴妻黃氏年二十三夫亡矢志

祝豎千妻俞氏年三十三夫亡與側室李氏年二十五撫遺孕子以清白自矢

張立英妻黃氏年二十七夫亡家貧遘姑又逝辛苦顛連撫孤成立娶媳生二孫而兒媳又相繼死復鞠遺孫老而愈苦卒年七十九

史義春妻徐氏年二十八夫亡矢志事遘姑撫遺孤各盡其道

張聖備妻李氏年三十夫亡五子俱幼清白自矢紡績撫養以成立

劉從彪妻尹氏年二十五寡事遘姑以孝教繼子以義

龔子良妻盧氏年二十七夫死守節

張道一妻陳氏年三十一夫亡守節　吳正欣妻李氏二十八寡事親撫孤

張生浩妻鄭氏二十三寡撫遺孕子　王士位妻趙氏年十九寡矢志撫孤

張本瑞妻姚氏年十九寡繼姪爲嗣 邢啟江妻鄭氏年二十七寡苦節堅貞

高允標妻喻氏年三十寡紡織撫孤

張忠遠妻周氏年二十七寡以節終 張有祿妻陳氏年二十一寡撫遺孤

諸生馬鋼妻陳氏年二十九寡上事七旬祖姑下撫週歲遺子現年五十

馬其珍妻周氏年二十五寡卒年七十一

劉聖輝妻張氏年二十八寡以節著 沈廷元妻李氏年二十一寡紡績守志至死不變

任守仁妻吳氏年二十五寡教子成立

喻之霞妻周氏年二十八夫死守志

何文俊妻張氏年二十七寡矢志堅貞

黃孔勳妻張氏年二十六寡以節著 監生黃仁榮妻張氏年二十三

寡以節自誓
貞

黃仁鈐妻張氏年二十五寡節操堅

夏愷堤妻張氏年二十七夫亡守節

傅祖說妻張氏年二十九寡家貧紡績自誓

諸生尹兆隆妻黃氏年三十三生子嘉詢未百日而寡事嫡撫孤勤勞備至

尹慶安妻張氏年三十二寡以節終

陳士相妻王氏家貧業腐年二十五寡遺二子辛苦萬狀俾得成立已授室生子乃相繼逝媳又一死一醮里諺云縣前陳寡婦一生磨豆腐撫子復撫孫愈老而愈苦其節亦概可見矣

卒年七十二

動無踰禮卒年五十三

十四

張仁起妻金氏年三十寡撫子霞錦

張霞錦妻裘氏年三十寡事姑撫子

趙緒棠妻許氏年二十九寡現年五

趙緒瀾妻王氏年二十六寡以禮自

守

馬守政妻黃氏年二十九寡卒年七十二

丁國相妻呂氏年二十七寡事親撫孤

蔣進城妻金氏年二十一寡繼姪家盛爲嗣卒年七十一

蔣家盛妻王氏年二十九寡無子克繼姑志以姪爲嗣卒年六十三

張繼綱妻周氏年三十寡矢志撫孤

石成岷妻王氏年三十夫死撫孤

裘佩勝妻馬氏年二十一寡家貧苦守至八十歲卒

沈宜槐妻徐氏年三十一夫亡守節

監生喻學望妻王氏年二十九寡守志撫孤

陳清侯妻李氏二十八寡事親撫孤

金宗聖妻鄭氏年二十八寡事舅姑撫姪大鏞爲嗣以節孝著

諸生王大賓妻竺氏年二十九

寡矢志撫孤

金朝君妻高氏年三十寡以節終

王才福妻黄氏年三十夫故守節

胡芝秀妻王氏年十九寡撫遺孤孤復夭謹事遺姑以節孝著

胡天培妻王氏二十六寡事姑以孝

胡天盛妻王氏年二十一寡父母欲奪其志氏誓死靡他卒年五十八

諸生金世豪妻袁氏年二十五夫亡撫孤

竺學禮妻王氏年三十一寡植節撫孤

諸生姚浩妻竺氏年二十五夫亡投繯以殉

王至剛妻姚氏年二十夫死撫孤孤夭繼姪爲嗣以節孝聞

俞存紀妻袁氏年二十寡繼姪爲嗣

王權玖妻馮氏年二十八寡孝事翁姑義訓子女

麻賢盛妻劉氏年二十八寡事舅姑

撫幼子守節四十年
沈大豪妻胡氏年二十五夫死撫子
守節五十九年
唐國二妻宓氏年二十二守節撫孤
王善述妻盧氏年十九夫亡守節
周燮臣妾王氏年三十四寡事嫡以
禮撫嫡孫孫天又撫其子
陳次英妻呂氏年二十一夫死守節
王懋忠妻樓氏二十八寡事親撫孤
費雲堯繼妻袁氏年三十二寡事
姑撫子
劉國道妻厲氏年三十寡教子成立
斯仁通妻錢氏年二十六寡矢志撫孤
史節斌妻袁氏年二十七夫死守節
陳昌環妻張氏年二十一寡繼姪爲
嗣
裘祥英妻樓氏三十寡現年六十六
相光法妻葛氏年二十七寡卒年八十一

王元璧妻盧氏年三十寡現年六十一

沈一昌妻任氏年三十二寡事親撫孤現年六十四

沈廷璧妻姚氏年三十三夫亡植節　沈廷章妻王氏年三十夫死守節

諸生周建用妻尹氏年二十七夫亡矢志撫孤成立

監生周協用妻袁氏二十九寡　徐立紀妻裘氏年二十七寡以節著

竺正財妻高氏二十八寡事姑撫子　裘祥通妻錢氏年三十寡家貧藉女紅存活

魏咸春妻周氏年二十七寡現年五十四

竹裕青妻汪氏年二十八寡事親撫孤

袁章漢妻王氏年二十三寡現年六十四

馬國謨妻趙氏年二十八寡孝事舅

姑現年五十九

王元璨妻高氏年二十九夫死守志

汪本仁妻袁氏年二十寡撫遺孤

吳錦運妻丁氏年二十七寡事姑教子以節孝著

宋天發妻黃氏年二十六夫死守志

宋天癸妻陳氏年三十六寡卒年七十二

高敬祿妻趙氏年二十五夫亡守志歷三十五年而卒

沈正儀妻俞氏年二十九夫亡矢志

楊友琴妻袁氏早寡守節四十八年

陳肇濱妻王氏年三十五寡守節三十餘年

汪立亨妻王氏年二十四寡守節二十六年

陳世泰妻吳氏年二十八夫死守節

鄭宜椿妻王氏年二十五寡守志撫孤

朱培達妻趙氏年二十三寡歷三十

三年卒

姚自鈺妻儲氏年二十七夫死守節

馮零三妻鍾氏年十九寡撫遺孕子成立現年七十八

吳才煥妻鄭氏年二十寡事親撫孤守節五十五年

王開英妻黃氏年三十二夫亡守志　徐開化妻王氏年二十七夫死事親撫孤現年六十四

任克大妻沈氏年二十八寡無子繼姪爲嗣紡織事舅姑以其餘資置田歸宗祠作祭產卒年八十九

汪生智妻徐氏年三十一　汪立賢生智子妻諸氏年二十七

汪本霖立賢子妻董氏年三十九俱以節著

夏廣榮妻黃氏年二十五夫死守志　邢能江妻袁氏年二十四寡以節著

劉天美妻董氏年二十九寡事親撫孤守節三十八年

童其泰妻徐氏年二十四寡以節著　張廉翰妻王氏年二十六夫死守節

趙國泰妻陳氏年三十二寡現年五十七

監生周誠妻丁氏年二十五夫故自殉　李道原妻石氏年三十三寡現年六十五

貢生俞睿庭繼妻謝氏年二十八夫死矢志

劉國珍妻過氏年三十一寡上事哀姑下撫弱息艱苦萬狀守節二十餘年

錢楫茂妻邢氏年二十八寡植節四十餘年

陳家棟妻張氏三十三寡現年六十

王元璟妻高氏青年矢志以節孝著　袁鍾秀妻尹氏年二十五夫亡守節

袁繼海妻黃氏年二十五寡現年七十有二

王盛明妻鄭氏年二十三夫亡守志　王文錦妻裘氏年二十一寡現年八

十一

王聰惠妻魯氏年二十二嫁未及週夫死守志繼姪爲嗣

諸生茹啟相妾張氏年十九守節撫孤

王敬乾妻丁氏年三十寡守節四十四年

王方美妻魏氏年二十七寡守節四十二年

黃存亮妻李氏年二十七夫死撫孤

楊大興妻王氏年三十寡現年五十五

韓廷秀妻裘氏年三十一寡以節終

胡月江妻趙氏年二十九寡紡績撫孤現年六十

以上邑令給額獎表

袁大志女閏九姑因母目瞽守貞不字

陳懷瑾妻沈氏年二十八夫亡守節　陳承訓妻龔氏年二十一寡以節著

杜士銘妻金氏年二十九夫死守志

以上儒學給額奬表

王嘉熾妻夏氏年十九夫死守志姑病刲股以療之

丁昇朝妻張氏年二十八夫死撫孤　竺師貴妻王氏年三十二寡守志三十九年

竺廷忠繼妻葉氏年三十一寡事孀姑撫前室子恩勤備至

謝進泰妻袁氏年二十八夫死苦志撫孤

過廷份妻錢氏年三十二寡苦志育孤以節聞

過永繼妻邢氏年二十九寡以節終

陳德芳妻陸氏年二十一寡守節五十二年

劉漢珏妻呂氏早寡苦節三十餘年　姚敬文妻竺氏年二十四夫亡遺二子撫之成立臨歿謂二子曰吾今日可見汝父于地下汝能敬伯叔友兄弟吾目瞑矣

周學文妻史氏年二十九寡卒年六十六

周運奎妻張氏年二十二寡卒年八十一

張世祿妻王氏年二十四寡無子繼族姪爲嗣

宋咸吉妻唐氏年十八夫亡守志　過葉榮妻黃氏年三十一寡以節自誓

錢芳庚妻周氏年二十七寡無子繼姪爲嗣奉姑以孝現年七十

張廷望妻尹氏年二十八寡守節四十五年

吳維凝妻沈氏年二十九寡守節二十餘年

柴紹恩本姓吳聘妻張氏年十

九娶有日矣紹恩病卒訃聞女告父母往視含殮父母不可絕食二日父母送之往既葬父母勸之歸女曰兒安歸父母固强之絕食者又四日父母乃聽之朝夕哭奠哀禮兼至然二次絕食加以哀毀旋得疾父母舅姑相與謀醫女辭曰兒之不即死者恐以樻死傷兩家父母心耳今病而死是正命也何醫爲不藥而卒

吳宗元妻沈氏年二十七夫亡守節

趙繼文妾馬氏年二十八繼文亡子景武纔七歲與嫡張共撫之後嫡死持家辛勤動無踰禮卒年八十八

王愷臣妻張氏年二十八寡守節至七十三歲卒

唐思孝妻金氏年二十八守節撫子

鄭必妻趙氏年十九夫亡子甫四月隨舅赴廣東任舅卒扶柩歸辛苦萬狀守節四十餘年

俞其芳妻張氏早寡守節五十一年

俞積秀妻周氏年二十九夫亡子幼撫立雖地有勸之嫁者輒奉主而泣

唐人贊妻俞氏年二十九寡以節終

王志灼妻魏氏年二十三夫亡舅姑病廢在牀褥者五年奉養不倦守節五十五年

王世昌妻黄氏年三十寡以節孝著

鄭崇道妻房氏年二十六夫亡守節三十六年

鄭珠妻宋氏年二十八寡守節三十四年

鄭一貫妻李氏年二十八寡守節三十四年

鄭楠妻徐氏年二十四寡守節四十年

鄭存仁妻朱氏年二十六夫死守節三十八年

何學信妻葉氏年二十四寡守節至八十四而卒女六姑媳茹氏俱以節著

王家遜妻沈氏年二十五寡卒年七十三

張德安妻葉氏年二十八寡撫子榮昌

張榮昌妻俞氏早寡撫遺腹子仁開

張仁開妻俞氏年三十四寡卒年七

十四孤

馬世發妻宋氏年二十七寡事親撫

貢生喻經邦女大姑以親老弟幼不字聞議婚輒涕泣父從其志勤女紅以佐日用毋病刲股者二父病刲股一終身疏布卒年五十七

陳懷德妻沈氏年二十七寡守節四十二年

章道樑妻任氏年三十九寡守節三十九年

陳世貴妻張氏年二十三寡卒年七十三

錢士璐妻張氏年二十一寡守志以終

史積金妻過氏年三十五寡卒年七十一

袁建奎妻張氏早寡茹苦完貞

袁肇金建奎子妻張氏年三十五寡現年六十六

袁建祥妻張氏年二十八夫亡守節

黃正繡妻宋氏　黃繼嵩妻張氏俱青年矢志以節著

鄭仍偉妻許氏年二十三寡守節二十餘年

邢懷珍繼妻錢氏年二十七夫亡守節四十三年

王貴芳妻徐氏年二十八寡以禮自守

童師周妻方氏夫死守志以清白著　竹縈漢妻童氏年二十六寡矢志以終　周海潮妻竺氏年二十一寡守節以卒　徐兆捷妻童氏

徐元震妻吳氏俱以節著　王汝潮妻黃氏年二十五寡現年七十二　張文絅女大姑字喻之晟爲室之晟卒女聞訃隱泣以汗衫請母寄殉不食者數日父母哀之女曰生不爲喻氏婦死宜爲喻氏鬼請終身以

事父母遂脫簪珥荆布素食里黨咸稱而求親者踵至父欲改字女知之潛易素服投繯以死時道光癸未八月二十七日也

趙承堯妻鄭氏年二十八寡家貧撫孤

陳奇相妻邱氏年二十七

陳奇明妻趙氏年二十八俱以節著

陳倫端妻吳氏年二十四夫亡矢志

吳嘉銘妻周氏年二十寡守節二十一年

裘發瑭妻葉氏年二十四寡守節以終

史兆盛妻錢氏年二十六寡現年七十一

郭作霖妻錢氏年三十六夫死守志

諸生張廷瓚妻周氏年二十四夫亡無子撫姪啓恒爲嗣

張啓恒妻宋氏年二十六寡善繼姑志撫未週孤成立

張啓敬妻王氏年二十六寡以節著

葉榮端妻謝氏年二十九夫死守志

周國鈖妻俞氏年二十四寡以節著　周朝俊妻陳氏三十二寡現年七十

史在傑妻周氏年二十七夫死植節　丁華頂妻呂氏年二十八夫死守節

魏功相妻王氏年二十四寡家貧撫孤敬事舅姑卒年七十

諸生鄭之亘妻唐氏年二十六寡現年六十五

王乘黄妻黄氏年二十三寡卒年六十九

錢昌虎妻張氏年二十六寡上有邁姑下無子女孑焉一身卒以節著

竹培妻尹氏年二十八寡以節孝著　李天祚妻袁氏年二十三寡現年六十三　張必元妻俞氏守節三十五年而卒

錢登義妻裘氏年三十寡現年五十八

張曰星妻王氏年二十九寡矢志堅貞

黃孝遜妻王氏年二十七寡守節五十五年

盧應軫妻錢氏年二十四夫亡遺孤纔數月家貧奉姑撫子矢志堅貞

盧立元妻竺氏年二十八夫亡子幼苦節能貞

趙業任妻史氏年二十四夫亡矢志

李鳳德妻魏氏年二十六寡卒年五十五

童金龍妻徐氏年三十四夫亡撫孤

徐文元妻俞氏年三十五寡家貧撫孤

王其亨妻杜氏年三十三寡茹苦撫孤卒年七十二

徐元芳妻竺氏年三十二寡以節孝著

王朝鋌妻俞氏年二十寡教子成立

童一德妻唐氏年二十六寡卒年八十八

俞徐氏烏坑人以節著

葛聖培妻沈氏年二十五矢志撫孤張天貴妻錢氏年三十二寡卒年七十三

應逢槐妻周氏年二十六夫死守節

監生錢象青妻尹氏年三十五寡

袁秉旭妻倪氏年二十寡撫遺腹孤成立卒年六十七

魏敬宗妻葉氏年三十寡卒年七十九

魏敦乾妻章氏年二十一夫亡子方三月家貧矢志撫孤

王方瓚妻陳氏年三十夫亡家貧子幼以養以教俾得成立

王方璁方瓚弟妻朱氏年三十三寡娣姒相勗俱以節著

謝光繼妻袁氏年三十寡姑病刲股建茶亭置有田地

謝萬蛟妻張氏年二十一夫亡矢志

王聰惠妻曾氏年二十二嫁未及週夫死矢志繼姪爲嗣

錢宗禎妻張氏年二十五寡事遵姑撫遺孤守節三十三年

竺欽明妻唐氏年二十二寡家赤貧撫子成立娶媳魏氏子復夭事遵翁撫弱孫朝夕饔飧全頼二氏十指

王毓榮妻單氏年三十四夫死守志

王有盈妻單氏年二十四寡事親撫孤

周家鳳妻唐氏年二十五寡撫三月孤

單開鼎妻唐氏年二十二寡無子以姪爲嗣姑病刲股以療守節四十六年

單開球妻周氏年三十寡以姪爲子守節四十一年

孫孝感妻金氏年二十六寡守節二十餘年

竺友蘭妻范氏年二十五寡守節五十六年

翁大宗妻周氏年二十三寡守節撫孤

徐傳統妻馬氏年二十七寡事邁姑撫遺孤以節孝著

馬慶河妻金氏年三十五寡現年九十八

宋世璜妻丁氏年二十三寡卒年六十五

監生錢登榜妻黃氏年三十四夫死守志現年六十二

宋紹鏜妻張氏年三十一寡食貧自矢

張家孝妻葉氏年二十二寡現年六十二

張珊桂妻黃氏年十九寡家徒四壁子甫三月撫之成立現年五十五

葉榮光妻周氏年二十二寡卒年八十

袁文崧妻錢氏年三十一夫死守節張居儆妻顏氏年三十四

張環妻王氏年二十九　張居守妻毛氏年二十七

張卜昌妻龔氏年三十三俱以節著　張錫圭妻潘氏年二十九寡卒年七十七　張遇清妻任氏年二十七夫亡守節

金成均聘妻張氏未婚過門孝事舅姑一日持衣往洗有狂且某戲撫其身女涕泣歸姑問之曰兒身豈可爲某撫耶遂絕食父母舅姑百計勸解終不聽餓十七日而卒

鄭紹爵妻葛氏年二十九寡守節五十餘年

茹舜臣妻葉氏年三十二寡守節四十二年卒

鄭鵪占妻張氏年二十五寡苦節以終

鄭嗣俠妻尹氏年二十七夫亡遺腹生子藉女紅撫以成立尤善事姑守節四十三年

鄭國昌妻王氏年二十六寡家貧子幼苦節四十六年

鄭居敬妻馮氏年二十四寡家貧紡績撫孤

丁道榮妻袁氏年三十寡卒年七十三

黃仁廣妻張氏年二十二守節撫孤

俞安茂妻周氏年二十二夫亡家貧操女紅以事舅姑

諸生邢廷奎妻錢氏年二十八寡

邢向凝妻錢氏年三十寡安貧自矢

邢協安妻安氏年三十夫亡守節

裘宏盛妻陳氏年二十四寡家貧紡績度日

邢元學妻裘氏年二十四夫亡撫三月孤守節四十餘年

裘發耀妻張氏年三十一家貧撫二齡孤成立

裘元準妻金氏年二十七寡事姑撫子

裘大紀妻高氏年二十七寡家無升

斗茹苦含辛上事下撫卒年六十七

裘配湖妻韓氏年二十六夫亡守節

裘聖友妻朱氏年二十三寡守節三十五年

史文義妻沈氏年二十七寡事姑以孝

裘天吉妻朱氏年二十七寡守節四十年

裘克成妻相氏年二十九寡勤紡績事親撫孤清貧自守

任世輅妻沈氏年二十七寡撫遺孤守節四十六年

張發彬妻裘氏年二十八夫死守節

張永泰妻徐氏青年矢志撫孤成立

江聖化妻竺氏年三十夫死守節

史瑞登妻錢氏年及笄于歸甫三月而夫逝以伯子椿叔子詠爲嗣撫養成立椿爲諸生詠承世業皆氏教也

史瑞圖妻裘氏年二十六寡舅姑病日侍湯藥無少倦里人咸稱其孝

裘嗣周妻史氏早寡繼姪爲嗣娶媳韓氏亦青年矢志姑媳相依稱節孝也

裘沛亮妻朱氏年二十七寡家貧撫孤

史鑑妻胡氏年三十三寡妾龔氏年二十二與媍同志且能以禮自處

裘充美妻應氏年二十三夫亡矢志錢恒有妻費氏年二十四寡

錢萬化恒有子妻裘氏年二十七寡

錢世明萬化子妻陳氏夫亡矢志人稱一門三節

周之珽妻錢氏年二十七寡清操自厲享年九十親見四代

諸生周復脩妻袁氏年二十二寡撫遺腹孤以教以養俾得游庠

周日暘妻張氏青年矢志撫孤成立周日旦妻黃氏早寡撫二子成立

周逢泰妻何氏年二十二寡撫遺孤又殤苦節以卒

周炌業妻張氏孝舅姑舅疾刲股和藥以進

周勳業妻張氏性端淑孝養舅姑姑疾刲股以療復嚮簪珥以備甘脆加餐則喜減膳則憂閱三年如一日

周熯業妻錢氏王姑病醫藥無效氏刲股和羹以進病遂愈後繼母病復刲股以療母疾

周自溫妻范氏青年矢志撫孤成立

諸生周治新妻謝氏年三十寡無子繼姪爲嗣飲冰茹蘗凡四十餘年

諸生周煌新繼妻朱氏無子勸夫置妾夫死與妾方氏矢志以終鄉里賢之

周克才妻錢氏年二十五寡撫子成立

周忠愷妻朱氏夫亡撫子子夭與媳陳氏勤女紅置祀田爲亡兒立後

諸生周敬妻錢氏早寡勤儉撫孤

周方颷妻裘氏年二十九子方髫齡夫死復生一子撫以成立長游庠次克家皆氏教也

周方梧妻裘氏姑早喪舅病瘋奉事

惟謹得享高年皆氏力也

周業廣妻錢氏早寡遺腹生一子三歲而殤遇雖窮冰霜之志百折不回

周德初妻徐氏年二十七寡撫孤成立

周明安妻陳氏夫亡矢志諸事稟命孀姑待姬妾如娣姒撫猶子如己出

周貴問妻劉氏年二十九寡家貧不以饑寒二其心

周大孝妻邢氏年二十三寡終身不聞笑語

周大節妻安氏青年矢志撫孤成立

周大謨妻張氏年二十八寡厲志撫孤

諸生周國祥妻錢氏性貞靜好施與夫亡矢志撫孤成立

諸生周逢起妻錢氏于歸五年夫亡教二子有歐母風

周大德妻邢氏守節撫孤刲股事父

周大宗妻詹氏青年秉節教子成立

周貴顯妻錢氏年二十七寡安貧撫孤

周醇家妻袁氏年二十一寡以節孝著

周慶義妻夏氏年二十七寡矢志撫孤閭里罕見其面

周懋廣妻邢氏夫亡矢志持家嚴肅

監生周廣業妻邢氏年二十七寡以禮自持笑言不苟

周子威妻商氏刲股療夫

周恩均妻呂氏年二十三寡教子以義

周靜業女金妹年十五母病與妹侍疾衣不解帶號泣籲天者累日刲股和藥以進母病若失

諸生史在濂妻周氏名貞妹刲股救翁鄉里賢之

周尚縉女母病百藥不效刲股以療遂愈

姚維凝妻張氏年二十五寡卒年八十四

姚治本子紳妻周氏年二十七寡矢志堅貞現年七十一

周醇垣妻錢氏年二十九寡事舅姑以節孝著

諸生屠行唐妻馬氏年二十七寡現年七十二

屠可海妻謝氏年二十八寡現年六十五

屠可源妻俞氏年二十六寡現年七十五

屠傳栢妻周氏年二十八寡現年六十二

鄭汝奎妻張氏年二十七寡撫孤成立守節五十一年

鄭翘新妻孫氏年二十七寡無子守節四十三年

吳允度妻宋氏年二十四寡卒年六十

吳元彪妻宋氏知書計二十八寡舅姑病刲股不效盡其禮撫遺孤成立

吳士達妻沈氏年二十四寡無子繼姪爲嗣奉姑三十年備極孝養

吳懷懋妻朱氏年二十七　吳懷恩妻趙氏年二十八俱以節著

吳登仕妻馮氏年二十八夫亡撫孤　吳其武妻汪氏瘖而聾年二十四夫死氏不欲生隣母指其腹勸之再四乃點頭拭淚強起飲食數月後生一子刻苦撫養以節終

吳裕鑑妻竹氏年二十九寡孝事舅姑

張忠協妻袁氏年二十二夫亡守志建半塘茶亭卒年七十六

張允清妻俞氏年二十五寡繼姪爲嗣

竺鏗妻沈氏青年守志俞憲張邦信爲序其事

劉本明妻張氏年三十寡現年六十一

馬有倩妻金氏年二十二夫死守節　馬慶美妻金氏年三十五寡現年七

十八

唐志元妻俞氏年三十四夫亡矢志撫姪爲嗣守節三十八年

王三槐妻吳氏年三十五夫亡矢志

林應球妻盧氏年二十四寡撫孤成立卒年七十六

沈之秀妻陳氏年二十四寡卒年七十七

吳啓鶴繼妻陳氏年二十五寡子病跛痊日以削矢志不二

吳裕瑗妻馮氏年二十八寡紡績撫孤孤夭有勸之嫁者氏矢志益堅

陳尚倫妻張氏年二十五寡撫子娶媳巳弄孫矣而子媳俱亡復鞠遺孤竟至成立

宋一鈞妻任氏

馬國學妻張氏年二十四寡現年六十八

俞安成妻裘氏年二十夫死守節

安緇孝妻張氏家貧紡績事姑姑病刲股以療

劉建兆妻趙氏年二十七寡事親撫孤以節孝著

陳尚榮妻王氏年三十寡食貧撫孤

陳宗訓妻金氏年二十六寡現年七十二

王汝賢妻周氏年三十五夫死守志

監生李文明妻朱氏年二十九夫病刲股不效以節自誓現年五十九

李克倫妻袁氏年二十一寡現年六十一

李克恭妻謝氏年二十五寡現年五十五

龔志瑜妻陳氏年二十二寡

王艮能妻張氏年二十九寡

王艮裕妻龐氏年二十七寡

莫顯高妻葛氏年二十二寡俱以節著

錢宏溥妻求氏年二十一寡撫孤成立

張瑞林妻姚氏年二十六寡以節孝著

監生張津源妻馬氏年三十三寡事姑以孝

陳發瑞妻張氏年三十夫亡撫週歲孤現年八十四

邢向森妻錢氏二十六寡事姑撫孤

史永義妻俞氏年二十二寡守節五十餘年

茹德隆繼妻陳氏年三十三寡撫孤成立現年七十

竺紹瑗妻馬氏舅病刲股姑病亦然夫病又然年二十四寡現年八十二

唐盈周妻王氏年三十一寡守節二十二年

王奕勳妻葉氏年三十四寡撫子成立

王興彧妻呂氏年三十二寡現年五十七

王興彭妻俞氏年三十一寡事姑以

孝　傅武侃妻鄭氏年二十八寡事親撫

孤　魏錫貴妻袁氏年三十寡家極貧矢

志撫孤卒　林國良妻邵氏年二十二寡現年七

年六十二

十　裘書興妻錢氏年二十八寡事親撫

孤　裘書旺妻王氏年三十寡苦節撫孤

周恩悌妻錢氏年二十五寡苦節撫孤

鄭儀鳳妻周氏年三十一寡　鄭知岳妻傅氏年二十九寡

鄭聖斌妻張氏年三十二寡俱以節著

張奎老妻徐氏年二十一寡守節以卒

周葉法妻過氏年二十一寡事舅姑先意承志

金元明妻俞氏年三十寡守節三十七年

王待琳妻丁氏年三十三寡紡績撫孤

章紀仁妻周氏年三十四家貧夫死守志辛苦備嘗卒年七十一

謝昌富妻屠氏年二十九寡現年五十六

姚崇洽妻諸氏年二十八寡現年六十

馬奕華妻呂氏年二十七寡現年五十九

俞廷選妻王氏年二十四寡現年八十

蔡義坤妻竺氏年二十八寡守節至九十二而卒

黃良朋妻樓氏年二十四寡事姑撫子以節孝著

張偉聖妻金氏年三十三寡守節三十一年

俞心化妻袁氏年三十二守節現年六十

張兆儒妻方氏年二十九寡以節著　裘一麒妻尹氏年三十寡現年五十二

監生裘坤岳妻周氏年二十九寡無子繼姪爲嗣現年五十四

王國來妻葉氏年三十　錢世芳妻施氏年二十一

袁紹忠妻樓氏年三十四　張國滿妻劉氏年三十三

張偉傑妻周氏年二十九　張國經妻周氏

厲邦汀妻張氏年二十九夫死守志　王定武妻錢氏年三十五俱以節著

厲邦俊妻王氏年二十七寡家貧撫孤成立現年五十三

厲嘉璉妻錢氏年三十四夫死守志

竺友才女家貧親老奉事惟謹終身不字卒年七十七

樓克明妻周氏年三十六寡　王逵宗妻張氏年二十四夫亡守節

陳正輝妻袁氏年三十一寡卒年六十九

陳忠嘉妻王氏年三十七　陳正仙妻袁氏年三十一

沈凝康妻張氏年二十九　沈凝迴妻王氏年二十四並以節著

裘國翰妻呂氏年三十寡以節著　周文德妻袁氏年二十五矢志堅貞以節自勵

張天植妻王氏年二十四夫死守節卒年八十二

張繼曾妻杜氏年二十二寡以節著

鄭士月妻胡氏年二十四夫故無子卒年六十五

王賢道妻沈氏年二十七夫故守節　王聖依妻沈氏年三十三寡以節終

王敬瑜妻吳氏年二十七寡　張瑜妻吳氏年二十五夫死守節撫孤

吳如壎妻徐氏年三十五寡以節終 吳敬賢妻馬氏年二十九寡守節四十年卒 鄭雲山妻林氏年二十二夫死撫孤孤夭繼姪爲嗣孝舅姑歷三十八年而卒 張伯喬妻陳氏二十寡現年六十九

董景隆妻鄭氏年二十五夫死守節 鄭萬化妻陳氏早寡守節三十年

丁延齡妻王氏年二十將于歸延齡已患瘵父母有難色氏以死自誓結褵未百日夫死氏矢志二十年卒 錢世英妻王氏年三十四守節撫孤

陳登七妻鄭氏年十九寡矢志撫孤 朱兆粟妻鄭氏年二十二夫死守志

諸生朱雍思妻董氏青年矢志 朱聯三妻張氏年二十九寡矢志撫孤 沈耀臣妻喻氏年二十九夫死守志

王學渭妻樓氏年二十三夫亡守節卒年七十七

諸生陳雅度妻孫氏堅貞矢志

任伯興妻鄭氏年二十寡孝事舅姑

朱萬善妻鄭氏年三十寡家貧無子苦節以終

杜太萌妻孫氏年三十寡苦志撫孤

鄭文榮妻鍾氏年十七寡撫遺孕子尊三卒年七十三

鄭尊三妻蔡氏年二十四生子演畜夫死孝姑撫子克終其志

鄭演畜妻蔡氏年二十生子未旬日而寡現年五十一

王權連妻張氏年三十三

王權仁妻馬氏年三十四俱以節著

葛啟麟妻劉氏年二十八守節撫孤

喻大志妻吳氏年二十三寡撫孤成立

喻大魁妻周氏年三十寡事姑撫子

孫孝懷妻林氏年二十九寡家貧姑瞽事之惟謹卒年七十三

孫節建妻蔣氏年三十一寡以節孝著

孫元鼎妻馬氏夫死守志足不踰閾

孫節介妻胡氏年三十四妾章氏年二十九子甫生而夫故二氏同心撫養以至成立胡年七十五而卒章亦享年七十三

孫節音妻吳氏年三十三寡事親撫孤動不踰禮現年七十七

諸生孫尚遜妻鄭氏年二十九夫死守節卒年八十五

孫尚昇妻黃氏年十九寡事姑以孝

監生孫尚廉妻林氏年二十寡無子繼姪爲嗣事孀姑竭盡其誠

孫尚卿妻黃氏年二十八家貧子幼夫死守節

諸生孫尚硯妻蔣氏年二十三寡撫八月孤姑病刲股以療

孫尚乾妻宋氏年二十九寡以節終

孫尚磊妻馬氏年三十寡事親撫孤

孫芳錡妻黃氏年三十三寡事瘋姑

惟謹諸叔幼賴以成立

孫芳岳妻相氏年三十三寡家貧勤

紡織以撫孤

趙業瑞妻朱氏早寡守節四十年

張環趾妻章氏年二十九寡家貧無子守節至八十四而卒

錢紹璉妻周氏早寡以節著

錢紹瑞妻裘氏年二十九寡姑有瘋疾侍奉十餘年無倦容撫子成立以節終

錢承乾妻商氏年二十九夫亡家極貧藉十指餬口守節三十餘年

朱承祖妻馬氏年二十五夫死守節

邢常漢妻劉氏早寡勤紡織事舅姑

鄭升瑞妻竺氏二十四寡撫子成立

鄭世能升瑞子妾屠氏年二十五寡現年五十一

鄭永臨升瑞孫妻竺氏年二十二寡現年五十五

鄭尚肅妻王氏

張集繡妻龔氏年二十七

張國泰妻宋氏年三十一　張有璠繼妻宋氏年二十九

張鳳來妻王氏年三十三　張秀夫妻馬氏年三十七

張周正妻陳氏年三十二寡俱矢志堅貞克全其節

沈兆南妻鍾氏年二十四寡守節二十二年

章正詒妻周氏年三十五寡現年七十八

朱德元妻袁氏年二十四寡家貧苦節四十餘年

王毓琊妻唐氏年三十九夫故家貧撫遺孤未幾又夭守節至七十一歲卒

諸生陳德耀妻葉氏年三十六夫故守節現年六十四

劉承勳妻黄氏年三十寡以節終　樓維雲妻董氏年三十一夫死守節

黄國泰繼妻蔣氏年三十四　童繼清妻魏氏年三十五寡俱以節

者

張必瓚妻金氏年二十五夫死矢志

張志容妻鮑氏年十九寡現年五十四

諸生吳師琦妻張氏年二十四寡無子繼姪爲嗣苦志堅貞至七十餘卒

陳奇忠妻龔氏年二十一夫死子幼苦節自誓現年六十三

傅祖元妻吳氏年三十三寡知詩書事舅姑以節孝著

陳詩妻鄭氏年二十寡事姑以孝　卜明泉妻袁氏青年矢志

鄭之彥妻馬氏年三十四寡繼姪爲嗣

朱恒佐妻陳氏年三十寡守節以終　張起賢妻錢氏年二十二夫亡矢志

陳士豪妻董氏年三十寡矢志不二　錢芳琪妻張氏年三十寡現年六十

二　過泰明妻呂氏年三十三夫死守節

過運灝妻錢氏年三十一寡夫死家極貧苦節三十三年

王茂成妻汪氏年二十九寡以節著　徐正統妻馬氏年二十五寡守節三十餘年

應位瑾妻胡氏年二十四夫亡家貧孝養舅姑苦節四十五年　潘廷賢妻錢氏年三十二寡以節終

丁珣妻尹氏知書年十三母病刲股于歸後姑病又刲股及夫病諸醫悉謝去氏情極嚙指血寫疏禱天求以身代未幾果卒珣亦終身不再娶　丁仰山妻唐氏家貧早寡矢志堅貞

丁道行子仰山妻商氏早寡撫遺孤孤又殤孑爲一身以苦節終

錢大寶妻崔氏年三十寡守節撫孤　周朝昌妻王氏三十二寡家貧撫孤

馬表德妻王氏年三十四寡以節著　周紹裘妻屠氏年三十五夫死守節

沈立剛妻吳氏年二十一寡孝姑撫孤

杜配乾妻鍾氏早寡以貞節自矢　董國相繼妻陳氏以節稱

閻成材妻徐氏年三十八　鄭著占妻朱氏年三十一俱以節著

周崇績妻竺氏割股療夫年二十三寡無子繼姪爲嗣

王興福妻陳氏年二十四寡以節終　周廷爵妻俞氏年三十二妾陶氏年二十七俱貞節自矢俞年六十四卒陶年八十六卒　周朝清妻任氏年三十寡卒年七十三

屠之千妻趙氏年二十七夫死守節

朱承裕妻徐氏年三十一夫死撫孤孤夭復撫遺孫現年六十一

陳懷義妻沈氏年十八寡守節以終　陳增述妻章氏早寡苦節四十三年

趙光發妻嚴氏年二十七寡以節自矢

姚家亨妻沈氏年二十五寡以節著　王開睿妻黃氏年二十七

邢在蕃妻過氏年二十　邢在美妻錢氏年二十四並以節著

裘天霞妻沈氏早寡撫二歲孤成立　錢登瀛妻酈氏年三十寡家貧無子紡績自厲現年五十一　葉方龍妻婁氏夫亡自縊

黄夢麟妻張氏年二十寡守節四十三年

徐泉鑑妻史氏年三十寡無子守節五十一年

丁道岸妻李氏年二十四寡現年六十四

謝隆珽妻沈氏年二十四寡現年五十七

張紹賢妻袁氏年十九寡現年五十　魏咸歡妻竺氏年二十一于歸百日夫亡矢志守節三十二年　何文美妻柴氏年二十夫亡自縊

邢彰遠妻錢氏年二十六寡現年五十八

葉振枝妻魏氏年三十四夫死撫孤現年五十七

謝華訓妻馬氏年二十五寡撫孤成立

尹自朝妻高氏年三十歲守志現年七十二

張侃繼妻章氏早寡順治初爲山寇所刼被焚死年六十有六

監生錢國慶妻支氏年三十而寡矢志冰霜撫孤成立現年五十四歲

朱朝陽妻洪氏年二十九夫死守志

宋天盈妻王氏二十七寡守節二十六年

經籍

班史首載藝文隋書改爲經籍藉以談文獻記姓名甚盛事也唐宋各志或僅紀一代之藏或專錄一家之菁嗜古之士頗嫌闕畧茲舉嵊邑鄉賢寓賢之譔著史冊家乘之流傳釐爲經史子集四部庶邦人按籍求書有裨實學兼可補舊志之缺云

志經籍

經類

王弼易注南齊書顧歡傳注王弼易二繫學者傳之

易參五卷李府志明喻安性著

卦說六十四篇坤貞四則李志吳應芳著

尚書百問一卷隋書經籍志齊太學博士顧歡撰

毛詩集解序義一卷隋書經籍志顧歡等撰

詩經附注李府志明王三台著

詩學解李府志周汝登撰

讀詩補箋李志國朝喻恭復撰陳洪綬序

春秋傳說分記五十卷李府志宋單庚金撰

春秋傳說集畧十二卷李府志單庚金撰

春秋經傳解十卷萬歷府志許瑾字子瑜撰

春秋辨義國朝鄭文蘭著

月令章句十二卷唐書藝文志晉戴顒撰

周禮輯要國朝鄭文蘭著

論語增集說約李府志宋單庚金撰

中庸傳一卷剡錄晉戴逵撰

中庸傳二卷隋書經籍志戴顒撰

四書宗旨李府志明周汝登撰

四書附注李府志王三合撰

四書廣義李志國朝裘光鏴著

四書解裘式王著

四書講義吳桂先著

五經大義三卷 隋書經籍志晉戴逵撰

五經纂要一卷 剡錄戴逵撰

經論三卷 張志唐秦系著

五經摘解 李志國朝徐一鳴著

五經疏解 李志裘光鏘著

五經便覽 周大用著

史類

戴氏譜一卷 剡錄晉戴顒撰

葛仙翁別傳一卷 剡錄

戴逵別傳一卷 剡錄

阮裕別傳一卷剡錄

阮氏譜一卷剡錄

王羲之許先生傳一卷唐書藝文志

王羲之別傳一卷剡錄

王氏世家五卷剡錄

支遁傳一卷剡錄

王氏家牒十五卷剡錄

王氏家譜二十卷剡錄

謝氏家譜一卷剡錄

竹林七賢論隋書經籍志　晉戴逵撰

政綱一卷南史齊顧歡撰

平剡錄一卷唐書藝文志鄭言撰

奏章三卷萬歷府志宋姚舜明撰

司馬遷史記注二百三十卷會稽續志姚寬撰

補注戰國策三十一卷會稽續志姚寬撰

弩守書會稽續志姚寬著

戰國策注三十三卷欽定四庫書目舊本題漢高誘注今考其書實宋姚宏因誘注殘本而補之其中二卷至四卷六卷十卷爲誘原注餘皆宏所補注也

乾道奉使錄一卷書錄解題姚憲日記

奏議一百卷李府志趙子潚撰

剡錄十卷欽定四庫書目高似孫撰徵引賅洽多唐以前遺文軼事其先賢傳必注所據之書可爲地志紀人物之法其山水紀仿酈道元水經注例脈絡井井亦可爲地志紀山水之法

會稽三賦三卷欽定四庫書目王十朋撰嵊縣周世則嘗爲注會稽風俗賦

嵊縣志十八卷浙江通志元至正間許汝霖修

嵊縣志浙江通志明成化甲午縣令許岳英聘邑人錢悌修

嵊縣志十卷浙江通志宏治辛酉縣令徐偱屬邑人周山夏雷等修

嵊縣志十三卷內閣書目萬歷戊子周汝登撰

嵊志備考浙江通志王國楨字我寧輯李府志作嵊獻

兵部奏議二十卷李府志王心純撰

孝行傳李府志鄭漢千字五雲撰

全史類函 李志國朝商洵美字培世撰

歷朝女鑑四卷 袁組著

嵊縣志十二卷 康熙癸亥縣令張逢歡聘邑人袁尚衷等七人重輯

嵊縣志十八卷 乾隆壬戌縣令李以炎輯

子類

老子音一卷 隋書經籍志晉戴顒撰

逍遙論 宋書戴顒傳述莊周大旨注逍遙論

戴氏琴譜四卷 剡錄戴顒撰

相馬經 支遁撰

支遁經論三卷 剡錄

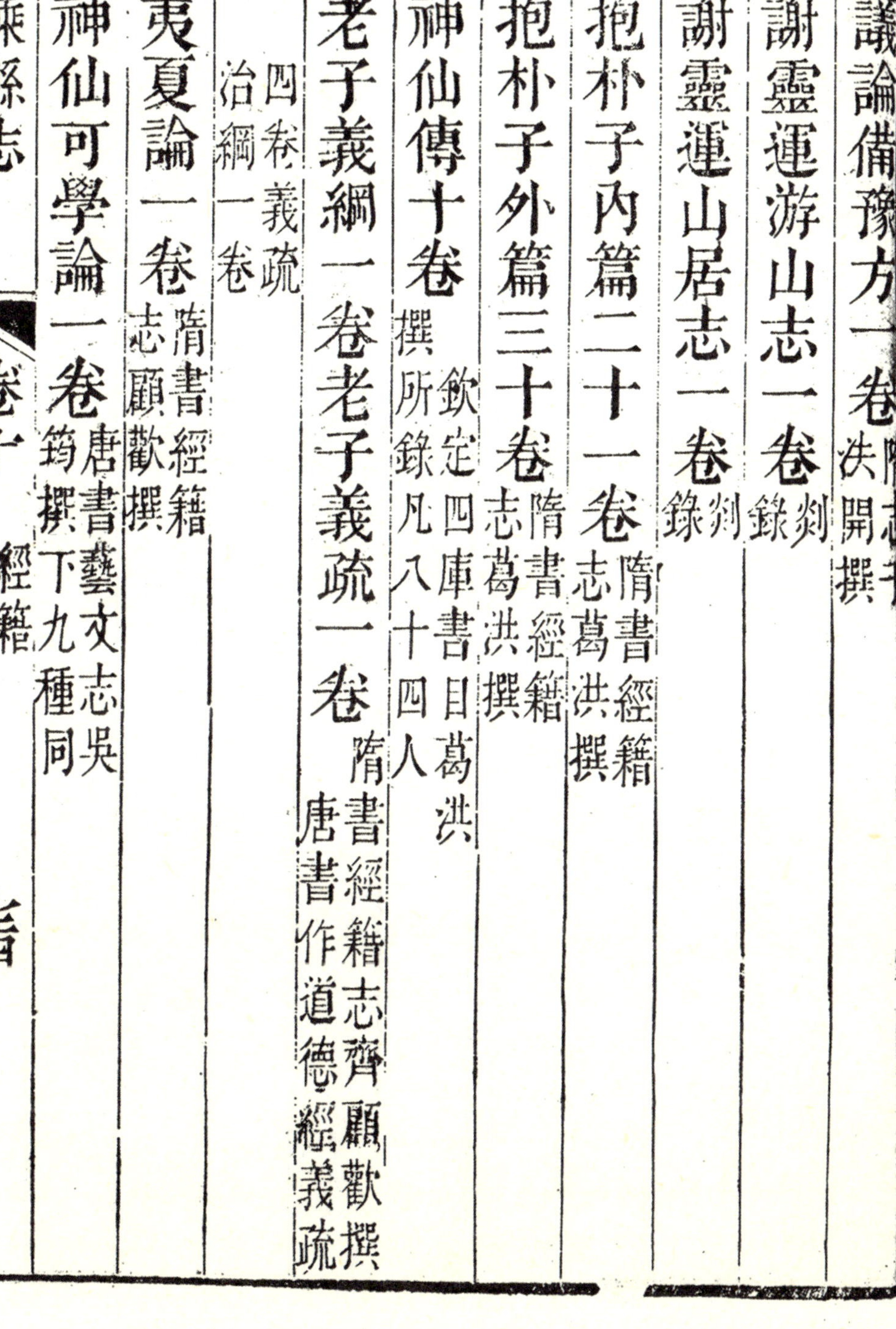

議論備豫方一卷隋志洪開撰

謝靈運游山志一卷剡錄

謝靈運山居志一卷剡錄

抱朴子內篇二十一卷隋書經籍志葛洪撰

抱朴子外篇三十卷隋書經籍志葛洪撰

神仙傳十卷欽定四庫書目葛洪撰所錄凡八十四人

老子義綱一卷老子義疏一卷隋書經籍志齊顧歡撰唐書作道德經義疏四卷義疏治綱一卷

夷夏論一卷隋書經籍志顧歡撰

神仙可學論一卷唐書藝文志吳筠撰下九種同

元綱論一卷

兩同書一卷

明真辨僞論二卷

輔正除邪論一卷

辨方士惑一卷

心目論一卷

復淳化論一卷

著生論一卷

形神可固論一卷

染真刊謬論一卷通志吳筠撰

秦系注老子一卷焯錄

西溪叢語三卷欽定四庫書目宋姚寬撰其書考正舊文多精確之處

五行祕記一卷會稽續志姚寬撰

玉璽書一卷會稽續志姚寬撰

子畧四卷目錄一卷欽定四庫書目高似孫撰首卷冠以目錄由漢志隋志唐志庾仲容子鈔馬總意林至鄭樵通志藝文畧所載諸子皆存其書名而削其門目畧注卷數撰人於下其下四卷則似孫所論斷凡三十八家雖品題未必盡允然皆實覩其書非鄭樵焦竑輩輾轉販鬻徒見書名者比也

硯箋四卷欽定四庫書目高似孫撰一卷爲端硯二卷爲歙硯各附以詩文原有硯圖四十二今已佚三卷爲諸硯品四卷則詩文之爲諸硯作者

蟹畧四卷欽定四庫書目高似孫撰分十二門以補傳肱之遺曰蟹原蟹象蟹鄉蟹具蟹品蟹占蟹貢蟹醼蟹牒蟹雅賦咏雜偶有疎舛而較傳譜爲詳備

緯畧十二卷欽定四庫書目高似孫撰似孫子畧即論諸子騷畧即論楚詞惟此書以緯畧爲名而非論緯書大抵皆考證舊文疏通疑滯採摭頗富

騷畧高似孫撰

剡記三卷欽定四庫書目王銍撰所記皆汴京朝野遺聞惟末一條爲考證曹植感甄賦事

松下偶鈔萬歷府志吳大有著

醫學祕集張志明求澧著

歸田錄李府志胡淮字宗豫撰

太極圖解一卷萬歷府志周山撰

宗旨證參李府志王應昌撰

聖學宗傳十八卷明史藝文志周汝登撰

程門微旨一卷浙江通志周汝登撰下六種同

王門宗旨十四卷

東越證學錄十二卷

海門語錄一卷

海門或問一卷

聖行宗系助道微機

楊邵詩微

名山息游李府志周光臨撰

聖學正宗張志王國楨撰

敬時錄李志王國楨撰

內則嶽音李志王國楨撰

類抄十二卷李府志袁祖憲撰

理學譜張守佐著

洗心錄張守佐著

及幼仁書六卷國朝裘綸著

花卉圖考四部邢樹著

詩學叢談柴際春著

集類

王羲之集九卷隋書經籍志

許詢集三卷隋書經籍志

孫綽集十五卷隋書經籍志

戴逵集九卷隋書經籍志唐書藝文志作五卷

謝元集十卷唐書藝文志剡錄作十五卷

沙門支遁集八卷隋書經籍志

謝靈運集十九卷宋書本傳　唐書藝文志作十五卷

謝靈運詩集五十卷唐書藝文志

謝靈運設論集五卷唐書藝文志

謝靈運連珠集五卷唐書藝文志

謝靈運集鈔十卷唐書藝文志

謝靈運七集十卷唐書藝文志

謝靈運詩英十卷唐書藝文志

謝靈運回文詩集一卷唐書藝文志

謝靈運賦九十二卷剡錄

顧歡集三十卷隋書經籍志

顧歡文議二十卷南史本傳

朱放詩一卷唐書藝文志

吳筠集十卷唐書藝文志

宗元集三卷附錄元綱論一卷內丹九章經一卷欽定四

庫書目吳筠撰

秦系詩一卷唐書藝文志

元英集八卷欽定四庫書目方干撰

僧靈澈詩一卷文獻通考字元澄越州人劉夢得序按唐書藝文志作十卷輿地紀勝作二十七卷俞志作三十卷

僧靈澈酬唱集十卷唐書藝文志

雪溪集五卷欽定四庫書目宋王銍撰其詩大致近溫李在南宋初年爲別調

疏寮小集一卷欽定四庫書目高似孫撰

晦溪餘力稿李府志單庚金著

姚舜明詩文十卷萬歷志

補楚辭一卷 萬歷府志姚舜明著

西溪居士集 書錄解題剡川姚寬撰會稽續志云十卷

西溪樂府一卷 書錄解題姚寬撰

石隐集 張志許薦著

雪徑餘清飯牛茗味歸來幽莊等集 李府志吳大有字有大著

雪篷稿一卷 名賢小集剡溪姚鏞字希聲著

許子文集 張志許瑾著

曲溪集 張志商又新著

東岡集禮庭遺稿 萬歷志元許汝霖字時用著

紀蹟錄 萬歷府志張爚撰

扶搖集李府志錢濟字汝舟著

安齋集於越新編周山字靜之著

禹陵集李府志王輈字廷佐著

濬齋稿李府志楊浩字本洪著

頤菴集萬歷嵊縣志錢紱字仕彰著

古齋稿李府志錢悌字舜夫著

菊莊集萬歷嵊縣志周泰字叔亨著

東瀛集黃氏書目陳珂著

九溪吟稿黃氏書目陳珂著

古愚集李府志周嶧字魯之著

坦安集萬歷府志胡淮著

崑源藏稿李府志邢德健字汝行撰

碧虛文集張志周晟著

白山吟稿張志張邦信著

學畊軒稿張志周維韓著

奚適吟張志吳中顯著

拙拙集李府志王應昌字家文著

居彝雜錄李志王應昌著

海門先生集十二卷浙江采集遺書錄周汝登撰

養初稿李府志喩安性字中卿著

朗瑩齋詩張志周孕淳著

衡門文集李志王三台著

正學堂詩微張志王三台著

山居吟浙江通志鄭化麟著

南北游詩集浙江通志鄭化麟著

王心純詩文一卷浙江通志

游粱草李志周光復撰

棠溪集張志吳應芳著

凱廬吟張志金之聲著

自修篇張志喻安情著

莅闕集 浙江通志王禹佐字之益著

天洩𣪊吟 浙江通志袁祖乾字清侯著

守菴集 浙江通志袁祖憲字章之著

勿齋集文鈔 李志王國楨撰

剡中詩文集 李志王國楨撰

蟋蟀吟 李志丁彥伯撰

五達書 李志趙汝評撰

廣平子日集十二卷廬吟汗漫遊 張志　國翀徐一鳴著

漁溪集 李志李茂先著

李文驥文集 李志李茂先著俞公穀序

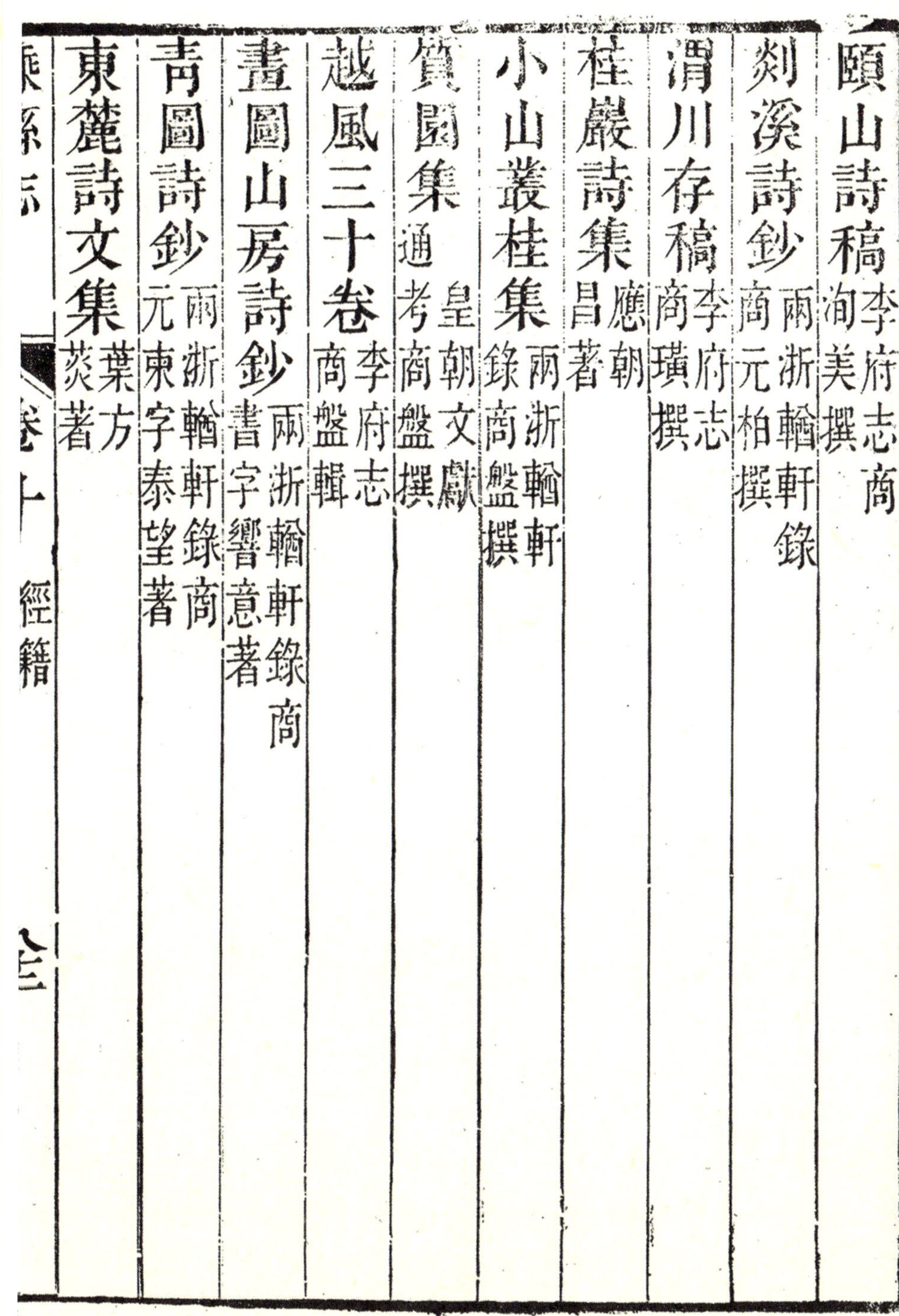

頤山詩稿李府志商洵美撰

剡溪詩鈔兩浙輶軒錄商元柏撰

渭川存稿李府志商璜撰

桂巖詩集應朝昌著

小山叢桂集兩浙輶軒錄商盤撰

質園集皇朝文獻通考商盤撰

越風三十卷李府志商盤輯

畫圖山房詩鈔兩浙輶軒錄商書字響意著

青圖詩鈔兩浙輶軒錄商元東字泰望著

東麓詩文集葉方蒸著

綠野集裘式玉著

涵眞集吳桂先著

寐語集吳桂先著

紅杏山房詩鈔葉封唐著

管言張月鹿著

秋邨詩鈔兩浙輶軒錄袁夢化著

寐餘集史載筆著

雜著類鈔吳啟虬著

蝶園詩鈔吳金聲著

未能軒文集張基臺著

西塘詩稿邢司直著

鳴巷集周子倫著

嵊縣志　卷十

嵊縣志卷十一

藝文一　山川　署廨　橋渡　物產　學校

漢書藝文志隋書經籍志皆專錄書目至唐人藝文類聚始輯詩文然范文穆作吳郡志將詩文附入各門條分件繫未免失之蕪冗兹仍舊志别列一編其有關記事題名及文不雅馴者仍綴各門以便省覽其餘碑銘序記之傳風雅騷人之作或徵文考獻備贍邑之典型或範水模山寫剡溪之風月莫不漱芳傾液摛藻揚芬輯而書之凡此邦之山川景物風土人情皆可披吟於几席間已志

藝文

山川

沃洲山禪院記　　唐　白居易

沃洲山在剡縣南三十里禪院在沃洲山之陽天姥峯之陰南對天台而華頂赤城列焉北對四明而金庭石鼓介焉西北有支遁嶺而養馬坡放鶴峯次焉東南有石橋谿谿出天台石橋因名焉其餘卑巖小泉如子孫之從父祖者不可勝數東南山水越爲首剡爲面沃洲天姥爲眉目夫有非常之境然後有非常之人棲焉晉宋以來因山洞開厥初有羅漢僧西天竺人白道猷居

焉次有高僧竺法潛支道林居焉次又有乾興淵支道開威蘊崈賓光識斐藏濟度逞印凡十八僧居焉高士名人有戴逵王洽劉惔許元度殷融郗超孫綽桓彥表王敬仁何次道王文度謝長霞袁彥伯王蒙衛玠謝萬石蔡叔子王羲之凡十八人或遊焉或止焉故道猷詩云連峯數十里修林帶平津茅茨隱不見雞鳴知有人謝靈運詩云瞑投剡中宿明登天姥岑高高入雲霓還期那可尋益人與山相得於一時也自齊至唐茲山寖荒靈境寂寥罕有人遊故詞人朱放詩云月在沃洲山上人歸剡縣江邊劉長卿詩云何人住沃洲此皆愛而

不到者也太和二年春有頭陁僧白寂然來遊茲山見道猷支竺遺蹟泉石盡在依依然如歸故鄉戀戀不能去時浙東廉使元相國聞之始爲卜築次廉使陸中丞知之助其繕完三年而禪院成五年而佛事立正殿若干間齋堂若干間僧舍若干間夏臘之僧歲不下八九十安居遊觀之外日與寂然討論心要振起禪風白黑之徒附而化者甚衆嗟乎支竺殁而佛聲寢靈山廢而法不作後數百歲而寂然繼之豈非時有待而化之有緣耶六年夏寂然遺門徒僧常贄自剡抵洛持書與圖詣從叔樂天乞爲禪院記云昔道猷肇開茲山後寂然嗣

與茲山今樂天又垂文茲山異乎哉沃洲山與白氏其世有緣乎

按一統志沃洲山高百餘丈周十里北通四明山下統大溪與天姥對峙道書以爲第十二福地唐懿宗時王式平裘甫遣兵拔沃洲寨即此在新昌縣東二十五里而太平寰宇記則以沃洲山屬嵊縣蓋嵊自梁開平元年吳越王錢鏐始析剡城縣東十三鄉置新昌縣其縣治乃剡之石牛鎭則五代以前沃洲固剡地也故錄茲篇以識舊域

金庭山王右軍宅記　　裴通

越中山水奇麗剡爲最剡中山水奇麗金庭洞天爲最洞在縣東南循山趾右去凡七十里得小香爐峯峯則洞天北門也谷抱山圍雲重煙密迴互萬變淸和一氣

花光照夜而常晝水色含空而無底此地何事常聞異香有時値人從古不死眞天下絕境也有晉代六龍失馭五馬渡江中朝衣冠盡寄南國是以瑯琊王羲之領右軍將軍家於此山書樓墨池舊制猶在至南齊永元三年道士褚伯玉仍思幽絕勤求上元啟高宗明皇帝於此山置金庭觀正當右軍之家書樓在觀之西北維一間而四顧徘徊高可二丈墨池在殿之東北維方而斜廣輪可五十尺池樓相去東西計之纔可五十餘步雖形狀卑小不足以壯其瞻玩而恭儉有守斯可以示於將來況乎處所遐深風景秀異契逍遥之至理閱鸞

鶴之參差其金庭洞天卽道門所謂赤城丹霞第六洞天者也按上清經洞天在天台桐柏山中辟方四十里北門在小香爐峯頂人莫得見之樵夫往往見之者或志以奇花異草還報鄉里與鄉里同往則失其所志也過此峯東南三十餘里石竇呀爲洞門卽洞天之便門也人入之者必贏糧秉燭結侶而往約行一百里二百里多爲流水淤泥所阻而返莫臻其極也通以元和二年三月與二三道友裹足而遊登書樓臨墨池但見其山水之異也其險如崩其聳如騰其引如肱其多如朋不四三層而謂天可昇經再宿而還以書樓闕壞墨池

荒毀訪於邑宰王公王公瞿然徵王氏子孫之在者理荒補闕使其不朽卽事題茲實錄而已

大嶀山賦

宋　王十朋

名境嶀山程途往還望高坡而峭峻登聳嶠以塡灣上與雲齊霧擁于煙蘿之內下臨水際舟橫于巨派之間原夫勢接江湖歧分台越嵮嶷峯巒崔巍孰埒懸崖則時時瀑布深谷則年年積雪華岡蔚密南乘謝朓之巖崧徑陰森北倚趙公之阜上多名木內足坑谿猛獸或過酒蕩靈禽忽翥蘆棲兩畔澗流四面雲低武肅王駐舸吟哦歎斯境絕異謝靈運彈飛巖嶂慕此地堪棲夜

夜雲生朝朝霧起岸峉嶔崟岩嶤崀嵓三春之桃李芳芬九夏之林巒蔚翠梁王別室歸建業以登天陳廊漂流立靈祠于此地杳杳冥冥勢連嵊亭龍吟虎嘯水白松青上館嶺兮龍宮梵宇箬嶼嶺兮夫人石形有良工而巧琢或走獸兮奔星豈勞嬴政役鬼神之力休說梁元呈圖畫之靈昌一邑之黎元疲民蘇矣鎮三方之土地訟者咸寧至異哉玩此山體面最奇形容殊麗黃沙碌礫兮水岸碧嶂嵯峨兮雲際樹矗崚嶒枝纏薜荔石闌于險以崎嶇何皤水渺而搖曳周圍四顧相同華頂之前宛轉羣峯猶若芓蘿之勢西原伏豹東埠飛龍墩

突兀兮白竹水潺湲兮烏峯綠雲映于野外翠羽鳴于山中洞倚巑岏之石巖欹偃蹇之松嶺峻則月華易度林高則霜霰難融郯郭祠前且見井坑之遺皇書亭畔又看蘗滯之蹤莫不雲雨蕭蕭枝柯浩浩或賢者玩而昇騰或智者賞而辭藻懿乎可以尋真思之而卽悟道

四明山石窗記　元許鴈

余頃過天台石室訪青蓮君於子微子與游金庭玉宇擘麟脯飲流霞酒朗吟明月下覩人間風雨厭厭也一贈我以五色石曰余藏此久未嘗示人此可以補天文章畜之室耿耿有光能驚眼目走神鬼也一惠余以龍

根草形狀宛轉日饑可削而食比壓世矜五鯖詫翠釜紫駝峯躍素鱗于水晶盤者若蛆翾浮羽蟻孔腐殷屑屑米粒蟲睫不足食也四明山第九洞天涼瀑飛夏雪芳草開冬花危磴梯空深雲絕壑怪石靈樹瓌異萬狀巖巖峩峩人迹所不到之地風露高寒玲瓏四壁非玉而玉非瓊而瓊石窗四開通明透白子宜主之遨夜一鶴清唳碧霄足醒醉夢闞巖坑洄一湫深不知其幾千萬丈下納一龍蟠伏霧水澤澤其咄蘇蘇而炎可起之以召霹靂而逐虐魃大作霖雨以沃焦株活槁根也唯唯笑領一別又若千年矣余之居是窗也而少有識者

不知青蓮君子微子更何時會耶偶逢陽明山人與之言謂余記其事繫之詩詩曰玲瓏九洞天壁石四明山曉檻煙霞暖夜窗風露寒龍吟眠正熟鶴唳飲方闌塵世無人識關門煑白丹

金庭山賦　明　王鈍

翳金庭之爲山鎮東剡之要衝壯洞天之形勝爲福地之靈宗勢岌嶪而若馳羌偃蹇而横空根厚地以盤盤屹層霄其崇崇崔巍峻立兮偉矣卓劒放鶴之雄崒嵂孤撐兮壯哉香爐五老之峯雖嵩華之莫並迴培塿之難同劃石扇以中開渺金壁而無窮仙岡走萬里之駒

神湫潛斛水之龍蟓蝗勿起豻豕遠蹤風泉清漁崖谷蒨蔥鬱秋輿兮滿庭澹斜月兮西風四照之花萬品九衢之草千計桐合柏而虬枝竹曳毛而鸞尾醲酒味之玉泉飫粳香之石髓鳴子晉之鳳笙飛王喬之鳧履仙之人兮列如麻虎鼓瑟兮鸞回車嗟三徑之松菊幻五色之煙霞層軒出雲霓而延袤飛閣臨無地而紛奢燦炳炳以照爛隆崛峋以交加雖鐘鳴之羽館實鼎食之王家予于是有所感矣昔芊棘之重合羌離黍以興悲今寶地之宏開嘘文燄于寒灰是宜休文記館裴子文池鐙金玉之麗句樹雕篆之貞碑覽前修之遺蹤曾不

滄夫一歎見桑變而海遷幾星移而物換今天家之奮輿紛離立而輪奐啟金谷之瓊樓開玉京之瑤殿朝霞爲丹雘之明夕霞爲珠網之燦桂館蘭亭梅軒竹院麗花影之重重灑松風之面面集元羽之翩躚盛游娛之壯觀遇希夷以乘風請分山于一半來士駕以盤旋游予目以睇盼聊吐繡以摛詞奉羣公之娛玩于是振衣而起擊節而歌歌曰五雲爛熳兮鬱霄之宮寶地清虛兮瀛海之東紫簫雙吹兮兩兩玉童控羣仙而遐舉兮雲冉冉以從龍

遊臥龍山記　徐一鳴

嵊溪巒陡絶止戴家塊土被黃鸝倩住次畫圖峯削小可置几案問從未有及臥龍者一日毅之持檄來曰某近日于綠蘿中覓得數尺天地須兄來簡識而傳説處多灑灑動人遂于月九日訂歷師其困偕往至山口爲清石郁郁東數武忽一巨龜負赤文曳尾稻芒中與白鷺爭明没而蠹巖岡里許兩石嵯峨戟峙山前作揖客勢從西徑入有方塘畝餘澄碧靡底遵崖北上曲踞澗心者爲躡仙橋再里許有蒼虬數十攫雲而升竟欲夾簷楹飛去予驚爲龍悟耶已而知爲五大夫欺我松足即眞君祠尋不見武侯像固知作梁父吟人薦此不爲

循徑而北爲卧龍菴鐘聲嵐色雜出娛賓促蹬上西山麓見一泉名漱瑶紺徹鑒鬚眉如畫從漱瑶左爲絡馬巖紫革紅韉大類曹韋筆法而四蹄蹭踏如欲騰空爲薜蘿纏定猿引歎武爲赤芾巖絲理奇巧俱天孫所織其在食武鄉邑後耶從赤芾巖上卽兜鍪峯此山人祇用羽扇綸巾何物而不化如此意當脫此以覓鹿皮冠耳披蔓倒下見老比邱鬖髮垂眉偕數大德喃喃方竟午參有十八公碧角蒼髯各持幢蓋相侍衞乃得生公臺蜿蜒而下見雲根大沸覓得滴乳泉水繇石罅中出而冷徹骨泉右爲漆書壁歷落斑駁俱古篆文泉左爲

眠雲崖靄靆下垂五色相間稍上一小凹即月窩浩影金波方方具見至了眞洞幽不可言云中有十六室若能取火造其間定有唐人題識崖前數十丈爲浮磬巖自此四旁石峷嶁峭絕嵌空裂摧或立或仆俱是半空飛墮而每石率有一荔枝裳縈迴盤詰曲折盡意然至此足力已竭而毅之猶嘖嘖稱勝不休子上月窩而不探天根終不能飛太清再勉登綴星巖星光歷歷可數吾知此經緯所成五百里必有奏賢人聚巖前峭削兩石夾插天心爲通天徑徑中僅線許止容一足登然步步引入勝地足盡處忽已身在碧空旁看四虛眞溟濛

無際至此西山之景已完方思笑倚最高峯縱觀積氣而冷然雲璈忽已響薄林裾此爲飛白泉盡兩山爲左右弼此居兩山之中以一片水簾垂拱其內眞足指揮萬峯泉下有一石横拜稱枕流倨矣左爲東岡轟雷傑構如闕重門乃天然厂幃幔几帳雅非人世稍東上一老人曲肱方枕偃息而卧此爲睡仙巖名卧龍以此東外嶙峋崛起忽伏者爲蹲獅石丹黃互烜崇麗豐肥仰視飛鷁巖跕跕欲墮再上倚嘯臺俛見當年抱膝胸次吞盡大江南北仲謀孟德兒臺上爲象鼻峯百尺老柯俱作金絡絲穿卻臺下爲爛柯枰杯酒局棊畢已爲老

人勘破而稍東最高一岡隆平嵦廠爲東眺臺惜安石君已死不及載酒相過從東眺下望平田中有物如伏犀俯踞作辟壓形恰守前隅自此東山之景亦完大抵兩岡相對迭和更酬嘗思督五色霓駕一彩橋俾相婚嫁下以激湍瀠洄交賁巖匜雜以羽觴每至一峯則盡一巨觥觥盡便醉消算三萬六千場亦足稱陸行仙子無洪流殊不快意𣪠之輒疾走大呼曰汝不窮河源安得以升斗量人乃連袂而西忽見巨波汪洋千頃即雁子湖剛瀦飛白之巔飛白水即愛此龍湫百尺自有貫頂醍醐但山下人不知俾雲行雨施豈止一瀉千里哉

湖東盡爲賓雁洲瀟湘一夜楚國皆秋至此山前後之景亦盡足奄奄隨蔦龍去而曜靈亦已揜山角欲西仍取道自松風嶺抵瑤泉搜逸再上西山見九座須彌臺迴出塵外諸山倉列遙指四明峯如帳裏芙蓉恰得問月岡作翠屏一嶂數十里形勝以一目收之到此欲醉不得非醉亦不得急喚持觥來送以吳歌未數巡月盈盈在樹杪間入樽中俱松柏影酌盡五斗竟不能寐薄曉雲鐘點點倌人促裝予實戀戀愧不能爲十日遊是日同遊者歷然師淨相何其函淵王穀之徽弦層印白偉與予共五人明崇禎十一年四月之九月也

游卧龍山詩序

吳用光

古今序山水者必以文章不知文章非能序山水也山水序文章爾山水能予文章以所有文章不能予山水以所無故凡層壘兀突曲折幽深淜湃瀠洄汪洋浩蕩非文章也山水也知山水之奇勝靡窮欲以文章窮其所靡窮而終莫能窮其所不能窮余故曰文章不能序山水山水序文章爾余幸令佳山水間四抱一泓每懷應接不暇之想公餘之下毅之王子拉余爲卧龍之游遂與六七同人偕往夫山名卧龍者有二武侯居隆中字其岡殆以人名乎越城亦有卧龍山禹陵在焉此又

一臥龍山也王子其遡懷禹功乎其高吟梁父乎大抵山以靜勝水以動勝而玆則兼動靜之勝山來則受以蓊鬱水出則覆以琳琅曲徑板橋小亭高閣天工人巧無一不勝曾讀徐文孺游記到此乃知刻畫之盡也探深涉奧磅礴盤桓遂至竟日雖賓主情深亦山水留人耳烹泉啜茗剪燭賦詩誠一時之雅也所得詩若干首王子已付梓人囑余爲序噫余素不能文章又何能爲序山水之文章哉即黽勉應命能不懼山水之笑人然亦有說焉蘭亭一序第序時與地而畧其人醉翁一記亦敘情與意而畧其事太史公無勝不游蘇長公無游

不記各出手眼各抒胸臆皆不可千古而我輩此游何遂讓古人葢山與水常新者也時與事遞遷者也而今同游之人則我輩獨也第序其人可乎序其人俾千古後世登臨至此者知高山流水之間我輩宛然在焉其人維何蜚聲西注攬勝南游鳳翥鸞翔金輝玉映則池陽二華張子也內外閎肆吐納淵深闊畧非狂矜慎不簡則華池君頴田子也名高閥閱望重蟬聯古貌古心不衫不履則鑑湖吾家期生也雄辯未已高談轉清望係蒼生胸蟠經濟則丹水文孺徐子也文華燭漢俠氣凌雲博洽多才登高善賦則山陰駿如單子也重若看

山靜如觀水天童獅象黃蘗兒孫則發祥二隱和尚也
法演三乘敎傳五葉諦開印月香送逆風則明覺寧遠
禪師也門無彈客戸有藏書照耀文星留連花月則臥
龍主人穀之王子也中有拙若有餘謙如不足願言避
俗勉爾從游則剡溪令鹿苑映微吳子亦在焉斯時也
意氣俱合形骸悉忘誠快集也哉王子進而語余曰諒
同人偕斯文同不朽矣余曰否否山水能與諸同人以
不朽也非臥龍不足以來我輩之游傳我輩之游還藉
遊臥龍傳爾余故曰文章不能序山水也大抵人能勝
山水則人能予山水以名山水勝人則山水亦能予人

以名我輩譜牒中當高置臥龍一座矣至于必欲得臥龍山水之妙則有徐子之記在余不佞不過借山水序文章是亦序山水云

游四明山石屋禪林記

國朝　朱休度

石屋禪林僧恒傳所結居士張克昌題其額也乾隆辛丑十月二十四日居士邀余爲石屋之遊因偕葉丁兩文學出嵊城東渡剡溪再渡棠溪二十五里抵上林郇宿居士家是時居士年六十九矣言石屋人蹟罕至縣志稱有耕菴者亦久廢乾隆八年恒公自天台清涼寺來積二十餘年而禪林成山麓有小高山曰海螺峯又

三里至龍潭潭口徑丈樵者繫石于藤墜之不及底稍上諸澗水爲池池有亭曰洗心昌所建其上數疊到池下復懸流十數疊入於潭盖山行終日在水聲中而聽水以斯亭爲最再上徑益陡巖益奇睇禪林若懸架兩巖間既近反不覺禪林左壁稍前一峯突如囷頂圓平可七八畝石間產石耳壁如鐵右壁稍下有凸石嗛方而長數十丈所倚三巖皆靈峭翠駁登樓西眺百里外則太白如檻溪如交練潭如散星城野錯繡近山如斧如箕至不可名狀泉自背巖兩腋出夾入澗有小石厂在禪林側容數人坐背巖之右有仄徑從榛莽中盤而

上過金鐘寺五里餘始達峯巔在西面數十峯中最高亦最銳登此乃知東南北三面之峯皆出爲下有山羊大如牛而毛赤意甚馴聞有神馬飲於澗人圍之一躍而過巖上有五色蘭若夫風雨乖合昕夕變幻遊者自領之不能言也次日入山一步一仰視又次日出山一步一回視益信居士所言與所不能言者均一一不謬因綴居士言爲記以告後之遊者

遊四明石屋禪院記　吳金聲

剡山之最峻者西有西白北有嵊峯東有四明皆能出雲與雨以澤萬物西白相去百餘里界于東陽天台諸

暨嵊縣四邑之間常以無緣不得至爲恨至嶁峯則五十里耳每舟行過其下惟見巖石怒蹲如虎狠狀豐草叢茂松木陰翳徑僅容足爲樵夫獵戶之所出入且無梵宇琳宮可以少憩遊者每不至焉若四明則吾鄉几席間物可以朝至而夕還也乾隆戊申華亭王先生諱鼎號條山時掌剡山書院新昌楊先生諱世植號雲津予從游者十年矣歙人韓君元瀨號黑多山人亦寄居剡地三八皆以詩酒相契六月初旬招予同游是山遂欣然往焉至山麓有小澗流出澗中亂石架疊水從石隙中流清可鑑毛髮游魚出沒不畏人旁有大石曰十

丈巖巖下架石爲屋居神其中曰大王亦不知其姓名俗以爲山中有虎祀之則虎不爲患再行數百步曰府基其地畧平曠見頹垣荒棘上下縱横相傳兵部左侍郎馬士英避地于此見兩山夾峙僅通一徑幽險可居遂卜宅焉故皆稱閣老府云延澗而上有石壁上林張岐山老人大書東土靈山四字刻于石有晉唐人風骨再上有小石屋僅茅舍數間居僧甚勤苦又有亭曰洗心亭面山而立居澗之中亦張岐山老人之所築也亭前有小潭瑩澈可愛其水自亭左流出噴瀑于亭後石壁下視石壁如練石壁下爲白龍潭自亭而上路極峻

盤曲而登太白云山從八面起雲傍馬頭生正與此相似日午至石屋禪院門外有石塔高丈許院中有瞽僧壘石爲之亦無襄事者衆皆奇焉以爲目既盲何以運石而成塔也門內卽爲雲廚其中爲正殿佛菩薩居之旁夾兩廡前爲大悲樓樓下有禪牀四方僧至皆坐禪于此樓上憑眺下視羣山如蟻垤忽而雲霧晦冥則所謂蟻垤者亦不可見而夕陽在上光烱烱射入殿後爲準提閣殿北有石屋內可坐十餘人乾隆初恒傳長老未成院時鳴魚之所也石屋之名以此石屋前有茶樹一株大如斗亦數百年物也又有菜圃十餘級山麓髯

平者輒開掘之砌以石寺僧資食焉此亦盲僧所造皆云目不能視以手摸之而已閣後山圍三面壁立萬仞兩面無路有僧于左壁最高處硃書一佛字至今字蹟尚鮮明不汚望之如在天上右山一徑可以通人由此而上爲金鐘寺蓋僧得金鐘而成此寺也其地更高于石屋其境界又不知若何矣前有石曰將軍巖巖上時有馬入或偶見之一躍數仞忽不見或云此天馬也院東西皆有澗水合流于前僧架竹引之入室冬夏不涸且味極清冽以之烹茗異常水而西澗尤勝古稱四明爲洞天福地洵不誣也予與諸先生竹兜登此皆揮汗

如兩不覺入此室而清涼矣院僧迎候甚謹須臾進茶筍亦甘美夜宿僧寮但聞澗水潺湲風聲漰湃如在枕上夜半聞鐘鼓聲則僧皆起而誦經孟子曰雞鳴而起孳孳爲善者舜之徒也僧雖與吾異教然亦可爲勤矣予今年五十五追憶前遊已二十一年倏忽之間竟成往事而同遊諸先生又已俱逝嗚呼可悲已而予猶得食粥衣布以力田教子爲幸此榮啟期之所謂三樂也故追記之并刻諸石亦以見日月之邁如石火電光而遊是山者亦得以附之而不沒焉

清風嶺記

陳純士

山水傳人耶人傳山水耶抑人與山水相值而傳其所不傳耶予於淸風嶺有感焉嶺隸嵊宋末王烈婦嚙指題詩墜崖事軼見誌書巔涯詳嵊志所載傳記讀者靡不愴之稽志元李孝光傳以烈婦矢死被奪挽羅守不得間至嶺守者懈死之嗚呼死須臾事耳當婦悲痛自殺時縱不得卽死豈旬日間竟無死刻哉爲服期月之請何爲者噫嘻烈婦之心不啻歛光激爍矣傳云千夫長見婦色麗乃盡殺其舅姑與夫而欲私之嗟嗟斯仇詎一死足報哉緩以期月非祇乘間正欲得間而甘心耳不然自臨海至嵊凡幾山川必俟至此始仰天竊歎

曰吾得死所耶葢熟籌之已卽期月亦無間之可得誠可死而死死得其所烈婦之云不其然乎悲夫是何異魚腸在匣雖濡縷未試鋒鋩已光射寒碧茲嶺適相值而傳其所不傳奚徒山水傳人人傳山水者可槪論哉後人易青楓嶺爲清風表忠也婦之心有烈丈夫所不能爲者因擬書以烈

剡溪春色賦　　宋　王十朋

地屬甌越邑爲剡溪氣聚山川之秀景開圖畫之齊雖禹穴之小邦樓臺接境實仙源之勝地桃李成蹊籬原清環戴水之流翠列姥岑之岫登樓而望也南接台溫

之左按圖而察也北據越杭之右譪極目之雲霄簇連甍之錦繡一十八里春風城郭觸處爭新二十七鄉暮雨溪山望中發秀臺榭入萬家風月簾櫳捲百里江山雕鞍驟兮落花亂香陌晴兮芳草閒畫槳逹溪搖蕩綠波之上流鶯刴塢緡蠻紅樹之間豈不以柳暗東門梅肥西嶺美地秀玉山之嶂洞天麗金庭之景酒旗搖翠幕之風池水浸紅樓之影滌塵僧舍瀑飛二鹿之泉泛雪茗甌香汲五龍之井非獨一時之秀實爲千古之奇琴蹟不存尚垂芳於安道墨池猶在更留譽於羲之自是雨中橫東渡之舟月下引南樓之笛青山東望曾經

安石之遊綠水南流尚有阮仙之蹟雨過煙墟叢叢綠蕪渭水依稀之景輞川彷彿之圖或氣融於廣莫或嵐霽於虛無翠滴嵊峯多步花朝之履碧分越水曾回雪夜之桴信乎此地誠有可觀者焉

剡溪遊記　　明　周汝登

丙戌冬十二月望後十日周子與弟夢科姪元齡步出郊門臨流而視曰此剡溪也我輩實生長是可一日負耶時有虛舟泊岸下微風自南來遂買舟攜酒乘風而北倏至艇湖登子猷橋是其回艇處此去戴安道宅纔半里猷不見而返豈云興盡正留不盡之興耳故興至

今存因相笑引觴坐舟頭而下至竹山山小而峭仰觀卓絶一宇巋然名竹峯菴起登菴倚檻臨江而樂之適坐江中未盡此江之觀而今覩其全固知超物外而後可觀物也舉頭天外其幾乎明日過仙巖陸行五里謁仙君廟土人稱仙君者爲謝康樂靈運鄉名遊謝亦以康樂故由仙巖而下兩岸山壁立相向愈迫江流曲折窮而復開溪禽谷鳥聲同應和舟容與竟夕不能舍又明日至印月寺山勢逆上如吞江復吐再下數里爲清風嶺宋王貞婦投崖死節于此因歌元李孝光詩此心若愧王貞婦莫向清風嶺上行樵人孺子環而聽之俱

爲動邑淸風而下抵嵊浦兩岸勢稍開臨江一山如拳三面跨水山下石塊磊如砌山上有廟廟碑爲宋名士樓鑰記文嵊山在北崖崛雲間積雪迷道不可上問謝車騎桐亭無知者走嵊山東北數里入龍宮寺有唐李公垂碑記是千年物里稱嵊亭齊張稷爲剡令過亭下生子因名嵊嵊忠節炳史策宜立石表其生處而有司者闕焉是夜舟泊嵊橋星明水沙一色三人起坐沙石間且飲且吟不覺徹旦開舟抵三界古始寧地也東山在望雲月如待周子顧語二子曰余自少至長于茲江山百里之間往來當以百計然向也山吾履而不知其

高水吾泛而不知其深林林䰟䰟者觸乎目而如不見淙淙嚶嚶者接乎耳而如不聞而今乃知有兹山若水也夫知何得耶不知何失耶將昔不逮今醒耶抑今不逮往忘耶二子默然言未已風轉北來舟艱于下舟人曰返棹則順遂張帆而返故所歷處逆而視之若更爲一景奇麗不可復識周子顧謂其弟子善圖圖其逆而上者余爲記記其順而下者俱系以詩各就舟中爲之甫就而舟抵城下漏下三鼓入城街衢燈火熏灼人奔走如狂蓋是夕爲除夕云兹遊五日夜往返百數十里飲酒五斗而元齡斷飲不與得詩二十首記一圖一從

行僕一舟子一

剡溪後遊記　周汝登

丁亥元日周子將出遊以陰翳不果夜大雨如注翼日復霽可游而不可陸也周子復與其友五六人者泛於剡之上流時溪水清淺中流如鏡挂席數餘里反而容與石橋之下座有善笛者三弄酒數行周子起而觀流則兩岸若拓而開橋可俯覘之矣而直望一碧萬頃蕩蕩洋洋不可以際向登舟時所覩沙洲土渚盡失其處以問舟子舟子曰疇昔之夜四山雨水乍集故暴漲乃爾顧消亦可竢周子曰嗟乎是何消長倏忽若此哉余

因以思昔之出遊去此兩日乃歲新舊異令矣余與諸君齒加長異數矣則何以異是水之倏忽漲消哉夫漲消可以識桑海新舊可以見古今齒長可以度生死倏忽可以覩于百年愚者見於著智者燭於微則何可以不樂或者曰歲之新舊汝自名也齒之少長汝自憶也水之漲消汝自見也不名不憶不見者無新舊無長少無漲消若此則亦無桑海無古今無生死無倏忽千年烏乎樂烏乎不樂周子大笑復與諸君飲酒數十行泛舟澎湃之湍諸君曰水石嚐呟聲何壯耶周子曰寂然有雲拂樹而過周子曰聞耶諸君笑周子亦笑曰子烏

知聲之非寂而寂之非聲也已復放舟石壁之下周子曰水者止乎石者流乎諸君笑周子亦笑曰予烏知流之非止而止之非流也于是諸君有目周子醉者謂言非情也周子曰子又烏知醉之非醒而醒之非醉非之非是而是之非非耶予休矣于是周子起而歌歌曰水清淺兮安流魚潑潑兮磯頭我歌初起兮羣鷗滿洲水乍漲兮連天芳草發兮年年我歌既放兮餘音滿舡歌闋而歸

遊剡溪記

王思任

浮曹娥江上鐵面橫波終不快意將至三界址江色狎

人漁火郵燈與白月相上下沙明山靜犬吠聲若豹不自知身在板桐也昧爽過清風嶺是谿江交代處不及一唁貞魂山高岸束斐綠疊丹捨舟聽鳴鳥沓小清絕每奏一音則千巒嚼答秋冬之際想更難爲懷不識吾家子猷何故興盡雪谿無妨子猷然大不堪戴文人薄行往往借他人爽厲心脾豈其可過畫圖山是一蘭莕盆景自此萬壑相招赴海如羣諸侯敲玉鳴裾迫折久之始得豁眼一放地步山城崖立晚市人稀水口有壯臺作砥柱力脫幘往登涼風大飽城南百丈橋翼然虹飲溪逗其下電流雷語移舟橋尾向月碛枕嗽取酣而舟

子以爲何不傍彼岸方喃喃怪事我也

放生池賦　王國楨

剡溪西上潭澄一碧海門周先生就不關之流施廣生之澤有魚停蓄莫計千百不畏餌于狂童嘗招詩于騷客是歲桐月日惟幾望王子國楨將事春疇過而美之因爲作賦賦曰夫羽吾知其能飛鱗吾知其必游彼四海之淼茫與五湖之浸涪自應破浪以去詎復吹沫而遛似逃湯祝于數網竟戀禹鑿于了洲地當聖里上有巨鄞峙鹿嶠之嵯峨接珠浦之澄滮砂明于兩岸鳧泛乎中瀏無屈平之荷蓋有子猷之雪舟乃斂颸以藏更

掉尾而浮白為鱎而青為鰱大為鯤而小為鯫比於蝦于文沼同相忘乎海鷗時近渚以狎人亦溯上而食猶仰殘星之離合若萍驚初月之屈曲如鉤望白雲兮靄遠岫待清風兮颸上游志士感其一躍達人悟其知休噫嘻世路狂兮波沸人心險兮石激貪得者喪躁進者躓誰似若族之無知獨識此邦之僅僻不慕遠舉兮海鰩聊守一介兮溪鯖春來南漲秋過水渚任風濤之屢變依臥虹以不易自為升沉絕無厭擇非高麗之紅裳傲貴妃之玉液老冰底于一隅窺日光于咫尺感君子兮不綱笑行人兮勿息翠以華而見殺黿則靈而反阨

維得聖人之清故倖免夫矰繳彷上智之愚庶幾全平沙磧

自三界至嵊縣記　國朝　俞公穀

已巳三月十三日晨出三界釣魚潭上大風逆舟舟蕩浪北傾舟中人操竿助進進寸退尺凭舷危對怪石寒泉悅可人意至嵊浦水奔澌來赴石臥壑者皆起峯慘慘澹翠下臨絕澗孤開一道時見危棧空懸風自頂直逼客舟者爲清風嶺清風嶺者宋青楓嶺也臨海王貞婦至此囓指血題詩壁上投崖死其血漬入石間太守作亭表之遂名清風舟人云亭前履蹟雙雙宛然入石

又不僅血迹流芳也逆流而上二十里畫圖山峯巒峭潔旁有石鷹羽毿細偶影雙棲雕刻不能工日西匿南望遠山野燒四起飛焰燭天勢蔓延幾及霄漢大風自南轉而北向溪樹亂響舟遂入嵊

遊白龍潭記

史載筆

剡南二十里地曰白龍潭絶幽勝余欲遊其地者再三四不果未免使山靈笑人一日梓盧師折簡招伴遊時季秋初旬衣單袷衣遂與俱往其地三面環山缺南一面南去七八里如翠屏障焉爲南巖任公子釣魚處中多怪石或立或仆或豎或橫如筍初抽如人拱揖如虎

豹欲搏人殆不一狀泉一泓從石罅中流出清冷徹骨鑑鬚眉如畫郎所云龍潭者地以此得名潭北數武爲風洞風泠泠從洞中來洞口茶荈生焉花鮮潔可悅由洞左南十餘步一石阜突起平地高可二丈許方正如削狀似石屏攀援而上顧眎險絕心悸欲墜旁一竇一石橫空出長八九尺爲龍尾石如龍入竇未盡而猶見其尾者面石屏敞者爲蘭若鐘聲佛號雜沓飄空四壁有騷人墨客題識砌下植木芙蓉數本芬芳襲人衣袂山僧殆將集爲裳耶屋外有古松大數十圍夭矯百尺如蒼虬攫起霄漢間蘿蔦延緣牽纏恐隨風雨飛去修

竹千百莖幾多个字從午陰飛下寫人肩背禽鳥往來如織鳴聲上下與山谷響相答應山花數點當徑襯人步履由蘭若右轉里許爲虎嘯巖巖下時時聞虎嘯聲談笑間樵夫牧豎皆來看客于是足力已竭或憩雲根或藉草臥浩吟工部安得仙人九節杖拄到玉女洗頭盆句聲徹元虛山僧前邀飯畢興復不已欲遵虎嘯巖登龍亭山尋南巖寺遍搜幽奇領畧十分秋色僕人催歸徒戀戀耳恨不能作十日遊猶迂道至超化寺看菊花訪僧洪舟毛家嶴談禪理及至家新月一鈎在樹杪問是日同遊者朱梓廬師葉芝谷丁道南釋一乘與余

共五八乾隆辛卯九月之三日也

署廨

來碧亭記

明　俞光道

剡治山水糾繆環顧青蔥而鹿胎居城北之內縣治在焉遠含翠黛俯挹清流睇盼之下無不羅而有之昔人所謂溪山入畫也己亥春邑侯宋公始來治剡構亭於署之東偏顏曰來碧以爲憩息讌遊之所有深意焉公退之暇憑闌遐矚東望天姥沃洲出沒隱見若近若遠庶幾有隱君子乎而其南則方山劉阮之所從遁也西望毓秀諸山如列屏幛晉王右軍嘗遊歷肆志焉其遺蹟猶有存焉者北俯艇湖蒼茫煙水風微人遠問猶有

雪夜之棹乎上下古今穆然神往且悠然遐思矣見柳之依依而思啟居之不遑也見桃之夭夭而思怨曠之無聞也見竹之猗猗而思有斐之弗諠也見葭之蒼蒼松之鬱鬱而思伊人之可慕貞士之可懷也則斯亭之建所以發抒精神因物興感以寓招來懷遠之意者亦曷其有極豈止邇延野綠遥混天碧挹四時之蒼翠而已哉予不足知公之雅懷然就公之顏亭者以思而知公之意有甚深者矣用敢忘其固陋揣公之意而爲之記

警齋記　　羅玘

警齋記予記也予爲徐信夫記之也信夫何警乎予知之警生於有心土石草木之無心莫之能有警其非動物故也雖動物之有心有有警者有無有警者有有警亦若無有警者鳥有之不能爲巢居他之巢至其自爲則墮卵殰雛焉是之謂鳩拙畜有之見虎而逐叢角而觝以遺虎飧是之謂羊狠獸有之見木而登且登且下而卒亦莫之能上下是之謂猶豫鳥又有之俯而啄仰而四顧鸇過之過也彈過之過也是之謂鳥警其於人也在鳩拙爲蒙爲木強在羊狠爲自罹於辜所謂有無有警者也在猶豫爲太早爲多心所謂有有警亦若無

有警者也在鳥警爲常惺惺所謂有有警者也今夫鳩拙之與羊狠同於無警者也而世之人有以鳩拙自退者乎寧爲羊狠敗焉後之懲者則又警之太甚持之太固於是有猶豫焉者悔覺之囮也猶豫之警非警也非固爲警也有待焉時然後警焉其惟鳥警乎是之謂善警嗚呼信夫之警其亦有取于是也乎然予又感夫鳥微物也俛而啄取而養其生仰而警焉以避其害于鳥可也而君子之居人上也其亦有俯而取乎則十目視焉十手指焉而害斯至矣雖有百警其可乎哉今夫龍非不昭然靈矣然以其有所嗜取也人得而擾之亦得

而醯之若鳥獸然以龍之靈而豈無警乎警不足恃也或曰龍以聾取辱非警與嗜取之罪也則予不能知矣然信夫方持是警爲宰以臨嵊民予記警齋者不可以不告

愛閑堂記

國朝　朱休度

余與裴廬同爲廣文於剡六年秩滿去又六年來則裴廬方落成其所謂愛閑堂者是日也羣弟子咸在或問李先生閑之訓廣矣闌也防也禦也法也遮也暇也敢請指何居先生曰諸君試忖之或曰馬之閑以木閑以節義先生秉德絶邪閑外屏弗納閑内守不踰其諸西

河氏之意歟先生曰否否是說也拘閡而非吾愛也則又曰易言閑有家貴有則也詩言臨衝閑閑貴有度也先生其以示教法也先生曰否否是未離乎前之說也復有起而對者曰然則先生蓋取習乎爾習者學事也不學博依不能安詩不學雜服不能安禮閑習之說也其以名學舍也宜如曰舍旃請先生自述之先生答未及余曰嘻似矣未也夫世人多忙而少閑彼忙者未有不自惜其忙也則閑者未有不自愛其閑也官閑斯身閑地閑斯政閑不聞潘騎省之賦閑乎發慨於巧宦遂情于拙政先生其猶此志也閑故自得自得故居之安

樂之深今試俯仰斯堂剡之山悠然雲在意俱遲也閑也剡之溪渺然水流心不競也閑也謂先生愛乎不愛也諸君苟通斯義其於學也優游而不迫涵泳而有餘其自得於閑之益者遠矣即以爲先生之教也可羣弟子聞余言皆適爾睞而無辭先生曰諒哉請筆以爲記先生名增鄞人余氏朱名休度秀水人記以乾隆四十又六年夏五閏月小暑後三日也

余今春來剡接永康周君咨詢任登斯堂并讀是記知堂成於周君之前任李君而記則我鄉梓盧年伯之所作也乾隆辛丑至今三十餘年堂尚完固畧加

葺理頓復舊觀記則字蹟間有剝落亟設屏摹鐫之俾垂久遠且以備志乘之所采焉時嘉慶十有九年歲次甲戌小春上浣葛星垣跋

橋渡

募修南橋引

國朝 張逢歡

予承剡置見城郭宮室道路橋梁百務具廢每欲倚乃畚挶而輒罷非怠也念民力之惟艱而未敢孟浪也及朞有半若城郭若宮室若道路次第興舉而橋梁爲人民所輻輳行旅所往來尤汲汲者夏令有之天根見而成梁周之官有司險合方野廬以達川澤之阻正恐大則溺小則皺病方甚也其可不障不梁以貽有司羞故嶀浦西溪凡有倡議皆捐助之鼓舞之俾告落焉獨南之施恩厥功未就蓋岸廣而橋長又當兩水之沖長則

匠石不資沖則澎湃易敗年來未有議修者如精衛填海徒自憊耳此予所以有待于時和年豐而未敢孟浪也鄉民某願棄家任此具呈懇簿嘻將邑令所不敢爲者而委之匹夫耶將百年所不能爲者而決之一朝耶將逆其後日之未成而拒之今日耶非耶熊渠子射石飲羽心之誠者金石爲開安在有其志者之不竟其事乎仁爲人心拯溺而救皸四方君子心所同也安在同其志者之不勤其事乎余於斯民嘉乃心欽乃志倘亦若嵊浦西溪聿觀厥成所謂不用財賄而廣德施于天下者也何爲而不可其請

物產

弔剡溪古藤文

唐　舒元輿

剡溪上緜四五百里多古藤株枿逼土春入土脈他植發活獨古藤氣候不覺絕盡生意予以爲本乎地者春到必動此藤亦本乎地方春且死邑遂問溪上人有道者曰谿中多紙工刀斧斬伐無時擘剝皮肌以給其業噫藤雖植物溫而榮寒而枯養而生殘而死亦將有命於天地間今爲紙工斬伐不得發生是天地氣力爲人中傷致一物之疾痛若此異日過數十百郡東雒西雍見書文者皆以剡紙相夸予悟剡藤之死職正由此此

過固不在紙工且今九牧人士自言能見文章戸牖者數與麻竹相多聽其語亦自安重皆不啻握驪龍珠苟有曉寤者其倫甚寡不勝衆者固以歛手無語勝衆者自謂天之文章歸我輕傲聖人道使周南召南風骨抑入於折揚皇荂中言偃卜子夏文學陷入於淫靡放蕩中比肩握管動盈數千百人數千百人筆下動行數千萬言不知其爲謬誤日月以縱自然殘藤命易甚桐葉流波頽沓未見止息如此則綺文妄言輩誰非書剡紙者耶紙工嗜利曉夜斬藤以鬻之雖舉天下爲剡溪猶不足以給況一剡溪者耶以此恐後之日不復有藤生

於剡矣大抵人間費用苟得著其理則不枉之道在則暴耗之過莫由横及於物物之資人亦有其時時其斬伐不爲天閼予謂今之錯爲文者皆天閼剡溪藤之流也藤生有涯而錯爲文者無涯無涯之損物不直於剡藤而已余所以取剡藤以寄其悲

越問

越紙

宋 孫因

緊剡溪之爲紙兮品居上者有三益篠簜之變化兮非藤楮之可參在晉而名側理兮儲郡庫以九萬曰姚黄今最顯兮蒙詩翁之賞談加越石以萬杵兮光色透於金版近不數夫杭由兮遠孰稱夫池繭半山愛其短樣

兮東坡嗜夫竹展薛君封以千戶兮元章用司筆硯數其德有五兮以縝滑而爲首發墨養筆鋒兮性不蠹而耐久惜昌黎之未見兮姓先生而爲楮使元輿之及知兮又何悲剡藤之有客曰微哉越紙兮有大造於斯文然世方好楮而玉兮又烏知乎此君

梅花賦　王銍

韻勝羣卉花稱早梅稟天質之至美凌歲寒而獨開標致甚高斂孤芳而靜吐陽和未動攙春色以先回原夫尤物之生英姿特異方隆冬之屆候屬祁寒之鼎至瞻遠岫兮無色盼叢條兮失翠彼美仙姿夐存幽致春風

萬里報南國之佳人香豔一枝富東君之妙意觀夫離類絕俗含新吐奇妙有江山之興蕭然風露之姿氣韻雅甚精神遠而雪滿南枝想梁園之未賦春生寒谷鄙鄒律之潛吹其時掩苒半開娉婷一笑絢紅日以朝映耿青燈之夜照何郎秀句不足以詠其妍徐熙淡墨不足以傳其妙城隅璀璨遥瞻妍女之殊月下橫斜乍識佼人之燎至若霜島寒霽江郵曉晴竹外煙裊松間雪清惱遠客以魂斷悅幽人之眼明語其能則潔而無滓窮其用則大而難名儻過兵塵可止三軍之渴如逢鼎味堪調一相之羹譬夫豪傑之士豈流俗所能移節義

之夫雖阨窮而愈厲時當搖落之候氣極嚴凝之際玆梅也排風月而迥出傲霜雪而獨麗邑庠竟於陽春志可期於晚歲所以興動錢塘之老妙語爭新香貽隴首之人芳期遠契彼清露兮被三逕之菊彼光風兮汎九畹之蘭歆紅蕖於夏永破丹杏於春寒麗質鮮妍則比我已遠高情瀟灑而方玆實難塞曲悲涼望作南樓之弄詩魂飛動尚流東閣之觀於是倚檻凝神巡檐搔首眷落英之著袂折粉香而在手吾方破悶析醒於此焉信花中之未有

釋仲皎

翳彼梅萼參乎雪花香度風而旖旎影臨水以欹斜瑩若裁冰帶玉谿之瀟灑清如薰麝辟仙苑之光華且夫晴雲乍斂於東郊麗日纔升於南囿酥萼失豔鉛葩獨秀含宿霧以淒迷洗晨霜而瀲灩開蠟蒂自宜清峭之天吹破檀心誰怯黃昏之候莫不山屏冉冉水鏡盈盈蓓蕾似連璧枝柯在交瓊嗟[illegible]上之半裝未了何眉間之一剪先橫竹葉杯中野店護貢於幽詠梨花夢裏曉雲難駐於高情其如寒漠天遙郵亭夜冷望窮隴首之春信踏碎階前之月影會凄斷於衰草平沙忍矜誇於夭桃豔杏冰魂招處懷清些於楚人雲馭傳時聽長

嘶於庚嶺朝陽借煖暮雨饒芳靚何郎之傅粉乖韓氏之偷香乳鶯未識乎妍姿遷延深谷寒蝶稍聞其勝韻飛過低牆宜乎翠綃卷而薄煙收玉珠零而殘露晛試攀鶴膝之斜朵緩舉蜂腰之快剪孤山寺側玩回雪以無殊郤月觀前學淩波而不淺由是寂寞歌詠團圞繞行悟空花之絕豔嗟落地之繁英銀蟾低而軒牕寒悄畫角動而簾幙風清談笑收功誰使漢軍而止渴雍容推最實思商鼎以和羹媚哉寫照何多供吟非暫嫌趙昌之筆俗愛徐熙之墨晴襟懷獨慕其孤超風味更憐其幽淡西湖處士兮杇詩骨以難尋東坡先生兮渺才

源而莫探又安得問寒芳於無何有之鄉廓參橫而河灣

瑞芝賦

明　王鈍

正統二年歲在丁巳暮春之初瑞芝產於家園幽質靈華飛香吐秀金柯玉質光奪人目誠凡卉莫能鬭其姸而大鈞所以毓其靈也傳曰王者仁慈則芝草生稽諸載籍漢孝武時見於甘泉宮孝宣時呈於函德殿晉陵郡君協宰新樞生於便坐之室所以表盛德徵至化休祥之至豈偶然哉景州學正韓先生俊適見之因作瑞芝園記命鈍賦之其辭曰二氣交運四時旁午幹造化

之樞機感陽和之扇鼓渾元和以同春陶萬物而得所九莖孚化日而榮三秀蕩祥風而吐靈連蜷兮紫金秀芬芳兮翠羽娟粹潤兮珊瑚妙溫純兮璜瑀曜截肪兮不緇渥澤漆兮靡黼祥苗卓犖於羣芳仙質瑰奇於凡杜療飢之咏兮炳煥芸編和劑之良兮光輝草部孕淑氣於上天植靈根於下土嘗熠熠於商山匪萋萋於南浦羌幽蘭兮同調蹇嘉禾兮爲伍煥然兮五色於甘泉之中邈矣瑞千齡於函德之下昔旣禎於帝庭今胡靈於岷圃奇葩層瑞綺之玲瓏寶幹錯文犀而娟嫵遊人步屧以環瞻貴客憑輿而式顧致騷墨之品題來名賢

中和所致致此者誰敢歸執事當迎風而靡散若濡露而品呈飄然紛比翼之鳥躍兮映大火之星實兼垂而彌俯稽合捧其愈兢纍如貫珠挾組而佩錯焉割據鼎足其勍或三而二聚女髻男角之狀或二而三成男朋女竊之形分二三而兩在合三二而五成總千莖其可合亦萬穗其可分且其躋躋蹌蹌栗栗穰穰味以薦寢穎能脫囊屏百穀以先登受四氣而愈揚匪后稷之專能受上帝之於皇周官雁其宜食天子親以先嘗是以大水書無宣尼示戒關中早種仲舒告王縱使績實如故刈穫即常斯亦室家之胥慶何況於沓葆而連萌翠

華綢繆綠陰翱翔標鬮髦牛之尾粒排鮐脊之章飯食口而兼味麴始塵而烈芳木種連理胡適於用芭有三葉徒結其殃誠未若此物固翁嫗之所創見而耳目之所未嘗昔子輿氏有言曰至於日至之時皆熟矣或有不同者則人事之不齊而雨露之長養豈覩夫今日之異種也出乎其類拔乎其萃若麒麟之於走獸而飛鳥之於鳳凰則又安異乎學宮弟子驚告乎縣長而奔走於詞場者哉然渭又聞學士弟子之呈茲於公也刈以腰鎌盛以盂盤謂公德政之所致焉公直答曰是偶然爾參兮廓兮眞長者言長者之言夫豈無故胡有茲祥

而不以疏慨兹歲之元辰掩陽魄其如暮是年正旦月食謂雲
窮而不彰亦既昏而改度適遐方之封事云朗焉其躬
覩斯陰陽之競淩實中和之蝘蠹聖主憂之而屢見於
言公卿思之而不得其故且宋之友諒嘗進是瑞於太
祖矣太祖怒之曰宋州大水何用此爲豈以當今聖明
而顧俛焉是聽哉憶高皇之三載麥稱瑞於寶雞進嘉
莖之五穗命學士而制詞時則南取襄荆東下江浙閩
海全齊喙息來庭秦晉周梁角崩扣闕豈若今日戎馬
蹂躪而甫旋欃衝瞬息而靡定東南當春夏之殺傷西
北若秋冬之奔命萬室不保一麥何支四方如此一縣

何爲固知吳公之退讓或有在於斯歟

學校

修學宮記

宋　王銍

嵊西南隅羣峯之麓下臨剡溪山川環拱氣象雄張有學焉慶歷八年令丁寶臣始加興葺宣和初燹于兵建炎元年令應侯彬建孔子殿三年春蜀郡范侯仲將崇廊廡修像制因其舊而擴大之又明年淄川姜仲開以學爲急又建學堂移殿廡與門南向落成於紹興五年秋夫先王之建學校也匪徒絃誦威儀以德行道藝教養成就其材將以明師友之道世無師友道不傳也孔門答問獨於顏子告其大者子夏子張爲諸侯師子貢

築室原憲棄仕所被者遠也孔子歿而學進者曾子也一以貫之許之以道矣曾子傳子思子思傳孟子所謂忠恕所謂誠明所謂養氣一也今夫辯足以使四方勇足以將三軍一爲不善不足以訶僕妾氣懾失據不在大也是未聞曾子子思孟子大勇乎學者顯窮齊致生死不變蹈道自樂至於沒齒不可一日廢其常心而已晉南渡王謝孫李支許之倫初過浙江爲剡中山水清放之游一時稱高會不知邑東餘姚有諸馮之地舜所生也其北會稽之地禹所歿也舜禹功被萬世而有見於遺俗亦聞聖人之至德乎范侯峻明高爽健于立事

姜侯剛明廉肅政在急吏寬民入大化服郁郁然洙泗之風矣儒學爲吏師政事出經術戎馬之間力興學校知急所先可爲卓然矣俾刻於石知所勸焉

丁寶臣修學宮碑陰記　　蘇　復

世之爲吏者往往以簿書期會爲政事之本以剝下奉上爲進身之梯又其下者飾廚傳以悦過客濫公帑以市私恩至學校則視爲不急之務而漫不加省夫豈知風化之源實有在于茲也三衢毛公來宰是邑下車之初卽以黌宇無完爲不可後于是夙夜究心營葺有序又得丞佐諸公一時之賢皆好文善士樂贊而成之曾

未期凡昔無者今備一日公登眺慨然曰先聖之宮學者肄業之所可無俎豆弦誦聲乎邑里士子欣從其化爭先掃治齋几布袍韋帶翕然至濟濟詵許有魯鄒之風時邑之先達鎮江通守貢公堯舉因出示慶歷中丁公初興學記贊公之盛美命鑱諸石以示源流所自後之來者皆能以公之心爲心如公之不忘前人信斯學之不廢矣

修學宮記　周汝士

簿栝蒼汪公尉臨海謝公視事之初謁夫子廟歷視傾欹上漏下溼諸生無所歸因愀然曰政孰先於此同心

之言其應如響於是定規模審財用聚餼糧命徒庸儆者葺之壞者新之課有限試有法誘掖不倦發於至誠諸生激昂日進於學剡之文治熠然一變葢數十年未有也古之仕者以其所學後之仕者以其所不學古之學者一毫未信而使之仕雖聖人有所不能後之學者幸而入政往往視所學爲空言漫不知省日從事於斯吾知爲政而已矣不知所學爲何事也昔魯修泮宮從公於邁無小無大蜀起學宮邦人向化鴻儒奇士間生特起異時掞藻天庭淵源四海如游夏輩可不知所自耶

遷建學宫記　　高似孫

嘉定七年史安之行尹事三歎舊宫荒𢈔士失肄業相剡山庚兊之隅樂其崇峻開敞山水明美如杜子美所謂剡溪藴秀異李太白所謂剡水石淸妙者迺匠新宇巘巘巍巍志於鏗風教琢翹楚也嗚呼作學非難也繼難也繼非難也知爲難也然豈無知者乎晉湛方生修學教曰嶺舉雲霞之標澤流淸曠之氣山秀水淸荆璞在兹剡山水有之魏曹植孔子廟頌曰修復舊廟豐其甍宇莘莘學徒爰居爰處王教既備永作憲矩剡學者圖之

新學記　周燚

嘉定甲戌春四明史侯作新學宫面勢雄豁甍宇崇壯閲三十餘載水邱侯領縣事謁拜竟歷顧而歎曰美哉史侯之所爲不圖敝圮之至於斯也昔史侯相地鉏山撰築堂廟鱗鱗櫛櫛百楹相扶士業其中日進於學擢儒科游辟雍者率由斯出文風彬彬一時煥映作成淬礪之效也積久不葺風簷雨甓破漏傾欹梁柱棟支苔蕪蘚溼朔望奠謁往往相顧惟懼彈財動衆不敢屬意焉水邱侯來憫史侯剏建之難朝籌夕度毅然是圖凡集同僚必加咨審暇日訪吾兄弟曰學校風化所繫吾

當身爲之子其翼我以嗣斯舉抑成子之先志傾倒已俸鳩工集材於是腐者折者頹者壞者室而弗宣闕而弗具者迺拓迺易迺立迺理工將就緒而侯去矣既去書尺旁午諄諄乎猶不能忘情吾兄佐少仙畢其役前人規模至此修復溪山振采秀氣蔚擎吁游於斯者盍思侯之所以然一趨嚮厚涵養廣聞知精進乎高明廣大之域以副侯之所期則史侯不得專美於前矣侯名袠字子長錢塘人自登進士第涖官著政聲愷悌詳明溫恭律已不苛不擾惠洽令孚再考成資引嫌而去一意學校人皆稱之是役也決其議相其成不以侯去留

而解者尉凫磯施復孫也叶贊裁審董隸其事者吾兄燮也撫其實以筆於石者城西學者周焱也

脩學宮記　　明　夏雷

天下之治系人材人材之出系學校學校興廢系有司之賢否故朝廷責以守令六事此爲之首銓考守令殿最此爲之先也則居是職者孰不欲舉是職哉顧往往頽垣敗壁於榛棘中使諸生肄業無定處政坐賢才之弗逮爾宏治戊午秋嘉定徐侯尹嵊三年度民可使矣於是以學舍朔望之所視所當修繕而增創者校於懷中暇日偕邑博相度首詢聖廟環視兩廡前顧泮池曰

咏歸亭壅聖道非古之制且悉其餘曰祭器不足齋舍不立衙宇不宏射圃不葺皆今日之所當亟者也侯翌日發帑市材鳩工斲削展石甃砌運甓墁覆剷大木數章支廟梁遷亭豎樓凡十楹增置祭器罏瓶凡三事爵凡二十桌凡十二乃涓日告成而落之

脩學宮記　　國朝　朱爾銓

泮水頌魯之能脩學也其詞曰穆穆魯侯敬明其德又曰濟濟多士克廣德心葢古者大學敎以明心德而已故魯人因泮宮之作卽以是爲君臣頌則建學與修學意可知矣嵊學在鹿嶠之翠微天姥桐柏拱其前四明

太白峙其左右百川滙而經其後雪霞煙雨千態萬狀
覽者神怡焉明季以來鞠爲茂草所留者獨大成殿與
明倫堂亦上漏下溼薜綠莓紅不可行禮今張侯初涖
釋菜於先師見而歎曰養賢之所何使至此然以瘡痍
甫定不敢議興作其爲治也課農桑崇節儉尚禮樂敦
教化革耗省徭寛刑息訟唯務以德明民至晴可祈雨
可禱火可滅虎可驅又奇政也民信之矣然後建倉庫
成橋梁脩道路而學宫尤三致意焉自己酉秋至庚戌
夏殿堂門廡皆榱之桷之瓦之垣之丹之堊之泮橋之
石欄櫺星之石門皆煥然一新泮池皆甃以石使可儲

水池中畜蘆藻池傍栽竹木蘆藻之下游泳有金鱗竹木之間翱翔來翡羽朔望講習環橋而聽者得鳶魚之趣無不大悅余司鐸緱山隔百里許聞之躍躍欲往將親領張侯之盛時方代庖勢與願左及兒輩以事乞記遂忘其陋不知其筆之走也余因之有進焉是學之脩乃侯之敬明德以爲民則也余鄉之多士可不廣德心以承侯志乎亦願澡其蕪穢矢其潔清日新又新以各明其德期不負侯意也可余亦竊比魯人云爾侯諱逢歡號玉臺西蜀閬中人

重修文廟記

朱珪

嵊居會稽之上游山脈自天台天姥而來蜿蜒屈曲至是將開宕而剡溪淸駛爲山川幽曠之區故其人文亦樸而含華地勢然也唐君仁埴以名進士紹家學來司此土下車謁學宮慨然歎仭牆堂廡之剝陋曰是之不講何以爲士民式乃倡修之輿情輻湊不戒而孚不勞而集土木丕煥豆登音佾之數次第備舉君嘗以迎鑾奏賦知名與余有文字之舊今年夏余自台度關嶺下新昌過其境問之嘉其異乎俗吏之爲也君請余爲文記之余惟許子瑜及紫陽之門周繼元淑姚江之學嵊之賢喆代有傳人顧學校徧天下而君子儒不聞出

者行與知違而義不勝利也學道之效君子小人同之而今或以爲迂闊而不切於事情然則聖賢之所以教庠序之所以設豈僞爲哉循名而求實升階而儼思感應之速徵於所鼓孰謂教學之與吏治果扞格而不相入也余將去浙乃以平日之教諸生者舉而申之若夫修建月日及助工紳士則詳於有司之册不具書

周瑜淵源堂記　　宋　王十朋

孟子曰君子深造之以道欲其自得之也說者因孟子之言論淵源之學本乎自得非傳授所能嗚呼是究孟子之所言不究孟子之所不必言也夫欲造道於未得

之前不資諸師友可乎未有舍師友而自能深造者此孟子所不必言者也孟子知性本善知道莫大乎仁義爲七篇書其自得有如此者世之學者多矣自得者鮮父兄之敎子弟固非無師友也命之之意鮮有及乎道學之淵源者望其深造自得可乎周君手誡子孫曰親師友之淵源噫君之家訓過人一等矣慮子若孫懈而弗遵爲名其堂且記其事

姚景崇義塾記　徐清叟

景崇字唐英號自愛翁邑之晉溪人乃能建塾延師以陶育士類可謂富而知義者矣

記曰自愛翁剏書塾一區於所居之旁延聘儒碩以陶育四方俊乂負怪石倚喬林天光互照眞絕境也詳塾之制建聖殿於中素王之像儼然垂衣後曰自愛又其後曰書室棲賢列其左迎賓居其右如舒而翼如拱而立名扁秩然此位置之正者也堂之前翼以數楹乃會膳之所堂之後各數十楹乃肄業棲息之地義井可汲也靈源可濯也環以門牆羅以花木與俯跪起之容伊吾絃歌之韻激沸於耳目第覺春風溢於宫牆而物爲之丕變初不悟其爲何地也夫塾所以寓教也教所以爲道也苟於是有見奚啻珍羞翁獨見而獨愛之獨愛

之而不能推之又豈忠恕之道翁之是舉果能俾斯士成厥德造以廣是心若修撰葉公非明驗歟余恒憾弗獲早登翁塾徒抱棄德之慙姑述以爲吾道淵源賀時

開慶己未春正月望日

鄭氏經訓堂書塾記

邱鄘

鄭氏爲邑望族邦賢公留心經史爲時宿儒搆堂貯圖史以訓子弟扁曰經訓堂公言經莫大於六藝京房之易溺於術數孔鄭之書溺於訓詁大小毛公之詩溺於穿鑿仲舒之災異康成之儀文非春秋禮樂之全也諸子弟有得於訓者曰予先人揭孔氏之全經以訓後昆

用意深矣先生必有以發之予曰易以用變書以制事詩以正情禮以成行樂以道和是六經本聖人精神心術之微爾祖用是以治身用是以命堂用是以迪後人後人能用是以立命用是以名世又用是以迪物本之以誠斯孝子不匱而此堂亘古爲昭矣是爲記

重建二戴書院記　元　許汝霖

元混一區宇郡縣旣皆有學又徵昔賢遺蹟倣前代書院成規得以始事而創置焉百年來遐陬僻壤駸駸乎黨庠術序之盛自海內繹騷學院多罹兵燹二戴書院在縣北余問過其所未嘗不踟躕浩歎昔之隆然起者

將何日復見乎至正二十四年夏嵊士董士亮彙辭來曰二戴書院創建顛末子固知之詳矣距今僅七十載不意圮於兵也三數年間守土者居不煖席安邺教養前年冬濮陽周君紹祖以僉浙東元帥來鎮兹土下車卽進士類謀所以輯民者未幾邊壘鮮警農漸復業君屬邑官曰當兹用武之餘未能遽興文事而聖賢妥靈之地寧諉弗祗然民力未可用廩資空匱計將安出宜姑起廢以倡後人於是旣葺學宮卽考院田逋入捐已俸爲助士以材木輸者聽之首作禮殿東西兩夾室中像聖容及四侑又東爲二戴祠四楹外儀門三間繚以

周垣傍爲守舍君曰妥靈有所矣蠲吉日釋菜奠幣如式夫元帥責在邊備迺移心至此請書以刻石垂示將來余聞學校者所以尊崇聖賢維持世道之大具也兵興以來宮牆化爲榛荆通都名城藩臣鎮將有不知所重者不知天理民彝不可暫忘世之擾擾至於此極政以本根之地失培養耳用武力而不反其本將何以靖天下之多故哉今周君於窮山之陬擐甲胄以問俎豆其所見必有過於人者此則剡士之所願記也況二戴當晉室不競之日繼世嘉遯兆域所在歷千百年人猶展敬而護存之我朝又以其炳靈祀於聖人之宮不惟

高風峻節有足感動乎人亦其學術之懿出處去就之宜有關於世教者葢愈遠而彌彰也七十年來暫圯遽起自兹以往必有恢復其舊者矣此又剡士之所宜記也余之無似將與同邑之士求前人遺躅以進乎聖賢之學或出或處不失其當然以俟天運世道之復其尚有在於斯乎君字繼先嘗鎮錢清作劉寵廟人稱之其來嵊多美績非學校所係不復書

宋明府敎義塾碑記　國朝　壽致潤

化民成俗其必由學而歐陽公亦曰學校王政之本也故自宋以後大儒文集於郡縣學記靡不津津言之然

令甲所載爲之補殘修鈌當事之才優而力贍者尙能及之至若無關考成而非功令之必不可鈌者自非識大體崇雅化鮮不置若罔聞此吾於嵊邑宋使君義學之設不覺喟然感發也嵊界越之東南故剡中地其巖壑秀流鍾爲人物代多英奇磊落之士而有明之末周海門喻養初諸公理學風節文章政事尤彪炳可觀比來稍似寂寥豈盈虛消息氣運固然抑亦風厲之意或微而興起之會有待也使君三吳望族故相國文恪公從孫分守兗東副憲南邨先生之冢君也歷胎前光蚤擷英譽妙年綰組冰蘗自矢而才猷敏練如出匣干將

泣嵊未幾百廢具舉會歲侵捐輸勸募平糶賁賑極焦勞補救之計嵊民不擠於溝壑而四境晏如者維使君是賴既已家頌戸祝矣顧使君以詩書傳緒於名教典禮膠庠文物閒尤惓惓注意謂譽髦斯士非盡黌序所能容也乃就鹿山文昌祠設爲義學延明經宋諱夔者爲之師日有課月有會使君時臨涖而董率之執經就業者踵相接顧師生晨夕膏火之需取給淸俸慮難垂久更購膳田幷以入官産歿之合計共若干畝使君德意旣懇欵周詳邑中文學喻子學鈖宋子亦郊皆服古好義之士相與宣導敎澤左右贊理義學規模因以大

備走使屬予一言記之予邑與嵊接壤歲庚子使君來視邑篆卽以治嵊者治之未期月而士習民風翕然蒸變予不敏舊備員史館方擬吮毫濡墨紀循良傳不朽今得於嵊之義塾供文字之役敢以蕪陋辭乎爰走筆識使君教思之無窮將見漸陶涵育俊英輩出嵊邑人才之盛當視昔有加也使君名斅字惟典江南蘇州府長洲縣人由歲進士出宰其田之畝則地號租稅別有記

建義塾碑記　楊玉生

自夫以一貫萬尼山之統緒攸傳博文約禮洄水之宗

風特啟祖爲作而孫爲述明道之大原出於天攸也沒
而軻也生守道之大閑維乎世韓退之衰起八代言追
周誥殷盤朱晦翁成集諸儒源溯金聲玉振此教則闡
其性命而學必究其精微者也我
國家建學明倫萃宇宙之衣冠而文風丕盛浙東西騰
蛟起鳳孕山川之秀異而鼎甲全登嵊之爲邑也百里
鍾靈歷代美斯文之煥千巖競秀羣賢有畢至之符譙
郡名流攜琴書而假寓瑯琊舊族偕子弟以浮江經學
潛修二戴同輝日麗書樓聳峙千峯共被雲遮謝車騎
歸老桐亭欽經濟之才於巖谷王子猷操舟雪夜標清

絕之韻於人間此皆學貫古今而教垂奕葉者也書院之設慈湖而後時時奉教先生長春以還處處能文弟子會講者同時八士無非關閩濂洛之干城登第者一姓七八總是月露風雲之手筆科甲聯鑣直上士競雕龍師弟一榜齊飛才爭倚馬海門先生以嶽峙淵渟之偉抱紹明心見性之正傳立朝而慨切敷陳不減宣公奏議退處而從容化導何輸馬帳笙歌堂號事斯請業者何必盡聞一知十門環立雪味道者又何妨人十己千此教必得其人而學乃詣其極者也至學以義名來不拒往不追體大聖無私之至量而制因時創規乎前

道乎後範小子有造之成材宋令昔年曾延師而訓課剡田撥後待卜地以棲遲予也製錦才疎甫親民任教化之責成章願達肯築室貽道傍之譏倡捐而闔邑同輸挈價而購居一宅高樓風靜儘堪披卷長吟平闊晴開頗足揮毫濡墨加以慷慨尚義無煩布地之金長廣捐基絕勝捨園之寺門開而山可立見從茲入室升堂橋設而徑可徐通不致歧趨異路森若參天之木長柯願肖拏雲猗歟聯桂之坊修竿爭持斫月曲江宴罷承恩陪玉笋之班清禁宵深召對賜金蓮之炬固其宜矣竊有望焉今與教者約剖危言晰疑義俾聖道日以光

昌也屛曲說淡支詞使制藝歸於醇正也不憤不啟以俟其候不悱不發以迎其機此未反三隅而無然躐等也今與學者約居仁由義先行誼而後文章也考史證經勿虛浮而馳聲譽也灑掃應對習其事詩書禮樂咀其華此本末無乖而區分一定也今與董事諸君約風雨鳥鼠易以爲災也修葺補苴易以爲力也傚焉而弗之問危焉而弗之扶此終事不勤而前功可惜也今更與後至賢侯約倡教立化非一人一己之私也撤舊更新非一時一日之事也毋任荊榛之委恒生棟宇之輝此砥學海之津梁而翼賢關之門戶也嗟乎嵊之書院

屢矣或以姓傳或以字繫或取義以自額或褒德以彙推皆已成草蔓煙荒誰復問桃源洞口子之以剡溪名者蓋以剡溪之書院付之剡溪人士而已無與焉天下無不自愛其鼎者而驪龍又孰不自護其珠也哉

學田記　　明　趙錦

古者自公卿以至庶人無不授田之家士生其時不惟其出於公卿大夫之後而其發於畎畝之中者亦無不得其養內之無飢寒以亂其心而外之有庠序之教師儒之聯風俗之美以磨礲浸灌之故其成德之盛濟濟藹藹賓與之典書不乏其人人不愧其書嗚呼士生其

時抑何幸也井田廢而兼倂行於是民始失其養矣民失其養而士有所不免於飢寒者矣庠序之教師儒之聯非古也祿利以爲榮而詞章以爲尚外無所以原其成而內有所以奪其志士生其時其卓然自立而不受變於俗者蓋千里而一遇之矣孟子曰無恒產而有恒心者惟士爲能以之立教而勵士則可非爲人上者所以養士之道也古之學校莫可詳已未聞別有田也學之有田其昉於後世書院之典乎宋仁宗時嘗賜兗州學田其後有司者間亦置田於其學以濟旣廩所不及嗟乎古無養士之田而士無不養後世嘗有田以養士

而士猶有不遂其養者然則學田殆衰世之意也非古之所以養士也雖然居今之世而欲望隆古之盛使天下匹夫匹婦無一不遂其養者而士與於其中不可得矣有士焉而不知所以養之又使不免於終窶之歎其可乎故有能體念乎學校而優為之制者賢有司也知其所重者也嵊學舊未有田萬歷初始有田十餘畝今令尹丹徒姜侯克昌來視邑事慨然以興起斯文為已任踰年政修而人和始新文廟已又為置田五十畝有奇以聞於學使劉公東星郡守傅公寵咸嘉允之而學博章君木傅君遜王君汝源弟子員胡生夢龍尹生汝

陽輩以告於余請記其事余故維古之所以養士以明姜侯之賢俾後之涖茲土者有所考鏡且以告嵊人士其必知所自養而後足以膺公田之養云

周汝登

昔三代盛時田皆井授上無養士之特名而士無不養王迹熄井制湮士農分業而世始有無田之士吏士異勢而士遂有終窶之嗟其所由來非一日矣國朝稽古建學聯師儒定旣廩育才造士不爲不裕第膳有定額而時課弗充也額有定員而貧乏之弗給也故學另設田非古然所以善通古法之窮以佐旣廩之不及者惟學

田爲最良焉我邑大夫王公來視嵊其諸農桑戶田賦役訟獄之政靡不悉心經制碑之衆口者嘖嘖不容喙而作興學校注意本源之地尤根夙心曩公纔下車卽進諸士約期以修行滌回毋荒故業優其廚廩櫛其課試時省其精疎而躬加飭勵焉意良厚矣侯又以所舉有時所及有限而所行待入非經久之規也於是又度鹿苑廢弛寺田百餘畝籍之學宮歲入其稅以供筆札充庖饟贏其羨以賑士之貧乏不堪者婚喪不舉者侯之爲士養計也抑何周徧而久遠之若是哉時丁酉余以南銓叨憲嶺表銜命還梓里與議山川風氣實關

士運侯遂慨建兩亭東西屹峙一時美舉與斯田並垂不朽學博杜君金君趙君暨多士喻生思徵王生嘉士尹生汝陽汝期袁生日新日靖趙生起丁生則瑞輩謂不可無記命余一言余惟夫士方衡居蓬蓽覩當事者迂疏士類輒欷歔不能已及旣握符綰綬仍邈不相關其視公之厪厪懇懇無負夙志者能不汗顏內愧乎雖然養士若侯者可矣而士之自養宜何居敦忠信爲道腴飽仁義爲膏粱處則咀英吐華出則澤枯潤槁斯士之所爲自養以無負公養者也若夫詞章競繡筆札徒工內無禮義廉恥以養心而外日營營於進取則茲繼

道光嵊縣志 4

紹興大典 史部

中華書局

藝文二　壇廟　寺觀　古蹟　職官　封廕　鄉賢
儒林　孝義　隱逸　仙釋　列女

壇廟

倉帝祠碑

國朝　盧偉

上古結繩而治不立文字迨倉帝效象而書契始作闡先天之祕啟後天之機紹千聖之傳垂百王之法實萬世典章之祖也我朝重道崇儒昭同文之治山陬海澨鄉塾里社靡不葄枕圖史市夫門卒鄙豎野者亦能通曉翰墨良由人遵聖諭家重遺經胥在仁涵義育之中致臻斯盛而於黨

庠術序復有

欽頒典籍以供士子綿摩其教思所被無遠弗届矣乃

檮昧之輩以我

朝雕本日多得之甚易不復知古人編韋書漆之苦怠

心遂生由是賸墨殘篇委棄不可勝紀此亦有司之責

勸導其可緩乎余奉

命移撫兩浙而皖江張君先爲此邦牧伯重以惜字爲

訓諄命屬郡邑立法招之檄下皆翕然從令而越州嵊

縣李令奉教尤謹迺與邑之好義者卜地於鹿胎山之

陽叔倉帝祠三楹歲春秋祀以牲醴返本報始禮歟更

爲沙門氏謀贍田若干俾得專職而請余言鑱諸麗牲碑余思爲政之道行一事務布以實心斯於事有成而於民有禆借字固非政之大者然示民重文敎尊聖賢敬鬼神借福命之意均於是乎在此牧伯之所殷殷爲訓而李令能殫力經營以成之也由斯以推凡有關於民生休戚之大者其能職之以實心視此矣是爲記并系辭以侑神焉辭曰神之生兮明四瞳矚奎象兮環高穹書契作兮開鴻濛應萬事兮神之功惟我

皇兮景祚融合九有兮車書同申懷柔兮祀典隆告百神兮肅百工奉兹神兮宜加崇字之祖兮文之宗卜名

山兮於剡中飾丹雘兮營朱宮施者博兮報則豐幽顯判兮精誠通佐聖化兮揚休風歷萬禩兮夫何窮

建倉帝祠詳文　李以炎

粤自卦畫羲皇窮陰陽之變化字造倉帝濬宇宙之文明而後禮樂以興形聲斯具典謨訓誥洽統開奕葉規模忠佞賢艮書史作千秋法戒所以天雨粟鬼夜哭喜懼交幷乾出苞坤流符嘉祥畢應用宏功鉅宜深崇報之私積厚流光恭際右文之世勸飯僧而惜字憲檄頻頒爲溯本而窮源祀典宜備用是鋭志經營留心相度

謹購鹿胎山隙地爲侯罔氏專祠謀之形家卜云其吉告諸多士羣無不宜遂於九月十五日鳩工經始不日落成從此臨之在上質之右旁不敢萌其褻越擬之於今垂之於後更可奉作典型除置田司事次第舉行外所有建祠緣由理合具文申報伏乞憲臺錫之祠額賜以柱銘須煥星麗日之鴻詞表指事諧聲之偉烈俾知仰觀俯察幾勞古帝精神庶幾觸目警心勿任片言拋棄則士風丕振比戶於以可封而文教用光千巖爲之增秀矣

惠獻祠碑記

魯曾煜

嵊爲越支縣而自錢塘浮西陵渡徑於越絕曹娥江而東必由是假道焉以達於臨海郡而後之東甌洄沿登頓道狹多阻是爲東越之重蔽而居民維漢元封初樓船將軍出武林攻東越者蓋道此而東越發兵距險使守武陵者亦道此也

國朝康熙十三年耿精忠反閩越旣西陷衢之常山諸縣乘勢蹂東甌長木之摽天台黃巖仙居以次淪寇域而震於其鄰實逼處嵊嵊多窮鄉篝火狐鳴往往與相應和於是乘城者以攻城告北道諸郡保以焚掠告西道之貴門山又以剽奪告蠢蠢焉人莫必其命當是時

寧海將軍固山貝子聞章安警方董師往徇之而取漢樓船攻東越古道道嵊知狀則曰鼠子敢爾以大敵在前吾弩千鈞必不爲鼷鼠發也雖然圖大於其細可芥視耶以勁卒一千隸參軍滿進貴方畧敎導并指畫山川要害處命與郡守許宏勳好爲之文武吏胥用命凡三與賊遇而殺其僞將五人降二人就擒者二人斬首七百餘級械資如山有吉語聞貝子喜曰寇可盡矣然禽困覆車慎勿與鬭力也令僞若退師者各取酒張坐飲而設樂以賀戰勝中酒則銜枚襲之是爲貴門之戰賊大首自邱恩章以下凡九十人率坐縛無一脫者駢

斬以徇而宥其黨脅二百餘根株薙獮走伏路斷嵊人乃以首搶地望貝子遥祝曰更生更生伏惟貝子以華蓋之金枝擁上游之玉帳其薦功在閩越其籌勝在臨海在東甌烏巖之尾則狄武襄之奪崑崙也西山之屯則李長侍之扼洄曲也石塘之攻則鄧征西之縋陰平也維此嵊邑道途所經未遑信宿然而碑在人口於今不衰易不云乎重門擊柝以待暴客葢取諸豫以嵊之蔽東越也癬疥有疾失時不治則並潰漏發五管指天彼且鴟張我且狼顧至於狼顧而師之居上流者支左詘右備多力分入閩之期曠日持久魚則游釜燕乃笑

堂救溺者趨豈應若此是故貝子之早計雖以張睢陽蔽遮江淮之功況之匪汰也今嵊人離湯火且七十年矣其老者如痛定之思當痛其少者以所聞逮所傳聞雖豐碑桓楹已卓道左而棲神蕭寺或匪憑依循甘棠之茇舍謀庚桑之俎豆相方視阯以諏以龜在城東維厥既得卜屬役賦功邪許自倍麗譙有門祭有堂繹有祊納牲有庭左右俠配食有序明宮齋廬品式具備顏曰惠獻祠從厥謚也既告成事都人士禮拜祠下仰榱棟而俯几筵念貝子以勞定國以死勤事既已銘書太常發蹤指示爰自嵊始尸而祝之實應祭法而使金堤

勿潰蟻穴其不惟嵊之爲抑稽陰間千巖萬壑胥安堵焉都人士其又敢忘賜傳有之公侯之子孫必復其始今制府膺

天子命爲諸侯師閩嶠江濤槖兕戟纛昌黎碑曹成王所云王亦有子處王之所者也此之謂不朽豈特世祿家之守宗祊而已歎仰之不足乃叙次功狀於繫羊豕之石而綴以詩曰閩爲鴟鴞張厥嘴距跳我東甌以掊牖戶黑雲壓城赤摽失據嵊小而逼墮三里霧西鄰北首奪釜中路我公天威大師相遇米聚山川壓知敵數計定後戰以指畫肚觭之角之三捷彌怒大鏖貴門覆

取山下衿甲坐縛阬塞蹊杜魚鼈歡聲剡溪嘐浦甲子終矣如旦旦暮祭於大烝司勳有故鹿胎之山飄兮靈雨益東從屯大啟爾宇其筵肆肆維物牲具封羊擊豕烹葵采瓠並走羣望春秋卽序神無不之以篤我祜

節婦祠記　唐仁埴

志載縣之風俗稱閨閫爲最肅女事女紅婦修婦道其爲婦者或不幸而遇人不淑率能完貞矢志競以節聞考列女自晉公孫夫人始鈕滔母孫氏爲作序贊者也嗣是而梁而元而明以逮我

朝或節以烈全或節兼孝著葢比比矣其建爲祠以祀

敘自雍正五年甚盛舉也間覽嵊之爲縣山蔥秀而重疊水淸澈以縈迴固宜有靈異珍瑞鍾之於人而人之爲女子者亦且標特行而世出如志所云凡有夫亡人皆得旌表是也又其地介台越前代多當兵衝海賊獠寇尤甚死於虜者志不一書焉其冰霜水火之操誠有巾幗可媿冠裳者乃忠臣烈士俱得磊磊垂名汗青而婦人女子之以節傳者葢鮮獨此區區之表其墓與廬俾鄉里哀苦志序其行與事於邑乘而享祀之數百年上數百年下幽芳共聚一堂用相慰藉亦可悲已余以今年春奉

天子命承乏茲土式其祠椽斷垣頽而瓦礫蕪草咸爭
此土阯葢適當城中百步街之東側市廛錯雜處也余
慨然曰此非作宰者之責乎夫民社之重大端二而已
農田以養瓜匏果蓏之細不可不知而五穀其本學校
以教學問詞章之美不可不講而五倫其本詩不云乎
民之秉彜好是懿德前此之所以有祠也曾幾何年而
墁堊不飭馨香不飶地不潔清俗不嚴肅其何以教爰
訪節婦諸後人王念祖崔貽穀等謀擇地而遷之有明
倫堂之西偏隙地一畝余且色然喜喜以關風化之人
傍風化之地其得所也乃度土木所需急捐俸錢以爲

之倡尅日興事列屋數楹以居其主表以石坊繚以垣牆供以香火咸驩然曰自華亭袁公秉直濟寧李公光時莅任以來繼蓄此志顧八年於兹而未果也今而快落成矣余既覩厥成若釋一憾者然遂約畧重建之由而爲之記抑更有望焉其在志於公孫羅烈婦多佚其夫名陳婆妻佚其氏又凡載其姓氏夫家而不紀其行實皆由爲之後者無家傳以傳於世故若此潛德幽光惟壼內易爲淪沒必子孫能述而實之則如古之能文章者宋風所及庶皆有所据矣夫

建修文昌關帝城隍三廟記畧　周鎬

禮載法施於民以勞定國能禦災捍患則祀之祀典所由昉也然宮室不設不可以薦敬設矣梁傾棟撓陊降灌獻室不稱儀神奚以妥嵊鹿胎山故有關帝廟城隍廟昔鎬承乏兹土時展禮焉星歲徂遷寖以頽落而文昌廟久圮

皇上御極之六年以文昌帝君主持文運福國佑民崇

正教闢邪說靈迹最著

勅下各直省春秋致祭倣關帝廟定制嵊之人民沐浴

教化踴躍輸公請於邑宰新建廟於鹿胎山之西並請

重修關帝廟改建城隍廟次第更新莫不瓌材堅甓輸

偓指揮遂宇高堂規模宏敞猗與盛矣考文昌之祀古屬天神太史公天官書斗魁戴筐六星爲文昌四司命五司中周禮以槱燎祀司中司命鄭君謂文昌第五第四星自周迄宋載在祀典宋建炎以來封梓潼神爲神文聖武孝德忠順王後遂以梓潼爲文昌元明因之關帝力扶漢室志節凜然正氣常留世昭靈應歷代加封崇祀

國朝追封三代公爵官其後爲博士封忠義神武大帝加封靈佑改史書舊謚皆禮以義起而不惑於道流之說尊崇允至城隍之名見於易其祭始於禮蜡祭八神

水卽隍庸卽城廟祀則莫究所始唐李陽冰謂禮經無稽始於吳越後人多踵其說考杜牧設祭黄州韓愈設祭袁州不獨吳越然蕪湖之祠建於吳慕容之祀興於齊更不獨有唐然崇德報功其來已古禳災禍祈福祥凡民所奔走者之三者皆應祀之正神當

國家文教誕敷武功震定遂生長養年穀順成之日釀成三廟敬答神庥仰體

聖天子增崇祀典懷柔百神之意其事非偶然也嘗於

嘉慶甲子春邑令陸公玉書議其始竣於乙亥冬方公秉觀其成茲鎬攝越郡篆從都人士之請記其顛末其

鳩工助資者例得書於碑之左

寺觀

金庭觀碑文　　梁　沈約

夫生靈爲貴有識斯同道奚云及終天莫反故仙學之祕上聖攸尊啟玉笈之幽文貽金壇之妙訣駐景濛谷還光上枝吐吸煙霞變鍊丹液出沒無方升降自已下棲洞室上賓羣帝觀靈岳之縣啟見滄波之屢竭望元州而駿驅指蓬山而永騖芝蓋三重駕螭龍之蜿蜒雲車萬乘載旗旆之逶迤此蓋棲靈五岳未曁夫三清者也若夫上元奧遠言象斯絕金簡玉字之書元霜絳雪之寶俗士所不能窺學徒不敢輕慕且禁誓嚴重志業

艱劬自非天稟上才未易可擬自維凡劣識鑒鮮方徒
抱出俗之願而無致遠之力蚤尚幽棲屏棄情累留愛
巖壑託分魚鳥塗愈遠而靡倦年既老而不衰高宗明
皇帝以上聖之德結宗元之念忘其菲薄曲賜提引末
自夏汭固乞還山權憩汝南縣境固非息心之地聖主
纘歷復蒙虆維永泰元年方遂初願遠出天台定居茲
嶺所憩之山實惟桐柏實靈聖之下都五縣之餘地仰
出星河上參倒影高崖萬沓邃澗千迴因高建壇憑巖
考室飭降神之宇置朝禮之地桐柏所在厥號金庭事
爲靈圖因以名館聖上曲降幽情留信彌密置道士十

人用祈嘉祉越以不才首膺斯任永棄人羣竄景窮麓結懇志於元都望霄容於雲路仰宣國靈介茲景福延吉祥於淸廟納萬壽於神躬又願道無不懷澤無不至幽荒屈膝戎貊稽顙息鼓輟烽守在海外因此自勉兼遂微誠日夕勤劬自强不已翹心屬念晚臥晨興飧正陽於亭午念孔神於中夜將三芝而延佇飛九丹而宴息乘凫輕舉留舄忘歸以茲丹欵表之元極無曰在上日鑒非遠銘石靈館以旌厥心其辭曰道無不在若存若亡於惟上學理妙羣方用之日損言則非常儵焉靈化羽變蜺裳九重崇岏三山璀璨日爲車馬芝成宮觀

虹旌拂月龍輈漸漢萬春方華千齡始旦伊予菲薄竊慕隱淪尋師請道結友問津東探震澤西遊漢濱依稀靈眷彷彿幽人帝明紹歷維皇纂位屬心鼎湖脫屣神器降命凡塵仰祈靈祕瞻彼南山與言覆簣啟基桐柏厥號金庭喬峯迴峭肇漢分星臨雲置墠駕岳開櫺礀塗蹇產林圻蔥青誰謂應遠神道微密慶集宮闈祥流罕畢其久如地其恒如日壽同南山與天無卒更生變鍊外示無功少君飛轉密與神通因資假力輕與騰空庶憑嘉誘永濟微躬

龍藏寺碑文

唐　李紳

會稽地濱滄海西控長江自大禹疏鑿了溪人方宅土而南巖海迹高下猶存則司其水旱泄爲雲雨乃神龍之鄉爲福之所寺曰龍宫在剡之界靈芝鄉嵊亭里地形爽塏林嶺依抱刹宇頹毁積有年所自創置基三徙而安此地像儀消化鐘磬不揚堵波已傾法輪莫轉釋老修真持誡兹寺護念常啟願與伽藍而歲月屢遷物力無及貞元十八載余以進士客於江浙時適天台與修真會遇於剡之陽師言老禪有念今兹果矣顧謂余曰後當領鎮此道幸願建飾龍宫以資福履余以爲孟浪之詞笑而不答師曰星歲有期愚有冥告泉元和三

年余罷金陵從事河東薛公苹招遊鏡中師已臥病而約言無易大和癸丑歲余自分命洛陽承詔以檢校左騎省廉察於茲歲踰再紀而修眞已爲異物龍宮棟宇將盡命告墳塔因追昔言遂以頭陀僧會眞部領工人將以蕆事予以俸錢三千貫□□監軍使毛公承泰亦施以月俸俾從事僚吏咸同勝因閭里慕仁風靡爭施子來之功力雲集淸涼之蓮宇鬱興浹旬而垣墉四周逾月而棟幹連合奐矣眞界昭乎化城擇淨行僧居之以總寺事因具香饌告誠法王上以資我后無疆之祚次以資龍神水府之福以名寺之功力爲祐靈之顯報

一雨之施潤洽必同佛言龍王心力所致使七郡山澤城邑万人介福所安翳我龍德是用迴此法力永資泉宮僧齋護念常爲仰荅余固不敢以修眞之言自伐俾竭誠以爲人刻石記言於寺之刹銘曰滄海之隅會稽巨澤維禹功力生人始籍土壤山嶼濱海之東溟漲空闊邈祕龍宮貝闕難知珠宮莫測雲雨交昏深沈不隔聞法必聽依佛必降豈騰溟海亦化長江既資勝因爲龍景福飾宣風雨以成播育撞鐘以告三界必聞維爾龍室昭昭不昏我昔麻衣有僧傳信斯人已亡斯言不泯敬報前志以垂後功建飾儀相昭明有融普利羣生

罔資巳力琢磨記言垂示無數大和九年乙卯歲四月廿五日建

明心寺記　宋　唐　咨

邑北三里林巒幽邃如城郭其西北一隴望之蔚然高出於羣峯曰黃土嶺嶺腰有靈泉清冷甘美行者負者賴濟渴吻顯德七年鄉民蘇老賓請於錢氏爲僧院宋建隆初爲黃土塔院又民陳承業捐山以廣寺治平三年賜今額景祐中僧仁偃甃爲二泓立廊以升凡二百級入至瀟灑不知人間有暑惟佛法能轉惑見爲眞知卻羣迷爲正覺離執著爲圓明然後逍遙乎眞空之裏

超悟乎妙道之場所謂明心者因夫明心之理以告焉云

雨錢寺記

國朝　徐開禧

出處而存乎道者幾人哉超凡而登先覺掇巍科登顯籍以救援胥溺者儒者之事也拔俗而洞元理掇衣拂踞師位以度脫羣迷者釋者之事也雖爲敎不同其道一也我崑有寧遠師者以簪笏之裔一旦棄儒歸釋不數年盡洞徹奧旨爲宗門龍象余以朽邁不一見爲恨也已酉春伊弟雪公來吳得閱師五會法語欣然如面并囑余名其山因問山之顛末於其弟答曰椒於南齋以其空中雨錢故以名寺鼎革來廢荒特甚歲在丙午

師駐錫焉一年伐木鳩工二年蒔松種竹三年而莊嚴成峯若城環溪如帶繞寺居其中與煙霞互發樵牧賡歌乃剡西勝地也余聞而擊節曰其今之西林乎大抵山以人重廬之東有東林遠公主之剡之西有西林寧遠主之世隔二千餘年而二林之主同字遠豈非東林而西歸乎天假數年得進西林之杖履以徜徉老人之願畢矣

尊聖寺記　李以炎

出東門四十里許有寺曰尊聖傳宋治平丙午奉詔葺而原其始則名后山菴創於晉永嘉戊辰毁於唐會昌

乙丑而重建於咸通天福間載在舊志無檀越名也乾隆辛酉有修志之役生員姚順之請載朱子所撰修寺碑文稱此寺爲姚憲與李逸人捐資重建淳熙甲辰鳩工丙午秋落成時奉命提舉浙東將由金庭抵明州便道過訪因請爲記予讀而疑之按朱子提舉浙東常平茶鹽事在淳熙辛丑事竣進直徽猷閣代者爲余禹成歲在壬寅安得丙午復行部蒞止而爲之記乎越日竺介清等果以篡估控亦呈有真西山碑文稱建寺者伊祖竺簡竺觀我也寺内現存報本堂設位以祝又有田宅器皿交單及明天啟間毁碑印照墨痕紙色俱舊雖

文非眞筆差勝姚生之舛錯無徵者余又疑憲祀鄉賢生既屬子孫何以春秋祀事並不與祭領胙及姚行宗斥非本派然後疑者以釋爰循往例聽笠護持而嘅然於風之不古也蓋自須達多長者布金八十頃成精舍三千區請佛住佛有居矣而好佛者往往崇煥其宇曰是西方聖人也非是不足以尊之於是招提蘭若錯立於通都大邑名山勝境之間要其心祇知有佛初未嘗冀子孫之食其報也乃竟有借檀越名思分潤於桑門致冒祖弗惜者其立心何如哉今而後姚固不得覬覦笠亦未許染指庶淩競之端可以少熄矣往袁尚衷修

志於天竺寺條添五都葉仁贄捨宅建鐘鼎皆有贄名寺後即贄墓十九字致搆訟不已設不考證而應其請則害伊胡底記此知記載之當慎而轉疑人言之未可盡信也可嘅也夫

耕菴記　李茂先

剡東四明稱丹山赤水之天二百八十二峯間佛窟僧廬嵌雲倚石者幾百餘所大石厂居其一髻於厂巔則有耕菴數椽茅屋半里梅花係洞宗普上人駐錫處也上人爲金陵巨族髫齔時即不耐塵鞅脫白薙髮於荆溪萬和尚室嗣後參請海宇名宿十有餘輩及至剡秀

峯雙屏始降心而遞寧和尚箕裘仍欲揀片地作結茅計經幾跋涉而入我四明見大石厂展然而喜曰是可以鋤雲種石者故以耕名乃上人身寄煙蘿名馨遠近若明覺若四果若真如若桂巖紛紛纓請去作瑤海獅鳴演如許普利人天事歲時往來逕由漁溪谷口經竹嘯菴金雞嘴鼠延巖一綫鳥道千折螺紋方達其處山險水深荆榛叢莽登陟者望而畏之老苾蒭月輝瞻禮上人久苦行真修種種有利濟可驗一日暨宏願欲爲四明別開生面不使耕菴道場如熊耳寒巖阻人履屐爰捐己資募衆力身操畚插鎚斧以率於先視有礙厥

行者石搜其蒂樹抉其根峭則使坦窪則用填凡四十餘里梗澁不堪措足之塗一旦如砥如矢幾可聯鑣並轡矣無論居民資衣食於山上者不歌行路之難衲子待鹽米於山下者得遂歸來之願卽耕菴蒼蒼石徒數畝纍纍佛骨一堆使向往者掉臂而直造焉其爲功詎復可量卓哉此舉亦宇宙内一番小開闢也予聞而壯之因濡墨而爲之記

永濟菴茶亭碑記　葉方荂

昔邵子云雪月風花未品題朱子釋之以爲此言事事都有造化淵乎微矣夫一言之發鐘鼓鍚之一行之貞

馨香薦之可不謂造化之在人心乎予世家艇陽之東岸聚族而居饒有江州之風焉歲甲寅族叔仲翁年六旬以水利事與予向宮保李訴誣共赴臨安備嘗辛苦時維溽暑道艱於飲抵南關望仙茶亭鼎試龍頭湯開蟹眼相與啜茗少憩心甚肯之因顧謂予曰我與若郗西不數武有花橋下臨潛流泠然善也旁列喬蔭調調之刁刁者時散曦影於清陰而且南北爲經往來於此多有五里一短十里一長之思焉誠得構小閣數楹汲薪煮茗其間以濟行客以厭人心不猶今之望仙也哉無何言歸載許遽爾溘逝此事幾成畫餅矣豈造物者

不欲玉成歟不然何一不少假以年而顧奪公之速耶越明年翁嗣某念遺言之在耳悲先業之未成偕前邨妹丈婁某協力同心予亦間從襄事其際經營不數月而斯亭落成焉有上人某者剡南白龍潭開山也錫飛過此相與語大悦爰挹彼注兹不惜分潤且慨然願以身任其責而邑中賢豪若某某者解囊割腴襄盛舉以垂永久亦皆爲善最樂者也夫野馬氤氲相吹以息三萬六千塲誰非抱情而處者乃當其薾然疲役則思入於善一旦安樂雖素所關情之人有隔膜置之者矣間有一二自好之士爲善於鄉其或幸而成不幸而敗觀於

當世得失之林可嘅也夫若翁者一言激發惻然見天地之心雖未親見之行而卒使巧償其言旣不至抱甕灌畦又不爲獨絃哀歌所謂存心於世於物必有所濟者非耶將見浮花可供齒頰常芬卽梓里亦藉以增輝矣予也樂其事之有成因掇其顛末以見人心之天之大可恃而造化之不可憑而實可憑也於是乎書

游金庭觀小記　陳純士

余抵嵊二年乙巳歲十月朔有事赴東鄉歷六十里至華堂暮吏胥以假宿金庭觀請余聞之喜炬而前五里至其處僧出迎始知爲寺詢觀所自以寺後秉燭詣之

循寺廊內轉在寺後左側舍二楹安樹奉像觀門向寺之香積外翼繚垣觀右即寺廊通觀步屧區也接構小軒有金庭覽景賦碑夜不敢展禮詰晨肅拜像下像道裝少鬚髯令人想見絕俗曠逸致為低徊者久之墓在觀後紫藤山南向後左有放鶴山東一峯名香爐西一峯名獅子分峙左右聳拔挺秀正前五老峯崿勢屏展巔巔五小峯因名墓前有碑鐫晉右將軍王公墓七字無豎碑年月又前建石柱碑亭一座碑鐫晉王右軍墓五字碑陰鐫立碑年月幷八時偕行者庠生王森侯王夢賚即右軍後裔族居華堂詢以邑志所載金庭舊蹟

咸稱宅在墓趾餘久湮無所攷云

大仁寺碑記　唐仁埴

蓋自青鴛闢界原期普渡以無邊白馬藏經永冀有基而勿壞嵊之有大仁寺也建諸宋代捨自勝姑莊嚴則千載常昭供奉則三都共賴艮田三百畝自饒濟衆之貲精舍九十楹不乏談禪之地所望聖神挂錫恢廓靡窮迺道俗操戈消磨殆盡遂令蓮花座上允矣塵封貝葉經傍於焉草蔓旣覺鼓鐘聞寂漸看棟宇摧頹亦曰悴哉吁其悕矣比因搆訟竊用持公惟是僧擁貨財入多覬覦爰推情而度勢乃區一而爲三以八十畝爲鄉

會之需俾寒士無虞資斧以一百畝爲黨庠之助庶儒生得所師承公車既藉慈航書舍還依經室餘仍歸寺亦可安禪此誠盡善之方可作久安之計者也特念花宫縹緲半屬虚無柰苑依稀幾歸烏有是宜補葺急待經營維我宰官敢謂再來之學詰凡茲衆庶誰非喜捨之蘭陀幸體婆心共圖公舉其有餘者固宜解囊以助卽不足者亦當量力而輸庶幾俶復舊觀仍存古剎百十年相國碑下久歎蕭條千萬間工部眼前佇看突兀匪曰營情禱媚邀福澤於空王亦惟有志更新紹風流於先哲云爾

星峯菴記

李增

出北關三里許有亭歸然竦於山頂者是爲星峯亭余癸巳歲與邑之士大夫復其舊觀者也自亭南下迤邐二百步有室三楹西翼以廊者是爲星峯菴跛僧守中所居以守亭者也余考高氏剡錄載僧仲皎閑閑菴在星峯亭下今其地不可復識而此菴之址則得之馬姓之所捨王徐二子偕諸同人募於其戚友以經始之葢不可謂非有數存乎其間矣跛僧誅茆種菜日惟食粥一盂以余命守亭故弗去然余每見其羸苦未嘗不爲惻然跛僧死菴扃且數月矣菴之頹廢不可知而又奚

以守亭爲余與王子每顧而咨嗟者也會上虞東山寺溲洲上人與王子有夙契來遊剡坑登亭周覽見是菴有卓錫之志寄語王子王子曰如完東翼當爲公等續成勝因於是王子復募諸戚友將增建東翼以踐溲洲之約而溲洲今春適至出一函貽王子啟之則田畝號段也葢溲洲已預爲茲菴久遠計且示王子以弗疑余乃益信興廢之數視人爲量溲洲其即仲皎之後身而爲千百年保護斯亭者將在於是惜乎徐子之久逝而不及見也徐名祖培王名秀春王子請記其事余遂喜而敘其緣起如此他日溲洲當以是語之幷以諗後之住是

菴者

古蹟

褚伯玉太平館碑文　　齊　孔稚圭

河洛摛寶神道之功可傳嵩華吐祕仙靈之蹟可覿蓋事詳於玉牒理煥於金符雖冥默難源顯晦異軌測心觀古可得而言焉是以子晉笙歌馭鳳於天海王喬雲舉控鶴於元都亦有羽蛻蟬化影遁形銷神翥帝宮迹留劍杖遊瑤島而不返蹇元圃以忘歸永嘉惡道者窮天地之險也歁竇過日折石橫波飛浪突雲奔湍急箭先生攀途躋阻宿枻涉圻而衝飈夜鼓山洪暴激忽而崩舟墜壑一裂千仞驟地淪鶱翻透無底徒侶判其冰

碎舟子悲其雹散危魂中夜赴阻相尋方見先生恬然安席銘曰關西升妙洛右飛英鳳鳴金闕簫歌帝京絕封萬古乃既先生先生浩浩惟神其道泉石依情煙霞又抱祕影窮岫孤棲幽草心圖上元志通大造

周汝能天香亭記　宋　王十朋

剡中佳山水爲東南州之眉目汝南周君堯夫得爽塏於剡山之陽挾雙溪之勝而家其上廣廈耽耽在剡爲甲有巖桂數百根皆古木也蒼然成林森然而陰洞然而深闢徑通幽而亭乎其中主人日與客游焉如入宜人之林而夏不知暑如登飛來之峯而香飄自天如騎

蟾蜍游兔宫而下視人間世眞剡之絕景也予丙子冬過剡把酒是亭時堯夫將戰藝南宫予因目之曰天香明年春果擢巍第與予爲同年友堯夫命予記之而未暇逮今七載每移書必及之乃爲之言曰學者方未第志在乎得耳得則喜失則悲故以登科爲化龍爲折桂春風得意看花走馬晝繡還鄉世俗相歆豔曰仙子天上歸也是特布衣之士詫一第以爲天香耳若夫學士大夫所爲香者則不然以不負居職以不欺事君以淸白正直立身姓名不汚于進之書足迹不至權貴之門進退以道窮達知命節貫歲寒而流芳後世斯可謂之

香矣唐宋璟以芬香勉張說漢李固以糞土視胡廣趙戒名乎名乎科第爵祿云乎哉堯夫筮仕有能聲且挺挺好議論時事遠大未易量予方以名節相期必不負所以名亭者矣堯夫又能樂教難弟諸子皆力學行見棣蕚聯芳芝蘭並秀濟濟詵詵天香滿門不止燕山之竇而已然科第之香孰如名節之香堯夫又當躬行以率之也

西幽莊記　元　高誠

史君子受居剡溪邑中有別業在剡之西築室數間作樓讀書因名之曰西幽莊余來越中子受以書來徵余

記之且敘其風土之美曰是莊在剡之相郵面太白峯控引沃洲天姥四明諸山聯嵐湧翠角奇獻秀來集戶牖間其旁則原泉觱沸下為蒙谷灌木蓊藹貯蓄風露水下趨為松逕縈帶左右其前則平田廣衍龍鱗差次衆綠萬頃傾蕩天影每積雨新霽煙霏廓斂行吟曳杖徙倚山徑間則見夫稼者圃者饁者漁者牧者蕘者負販者逐禽者扶攜以遊者負歛以歌者或行或趨或竚或踞或歌於途或倚於樹或息於石或濯於水熙熙焉忘其行役之勞也逮夫日之既夕羣動咸息掩關嚮晦燎燭誦詩忽皎月自溪上出光浸軒檻涼飈颸颸回翔

林薄振擊松桂露瀼瀼自石壁下飛灑飄拂樓居之人神澄骨清嗒然若與世相違也是邨居人僅百餘家其人皆敦厖樸厚力穡務本以爲俗租更賦算輸無後時不煩里宰樹有桑栗畜有雞彘釀黍以爲酒斲山以樹蔬粱溪以得魚歲時社蜡膢臘磔牲釃醪作樂享神相與飲食飫樂休休焉又忘其終歲之勤動也吾因愛類夫豳詩七月之所云者遂以西豳名焉願與我發其義余覽書而歎曰旨哉西豳之名也夫豳之爲俗用天道因地利務耕稼事蠶織敦人倫尊君上公劉所以基王業也孟子之論西伯之善養老與王道之始終亦不過

此而已周禮廢王迹熄籥章土鼓之樂豳頌豳雅不復用於迎寒迎暑矣況能存其舊俗之美乎後之爲政者苟能使其民皆爲豳民之俗天下其庶幾乎今子受察室命名不以草木不以雲物不以山川而取西周之豳土其意蓋深喜古人之遺俗猶幸有存者惜乎今之民不能皆如豳民之俗也余知其意有在焉故爲著之吾黨之士苟有志於古人之治道者其必有取於西豳者也

送許時用還山居序

明　宋　濂

婺與越爲鄰壤越屬縣曰嵊有許氏居之以詩禮相傳

爲名門而時用則又其最秀者也濂家婺之金華距嵊爲不遠在弱齡時卽與時用相聞方以文墨自漸摩無風雨無晝夜危坐一室不暇見旣同試藝淛闈旅進旅退於千百人中無有爲之先容者又不能見厥後時用以禮經擢上第爲諸暨州判官金華抵諸暨比嵊爲尤邇將騎驢走鈴下而謁焉時用又入行御史臺治百司其地清嚴雖時用亦不宜與人相接又不敢見曾未幾何金華陷於兵士大夫螻蟻走唯流子里爲樂土亟挈妻孥避焉流子里隸諸暨地在嵊之西北近數舍卽至時濂苦心多畏而土著民往往淩虐流寓者白日未盡

墜輒翳行林坳鈔其囊橐物甚者或至殺人又不可見及至兵戈稍息予還金華日採藥以自娛間念及時用卽欲約二三子往候之以解夙昔之思去年冬聞時用有弓旌之招使者促迫上道急於星火又不及見濂竊自念時用英俊士此行何所不至鸞臺鳳閣將以次而升何日能賦歸縱時用欲歸上之人亦未必聽也濂雖少時用一歲則已皤然成翁度何由至南京旣不能至又安得與時用一抵掌笑談耶慨然遐思者久之會朝廷纂修元史宰臣奉特旨起濂爲總裁官使者亦見迫如前逮濂將戒行李時用至武林始旬日耳濂又自念

史事甚重當有鴻博之士任其責者濂豈敢與聞藉是以往或得一見時用亦豈非至幸歟濂來南京寓於護龍河上方求時用舍館之所在忽有偉丈夫來見者問其姓名則曰我許時用也予豈非宋景濂乎濂驚喜不及答亟延入座備陳五欲見而弗能之故時用知濂嚮往之久亦相與傾倒凡風晨月夕無不相往來一旦忽淒然曰予先朝進士也春秋又高矣不足以辱明時使者不我知委幣而迫之來我不敢違今已陳情於丞相府矣丞相倘言之上得遂歸田焉不翅足矣他日又來言曰聖天子寬仁今用丞相言如所請矣已具舟大江

之濱吾子遇我厚幸一言以爲別嗚呼婺與越其壤相接爾其見甚易也乃積四十年而莫之遂厥後始見於千里之外既見矣遠或四三春秋近或及期相與論學以盡夫情可也未及兩月而即去既去矣或買一小艇相隨五六百里間探江花之幽靚殷勤道別亦云可也修史事殷足不敢踰都門愴然而別既別矣一二年間或再得聚首如今焉猶可也然向者已如此自今而後其可以必期而必取之耶人事之參差不齊何可復道尚奚言爲時用之別耶雖然時用之歸也其有繫於名節甚大時用采蕺山之薇飲鑑湖之水日與學子談經

以爲樂者果誰之賜歟誠由遭逢有道之朝故得以上靈滂沛之恩而適夫出處之宜也夫道宣上德以昭布於四方者史臣之事也因不辭而爲之書區區聚散之故一已之私爾則又當在所不計也

張思齊菊趣軒記　方孝孺

人嗜於物必有樂乎物樂焉而勿厭非深有得乎物之趣者不能也好權者之於位慕利者之於財竭思慮殫歲年孜孜求之而不止彼其爲趣亦有所樂矣而曠達之士以爲非孟嘉之於酒阮孚之於屐支遁之於馬舉世之所尚者不足以易其好其所得之趣亦可謂深矣

而高潔之士未免以其所樂者爲累葢人之心不可繫於一物苟有所繫而不能釋雖逸少之於書元凱之於左傳李賀賈島之於詩當其趣之自得以爲雖萬物莫能易及其流於玩物而喪其天趣則與好世俗之微物者無以異惟君子之知道者則不然在我之天趣可以會乎物之趣已有以自樂而不資物以爲樂召公之卷阿曾點之舞雩是曷嘗有聲色臭味之可以適乎情而快乎體哉縱目之頃悠然有會乎心忘已以觀物忘物以觀道凡有形乎兩間者皆吾樂也皆有趣也而吾心未嘗留滯於一物也夫是之謂得乎天趣後之士知聖

賢君子之樂者蓋有矣吾嘗於陶淵明有取焉淵明好琴而琴無絃曰但得琴中趣雖無音可也嗟乎琴之樂於衆人者以其音耳淵明并其絃而忘之此豈玩於物而待於外者哉蓋必如是而後可以爲善用物會稽張公思齊氣清而志美好學有長才少喜淵明之爲人營別業於珏芝山中種菊釀秫名其居爲菊趣軒及遇聖天子擢爲陝西布政司左參政去林壑而處公署之崇嚴覩園林之靚麗無復隱居之適矣猶揭菊趣之名不變或者疑之予以爲琴而無絃猶不害淵明琴中之趣公苟得菊之趣豈問身之隱顯與菊之有無哉菊之爲

物揚英發秀於風霜淒凜之際有類乎盛德之士不爲時俗所變服之可以引年於澤物濟世之功又有類焉公之趣誠有得乎此處富貴而弗盈臨事變而不懾御繁劇而不亂推其所得者於政使數千里之民樂生循理躋乎仁壽之域則公之樂果有出於菊之外者矣夫樂止夫物之内者其樂淺樂超乎物之表者其樂深淵明之屬意於菊其意不在菊也寓菊以舒其情耳樂於物而不玩物故其樂全得乎物之趣而不損己之天趣故其用周嘗試登公之軒誦淵明之遺言而縱談古人之所樂則夫淵明之趣果屬之公乎屬之我乎尚幸有

以語我哉

張遜直內齋記　　方孝孺

人之受於天者均也聖人與天同德而衆人至於與物爲徒可不知其故哉於此有泉焉其發源同其潔瑩甘美同其一注之金玉之器而庋之冪之塵墟無自而侵則其明可以察毫髮其味可以薦鬼神與其發源之初無以異其一入乎淤泥積潦之溝牛馬之所踐鳧鶩之所浴汙穢之所集而莫或藩捍澄治之則雖欲不異乎其初弗可致矣聖人之質金玉之器也而又以禮爲庋以敬爲冪持之以兢兢之畏守之以翼翼之恭是以其

中心渾全無所虧蝕其德即天德也其道即天道也其語默進退出處久速舉措設張後乎天者不違乎天而先乎天者天不能違也故聖人之質既美而又有自新之具其所合乎天者豈偶然哉若夫常人其質固已不美矣天理之所在嗜好汩之於內利害鉥之於外聲色臭味爵祿名勢所以穢汚之者非一端而又重之以怠肆放之以邪僻彼安能復同於天而不變其始哉其與物相去不能分寸者不知自新之學故也夫聖人之與庸人其質之不侔固有由然矣使衆人亦以聖人自新者治其心而加謹焉雖未至於聖其有不至於君子者

乎此余於會稽張君遁之名齋而喜其有志也張君之質過衆人甚遠而好學慕古道取孔子釋坤六二之言以直內爲齋居之名夫敬爲復善去惡之機天理之所由存人欲之所由消也故人能一主乎敬寔奥之間儼乎若上帝之臨造次之頃凜乎若珪璧之奉妄思邪慮罔或萌蘖其中而皆發於義也以之事父則盡乎孝而非欲人稱已之孝而爲之也以之事君則致其忠而非願人富貴華寵而爲之也操之而不失則內直內直則外方者在是而聖人之天德可庶幾而至矣故曰直方大不習无不利則不疑其所行也學而至於不疑其所

行非幾於聖而能之乎嗟夫夫人皆可以與天同德而不知主敬以明善斯有志者之所以爲難能與若張君者獨能取古人之學以自勉非有志而能然歟予也固志乎道而未至者焉得不與君言之而且以自警也歟

王鈍愛日堂記　　呂　原

予惟天下之道莫大於孝孝莫大於愛親愛親而至於愛日愛之深者也故楊雄氏云事父母自知不足者惟舜乎不可得而久者事親之謂也孝子愛日夫日一晝夜而行天一週而常以三十日會於月又三百六十日而會於天亘古今未始一時息也然則孝子曷爲愛夫

日誠以天之日無窮人之日有限況人生上壽不過百歲其爲日不過三萬六千耳親之壽日多一日則子之事親日少一日懼來日之無多惜此日之易過雖欲不愛烏得而不愛耶希敏之母壽已八袠其於上壽蓋不難至苟慕斗祿而曠定省之勤離膝下而勞倚閭之望人子之心寧能恝乎此其所以深有感於雄之言也茲歸日用之間事父母之際得一日必竭力盡情以務職分之所當爲恐恐焉恒若有今日無明日不敢自暇自逸則於所謂愛日者誠無負矣宋王介甫詩云古人一日養不以三公換斯言也請朝夕共警焉

留耕堂記

鎦績

剡源錢君士安君子人也嘗取賀水部但存方寸地留與子孫耕之詩語以留耕名其所居之堂屬余爲之記予惟方寸地者心也心統性情者也人生而靜其性本無不善一爲物欲所蔽則心馳於外而遂喪其本然之天方寸之地於是乎蕪矣飲食男女以爲之螟螣榮名利祿以爲之根荄潛滋暗長肆其蟊蝕而善根之存者無幾惟君子爲知所以存之能存其心則能養其性能養其性則能事事合理而不違乎天矣存之之方何也有詩書以爲之耒耜有禮樂以爲之畚鍤滋之以仁義

之淵培之以道德之腴用其力而無間吾將見其靈苗嘉穀日榮蕨稔不惟可以飯其身而且可以飯其子孫是雖方寸之小而四方之廣不足爲其畔岸八紘之大不足爲其畛域地孰有過於此者哉昧者不知務此耒耜不修畚鍤不治而且炎欲火以涸其淵肆情叉以戕其腴狃人之利以利己肆己之毒以毒人彼方熙然以爲得計而不知造物者已陰禦默概於冥冥之中矣是其身且不能免況望芘及其子孫哉錢君以是名堂誠可謂知言者矣然知言非難而踐其言爲難人之以是名堂者夥矣徐考其行於操存之道果能無歉於方寸

聞乎故曾子謂君子必慎其獨錢君篤厚而諒直雖以積善稱於鄉是蓋爲能慎其獨者然君能以是地貽之子孫而不能代其耕子孫苟能修其耒耜治其畚鍤服力弗懈毋俾涸其淵而戕其腴則錢氏之大有年於斯雖百世之遠可卜也詩曰貽厥孫謀以燕翼子錢君有焉又曰無念爾祖聿修厥德錢氏之子孫其尚慎懋之哉君名時寧士安其字也宋嘉興軍節度使僉判弼之七世孫三子沛深泗皆讀書尚義孝友克家能世守其業云

文星亭記

徐渭

山川之勝否關文運之通塞而臺榭之助亦不可廢今夫冠以飾男髻以飾女髻與冠本非肌髮之屬於人身也而使男與女者徒美其肌髮而不冠且髻焉以處則鮮禮而入於亂易姸以爲媸矣嵊有山曰星峯者枕邑之北處羣山中古構亭於上正若男女之有冠髻峨然可望當其時科甲之選不乏至明永樂間猶一比而五捷其後亭旣圮至於今不復且剡流之遶邑者改向而南馳於是邑中士入棘者歷十舉不一捷隆慶五年八月朱侯來令宣慈布文政敎兼舉及館校諸生曰文藝不讓於昔而科目則大減曷故哉會周君震喻君思化

以前所云山溪亭榭告侯曰未可必也予其試哉於是改流襲舊搆亭則新秋士入彀者三邑士聞之既駸駸興起而全浙且注目於侯以爲文翁治蜀至買刀布遺京師博士令文學授受而歸轉相傳習蜀文大振揚馬之流輩出蜀士遂甲天下侯蓋文翁其人耶亭非刀布也然即刀布矣哉而邑之父兄子弟來相述德令記其事余曰余未識堪輿也特大概例以陰陽義故以男女喻山川而覆於巔者爲冠髻然語其形勢則然耳若比諸實用則諸君所云文翁之刀布是也侯寧國人名一栢

長春圃記

周光臨

剡中饒山水如清妙秀異先民之品題久矣獨爲圃一事不數數見焉余每於尋問時低迴興慨意欲南郊卜築爲終老之區而尚有待也乃吾敬川之有長春圃實先獲我心倚星子面四明九經縱横八牕虛敞無金谷之侈而襲其精有離垢之幽而拓其隘逼室廬而餘日涉之趣連阡陌而便植杖之芸詩酒之客每每過從舒嘯賦詠安往弗春春已無量矣又何論羣花之旖旎萬木之離披也哉海門先生爲聖路闢榛蕪而獨於兹圃流連忘倦固知伯氏之圃繫山水之靈所藉手而標榜

吾剡中之最勝者也誰謂先生之題非醉翁之意哉余因取鶴鳴之詩歌之而仍請鉅公髦士碩好之章作長春譜云

募修文星臺引　國朝　李以炎

葢聞山川韶秀人物由此鍾奇臺閣巍峩風景於焉增麗應女牛之宿雖曰天成聯奎璧之光實因人贊惟重新乎勝蹟斯煥發其鴻猷嵊邑夙號名區素稱仙域青螺四繞面面畫圖碧玉千迴層層襟帶禹鑿定安居之宅秦遊洩望氣之占子猷安道自多乘興遺蹤康樂梅溪雅有拈毫佳處右軍故宅雲霞護縹緲之峯阮肇仙

居煙雨鎖翠微之邑鷺飛道院金庭與石鼓爭雄鹿苑憑欄怒瀑共晴雷比勢尋陸方之薖軸各擅汀灣溯李杜之謳吟難忘水石凡兹勝槪未易悉陳要皆孕毓八文發天章於碧漢疏宣氣化散霞綺於晴川非僅博夫登臨洵有關乎政治更有文星臺者乃合邑之要領也位列青陽地臨碧水東溪流之鎖鑰轉地脈之樞機棟接騰蛟啟光華於雲錦檻連起鳳擷瑞靄於天香當年之人事可稽此後之地靈不爽惟是興替靡常幾失前人之制傾頹已久徒勞創始之功因之甲第多遜於曩時井里未臻乎全盛夫堂名并四亭號無雙止雕梁藻

井之工快遊目騁懷之致猶且滄桑莫定慮陳迹之就湮嘉樹毋忘冀後人之嗣葺況乃合形輔勢爲都邑之咽喉孕秀鍾靈實文明之管鑰覩斯廢墜宜亟與修炎以非才謬膺兹土釁書卓筆冀步武於兩巖濬道通渠願追隨於一柏顧文章經濟深懼未遑而補缺彌偏敢辭非分每於退食之暇憑眺遺基聊資清俸之餘思爲舉廢而千尋飛閣用待鳩工百尺高樓難從蜃化庀材董役豈一力所能支合志同心庶萬間之可庇先陳數語用告諸賢希隨願而樂輸幸多人而集事布金有術頃便翬飛覆簣多功應看燕賀此日高甍繡闥不徒資

煙景之觀他年育德興賢卽以樹棟梁之望矣

登曜文亭記　俞忠孫

幼侍先君子讀書耐園有客自剡溪來曰叔度裘先生者爲言剡中名勝遞及亭山曜文亭覺意氣都揚鬚眉欲動謂崇仁鎭人文之盛甲於一邑者以此維時聽之便爾神往越四十餘年得交先生宗人徵錫翁泛舟過訪詢此亭無恙否徵錫翁曰自明先御史子憲公剏建以來凡三繕修顧昔止三層今增而五丹雘甫竣盍往觀乎予欣然就道時煙靄初霽羣峯縹緲騰空若將上謁天帝者睇視三峯秀異迥出尋常卽亭山者是中峯

玉立參天則所謂躍文亭也相與歷級而上周遭四望獨秀東湖太白福泉石姥諸山屏障圜抱如旌搖纛列者一泓泠泠東來彷彿撫弦動操時則逵水也令人想見安道高風外此而晉王右軍之鵞池墨沼齊褚伯玉之疏山軒嘯猿亭元處士張倫之藏書樓可隱約計不必更上一層而碧瓦參差樓臺掩映錯出于巖萬壑中已應接不暇矣追憶叔度先生言如甫脫口昔以神往今且身歷而作之合者仍裘氏也亦奇矣哉從來衣冠文物多萃於城而嵊獨萃於鄉若崇仁且幾及邑之半謂非斯山有以鍾之而斯亭有以曜之乎宜其世世子孫

保護勿替也爰書大槪以誌巨觀

職官

王教諭天和去思碑　明　張元忭

嵊諸生數十輩持所編政教遺思錄造余拜而請曰此吾邑人爲吾師芙山王先生作也先生司教於嵊者九載視邑篆者三月其德澤被於人無久近無不心戴之者陞南安郡博以去吾士民欲挽其行而無從也敬邀子一言勒之石以示吾師余閱其編列王君善狀凡十有八其大者則禮書之布也士氣之培也孝節之旌且有贍也卻苞苴也具祭器新膠門也恤民之災緩催科平聽斷也正民之俗喪者不茹葷誕女者不溺也余閱

之敬歎曰有是哉王君之善教與善政其兼舉矣乎則又謂諸生曰王君之學其有本乎夫教與政非二也古之君子其修之於身推之教與政者皆不外乎禮故其學出於一而用隨試而輒效蓋孔門言仁其要在復禮教人諄諄以禮爲訓而極之爲國以禮然則修已治人一本乎禮豈非孔氏之家法也歟余少也竊嘗學禮惟於喪禮有不忍及也甲戌秋斬焉衰絰乃始讀喪禮不能無悔於心且禮所載殆有疏而未備者有疑而難通者猶不能無疑於心已乃得王君所訂禮書讀之而有所取衷焉余是時固已向往王君久之詢其行於嵊之

人士嵊之人士數其事而余獨窺君深則知其所致力者固自有在政教之施特其緒餘焉耳葢君爲雙江東郭兩先生之高弟嘗從事陽明子之學矣陽明子之始而揭良知以覺人也謂良知盡於約禮是豈徒談妙悟而畧躬行者哉迨其後則爲說幽渺而愈令人惝怳而不可究詰甚者蕩於禮法之外而藉口於解脫則重爲斯道病矣君既有會於良知之旨而痛挽末流之弊其始可教於嵊也輒慨然曰學莫先於禮舍是則何以爲教故首爲禮書以示之而躬敦行以爲諸士先凡君之所以爲教者有一不由於禮者乎已而受檄視邑篆也

又慨然曰治莫先於禮舍是則無以爲政故惕惕焉勵官箴重民事振廢舉墜凡君之所以爲政者有一不由於禮者乎夫君之學一本於禮而施之教與政隨試而輒效如彼空談鮮實者爲何如斯可謂有功於陽明之門不畔於孔氏之家法者也豈獨有遺思於一邑而已哉君名天和字致祥吉之永豐人也勒是碑者爲張生籍尹生紹元袁生日新周生夢秀夢斗宋生應光王生應昌張生希秩而碑之建爲萬歷七年歲次己卯四月之吉

剡山栽木紀事

周汝登

縣學負剡山其山在城內者凡若干畝苦無林木夫山巇屼無木若人之立而裸其衣其足爲衣冠之士乎哉嘉靖間吳侯三畏令民家各栽松不栽有罰乃以遷去勿果後十餘年侯家居凡數致書惓惓以栽木爲囑侯之用心勤矣迨隆慶間薛侯周丈量土田以城內之山並不起科納稅攤在概山亦令栽松又以調去勿果夫二公惓惓而不得覩厥成功豈一林木亦有數耶余以爲郎不栽松栽竹亦可夫栽竹隨月皆宜且易成林今府中卧龍山皆可觀矣誰爲此者甘棠之咏其寧有窮

送林明府岳偉秩滿序　陶望齡

於越美山水而剡其面也晉宋間名雅君子歌笑頌歎盤遊之地在焉而其民巖畊溪飲業專嗇少無商賈四方之慕一耳目視聽以媚君長較諸旁邑又最名爲顯樸顧獨以難治著稱何哉自齡始有記聞以來令於剡爲上眷注沐恩寵而善遷去已去見思於民一人而已不多覯也上既疾視其民而被下以垢惡民昏瞀獷狠嚚於爭訟日月重襲不可剜剔下亦弗克狎比於政而嘖有煩言以謗讟其君子斯所謂兩失也豈興民易地後先淳薄抑何謬悖哉不特其民然也其峙峍崿而流清泚前世所賞勝咏奇者亦若有滮湼封蔽澁縮而迴

卻抱檄來者入其疆若氾旋渦陟危棧心鬬目眩葢不覺溪山之入眼矣安在其居而樂乎非特不樂而已也未幾而思去既久邑邑若墜諸谷不得出於是剡之山川果爲四方仕宦者所厭薄嗟乎山川則何罪乎吾師英麓先生入望之以爲樸茂淳篤君子也而令於剡愛先生者始無不以剡爲先生憂而難治者又或以非樸茂淳篤君子所宜處即望齡亦私慮之居無幾何聲翔聞流期月而浹及考而成萬口所喧列於薦牘考功受之厥有恩綸推所自始剡人舞手告語如譽於身如縈於家望齡詫而問焉先生何道而得此於剡也先生曰

吾邑之父兄子弟實易與吾惟拙而已夫向所謂悍戾不可教諭之民而先生獨以爲易與向之譸張險側善謗讟其上者而親譽先生至問其道則曰吾以拙而已然後知悃愊循常之果足爲治而剡之人民易曬於仁易遜於德不至如曩昔之所鄙傳亦見於是矣夫民樸而治巧如以造父之術調野鹿故下駭而上惡其難今剡之民樸而先生亦退而託於拙拙以馭樸是故上不煩而下不駭也民保其樸先生成其大巧其相親譽不亦宜哉且先生之德於剡非一時賜其舉數十世詬惡之恥一朝而雪之剡山之高水之清洗滌芟蕪悉復其

故訟希吏散仰面眺高巘面臨深腰墨佩銅傲然有隱處之樂非獨剡之父兄子弟恐先生旦夕遷擢以去先生亦安能不眷然於剡之溪山與所哺抱之民哉又孰與疲怠厭薄欲亟去之者也望齡先生之門人喜其政成幸其近而得於親見又高先生之政得於剡者爲尤難而著於此倘不遂擯斥尚隸史官當有所述矣

朱公德政碑記　呂光洵

傳稱古今循吏惟漢文翁召信臣最著文翁之治蜀也以教作士召信臣之治南陽也以水利民當漢時蜀去長安遠地僻猶有蠶叢魚鳧之遺風文翁治之誘之以

文學招民間秀異爲學官子弟親自飭厲或遣詣京師受業博士買刀布齎計吏以遺博士數歲蜀子弟皆明經飭行斌斌比齊魯矣召信臣治南陽郡爲民興利時時行視郡中水泉道開溝洫起水門隄閘凡數十處以灌注作均水約束刻石田畔以防分爭其化大行郡中莫不力田孝友民稱召父云夫循艮之政亦多矣惟水之利與教化之功久是以古今稱循吏曰文翁曰召信臣顧不偉歟嵊古之剡縣也在紹興東其民彫其政繁近爲政者多俶俶鮮知先務之爲急故其政龐而民不附今朱侯之治嵊也比及三年政成而士民懷之今年

夏遷南京光祿去諸文學謀於其師王公天和請狀侯政教乞余言以貽後政乃又介余姻友舉人張君希秩王君應昌來速其所稱述如王公狀狀言朱侯始至視其縣治俯江流而居其左曰是風氣之攸鍾也宜斯文之振振仍仍無替於昔也諸文學咸曰縣治無改於舊而江流之環於左右者非舊也江流舊自西而南南而迤東以北旋於四隅秀淑之氣凝焉人文滋盛時若王右軍姚太師父子昆弟俱以文章著稱鉅邑焉自夫江流之徙而南也直趨以東於是人文漸不逮古矣侯乃升高以望曰信夫如文學父老言遂鑿渠增隄引江流

復其故道詹者曰嵊之人文必且復盛如往昔矣侯曰
是地道耳其務修人道乎於是聯諸文學之秀異廩餼
於别館比其文藝日試而程之更道以德業諸文學莫
不兢兢自奮於文行蓊蔚然可觀已萬歷癸酉士舉於
鄉升於春官者三人焉蓋近所未有也由是士歌於校
民謳於野曰吾侯其古之循政與寧獨勸學利水已乎
凡其視經籍緩征徭謹刑罰汰冗費明禮教以厚民俗
者多可書請書其大者以係吾民之思予乃書而爲之
辭曰維古剡邑居越之東江流迤邐風氣攸鍾維時人
文既秀且崇維時江流南東靡常悠悠百載靡遘其昌

維時令尹厥謀惟臧鑑於往蹟是經是營民曰休哉宜亟爾工乃迴其瀾既順既從協於休祥人文之光三秀奕奕令聞煌煌感是令德宜誦宜颺攻茲貞石賁宫之傍維百千祀永矢弗忘

贈施明府三捷考績序　喻安性

國家碁置郡吏凡以爲民而親民莫若令故令之於民猶乳保之於赤子飢寒疴癢動輒相關一念少忽則啼號顛頓有百計求中其欲求回其怒而不可得者令之於民葢可忽乎哉我父母施侯來令吾剡眞能以赤子視吾民而克盡乳保之任者方侯拜命輦轂下余正服

官春曹見其恂恂訥訥若體不勝衣而言不出口者及
諮諏利弊直窮源委竟日不休余時郎爲鄉邦得賢父
母慶已然猶意之也及敷政兩期當大計天下吏余從
前垣後與聞典計凡臺司之薦牘縉紳之評品以及輿
人之頌歌罔不於剡治首推轂焉余時且爲賢父母得
譽處慶已然猶耳之也逾年余備兵東粤銜命入剡境
見草萊辟田疇易時和年豐諸田夫晉余而賀曰自侯
之來含脯鼓腹者三年於兹已既入郊道路修廣輿梁
屼建而迴瀾望禊之臺亦將次第告成四顧川原秀色
增麗諸工技晉余而賀曰自侯之來廢興墜舉者三年

於兹已既入邑梟唬屏息市井恬熙糧輸以時訟不終
競官鮮追呼民不見吏諸耆老晉余而賀曰自侯之來
家絃戸誦者三年於兹已既入膠門頳圯者飭漫漶者
鮮士有課課之士無田田之延見有禮而一毫不可干
以私諸章縫之士晉余而賀曰自侯之來金就範士就
埏桃李成蹊者三年於兹已既又登侯之堂入侯之室
心如水吏如木壁有蒲鞭案無留牘適趣於花鳥凝神
於淡寞余再拜晉侯而賀之曰此侯之學也此侯之所
以爲政而爲四境士民之所儛忭而稱慶者也三年有
成豈虛語哉鄉之士大夫以侯當奏最期謀所以侈侯

伐者而屬言於余余不佞無能爲侈第述其身所睹記與夫父老弟子員之所謳誦者以佐宣盛美則可謂云爾已矣雖然祀河者先瀕渤祀嶽者先崑崙侯先大夫龍岡公以名儒出守毘陵造士育民治行爲二千石冠即今碑之碣之俎之豆之佑啟方未艾侯今之治剡即先公之所以治毘陵者也剡之士若民所以貞峴山之珉修南海之祝者視毘陵又豈少遜哉旦暮績奏於廷聖天子嘉與是能乳保赤子勤於爾國者是能光昭先德克於爾家者晉秩貤封成憲具在是天子方以剡民故推恩原本吾民親沐膏澤又何能忘瀕渤崑崙之遡

耶故因鄉士大夫之請幷及其所自者如此蓋亦不忘原本之意也

文明府典章祭文　王三台

於乎天乎何遽奪我侯之速乎方侯之入覲也萋菲貝錦我剡人莫不扼腕而不平及聞有鉅鹿之命則又惜恂無計而不勝惆悵以悲鳴然私心猶冀侯前途之遠大爲國家沛霖雨以展其學而奏其能孰意彼蒼之夢夢二豎子之爲祟也竟一夕而隕長星我剡人聞之不啻奪孩提之慈母而涕泣之交零夫豈有私於侯而效兒女之態蓋以我侯之尹剡其所造福者蕩蕩而難名

芹宮鼎建華棟朱甍非侯則苟且歲月幾於草没而碑横創羅星於水口如迴旣倒之瀾而樹之以一楹非侯則風氣之衰誰爲施轉以慰多士之盱衡至於擊狙獪之胥靡而舞文者心驚革長單之積弊而小民將疲之膏力若肉骨而死生其讞决也能察覆盆之隱卽私囑者臨以薰天之勢亦必不骫法以逢迎其御士也不混嘉禾稂莠之别而一種和藹之眞意使人人心醉而神傾其處魄也卽不爲懸魚之矯而苞苴之路斷斷乎不少玷於官評其好施也有千金一擲之俠骨如賙劉廣文之一節眞超越乎庸恒而捐不貲以佐諸與利之役

何其義重而財輕其與諸縉紳相周旋也樂而易恭而肅庶幾乎不撥而不陵此皆侯之熾有血氣者所共仰而其留恩於于百世者則莫如羅星之在望與吳之城朱之河同不朽以齊稱夫侯之去剡也剡人已尸而祝之矣而剡其去世也能無一語以致其哀慕之微情於乎甘棠勿拜寄愛難勝峴山墮淚哀慘猿聲潔剡溪之水采鹿山之苕敬臨風而一奠以表我剡人之不忍忘侯也而慰在天之靈

公祭門縣丞有年文　國朝　邑　人

仕學相資也而世胡以相背盭以世之爲學者在章句

世之爲仕者在祿利故學非所仕仕非所學學與仕判而爲二若古之君子明新以爲學明新以爲仕修之家則爲純儒加之世卽爲循吏何憂乎出處之異地今我公者以碩宿教恒南不以丞辱於剡是邑甫至而咨諏疾苦久之而釐剔沿弊既方正而嫉邪復慈和而撫字凡力所能爲勢所可爲無不孜孜以贊治闈剡有證學之會遂同新其講院偕諸生而月必一至乃咨其所爲學者則矻議論珍躬行子言言孝弟言言悌至心之覺滅性之善惡深微而不可見者一聽人之自悟姑爲舍置故所言與吾黨合而一時之先生後進不敢丞視而

師視是學則學其所仕仕則仕其所學貞民之師闕國之琛瑞先是邑長以病告邑人請於憲冀得秉篆而彈其所學行其所志安在民不五袴物不兩穗所以聞者傳相告咸爲喜而不寐何意以微疾淹朝露則向之喜者又驚相失不覺浪浪其墜淚惟愛其學之甚深故悲其遇之多躓惟望其治之極切故惜其用之不遂嗚呼公死已公固不得令剡已而公之丞於剡與教於剡者不死則所以令剡者炳炳乎長熾要之位有尊卑人有生死學則曠百世而不墜第謀其所爲學而令與不令可以不議第謀其所爲學而死與不死可以不計公則

何病而某等以同學之情一旦異路而南北矣能不少伸以綿潰

告城隍廟逐疫文　施繩武

國家秩祀百神遴任羣吏凡以爲民也令奉憲委攝篆茲土會陽消陰伏肆眚迭告豈奉職無狀不能政清人和而災沴乘之乎內省滋懼顧以吏之不職而重降其厲於民是以爲民者害民也又竊恐不然伏惟尊神爲民禦災捍患歷百千年廟食於茲思所以灑沈淡災安業樂生者應什伯於吏忍令呻吟疾苦之聲遍於閭里而不一爲請命耶夫邪氣爲祟自古有之故祀典著於

春秋以儺行於鄉黨不使無依滯魄爲害生靈是豈神道設教哉令謹內潔心志外潔身體卜吉初十日廣延羽士虔設醮壇五晝夜希挽天和而回造化合牒尊神默爲佑啟務俾物不疵癘而民享安康以仰答聖天子崇神建吏之深心非惟羣黎遍德令邀庇無旣矣

告龍神祈雨文

惟神翱翔霄漢馳驟風雲或躍或飛高下任其出入爲潛爲見變化只在須臾挾尺水以興波率土共矜赫濯鼓片鱗而致雨羣黎咸沐恩膏豈慮恒暘亢而有悔寧

敎失水蟄以存身乃者天正封池禾方待澤磷塘盡涸桔槔總巧以焉施黍稌皆槁粒食維艱而邑卹痌瘝念切祈禱心誠用是虔叩元潭恭迎聖駕伏願力除蒸鬱之氣沛以甘霖大彰震疊之靈潤玆瘠土弗俾盡力於南畝者觖望西成庶使難保其小康者轉歌大有則穀我士女實荷天休而斡厥豐凶端資神助矣

戒輕生文

蓋聞物類莫不貪生人情盡皆惡死故書稱五福重以攷終詩咏三良哀其非命況際

昇平盛世幸爲淸白良民忍以難得之身遽作輕生之

想哉乃本署縣代庖之日未久自盡之案頗多皆由不
識不知匹夫匹婦或爭尺寸之土不甘棄捐或蓄睚眦
之嫌未能消釋或被逼公論對人轉覺羞慚或眷戀私
情悶心必當敗露於是懸梁服鹵刎頸投河因之借命
圖財架詞插証豈知自盡無償命之律誣告有反坐之
條死者既已含冤生者又復受罪徒使人亡家破子散
妻離憫此愚頑用申告誡嗣後務安本分各保微軀果
其橫逆相加亦當耐心忍氣況止語言細故何致抱忿
戕生至於婦女更宜猛省念居恒面目出入猶必掩藏
豈此日屍骸反覆任憑相驗露體光天之下獲罪猶多

羈魂黑獄之中銜悲曷極要在多方提醒俾得漸次覺迷凡妯娌姑嫂之間與鄰里宗黨之內一遇爭競亟用解紛務令心平氣和慎弗挑彼激庶免變羞成怒不致短見亡身本署縣保赤存心回生乏術與其悼恤於死後曷若勸勉於生前用作歌謠廣行宣布果能易其陰柔之性大有益於民生切莫視爲淺近之言竟無當於政教辭曰凡人之生氣本清淑父母恩勤提攜鞠育惟願命長恒恐壽促偶然疾病祈神問卜幾受驚惶幾煩栗陸有室有家親心始足何以報之守身如玉友於兄弟敦爾宗族鄉黨戚友恩聯義屬上事下接此和彼

睦夫唱婦隨切弗反目小過微嫌愼毋過督鋼一時忿亭終身禍卽偶忿爭無甚羞辱何致輕生遽塡溝瀆要洩爾忿反快人欲律無抵償豈能報復威逼果眞罪止鞭扑何益於爾甘登鬼籙死後之苦尤極慘酷停屍待驗未得入木臭穢狼籍蒸骨劖肉百刼不超變爲牲畜告我士女勉旃自勗人身難得一死莫贖好將斯言反覆熟讀

封蔭

請復誥命疏　　明　喻安性

總督薊遼保定等處軍務兵部尚書臣喻安性奏爲遵
旨請復誥命以終恩典事臣原任遼撫觸忤逆璫魏忠
賢於天啟五年冬勒逐閒住歸至中途復削籍爲民追
奪誥命自甘播棄無再覩堯天舜日之想矣詎期宗社
有靈聖明特起博採廷議起臣田間不惟還臣以故物
而且晉臣以新銜浩蕩鴻恩卽捐糜頂踵竭蹶封疆不
足報稱於萬一又何敢他有所覬以干冒濫之討惟是
三朝封典榮及所生追奪諸臣概蒙補給臣受事以來

奔走闕廷未敢塵瀆兹接邸報爲誥軸太濫須歷以後不許陳乞雖明旨有削奪起用初次請給不在此限然亦不敢再爲濡滯以孤聖主優待廢臣之特恩已至於復臣原官正當龍飛建元之始卽起臣今職亦在今春及夏之交倘邀恩詔得與諸臣並給新銜誥命則望外之恩而非微臣之所敢必也伏祈聖慈勅下該部查例一體題覆施行感激高厚矢圖銜報於世世靡極矣

鄉賢

題張處士墓銘後

明　方孝孺

外爵祿而貴富者君子也待爵祿而貴富者恒人也備萬物於一身天下之富孰加焉友聖賢於千載天下之貴孰並焉不有得於此而顧有慕乎彼則其所慕者庸知非君子之所恥也耶孔子賤千乘之齊侯而取首陽之餓士曾西薄志得位尊之管仲而畏仲由世俗之所謂富貴貧賤豈足論有道之君子哉嵊之珏芝里有處士曰張公瑝字克讓生於世者七十六年而不階一命不資斗祿以布衣終田里然和易純正之德見推於鄉

閭售拔清遠之文尚友於古人寓至富於窮約之中存至貴於貧賤之表有子五人既沒而叔子思齊爲陝西左參政少子遯亦以通儒術薦爲紀善諸孫勝衣冠者多至二十二人世皆日處士富貴人也身不待乎富貴是以澤及乎後昆張氏之富貴其亦異於恒人遠矣蓋道德有餘而天之報有不至者後世必蒙其福然則張氏之孫曾欲保先澤於悠久者可不以處士言行爲法乎參政公名可家以字行由觀察使拜今官學行政事君子以爲不媿其先人云

鉅璫亂政疏　　喻安性

吏科給事中臣喻安性題爲揆地廢弛鉅璫亂政懇乞
聖明蚤見預防以消宮府隱禍事臣觀奄豎之禍人家
國也皆起於猥貪驁悍輔以虎翼猴冠而投間抵隙每
當政本廢弛宮府睽隔之日故王振禍貽宗社鼎沸十
年其初一楊文貞輩坐制之而自足汪直流毒縉紳舉
朝短氣其初一商文毅輩監制之而有餘今聖躬深處
內外釜鬵則閣臣之所以求通一綫於君側者勢且乞
靈於司禮夫以閣臣而乞靈於司禮則司禮反得坐制
監制乎閣臣而閣臣之政於是爲司禮用如此欲司禮
之不肆虐亂政以貽害於天下國家者未之有也若今

司禮監太監成敬者可患焉夫敬一丁不識藉羣翼以張鵾三窟是營翕衆流而塡壑視稅監爲莊田而高宗張爗輩之進奉幾同御前之孝順則此金珠錯落疇非取償於細民目營繕爲外府而陳永壽等之擅聚侵牟無不總歸於尾閭則此千萬漏卮孰非漁獵乎公帑郝婺一苞三孽横行輦轂業已事發伏辜乃入其房園數萬之賄駕言直牘淩奪刑官則藐王法如弁髦已高淮荼毒弄兵激變遼左業已奉旨奏處乃納其金幣貂參之賂縱飲盤飧歡呼內地則欺明旨如兒戲已文職銓除民瘼攸係乃與文書房肆行囑託上缺二三千中缺

一二千下亦不減七八百金計每月陞選便可得銀數萬且皇上於文吏除目多緩下以示慎而不知羣璫即乘緩以作威是銓政之亂固宿弊多端而司禮實瀆其防也武將推用疆圉攸關乃廣招債帥遇缺即營總戎三四千參遊一二千守把亦不減八九百金通歲邀脇奚啻數十萬兩且皇上於武弁推疏每速報以示重而不知羣璫即乘速以示恩是樞政之亂固身自叢穢而司禮亦借之端也若近日驚駭聽聞者尤在欽選子弟一節此宮闈何等吉事朝廷何等大禮乃亦不忘市心墻索顧商萬金及猫睛珇琭之餽一時兄弟並膺妙選

幸聖明慧目獨有所簡不然何以杜街衢之榜帖而塞羣疑之口夫敬掌監未及一年且當英主嚴察之下輒敢欺肆胡行矧從此靜攝日久厭倦瀆滋煬竈蔽明將有東西易面而不自覺者臣竊爲君側危之也曩輔臣覯詣宮門請謁司禮未知其所欲乞者何事乃敬卽傳諭宮門何地非奉宣召何敢至此令左右呵斥以出卽凌辱縉紳勢已熏灼矧今揆地以支離狠狽之身當指摘叢加之日身辱望輕益無忌憚且去者旣不成其爲去則任者亦不成其爲任耽延委頓利歸漁人將有日就旁落而莫可挽回者臣竊爲政本危之也方今災民

窮內黠虜逼外營苦無兵帑若無餉勢已岌岌再添權璫侵政以行賕婪染之吏而牧災民以賄通貪剝之將而禦驕虜又大縱磨牙吮血之羣璫以侵冒乎極疲極耗之軍與餉是傳火以膏趣之使烈天下事尚忍言哉臣竊爲宗社生靈危之也昔王振汪直初亦涓涓易與者耳考功郎李茂宏郎上言睽隔蒙蔽當有意外之虞省臣孫博亦請裁抑西廠以剪禍蔓當時人亦以爲私憂過計卒之二豎滔天取符若券今臣亦竊附於二臣之義不避齒馬伏惟聖明大賜乾斷將敬嚴譴或念其罪惡未盈姑置閒曠以全其終并乞速勅二三輔臣義

當引去者決於去毋優游養亂以貽禍於後人義當直任者決於任毋謙讓未遑以坐失乎事窾庶幾政本肅清制馭有道將旁落可杜而隱禍亦可消矣

儒林

單君範墓志銘

元　戴表元

吾剡源有爲明經之學者單氏諱庚金字君範與余俱以詞賦行州里間有名既不得志於貢舉即去而他游庚午秋余叨太學薦送兩浙漕運使者亦以君範名聞明年春余成進士君範竟守母喪居廬迨甲戌歲始來就南省別試所乃見黜免於是歸隱剡源晦溪山者三十年日夜取古聖賢經傳遺言洗濯磨治家無贏餘口不道營殖面不帶憂慍飲水茹蔬客至開門淸言欵接忘倦葢眞以德義自給者而余解棄官守攜持老稚晩

方徒依君範同鄉而居每見之未嘗不內媿也君範卒
且葬其孤以事狀來徵銘按單氏之籍自婺遷明奉化
凡三枝居湖三枝稱會稽理曹掾德居居下郝枝稱鄉
貢進士淵而晦溪枝稱君範曾祖光喆祖大年父欽字
崇道世醇儒君範知讀書崇道公輟衣食用以供師姚
龔氏尤賢明遊學資費取之簪珥無吝惜著有春秋三
傳集議等書嗟夫君範惟無利祿得喪於心故能善其
道全其身若令得一下士之秩祿碌馳驅塵土中終復
何所成就令居產能致千金裝孰與清素傳子孫之爲
安然君範性謙曠非他人能商畧利害爲避就往往大

山長谷故家遺俗風聲氣澤陶寫停積而然乎生某年月日卒某年月日壽六十七娶吳氏子男二以某年月日葬蔦竹山兆穴手自銓製蓋於地理家亦精其奧矣銘曰大山嶙嶙長流沄沄是爲晦溪明經處士之墳百世之下寧無知者勿躪其石勿翦其櫝

奉許東岡先生　　明　呂不用

某向者凡兩覩縉紳光輝皆以匆匆不得詳領法言以爲終身模楷自易之東徙切嚮仰惟函丈爲國家持文衡以造就甬東俊乂者豈曰小補而已去冬狄希孟來云先生曾詢及阿聾就得審長者起居萬福康强善飯

爲慰今春會張宜中又云先生嘗歷舉鄉里晚生問訊老儒之不忘後輩者何欣如之某小少讀書史真有意於養浩然氣學爲江河之文以求識海内諸老不意適丁多難流離竄伏稊稗於前茅塞於後遂不復理憂遘爲病以迄於今文章之事孤負壯心自痛且惜將復何及也今來剡求醫適宜中之鄞敬奉尺牘爲尊候問不自知其覼縷

周海門文集序

陶望齡

望齡嘗聞諸達人明文學最盛修古業爲詞章者多矣而卓然可垂無窮者葢鮮非獨無以加諸宋唐而鮮有

及焉自陽明先生盛言理學雷聲電舌雨雲邕施以著爲文詞之用龍谿紹厥統沛乎江河之既滙於是天下聞二先生遺風讀其書者若飢得飽熱得濯病得汗解益不獨道術至是大明而言語文字足以妙乎一世明興二百年其較然可耀前代傳來茲者惟是而已會稽東海僻處也天下言文者以二先生故歸之若日明文在焉達者日二先生之文也非文人之文而文王孔子之文孔子既沒文不在茲乎益以當代而得二人焉以系于聖跨作者郁郁乎明文於斯爲盛越之爲越其亦幸矣海門子少聞道龍溪之門晚而有詣焉自信力故

尊其師説也益堅其契也親故詞不飾而甚辯四方從之游者皆曰先生今龍溪也其門人某輩裒其答贈之詞刻之讀者又曰龍溪子之文曷以異諸望齡蒙鄙獲以鄉曲事先生受教最久舍而北來先生憂其日趨於艱僻莫知反也投之以藥言意甚苦具在刻中每展讀未嘗不慚愧汗下顧復自念古今之學術非二古人重言悟而今稍易之曷故哉沒人之教其子泗始必有憑之者也浮囊也沈木也既蹈之不測之淵驟掣其藉而去之俾白力以出而子於是善游矣先生殆誘人而投諸淵乎見予而未見其奪故咸以爲易今學者攸成説

潚故塗先生且轉而奪之吾烏知是編之不爲囊木也哉

周海門先生贊　張岱

講學剡溪出言明曉引掖後進陳言一掃訪戴多人雪舟騷擾疏食菜羹不敢不飽議論新奇不襲不勦即入聖門言語之科如君亦少

祭周海門先生文　劉宗周

嗚呼士有曠世相感不啻一堂而或覿面而失之其爲人之賢不肖何能以寸乎有目而不覩辰星之麗謂之瞽有耳而不聞鐘鼓之陳謂之聾士之於道也反身即

是而不知求幸遇其人矣示我以明白坦易之説而猶不知求則亦聾瞽之夫而已嗚呼斯道之不傳於世蓋千有餘年而吾越陽明子以良知之説啟天下及門之士於吾越最著者爲龍溪先生又百年龍溪之門於吾越最著者爲先生先生於陽明之學篤信而謹守之由禰而祖一嫡相承讀其書宗旨有述宗傳有編一時學士大夫又相與維持左右厎於無弊懿哉先生其於道也可謂辰星之麗天鐘鼓之在序凡有耳目者皆得而聞且見而況其閔閔焉望道而趨者乎始先生盛講良知之學往來吾越予髮未燥也及稍有知頗欲澡雪身

心爲受教地進而及先生之門而先生敭歷仕途雲泥相失晚年懸車會遭學禁交游盡謝一日際聖明表章斯文首起先生爲士紳蓍蔡冀天假之緣宗周不遘而奉先生於朝亦將退而奉於野而先生忽已逝矣嗚呼世有覿面而失先生如宗周者哉先生之於道固如是其明白坦易也從之者徧天下而終不能得之於宗周此予所爲聾瞽者也世之不爲聾瞽者蓋亦寡矣猶賴先生之學呼寐者而覺之自學禁以來諸名宿畧盡正當斯道絕續之候而又不少留先生爲後死者地則其所關於世道之不幸爲何如者予能無泫然於先生乎

哉先生捐館之時正宗周趨朝之日不遑走哭姑臨風灑涕一誌平生仰止之私冀先生有知終不置我門牆外也嗚呼業已聾瞽自廢矣而猶知先生之道之可尊非良知有不昧者耶其先生之啟予耶其即先生之啟天下後世耶

漁溪漫興詩序　國朝　俞公穀

文驥吾友也少孤太夫人陳實父教之苦節善誘青年散髮者化其風故其里多全貞之女而文驥則以能文獨行著聲剡上剡之士多從游焉顧以才大未偶鬱而無所舒則發而爲詩餘而爲詞溢而爲曲分其集尚可

陶鑄古今况出而與世見耶戊辰秋刻其漁溪漫興三十韻詩蕭騷激楚中含清怨使讀者飄飄輿千里命駕之思吾知剡溪鼓棹必不到門復返也

李文驥文集序

我友李文驥先生以清德隱剡之漁郁著書自娛幾忘其老甲申六月中浣其七十也長公我張次公我廉不以世之稱壽者壽其尊人則鑄板鏤字盡出先生著述別華紫榿碧藕之箋問序於予嘗見壽壽者譽美歌功爭年籛趙盛選絶代才人使之操筆求其文皆不傳其不傳也所以傳者不足傳也今則以必傳之詩文分勒

成集德星堂中右對孺人琴清瑟麗二子五孫咸英英飛翽鳳之羽進其生平得意書迭起稱觴鬱爲紫氣於陳太夫人親教之風依依可得以此言壽上下千百年未始有矣余浮沈閉門時有剡曲風雲遠來通徑南望白榆朗然映人便思相約四山輕舟獨棹與結同年之社

孝義

裘燦孝義傳序

國朝　丁聲蜚

剡溪有諸生曰裘省園先生者砥礪名節有古人風而以孝行義爲能善體親心以及比閭族黨則尤不可及焉者也先生早孤母陳太君卧牀第十餘年先生左右奉侍惟謹太君性好施凡寒者予衣飢者予食婚嫁之不及時喪葬之不能如禮者咸思有以給之先生念孝莫大於養志舉力所可爲莫不黽勉襄助於是拜先生德者必上推太君先生亦必曰是固吾母志也而孝義之名遂籍籍人口矣康熙癸未有内大臣稔知先生品

行欲表薦之以風厲天下先生曰吾忍以干祿故違養
哉固辭之生平行誼皆可坊表要不越乎孝義至所以
行其義者又一本於孝而并足以壽太君令名豈易及
哉予知新昌縣事道經先生故里嗣君亭山出其甬上
家太史蕉鄣所撰孝義傳恍如覩音容而聞謦欬爰弁
數語用志景仰云

隱逸

閑游贊并序 按安道文希見今得六篇　晉 戴逵

神人在上輔其天理知溟海之禽不以籠樊服養櫟散之質不以斧斤致用故能樹之於廣漠棲之於江湖載之以大猷覆之以元氣使夫淳樸之心靜一之性咸得就山澤樂閑曠箕嶺之下始有閑游之人焉降及黄綺逮於臺尚莫不有以保其太和肆其天眞者也且夫巖嶺高則雲霞之氣鮮林藪深則簫瑟之音淸其可以藻元瑩素全其浩然者舍是焉取故雖援世之彥翼教之傑效舞雩以發咏聞乘桴而懔厲況乎道乖方内體絶

風塵理楫長謝歌鳳遊巡盪入紘於元流澄雲崖而頤神者哉然如山林之客非徒逃入患避爭鬬諒所以翼順資和滌除機心容養淳淑而自適者爾凡物莫不以適爲得以足爲至彼閒游者奚往而不適奚待而不足故蔭映巖流之際偃息琴書之側寄心松竹取樂魚鳥則淡泊之願於是畢矣然奇趣難均元契罕遇終古皆孤棲於一巖獨翫於一流苟有情而未忘有感而無對則輟斤寢絃之歎因以幽結於林中縣感於遐心爲日久矣我故遂求方外之美略舉養和之具爲雜贊八首暢其所託始欣閒游之遐逸終感嘉契之難會以廣一

往之咏以抒幽人之心云爾贊曰
茫茫草昧緜邈元世三極未鼓天人無際萬器既判靈樸乃斲實有神宰忘懷同契冥外傍通潛感莫滯總順巢高兼應夷惠緬矣遐心超哉絕步顧揖百王仰怡泰素矜其天眞外其囂務詳觀羣品馳神萬慮誰能高佚悠然一悟

三復贊

嗜好深則天機淺名利集則純白離如此故識鑑逾昏驕淫彌汰心與慎乖則理與險會然後役智以御險履險以逃害故陰陽寇其內人力攻其外陰陽結則金石

爲之消人事至則雖智不足賴若然者雖翠屋華堂焉得而康之列鼎重味焉得而嘗之

尚長贊

尚叟沖順庸行昏世和同婉約元識罔滯瞻彼崇高俄爲塵翳亦有同好潛心宿契超超增翥渺渺偕逝蹟絕青崖影滅雲際

酒贊

醇醪之興與理不乖古人既陶至樂乃開有客乘之隗若山頹

山贊

蔚矣名山亭亭拱秀並基二儀竟嶲雲構嵯峨積岨寥
寵虛岫輕霞仰拂神泉旁溦日仁奚樂希靜此壽

松竹贊

猗歟松竹獨蔚山皐肅肅修竿森森長條

仙釋

與道一書　　晉　白道猷

始得優游山林之下縱觀孔釋之書適與爲詩嵏峯採藥服食捐痾有餘樂也

與支遁書　　謝　安

思君日積計辰傾遲知欲還剡自治甚以悵然人生如寄耳頃風流得意之事殆爲都盡終日慼慼觸事惆悵惟遲君來以晤言消之一日當千載耳此多山水山縣閒靜差可養疾事不異剡而醫藥不同必思此緣副其積想也

列女

王烈婦傳

元　李孝光

至元十三年冬師旅南行貞婦夫舅姑俱被執師中千夫長見婦色麗乃盡殺其舅姑與夫而欲私之婦悲痛即自殺千夫長奪挽不得死責俘囚等人雜守之婦欲死不得間自念當被汚即佯曰若殺吾舅姑與夫而求私我所爲妻妾者欲吾終事若也吾舅姑與夫死我不爲之衰是不天也不天若焉用我願請爲服期月苟不聽我我終死耳不能爲若妻也千夫長畏其不難死許之然愈兼置守明年春師還挈行至嵊嵊守者信之滋

益懈過青楓嶺上婦仰天竊歎曰吾得死所矣乃囓拇指出血寫口占詩山石上已南向望哭投崖下而死或視血則血漬入石間盡已化爲石天且陰雨復見血墳起如始日當是時后妃嬪嬙不死之三公九卿不死之郡國守邊大吏不死之而貞婦獨守死下從舅姑與夫獨何人也夫秉彝之性靡不有乃匹夫匹婦出之遂以驚動萬世苟人人慮此則金湯不足喻其固矣鉤戟不足喻其利矣勇士不足喻其强矣何有亡國僨家之變彼貞婦何爲者顧奮爲烈丈夫之所不必爲彼宜爲而有不爲悲夫會稽嵊丞徐瑞爲起石屋樹碑廟中以旌

其鬼焉余曰始吾見長老言貞婦所從死不能悲也後身過其地見指血化爲石追念貞婦決死時徬徨悲傷不能去豈其鬼未泯尚猶感人耶嗟夫匹夫匹婦顛沛流離誠能動天如此天豈遠人哉天豈遠人哉

商烈婦哀詞并序　明　宋濂

嵊民商淵妻張氏貞賢而有志操事姑姑愛之事夫夫宜之處約而不懟好禮而能教命女者指以爲表論婦者取以爲則年始四十五元末兵亂自溺初貞未死時聞亂每以不屈自期至是果死人於是美其能死也婦者託於夫以生

當平治之世享乎上壽而令終乎閨室以為美則宜夫旣不幸而值於變亂至於徬徨四顧處身無所抑哀奮志而沈於溝瀆豈其所願而美之哉是可悲也然人之所慕者壽所樂者適意使皆獲其願止乎百年之內耳過此則無稱矣所願者貴富所甘者侈泰使位配乎封君貲殖乎千金苟無善焉將孰知而稱之貞也死而以節名事昭乎閭里而行白乎文章過其死之所炳然如見其生讀其傳而考其蹟儼乎若未嘗亡雖謂幸且美亦宜也於悲何有哉雖然舍生

而取義惟烈丈夫能之猶窮一世不可累見況
婦人乎婦人爲質且弱矣而貞激義就死不顧
纖介如此使其爲丈夫食君祿有勢力其自處
宜何如哉彼不遇而於此見之斯其可悲也余
是以辭而哀之其辭曰
薺之初秀兮天雨雪霜驅車出門兮遺彼羊腸治時孔
多兮喪亂始生人逢其美兮子值其殃命之傳然兮義
曷可爽終有一死兮死貴不亡舍義希生兮諒非所臧
殞身深淵兮所存者長令夫悲棲兮弱子傍徨姻親背
弔兮行道周章懿猷徽質兮人莫與方溘其永逝兮天

道芒芒恒人所願兮富壽平康藉其既獲兮如歡一觴適意須臾兮未久卽亡彼此重輕兮不待較量修名足恃兮與日爭光子之所安兮人寧汝傷我傷昔時兮大義不彰面目甚都兮冠佩衣裳受君之命兮有土有疆臨危畏亂兮鼠拱以降非婦而婦兮以柔化剛子質孔弱兮厲志何强使爲丈夫兮人孰敢當欷歔感奮兮赴穴蹈湯使君如夫兮屹爲巨防彼之不聞兮此多烈芳吾將誰光兮哀予斯章

周太夫人壽序　陶望齡

昔海門子游於柯山諸生從者二十人酒酣海門子左

右顧而言幸哉諸君子之事於道也盍言所以事者諸生起對畢則請先生所爲海門子曰孝弟時海門子以賀萬壽節歸念母夫人年高將拜章乞養座下生退而言曰如先生所謂行有其言者乎旣得請周旋子舍又五六歲弟子日進先生口所談論身所發揮滋益較著然大指不過孝弟兩言而已而太夫人齒亦愈高以萬歷乙巳稱九十先是望齡謝宮秩歸謁海門子於剡剡諸生大會講堂以壽言爲屬旣返越士之從先生游者若而人又以爲言望齡曰諸君亦知先生所以尊親之大乎有人於此黻冕而農也圭冕而公也其親則農之

公之矣有人於此鄉人自謂也人謂之鄉人謂其親鄉人之親聖人自謂也人謂之聖人謂其親聖人之親鄉人聖人其親者其榮辱親豈直襏襫圭冕而已哉夫大榮大辱之介人情所明也然而不爲者未得其爲之方也有五穀於此襏襫而御之號曰王公之養所御有異哉所以御之者殊也盱江羅先生之言曰人不知道孝弟徒鄉士之次人能知道孝弟卽聖人之大孝弟五穀也或爲鄉人或爲聖人則御之者異也吾觀東京以降至於五代史冊所傳獨行孝義其奇節至性相望先後世不乏人而聖賢不少概見及記言文王聖人之孝又

特問寢視膳小文庸行而已以爲孝弟異耶聖凡同耶吾不知也斯民之生久矣皆以聖賢之人行聖賢之行而獨見聖賢之覺汲汲惛惛賢者安於鄉黨自好之節而不肖者爲戾爲逆爲妖爲沴使孩提不慮之良扃鐍蒙羃憮繇以自見夫身爲鄉人而戮其親爲鄉人之父母斯不亦悖德不仁之甚與當世之士皆知美仁義尊堯舜高推其名而不居其實故孟子曰仁之實事親是也義之實從兄是也堯舜之道孝弟而已矣世皆精言神化深極性命而不知神化性命之實故程子曰孝弟之道通於神明孝弟即神明非有二也知此者所謂覺

也[illegible]兒此者所謂聖也海門子其先覺者乎故爨湯調飯抑搔扶持恂恂唯唯以其身行堯舜文王之道而不疑視其親爲堯舜文王之親而無所讓又願與當世共臻斯道油油然樂其我從也詩所稱孝思錫類其海門子之謂與太夫人設帨日在某月剡俗上觴觴以歲首諸君期以上元日集於先生之堂稱萬年壽夫正月也望盈數也太夫人之年其如春方來月方恒乎夫尊先生以及其親諸君子之事師者厚矣若厚其身以其尊其親海門子之教也吾願與諸君子交勉之也

張門雙節贊　　錢　宰

剡山峭拔剡水清洌二節婦貞白之操鍾焉人謂范之操若崩崖斷決皓月獨懸初不知繼志之錢也錢之操若貞松勁竹孤鸞高騫殆與范比肩矣春閨並繰寒燈共織撫諸孤俾各有成乃今白髮高堂同享壽康天固有報施之也雖然閭巷間婦女執義守信如二婦者代有之矣名湮没不彰悲夫

嵊縣志卷十三

藝文三　山川　署廨　橋渡　物產　學校

山川

石門新營所住四面高山迴溪石瀨修竹茂林詩一首　宋　謝靈運

躋險築幽居披雲臥石門苔滑誰能步葛弱豈可捫嫋嫋秋風過萋萋春草繁美人遊不還佳期何由敦芳塵凝瑤席清醑滿金樽洞庭空波瀾桂枝徒攀翻結念屬霄漢孤景莫與諼俯濯石下潭仰看條上猿早聞夕飈急晚見朝日暾崖傾光難留林深響易奔感往慮有復

理來情無存庶特乘日用得以慰營魂匪爲衆人說冀與知者論

登石門最高頂

晨策尋絕壁夕息在山棲疏峯抗高館對嶺臨迴溪長林羅戶穴積石擁階基連巖覺路塞密竹使徑迷來人忘新術去子惑故蹊活活夕流駛噭噭夜猿啼沈冥豈別理守道自不攜心契九秋幹目玩三春荑居常以待終處順故安排惜無同懷客共登青雲梯

夜宿石門

朝搴苑中蘭畏彼霜下歇暝還雲際宿弄此石上月鳥

鳴識夜棲木落知風發異音同至聽殊響同清越妙物莫爲賞芳醑誰與伐美人竟不來陽阿同晞髮

由車騎山經太康湖瞻眺

朝旦發陽崖景落憩陰峯舍舟眺迴渚停策倚茂松側徑旣窈窕環洲亦玲瓏俯視喬木杪仰聆大壑灇石橫水分流林密蹊絶蹤解作竟何感升長皆丰容初篁苞綠籜新蒲含紫茸海鷗戲春岸天雞弄和風撫化心無厭覽物眷彌重不惜去人遠但恨莫與同孤遊非情歎賞廢理誰通

初發强中

杪秋尋遠山山遠行不近與子別山阿含酸赴修畛中流袂初判欲去情不忍顧望脰未悁汀曲舟已隱隱汀絕望舟騖棹逐驚流欲抑一生歡并奔千里遊日落當棲泊繫纜臨江樓豈惟夕情斂憶爾共淹留淹留昔時歡復增今日歎茲情已分慮況乃協悲端秋泉鳴北澗哀猿響南巒戚戚新別心悽悽久念攢攢念攻別心旦發清溪陰暝投剡中宿明登天姥岑高高入雲霓還期那可尋倘遇浮邱公長絕子徽音

太白山　　齊　孔稚珪

石險天貌分林交日容缺陰澗發春榮寒巖留夏雪

剡中贈張卿侍御　　唐　嚴維

辟彊年正少，公子貴初還。早列名卿位，新參柱史班。千夫馳驛道，駟馬入家山。深巷烏衣盛，高門晝戟閒。逶迤天樂下，照耀剡溪間。自賦遊章句，空爲衰草顔。

送清徹遊太白山　　戎昱

卷經歸太白，躡蘚到蘿龕。若履浮雲上，須看積翠南。倚身松入漢，瞑目月離潭。此境堪長往，塵中事可諳。

四明山　　劉長卿

四明山絶奇，自古說登陸。蒼巖倚天立，覆石如覆屋。玲瓏開戶牖，落落明四目。箕星分南野，有斗掛檐北。日月

居東西朝昏互出没我來遊其間寄傲巾半幅白雲本無心悠然伴幽獨對此脫塵鞅頓忘榮與辱一笑天地寛仙風吹佩玉

葛峴山孤石

孤石在何處對之如舊遊氤氳峴首夕青翠剡中秋迴出奇峯當殿前雪山靈鷲嶄貞堅一片夏雲長不去莓苔古邑空蒼然

和袁郎中破賊後軍行過剡中山水上太尉郎李光弼

剡路除荆棘王師罷鼓鼙農歸滄海畔圍解赤城西赦罷春陽發收兵太白低遠峯來馬首横笛入猿啼蘭渚

催新幄桃源識故蹊已聞開閤待誰許卧東谿

送嚴維歸越　李嘉祐

艱難只用武歸向浙河東松雪千山暮林泉一水通鄉心緣緣草野思看青楓春日偏相憶裁書寄剡中

和袁郎中破賊後過剡中山水　皇甫冉

受律仙郎貴長驅下會稽鳴笳山月曉搖旆野雲低範寇人皆賀迴車馬自嘶地閒春草綠城靜夜烏啼破竹清閩嶺看花入剡溪元戎催獻捷莫道事攀躋

武庫分帷幄儒衣事鼓鼙兵連越徼外寇盡海門西節

比全疎勒功當雪會稽旌旗迴剡嶺士馬濯耶溪受律
梅初發班師草未齊行看佩金印豈得訪丹梯

送王十一郎遊剡中　　元稹

越州都在浙河灣塵土消沈景象閒百里油盤鏡湖水
千峯鈿朶會稽山軍城樓閣隨高下禹廟烟霞自往還
想得王郎乘畫舸幾回明月墜雲間

早發剡山　　趙嘏一作薛逢

正懷何謝俯長流更覽餘封識嵊州樹色老依官舍晚
溪聲涼傍客衣秋南巖氣爽橫郛郭天姥雲晴拂寺樓
日暮不堪還上馬蓼花風起路悠悠

早發剡中

暫息勞生樹色間平明塵事又相關吟辭宿處烟霞古心負秋來水石閒竹戸半開鐘未絶松枝静罷鶴初還明朝一倍堪惆悵回首塵中見此山

寄剡中友人　　馬　戴

故人今在剡秋草意如何嶺暮雲霞雜潮迴島嶼多沃洲僧幾訪天姥客誰過歲晚偏相憶風生隔楚波

送蕭鍊師入四明山　　孟　郊

閑於獨鶴心大於青松年迴出萬物表高棲四明巔千尋直裂峯百尺倒瀉泉絳雪爲我飯白雲爲我田静言

不語俗靈蹤時步天

庚肩吾

半夜尋幽上四明手攀松桂觸雲行相呼已到無人境
何處玉簫吹一聲

往年進士趙能卿嘗話金庭勝事見示敘

羅隱

會稽詩客趙能卿往歲相逢話石城正恨故人無上壽
喜聞良宰有高情山朝佐命層層聳水接飛流步步清
兩火一刀罹亂後會須乘興雪中行

自諸暨抵剡

宋　潘閬

莫嘆塵泥泊且圖山水遊幾峯天姥翠一舸剡溪秋不見戴安道有懷王子猷西風無限意盡屬釣魚舟

夷猶雙槳去莫不辨東西夕照偏依樹秋光半落溪風高一雁小雲薄四天低莽蕩孤帆卸水村楊柳隄

貴門卜築　李易

亂後亦擇居筮山山輒許居民百餘家喜甚手欲舞云久聞公名此幸殆天與感茲鄭重意時節其雞黍剡川非沃野地僻民更窶趁時務[illegible]苕餘力工搗楮寡婦念遺秉洿池憐數罟我欲教耦耕盡力循南畝桃杏種連山深居可長處東鄰有節士謂呂祖璟酒酣乃發語公昔起

布衣高誼掩前古親擢類平津決見逢眞主兩宮佇六飛萬乘思一舉交侵正倔强纔起益旁午浩然公獨歸偶出寧有補默塞復何言長嘆汗如雨

居剡寄鄭天和

金庭洞在桐柏山山高一萬八千丈中有神仙不死區郁郁黃雲覆其上透巖流壑繞四旁面勢參差皆意向雞登天姥有時聞鶴在沃洲何待放綵衣大勝宮錦袍白髮奉親仍繼賞異才爭出輔清朝爽氣自驚遊碧嶂古來無位有重名吾家謫仙陸魯望平生願到猶不諧新復區區走俗狀桃源康樂舊鄉存路接風烟甘遠往

渡江正爲九華丹石筍飛泉歸指掌鸞翔鵠浴傳異時列岫方池閒想像剡溪隨處可卜居乘興扁舟正相訪

書剡山所見

剡山無數野薔薇黃雲爛漫相因依玉杯淺琢承墜露金鐘倒掛搖晨暉斑竹笋行三畝地紅藥花開一尺圍豆角嘗新小麥秀來禽向長櫻桃肥歌舌隨風槲外囀翠花帶水烟中飛魚跳破浪奮赤鬣鶴唳投松翻縞衣鄉關萬里久無夢嚴壑四年今息機丁寧杜宇往江北爲喚故人令早歸

貴門山仙人洞

雲巘分佳茗風澤轟怪松書疑黃石授税可紫芝供抵
玉那鷲鵲探珠欲近龍晚來聽盡雨乞水濯塵容

羅漢石

鐵騎侵淮海龍潭路始通雲生迷寶刹月出現珠宮瀉
澗泉噴薄依巖樹鬱葱神交難獨擅吾黨契元同

登軍營塢

褭褭泆流水倚水送歸雲海角春潛到山腰路忽分伏
龍懕厭睡飛瀑駭論文鸛雀知幾早翻然不待羣

獨秀山卜居

訪戴溪長近若耶金庭雪對赤城霞沼從鷁舉添蕭索

峯似鸞翔解嘆嗟每愛林間百種蝶難忘竹外四時花剡川圖上他年指獨秀山前是我家

石姥山　王誼

石姥山穿雲徑窄難聯袵上有猿猴悲楓葉秋如錦

游蘆峯分韻得盡字　朱熹

蘆山一何高上上不可盡我行獨忘疲泉石有招引須臾出蒙密矯首眺無昣已謂極崢嶸仰覩猶隱嶙新齋小休憩餘力更勉黽東峯切霄漢首夏正凄緊杖策同攀躋極目散幽窘萬里俯連環千重瞰孤隼因知平生懷未與塵慮泯歸塗采薇蕨晚餉雜蔬筍笑謂同來人

此願天所允獨往會淹留寒棲甘菌蠢山阿子慕子無憂勤回軫

同邱子服遊蘆峯以嶺上多白雲分韻賦詩得白字

登巖出囂塵入谷媚泉石悠然愜幽趣不覺幾朝夕高毎倦冢頂舊賞歎陳迹仰慙仙人杖俯媿謝公屐昨日吾弟來勇往意無斁今晨蓐食罷干仞一咫尺心期未完竟眼界已開闢浮野衆麓青紫雲雨川白須臾互呑吐變化已今昔曠若塵慮空悲哉人逕窄平生有孤念[illegible]里思矯翮感此復沖然胡爲尚形役

餘糧山　王十朋

禹績始壺口禹功終了溪餘糧散幽谷歸去錫元圭

覆卮山

四海澄清氣朗時青雲頂上采靈芝登高須記山高處醉向崖頭覆一卮

過雪看山　釋仲皎

西白名山處那堪帶雪觀四圍銀世界一望玉峯巒夜邑知天冷晴輝放月寒溪梅初破蕋著意爲尋看

太白山

無地卓錐生計難且空雙手到林間偎隨碧水瞻明月

堅打白雲賒好山巖石空邊依草舍藤蘿低處著松關
年來老去知何許合向人間占斷閒

又

啼切孤猿曉更哀柴門半掩白雲來山童問我歸何處
昨夜梅花一半開

重沓嶺　張爚

松間疊石步高低啼鳥幽林聽隔溪七尺枯藤可扶老
青鞋香汗落花泥

白峯嶺　余闕

一過東峯路幽懷不可言山如倒盤谷水似入華源時

有飄香度多聞囀鳥喧何人此中住謂是辟彊園

發嵊縣　　陳高

行役苦晝熱戒程當夜闌睡覺呼僕夫出門終漫漫明月照人影疎星挂樹間流螢點衣袂零露濕巾冠朝遠剡溪水俄入新昌山屬茲干戈際愈覺行路難愧無經世資何以濟險艱悒悒抱遠思綿綿起憂端東風忽已白林鳥鳴間關前瞻石嶺峻喟然發長嘆

清風嶺　　李孝光

山下江流本自清山頭明月已無情此心若愧王貞婦莫向清風嶺上行

陳君從

嵊浦之南天姥之北清風嶺上石壁間血字模糊有餘赤云是王家節婦誓死時精誠感天貫金石當時被虜來天台拋男棄女隨風埃豪酋含情向天笑王氏再拜陳辭哀自言人生豈彘狗衰麻在身血在口姑喪未了十日期妾獨何心奉箕帚豪酋聽之爲動色頷首無言指天識行行擬到越王城錦帳羅幃設華席婦面如灰心轉若四顧清風眞死所嚙指題詩躍斷崖圖得遊魂免爲虜至今血漬苔蘚斑子規夜夜啼空山淚染巖花墮紅雨白雲自逐溪風還卻恨當年大江左多少英雄

氣如虎甘爲臣妾學倒戈不値淸風一抔土君不見朱娥山下墳曹娥江上水孝節相聞數十里水色山光互吞吐三靈在天星在戶耿耿彝倫照今古

入剡　明　吕不用

古壘何年戍凄涼弔刼灰桑榆民氣樂松竹縣門開山市溪雲入野航江雪來戴公墳尚在零落向崔巍

四明山長句　沈明臣

李白夢天姥烟濤茫茫走東魯隨風吹墮禹穴來萬里心魂挂瑤圃興公賦天台赤城霞氣標蓬萊五采肝腸濯翠海九天日月披銀臺四明之山誰所鑿天公爲我

開樓閣雙牖高看烏兔飛四窗平見星辰落青雲冥冥豁洞天使我坐闊心茫然手捫白虹不到地眼睹綠雪吹春烟九州點破黑子大滄海東窺一衣帶天上銀河貼面流神遊八極吾將奈千秋閟迹人莫尋萬古靈蹟此眞快二百八十峯天簇青芙蓉丹山穴紫鳳赤水蟠黃龍氣雄五岳掩天柱勢奪十洲淩閶風不周山崩誰所觸祖龍沙邱不敢哭騎龍跨鳳訪仙曹翺向崑崙暮王屋顧呼樊夫人爲我歌且舞手拍洪崖肩躋枕赤松股瓊房瓊室七十二恐是蓬壺世難覩雙雙帝子怨蒼梧穆王馬蹄知有無金書玉簡祕不得越水至今流禹

都

四明山歌　　沈一貫

我昔長歌天姥吟今來飛越江之深烟波浩蕩都在眼蒼厓白鹿紛可尋游足未開意已窘片雲隱約前村盡道來縱入丹山赤水之洞天果爾三百八十芙蓉之峯相鉤連沸如巨浪排九淵渴虬饑鼉崩奔前驚魂褫魄悸不定乃知世間安得無神仙際天但有淺黛色到頂猶窮羽人翼謝公屐夫鑿不得支遁欲度空嘆息黃熊近人白虎怒杜鵑半染松花碧青蘇屢穿幾悔來眼前可卽仍徘徊俄聞竹間響茶白寺門正對雙眉開草根

敲氷持滌釜纖纖徐送靈湫雨劉綱臺榭收紫綃王交瀑布懸青組二韭三菁宛可拾東烏西兔紛來舞篆烟雕霧無時休一雙白鶴飛何苦吁嗟乎劉郎誤入青山圜不是忘歸不得歸薜荔滿牆皆可衣胡麻滿谷何愁饑赤雲層層團白日任他渡口桃花飛百年三萬六千日古今聖賢皆永畢何爲容易别青山空敎青山笑不還詠茆結屋弄流水溪雲與我長潺湲

剡山　張胄

剡山千仞聳晴空下瞰羣峯培塿同官舍半依青嶂外僧房多在白雲中清吟此日思王銍高隱當年憶戴公

郤笑秦皇多此鑿不知隆準起山東

竹山　張燦

竹山好似篔簹谷碧篠陰森遍林麓丁丁樵斧響空林

麋鹿相驚踣相觸夕陽負擔下嵯峩一聲高唱徹烟蘿

金庭山毛竹洞

毛竹陰森洞門古靈蹤舊號神仙府洞中仙樂杳難聞

月明徵聽朝眞鼓鶴馭鸞輿紛往還仙官催入玉宸班

鼕鼕妙韻在何許只隔烟霞縹緲閒

龍眠石　葛曉

萬仞未易梯緜蜒亘雙邑草木不敢生中有仙人室登

臨俯層空羣峯亂崒嵂句水蛟龍蟠今古不枯溢農人
向余言歲歲沛膏澤

淸風嶺　王　道

正氣塞天地於人本自存臨難懷疑懼皆爲利欲昏一
死輕鴻毛萬古綱常敦忍恥偷生者重泉亦慚魂

竹山　錢汝貫

家住竹山頭慣采竹山木一曲太平歌白雲滿空谷

畫圖山　夏　雷

舟過碧溪漁唱杳雲收斜谷雨聲殘生來老檜龍皮皺
削出奇峯石骨寒

金庭山

許岳英

金庭之山幾千尺上薄穹窿象緯逼雲溶霞剽陰液升
造化鍾靈神所惜天台鴈蕩相鉤連天姥屏翳精英雋
危崖飈飂風動石律令擊搏江濤喧元精夜降淨瑕穢
訶黄鐙銅徹幽祕跟蹤百怪歸杳冥仙窟丹房景奇麗
右軍之居竟渺茫千年遺迹爲仙鄉吹笙子晉不知向
浮邱羽化繚山陽蠙珠脱殼影搖扤疑是丹光照虚室
崖間薜荔五色縈澗底石泉清夜泣望美人兮竚青宫
翠眉丹頰世罕逢握瑾懷瑜人孰與猿儔鶴侶自相從
翩然被髮步虚曠聽得瑤華氣清壯暮歸不知山月高

撼郭潮聲動虛幌

鹿苑山　　黃璧

數載期來鹿苑遊夙心今日喜初酬茯苓都向松根結
瀑布還通石縫流日上三竿纔覺曉風生六月已知秋
山僧獨擅其中趣何事年來亦白頭

石鼓山　　周汝登

諸子同登屐扳蘿輿自長玲瓏穿藕竅窈窕入蜂房石
共飛來聳名標武庫藏最憐歌一曲繚繞住空梁

金庭山

千年古洞鎖蒼苔洞口遊人自去來赤水池邊瑤草淨

香爐峯畔野花開吹笙竹裏聲疑在跨鶴雲中客未回

試看樽前今夜月當年曾照讀書臺

九州山　錢思棠

一望中原盡此巔淋漓杯斝午風前白雲已幔歸時路

不識身居第幾天

畫圖山　王三台

岡巒如畫揖清流勝境天教恣覽遊日暮烟寒看不盡

扁舟和月宿溪頭

初入剡中　陳子龍

夙昔躭奇異久負名山期詎意肅于役心賞獲在兹高

峯疊遙巘曲徑沿迴溪沈沈迷積翠靄靄含朝暉洩雲岫時沒急雨瀨屢移青蘿被修坂絳樹灼陰崖迴互見別趣登降各異姿碩人昔考卜荒途恒若斯心迹既杳冥衡宇亦參差抗懷感人代尚志徵前規終焉協要妙遲暮良可悲

卧龍山懷友　吳應芳

山骨何稜稜藉茲奇石礪道力果堅強日結幽棲契此山本荆榛一朝增體勢譬彼懶梳娥爲之挽髻悅時節相因緣不爾竟埋瘞昔年恣攀陟物物窮其際眼豁片石寬一泓輒思揭猶記梵磬聲間雜潺湲細惜哉喆人

遐遺文鶴引唳胡爲不自達苦被塵鞅縶松篁拂地垂擲再牽余袂

蒼巖坐雨　　丁彥伯

連宵頻不寐燈影照更深雨過響猶滴衣單寒乍侵獨含千古意肯負一生心默坐時開卷猿聲度遠岑

石鼓山　　周孚淳

探奇來石鼓疊翠覆青蘿隙受天光少空容樹色多千尋誰濬斷一刻暫偷過望望靈鷲遠松中起浩歌

石鼓山十石　　釋仲艮

人說雷門此地藏頑皮面面老風霜蜀桐不用頻撾擊

自有清聲徹四方　石鼓

一方蒼玉掛巖扃色潤鏗鏘擊有聲因憶夢中曾聽處
月涼仙樂度蓬瀛　磬石

造化爐中鑄太阿四山爲匣鎖藤蘿倚天未遇英雄手
風雨年年爲洗磨　劍石

神匠凌空截嶮巇平分蒼碧線痕微春風幾度花狼藉
眼纈猶疑玉屑飛　鋸石

力挽千鈞勢有餘性剛名不厠中書圓錐自蘸銀河水
倒寫烟雲滿太虛　筆石

何年長劍劃貞珉碧蘚重重護紫紋但覺潤光濃潑墨

不知磨盡幾峯雲　硯石

層層苔髮長青柔骨冷天應爲裹頭絕頂西風吹不落
黃花知是幾番秋　帽石

方方峭壁立天涯隔斷雲烟蔽月華若使黃金開孔雀
定應千載屬豪家　屏石

方圓自是法乾坤剛直猶堪擊佞臣誰謂山靈迴俗駕
年來正待執圭人　笏石

誰斷雲根數仞堅珊瑚樣潤玉凹圓黃粱炊熟難成夢
留與仙人蕙帳眠　枕石

臥龍山了眞洞　國朝　徐一鳴

衆喧誰大寤獨照見吾天堅淨蓮花筏輕浮莢子錢松垂雲到塢花滙石甾泉個是眞消息從君共解顔

白雲洞　袁尚衷

仙人騎鶴去古像遺桐柏無處覓吹笙雲封洞口白

王心一

寂寂金眞洞萋萋芳草叢一簾常似雨水瀉白雲中

遁山　王國蕃

枕流終日喚歸雲喚得雲歸不贈人倘爲甘霖仍出岫山靈早已賦移文

登石屋　王元珏

野飯梅花村徐入青松路鳥道何鬱盤身與溪雲渡幽篁不見天碧色莽迴互忽聞山鳥呼一一入深樹逸興雖飛揚心神轉恐怖闃然巖谷閒微茫辨黝堊谿逵跨平岡頓慨登臨趣歷歷羣山羅馳突如奔赴城郭俯人家模糊不知數老僧自在閒愛此長年住杳杳鶴飛歸千村靄然暮

嵊縣道中記一路所見　沈德潛

山作屏風樹作門盤回細路傍雲根霜林焰焰翻鴉鳥潩瀧青青長稻孫沙水渡邊還問渡炊烟村外又逢村松篁深處聞鐘磬擬叩人天兩足尊

游嵊縣四明山宿石屋禪林一夕而返

袁枚

四明山高莫名狀兩峯夾空作屏障長篇大股氣鬱蟠絕地通天自開創奇松伸臂似來攫怪石攔人不肯讓白雲偶被風蕩開僧樓影落青天上僧樓可望不可登回盤屈折崖千層業已攀藤擁樹氣力盡忽然飛泉截路如奇兵籃輿欹竹撊短心愈急路愈遠分付輿夫行緩緩縱墜深潭也不妨松花鋪地如棉軟僧樓已到坐須臾盲風怪雨起四隅佛堂鐘聲亦大作似與風雨相唱喁客子吹燈暫休息兩耳喧騰灘水急徹夜誰將屋

桂搖打門疑有蛟龍入分明身卧海潮中明日先生行不得誰知晨起來陽光照窗縫未午山路乾樹枝風不動依舊松陰一路歸但添瀑布千條送夜雨朝晴樂不支洗心亭上立多時天公於我若有私早知此老遊山清福尙如許何必年前乾啼溼哭廣徵生輓詩

雨後望太白諸峯　　商盤

晚望太白山心與翠微遠新沐露烟鬟[illegible]鬖不堪綰道書稱福地中有雙鹿苑廣信既登眞稚川不復返瀑掛玉虹亭草沒太平館懷古意蕭疎茲游安可緩山靈遙見招報書愧炎琬

鹿胎山　黃孫燦

四明蜿蜒如飛龍環迴二百八十峰嵂之奇峯南與天台接西與始寧通北包翠竭勾章東茲山未及一撮土巖椒已覺高巃嵸怪石凝立不一狀萬壑窅窕陰濛濛坡迴境轉匪易測名士過此常留蹤短垣郤足蔽風雨千緡卜築稱郗公企慕有王子雪夜浮孤蓬爾時豈無終南之捷徑先生笑指富貴如烟虹一牀白日攤書卷四壁清音理爨桐我思往事生長慨樵歌互答空林中谷口嚶嚶換鳥語袖底獵獵吹松風丈夫有志騎青驄圖形麟閣傳無窮不爾名山隨所適詎必局促拘樊籠

厭飫山水有逸致高風已往伊誰從願借山靈一白鷴往來汗漫游空同

清風嶺　聞人鍵

一自血痕濺壁後至今嶺勢倍崢嶸逼天石護貞魂在動地兵銷正氣生淚瀉寒潭聲尙咽心懸故國恨難平無煩彤管題名氏傳得清風萬古清

吳炳忠

有心返故國無處覓慈航化作清風去長留女史香

貴門山集唐　俞忠孫

別業居幽處遙天倚黛岑雲溪花淡淡山木日陰陰簷

際千峯出階前衆壑深偶來乘輿者勝景想招尋
徑轉危峯逼攀蘿歇復行一隅連嶂影千仞落泉聲野
果新成子山花不辨名忽然風景異如在小蓬瀛

遊石屋禪林四明山道中作　葉封唐

高山結靈妙造物爲巧匠白雲引幽步路轉出雲上回
瞻經九鎖前進更疊嶂奇峯銳於錐幽谷深如盎崖交
澗曲轉亭出巖退讓千泉共一響萬石各殊狀錯雜苔
蘚重嵌空洞穴亮龍潭貯天影水碧如春釀僧寮忽隱
見吾頭頻俯仰力疲興尚豪地窄心逾曠懸想出山時
林巒異背向一一目送迎定復成新樣

剡西道中

水田千頃外一馬踏青蕪林樹時來去人家忽有無花光圍佛寺山色帶樵夫俯仰懷安道溪流下艇湖

上金波山

白雲如有意陪我此山行苔徑明斜照茄簷帶嫩晴寺深惟竹色風至忽鐘聲夙與林泉契何因有世情

游獨秀山

散盡流霞聳碧空梵王宮繞翠千重石寒苔護偏傍畫僧定風傳縹緲鐘洞口落花三月雨山腰啼鳥一株松右軍已往今誰弔墨沼鵝池没舊蹤

望篠秀山　　曾異鴻

欲上層巔怯步艱望中秀發碧溪灣巖光劃破雲如畫
石影撐空薜有斑春雨樓臺烟樹裏夕陽鐘磬翠微間
夜深竹塢蕭蕭月爲我移來一角山

星峯晚眺　　王永春

憑高閒望暮晴天不盡風光到眼前鹿嶠草荒餘夕照
艇湖波靜起寒烟興來幾度尋佳境醉後郵堪憶少年
紅葉紛飛秋易老登山臨水轉悽然

曉登嵊山　　王燕春

嵊山高剡北峻峭境非凡撥草尋幽徑披襟倚古杉天

空遲落日岸曲急飛帆縱目渾無礙歸雲斂黛巖

清風嶺用陳亦亭明府韻　王鼎

濺嶺書憑霜雪撼照江碑待日星扶閶闔風義存殘宋何况鬚眉陸秀夫

汴北三軍輪莫返江東一女節能扶啼痕不化鵑飛去終古青山泣望夫

八千餘騎心難恃五十六言雅共扶須知巾幗無憑道爲報羅敷自有夫

凌霜節共千松峻化石心堪一劍扶南紀倫常見女喻東湖莫怪有樵夫

西白山觀瀑布　　宗聖垣

山石本堅牢水性亦勇悍就下但傾注撐空如抵扞水石互爭轟動靜勢相亂柔克乃勝剛石腰忽中判深排齒齒形欲吞還吐半一射一回擊倒飛作銀爛卻疑蛟龍翻噴珠接天漢星走光四明風旋態百換懸崖欲崩頹夾樹搖青紺言尋褚公廬足虛神力憚瞑邀賦歸來猶覺目光燦

訪勝四明宿石屋禪林　　吳金聲

四明高厜㕒巃巃渺雲際何年巨靈手闢此供瞻睇三峯既卓爾一刹復迢遰彩烟楊夫子來招噬背惠路險

山骨攢夫餒笠亭憩盼後心欲懸舉前踵仍曳解渴泉飲流揮汗時揚袂傍午登層樓疑非人間世涼生石屋風淡嚙山僧蕣空中來梵聲絕頂尙雲翳蟲鳴藏深林泉響滴幽砌孤撐猿挂藤危崖虎決背石牀枕簟寒竹塢苔蘚細蘿薜險可拔龍湫清欲揭鐘聲徹朝昏雲態變陰霽精魅潛無蹟蛇豸馴不厲松吼警虬螭花馨釆蘭蕙中有趺坐人兀兀參妙諦到此心欲降眄彼志猶勵人閒袪俗氛境曠忘芥蔕吾欲收烟嵐几席時睥睨安得周山人磅礴寫遠勢

初至嵊縣有作示同人　陳懋

山川似畫圖佳名擅此邑夙聞今見之身向圖中入仰看嵐翠浮俯聽灘流急靈秀之所鍾陵雲指古塔緬維魏晉間東渡名流集問水孤棹攜尋山雙屐蠟餘韻猶有存土無僻陋習勝地我來遊論文藉交接思若川瀠洄品如山屹立誰謂古今人遙遙不相及

晚歸蒼巖　釋淨地

巖路曾行熟歸筇趁晚風香含昨夜雨花發舊時紅蘚石鷩蹲豹鱗松老卧龍所嗟人異代對境思何窮

片雲巖

扶筇獨上雨花山幾度回眸怯步艱竹隱鳴禽聲細細

巖懸飛瀑響潺潺天花夜落千株靜蝶夢春回一榻閒他日卜隣容我否傍崖縛屋兩三間

舟行入剡　唐　崔顥

鳴棹下東陽回舟入剡鄉青山行不盡綠水去何長地氣秋仍溼江風晚漸涼山梅猶作雨溪橋未知霜謝客文逾盛林公未可忘多慚越中好流恨閱時芳

將避地剡中贈崔宣城　李　白

忽思剡溪去水石遠清妙雪晝天地明風開湖山貌悶爲洛生咏醉發吳越調赤霞動金光日足生海嶠獨散萬古意閑垂一溪釣猿近天上啼人移月邊棹無以墨

綬苦來求丹砂要華髮長折腰將貽陶公誚

秋山寄張卿及王徵君

何以折相贈白花青桂枝月華若夜雪見此令人思雖然剡溪興不異山陰時明發懷二子空吟招隱詩

別儲邕之剡中

借問剡中道東南指越鄉舟從廣陵去水入會稽長竹色溪下綠荷花鏡裏香辭君向天姥拂石臥秋霜

秋下荆門

霜落荆門江樹空布帆無恙挂秋風此行不爲鱸魚膾自愛名山入剡中

壯遊　杜甫

越女天下白鑑湖五月涼剡溪蘊秀異欲罷不能忘歸帆拂天姥中歲貢舊鄉氣劘屈賈壘目短曹劉牆

剡溪聞笛　丁仙芝

夜久聞羌笛寥寥慶客堂山空響不散溪靜曲宜長草木生邊氣城池逗夕涼虛然異風出髣髴宿平陽

從剡溪至赤城　顧況

靈溪宿處接靈山窈映高樓向月閒夜半鶴聲殘夢裏猶疑琴曲洞房間

剡溪看花　楊凌

花落千迴舞鶯聲百囀歌還同異方樂不奈客愁多

成都送嚴十五之江東　戎昱

江東萬里外別後幾悽悽峽路花應發津亭柳正齊酒傾遲日暮川闊遠天低心繫征帆上隨君到剡溪

赴剡溪暮發娥江　陸羽

月色寒潮入剡溪清猨呌斷綠林西昔人已逐東流去空見年年江草齊

剡溪行郄寄新別者　朱放

潺湲寒溪上自此成離別回首望歸人移舟逢暮雪頻行識草樹漸老傷年髮惟有白雲心爲向東山月

剡溪舟行 一作剡山夜月

月在沃洲山上人歸剡縣江邊漠漠黄花覆水時時白鷺鷥船

剡溪舟行　戴叔倫

風軟扁舟穩行依綠水堤孤樽清露滴短棹曉煙迷夜靜月初上江空天更低飄飄信流去誤過子猷溪

送越客　張籍

見說孤帆去東南到會稽春雲剡溪口殘月鏡湖西水鶴沙邊立山鼯竹裏啼謝家曾住處煙洞入應迷

送剡客　薛逢 一作趙嘏

兩重江外片帆斜數里林塘遶一家門掩右軍餘水石
路横諸謝舊煙霞扁舟幾度逢溪雪長笛何人怨柳花
若到天台洞陽觀葛洪丹井在雲涯

寄剡中友　項斯

歇馬亭西酒一巵半年間事亦堪悲船横鏡水人眠後
參暗松江鴈下時山晚迴尋蕭寺宿雪寒誰與戴家期
夜來忽覺秋風急應有鱸魚觸釣絲

晚春送王秀才遊剡川　施肩吾

越山花老剡藤新才子風光不厭春第一莫尋溪上路
可憐仙女愛迷人

入剡作　方干

截灣衝瀨片帆通高枕微吟到剡中掠草並飛憐燕子
停橈獨飲學漁翁波濤漫撼長潭月楊柳斜牽一岸風
便擬乘槎應去得仙源直恐接星東

送裴饒歸會稽　羅隱

金庭路指剡川隈珍重良朋自此來兩鬢不堪悲歲月
一卮猶得話塵埃家通曩分心空在世逼橫流眼未開
笑煞山陰雪中棹等閒乘興又須迴

送僧之剡溪　釋皎然

雲泉誰不賞獨見爾情高投宿輕龍窟臨流笑鷺濤折

荷爲片席灑水淨方袍剡路逢禪侶多應問我曹

送閻二十六赴剡縣　李冶

流水閶門外孤舟日復西離情遍芳草無處不萋萋妾夢經吳苑君行到剡溪歸來重相訪莫學阮郎迷

剡溪雨霽　宋　錢昭度

剡溪風雨霽航葦重行行到處楊花色幾家荷葉聲噪蟬金鼎沸游水玉壺清最喜魚梁畔歸帆的的輕

晚泊嵊浦寄剡縣劉既員外　潘閬

曉泛剡溪水晚見剡溪山徘徊駐行棹待月思再還漁唱深潭上鳥棲高樹間應當金石友念我無暫閑

自諸暨抵剡　吳處厚

秋渚涵空碧秋山刷眼青排頭煙樹老撲面水風腥上瀨復下瀨長亭仍短亭夜船明月好客夢滿流螢出得雲門路風淒日又曛船撑鑑湖月路指沃洲雲山色周遭見溪流屈曲分一觴還一咏誰是右將軍

剡中野思　林槩

密樹芳穠碧草齊春華微度綠陰低谿連嵊水與何盡路接仙源人自迷落絮有情風上下好花無語日東西故園桃李經年別一望歸心繞翠蹊

泛剡溪　盧天驥

愁呵龜手冷搖鞭乘興來登訪戴船解事篙師小鳴艣恐驚寒雁入晴天

剡溪書懷

山鳥逢春恰恰啼桃花流水路猶迷何時鼠子膏齋釜笑領白雲歸剡溪

故園生事只銜茅不管方兄久絶交糲食枯椽吾易足鷦鷯只占一枝巢

山杏枝頭鵓鳩兒來傳春意語多時危紅可是渾無力不奈東風盡日吹

剡溪　　倪光蘭一作光簡

東山山下海潮通一片江流出鏡中度嶺拾薪歌稚子和煙牧犢走村翁千年橋鎖高人蹟百丈巖垂烈女風此去天台知幾許桃花深處失西東

過剡溪　王庭珪

青山疊疊水潺潺路轉峯迴更一灣想見雪天無限好不妨獨掉酒船還

泛剡　許棐

水濶無風似有風蘆花搖落櫓聲中鷗無一點驚猜意認作當時載雪翁

西溪　李易

玉龍劈山開南鶩肆奔猛風蕩雪濛濛月流光炯炯壯氣動貴門前驪八蛟幷萬籟息中宵一匯臨絕境奔雷有餘音垂磬得深省白雲何所聞就宿孤峯頂

三懸潭

鹿門今是貴門山盡室扶攜萬壑間流水相隨眞自悟遙岑一望若爲攀風翻竹塢淸如洗月過松扉靜不關潭底臥龍煩一起正須霖雨濟塵寰

剡中別吳客　周鍔

百道飛泉向剡溪高田不歉下田肥吳人只道吳山好黃獨如拳也救飢

戴溪　　華鎮

月華雪彩照山川，一葉扁舟破紫煙。十二瑤臺登賞後，清光長似昔時天。

桃源

嘉樹風生玉宇香，鶯飛燕舞弄春陽。歸來井邑皆如舊，始覺仙家日月長。

浴鵠沼　　王銍（一作李易）

鵠沼開新鑑，纖埃莫遣遮。翠光爭水鳥，紅影湛山花。天外時分月，林端更蔚霞。高飛留舊迹，全付謫仙家。

雪後渡西溪

雪後孤村一段煙晴光遠照玉山川酒旗隔步閒招客獨上西溪渡口船

夜坐憶剡溪　　陸游

早睡苦夜長晚睡意復倦斂膝傍殘燈拭背展書卷時搔短髮稍稍磨凍硯更闌月入戶皎若舒白練便思泛樵風溪名次第入剡縣名山如高人豈可久不見

艇湖　　王十朋

千古剡溪水無窮名利舟乘閒雪中興惟有一王猷

偃公泉

泉自何時有得名從偃公誰能繼長陸爲載水經中

雪中望剡溪　釋仲皎

玉樓瓊樹曉煙披擁衲開門四望迷清曠世人誰似我雪中更對子猷溪

和梁公輔夏夜泛東湖　元　袁士元

短棹乘風湖上遊湖光一鑑湛于秋小橋夜靜人橫笛古渡月明僧喚舟鷺浦藕花初過雨漁家燈影半臨流酒闌興盡歸來後依舊青山繞客愁

嶀江夜泊　明　呂不用

青楓嶺上行人絶嶺下嶀江征棹歇老篙眼前有清興汲水船頭煮明月天公生我命本薄年事難逢赤壁樂

愁魂莫問東來鶴舟前鳧鷺同夜泊

雨阻仙巖詰朝至新昌　湯顯祖

江寒風雨飛仙巖氣噓碧崩雲沈戸牖衝飇蕩簷隙孤亭下車馬溼裝開委積熅衣寧及晨蓐食且茲夕安知氣淋漓滅燭移枕席恐爲奔湍阻侵宵鶩前策抵嵊日逾午剡棹興非昔黽勉向津衢新昌留暮客信宿何足難去住亦取適欣言領幽意南巖候輝魄極目梅梁滑路迴桑洲驛畧約風雲揪始覺霞標赤軒署復開敞消散流寓迹豈免廚傳費用慰山水役佳期良在茲秋光灑蘿薜

剡溪歌　何景明

溪之水兮幽幽誰與子兮同舟舟行暮入山陰道月濛濛兮雪皜皜千載重尋戴逵宅溪堂無人夜歸早乘興而來興盡休君不見王子猷

嵊浦　張燦

夕照穿紅波瀲瀲漁家舴艋臨孤岸一聲欸乃水雲閒鷗羣驚起鳧羣散太平官事不相關醉歌長得笑開顏曉風歸棹泊何處只在黄蘆淺水灣

平溪

溪融沙路軟無塵拂面東風醒醉魂紅雨正飄花落澗

白雲深護鳥啼村山光已豁春晴景草色都瞞野火痕
咫尺金庭仙路近應隨流水問桃源

剡溪　王稱登

剡溪新水綠漫漫魯酒銀罌送曉寒白日無多容易落
靑山一半不曾看千年自欲同徐稺五月非關訪戴安
不是風流堪應接舟中那得客愁寬

艇湖懷古　葛焜

溪流曲曲繞山麓溪風拂拂來樹巔溪雲冉冉出空谷
溪月皎皎明前川天開佳景自今古遊覽還將往事憐
扁舟雪夜欲訪故興盡何爲頭刻旋圓爐可談經世策

促膝或歌招隱篇百年消得幾回首知心不面情徒戀吾聞昔有張范約千里遠赴何嘗愆此道寥寥久相棄美談猶說子猷船

剡溪　趙寬

行役曾何補江山似有緣雨餘天姥屐月下剡溪船遊興塵勞外歸期日至前乘流更風便飛鳥欲爭先

又

片月流清淺千巖鎖翠微子猷如對此乘興定忘歸

鄭善夫

曹娥江接剡溪流亂石幽花只漫愁剡曲倘疑安道宅

山陰誰上子猷舟

百丈潭　張岱

余嘗入龍湫仰面看瀑布余踞龍湫上瀑布出吾胯石齒何嵯岈奔流激其怒鯁咽不得舒張口只一吐萬斛遂傾囊一去不復顧風雷送白龍攫奪山鬼怖噴礴盡驪珠逆鱗焉足護余憤塡胸中磊塊成癖痼何日劃然開探喉如吐哺大快復酸辛破我千年錮笑與涕淚俱氣慄無可措此氣既已伸山靈敢復妒願隨百丈泉奔騰出雲霧

剡溪　陶望齡

剡溪如畫映清波石磴崚嶒掛碧蘿虹亘兩橋嘶去馬
帆經百道傍浮螺夜燈村落紅千點春釣汀洲綠一簑
明月寒潭無限景山陰乘興雪中過

剡溪歌　周汝登

雪盡山迴野水平孤帆遙指越王城沙鷗有意如留棹
鴻雁無情喚客行行舟初出剡溪口回首門前五株柳
立馬離亭盡友生相看無語惟呼酒要將酩酊破離懷
人人欲盡手中杯酒闌人去風初息夜靜船頭明月來

艇湖　錢思棠

雪夜懷人思不禁西風一棹發山陰縱然興盡情何盡

千載難酬欲見心

過剡　王思任

千山夾東盡此地一回寬古縣仙常到名溪雪不乾晚魚呼市酒野鶴下舟灘月色時來鬧挑眼夢未安

三懸潭　鎦績

欲識三懸險相將踏磴臺青天咫尺近丹壁萬尋開沫噴千秋雪晴喧五月雷尋幽不到此空負剡中來

前題次韻　王三台

三懸懸絕險丹壁聳危臺古洞龍常卧山深雲不開淩空奔白浪墮峽吼狂雷片石浮千頃飛身照膽來

放生池　　陳錫圭

庖犧結網後鱗族無可逃不期魚樂國乃在剡西濠潛躍適情性上下隨波濤究之咫尺水曷若龍門高

艇湖行　　金之聲

朝從剡中事夕復剡中行艫過停鷗起江空落月明山雲歸舊閣漁火冷殘更王子回舟處蒼茫千古情

艇湖　　王國楨

空山木落暮烟收忽憶冰壺剡上遊一棹西風杯在手半江殘雪月當頭懷人夢輒尋梅寄報客郵翻教鶴留逸與到今吟不盡湖光雲影共悠悠

逵溪　孫時躍

爲弔高人蹟深尋烟樹鄉桃源郗鑒宅雪滸子猷檣百世風流事千秋姓氏香行行山下水感慨對斜陽

平溪　盧鳴玉

溪小鸕鷀促驚魚走石汀廟留秦代物水志晉時名蒼崖揮簷樹清言轉鶴聲流雲與駐馬一片古人情

過港坑

昔年懷澗槃今夕澗邊宿水漱襯石蒲雲幪眠巖鹿聊爲寄棘鶡仰看摩天鵠古道豈殊九于義稱止足

剡溪夜發　釋如曉

剡溪秋夜月水靜一舟涼雁落汀蘆白魚翻渚荇香沾衣裛露薄挂席引風長石崞峰巑岏川迴路渺茫頻年違故國今日別他鄉悽斷蓬牕夢驚看野店霜傳歌誰鼓枻放棹欲鳴榔孰道江湖晚溪花幾度黃

重至剡溪

石泉盟未了更作剡溪遊沙轉灘聲急山當水面浮村煙多護竹漁浦暫維舟宛昔春無恙桃花指渡頭

剡溪用康樂赤石泛海韻　國朝　張熙純

揚舲溯翠微寒蟬吟未歇崖窮澗道開煙深林影沒哀淙漱雲根明瀾鑑秋髮沙嶼迤沿迴溪山自映發嶺表

送斜暉巖端吐纖月時聞石瀨喧遙見樵蹤越芳樽還共持高詠詎能闕遠情寄空濛乘運任淹忽眷茲曠世樽雲蹤繼前伐

嶀浦夜泊　張義年

秋樹棲鴉葉未凋輕帆面面轉巖椒漁舟掛網無魚賣野店懸燈為客招夜靜星河連水濶風生兕虎出山驕遊仙直上瓊臺路一枕煙霞夢未遙

剡溪棹歌　吳尋盤

百尺高山四面同倒垂石筍亂流中愁聽三老船頭語尔是南風去北風

白沙灘上白沙齊落月遥銜浦口低一夜行人眠不得水禽山鳥百般啼

雨夜泊嶀浦　袁尚表

一天涼雨過嶀橋坐對篷窗鎖寂寥雲接浮嵐江黯黯風翻落葉岸蕭蕭漁舟燈影來寒渡山院鐘聲送晚潮鄉夢不成秋思滿嘹嘹啼雁徹清宵

瀑布泉　王國蕃

鹿苑堆雲幾萬重怒濤奔峽吼晴虹丈夫吐氣應如此瀉落珠璣滿碧空

剡溪夜雪　劉正誼

剡水偏宜雪夜舟六花飛處溯寒流杳無人迹行樵徑祗有鐘聲出寺樓凍壓枯條珠錯落淸凝峭壁玉雕鎪溪光一道如銀漢苑是乘槎入斗牛

過剡溪水急舟不能上　袁枚

看山不嫌複看水不嫌曲剡溪百里中兩景皆到目烏篷船小沙石橫當時訪戴難爲行想見風流王子敬靑天月照烏衣明我來正值春潮起白浪滔滔打船尾繂斷桅崩行不前一落深愁沒溪底水哉水哉聽我言人生且住爲佳耳到海分明會有期問君何苦狂如此

放舟仙巖嶀浦問卽景成詠　商盤

嶀浦如靜女仙巖似羽流青蒼杳無際一氣安可收我本林壑身坐此書畫舟相賞在物外貌遺神乃留惠風淡以遠景色同高秋牧笛弄初晴樵歌出古邱縹崖百丈潭其下多潛虬未堪靈犀照何用寶玦投朱霞千萬縷返照入大幽扣舷發清吟獨唱無人酬

題響意剡溪秋泛圖

是李白非采石是蘇軾非赤壁何時寫此尺幅圖好山好水絕代無賫花香細秋容淺吳縠如冰不堪剪銅斗蕭蕭起暮寒七十二屏向空展晚霞染出紅楓樹曾是當年泊舟處一曲清波值萬金全家羅襪生烟霧我今

竊祿燕京城朱顏欲凋白髮生予猷安道兩寂寞此事原不關公卿吾弟歸耕不須卜菅茅且縛三間屋君不見鳳凰竹實無處尋野田黄雀爭餘粟

自題剡溪秋泛圖　商書

山人無俗尚雅志惟薜蘿况生山水鄉面面明修蛾昔年遊歷處剡水清於羅自來京國遠夢斷清江波潛魚樂深淵棲鳥戀故柯濯纓豈不願廻棹情亦多涼秋吹白紵皓月舒清歌誰將謝公屐訪我東山阿

浦口晚泊　商元東

夜靜山月高湖水明如鏡孤篷入翠烟住久波始定遠

樹隱招提白雲渡清磬何處滄浪歌洽洽四山應

題商紫芝剡溪秋泛圖　沈廷芳

騷人泛剡曲爲愛名山多溪光動古壁秋色明烟蘿時有清香來遠渚菡殘荷菰蘆雜蘋蓼奕奕揚微波中流自容與曲折隨艑艖昔游每入夢塵境浮青螺况讀吾友畫恍若重經過雅懷將毋同歲月空蹉跎溪山不負客歸計當如何

剡溪　張喬林

萬山斷續亂雲堆天路清虚一鳥迴百里長河辟禹穴滿帆秋色下天台日華映水龍蛇動山勢迎人虎豹來

海客莫談荒渺事茫茫何處是蓬萊

宿剡溪集唐　拋毬樂　俞公穀

誰肯伴寒流殘燈獨客愁路經深竹過夢與白雲遊夜半聞鐘後松風直似秋

又　浪陶沙

烟暖荇絲肥淑景遲遲清溪一路踏花歸鳥語山經傳不盡俯盼喬枝　霞彩映紅飛夕柳光馳便將樵叟對開扉春水船如天上坐泛泛登陂

遊白龍潭分韻得舊字　葉封唐

昔者有白龍夭矯挂巖岫翻身潛一穴爪甲弗獲覯何

物驚之起氷雹亂飛走落地化萬石四散如駭獸神鞭不停催深夜互奔湊山靈工布置一一此獻秀不知邱壑小欲與台蕩鬬遂有老禪客傍崖結雲構亂石成主賓游龍見左右至今數間屋猶俯一虛竇我來適孟冬木落山容瘦竹影拂驢行苔文學衣緇杯盤縱復横廚膳移相候少長聯七人詩篇貯雙袖暗數幾回遊人老山依舊山鳥都相識飛飛還余就

同朱梓廬師遊白龍潭　史載筆

剡溪之南南明北別開天地攢怪石有美人兮薄言遊折簡陋巷招幽客踰岡陟嶺渡清溪十里黄花炫秋色

始至已非人間世漸進佳境窮足力躋禽空山時一聲綠篠含烟風戛擊忽聞清磬度翠微煩襟塵顔都洗滌剡之山川入畫圖似玆佳處費刻畫按諸圖經并地志胡爲聲聞偏寂寂徒使湮沒荆榛間不許齊稱東西白四明山俗呼東白山豈其千古終南山尚須表章昌黎伯豈其嶺南諸幽勝直待柳州留筆墨我聞屠釣有名流老死巖窟終窮阨誰知山川亦爾爾此道古今同惋惜

剡溪　宗聖垣

東嵊壁立西清風兩嵓對峙如雙龍崿山列嶂若遮護四源合鏡明當中曲盤過峽三五里豁然始見津梁通

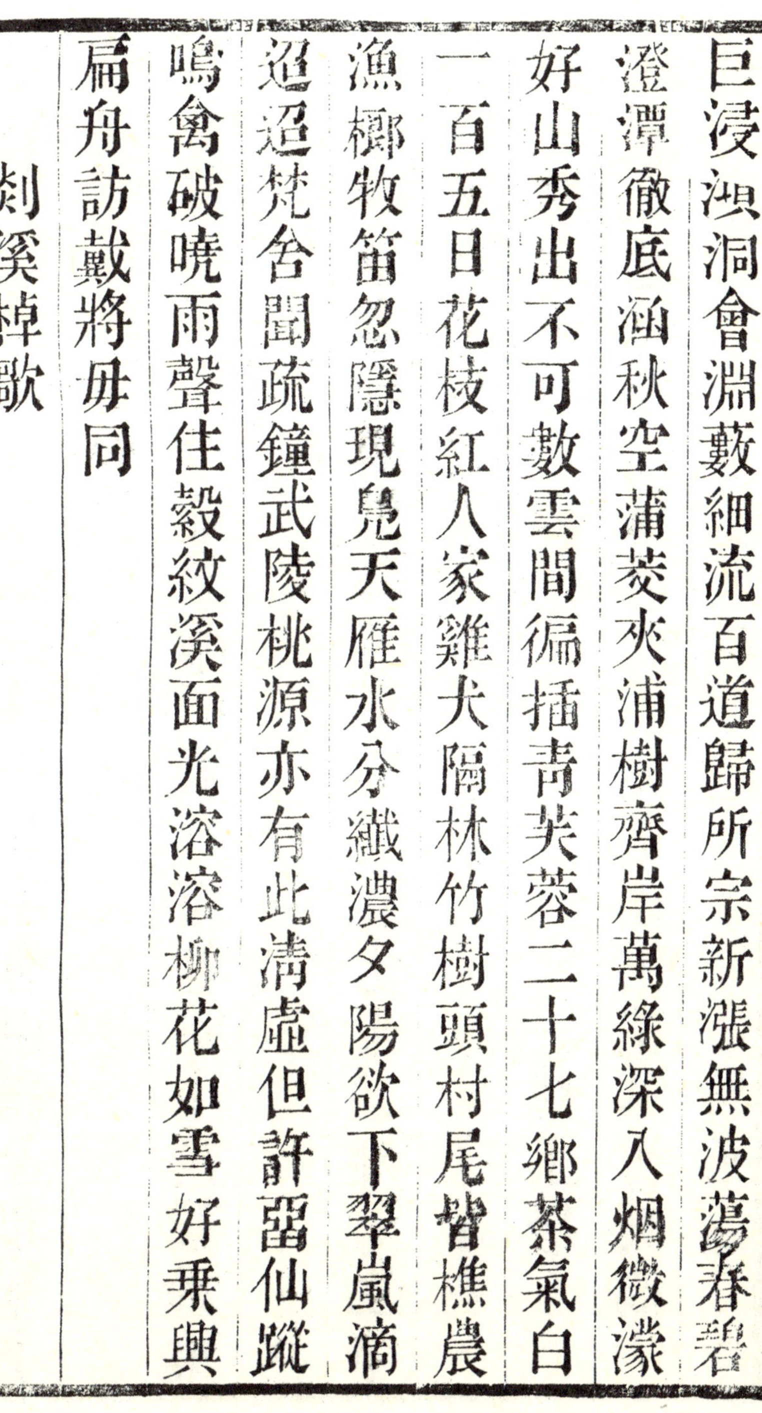

巨浸𤅢洞會淵藪細流百道歸所宗新漲無波蕩春碧
澄潭徹底涵秋空蒲茭夾浦樹齊岸萬綠深入烟微濛
好山秀出不可數雲間徧插青芙蓉二十七鄉茶氣白
一百五日花枝紅人家雞犬隔林竹樹頭村尾皆樵農
漁榔牧笛忽隱現鬼天雁水分纖濃夕陽欲下翠嵐滴
迢迢梵舍聞疏鐘武陵桃源亦有此清虛但許留仙蹤
鳴禽破曉雨聲住縠紋溪面光溶溶柳花如雪好乘興
扁舟訪戴將毋同

剡溪棹歌

螺峯歷歷雨初收嵊浦灣灣水亂流東岸垂楊西岸竹

兩行新綠夾行舟

削壁牽蘿望若城午烟低傍樹腰生青楓嶺上茹庵小

樵斧聲兼佛磬聲

黃石渡頭石作堆飛湍激射轟春雷竹編小筏輕於葉

椎髻鵶童放鴨來

槎頭烟翠畫圖新山鳥沙禽鬧早春七十二灘灘上下

上灘人看下灘人

瀑布泉　樓上層

峽急雷霆鬬崖傾風雨號一笑下山去花落青天高

浦口　陳承然

浦口回舟處秋風滿載灣碧烟無限路紅樹幾重山古
迹殘流外羇情落照間明朝好歸去霜徑石苔斑

舟發嵊縣

城頭斜日照溪苔剡曲秋帆一片開綠樹幾重隨岸轉
青山無數抱村來異餞卻許尋藤角仙草曾經問鹿胎
去去不嫌舟局促下灘流水自瀠洄

抵剡溪喜而有作　陳懋

沈侯贈句棹初開道遠何人寄札來賴有剡山能愛我
霞光送入掌中杯

江行二日至浦口　樊廷緒

南風未息水猶深江路縈紆靜客心漲下新昌流忽濁山過嶀浦岸交陰白魚佐酒頻頻煮黄石埋沙細細尋道上得泉渾可喜一甌對月且微吟

剡溪舟中醉歌　鮑桂星

十二萬年一碁局古人殘著今人續扁舟笑向剡中來不效猖狂阮生哭苧蘿美人已黄土錦衣戳士空勞苦可憐烏喙太區區枉把東吳换西楚楚水吳山千萬重一瓢一笠一枯筇平生只此山水癖餘事休教阑乃公黄金如山印如斗何如掌中一杯酒出鳴笳鼓入擊鐘何如去作垂綸翁文大夫范少伯齒劍不如同泛宅謝

安石王右軍誓墓安知卻敵勲人生百年等朝菌攢眉
折腰眞可憫甕有新醅市有鱸呼童更買江皐筍

嵊縣志 卷十三

署廨

和剡縣陳明府登縣樓　　唐　方干

郭裏人家如掌上簷前樹木映窗櫺煙霞若接天台地
分野應侵婺女星驛路古今通北闕仙溪日夜入東溟
綵衣才子多吟嘯公退時時見畫屏

迎薰堂　　宋　盧天驥

河陽滿縣栽桃李風過落花吹不起潘郎遺韻故不凡
爲米折腰聊爾爾剡溪詩尹亦何人作堂餉客名迎薰
雖無桃李繼潘令紅梅一枝香入雲自憐多病繡衣客
百年未半鬢先白長鞭短帽飽霜露田園將蕪身未索

何日背琴攜瘦節鳴琴堂上迎薰風梅香已斷花初茂滿枝著子雙頰紅寄聲艇子可留意爲我沿溪撐短篷

清嘯堂　明　萬民紀

雨餘官舍長蒼苔時値清明霽色開但願秧針隨處插不誇花錦遍郊栽狂歌莫謂無風韻清嘯應知有月臺終古剡溪名勝地須教乘興續傳杯

清妙亭　國朝　周熙文

河陽稱花縣單父有琴臺自昔賢令尹類多曠世才我侯更拔萃膺簡涖剡來惠政勤四布一亭傍署開戶迎山色入坐觀萬象回名之曰清妙日夕無喧豗靈臮任

飛息馴鶴許追陪幸得因公至步入渾無猜但愧非子
羽竊恐污蒼苔

稼雨堂并序

雍正辛亥夏邑侯王公以禱雨適堂成雨沛

遂以稼雨名堂爲賦是詩

雨豈因堂沛堂偏資雨名爲民期納稼舉事遂關情看
誌盈郊澤爭誇不日成崇墉開百室雅頌樂同賡

清妙亭　喻學紛

花封依鹿岫攬勝築新亭飛閣連霄漢雕楹映日星抱
來一水綠送入數峯青多士從公邁公餘樂授經

嵊縣志　卷十三　部

橋渡

南橋　　明　鄭自强

繚繞沃洲東江流入剡中基臨戴士宅渡接阮仙宫鞭石浮支鵲驅牛駕彩虹津梁恩蔭遠交口頌施公

攜及門諸子飲西橋上　　周汝登

西橋緩步踏滄浪習習西風灑葛裳狂發絶憐山影動情閑不礙水聲忙雲開月滿沙汀白魚散船依岸柳涼百琖交斟歡未極歸歌一曲調彌長

子猷橋

王猷乘雪興偏饒千載予今上此橋古墓蒼煙浮斷石

空江斜日照寒潮一天雲氣山吞吐轉眼沙痕浪漲消

夜靜遠林清籟起誰歌招隱徹青霄

張　旌

千山雪霽玉嵯峩百里銜寒特地過縱使興闌迴棹去

絶勝俗客到門多

題謝公橋　釋紹嵩

白雲深處小橋橫流水涓涓古意生多少升沈都不見

至今留得謝公名

過桃花渡　國朝　葉封唐

滉蕩斜陽入大荒清溪寒水白茫茫黃沙岸塌經過少

水鳥先人在野航

過瓜渚橋

冷翠輕嵐淡欲消溪清水淺不通潮白雲一片如相引
來過斜陽瓜渚橋

雨後自倪家渡放筏還城　馬林

雲歸雨斷日初開獨下晴溪放筏回流水不停山亦走
四圍新翠逼人來
一江春色門晴開斷續殘紅逐浪回水鳥何心偏狎客
平沙飛過柳陰來

物產

竹扇　晉　許詢

良工眇芳林妙思觸物騁篾短秋翼蟬團助望舒景

短簫　梁　張嵊

促柱絃始繁短簫吹初嘵舞袖拂長席鐘音由簴亮已落簷瓦間復繞梁塵上時屬清夏陰恩暉亦非望

剡紙歌　唐　顧況

雲門路上山陰雪中有玉人持玉節宛委山裏禹餘糧石中黃子黃金屑剡溪剡紙生剡藤噴水擣後爲蕉葉欲寫金人金口經寄與山陰山裏僧手把山中紫羅筆

思量點畫龍蛇出政是垂頭塌翼時不免向君求此物

迎春草　　　　梁　鍠

東吳有靈草生彼剡溪旁既亂莓苔色仍連菡萏香掇之稱遠士持以奉明王北闕顏彌駐南山壽更長金膏徒騁妙石髓莫矜良倘使霑涓滴還遊不死方

以剡牋贈陳待詔　　　　陳　端

雲母光籠玉杵溫得來原自剡溪濆清涵天姥岑頭雪潤帶金庭谷口雲九萬未充王內史百番聊贈杜參軍從知醉裏縱橫墨不到羊欣白練裠

剡桂并序　　　　宋　程　顥

李德裕嘗言洛龍門敬善寺有紅桂樹獨秀伊川嘗於江南諸山訪之莫致陳侍御知予所好因訪剡溪樵客偶得數株移植郊園衆芳色阻乃知敬善所有是蜀道菵草徒得其名因賦是詩兼贈陳侍御

昔聞紅桂枝獨秀龍門側越叟遺數株周人未嘗識平生愛桂樹攀玩無由得君子知我心因之爲羽翼豈煩佳客譽且就清陰息來自天姥岑長凝翠嵐色芬芳世所絶偃蹇枝漸直瓊葉潤不雕珠英粲如織猶疑翡翠宿想待鵷鸞食寧止暫淹留終當更封植

竹紙　米芾

越筠萬杵如金版安用溪藤與池繭高壓巴郡烏絲欄
平欺澤國清華練老無他物適心目天使殘年同筆硯
圖書滿室翰墨香劉向何時眼中見

和前韻　薛紹彭

書便瑩滑如碑版古來精紙惟聞繭杵成剡竹光零亂
何用區區書素練細分濃淡可評墨副以溪嵓難乏硯
世間此語誰復知千里同風未相見

竹紙三絕句　曾幾

會稽竹箭東南美來伴陶泓在管城可惜不逢韓吏部

相從但說褚先生

會稽竹箭東南美化作姚黄紙萬層舊日土毛無用處

剡中老却一溪藤

會稽竹箭東南美研席之間見此君爲問溪工底方法

殺青書字有前聞

在剡詠海棠　王十朋

欲與春爭媚嫣然一笑芳雨中如有恨疑是爲無香

剡館芍藥

已過花王候纔聞近侍香來遊禁酒地免作退之狂

紅梅

桃李真相妒天姿原不同猶餘霜雪態未肯十分紅

千葉黃梅

菊以黃爲正梅惟白最嘉徒勞千葉染不似雪中花

在剡謝人惠海棠　高文虎

富貴天姿錦里人高華全比玉堂臣綠嬌紅嫩精神足

肯折園林兩樹春

剡山睡香花

入夢香生酒力微不須金鴨裊孤緋爲嫌淡白非真色

故著仙家紫道衣

石楠　高似孫

自隨野意了山行香浸楠花白水生借得風來帆便飽隔溪新度一聲鶯

术

下簾深與意商量無酒何如此夜長一筋术緣仙有分依然只作祕書香

牡丹　釋仲皎

玉稜金線晚裝寒妙入天工不可干老去祇知空境界淺紅深紫夢中看

釋擇璘

東君著力爲渠裁妙絶眞姿不受埃嗟我一觀如夢幻

倚闌非爲看花來

異蠒歌爲剡中吳大文賦并序　　商盤

溪光一鏡相傳戴氏舊居山翠千重不待周侯著色家在畫圖之內人以耕織爲生桑土既蠶鳴鳩拂羽莫不簾垂密宇梯倚濃陰乃有分蠒未繅宛然紈綺臨流欲浣皎若冰霜長可盈尋薄如無物雖百歲翁所未睹笑五色草之非奇作爲詩歌廣諸好事

昔聞員嶠山冰蠶七寸覆霜雪璇璣夜織雲錦衣入水不濡火不滅又聞榑桑國僧泉蠶食開鴻濛野蠶作蠒

大於盎此語傳自蘇髯翁吳君舊住東山麓十畝閑閑柘陰綠老妻採葉朝掠鬟稚子提筐暮歸屋儀儀屢化真靈異口不能言通以意集思廣益厥功成小物居然知大義乍如數尺鮫人綃天風海色翻秋濤又如一幅澄心紙紅燭珊瑚照修史吳君得此輕璠璵夜夜光氣騰空虛百頭直可勝圖客八蠶何必誇吳都吳君珍重經綸手述異誰從問遺叟剡藤蜀繭聚名材爲君作記孫曾守君不見

聖人在位陰陽和九岐五穗聞農歌男耕女織無輕重懷寶不獻理則那豈無珠玉貢天闕不貴異物貴用物

此璽一出登篚筐織貝荆揚同黼黻璽兮璽兮奈異何

吳君遇合無蹉跎

剡中人硯紙歌　胡天游

榑桑大硯吞霜竜虹霓纚線梭投鳳疊織仙衣輕五銖

九州作被曾無用族眠山蟓初蠕蠕吐絲夜半相縈舒

硾冰研雪不待翦魚網天然驕蜀都奇工巧費無歸處

何異三年雕玉楮總負吳娘一片心未堪醉草縈千縷

君家門臨剡溪湪蔡倫臼邊春萬穀不共舒郎悲古藤

幅紙翻誇八蠶熟我無松溪新漂煙亦不要素縑百尺

披花妍賦成遠游頗欲寫安得青天萬里鋪瑤箋

學校

事斯堂唱和詩　　明　文德翼

吁嗟大道久荒蕪晝嘷猩猩夜嘷狐十二軒轅光忽耀伯安夫子起河圖初傳記得龍溪子得來一生經萬死龍溪付託有何人東海茫茫風涌水白洋黑洋龍螭奔一朝汨汨天地昏高峰坐嘯心胸濶手指洪濤是海門海門白練千重光五色寒生萬丈芒化作危冠收嶽秀剡城頂上事斯堂余來堂下草漫漫頫視山川鏡裏盤琴瑟咏歌風似舊感君此意一登壇信者何人疑者誰不支離處又支離江楓落葉山無事晚坐天泉橋上時

尹志烶

吁嗟吾世道將蕪吁嗟吾力怯小狐安得天生巨靈手
廓清勿使蔓難圖艮知得來王夫子道通晝夜無生死
一泉一泒注龍溪直決源頭天上水波流汩汩向海奔
浴日恒沙照不昏百折千迴從此合低徊外望幾得門
大江之西生靈光光衝牛斗寒劍芒宇宙大事一事斯
率我小大同升堂憐予俗學學汗漫不識意中珠走盤
親炙無緣願私淑何日追隨百雉壇千秋寶炬更尋誰
神交千里無合離江水溪流隨處是盡是先生指點時

張拱薇

詞壇雄望著匡廬按節乘驄古鑑湖觀海雙眸天界闊談元一麈月輪孤歧途南北明開示兩地東西若合符到得此中親領取何如趺坐石根枯

國朝　徐一鳴

天地何日始惟人開象先衆彙羅羣峯一靈俯其巔末學務卮辭詹詹徒刻鵠同歸復殊途懸河競一偏眞儒窺性藏乃至忘言詮心同理亦得萬月總一川此是象山諦千古炳眞傳大江西復西一泒姚江連宗風仰高足遺文景前賢哲人今已萎法堂草芊芊君行凜桓騶下車郄金韉博詢首絕學鈴鐸四喧闐若心復有知不

應事空拳若知復外心道法匪自然海水茫茫沸日輪晝夜懸水若不在海日應不在天大悟發羣疑了解息衆喧浮雲點夕阿微風起清漣雲收天亦出山花爭芳妍自性本無物俗根苦自纏我亦乘風立泠然欲登仙因知成妙契個中得奇元誰知誰不知癡人還相憐三更月出東方曠會得元明處處圓

重修宗傳書院　施博聞

昔在宏正間道脈歸姚江再傳至先生風與剡溪長講授數十載歸然魯靈光陵谷有更變榱摧乃及梁多士咸肯構旋踵卽輝煌檇李予小子聞之喜陽陽堂輿何

足羨所喜吾道昌地去世亦後如親杖屨旁言念洵足
樂此樂殊未央

吳鋐

能救八代衰猶云未破的一朝九解成援盡天下溺歸
來築剡壇溪山饒自適升堂虛一揮電掣空中擊四國
敬儀型風馳雨淅瀝我生亦既晚雪立多親覿鐘鼓日
懸懸顧瞻常惕惕

李茂先

太極成圖後宗傳滙剡江淵然接泗水源深流自長九
解如冰釋風月重霽光不第望山斗起衰及齊粱講幄

依鹿嶠鐘鼓聲煌煌久則棟宇折斷碣冷斜陽我其丹雘之學以證而昌海門濤浪遠濂溪同未央

周景昉

九諦得其解居然孔孟傳建康一振鐸天下空高賢樂道辭徵祿築堂鹿山巔鼓鐘日以考南轡北轅聯庭草饒天趣溪光逞暮煙愧予負祖德薪火莫知延

周有攷

濂洛滙剡水海門孰與傳長安非阻道月冷萬川圓

鹿鳴書院　周熙文

洽此花封古無嫌城市喧鹿鳴山上聽雁塔座中看夢

戀蒼池草爐薰金井丹雙梧高百尺修竹漾千竿射遥
朝暉爽穿簾夜月寒隔牆喬蔭茂更足壯文壇

剡山書院即事　陳懋

浮生寄迹似鴻泥短棹微風到剡溪唫榻安排宜硯北
書齋清敞傍城西漫勞客屐如雲至未暇遊筇信手攜
收拾詩材容有日壁苔淨掃著新題

未肯家居學閉關舟車轣轆少安閒平頭六十身還健
著脚三千路任艱客裏相逢多白髮眼前無處不青山
即今吟嘯煙霞窟堪傲神仙别有班

剡山書院留别　顧鶴慶

小住溪山綠蔭成宮牆數仞接軒楹未應師範推吾輩
差覺心情戀友生老去文章聊復爾少年聲價敢同爭
諸君盡是青雲客萬里風摶雙眼明
乞食嘗將類濫竽星峯晴翠瀆吟鬚高臺近識劉明府
清宴曾逢陸大夫與古爲徒空自好送人作郡亦何劬
築田近署
越州司馬雨餘天外披襟立尺一裾輕似五銖

愛吾廬　樓上層

倚杖春將老看花晚獨歸花開復花落雙燕渡頭飛

愛吾廬八詠　樊廷緒

主人愛花不愛酒得花即種忘妍醜循牆三面百餘步

弄卉佳葩無不有我性愛酒兼愛花對花無奈苦思家不如日日擕酒花下醉醒來滿身花影山月斜花蹊

亂石周四隅窗竹無人刪板門久閉安敢入得無蛇虺蟠其間空桑之中一枯竹令人對此開心顔況有牆頭千疊山竹所

主人手種雙桐子十年高亦由旬矣綠陰半畝梅雨寒風搖羅帔藤梢紫曉逕無人啼乳鴉紅蠶老盡稠桑斜古墳鬱鬱荒草沒猶作春前蝴蝶花桐逕

造物生成藜莧腹不信人間有粱肉侯門夜醉厭莽虀佛寺朝飢便豆粥剡西齋廚矜腆豐烹韲煎鱏愁乃公

眼看春筍吃已盡朅來爲我鋤煙菘盤中得菜萬事足
我視種菘如種玉　菘畦
憶昔驅車大河北徹夜流澌裂崕石更憶聽絃越城東
平沙落雁捲海風平生箏笛愁淫靡欲挽溪聲洗雙耳
空廊月白宵沈沈峩峩洋洋冰玉琴若非少壯江湖夢
卽是年來學道心　漱玉廊
草堂三面皆面山低昂出沒戶牖間我從東來三百里
惟見太白高插天如何到此不復見巖巖氣象誠難攀
主人開軒絕低小牆外髣髴露髻鬟未容坐卧且仰對
時與白雲相往還　挹翠軒

平生從不識鸜鴝今見數羣對門竹階前得食爭引雛
月下讙呼似警宿吾身何者爲情親邂逅卜得鸜鴝隣
鸜鴝飛來復飛去欲往從之無兩翥枝頭百舌工調八
對我能爲鸜鴝語　鸜鴝林

池深不盈丈亦頗通泉源餘潤被芙蓉牆陰枝葉繁涼
秋九月風霜早坐看落木悲哀老無數花房映水開空
羨紅顏鏡中好　芙蓉池

職官

廣陵送剡縣薛明府赴任　唐 許渾

車馬楚城壕清歌送濁醪露花羞別淚煙草讓歸袍鳥浴春塘暖猿吟暮嶺高壽仙在仙骨不用廢牛刀

送剡縣陳丞秩滿歸越　方干

俸祿三年後程途一月間舟中非客路鏡裏是家山密雪霑行袂離盃變別顏古人惟賀滿今挈解猶還

送越州辛法曹之任　李嘉祐

但能一官適莫羨五侯尊山色垂趨府潮聲自到門緣塘剡溪路映竹五湖村王謝登臨處依依今尚存

送荀八過山陰兼寄剡中諸官　劉長卿

訪舊山陰縣扁舟到海涯故林嗟滿歲春草憶佳期晚景千峯亂晴江一鳥遲桂香留客處楓暗泊舟時舊石曹娥篆空山夏禹祠剡溪多隱吏君去道相思

寄剡縣主簿　羅隱

金庭養真地朱篆會稽官境勝堪長往時危喜暫安洞連滄海濶山擁赤城寒他日拋塵土因君擬鍊丹

贈丁中允宰剡　宋　陸經

塵土宮曹幾處閒君今作邑好開顏落帆直上剡溪口入境先登天姥山魚鳥半和風俗處雲霞多雜簿書間

雪晴須去尋安道不作經宵興盡還

寄剡宰丁元珍　　　　歐陽修

經年遷謫厭荆蠻惟有江山興未闌醉裏人歸青草渡夢中船下武陵灘野花零落風前亂飛雨蕭條江上寒荻筍鮆魚方有味恨無佳客共杯盤

寄丁中允　　　　王安石

人生九州間泛泛水中木漂浮隨風波邂逅得相觸始我與夫子得官同一州相逢皆偶然情義乃綢繆我於人事疎而子久矣修磨礱以成我德大不可疇乖離今六年念子未嘗休豈不道相逢但得頃刻留欣喜不滿

顔長年抱離憂古人有所思千里駕車牛如何咫尺間而不與予遊顧惜五斗米無辜自拘囚念彼磊落者心顔兩慙羞剡山碧榛榛剡水日夜流山行苦無巘水淺亦可舟使君子所善來檄自可求何時子來意待子南山頭

寄剡宰丁元珍

溪水渾渾來自北千山抱水清相射山深水急無艇子欲從故人安可得故人昔日此水上樽酒扁舟慰行役津亭把酒坐一笑我喜滿顔君動色論新講舊惜不足落日低徊已催客離心自醉不復飲秋果初寒空滿席

今年谷坐相逢處惆悵相逢別時迹可憐溪水自南流安得溪舟問消息

贈剡縣過秘丞　陳古靈

賢哉過縣尹德政是吾師萬事無鋒穎一心惟孝慈家貧因客冗髮白爲民飢誰刻前山石令人去後思

寄剡溪主簿臧子文　梅堯臣

剡溪無淺深歷歷能見底潛鱗莫苦窺塵紱聊堪洗古木潭上陰遺祠巖下啓應識道旁碑因風奠醪醴

送聶剡縣兼呈沈越州　王平父

剡溪清瀉映檀欒天姥花飛載酒船憶我少年來蠟屐

羡君今日去鳴絃從容人樂漁樵外瀟洒詩隨簿領邊
太守相逢應見問爲言多病憶林泉

悼賢詩幷序　劉彝

越州剡縣超化院皇祐辛卯春予寄是邑民方阻飢流莩千里集於城下縣令秘丞過公彥專勸誘豪族得米二萬斛以救民命明年又飢遂出常平錢萬緡請糴得羸米幾萬斛予流民尚憚其不給也又刻俸麥七十斛爲種而假超化院僧田役飢民耕種之明年得麥五百餘斛嗣給流民各俾歸業熙寧己酉予倅永嘉道出剡

縣民有懷過公者尙皆感泣因書院壁

艮疇十頃接晴煙曾假過侯救旱年倖麥一車開德濟流民千里荷生全人嗟逝水今亡已俗感遺風尙泣然獨對老僧談舊事斜陽春色漫盈川

自四明遺二子　元　樓鑰

我老不復仕行將掛衣冠兩子俱貳令官職恰一般剡川且書考上虞亦之官人言易捧檄歸奉重親懽我意正不爾期汝政可觀食焉怠其事古訓戒捨鏝汝職去民親籍書當細看一邑無不問政爾艮獨難平時固知汝廉謹無欺謾涉世終未深送汝能忘言故鄉去帝鄉

舟馭多往還失已固不可待人亦多端罔求遠道譽善
遣非意干窮達固有時此理眞如丹聚散不足較豈得
常團圞閑靜我所便汝其自加餐有時或乘興往來二
子間踏雨送汝行浮家當遊盤走筆如家書誰能苦雕
劖

送施知縣三捷入覲　明　陳士彥

河陽一縣花千樹花下留君君不住六龍此日御雲飛
雙鳧前夕朝天去碧水渺渺煙霏霏村落人家近不稀
田疇待畬子待教吁嗟此去何時歸

偕紳士靜壺山求雨　國朝　施繩武

夙聞名勝區厥有精靈集呼吸通風雲時能宣大澤今
者旱既甚甫田將龜坼民瘼劇關心請命總無益諮詢
徧上下何計登衽席或言百里遥一潭深莫測中有神
龍藏往往著靈績越在萬山中嶔崎罕人迹只恐登陟
難未易鼓遊屐予曰果若兹敢爲足力惜爰是潔身心
相邀度阡陌竹栢陰以深村居幽且僻宛似桃源閒雅
與塵寰隔從此景漸佳頓覺炎歊滌有水皆漣漪無山
不壁立天紳嶺半懸噴薄勢奔激疑湫滄溟濤游戲空
中滴願借鱗甲餘潤我枯苗色弗俾歎秋成億兆需沽明
德竚待甘霖沛敬送歸窟宅

送廣文朱梓廬北上次李斐廬韻　葉封唐

久饜粱肉者螺蛤味彌旨公詩高莫攀余詩見輒喜那將天漢流方以坳堂水霹靂逐修蛇有時入棐几而我拙臨摹始卒一於鄮溪山共幽探蹤迹追鹿豕山靈據靈異祕惜益驕侈雲烟忽破碎蹴踏不計里搜奇無剩妙歷險互接趾歸來酌浮蛆撥刺膾尺鯉深署花氣中芳筵山影裏竹色落金尊鶯聲隔窗紙清談須未醉少飲還輒止前年往西泠離恨從此始風雨疎期會几筵悔密邇雲鴻自天飛江魚豈我使未獲附驥尾枉學屠龍技別來已三載惆悵數星紀間亦回征棹得毋念多

士幸得揖容光胷懷脫塵滓羽檄忽來徵長安朝
天子馬蹄怒欲騰往路遙可指昔别已傷懷那堪復闘
此揮手莫復悲勳名期青史

留别葛素如學博　翟凝

剡溪文物古今傳況遇心交葛稚川長夏煎茶蓮舫外
殘秋索酒菊籬邊君同山水成三絶我聽弦歌未一年
知否浣香池上路熱腸清夢亦流連

儒林

寄雪蓬姚使君　　宋　樂雷發

贈君昆吾湛盧之寶劍青雀黄龍之巨航懸黎垂棘之美玉都梁篤耨之名香佳人佳人在何處濯足洞庭望八荒揭車䕩䕩薜芷綠欲往從之道阻長倚寶劍兮翼軫膠巨航兮沅湘玉以彰君子潔身之德香以表騷人流世之芳我所思兮隔秋水天昊翕忽蛟螭翔佳人佳人蹇誰與愛而不見心盡傷

又寄

湘鱗六六寄相思疎柳新蟬想别時今夜各聽三楚雁

秋風又老一年詩梅花且補離騷闕蕙苡應爲史筆知
翳竹嶷峯新製笛待衡霜月訪桓伊

呈姚雪蓬使君

祝融應自勝崆峒且讀通書辨聖功事大語人甘受謗
詩能名世不嫌窮春邊採藥收湘芷月下調弦送楚鴻
賴有行人碑尚在棠陰依舊戀東風

登潭州懷雪蓬姚使君

賈井裴亭徧短節紅塵歸騎又匆匆我尋桂樹吟招隱
君對蓮花誦易通今日江山勞别夢他年燈火課新功
濂溪最念初平老恨聽連牀話未終

擬訪姚雪蓬至永返賦此爲寄

今傍南軒住，應知理趣精。通書多似易，論語不言誠。擬欲聽微論，猶能慰別情。江湖風浪隔，腸斷楚鴻聲。

送姚希聲令弟歸剡中　周弼

客程何太急，歲月半途分。想暫歸天姥，還來伴使君。曉吟千嶂雪，春思一江雲。若再經過此，囊詩可得聞。

寄姚贛州　釋永頤

雪蓬生剡溪，家近放鶴岑。晉士有遺風，愛尋支遁林。得善忘形服，率然披素襟。功名亦偶爾，王戴非無心。今人異古昔，賤義而懷琛。蕭條石門咏，浩蕩東山吟。如何昌

黎翁醉鄉譏湎沈玉帶與金魚劉畢非所欽

寓賢

早行寄朱放山人　唐　戴叔倫

山曉旅人去天高秋氣悲明河天上没芳草露中衰此別又萬里少年能幾時心知剡溪路聊且寄前期

酬秦徵君春日見集

終日愧無政與君聊散襟城根山半腹亭影水中心朗咏竹窻靜野情花逕深那能有餘興不作剡溪尋

訪秦系　韋應物

俗吏閒居少同人會面難偶隨香署客來訪竹林歡暮館花徵落春城雨暫寒甕間聊共酌莫使宦情闌

山中寄張評事　秦系

終年常避喧師事五千言流水閒過院春風與閉門山
容邀上客桂實落華軒莫強教余起微官不足論

辭薛僕射

由來那敢議輕肥散髮行歌自采薇逋客未能忘遠興
辟書翻遣脫荷衣家中匹婦空相笑池上羣鷗盡欲飛
更乞大賢容小隱益看愚谷有光輝

山中奉寄錢起員外兼柬苗發員外

空山歲計是胡麻窮海無梁泛一槎稚子唯能覓梨栗
逸妻相共老烟霞朗吟麗句驚巢鶴閒對春風看落花

借問省中何水部今人幾箇屬詩家

題王詵雪溪乘興圖　　宋蘇軾

溪山風月兩佳哉賓主談鋒夜轉雷猶言不見戴安道爲問適從何處來

次前韻　　蘇轍

亟往遄歸眞曠哉聾人不識有驚雷空言不必見安道已誤扁舟犯雪來

題剡溪訪戴圖　　李商老

閒庭秋草積滿砌蒼苔深忽向冰紈上聊窺訪戴心雪月俱皎皎風林互森森縱觀停艫處猶聞擊汰音終年

剡溪曲何嘗返山陰徒言興已盡眞妄誰能尋浮生圖畫耳慷慨爲長吟

廉宣仲訪戴圖　王銍

剡溪萬壑千巖景人境誰能識心境君畫山陰雪後船始悟前人發清興眼中百里舊山川荒林雪月縈寒煙應緣興盡故無盡賓主不見寧非禪當年戲留一轉語不意丹青能盡覩更畫人琴已兩忘妙畫子猷眞賞處白玉花開碧玉巒戴逵溪上謝公山若教當日逢斯景肯道扁舟盡興還越溪梅接剡溪濱得意還成一景春此日可憐高興盡扁舟處處作東鄰山廻水轉碧玲瓏

月在羣山四合中香滿一船梅勝雪休誇訪戴畫屛風

梅英與雪一般色不得北風香不知懶咏左思招隱句

先生今有畫中詩

寄越上高疎寮　吳仲孚

便教煙雨畫成圖爭似歸來有賀湖鏡裏精神西晉有

詩家標準晚唐無惜花春盡鶯吟苦敲竹風清鶴夢孤

世事正多心早懶著書贏得靜工夫

題訪戴圖　明　王世貞

晉有王子猷風流掩前輩高屐郗公門拄笏馬曹歲歸

來百事希種竹凡幾圍貪看鏡湖白坐失青山暉風吹

太空雪片片鏡中飛千巖鳥雀凍不喧田父墐戶爐頭眠孤棹花煙放歌出故人應在剡溪邊人間戴生寧易得其若歸心浩然發空林無枝玉凌亂獨破寒流載明月相逢稚子候荊扉東方漸高跡已微偶然適意差足快千載何人勞是非誰爲強被丹青色令予欲訪山公宅荻花茫茫不知路中夜披圖興蕭瑟

擬戴安道雪後遺書王子猷約重泛剡谿

國朝　葉方蓀

寒溪漠同雲風起吹還碎霽雪良復佳空山誰與對新暘射朝綺白月澄宵瀅遙看爽氣橫笑指此君在聞子

昨來游乘興了無礙有意聽彈琴何必不見戴

剡溪懷戴安道　　陳懋

故人雪夜尋未見仍知巳王門使者來碎琴拂袖起同調在山林不爲名利使至今仰清風月照剡溪水

隱逸

憶吳處士　唐　賈島

半夜長安雨燈花越客吟孤舟行一月萬水與千岑島嶼夏雲起汀洲芳草深何當折松葉拂石剡溪陰

送王緒剡中　皇甫冉

不見關山去何時到剡中已聞成竹木更道長兒童籬落雲常聚村墟水自通朝朝憶元度非是對清風

贈太白山隱者　項斯

高居在幽嶺人得見時稀寫籙扃虛白尋僧到翠微掃壇星下宿收藥雨中歸從服小還後自疑身解飛

寄獨孤處士　釋棲白

林下別多年相逢事渺然扁舟浙水上輕策剡溪前攜屐吟松月眠雲憶島仙巖花紅與白伴我雪中禪

送許時用歸越　明　宋濂

尊酒都門外扁舟水驛飛青雲諸老盡白髮故人稀風雨魚羹飯煙霞鶴氅衣因君動高興我亦夢柴扉

汪廣洋

舊擢庚寅第新題甲子篇老來諸事廢歸去此身全煙樹藏溪館霜禾被石田鑑湖求一曲吾計尙茫然

高啓

天子下詔徵賢良多士競逐風雲翔先生亦隨使者起
闕下再拜陳封章自稱前朝老進士白髮已短材非長
羣龍在廷翊昌運疲蹇豈足追騰驤乞還山林養餘齒
歌頌聖德傳無疆近臣上殿爲陳請天語特許歸其鄉
是時海國風雨涼道士莊下初栽秧故山農事不可緩
歸興倏與高帆揚從容進退遂所願帝恩甚大誰能量
嗟余相逢恨苦晚忽去未免私心傷明朝相憶望於越
江水東流何洋洋

仙釋

寄竺道一　　晉　白道猷

連峯數十里修林帶平津茅茨隱不見鷄鳴知有人閒步踐其逕處處見遺薪始知百世下猶是上皇民開此無事蹟以待竦俗賓長嘯自林際歸此保天眞

宿道一上方院　　唐　王　維

一公棲太白高頂出雲煙梵流諸洞徧花雨一峯偏迹爲無心隱名因立教傳鳥來還語法客去更安禪晝陟松路盡暮投蘭若邊洞房隱深竹靜夜聞遙泉向是雲霞裏今成枕席前豈惟暫留宿服事將窮年

贈道士 一作剡溪逢茅山道士　　張籍

茅山近別剡溪逢玉節青旄十二重自說年年上天去

羅浮最近海邊峯

宿一公精舍　　溫庭筠

夜聞黃葉寺瓶錫兩俱能松下石橋路雨中山殿燈茶

爐天姥客碁局剡溪僧還笑長門賦高秋臥茂陵

送談公　　孟郊

坐愛青草上意含滄海濱渺渺獨見水悠悠不問人鏡

浪洗手綠剡花入心春雖然防外觸無奈饒衣新行當

譯文字慰此吟殷勤

擬劉阮入天台　　曹唐

樹入天台石路新細雲和雨動無塵煙霞不省生前事
水木空疑夢後身往往鷄鳴巖下月時時犬吠洞中春
不知此地歸何處須就桃源問主人

擬洞中遇仙

天和樹色靄蒼蒼霞重嵐深路渺茫雲竇滿山無鳥雀
水聲沿澗有笙簧碧紗洞裏乾坤別紅樹枝前日月長
願得花間有人出不令仙犬吠劉郎

擬仙子送劉阮

殷勤相送出天台仙境那能却再來雲液既歸須强飲

玉書無事莫頻開花當洞口應長在水到人間定不回
惆悵溪頭從此別碧山明月照蒼苔

擬仙子思劉阮

不將清瑟理霓裳塵夢那知鶴夢長洞裏有天春寂寂
人間無路月茫茫玉沙瑤草連溪碧流水桃花滿澗香
曉露風燈易零落此生無處訪劉郎

擬劉阮再至天台不遇仙子

再到天台訪玉眞青苔白石已成塵笙歌寂寞閒深洞
雲鶴蕭條絕舊鄰草樹總非前度色煙霞不似昔年春
桃花流水依然在不見當時勸酒人

贈釋源澄　　釋靈一

禪師來往翠微間萬壑千峯到剡山何時同入天台路身與浮雲處處閒

送僧遊太白峯　　宋　林　寬

雲深遊太白莫惜遍探奇項上多靈蹟塵中少客知懸崖倚凍瀑飛狖過孤枝出定更何事相逢必有詩

題瑩上人畫　　陸　游

天地又秋風溪山憶剡中孤舟幸閑著借我訪支公

題剡溪瑩上人梅花小軸

孤舟清曉下溪灘爲訪梅花不怕寒忽有一枝横竹外

醉中推起短蓬看

送宗鏡上人歸剡因寄聲高九萬孫季蕃

林表民

送師歸隱鏡中山萬壑千巖指顧間菊磵花翁如見問

爲言憔悴老禪關

神剜天劃成巖洞橫亘危梁接應眞垂下玉虹三百尺

雪飛花濺一山春

一僧禮拜能行過下面人看膽亦寒月出幻成銀色界

始知方廣在林端

隨處禪房有水聲我來不上坐忘形臨行更酌潭中淥

要洗多生業障清

剡中秋懷畫師　釋惠崇

秋生剡江濆清氣日泱漭雲歸樹欲無潮落山疑長偶坐還獨謠故人在遐想夕景孤嶼明晴蟲四鄰響神會如自存安知路途廣

石窗訪金庭道士劉友鶴　元　許　□

拄杖敲雲登翠微黃菁青蔓牽人衣寒泉涓涓襯底發幽鳥逐逐山前飛路入青雲細如綫天風吹落碧桃片忽聞白鶴空中鳴報道劉郎請相見

和曹唐擬劉阮詩　明　劉師邵

路入煙霞杳不分桃花千樹鹿成羣耳邊彷彿聞鷄犬
應有人家隔彩雲
霧閣雲牕月路通月華涼浸玉屏空翠眉丹臉分明見
不比高唐憶夢中
莫道姻緣是等閒溪頭此别幾時還相隨只有今宵夢
遮莫千山與萬山
曾與劉郎夙有盟落花流水本無情相思兩度腸俱斷
十二玉樓空月明
只見桃花滿洞開碧山何處有樓臺翻疑前度經行處
不是身來是夢來

贈翰月上人　　國朝　葉封唐

爐煙細細晝愔愔風遞經聲雙樹林一錫紅侵花徑曲千峯青繞寺門深閒雲可是談禪侶止水原同入定心兼識惠林詩思好嶺猿時爲和清吟

列女

王節婦詩并序　　元　錢惟善

丙子歲天台王氏妻爲兵所掠至嵊縣清楓嶺嚙指題五十六字石上投崿江而死迄今血書宛然泰定初邑徐丞始上其事請立廟旌之晉張仲舉首倡一詩邀好事者同賦又聞丙子間襄陽賈尚書皃婦韓魏公五世孫也岳州破被虜之明日以衣帛齧指書長詩渡江中流自溺而死其詩有江南無謝安塞北有王猛之句上大夫咸膾炙之因感其事類故並及之云

昔年襄陽賈尚書兒媳韓氏身葬魚當心血濺雲錦襦
至今波蕩青瓊琚齧指堂堂丈夫氣乃見蒼茫甲兵際
倚舷不忍渡中流翻然直向龍宫遊嗟嗟赤城王氏妻
青楓嶺滑愁雲低嵊江水黑香魂啼峭壁萬仞無由梯
望夫不來歸路迷石痕雨碧風淒淒流離失國時所偶
兒女喪家我何有丹精貫日名不朽朝廷立廟嵊江口
荆陽孰謂風俗媮嗚呼貞節無與儔二女允也忠義流
他年太史煩編搜

王烈婦　張翥

清風嶺頭石色赤嶺下嵊江千丈黑數行血字尚斕斑

雨蕩霜磨消不得當時一死眞勇烈身入波濤魂入石至今苔蘚不敢生上與日月爭光晶千秋萬古化爲碧海風吹斷山雲腥可憐薄命良家子千金之軀棄如土奸臣誤國合萬死天獨胡爲妾遭虜古來喪亂何處無誰能將身事他主兵塵澒洞迷天台骨月散盡如飛埃楓林影黑寒燐墮精靈日暮空歸來堂堂大節有如此正當廟食標崔嵬君看嵊江之畔石上血直與湘竹之上淚痕俱不滅

王母石氏節孝歌　明　張燦

舞鸞鏡劈鴛鴦離麝煤誰畫遠山眉空閨寂寞蕙蘭歌

閉戶獨誦共姜詩堂上老姑垂暮齒膝下嬌兒幼方乳梧桐雨暗孤燈明甘旨供餘習機杼心許黄泉不二天天應照得此心堅不然請看池中藕湧出雙頭並蔕蓮

錢貞女挽詞

吁嗟兮貞婦金石其堅兮冰蘖其苦驚藁砧兮云殂掩空閨兮泣嗚嗚歌柏舟兮情激烈毋不諒兮矢心以絕髧兩髦兮我心可忘彼王雎之有別兮豈吾匹之無常婦失所天兮婦倚有姑婦姑同室兮抱姪爲雛姑卧疴兮如已疾食不下咽兮眠不貼席皇天憗遺兮姑復康聯形附影兮組衣緝裳資紡績兮飲食雛曰大兮成羽

冀祀有托兮勿替烝嘗身隨殞兮夫穴可藏抗修名乎其萎

張門雙節詩　　許泰

東房曉日繅新絲西房夜雨鳴寒機一門妯娌保貞節百年辛苦相扶持錢也願不愧夫子范也誓天甘守死和睦同居有始終長育諸孤無彼此諸孤既長知讀書北堂奉養何親疏白髮千莖有時盡丹心一片鐵不如皇天從來報有德聖代於今表其宅有筆如椽太史公五色文章勒金石

羅烈婦哀詞　　錢汝貫

羅家婦命何苦從夫未三年中道成間阻姑亡舅年高寂寞誰與伍强將門戶自支持晝劈菅麻夜紉補小郎當盛年其力復如虎昨夜走推門直前敢相侮羅家婦叫皇天呼后土欲避欺凌竟何所願赴黃泉叫杜宇羅家婦命何苦我作哀詞陳爾肺腑觀風使者天上來會見清名播千古

夏烈婦哀詞　王國楨

鹿苑之山高且峩鹿苑之水怒以烈淒風白日亂荒煙下有烈婦操如雪嗚呼烈婦遘不辰雙丸忽跳世胥淪綠林白莽干戈起撲面颯颯飛妖塵妖塵到處鬼神號

獨有金閨持玉節頭可斷兮骨可碎志不渝兮身不涅穿喉折股面猶生血香濺處草木馨襁褓殷殷女在手寧爲同死化日星噫嘻節義人之性秉彝在我綱常正聞有永新譚烈婦血漬雙磚孤心映嶁嶠清風來王氏攢身萬仞拚一死題詩石壁血常新後先一樣炳青史我仰芳蹤悲轉劇舉眼便覺日無色多少士女血糢糊空對西風泣反側嗚呼烈婦今不死共見貞心貫金石鹿苑山高水復長松柏年年鬱寒碧

嵊縣志　卷十四

祥異附軼事

自春秋書列國災異嗣後江都言天道中壘志五行極推盈虛消息之理非徒尚讖緯工祈禳也

聖朝太和保合物阜民康祥固不言異復何有然羲經著吉凶之應洪範示休咎之徵殃慶之至昭昭不爽誠能屏侈陳符瑞之說屢恐懼修省之心則以和召和迓

天庥而恤民瘼其在斯乎志祥異

晉

太寧元年癸未九月會稽剡縣木生如人面史異

齊

永明元年癸亥安南將軍黃僧成家雨錢數萬億李志

唐

景龍四年庚戌五月丁丑剡地震文獻通考

宋

皇祐三年辛卯飢明年又飢知縣過昱賑李志

淳熙三年八月浙東西郡縣多水會稽嵊縣爲甚宋史

淳熙八年辛丑飢浙東常平茶鹽使朱熹賑之李志下同文

公至浙東料理賑事疏凡五上內稱七月十八日到嵊以嵊三年連旱發米六萬八千石

慶元元年乙卯溪流湍暴城爲水所齧存者纔二三丈

按萬歷府志作二三尺

嘉定十一年戊寅飢民食草根樹皮殆盡知縣趙彦傳賑之

元

大德十一年丁未夏大旱穜稑俱絶

至大元年戊申十月太白犯南斗嵊飢餓死者人隨食之萬歷府志

泰定元年甲子大侵李志下同

明

洪武五年壬子八月乙酉大風山谷水湧漂没廬舍及

人畜甚衆

永樂七年巳丑大飢

永樂二十年壬寅飢

宣德八年癸丑夏旱

正統二年丁巳孝嘉鄉王鈍家園產芝

正統六年辛酉旱蝗明年又飢

天順元年丁丑飢

成化四年戊子大旱詔民間能賑粟四百石者授七品散官服

成化七年閏九月杭嘉湖紹四府俱海溢渰田宅人畜

無算明史五行志

成化十二年丙申大水李志下同

成化二十二年丙午大旱

正德三年戊辰旱

嘉靖二年癸未大旱

嘉靖三年甲申大旱福泉山裂

嘉靖十三年甲午七月大水溪流漲入城中平地丈餘

嘉靖間崇仁鄉裘聯年百歲姪孫仕濂題額曰仁壽新纂

嘉靖二十一年壬寅天裂有光如電李志下同

嘉靖二十三年甲辰大旱明年又大旱水盡涸爲赤地

斗米銀二錢飢殣接踵鄉人有攜麥半升夜歸者輒被刼殺于道

嘉靖二十六年丁未旱署縣經歷喻松禱之

嘉靖三十二年癸丑北郊麥一莖三穗甘露降于明倫堂前之松樹纍纍如珠

嘉靖三十三年甲寅夏六月集賢坊雨雪

嘉靖三十四年乙卯夏六月時雨薦至禾苗競秀既乃枯槁時有白霓横西南方亘數里許衆指爲災新纂

嘉靖三十五年丙辰甘露降于縣庭柏樹芝産尹氏庭橡李志下同

嘉靖四十一年壬戌天裂有光如電

隆慶二年戊辰秋七月二十九日雨八月初一日北風大作至夜逆溪流溢入城中怒濤吼衝西門城幷城樓俱塌倒平地水深一丈三尺凡一晝夜水涸

萬歷四年丙子城中火燬公館望台門及民房百餘楹

萬歷六年戊寅冬大雪寒

萬歷十年壬午遊謝鄉粟一莖四穗

萬歷十一年癸未旱

萬歷十五年丁亥秋七月暴風連日夜禾實盡落儒星石門左柱折按周志補遺云七月遭風災後米價日湧明年斗米銀一錢八分斗大麥六分

斗小麥九分民食豆腐滓糠粃掘地求蕨是年蕨不可得求葛根食之剝櫚樹皮所在櫚樹爲之骨立有草根畧類蒜名三十六桶水濾三十六桶乃可食故名其他草樹搜取殆盡民多自焚自縊死有丐於途終日不獲合米於是餓莩塞道夏疫民死益多先是二三年大有年斗米銀三分大小麥視若沙礫識者已蚤見其有今日云

萬歷三十二年甲辰十月初八日夜半地震臥榻傾動屋舍撼搖有聲

萬歷三十七年己酉秋七月縣西三十一二三都暴雨驟注衡山倒峽水自小江出漂流邨屋無算屍彙積成阜

萬歷四十四年丙辰夏旱知縣王志達禱之王氏家犬

生五足某氏男二陽王氏正學堂側生芝之高一尺類人形

天啟五年乙丑夏四月西清裘允英家李生王瓜長二寸許色黄味苦後其家式微

天啟七年丁卯秋七月二十二日暴風雨一晝二夜拔木偃禾屋瓦皆飛大成殿可遠樓迴峯樓化龍門樓四山閣文星亭俱圮

崇禎九年丙子自五月二十日至九月十三日滴澤不通地中有白土爭掘食之名曰觀音粉多致死者明年山陰劉侍郎宗周祁中丞彪佳命生員王朝式來

嵊與知縣劉永祚議賑民賴以活

劉忠介公賑嵊緣起季春有白馬山房之會偶及鄰嵊災其民菜色有不忍言者葢自去秋不登迄于今死亡流散之狀日異而月不同勢岌岌盡矣一時諸君子相顧歎若身罹痛而莫爲之所予因商之祁世培侍御請上官暫捐帑金召商轉糴庶幾米集價平官不費而民沾微息亦小康之道乎或曰官帑如洗奈何無已請以吾儕士大夫之有力者任之而終難其事卒付之虛願而已旣輟會語稍稍聞之王生爾吉慨然爲諸友倡計以千金行一販而身任四之一于是遠近傳之踴躍相勸方舉事有日而社中王金如亟顧余曰嵊民死者垂盡矣幸有存者手無一錢而欲以平糴博半菽之飽此索之枯魚之肆也請如昔年天樂鄉故事設廠爲粥以食餓者予思以一邑之衆而計口求活于二三措大之手猶西江之涓滴耳雖然士苟存心于愛物于人必有所濟必博且衆將堯舜其猶病矣因聽諸君子隨其願力爲之嗚呼口分世業之制壞而議常平常平不可得而議借販至借販不可得而又議授餐斯爲救荒之策愈苦亦愈下矣顧予思往者天樂之役郡邑

諸大夫實爲士紳倡吾儕相與仰承之不過推揚德意以報成事至今一方之民歌樂只者歸之諸大夫又安知前徽之不可繼乎則吾黨今日斯舉將爲之嚆矢也聞者曰然因相與踴躍行事其條例署之金如頗悉不再具

崇禎十年丁丑大有年

崇禎十三年庚辰夏旱

崇禎十四年辛巳春正月雨雪二月飢民掠穀知縣鄧藩錫捕之杖殺二十餘人倣九年成法募賑縣境乃安十月辛卯朔日食既白晝如夜星斗盡見百鳥飛鳴牛羊雞犬皆驚逐

崇禎十六年癸未夏旱

國朝

順治二年乙酉五月雷震應天塔六月太白晝見逾數日閏六月初八日夜有流星如月大小相隨光芒甚白秋七月大水冬桃李實

順治三年丙戌大旱五月二十六日太白經天六月城中大火十一日星隕如雨

順治四年丁亥七月大風雨江水驟漲民多淹死斗米四百錢壯者爲兵爲盜老弱多餓死

順治十三年丙申三月隕霜殺草

順治十四年丁酉大水衝壞山田若干士民宋學進張

爾熾等呈按院王元禧特疏請蠲三十三都本年田

糧三分之一

順治十五年戊戌大水

順治十八年辛丑城中火六月天裂有光

康熙元年壬寅城中火

康熙四年乙巳七月大風雨江水驟漲民多淹死

康熙五年丙午秋旱至明年夏四月十三日始雨十五

日富順鄉雨豆六月大水十五日夜半天裂有光秋

大疫知縣張逢歡延醫施藥

康熙七年戊申六月十七日戌時地震屋瓦多落門壁

皆響三十日亥時地又震

康熙九年庚戌三月虎噬人一日噬殺二十二都竺思聖竺思交竺王姐次日又噬殺十八都石沙廟僧二尼一次日又噬傷魏家莊一人知縣張逢歡禱于嶀浦廟神虎乃遁四月四十八九兩都小麥一莖二穗

六月大風大水壞城五十餘丈星子峯圯冬十二月大雪自初四日起至十六日止

康熙十年辛亥大旱

康熙二十九年庚午秋七月大水漂沒田廬

康熙三十二年癸酉大飢

康熙四十三年甲申六月十三日有星晝見

康熙四十七年戊子秋大水免徵糧十分之三

康熙四十八年己丑夏大旱竹生米會稽俞忠孫竹米記康熙己丑越不歲米價日爭長五月飢民食竹米竹米者叢竹中所生也狀類穤差小色微紅味甘而冽與雞云竹六十年一易根易根必花結實而枯實落復生六年威町戴凱之所云根幹將枯花簑乃懸箬必六十復亦六年是也父老云竹生花其年必旱晉元康壬子巴西界竹生花紫色結實如麥其年旱唐天復甲子隴西亢暘民多流散山中竹散籽出粟飢民舂而食宋陳造竹米行有今歲麥秋旱歲餘得麥僅足償官租竹君僩農如士夫散花結實于林俱何皆旱徵也而鳳凰所食金琅玕則名竹實大如雞卵非中國所恒有田雯黔書以證竹米非是宋蔡京稱瑞作頌議者譏之今記災記祥說各不同予始誌其畧如此

永富鄉張家莊張日起年一百有二歲知縣任儀京

表其門曰昇平人瑞

康熙四十九年庚寅八月洪水

康熙五十六年丁酉旱荒

康熙五十九年庚子飢

康熙六十年辛丑大旱野多餓莩

雍正元年癸卯飢

雍正四年丙午正月大雪

雍正五年丁未大水禾稼被淹

雍正九年辛亥大旱

乾隆元年丙辰大有年

乾隆五年庚申六月大水淹沒蒼巖等處田禾又風壞東門外民房知縣李以炎捐賑捐葺

乾隆六年辛酉夏旱禾苗枯槁被災都圖凡六十四知縣李以炎履勘詳請動項散給籽本分別有力無力量加施賑并詳免被荒田畝錢糧有差

乾隆十六年辛未夏大旱署任知縣石山履勘詳請給發籽本量加施賑并詳請蠲免被荒地丁錢糧（新纂下同）

乾隆二十年乙亥夏旱知縣戴椿捐賑

乾隆三十七年壬辰夏旱知縣吳士映履勘被荒田畝詳請緩徵

乾隆四十五年庚子七月大水平地水漲一丈四五尺

知縣胡翹楚詳請緩徵

乾隆五十五年庚戌長樂莊耆民錢奇俊壽逾九秩五

世同堂禮部具題奉

旨賞給銀緞李府志

嘉慶六年辛酉七月大水平地水深一丈餘尺驟漲即

涸新纂下同

嘉慶七年壬戌旱知縣沈謙履勘詳請緩徵次年署任

知縣陸玉書勸城鄉紳士捐賑

嘉慶十五年庚午三月東二圖上楊莊耆民楊望竣年

九十八歲五世同堂詳請

旌表六月四都高山莊耆民徐寧臣年八十八歲五世

同堂詳請

旌表

嘉慶十六年辛未旱次年署任知縣蕭馥馨勸城鄉紳

士捐賑

嘉慶十八年癸酉二月五十二都一圖監生施祖超年

八十八歲五世同堂詳請

旌表

嘉慶二十五年庚辰夏旱七月復遭大水近山田畝冲

壞無數知縣葉桐封履勘詳請緩徵

太平鄉東園莊劉光正之妻周氏年一百有四歲未

旌

軼事

嵊雖僻邑介四郡之衝或時有寇亂括蒼管晉修城記所謂會稽縣八剡爲清勝承平日久橫目習治有睦寇剡寇事而城圮勿克守葢自三國六朝以來間有竊發不獨管君所舉也如吳賀齊爲縣長誅奸吏斯從從族黨攻縣齊討平之齊武帝時山賊唐寓之爲亂令張稷禦之唐寶應元年台賊袁晁爲亂往來剡

邑李光弼遣將張伯儀平之咸通元年春正月賊裘甫據縣觀察使鄭祇德敗績夏六月觀察使王式討平之宋宣和二年庚子睦賊方臘攻縣知縣宋旅戰死明年春帥劉述古平之元至正十八十九二十年方國珍兵掠縣二戴書院燬二十一年縣治學校燬于兵二十二年縣境盜起兵火之際四境凶民乘間爲盜肆掠致空鄉無煙火人民逃匿二十三年癸卯邑民執尹陳克明至婺州明嘉靖三十四年冬十二月倭掠縣官軍殲于清風祠崇禎十六年冬官兵掠東鄉奉化賊竺文竺武屯聚大蘭山撫按檄文奉虞

嵊新四縣會勦知縣蔣時秀率民壯鄉兵駐剳法祥寺約束無法壯役冒掠山僻婦女有不辱而死者置勿問十七年春正月獲婺賊許都黨六人巡海道盧若騰戮于演武場　國朝順治五年四山多盜知縣羅大猷增置鄉兵八百二十名糧皆里給康熙元年七月鄞賊夜劫縣衙知縣焦恒馨被訟在省賊乘虛劫後衙不動倉庫官鄉兵追至土塊地方戰敗而還此皆史志之可稽者總輯張志

魏

楊德祖至四明山遇兩仙人把火澗中湧金刀一頭之

不見德祖目兩火成炎炎邊得刀是爲剡字因號溪山爲剡爲銘二百字刻峯上李志

曇猷興寧中騎牛從西入太岳山牛步皆其故蹟遇一嫗問途忽有負嫗而投諸淵者猷飛錫救之水立涸今乾溪是也方誦經有猛獸巨蟒交見猷不動後有神詣猷遜謝願他徙鼓角凌空而起遂不見按此條見上虞縣志嵊志仙釋傳未及詳載故附見于此

唐

貞觀十八年李紳遊剡至龍藏寺晝寢老僧見一黑蛇上李樹而食李復前行入紳懷中僧問曰公睡中有

觀否曰夢中登李樹食李甚美似有一僧相逼乃寤僧知非常延遇甚謹後紳爲浙東觀察使捐俸修寺耐園不借書

咸通中有客自金庭將抵明州日暮遇道士託宿山谷冲寂烹野蔬以享俄有叩門者童子報曰隱雲觀來日齋道士去客問童子荅云觀去此五百里嘗隱雲中故名客驚曰尊師何日當還曰往來頃刻耳道士歸留客久住辭焉乃遣童子指其舊路行未遠失所在問歲月已三年矣天台山志

宋

紹興中有方士李季憩石闌干道旁遇異人揖季曰君來何爲季曰秦太師遣往桐柏設醮請福其人太息曰秦今死矣張浚劉錡皆當起爲將相秦豈得存耶李大驚駭去比及天台則秦凶問至矣名山記

謝深甫台州人家本寒微父母賃舂以食父友某招之課子一夕賓主對飲夜半酒渴無從得水廳前有梨方熟登樹啖之羣犬環吠不敢下主人夢黑龍蟠樹爲犬所吠驚起視之乃深甫也主人奇其兆遂妻以女深甫得妻後始領鄉薦妻家亦貧但稍稍自給深甫草履赴省宿于逆旅明發不類面而遯至曹娥渡

與之錢少渡子不肯曰不怕汝作轉運黥我深甫乃從他處渡至嵊縣宿古廟中祝遇之厚又飲以酒深甫訶之祝曰夜夢神告我明日當有宰相來宿必官人也深甫焚香禱曰若成名當言縣官使廟貌一新果登第遂注嵊縣主簿修廟焉後爲浙漕至曹娥召渡子曰今竟何如渡子伏地請罪深甫笑曰吾豈果黥汝厚賜之使去曰台州秀才往來勿取渡錢也西湖志餘 按舊志稱深甫係縣尉又稱深甫布衣時由丹邱赴南宮嵊嶀浦廟神告以富貴期與田汝成所志又不相同姑兩存之

慶元庚申趙彥博夢謁一廟神曰吾廟君爲我修之覺

而不省所謂嘉定丁丑來知嵊邑友人李謙來訪舟宿嵊浦夢神告曰爲我告令君可爲我修廟矣謙以告彥博矍然曰二十年前之夢今其應矣于是再爲建立趙彥博修廟記

費九成與陳碩毛震爲友同受春秋一日夢雞入鵲巢震以九成當登科以乙酉生也已而果然李志下同

商夢龍宋咸淳戊辰進士初授梁縣主簿一日有犬號于庭夢龍曰此必有異乃令人隨犬去入徐員子家急以爪爬新種牡丹花下掘之則得一草束童子氣未絕良久甦曰我陳家子也夜出員子奪我頭上

金珠等飾縛而埋諸此鞫之服罪郡上其事陞梁縣尹後仕元爲廬州路治中楊震反乃歸

元

會稽楊維禎字廉夫元泰定間登進士署天台尹過嵊邑清風嶺作詩云介馬馱來百里程清風後夜血書成只應劉阮桃花水不及巴陵漢水清後廉夫無子夢一婦人曰爾自造口孽固應得絕嗣報廉夫不知所謂婦人曰清風王節婦詩豈忘之乎廉夫醒悟更作長律以表其節嵊志所載天荒地老妾隨兵一首是也後夢婦人致謝未幾得一子田易鄉談按元史維禎乃諸暨人

明

正德丙子五月邑令林誠通考績北上早行迷路忽一老人引之斜行得脫寇害忽不見林及從者憶其貌酷似陳靈濟侯像乃悉具前後功績奏請祠祀准查未報越二十三年嘉靖甲辰乃祀朱一柏記

舊傳象駱山下多人家客舍烏船會宗於此今山下稍有家舍而所謂烏船者絶無北門外沿山址宋時溪流遶此桃柳夾岸商船輳泊多酒樓歌館綿延數里今溪流遠徙遺蹤不可復問矣隆慶末鑿新河深二丈許見磚砌街衢乃知陵谷變遷不可究詰也嵊舊

無小船有之自今兩年間始水涸時用之甚便類裏

河船周志補遺

國朝

順治庚子尹巽公車北上渡黃河舟將沈呼救于金龍四大王忽一叟駕小舟至纔易舟而前舟遽沒甲辰第進士假歸因於南門外建廟祀之李志

雍正間德政鄉吳炳忠家蠶功成啟箔其成一紙廣長五尺光彩爛然名之曰神繭炳忠　廷試入都攜其傳觀一時周蘭坡宋蘭揮商寶意劉戒謀諸名士皆賦詩紀其事新纂下同

清化鄉竺國元篤于友誼有友人舉家病疫親故無敢問國元往爲經理湯藥晝夜不離側一夕燈焰驟暗疑而微睇之見一鬼隱几下以手撥燈若欲滅之者叱之忽不見友乃如夢覺汗已能言始見國元在而勞之病卽愈葢疫鬼也國元平時亦見鬼物嘗云鬼如影然見嘗以夜若晝見或現色相則爲害矣

錢承烈居長樂鄉有兄二人弟一人皆出自嫡而承烈庶出自幼承順周旋于嫡庶之間故父母皆鍾愛之卒年十六卒後父亦亡嫡母育生母以病廢常臥牀然承烈雖卒其靈不滅家人有以奉嫡而或遺其生

母若有哭于庭者弟與族治田幾入訟兄亦以弟故往視田畝若有嘯而來者兄若弟悟曰訟非美事是必亡者有以教我也事由以平弟客仙居得疾家中不知倏爾生母言曰弟病甚可告嫡母亟遣人往迎次夕弟夢承烈至謂曰病無害家中已遣人來矣迨明旦而迎者至金華明經樓上層爲立錢孝子傳因事涉怪誕故附于此事

嵊縣志卷十四

藝文四 壇廟 寺觀 墓域 古蹟 職官 儒林 寓賢 隱逸 仙釋 列女

壇廟

王烈婦祠

元 楊維楨

天荒地老妾隨兵天地無情妾有情痛血嚙開霞嶠赤啼痕化作雪江清能從湘瑟聲中死全勝胡笳拍裏生三月子規啼盡血春風無淚寫哀銘

明 張羽

赤城曉擁青絲騎玉鏡愁鸞落紅泪冰魂偷逐水仙歸綺樓一夜靈犀碎六曲欄干不礙春羅帶盤風輕颺塵

越波不動越山碧青天影落桃花雲相思月照祠前水
離離芳樹流紅子無情桃李亂中開只有芙蓉抱霜死

王琥

妖氣暗奪霞城赤一片風花滾香魄翠幄空圍杜宇春
釵鳳雙分鸞鏡隻啼痕漫點枯竹斑哀音不托琵琶絃
天姥西來上楓嶺冰腸嘔出相思聯春葱入口纖纖碎
紅噴金精泣魑魅翻身躍出豺狼群百丈深潭半空墜
翠翹觸破青玻璃一泓冷浸珊瑚枝江妃水仙弔孤寂
青天影裏開雙眉素質涓涓淨於洗洗心不用清泠水
波裏難消精衛冤墓頭去作鴛鴦鬼斷石土屋官道傍

沈冥不復愁天荒歲享春蘭與秋菊黃金像古苔花蒼

林幽夜靜行人歇壁角紗燈半明滅往事無根有故墟

兩岸青山半明月

前題并序　陳汝璧

剡蓋有王烈婦祠矣宋德祐二年元兵南下烈婦死之余過剡父老爲余談烈婦題詩投水事爲愴然低徊者久之覩其額曰元貞婦祠夫烈婦而臣元也彼何以死哉善乎王元美之言曰二君而人者行禽也乃烈婦卽偉丈夫何加焉余故題曰宋烈婦而系以詩

道傍遺碣自嵬然灑血千秋尚可憐嶺上淸風垂異代溪流嗚咽似當年一詩色借蒼苔潤九死心同白日懸知汝英魂原不散額題吾爲洗腥羶

白玉

江南烽火接天台獨有崑岡玉未灰詩寫石崖眞激烈身投江水肯徘徊千年卓行歸青史七尺殘碑蝕紫苔遺像尙疑南望恨行人下馬爲興哀

求澧

野草無人春自綠江鴻有怨夜還哀祠前莫訝咨嗟久小巷花明謝豹來

徐渭

赤霞城畔女郎身曾將羅袖障胡塵半巖竹淚猶啼月一水菱花解照人但取藁砧還破鏡祇持完璧碎強秦江天風雨來何急似覺詩成泣鬼神

萬民紀

當時戎馬正縱横烈女忠臣志不更柴市臨刑天地老崖山抱溺水雲清赤城俘婦芳聲並剡溪留題嚙血明江海無靈潮故止何如遺像掃倭腥

葛仙翁祠

許岳英

斷崖崔嵬天驤騰虛明倒影勢欲崩太陰生寒潋山籟

微茫煙水涵青冥遠峯堆瓊搏霄漢芙蓉城高錦雲亂殘紅穉綠春尚濃綺戶雕甍插林半當年仙子遊無方釣車足迹名殊鄉世傳得魚化龍去千年遺事歸渺茫雲煙蔽虧漲穹顥斷碑龍文近丹竈偶來屝履步山椒兩袖風生漫吟嘯

陳公祠　錢悌

千載古靈廟鄉民作社壇聲鏗奔小澗香薦掇芳蘭素壁描青雀晴光逼畫欄解襟盤薄久嵐靄迫人寒

王烈婦祠　國朝　姚兀亮

君不見曹娥江水欲飛翔洗濯癡兒脂粉香又不見富

春江水落錢塘一釣先生本姓莊二江千古遥相望貞婦與之並秋霜先生以高婦以節投崖石上留丹血至今詩句明如雪何物狂且敢汚嶬娥以孝聞婦以貞甘心一死謝戎兵杜鵑巓上日悲鳴彤管遺巖誌赤城吁嗟刈薪厭薄買臣妻覆盆有祠等塗泥採蓮人泛若耶溪扁舟攜載非白圭何如貞婦清風祠壓畫圖低且與流連上下二江千古分東西

夏兆豐

昨拜曹娥廟今瞻烈婦祠清風吹片石丹血沁題辭死盡人間事名偏異地垂由來傳節孝江水共漣漪

夙世是蓮花纖埃不受加遭離生少趣完節死爲家絶壁披叢莽荒祠呌亂鴉猶餘指上血化作嶺頭霞　梁文濂

何天寵

秦關漢塞誰守者赤城山走安西馬美女如雲度朔風何人獨祠高山下王郎有婦紫鴛鴦一夜分飛入戰場馬上桃花紅淚灑却能牢結漢時裳蓋竹山頭蓋竹節來去淩風終不折斷指題詩山石紅千年一片青楓血

秋曉謁嵊浦廟　袁尚衷

曳屐登神岫苔痕膩仄徑晝眉唱曉風隔樾遥相應殿

古封煙蘿隱隱出晨磬淒其草露間釣牀留名姓俯瞷石巑岏驚魂那可定偃蹇欹巖松輕籟爽清聽所以濟物侯不願仙居命披襟發長歌艮懷駐舸興

清風嶺烈婦祠　黃孫燦

黃塵漠漠隘南天巾幗能持大義全不計死生離虎豹長留風雨泣山川冰魂海上悲精衛碧血厓前灑杜鵑翁媼猶然傳伏臘楮錢清酒弔荒煙

吳師璦

慷慨從容事兩難血詩題罷赴江湍赤城霞起神長往楓路花紅淚未乾殲賊威靈森草木報君名節愧衣冠

嶺頭留得冰霜在六月無風亦自寒

嵊邑重建城隍廟落成賦此以作樂神之曲

陳懋

神旂乍展神鴉呼神絃迭奏神顏愉工費不貲衆樂輸
廟貌特煥新規模樸斵既勤丹雘塗晴光照耀金光敷
龍蟠鳳舞八畫圖百工用心精不粗座高數尺環而紆
層臺對起淩雲衢旁夾廊廡東西區二十九鄉鄉主俱
廟祝傴僂陳盤盂頌神之德言非諛山城雖小亦要塗
不祥呵禁民無虞香焚寶鼎煙糢糊一時祈福羣奔趨
當與善人定不誣神靈默鑒寧虛無

寺觀

遊沈道士金庭觀　梁　沈約

秦皇御宇宙漢帝恢武功懽娛人事盡情性猶未充鋭意三山上托慕九霄中既表祈年觀復立望仙宫寧爲心好道直由意無窮曰余知止足是願不須豐遇可淹留處便欲息微躬山嶂遠重疊竹樹近蒙籠開襟濯寒水解帶臨清風所累非外物爲念在元空朋來握石髓賓至駕輕鴻都令人徑絶惟使雲路通一舉凌倒景無事適華嵩寄言賞心客歲暮爾來同

金庭觀　唐　張說

元珠道在豈難求海變須教鬢不秋他日洞天三十六碧桃花發共優游

龍宮寺　李紳

銀地溪邊遇衲師笑將花雨指潛知定觀元度生前事不道靈山別後期真相有無因色界化城興滅在蓮基好令滄海龍宮子長護金人舊浴池

題招隱寺　張祜

千年戴顒宅佛廟此重修古寺人名在清泉鹿迹幽竹光寒閑院山影夜藏樓未得高僧旨煙霞空暫遊

金庭觀　釋小白

羽客相留宿上方金庭風月冷如霜直饒人世三千歲未抵仙家一夜長

贈桃源觀王道士　宋　沈遘

我昔剡溪遊道人一相遇重來十歲餘顔色宛如故顧我衰病早鬢毛已蒼然乃知世上榮曷若山中閒道人家東都問胡不歸北北方多風塵素衣化爲黑斯言吾所信吾志亦江湖瀟灑會稽守平生欣莫如君恩容苟安願奉三年計幸爾數到城閒談北方事

宣妙寺　方鴻飛

雲觀煙樓是梵家竹圍如洗逼寒沙因風絲浪搖晴麥

過雨紅香落澗花入鎖晝房聽鳥語僧歸晚塢放蜂衙
不須老遠來沽酒只覓天酥爲點茶

皇覺寺　盧天驥

倦枕曾遥夢清溪一繫船山寒疑有雨寺古只藏煙未
了尋詩債難忘宿世緣回頭雲盡處空有雁書天

遊鹿苑寺

鷲峯遊屐少我獨住多時僧護翻經石猿攀嘯月枝地
寒春到晚山遠夢歸遲尚被浮雲誤吾心信自癡

定林寺

寒旌隱隱入花村小雨初收水帶昏不憚山城尋寺去

只將詩思與僧論菱侵水步深藏艇柳暗人家半掩門
莫厭禪居蕭冷甚此來一爲訪溪蓀

悟空寺

山在江城欲盡頭招提無處著清幽寒沈水底長流月
冷入天園不剩秋村靜遠遺看鶴戸溪寒只受釣魚舟
眼前佳思能如許恨不常爲隱地遊

鹿苑寺

著地嵐陰撥不開傍閒同到妙高臺老僧只恐泉聲少
坐遣飛雲喚雨來
修蛇細路困車牛公事催人不自由欲到遙岑冷侵骨

寄聲歸雁莫來休

龍藏寺碑　華鎮

鹽梅器業尚風塵書劍曾遊寂寞濱秀句玲瓏滿天下
應搜佳麗入機神

遊金庭觀　李清叟

山屬蓬萊第幾重奇峯翠岫繞靈宫雲藏毛竹深深洞
煙起香爐裊裊風放鶴已歸天漢上養鵝無復小池中
羽人盡得飛章法神與參陽路暗通

金庭觀　金卞

尋眞窮養浩崇妙路迢迢洞掩峯千疊塵分水二條白

雲生石壁飛閣插巘腰隱隱存仙迹渾疑在碧霄

題白塔閑閑庵　王銍

賀家湖東剡溪曲白塔出林山斷續雪中興盡酒船空境高地勝何緣俗誰結禪居在上方山房曲折隨山麓箇中非動亦非靜自是白雲巖下宿

圓超講寺

松間清月佛前燈庵在危峯更上層犬吠一山秋意靜敲門知有夜歸僧

普惠寺

鏡裏形容水底天定將何物喻眞禪心安便是昆盧界

盡日添香伴兀然

送僧伴入三峯清隱寺舊名三峯院　釋仲皎

上人瞿曇裔律身玉無瑕力究毘尼論汪汪海無涯振錫復何許三峯隱蒼霞堂上大道師靈芝發根芽想見湧法施鼕鼕鼓聲撾上人從之遊匆憚歲月遐坐待霜露熟香風散天葩

明心寺

精舍傍修嶺道心隨眼明山遺僧偃迹水作剡溪聲無雨竹亦淨有風松更清上方眞可住不用觸歸情

龍宮寺　釋懌粦

扁舟一葉繫江湄岸笠風行到此遲弔古有心懷短李拂塵無力看封碑擁門過客難投轄慕道居僧絶置錐相望吾廬如咫尺杖藜來往亦長羇

幽遠庵

得意幽深觸處眞何須邱壑密藏身愛兹殊勝園林地非彼等閒花木春白晝杜門人莫到清談絶俗世難親紛紛鬧市繞山脚獨有此中無點塵

圓超講寺　　明　錢　莊

淸時薄宦縻山椒寄胸臆攬衣謝寅上寅上窮探歷決眥欲無遺羣峯居履舄川原走延廣灌水漑雲腋鳥弄

向日華狐奔避人迹僧歸象鼻低樵唱鹿臺寂取樂信有時童冠初未識笑談避芳塵細語相嘖嘖禪房不久居儒彥毋與逆頓足拂菁茅短歌記疇昔

惠安教寺

欲識招提境相將策瘦藤風鈴鳴鴈塔旛影暗禪燈鐘斷鶯聲細香銷瑞靄凝浮生駒過隙何必羨飛騰

張性

溽暑蒸人勢莫禁偶來山寺滌煩襟長松遶塔連三樹秀竹當簷恰半林斷續香煙凝佛座氤氳清氣透禪心老僧更喜能留客煮茗論情到夜深

普安教寺　魏文傳

步入招提取次遊無邊風景快吟眸白雲低護經壇冷綠樹陰籠寶地幽夜静楊留明月伴雨餘泉帶落花流滿懷塵慮消磨盡何必乘槎到九洲

張邦信

鐘聲醒塵夢風光浣客愁鳥聲雲外落樹影月中浮

贈寶積寺僧義久　孫仲益

長廊合沓屐聲中一笑歡迎得此公定續千燈齊去佛先招一瓣供詩翁

題雨錢寺閒遠樓　樓秋房

四山野樹護修竹天姥沃洲雲往還中有道人閒且遠
前身支遁晉名山

雨錢寺　　周元齡

杖劍來僧剎踈松月正明君親恩未報慚愧此題名

天竺寺　　黄寅

尋幽遠到梵王家踏蘚捫蘿鳥道斜半畝銀塘通石罅
滿簾金粉散松花巘前草暖初眠鹿林下煙凝正煮茶
老衲心情何所似野雲孤鶴在天涯

清隱寺　　魏璵

尋幽隨意陟林巒勝景憑人取次看竹色曉含煙色翠

松聲時共澗聲寒禪房寂靜纖塵絶心境虚明雜慮安最是遠公能愛客更留清話坐蒲團

印月寺　胡濬

沙頭精舍好暫借息塵喧萬籟空中寂三生夢裏論水雲蒸紙帳山月浸松門靜極令人愛無由脫業根

遊金庭觀　張爍

金庭山接東海頭南連華頂西沃洲地脈遥通海間國天光鬱抱巖中樓仙家洞天三十六金庭正在神仙籙日觀霞宮縹緲間雲牕霧閣透迤曲煉丹道士懷玉霄每於洞中候琅璈鸞輿或降赤松子鶴馭時來王子喬

靈蹤一閟今千載羽葢飈輪知何在五粒松子不可攀
三秀靈苗許誰采晉朝內史右將軍舊宅嘗寄兹山根
清談已無舊賓客高致還遺賢子孫衣冠閥閱聞天表
暇日邀予共探討石刻閑摩沈約碑墨痕猶記羲之沼
放鶴臺前春樹晴濯纓亭畔石泉清瑤草叢深臥馴鹿
碧桃香煖聞啼鶯攀蘿陟巘窮幽谷盡日清幽殊不足
一道飛泉瀉玉虹半畝清陰覆茅竹王郎手攜九節笻
雄詞宛有謫仙風香爐五老屹相向紫煙上冪金芙蓉
壺觴晚就松下酌高朋滿座爭歡謔劇飲狂欹烏角巾
高歌醉擲金錯落飲餘長嘯倚林坰散作林間鸞鵠聲

裁詩復和神仙曲寫石共結煙霞盟青天月出興未盡
攜壺又欲花間飲萬事須憑北海尊百年盡付邯鄲枕
世情於我更悠悠但思方外覓丹邱遙遙瀛海安期棗
渺渺扶桑徐市舟仙凡有緣豈相隔偶隨行塵爲行役
洞裏羣仙倘有招歸卧松雲燒白石

王鈍

長懷遊賞地攬轡共登臨石洞風霜古仙壇歲月深好
山供野趣流水洗塵心欲上吟鞍去徘徊待日陰

過圓超寺次黃別駕韻　丁哲

別駕巡遊爲軫瘝公餘乘輿訪名山滿林嵐氣蒸衣溼

一徑苔痕染屐斑石壁插雲天路近藤蘿過雨鳥聲閒
江南行樂知多少罕有登臨到此間

資福寺　　　周汝登

遠徑歸山寺都無鐘磬聲老僮猶帶髮荒殿不安名柏
蔭環池滿松根迸石生縱令禪誦少自覺意根清

印月寺

禪房曾借榻開戶見江濤樹色當窗午鐘聲出殿晴探
源時獨往惜蟻更徐行自拌沈埋久題詩不記名

眞如寺

□山開北牖況復寺堂清鳥語出深翠僧衣暴晚晴觀

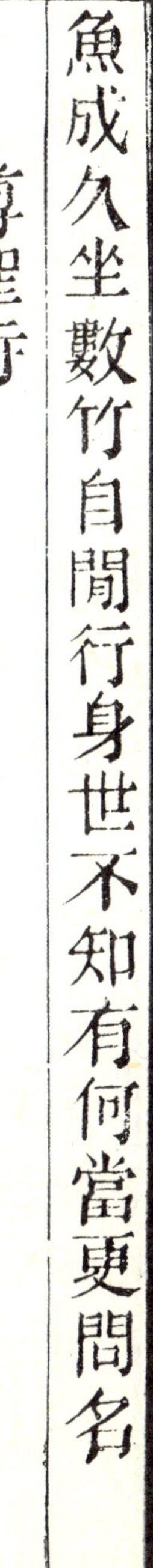

魚成久坐數竹自閒行身世不知有何當更問名

尊聖寺

偶逢樵客引勒馬過招提布地新沙擁環牆細竹齊階前看虎步枕上聽猿啼色色通元妙無言自啓迷

明覺寺

蕭寺危樓敞竹扉枯藤怪木雨因依臨隱絶巘危堪倚合棟孤雲靜不飛砍石流泉雙鷺起逕林落日一僧歸棲遲自覺投閒好未老何妨早拂衣

和朱中尊遊金庭韻　尹震

山靜如太古清遊久未閒美哉賢令尹幽訪右將軍舊

觀今增勝芳名振古存歸途千戶月燈影雜人羣

遊金庭觀　王國維

信展金庭到林寒値暮冬香爐雲篆靄石鼓雪函封鶴

跨思遐舉笙吹憶古蹤徘徊誰共語赤水有潛龍

送僧歸龍藏寺　釋宗鑑

雲去無心鳥倦還笠衝晚雪不嫌寒千巖萬壑知何處

一片家山都耐看

白雲院　國朝　史大成

如畫青山鎖紫霞林間飛瀑湧銀沙一龕初闢空王座

半嶺時飄異域花彼自有燈傳七祖不知何佛演三車

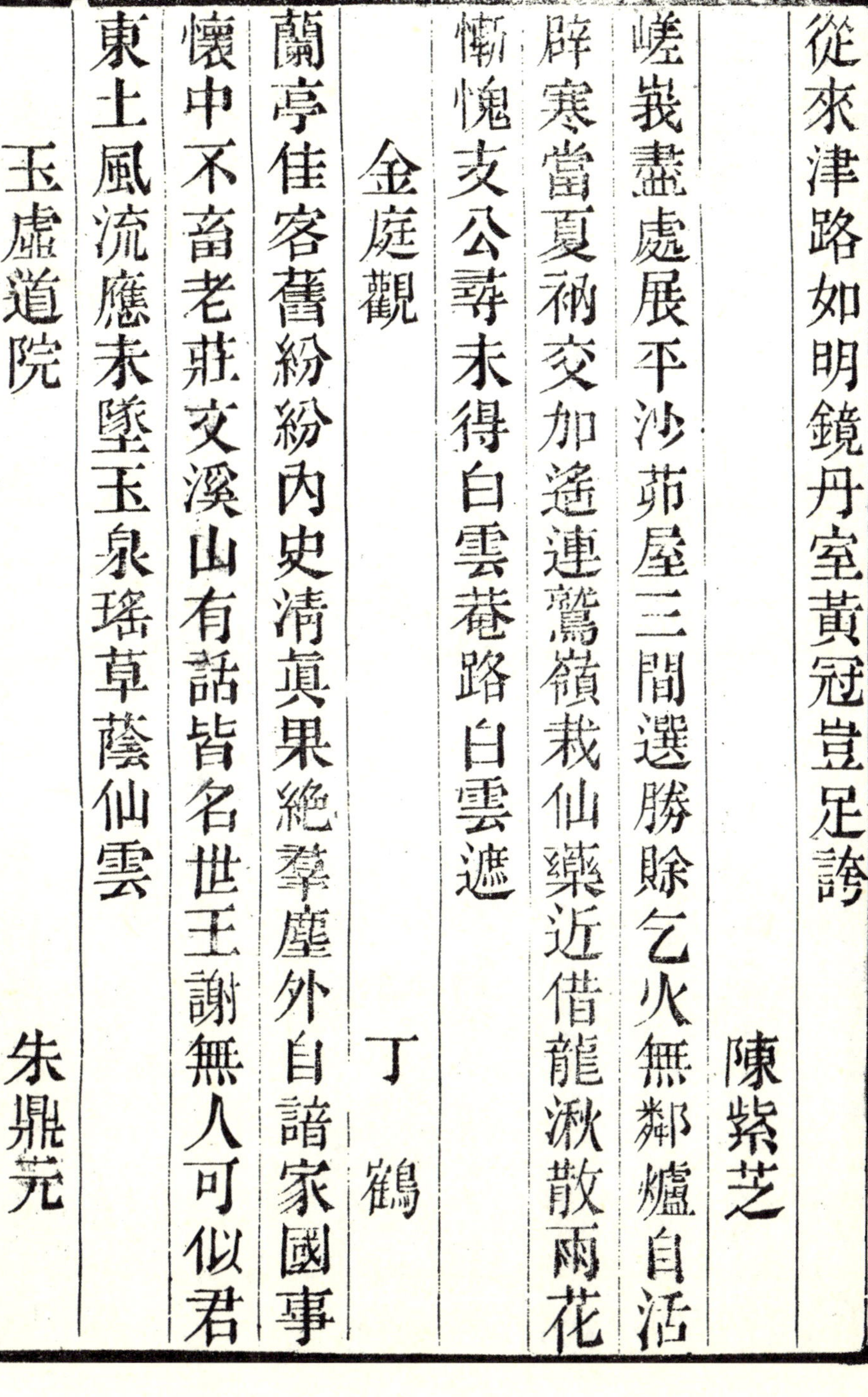

從來津路如明鏡丹室黃冠豈足誇

陳紫芝

嵯峩盡處展平沙茆屋三間選勝賒乞火無鄰爐自活辟寒當夏衲交加遥連鷲嶺栽仙藥近借龍湫散雨花慚愧支公尋未得白雲菴路白雲遮

金庭觀　丁鶴

蘭亭佳客舊紛紛内史清真果絶羣塵外自諳家國事懷中不畜老莊文溪山有話皆名世王謝無人可似君東土風流應未墜玉泉瑶草蔭仙雲

玉虛道院　朱鼎元

山東捨宅爲琳宇公子超然趣不羣帝足龜蛇交水火將壇龍虎擁風雲花階晝靜迎仙客月殿香清禮老君何日投閒同採藥松邊坐石許平分

耕菴　李茂先

天地一頑塊藉兹人力措裁成有匠心光彩沈復露不爾竟荒莽高厚將無誤四明兀且癡巒岫如相互泉山皆雲仍千百堪吞吐中有羣龍居呼吸分寒煦噴沫瀦爲泖兩山夾而澍倚岸有蠶叢蜒蝘聊爲路此外環峭壁危竦不可步失足分寸間身墮那及顧山靈使之然空向馮夷訴問君胡爲來寶藏興焉故況復結廬者班

坐而待餔飛則非鷗鷺躍則非狐兔行入轍若觫股栗心還怖老衲憫衆生瞋眼出幽悟自拚瘦筋骸爲山開迷渡積薪置石根縱火燔其錮烈焰少頹時瓢復汲以醋旋將錐鑿加去之如切腐更揮斧斤手芟草伐柞樹一綫欽嵜塲忽焉坦如鋪昔險今方彖山適逢其數乃信事無難成敗憑心愫昔也不周傾煉石資老媧王屋與太行愚公移以篏是皆手足功智巧非天付策駑振康莊子亦砭沉痼

資福寺聽松

招提頻印屐多半愛松聲風捲濤無迹琴彈曲有名方

從窗外過旋向枕邊生一榻分禪室心閒夢亦清

華藏教寺

薜護山門古煙穿竹徑斜鹿歸大士閣鳥語藥王爻老衲勤攜手僧雛學捧茶暗香山外滿殘雪放梅花

下鹿苑寺　邢德健

古寺一荒邱禪房續舊遊種蓮看漸發瀑布不曾收佛是當年供鐘爲此日留喜逢僧共語久矣狎沙鷗

超化寺　吳光廷

北郭山臺古浮圖蒼蘚封雲連象鼻岫煙鎖鹿胎峯曲徑干竿竹深林萬壑松花陰留拂塵梵响雜疎鐘鶴唳

懷支遁鶴歌憶戴顒琴莊餘逸韻神駿徹禪宗流憩渾
忘倦憑將制毒龍

宿石屋禪林作　　葉封唐

佛刹嵌山坳三面峰陡絶左如馬首昂右似駝峯突背
負白額虎蹄爪堅削鐵一面獨凌虛天光補山缺樓前
合雙澗澗邊插萬笏石屋逕生雲石泉白疑月峽訝巨
靈分書或龍威竊騰身千仞上路曲刀環折山門逼天
門語笑聲能徹燭上羣動息斜光漏深樾不知風聲猛
謂是千崖裂清禪合幽興擁被猶細說

金庭觀

高棟星辰落羣山虎豹屯白雲垂到地瑤草長沿門鸞鶴飛何處桑麻接遠村投龍人去矣赤水至今存

金庭觀懷古　楊世植

金庭仙子宅一鑄八壺天木落水清淺雲歸山斷連右軍餘勝蹟定武失眞傳衮屐依然在猶思禊飲年

過雨錢寺　史載筆

亂紛紛地葉飛旋極目蕭疎見遠天鴉背殘陽一輪墮蛾眉新月半鉤懸寺於荆樹籬間入路在人家屋裏穿方丈清幽塵不到但聞犬吠白雲邊

遊金庭觀集唐　薛贊化

金庭路指剡川隈羅隱 萬木淸陰向日開一靈 自哂鄙夫多野性錢起 獨尋春色上高臺薛逢 簷前施食來飛鳥廣宣 石上題詩掃綠苔白居易 全覺此身離俗境皎然 白雲歸去幾徘徊貫休

次韻顧伴槃遊明心寺　吳啓虬

春塢隱蘭若，花蹊傍竹開。禪關緣客啓，好鳥喚人來。生意悟新柳，淸心逗早梅。憐余隔塵俗，未得共追陪。

遊石屋禪林　吳金韡

何年鬼斧劈崚嶒，蘭若新開第一層。焚柏爐中摹漢篆，誦經樓上識山僧。茯苓斧劚長生藥，祇樹枝縣萬歲藤。

清淨已非人世界琉璃燈下看傳燈

幾回蹇足到巖扃山外看山似列屏深谷草生肥鹿乳
石潭波湧起龍腥松間煮茗煙微白雲頂觀天色愈青
忽聽上方鐘響發坐看僧侶自談經

山間雲路記灣灣月牖雲窗聽閉關遠樹青搖移日影
春階綠滿點苔斑蒲團任我安閒坐竹塢憑僧自在刪
絶頂更饒清淨趣明朝覓逕一追攀

遊四明山大石丁第一樓并序　張直方

羇嵊苦熱邑士丁芷園湘蘭招余偕無錫孫芳谷錢塘符矩中宿上林張君星毓家明日入山

一綫危梯盤曲萬仞股慄心怖蟻行而上登第一樓再宿方去出山復紆道普安寺趁晚凉歸

實情實境縈于心目因備紀之

洞天三十六四明入雲霄奇峰二百八石丁居其腰身累謀原拙官貧志忍銷故人猶念舊勝地一招邀深夜敞虛閣華燈明綺筵吾家眞長者有客倍陶然新月沈杯底高鐘落枕邊近山無甚暑向曉獨安眠披衣帶酒痕早發上林村路小平蕪盡天低衆壑昏海螺蹲地出山鳥背人喧小憩長松下溪聲到耳根翹首望仙寰樓臺縹緲間路防虛忽轉藤恐弱難攀硬

竹當危石幽花在僻山一聲清磬迴咫尺是禪關
嵌雲撐佛窟橫澗架僧廬狐兔驚荒莽蛟龍動吸嘘鑿
山通路絶鍊石補崖虚一綫嶔嵜境何年此卜居
人到三千界僧居第一樓眼中屏嶂合槎上斗牛浮形
勢空滄海江山占越甌問天無謝句搔手但悠悠
欹客臨空曠開尊擁翠微日斜翻壁走風滿挾樓飛鳥
語空中墮人聲樹杪歸妙高峯頂話坐久頓忘機
一杯我長醉曲檻客同凭蘿磴靜時月人煙暝處燈懸
牀支暗石掛杖引孤藤中夜慈雲裏高眠半客僧
晨起步蒙茸還同眺遠峯上天騎鸞鷟坐地湧芙蓉亂

石層雲合荒崖積蘚封長懷東野句無路到金鐘

不盡登臨興連宵宿上方流星過戶白暝樹接天蒼夢訝三人笑心疑六月涼還憐留滯客今夜又他鄉

磬板醒殘夢疏鐘散曉星雲留衣上白山送杖頭青酒力扶行屐僧情剩客亭猶疑清興迥笑語在高冥

入山泉山合出山山忽開歸途扶日走倒杖破雲來村遠煙痕曲沙窩水勢回荒巖餘貝葉空憶雨花臺

避囂原擇地怕暑且當風嵒樹浮天碧溪流墜日紅入來竹陰裏寺在水聲中暫息東山屐何須識謝公

遊明心寺　　陳樾

山坳藏古刹問訊始攀登無垢觀心地長明印佛燈十年書劒客千里水雲僧相對渾忘語前身晤未曾

遊定心禪院　柴際春

我比淵明放擕尊慧遠前此間堪避暑相對且談禪竊竹仍留徑閒雲自在天覓心不可得心定更何年

遊石屋禪院

洗盡塵心水一弓危亭高出半山中升高不覺遲回久入險方知倚傍空倒瞰層巒成蟻蛭細盤曲徑總巑叢此來欲助淵明興斗酒還須乞遠公

四顧坪庵　釋淨地

峭拔懸巖聳碧空昔年入定憶師翁那知幾代空山裏
復見兒孫拜下風

墓域

戴墓

國朝　袁宸枚

幾盤青山繞墓門，石闌干畔古碑存。黃鸝不昧先生意，鼓吹年年慰舊魂。

謁節愍公墓

王永春

春來攜伴登晴峯，敬弔英魂峩山中。峩山之峯高業業，峩山之水清溶溶。山高水清自今古，恰與稜稜志節同。嗚呼我公遘陽九，昌平兵起烽烟陡。登陴一呼民力殫，鎮將不競誰與守。此日子房無奇策，此時太尉計何有。我公浩氣塞天地，視死如歸知取義。起謂顧君持我印城亡與亡伸迺志臨危顏色甘如飴從容命卒覆以衣殉難忠肝萃一門季子亦復願同歸睢陽之齒常山舌父子兼之應更烈朝士爭傳抗節聲楚人共濺征衣血帝遣撫臣葬祭崇賜謚忠襄垂譽鴻今來瞻拜墓亭下松耶柏耶悲春風烈日嚴霜無更變秪見先塋隱隱烟蘿封

花田拜先忠烈公墓下　陳承然

襄樊一夜驚鼙鼓東南半壁傾天柱六陵王氣黯然銷野老吞聲泣如雨我公堂堂判處州國亡與亡死其所旅櫬歸從剡縣行兵戎道梗悲艱苦花田馬苧草離離

五百年來瘞此土當時殉國何崢嶸青田大筆曾覼縷公傳係青田劉基所作側聞

天詔特褒忠祠祭春秋榮錡釜標題入尺墓前碑不是見孫媚初祖我來瞻拜整冠衣歎息前朝膺獨撫宋家陵穴樹冬青寒食空山啼杜宇何如歸骨此青山聚族在斯綿世譜春風墓下奠梨花精靈炯炯照今古

古蹟

　　舜沈剡至嵊亭　　　　梁　虞　騫

命檝舜嘉會信次歷山源捫蘿上雲紏輿石下雷奔澄潭寫渡鳥空嶺應鳴猿榜歌唱將夕商子處方昏

　　謝公宿處　　　　唐　李嘉祐

緣塘剡溪路映竹五湖村王謝登臨處依依今尚存

　　王右軍宅　　　　裴　通

寂寂金庭洞淸香發桂枝魚吞左慈釣鵞踏右軍池此地常無事沖天自有期向來逢道士多欲駕文螭

　　雲陽觀寄懷袁稠　　　　李　端

花洞晚陰陰仙壇隔杏林漱泉春谷冷擣藥夜牕深石上開仙酌松間對玉琴戴家溪北住雪後去相尋

送王信翁還舊居　皇甫冉

海岸耕殘雪溪沙釣夕陽家中何所有春草漸看長

獨孤處士山居　薛逢

江上園廬荊作扉男驅耕犢婦鳴機林巒當戶蔦蘿暗桑柘繞門薑芋肥幾畝稻田還謂業兩間茅舍亦言歸何如一被風塵染到老云云相是非

晚秋拾遺朱放山居　秦系

不逐時人後終年獨閉關家中貧自樂石上卧常閒墜

果添新味殘花對老顏侍臣當獻納那得到空山

灌頂壇　張繼

九燈傳象法七夜會龍華月靜金田廣幡搖銀漢斜香壇分地位寶印辨根芽試問因緣者清溪無數沙

題湖上草堂　釋皎然

山居不厭剡中山湖上千峯處處閑芳草白雲留我住世人何事得相關

隱天閣　宋盧天驥

欲結愛山人共了夤山債未有買山錢愁聞有山賣小雨溼春風倦雲遮落日不若叫風來吹雲放山出一眼

吞萬山寸心貯千里何日上歸舟教人問春水殘雪領
春來疏鐘驚夢去尚憶昔年愁孤舟繫江樹

接山堂并序

余嘗愛晉人吏隱多在會稽而子猷冒雪訪戴
尤爲一時勝事余以捕寇過剡時方大雪初霽
山流暴漲橋斷不可行遂登鹿苑寺憑欄四顧
便覺溪山來相映發豈眞中令嘗曰應接不暇
處耶遂名茲堂曰接山且賦詩以記其事

故臘老欲盡新春慳未來無令隴梅覺且遣山禽催雲
間古招提鐵鳳翔斗魁單車夜剡啄境淨無纖埃修篁

舞瘦蛟怒瀑生晴雷坐久談頽風吹我心霧開乃知白蓮社未下黄金臺緬思王騎曹逸韻挽不回且同謝康樂屐齒破蒼苔重遊定不惡林壑富詩材

挾溪亭

孤亭瞰平野雙溪分兩腋野澗春草香溪清照人碧我來亭上天欲春溪聲野色爭趁人胸中邱壑相映發倏然便欲乘飈輪惜無妙手王摩詰半破鵞溪重畫出溪山應喜得賞音盡遣烟霞供落筆我嗟吟髩犯車塵一凭危闌眼界新寄謝溪聲與山色他時來作箇中人

玉虹亭

饑鼯愁玃號窮冬層巒秀壁撐晴空閒拖小藤借餘力
來看霜巖飛怒虹小奚催呼老款段瀹鼎篝火烹團龍
餘甘入口齒頰爽兩腋便欲生淸風悠然千里曠眼界
金篦刮膜開雙瞳乃知足力不到處別有天地生壺中
國恩欲報已華髮征車未去先晨鐘玉川乘雲紫皇家
謫仙騎鯨河伯宮聊追二子歸禹穴碧空轉首山重重

玉虹亭試茶

纔見飛泉眼卽明玉虹垂地半天聲何時蕭散無公事
洗鉢重來汲淺淸

航湖未逐鴟夷子得水今同桑苧翁試遣茶甌作花乳

從教雨腋起清風

剡溪幽居　　李易

勝絕剡溪邊巢枝度半年燕回銜落絮魚涌接飛泉丹鼎山頭氣茶爐竹外烟幽居已成趣佳致若爲傳

山居自著　　王鋌

我家住在剡溪曲萬壑千巖看不足郤歎當年訪戴人扁舟一夜去何速

戴安道宅

山水戴逵宅尚餘清興中千巖落飛雨一榻卷松風酒茗延幽子圖書伴老翁長生吾不羨久悟去來同

增勝堂

心是華嚴境圓機更善根一塵猶可見十勝不爲繁放鶴掃松逕呼猿開竹門妙高峯頂住客到亦忘言

戴溪亭

碧玉仙壺表裏清我來閒伴白鷗行四山迤邐青圍野一水蜿蜒碧繞城試問春來觀秀色如何雨後聽寒聲昔人飛馭烟霞外落日空含萬古情

天上東風轉斗星天涯羈客倚飄萍道途只誤經殘歲風雪那堪客旅亭春到怯添雙鬢白夜寒愁對一燈青絕憐萬古淒涼恨不計樽前一醉醒

登掞溪亭

剡中何許隔林坰無復晴巒到眼明賴有西南天一角亂雲深處疊秋屏

歸鴻閣

初離江渚荻生芽飛到龍荒雪滿沙寄語不須傳信遠將軍憂國不憂家

不向幽林倣畫欄夕陽空伴六朝山故人爲我留歌興絕勝溪邊訪戴還

今君有意去來中自日無私物自公回首溪山莫留戀不隨社燕與秋鴻

剡溪唐郎中所居　趙湘

古柳垂溪水當門繫雪舟開池延白鳥掃樹帶清秋閣上看華頂牕中見沃洲尋常投刺少來即是詩流

一鑑軒　石延慶

一軒曾以鑑爲名軒下方池澈底清坐客不須頻拂拭主人猶恐太分明一塵不染原無物萬象俱涵豈有情堪笑越湖三百里等閒風浪幾曾平

戴溪亭　林東

溪亭故事幾年華來値秋林晚眺賒雲障山巒多少處雨埋烟火兩三家水肥去馬行高坂汀没浮鷗上淺沙

誰是子猷誰是戴小船杯酒興無涯

持憲節登戴溪亭更名興盡并作　芮　輝

溪山之興無時盡興盡名亭意可知出岫孤雲含細雨投林宿鳥愛深枝風流已是千年事公案今成七字詩短棹悠然隨所遇人生出處要如斯

挾溪亭次盧天驥韻　王十朋

路入剡山腰風生玉川腋孤亭物外高雙溪眼中碧山僧作亭去幾春賞音端的逢詩人自從妙語發邱壑遂使絕境多歸輪我來首訪維摩詰問訊雙溪自何出發源應與婺溪同賦物慙無沈郎筆憑闌一洗利名塵入

眼翻驚客恨新山城重重水如帶何能挽住思鄉人

阮肇宅

再入山中去煙霞鎖翠微故山遺宅在何日便來歸

戴溪亭

剡水照人碧剡山隨眼青吾來非雪興暫上戴溪亭

高山堂　梁佐

巍巔層閣倚雲平一凭闌干醉魄醒霽雨亂山生淡碧帶風寒竹有餘青孤猿傍石來深澗幽鳥銜烟入畫屏郤喜僧多仙景象蓬萊不獨在滄溟

史安之

閣憑嵬構敞軒扃一望塵凡目暫醒巖嶂遠供千疊翠
松篁還聳四時青登臨雅愛恣吟筆圖畫尤宜作座屏
我欲從君游未得壯心方欲翥南溟

剡中詩　林逢吉

遺蹤曾記晉諸賢乘興今無雪後船斷塹毀垣難借問
輒文猶著太康年

嘯猿亭　釋仲皎

放意在雲表飄然更自由挂烟尋木冷啼月一山秋裊
裊清風裏淒淒碧澗頭三聲融妙聽行客若爲愁

歸雲亭

一從流出岫舒卷意何長作雨遍天下乘風歸帝鄉無
心憐灑落到處自清涼縹緲來空碧吟邊帶夕陽

東西二道塲

勝境東西白高僧一二禪只知行道處不記在山年澗
月平分照林花各自妍披雲尋舊址猶在絳峯邊

懷剡川故居

烟光流轉太駸駸又見春山換綠陰蝴蝶夢中新歲病
杜鵑聲裏故鄉心焦桐冷卻風三尺瘦竹拖來月一尋
早晚掉頭歸小隱誅茆千嶂白雲深

斷雲流水古巖隈憶得柴門半扇開雪打子猷船上過

春從靈運屐邊來逃禪野榻排芳草覓句寒崖掃落苔
容易三年拋絕去不勝啼月曉猿哀
病目飛蠅鬢雪乾欲扶吾道媿衰殘把他杓柄力何倦
還我钁頭心便安待摘菜花添午供便裁荷葉備春寒
不辭高卧烟霞裏枕上青山最好看

疏山軒

竹外泉聲急松心月色寒人間推曠絕只自倚闌干

齊雲閣

山雲吹斷路頭開此處疑穿月脇來怪底行人看碧落
笑談容易作風雷

張處士藏書樓　元　楊維楨

戴顒溪上藏吾舟三十六曲鏘鳴球濯足太白雙龍湫
名山更須瞻沃洲沃洲之陽溪上浮著此一所張家樓
捲簾爽氣天姥曉倚欄秀色蓮花秋張家之樓無百尺
夜夜虹光射東壁中藏異書三十乘太史東來殊未識
城中瓊樓高五城吳歈楚舞塡峻嶒一錢不値免園冊
一丁不識黃金贏樓中主人計識左遺安遺危各在我
韋門奕葉有光價郿塢何人徒買禍樓頭校書腹便便
眼中松楸手遺編前年燎黃光九原書中始識兒孫賢
卻問瓊樓金玉貯還有美人化黃土君不見魏家高樓

何足數誰復西陵護歌舞

黃縉

木杪出飛樓仙山在上頭可能無客至少爲借書留去

草春仍在虹光夜不收如何試乘興一棹剡中舟

書張宜中直內齋　明　呂不用

剡溪西村好洲嶼桑竹古井高齋開人生千秋萬歲後

道向三皇五帝來人見其人直如矢豈知其敬爲之哉

濂洛諸公問規矩杏壇七十思顏回大學昭昭八條目

中庸愼獨二字該人心不知是何物已覺空有枯根荄

門前芳草自家意春風自長秋風衰人生失養良可哀

人生失養良可哀

張思齊菊趣軒

人間芳草如貞士第一高秋菊有花立向風霜呈骨格
元從造化受精華能招五柳歸田早曾件三閭去國賒
幽契而今誰復得剡中亦有好山家

王右軍讀書樓　竺漁隱

天上虛勞詔六飛書臺畢沼自栖遲將軍豈是忘王室
曾悟華亭唳鶴時

史子綬

金庭山盡疊青霞即是當年逸少家惆悵書樓人不見

東風吹老玉蘭花

花光水色樓　王以剛

千古金庭洞丹霞一逕通花光明永夜水色湛長空勝地滄桑裏仙壇渺漠中登臨興無限回首幾春風

翠寒亭　夏雷

尋幽避暑特相過松竹森森繞薜蘿對酒不妨清話久有錢難買綠陰多四山雲盡青成蓋兩腋風生興欲歌心境會時皆樂地浪遊蓬島竟如何

成趣軒　汪學曾

舊徑尋山麓埋名不在深坐看飛倦鳥閒枕治餘琴四

壁圖書滿一庭花木陰涉園成趣後千載兩同心

水竹軒　　鎦師邵

玲瓏蒼玉圍瑣牕凝澤入簾翡翠光秋波漾空醮寒綠廻颸拂烟鏘佩瑺浴金熏爐水紋簟生色曲屏照廻檻幻魄光搖十二闌鳳凰飛出參差管水仙騎龍歸渺茫蘭芽茁土氤氳香湘流不盡湘雲杳夢落蒼梧九峯小

戴安道宅　　周汝登

星子峯前草滿坡醉餘乘興謾經過山通幽道村烟古水落寒塘樹影多歌鼓城中喧落日鷗鳧江上弄輕波戴公宅畔尋遺事惟有枯松挂薜蘿

山居自述

獨枕城隈自一家小堂初構只如蝸鹿門野老鋤荒逕
洛下先生過小車杯酒肯同消歲月盤飱惟有供烟霞
留連莫盡厭厭興松際光多月未斜

四山閣次萬明府韻

共登絕壁倚重城虛閣玲瓏見四明遠水帆歸江樹晚
隔林鐘起寺雲晴葛衣翠幌松風入玉笛胡牀海月生
今夜庾樓須盡醉更深閭巷有歌聲

文星亭　喻安性

更陟崔嵬處犖山此獨豪三垣羅地局一柱倚天高夜

靜河斜注秋深木怒號勞君頻指點王謝舊弓刀

文星臺

是誰疊石作雲梯百尺高臺聳大隄水湧白虹驚欲住山圍蒼玉望全低幾聲僧磬來烟郭數點漁燈散遠溪今夜臨風一長笑不知身已與天齊

王鈍劬書閣　徐輔

滿堂貯金玉子孫務吞侵滿室載管絃子孫學荒淫偉哉夫子謀有閣臨竹林閣中藏羣書古人可披尋子孫登是閣不懈惜分陰子孫精是書坐可攀朝簪君不見邊先生便是腹王夫子醉其心淸風颯颯傳于今又不

見漢相韋賢家一經教子輕黃金

長春圃　王志達

有圃名長春圃中何所有纍山只盈尋架屋僅如斗梵音達蘭若列星當戶牖異卉本過百雕闌曲成九時亦事清修時亦攜趣友時亦叶奇句時亦酌清酒撫琴慰爾心彈棊談君手東皐或舒嘯北郭或矯首我來明月中正値清秋後蕉死餘紫莖蓮枯有碧藕楓葉紅于花松枝翠于柳階除幽以閒池沼清以瀏盎然元氣融習習春生肘得與溪山親得與烟霞耦圃中許龍卧門外憑虎守悠然護桂蘭爲國作薪槱卓哉先生志學圃長

不苟

鄭重光

卜築閒臨戴水濱翠微佳氣倍氤氳名花手植纔三逕春意胸藏已十分洛社此時堪接武山靈何事更移文桑間亦有閑閑者高雅那能得似君

俯山堂

釋懷讓

香閣俯孤城登臨敞竹扃水流雙澗白烟散萬家青華雨迷蓮座松雲護石屏何當來借住重著息心銘

星峯亭

國朝　施閏章

觸雨陵山椒陟巘展朝霽危亭冒嶇嶔漲水明塿堄左

曳羲和車右把天姥袂白雲何連蜷髣髴有根蔕秋草燦春華山鬼善凝睇坑勞秦帝鑿嶺想謝公憩豁達萬古情流觀四山際

悠然軒　王心一

終日對南山悠然心自閒花將流水去鳥共白雲還竹羽翔幽徑松濤度遠關鶯啼清夢覺何自到人間

剡山訪戴安道故里　黄孫燦

晚風吹野步流水聽潺潺沙鷺一何適我心相與閒澹烟迷隔浦新月挂前山不見徵君宅踏歌空自還

葛仙翁壇　李以炎

仙翁不可覯遺蹟恰依然竈冷雲烟護牀空藤蔓纏鳥
還催杵藥風尚促加鞭到此塵氛隔頓令萬慮捐

嵊縣志舊序

山陰蘭亭禊剡雪舟一時清風萬古冰雪王謝抱經濟具二戴深經學奈何純曰高逸也嗚呼山川顯晦人也人隱顯天也天下多奇山川而一禊一雪致有爽氣可謂人矣江左人物如此然二戴剡王謝亦剡孫阮輩又剡非天乎漢迨晉永和六百餘年右軍諸人乃識剡永和至皇宋嘉定幾千年史君尹剡訪似孫録剡事剡始有史桑欽水經酈道元註道元魏人先儒辨其北事詳南事略似孫鄞人也如其精覈俟剡人宋嘉定甲戌高似孫剡録序

剡在漢爲縣在唐爲嵊州未幾復爲縣本朝宣和間以剡爲兩火一刀不利於邑故更今名邑舊有鄉四十後分十有三別爲新昌縣今所存纔二十七鄉耳夫州縣之名雖數變更然山川之靈蓋自若也使剡古而有志則歷代因革廢興之典百世可知也予懼夫後之視今亦猶今之視昔故爲剡錄十卷錄皆高氏所作凡山川城池版圖官治人傑地靈佛廬仙館詩經畫史草木禽魚無所不載度此版可支百年後之人毋以印刓而輒廢斯書也宋嘉定八年歲次乙亥縣令鄞人史安之剡錄序

自夏禹會諸侯於越而會稽爲名鎮自會稽爲郡而剡爲名縣降及唐宋始更剡爲嵊上下三數千年山川之流峙民物之倫類以至氣化盛衰人事得失隨事遷變而不常者非圖牒紀載後欲窺其一二可得乎哉宋嘉泰初紹興守沈公作賓與通判施君宿本圖經作會稽志剡之梗概附見其中嘉定間剡令史安之俾鄭人高似孫氏復本會稽志作剡錄而剡始爲有史距今又百五十餘年而其沿革廢置蓋有不得仍其舊者況高氏之書擇焉不精語焉不詳紀山川則附以幽怪之說論人物則偏於清放之流版圖所以觀政理而僅舉其略

詩話所以資清談乃屢書不厭他如草木禽魚之詁道館僧廬之疏率皆附以浮詞而過其實將何以垂則後世啟覽者之心使知古今得失之歸乎予於世變之際慨念舊錄雖多蕪漏今梓就燬則一邑數千年之故無徵也因取其遺編躬加搜訪而損益之作十八卷從時制更名嵊志繕寫以藏尚俟知言之君子重爲裒正以壽諸梓與邑人共之庶來者有攷而得以續其傳焉元至正年邑人許汝霖序

古者列國各有史官掌記時事晉之乘楚之檮杌魯之春秋其義一也不寧惟是至於鄉黨閭里皆有史今天

下郡邑之志亦其小史之遺意也予令嵊之二年始得嵊志稿本顧其舛訛殘缺傳寫失真竊患焉閲之邑有錢悌者好古博學遂禮聘之假館授書治政之暇相與修緝博攷采新集舊靡有所遺適二尹古青齊公倫協恭籌度而掌教閩中陳公烜司訓金陵王公洪福安連公銘實正訛而破疑也不逾月書成展而閲之嵊之土地風俗民物貢賦典章制度與夫名宦之政跡人才之出處節義之可以勵俗作述之可以垂後自古迄今皆於是乎載俾事無湮沒千載之下有所稽考其所係豈不爲益重者乎衆謂宜壽梨棗以傳諸永久於是各捐

已俸而樂爲之僉謂予宜序嗚呼嵊之志曠久采集多有畧闕然而無有乎爾則亦無有乎爾葢深有望於後之君子者焉明成化甲午縣令許岳英序

徐侯爲嵊三載於今矣民樂其仁士趨其義於是刻新志十卷起地理止藝文視人之所簡忽者而獨加之意可謂遠於人矣鏃往來於京師去台山登天姥扣石城而西嵊爲道所必由每泛舟剡曲觸目環山未嘗不黯然而思以二戴王謝之風流願一卽其嘯詠之遺處恣想而託覩焉逐昔人之履綦以爲樂顧視左右乃無所考問而止矣鬱鬱何如也今覩是編廓然若啟蒙覆何

其快意哉以鏃所遇言之志亦不可以不作也夫志有以見得失別賢否達善惡於後世於是取之宜有大者焉區區攷沿革識名山搜摘昔人之遺處以侈耳目快心意殆未足以盡志之蘊也然則志果不可以不作也周官小史掌邦國之志外史掌四方之志皆道以詔王後世始以一郡一縣爲之志而志爲一郡一縣之書不復領於王官嗚呼亦可以觀世變於是書矣侯名恂字信夫吳之嘉定人是役也屬筆於德州知州周君靜之鄉進士夏君時震本學長教俞君成二教林君世瑞周君俅鄉士來宦共五人分掇而合編焉各盡其能而時

震實總蒞之志成侯使聽缺吏王謐以志與幣來請爲序明宏治辛酉天台大理寺評事夏鍭序

嵊在漢爲剡縣在唐爲州爲縣志亡無稽至宋嘉定令史安之始作剡錄元編修許汝霖修錄爲志國朝洪武永樂正統景泰間朝廷遣使文移天下修志進文淵閣時則爲凡例所拘期限所迫嵊志之所紀載者未免得此失彼簡略不詳稿之存者又皆傳寫訛錯人不能遍觀盡識成化甲午令許岳英重修秉筆者匪其人收錄失當類編紊次又爲人所厭觀予與夏生雷爲庠生時輒欲筆削奈攻舉子業弗遑恒歎息焉迄今二十餘載未

有能興之者幸今徐侯尹嵊甫三載政事之餘尤惓惓於修志適予以憂制歸請與邑博俞君成司訓林君世瑞周君倈鄉進士夏生雷爲之佘以情事未伸但領人物志餘則分屬於諸君焉於是詢諸故老蒐諸遺帙各纂修之一本許編修所著者增入國家制度缺者補之繁者刪之訛者正之略者因之以致詳舊者推之而爲新無非欲明教化之得失而少裨乎治道也豈直辨名物紀事變資檢閱而已哉成編凡十卷謂可鋟梓以傳後請余序諸後夫志之作也其來遠矣成周職方氏掌天下圖小史掌邦國志外史掌四方志秦有圖書漢有

輿地圖後世郡邑各紀其所有或有志無圖或以圖合志未嘗領於王官故有以非吏議所急置而不問徧邦下邑無文獻可徵此紫陽朱夫子守南康下車首詢郡志論者謂其知所務今徐侯每以修志爲急其心即朱夫子之心歟此志一出則嵊之一邑事如指諸掌可以垂之久推之遠傳之廣亦可使生於嵊仕於嵊遊於嵊者皆得以有所考信而觀感興起焉徐侯可謂有功於嵊縣有補乎世教深達乎治體而知所務矣若或疏略之所當補遺忘之所當入又俟後之君子與爲政知所務者宏治辛酉知山東德州邑人周山序

夫嵊志之不傳也久矣志之傳自今始也先是嵊令萬
公以修志請於郡守蕭公公可之迺以蕭公意請邑工
部主政周公總其事旣易歲而書成適予來視嵊篆得
取而觀之見其議公而覈其事簡而賅其文古而雅馴
至於叙贊都邑之盛衰山川之要害賦役之繁省士習
民風之淑慝尤三致意焉大都扶元氣敦正誼崇節儉
拯彫瘵津津乎其有味哉言矣雖然予又有說焉今所
貴於志者固以記載詳而評隲當也然究厥所以都邑
盛衰孰致之山川要害孰守之賦役繁省孰裁之風習
淑慝孰創之令所操耳惟令而以良稱則下之過化不

啻風草即數者咸得其理不焉者反是令之責亦要矣嗟夫起獘維風之責在令而其本在令之心繼此而令嵊者誠執是而究盛衰之原探要害之實察繁省之由明淑慝之機不責諸人而反諸己不求諸迹而求諸心吾心實見得是則行吾心實見得非則止得失不亂於中而榮辱不奪於外則庶幾令之賢乎由是而都邑不完山川不理民生不裕風俗不醇吾未之信也吾觀周公志中諸論於令之賢則揚之不賢者略之責備之意隱而不發斯固君子長者之道也余亦有事於兹土者是以忘其固陋僭有言說以俟觀風者採焉萬歷戊子

縣令王大康序

夫國有史郡邑有志其所由來尚矣緊厥攸繫豈淺尠哉蓋所以乘載已往而亦所以作鏡將來是故修之播之皆不可已也偉不佞居在溫陵距紹屬二千里許甫奉檄學製於紹之嵊皇皇心戰以未習聞風土物情爲慮若御者未歷程途則登車猶豫割者未見郤窾則奏刀躊躇然爾迨歲秋仲月之任適前令萬公得郡太尊蕭公可請邑工部主政周公督修嵊志業就郡尊別駕王公叙贊命梓成冊將行周公舉以示偉不佞不佞捧頌徹編亟忻忻然匪徒欽其論公旨遠詞章古雅明達

且也覩邑域山川圖考廢置彰地脈也覩歲時崇尚詳辨淑慝昭風習也覽則壤賦役條舉繁勞洞民情也至歷紀宦師序列選舉賢者傳之不傳者註之見具瞻有在也尋民間士女孝義烈節異蹟方伎鑿鑿畢載莫非維風正俗拯今復古先德禮絀榮利至意也洋洋剡書乎惡可已也備得圖記之詳則不佞向所慮未習聞者今可用以自釋博識前喆之蹟則不佞雖不能至亦謹用以自鏡而知所嚮往矣然昔聖人於宰武城者首以得人問稱君子人者謂自多賢取今不佞從事茲土幸炙周公得所纂志已涉程途矣見卻竅矣猶期斯志播

遠先邇而邑有志士咸取覽觀林然猶典則不佞將多得賢士君子若澹臺者相磨礪相規勉庶幾登車奏刀有所持扶無有厭覆阻折是懼矣矧繇茲風行草偃士嘗與從物情嫗媮風習敦龐地脈協靈賢杰彙毓異日者且有豔載青史矣奚啻續傳藤箋已哉此固不佞與而邑士所宜共勗以毋負周公志嵊之盛心噫嘻嵊邑有志與嵊賴之若之何其不亟播而傳之也萬歷戊子

縣令林岳偉序

剡有志自宋嘉定間高公似孫始嘉定後百七十年元至正間許公汝霖有志至正後又百九十年迨我國朝

有錢氏志弗行行夏公雷志令去夏公時又八十七年所矣先是嘉靖中繕部喻公聚余從叔別駕公震議修志業經始弗竟廢後邑令譚公禮學諭王公天和復議修志具草將付梓以授惠昌令胡公采校閱久之又弗就廢乃卒無議志者歲丙戌郡守宛陵蕭公良幹修郡志聘太史山陰張公元忭太常餘姚孫公鑛秉筆網羅八邑掌故獨嵊志艱曠無徵曰邑不志曷爲郡志地況太守右文舉四百年曠典寧當玆太守世而其所隸邑猶有以乏文獻稱者是在邦伯乃以語南城萬公民紀萬公謀之博士內江楊公繼朝吳興趙公棟連江陳公

賓乃告郡公修之報可而余小子汝登方臥病以箋札來請余謝不文請之固太史復贊成余重違兩公指更自念志不文未足深患患不公文不可強公可持夫所患者足持以免而所不可強者則亦所未足深患者明年受札既編摩累月甫半萬公考績不暇問遂巡易歲是爲戊子萬公謝職去别駕冀州王公大康來視篆王公任事無爾我請畢草時余同門友亳州李公國士由名給事僉憲浙司分鎮台越往來剡上弔王謝風流稽戸籍耗實問志謂宜急就余益殫力以圖從弟夢科宋君應光實相左右而侍御董君子行方予告家居及州

貳邢君德健鄉舉士張君向宸李君春榮時從請正又間與文學尹君紹元汝陽王君嘉士李君德榮兄士麟姪元齡山人錢君思棠參訂之五月藁具付梓邑貳吳君鶚鳴經紀甫就八月令君晉江林公岳偉至更申閱始布行焉嗟乎嵊上下數千年志錄僅三覯近且數十年謀議莫決其艱曠如是是令太史咨嗟今一旦肇議投艱小子卒獲潰於成以布則惟諸名公主決裁畫而予小子幸際其逢典筆札以竊爲已效稱幸藉矣顧所論次多謬略無以饜衆志則無如所不可強而勉所可持獨一念耿耿在卷姑以藉手謝諸名公對往哲而俟

求許且以其艱曠若彼或庶幾已之愈云爾志凡十三卷萬歷丁亥邑人周汝登序

志猶史也惟史不能詳徧天下故廣而爲志史載姸媸俾鑑以自飭志有隱揚俾風以自輿其爲功一也邑志古小史之遺尤不可廢俾宰邑者資之奏績則邑治天下之邑各有所資則天下治志豈緩圖哉丙午承剡匱恐恐焉負乘是懼將稽古籍視已成爲吏事式左右以海門周公之志進見非全書又多亥豕不可讀姑束之高閣若戶口之多寡土田之陞除賦役之繁省風習之淑慝都邑之盛衰山川之要害以及城池署廨橋梁道

路之興廢茫然不知如操舟而亡其楫馭馬而失其轡倀倀乎無之矣故余於刻志蓋有志焉而未逮也越庚戌思周志以大儒鉅筆不可湮沒爲完刻其全書竣事未幾而郡大人之檄至郡大人以荆楚奇材旁求掌故於會稽鵬鶚之分雖殊而心理之符適合甚雀躍也郎偕學博謝君三錫邑佐胡君玒以洎毛掾鼎鉉謀之邇庠酌其操觚者僉曰袁子尚衷可請廣之得鄉俊吳君鉉州刺裘君組司戎姜君君獻暨王生心一王生國藩王儒士國維凡七八秋七月恭致禮聘假館於尹生益之絳雪齋諸君啓訪編摩窮晝夜不輟至臘而稿成今

春催檄至乃以王子心一袁子尙衷報命又加較讐補殘刪複乃登諸簡閱其書知其紀載則守周之舊錄編次則遵郡之新條約而該詳而不濫可令宰邑者察多寡而戶口得培焉考升除而土田得理焉核繁省而賦役得均焉觀淑慝而風習得冝焉知盛衰要害而都邑山川得紀焉審廢興而城池署廨橋梁道路得修焉如把楫而操舟執轡而馭馬何所之而不可吾知邑無不治凡邑皆然吾知天下無不治修志之功顧不偉歟郡檄徵序沈吟久之余愧不文也烏能序且余志乎志者今志成弗克賫之奏績徒以序冠實深汗浹耳然而郡

大人搜羅百年將墜之文獻功不可泯爲述其概云康熙十年辛亥縣令張逢歡序

越志自孫張兩太史筆削後經八十五年許簡編漫漶掌故不可稽楚中張公來守憫其殘鈌用搜討焉庚戌秋馳檄徵修志以爲於越光邑侯張與謝師氏胡贊府毛仙尉及通序諸英公推六子且旁羅不肖彼沈酣理學者有吳君鉉錬達治體者有裘君組標鑒人物者有王君心一馳騁古今者有姜君君獻家學淵源屬辭比事者有王君國蕃國維之數人使討論撰次秉管書青則可以不肖當此何異蚊負山蚷馳河烏能勝任哉嘗

閲世情旁觀者每嗤其當局後作者多陋其前規凡事蓋然况修志乎故修志者必備三美一曰德二曰才三曰位三美備則人望所歸無遺議矣不肖夙抱羸疾近更年衰而才學識遠不逮前人又自甲申棄業唯與二三知已證學鹿山未嘗紆紫拖青覲光仕籍其得免於譏彈否安敢不辭五辭不得無如何左右諸君以勸厥事相月就館其條例則遵郡所頒本以周子之舊錄參以王子之新編間嘗旁搜他書補其不逮蒖凡四易不肖往營先人宅兆諸君以廪給不繼亦各散去創緒未竟亥之花朝隨檄上郡寂寥旅邸兩旬買棹東歸疾漸

作掃榻焚香靜消白晝未幾催檄至諸君郡居皆懶視事不肖思士不可以鮮終無如何扶疾構思以致中暑不能起臥荏苒秋半催檄又至爲吏胥所迫強起卒業佐以補心之劑不勝請邑侯發剌延諸君惟王友國蕃來屈舍踰月其賦役一書與孝義列女仙釋方技諸傳皆其手訂繫萸後告竣是役也諸君旣懶於卒業不肖又無如何卒業於疾中觀者作者其鑒之哉康熙辛亥

邑人袁尚衷序

剡城僻介山溪在八邑中最爲褊小而縣志一書自宋明至　國朝代有纂述張闇中復延訪博雅釐緝成書

搜羅文獻去今未遠也余以辛酉季冬承乏茲土覺兵燹之餘地益貧而民愈困披覽之際雖山川疆域物產風俗依然如昔而戸口不加增賦役日益累他如城池署廨橋梁之屬有廢無興忠孝節義理學文章寥寥不概見豈作者多浮飾耶抑今昔之懸殊耶夫剡處越東鄙荒瘠素聞惟此溪山之勝夙稱擅入耳目宜其鍾靈異者不僅動植之物已也必且賢豪接踵爲於越光茲何缺略無聞哉余聞之邑之有志猶國之有史史以褒貶垂勸懲志以進退爲予奪體要雖異指歸則同必記事毋濫核實宜詳庶善善惡惡不失良史之遺今田賦

之衰益無多也風氣之沿習未變也至潛德幽芳雖不乏人或俟定評於身後或待表著於將來與爲傳疑無寧傳信與爲穢史毋寧闕文惟職官選舉略有增益故列其姓氏以俟知者之論定俾數世而下可以考吏治之得失可以徵文教之盛衰昭示來兹敢不慎歟抑又聞之瘠土之民易於嚮義激厲之氣多所奮興倘吏剔者能愛養教化返習俗於古處而邑之賢豪必且慨芳躅之莫嗣緬前徽之可師將仕者多廉節而處者尙淳龐後先興起志不勝書又安見人物風土不若曩時之盛乎余敢以吏治自勉而更爲邦之人共勉之毋使後

之操觚者徒志美於山川可爾康熙癸亥縣令陳繼平

序

宋邑令史安之訪鄭人高通議似孫作剡錄十卷本嘉泰初郡守會稽志而增之許東岡譏其擇不精語不詳周司空曰以余觀之洵乎體要然其文成一家而創始之難葢不可泯元許編修汝霖緝嵊志十八卷汝霖見稱於景濂宋公固博雅君子應無遺議明成化甲午邑令許岳英聘諸生錢悌緝志周州刺山譏其收錄失當爲人所厭觀周司空曰既悌筆而有悌傳何也人謂錢君已耄所紀無次理或有然然許爲文令稱其采集靡

遺不可謂無功宏治辛酉邑令徐恂訪夏孝廉雷緝誌時有學諭俞成學訓林世瑞周倈分門協纂德州守周山專編人物故搜訪文獻甚詳餘姚孫奉常鑛謂其文采可觀而未剪其蕪以濫入故家記述且不脫學究也文采亦誌中一長殆未易得萬歷丁亥邑主政汝登周先生緝志十三卷以理學鉅儒手司筆削後有作者未能或先别駕王公大康序其議公而覈事簡而該文古而雅馴知言哉伯氏國楨編備考二十卷續丁亥以後事亦間補前志所遺文物典故得攷鏡焉今者五六君子分任編摩其稽典要以潤精華則袁君刪定之功有

獨勞瘁不肖附驥觀成實獲厚幸然歷玆修志之得失用是凜凜秪懼安知所撰者不卽爲所譏故不肖與袁君雖有損益亦惟闡繹舊聞守其師說以塞一時之命云爾康熙辛亥邑人王國蕃序

甚哉志不易作也非見聞博學術純者不可以操觚葢見聞不博則文藝疎學術不純則是非謬嵊志成於海門周先生沖然粹然藹乎仁人之言實而不夸正而不詭公而不偏約而不濫以發潛德之光以立生民之命編摩勞瘁兩越寒暑則周公之志不可毀也板藏於周時方鼎革周所爲兵厨頗多散佚豫章羅公以裝潢故

徙諸壥至邯鄲焦公時城中火板且燼矣更歷三令未遑補鐫歲在己酉張公來蒞之三載百務具舉與邑人議曰邑不可無志志猶鑑也人無鑑無以别妍媸邑無志無以考得失且上檄時下無以供命盍剛諸僉曰諾庚戌夏始告竣則重刻之功不可忘也諸賢囑余跋其後余思刻志以傳一邑之讃其事小刻心以合先賢之志其事大今日之嵊山川如故也伏莽者投戈矣都邑如故也茂草者美奐矣土田則坍者除墢者升矣戶口則流者集止者繁矣賦役則正者存苛者汰矣而且抑奔競進操修以端士習而且黜頑囂厲勤儉以鼓民風

以至倉厫之肯構泮水之聿新橋梁道路溝渠之悉治凡志所諄諄若操左劵王公大康曰邑之轉移在令令之運用在心誠哉是言以心作令以令率邑何患不如志所云則張公之心不可沒也嗟乎志之不可毁也如此功之不可忘也如此心之不可沒也又如此因跋以告後之藏是板者康熙壬子學訓謝三錫後序

嵊志自海門先生續修歷今八十五年矣物態變遷舊章殘闕一邑之士俗士風版章人物久無所考非無雅意修飭之士而留心典故主持風教者未易遇也我

朝右文勑天下修志以成一代之書郡侯禹翁張公祖

學綜今古聿振新猷檄八邑禮聘耆彥各修縣志以續府志而邑令張君玉臺愷悌宜民宰嵊五年政通人和百廢具舉乃遵憲檄採輿論延吳公銈等六人共議纂輯又以不肖謝職投閒謬委勷理府須凡十八條留人物公核外分條各任其實草創多出自王子國藩而潤色討論筆之削之袁子尚衷有獨瘁焉若不肖與姜吳諸子僅獻可替否綜其大略而已書成上報郡大人又命兩學司訓嚴加較讐始督工修梓真慎厥事哉獨孝義列女收不勝收或疑其濫予以善善從長與其苛也而大美或遺毋寧寬也而片善亦紀且以誘進將來風

一勸百俾我邑士庶咸知自好於以砥礪名節也云爾書合新舊共十二卷載筆於庚戌之六月鐫就於壬子之九月也閱三載始告竣使非郡侯張公祖主持風教張父母克虔乃事安能舉數十年之曠典而維新之至於褒美錄遺而補所未逮敢以俟後之君子邑人裘組

後序

辛亥孟冬越嵊志成嵊自宋高通議始作剡錄嗣是代有修纂至明周司空而綜博精覈彬彬乎文獻備矣間數十年曠焉莫記今郡大人張公以荆楚鉅儒剌越首檄八邑各緝志以進嵊令張君學博謝君禮聘名士續

成是編越期年乃獻余讀其書詳簡有法成一家言將授梓而郡大人復以較讐見委余謹按其文義屬魚魯者正之存疑者標注若干條以付嵊士之博雅者訂焉閱五日夜而竣竊惟郡大人嘉惠越人記其山川土俗賦役人物使後有考鏡而激勸聿彰而又兢兢詳愼不使有脫訛傳疑若此後之君子觀諸志可以知公之所以治越者矣余猥以較讐附志簡末檇李盛旦後序

古者陳詩以觀民風非文也將以云救也葢有一方之山川則有一方之風氣土有堅弱之殊則人有剛柔之別爰命太史采知四方之風而後剛克柔克儉示禮示

各有所施使天下中正和平會歸於皇極郡邑之志亦然正欲審其堅弱剛柔以施補救爲功甚鉅不徒黼黻吏治已也嵊志集成於周夫子吾夫子抱憫時病俗之心發易化移風之論讀其書如見其人迄八十餘年陵谷變遷滄桑更易美弗彰盛弗傳惜哉幸郡大人右文檄縣緝志邑侯徵諸博雅下逮不肖亦藥籠之收溲勃也然夫子成書具在吾友袁子尙衷曾與尊人同升夫子之堂能纂述其教其憫時病俗者更深易化移風者更切觀其續論與諸序意可知矣不肖雖碌碌何難因之以成哉成矣無能贊詞矣顧夫子以理學之儒專筆

削之任文獻足徵也袁子自庚戌至壬子總攬衆長爐錘今古攻苦難沒也故贅一語於後以表彰夫子與袁子之志且使後之君子由此而施其補救也嵊志成知有造於嵊越志成更知有造於越矣邑人王心一後序

辛亥獻與袁子尙衷仍周誌之後補八十五年事遵張郡侯之檄也客歲癸亥奉

上諭再輯十二年事以勷一統之盛今甲子

上諭取天下輿圖命道憲府憲俯臨郡邑攷山川之廣狹核里道之接壤繪圖以獻復輯邑志以垂永久獻思賦役如故景蹟依然無可再紀但風俗於十三年歲在

甲寅因東陽賊趙沛卿流入西鄙蹂躪鄉邑張侯請兵討平之迄今水滑山曲不無草竊人情亦多澆競然地瘠民貧勞則思善醇樸尚未漓也况當事者教化眞切民心其返醇乎故於職官外略紀災異而已青蓮曰自愛名山入剡中好事者過而問焉未至者輒以爲憾獻於山水風土萃成一賦使覽者亦如輿圖之一目瞭然可無俟跋涉也賦曰越國名山剡溪稱最嶀嵊北枕上干牛斗之霄天姥南翔直抵壽星之域金鐘毓四明之秀池吞日晷鹿苑涵太白之精泉飛瀑布長鯨跨巨浪限天塹之洪波鹿胎闡性宗滙洙泗之一派秋月春光

燦矣浣花溪口朝煙暮雨漣漪兩岸湘江以故地鍾人傑眞儒則周子呂子神仙則阮肇劉晨戴顒戴逵隱士也陳侯朱子功臣哉孝子烈女代有其人有廟享者有祠享者穎士神童世多拔萃有文傳者有行傳者且也萬壑千巖鬱葱盤結一壑一巖皆有名流著跡焉如金庭本洞天福地時見眞人之杖履苧園乃紫府丹邱猶存稚川之井竈墨沼鵞池王右軍之獨秀也懸巖碧水王夫人之清風乎雪棹艇湖子猷何載其橋白雲潭影支遁還餘其宅釁院有百丈之巖眞珠由五豬幻化始寧八景登高見賦畫圖十里臨流浩歌石鼓插天之峋

崿浦藏蛟之穴穴有吞舟之鼉岉巢不死之蝠所謂虎窟龍湫奇松怪石奚堪悉數豈獨西嶺梅肥東郊柳黯哉迄今俗多古處桑麻之埜依然斗酒聽黃鸝化治絃歌甕牖之夫莫不彈琴揮素月邑人姜君獻後序

嘗讀一統志凡郡邑分野山川景蹟風俗人物之屬一覽畢備老子云不出戶知天下信然降而一州一縣莫不有志一統志固州縣誌之會歸而州縣志實一統志之權輿也雖然蒐羅未備則略而不詳考稽失實則僞而不眞是非淆亂則私而不公篇帙汗漫文詞鄙俚則擇而不精語而不醇甚矣志之難也剡古無志自余祖

似孫作剡錄而剡始有志繼此以後代不一人大率踵
事增華補苴罅漏而已今
天子神聖兵革偃息文教修明去年癸亥纂輯一統志
書禮部檄州縣修志今年甲子
上諭直省督撫繪山川形勢圖進呈直省督撫以圖畫
附於志書復檄州縣修志兩年之間兩檄修志可不謂
鄭重哉剡志續修於　本朝辛亥又增修於去年癸亥
今甲子去癸亥僅一紀此一紀中山川景蹟風俗人物
之屬可刪者無幾可增者無幾於是邑侯蔣公煒謀諸
司戎姜子君獻姜子夙具史才優於著述承命增定不

日告竣余剡人也披覽剡志者久矣嘗欲倣歐陽公修五代史法使其篇帙稍減事理詳盡簡確古雅成一邑巨觀奈比年以來僕僕公車對策還里悠忽歲月著述之事有志未逮是役也邑侯董成不濡時不多派有愛民之心焉姜子秉筆寧襲故無更新有古直道之遺焉余雖不獲佐其事而樂與觀其成因謬綴數言以殿其後康熙甲子邑人高克藩後序

周禮者太平經國之書也其間版圖之貳司會掌之土地之圖司書記之形體之法遂人造之地事之圖土訓記之春卿則小史外史掌其志夏卿則司險職方掌其

圖地理之繫於治道由來舊矣後世郡邑有志即小史
外史遺意將考一方之掌故以資行省採擇以備黃圖
薈粹典甚鉅也使有倡而莫繼或廢佚而不修舊聞湮
沒徵信無從何以稽成憲而昭職守予向於庚戌歲承
乏黔藩奉
旨纂修各省通志延儒開館發凡舉例予亦相與參訂
歷三載將授梓適有巡撫江西之
命未獲觀成至今猶耿耿胸臆今春來蒞兩浙案牘繁
猥會嵊縣李令重修縣志告成乞予序其首予攷嵊爲
舊剡縣山水甲於東南杜子美稱其秀異李青蓮歎其

精妙自太傅以剡爲越中眉目而王戴劉阮之事又嘖
嘖人口乃宋以前無志自高似孫創爲剡錄元許汝霖
明許岳英夏鏊周山周汝登以志繼之　國朝張逢歡
袁尚衷陳繼平繼之諸編或失則繁或失則略或失則
踳駁而不純自康熙癸亥迄今六十載邑事之宜登簡
牘者甚夥令茲邑者惟簿書金穀是務志乘不一寓目
李令獨能以編摩自任雖仍前哲之規模實本一己之
裁製約而該詳而不濫明晰而有體後之宰是邑者可
以察戶口之多寡可以攷田土之上下可以核賦役之
繁減可以別民風之淑慝至於山川城池廨宇橋梁道

路之屬皆可以知其險易紆直及盛衰興廢所由爲功豈鮮淺哉予嘉其留心治道與周官相吻合迴思黔志纂緝之維艱益知嵊志告竣之匪易爰因其請而爲之序乾隆壬戌中丞常安序

雍正辛亥歲浙有輯志之役大當事徵外史博資檢校嘗購宋俞瑞剡東錄而卒不可得得高似孫剡錄亦非善本云夫剡固浙之緊縣也既掌訓方宜崇典要苟徒侈二戴風流王謝清放核以雅藻之致則諸若夫鬪智謂之窟宅關運數之勾股則末之有逮耳矣踰輯通志一紀而縣令李君以邑志開雕夫秦漢置縣曰剡宋易

曰嵊今稱嵊志循其實也且以嵊志之難成也自宋以後一修於元四修於明若周海門尚書有良史之風内閣書目特載之　本朝康熙癸辛兩亥間亦各藏事焉而乃書缺有間其故何也蓋嵊本四山阸隘形方氏以其僻離屢有割置然而嶀嶺起伏五馬據泉屏蔽台金柝閩甬越實自古用武之地漢樓船將軍攻東越唐張伯義平袁晁王式平裘甫宋劉述古平方臘莫不蹂郛躪奧燬及典帙固其宜也今夫大雅江漢之詩歌詠武功然終之曰矢其文德洽此四國我　國家自康熙甲寅寧海將軍惠獻貝子殲嵊寇保溫台策勳最偉丞錫

爾祉男耕婦織山高水長耳不聞金鼓之聲目不睹旌旗之狀葢天下之太平亦已久矣是以履其土田昔何以蕪今何以闢覈其戶口昔何以耗今何以繁察其風俗昔何以悍今何以淳數其人物昔何以渙今何以萃

泰運郅隆

聖人光宅緜緜翼翼文德覃敷召虎對揚學士摛藻志之編纂維其時矣邑雖偏隅聿昭元化甚矣令之志之勤而舉之能得其典要也豈直曰剡溪秀異欲罷不忘也耶余故應其請而序之抑聞唐鄭言平剡錄亦鐃歌奏凱之詞其又剡錄之嚆矢矣乎余且次第索覽與剡

東録同備參考焉乾隆七年壬戌方伯張若震序

自宋宣和而嵊始名縣自嘉定間有高氏録而嵊志始萌芽自明神宗朝有周海門編而嵊之志始通於上國後有作者難易兼之何以故夫人未有室家庶事草創落手茫然猝不知所如往有從而垣墉之樸斲之或又從而塈茨丹雘之勤靡餘勞思已過半後之人但庚續而終之姑視其家所少者補葺而張皇之有不可者乃掃而更之則蔚乎其章矣故曰易然而日月既久時異事異是故志天文者莫先堯典然其時冬至日在虚昏中昴至宋之慶元而日已在斗昏已中壁矣志地理者

莫先禹貢而自漢以來九河迷不得路鄭氏從緯書謂爲齊桓所塞蔡氏從王横謂爲海水所漸矣葢雖聖人之經不可爲典要已若是而況其散乎故曰難博白李君甞官有幹實换縣得嵊三年而政成一切治辦百廢具舉念古之爲政者必訪於遺訓咨於故實居今日而求遺訓故實也者舍志其焉從禮載孔子之言曰古也有志下而陳代及滕之百官皆稱志曰狠瞫謂周志有之申叔時謂敎之故志使知廢興以某爲邑長於斯而壞亂不修等諸覆車之轍是失一鑑也其若從政何於是置官局聘名士求遺書具筆札供糗糧費不及下成

不諐素嘗試取其書閲焉發凡起例拾遺補闕倍舊志者三之而參之以驗稽之以決疏其穢而鎮其浮正其違而治其煩考證一門彌合穀梁傳著傳疑康成知古知今之指君子謂是書也可以志矣今夫志一也合之則曰邦國周禮小史掌之若今一統志省志是也離之則曰四方周禮外史掌之若今郡縣志是也以縣達郡以郡達行省以行省達　京師備土訓誦訓之所道獻之

天子而高以下為基則必自縣始是故為政者亦必自縣始孔子曰與其託之空言不如見諸行事之深切著

明也則願與君交勉之乾隆七年歲次壬戌郡守周範蓮序

居恒讀書經史外喜周覽天下郡邑志得以徵窺盛衰得失之故未嘗不歎志之所關綦重而載筆之不可不慎也己未受知上憲自湯溪移嵊夙聞周司空汝登志善甚索之不得僅得袁生尙衷本心竊有所未安且踰甲子又一紀矣夫紀載以資考鏡固未可聽其放佚況我 朝文教四訖惠政覃敷食舊德而服先疇者將播揚休明潤色鴻猷之不暇乃猶以愁苦怨咨之聲發爲慷慨激烈之論非可爲訓也然則今日之宜

聖化而正民心其莫亟於志乎不揣蹇傺思滅竈而更
炊之雖然難言矣蓋欲知古則考據宜精欲知今則聞
見宜確茲則行簡旣鮮藏籍居是邦者復無識大識小
成一家言用資采擇則訂僞難補偏尤難如因陋就簡
苟且塞責究何足以昭典章垂軌物故稿經三易意終
未愜辛酉夏檄攝山陰篆山陰爲越首邑士大夫多名
山石室之藏幸不斬假觀又因周君實秬得識俞君忠
孫二君皆以詩古文詞世其家遂崙任筆削欣然曰自
茲可觀厥成矣爰發舊稿更番論次定爲十綱分爲六
十六目發凡起例取古今名家著述仿而行之未嘗故

爲異同亦豈漫無去取要之所增者掌故所汰者繁芿所部署者後先之序所條晰者累黍之絫縱不敢竊比於胡憲之漢書辨正石介之唐書糾繆而體裁已整規模一變則上述既往庶幾無遺恨矣惟此七十餘年之事既采摭維艱亦傳聞多異間或略近而詳遠舉小而遺大甚至仕宋仕元而冠以前明爵秩越疆越界而借爲本地風光設狥其名不核其實非惟誣一邑且將以誣天下何則邑志者郡志通志一統志之造端也嗟乎志之所關若是不其難哉而予顧任之者亦以彰教維風爲職分所當盡上以佐

聖天子文明之治次以荅各上憲知遇之隆拜欽此邦人士知秀事詩書樸安畝畝者皆太和翔洽所致益勉忠愛以成敦龐之俗此所以知其難而不以難自諉也記曰琴瑟不調甚者取而更張之玆之以逖兼作其有大不得已之苦衷也夫乾隆七年歲次壬戌縣令李以炎序

志與史何難乎山川區里風俗沿革一切至纖且悉振綱而網羅舉非才與學靡爲也若夫列傳人物權衡惟其識矣顧史家是非畧定處嚴密筆削人不得而掣其肘志則綜輿論而爲子孫者類能緣飾其前軌名實譁

則取舍懵故視他纘排尤綦難也實秬幼束髮受書侍先君子先君子該洽善古文辭名于時太守俞公委郡志焉先君子曰是府怨我也雖然而毋屈吾筆每一傳成必以詔實秬並歷舉天下郡邑志臧否反覆提耳實秬熟而志之不忘戊午省試僥得復失獲知粵鍾山李公明年公自湯溪移治嵊于是始修謁稱弟子門下公既起嵊諸廢旋及志以屬其鄉人王瀚進士而命實秬操鉛槧其後未匝月瀚需次謝去會世講俞君忠孫倦遊歸里忠孫者鞠陵先生令子績文邃古所謂克世其家學者也亟介紹推致之與朝夕從事定爲十綱六十

四目稽類按部追源極委考證同異間或因事寓規期以兩人所稟承先世成一邑書庶幾藉手報知已也書成進于公公之言曰琴瑟不調解而更張之以進郡大夫周公周公之言曰室家草剏補苴而掃除之僉以爲勝舊本矣乃兩人愧未當也嵊故偏邑文獻尠可據曩者海門尚書號良史材手輯志彬彬大雅不百年已佚完書今隻字不可收拾自是而上若夏孝廉雷錢文學悌許編修汝霖高通議似孫典文益邈矣下此袁王兩前輩固以舛脫譏忠孫曰訂譌余責乎惟是六七十年來蒸俗造秀此邦人亦欲導揚厥盛實秬宜執簡俟之

久而衰不盈帙賢而才者地氣果足以限之與抑風俗
之淳也毋飾美以誣其先歟忠孫誠才學猶弗敢居實
秬無識强爲難者諒哉人其知之矣乾隆壬戌會稽田
實秬後序